美国注册管理会计师 （CMA）
认证考试辅导教材

第二部分

战略财务管理

（中文版）

美国管理会计师协会（IMA） 主编
美国注册管理会计师（CMA）认证考试辅导教材译审委员会 译
赵 澄 曹容宁 主译
刘庆华 审校

中国财经出版传媒集团
经济科学出版社
Economic Science Press

图字：01－2021－3141

图书在版编目（CIP）数据

战略财务管理/美国管理会计师协会（IMA）主编 . —北京：
经济科学出版社，2021.8
书名原文：Strategic Financial Management
美国注册管理会计师（CMA）认证考试辅导教材
ISBN 978 - 7 - 5218 - 2681 - 4

Ⅰ.①战…　Ⅱ.①美…　Ⅲ.①企业管理－财务管理－资格考试－
自学参考资料　Ⅳ.①F275

中国版本图书馆 CIP 数据核字（2021）第 131779 号

责任编辑：周国强　程辛宁
责任校对：杨　海
责任印制：王世伟

战略财务管理（中文版）
美国管理会计师协会（IMA）　主编
美国注册管理会计师（CMA）认证考试辅导教材译审委员会　译
经济科学出版社出版、发行　新华书店经销
社址：北京市海淀区阜成路甲 28 号　邮编：100142
总编部电话：010 - 88191217　发行部电话：010 - 88191522
网址：www. esp. com. cn
电子邮箱：esp@ esp. com. cn
天猫网店：经济科学出版社旗舰店
网址：http: //jjkxcbs. tmall. com
固安华明印业有限公司印装
880 × 1230　16 开　40.25 印张　1130000 字
2021 年 8 月第 1 版　2021 年 8 月第 1 次印刷
ISBN 978 - 7 - 5218 - 2681 - 4　定价：180.00 元
（图书出现印装问题，本社负责调换。电话：010 - 88191510）
（版权所有　侵权必究　打击盗版　举报热线：010 - 88191661
QQ：2242791300　营销中心电话：010 - 88191537
电子邮箱：dbts@ esp. com. cn）

出版说明

　　本书为美国管理会计师协会（IMA）主编的美国注册管理会计师（CMA）认证考试辅导教材，旨在满足广大读者学习和备考需求，以及为中国读者提供先进的管理会计理念。

　　英文原版有在线测试题库（Online Test Bank）等在线功能，本次出版的"中文版"并不提供这些功能，但为了方便读者了解原版书的结构及判断在线功能的作用，本书在文中依然保留了相关表述。

　　本书不足之处恳请读者批评指正，反馈电子邮箱：zhouguoqiang@ esp. com. cn。

经济科学出版社

始于1919年的百年权威
美国管理会计师协会

美国管理会计师协会（The Institute of Management Accountants，简称IMA®）成立于1919年，是全球领先的国际管理会计师组织，为企业内部的管理和财务专业人士提供最具含金量的资格认证和高质量的服务。作为全球规模最大、最受推崇的专业会计师协会之一，IMA恪守为公共利益服务的原则，致力于通过开展研究、CMA®认证、持续教育、相关专业交流以及倡导最高职业道德标准等方式，积极引领传统财务领域转型，服务全球财务管理行业，从而推动企业优化绩效，成就IMA成员个人职业发展。

IMA在全球150个国家和地区、300多个分会及精英俱乐部中已拥有约140 000名成员。总部设在美国新泽西州，通过设立在瑞士苏黎世、阿联酋迪拜、荷兰阿姆斯特丹、印度班加罗尔和中国北京、上海、深圳、成都的办公室为IMA成员提供本土化服务。

IMA旗下的美国注册管理会计师（Certified Management Accountant，简称CMA®）认证是对会计和财务专业人士的权威鉴定，其所侧重的战略规划、技术与分析、报告与控制及决策支持等内容，与当今财会专业人员在工作中所应用的专业知识与技能保持一致，在全球范围内受到企业财务高管的广泛认可。CMA认证坚持用最实用的知识体系培养管理会计精英，用最严格的测评标准保证认证的权威性，是全球财会领域的黄金标准。

CMA认证提供英文和中文两种语言的考试，是唯一推出中文考试的管理会计认证，帮助中国会计和财务专业人士掌握管理会计知识体系和专业技能。

目　录

致谢 i

考生须知 v

教材使用说明 ix

制定学习计划 xiii

前言 1

第一章
财务报表分析（20%） 3

第1节　基本财务报表分析 5

第2节　财务比率 15

第3节　盈利能力分析 45

第4节　特殊问题 61

本章实战练习：财务报表分析 77

第二章
公司财务（20%） 85

第1节　风险与收益 87

第2节　长期投融资管理 103

第3节　筹集资金 149

第 4 节　营运资本管理　　　　163

第 5 节　公司重组　　　　193

第 6 节　国际金融　　　　203

本章实战练习：公司财务　　　　221

第三章
决策分析（25%）　　　　227

第 1 节　本量利分析　　　　229

第 2 节　边际分析　　　　243

第 3 节　定价　　　　259

本章实战练习：决策分析　　　　283

第四章
风险管理（10%）　　　　293

第 1 节　企业风险　　　　295

本章实战练习：风险管理　　　　305

第五章
投资决策（10%）　　　　307

第 1 节　资本预算过程　　　　309

第 2 节　资本投资分析方法　　　　331

本章实战练习：投资决策　　　　349

第六章
职业道德（15%）　　　　357

第 1 节　商业道德　　　　361

第 2 节　管理会计和财务管理的职业道德考虑　367

第 3 节　组织方面的职业道德考虑　381

本章实战练习：职业道德　397

简答题应试指南　399

简答题应试技巧　401

简答题答案示例　403

简答题实战练习及参考答案　413

附加资料　509

每章实战练习参考答案　509

附录 A　货币时间价值系数表　557

附录 B　美国注册管理会计师考试大纲——第二部分　559

附录 C　选择题实战练习及参考答案　571

参考文献　579

考试大纲索引　583

索引　599

致　谢

美国注册管理会计师（CMA）认证考试辅导教材旨在帮助考生理解美国注册管理会计师（CMA）考试大纲（LOS）中的概念及计算方法，考试大纲由美国注册管理会计师协会（ICMA）制定。

IMA 非常感谢以下各位专家的全力支持，专家团队与 IMA 员工一起完成了本教材的编写工作。

教材内容贡献者

马乔丽·E. 尤萨克（Marjorie E. Yuschak），注册管理会计师（CMA）、工商管理硕士（MBA），从事过很多工作。她曾在强生公司的消费品、药品以及业务部门从业 21 年，主要负责成本/管理会计、财务报告以及员工股票期权计划。随后，她在全美会计荣誉学会（Beta Alpha Psi）罗格斯商学院新布朗斯维克校区（Rutgers Business School, New Brunswick）担任会计学兼职教授和指导老师。她为维拉诺瓦大学（Villanova University）的 CMA 复习课程提供了长达 6 年的帮助，目前她是新泽西学院的会计学兼职教授。她拥有一家咨询机构，提供会计、沟通技巧和小型企业管理培训服务，是美国管理会计师协会（IMA）新泽西州拉里坦谷（Raritan Valley）分会的会员。此外，她还是美国智越咨询公司（AchieveGlobal）和智睿企业咨询（DDI）的认证培训师，并且是人才发展协会（ATD）会员。

威廉·G. 亨宁格尔（William G. Heninger），博士、注册会计师，是杨百翰大学（Brigham Young University, BYU）会计学院副教授。他在杨百翰大学获得会计学学士学位和会计学硕士学位，并在佐治亚大学获得会计学博士学位。亨宁格尔教授本科生和研究生的会计信息系统、数据通信、数据分析，以及财务和管理会计课程。他曾在纽约州立大学布法罗分校（State University of New York, SUNY）、新加坡管理学院（Singapore Institute of Management）以及克罗地亚萨格勒布的国际商学院和代数大学（International Graduate School of

Business and Algebra University）教授 e-MBA 课程。他的研究领域包括线上财务披露、线上团队决策、盈余管理和 ERP 系统。他是杨百翰大学 SAP 校园协调员。他曾担任《会计信息系统教育家杂志》（*Accounting Information Systems Educator Journal*）的编辑和副主编。在进入学术界之前，他曾在安永会计师事务所（Ernst & Young）担任审计师，并在塞浦路斯矿业公司（Cyprus Minerals Corporation）担任系统管理员。

之前的内容贡献者

基普·霍尔德内斯（Kip Holderness），博士、注册会计师、注册管理会计师，注册舞弊审计师，是西弗吉尼亚大学（West Virginia University）会计学副教授。霍尔德内斯博士毕业于杨百翰大学，拥有会计学学士学位和会计学硕士学位。他在宾利大学（Beutley University）获得了会计学博士学位。他教授管理会计和法务会计，并与博士生广泛合作进行各种研究项目。霍尔德内斯博士的研究主要关注欺诈和员工违纪行为对个人和组织的影响以及改进的检测方法。他还研究了性格和职场代际差异的影响。他在欺诈和取证、审计、管理会计、信息系统和会计教育等领域的从业者和学术期刊上发表过文章。此外，霍尔德内斯博士还获得了美国防止欺诈协会（Institute for Fraud Prevention）和管理会计师协会（Institute of Management Accountants）的大量研究资助。

梅根·切法拉蒂（Meghann Cefaratti），博士，是北伊利诺伊大学（Northern Illinos University）会计系副教授。她在弗吉尼亚理工大学（Virginia Tech.）获得会计学博士学位。切法拉蒂教授主讲财务会计和审计服务。她主要的研究方向是审计师对舞弊风险的评估判断。她的论文在 2011 年被美国会计学会（AAA）法务与调查会计分会认可。此外，她的研究成果还获得了会计和信息系统教育家协会颁发的奖项，并已在《信息系统杂志》《信息系统协会杂志》《法务与调查会计杂志》和《内部审计师》等期刊发表多篇论文。她是空军审计局（AFAA）的前任审计师，她的审计工作范围包括美国马里兰州安德鲁斯空军基地、国防部和各种空军国民警卫队设施。在为 AFAA 工作之前，她曾在马里兰州巴尔的摩的普华永道会计师事务所任税务专员。

加里·柯金斯（Gary Cokin），注册生产和库存管理师（CPIM），在企业和公司绩效管理（EPM/CPM）制度方面是国际公认的专家、演说家和作家。他是基于分析的企业绩效管理有限公司（Analytics-Based Performance Management LLC.，www.garycokins.com）的创始人。他的职业生涯起步于一家《财富》100 强公司，他担任首席财务官并负责一些经营工作。随后，他在德勤、毕马威和美国电子数据系统公司（EDS，已被惠普收购）担任顾问长达 15 年时间。

1997～2013 年，加里曾是一家商业分析软件供应商——SAS 的首席顾问。他最新的著作是《绩效管理：整合战略的执行、方法、风险和分析》和《预测性商业分析》。他毕业于康奈尔大学，获得工业工程/运筹学学士学位，并在西北大学凯洛格商学院（Northwestern University Kellogg）获得工商管理硕士学位（MBA）。

丹尼尔·J. 吉本斯（Daniel J. Gibbons），注册会计师，从 2001 年起在瓦邦斯社区学院（Waubonsee Community College）担任会计学副教授。在从事教育工作之前，他在会计和金融领域工作了近 21 年的时间。他在东北伊利诺伊州大学（Northeastern Illinois University）获得会计学学士并在北伊利诺伊州大学（Northern Illinois University）获得金融硕士学位。他居住在伊利诺伊州的内珀维尔（Naperville）。

约瑟夫·康斯坦丁（Joseph Kastantin），注册会计师，注册管理公计师、工商管理硕士、国际注册会计师（ACCA），威斯康星大学拉克罗斯分校（University of Wisconsin-La Crosse）的会计学教授和毕马威中欧和东欧校友，1997～2008 年，他在毕马威中欧分部的专业实践和培训部门全职或兼职地从事工作。康斯坦丁还曾在北方中央信托公司（现更名为信用点公司，North Central Trust 更名为 Trust Point）的董事会和审计委员会任职 3 年，并且在拉克罗斯基金公司（La Crosse Funds）担任了 4 年的董事会主席。此外，他还担任过几家非营利组织的总裁和董事会成员，担任过一家小型制造公司的首席执行官、一家汽车经销商的业务经理、一家纺织品批发企业的总会计师，并曾是个人执业会计师。他发表过 30 多篇期刊文章和著作。他最近发表的一些文章是关于欺诈以及国际财务报告准则（IFRS）和美国公认会计原则（US GAAP）下减值的实务指导。他曾在美国陆军服役近 10 年（SFC E-7），先后被派驻韩国和越南等地，他是美国陆军军事学校（US Army AG School）的教官和美国军职编码（MOS）的作者。

另外，特别对蔡楚燊、肖迪、郑晓博、吕鹏老师之前所做的翻译工作表示感谢。

考生须知

CMA 认证

美国注册管理会计师（CMA）认证为会计人员以及专业的财务人员提供与管理会计知识和能力相关的客观衡量标准。作为专业财务人员重要的资质证明，CMA 在全球范围内被认可，它促使财务人员不断拓宽专业技能和打造全球视野。

CMA 考试由两部分组成，其目的是开发和考核批判性思维与制定决策的能力，以期实现以下目标：

- 通过确认管理会计的专业职责，基于管理会计和财务管理的知识构建管理会计体系和相关课程，通过课程的学习使管理会计得到认可。
- 鼓励在管理会计和财务管理领域实施更高的教育标准。
- 建立一套客观的评价指标，用来衡量个人在管理会计和财务管理领域的知识和胜任能力。
- 鼓励持续发展专业技能。

获得 CMA 认证的人员会获得如下收益：

- 展现出更出色的商业能力以及战略财务技能。
- 获得最新的专业知识并提升对企业成功至关重要的技能和能力。
- 承诺不断追求卓越，以强大的职业道德感为基础并进行终身学习。
- 促进职业发展、薪酬提升和职位晋升。

CMA 认证由美国注册管理会计师协会（ICMA）独家授予。

CMA 考试大纲（LOS）

CMA 考试内容基于美国注册管理会计师协会（ICMA）所制定的考试大纲（LOS）。考试大纲以部分、章和节的形式描述了参加 CMA 考试需要掌握的知识和技能。本教材紧扣 LOS，并涵盖了 LOS 中列示的所有知识要点。考生依据 LOS，确保能全面理解各种概念的内涵与外延，并且有能力将其灵活运用到不同的商业情境中。考生还应该掌握 LOS 中所要求的计算能力，并可以完成计算或给出计算过程中所遗漏的步骤。当然 LOS 并不能代替最终的考试题目。考生应该将其作为在备考过程中了解考试涉及内容的学习指南。

本教材在最后的附录 B 中给出了美国注册管理会计师协会制定的 LOS。鼓励考生浏览美国管理会计师协会（IMA）的网站获取与考试相关的其他信息，网址为 www. imanet. org。

CMA 考试形式

CMA 考试是一个高水平的内容测试，这意味着通过标准是熟练掌握而非初级了解。因此，对所有主要考点，均会考核考生在信息综合、情境评估以及提出建议等方面的能力。另外还会考核考生对问题的理解和分析能力。然而，与之前版本的考试相比，新的 CMA 考试将会更多地考核高难度的问题。

考试内容基于考试大纲的框架，考核的是大纲中管理会计师预期应该具备的专业水平和能力。

CMA 考试包括两个独立科目的考核：第一部分：财务规划、绩效与分析；第二部分：战略财务管理。每门考试时间均为 4 小时，考试形式包括选择题和简答题。先是 100 道选择题，然后是 2 道简答题。所有考题，无论是选择题还是简答题，均在 LOS 的框架内。因此考生在备考时不仅应理解各考点相关的学习内容，还应该练习如何回答选择题和简答题。制订学习计划部分和本教材的最后一部分可以帮助考生学习如何回答不同类型的题目。

考生应掌握的基础知识

CMA 的考试内容基于考生已经掌握了必备的一系列基础知识的假设。这类知识包括经济学、统计学基础以及财务会计的相关知识。以下举例说明这些知识如何被运用到考试当中：

- 如何计算边际收入和边际成本，以及理解市场结构与产品定价之间的关联。

- 在金融风险管理中，如何计算方差。
- 作为交易分析的组成部分，如何编制现金流量表以及如何评估交易对财务报表所产生的影响。

需要注意的是，强烈建议考生在备考时要确保自己掌握足够的会计和财务基础知识。

对考生的总体期望

完成 CMA 考试需要考生投入足够的时间和精力，完成每一个部分的备考至少需要 150 个小时的学习时间。完成两部分的考试是一项重大的投资，但回报也同样丰厚。CMA 可以帮助你奠定坚实的职业基础，有别于其他会计人员，提升你的职业发展水平，让你终身受益。

能否成功完成这些考试，将取决于你是否制定了严密的学习计划，以及切实执行该计划的能力。IMA 为考生提供学习资源和工具帮助考生度过备考阶段，我们希望考生能够尽快注册成为 CMA 学员，最大化地利用这些学习资源和工具去满足你个人学习的需要。同时，为了进一步了解 CMA 的相关知识以及 LOS，我们也建议考生去寻求其他资料。

想了解更多关于 CMA 认证、CMA 考试或 IMA 所提供的考试资源等相关信息，请访问网站 www. imanet. org。

权威文献中的标准和公告发生变动的发布日期和生效日期，可能有早于适用日期的情况。这些变动将在生效日期一年后出现在 CMA 考试中。本教材所反映的内容是涉及目前考试的标准。

教材使用说明

本教材基于美国注册管理会计师协会（ICMA）构建的 CMA 知识体系进行编写。本教材的目的是帮助考生学习管理会计的相关知识，出版商和教材作者并不提供法律或专业服务。尽管这本教材基于 CMA 考试的知识体系进行编写并且涵盖了两部分的考试大纲（LOS），但教材的开发人员不能使用当前的 CMA 题库。考生需要学习美国注册管理会计师协会公布的 LOS，了解所有与 LOS 相关的概念和计算方法，牢牢掌握如何在 CMA 考试中解答单项选择题和简答题。

一些备考工具提供了关键考点总结，另一些备考工具则能帮助考生练习与特定知识点相关的样题。本教材作为一个综合备考工具，可以帮助考生学习 LOS 内容，掌握如何完成 CMA 考试以及练习回答各种题型的考题。

教材内容

本教材**目录**根据美国注册管理会计师协会制定的 CMA 考试内容说明编写。每一个章、节、小节基于考试内容说明命名并参考了根据考试内容说明制定的**考试大纲（LOS）**。当你学习各章节时，可以参考附录 B 中给出的考试大纲，进而复习教材中的内容，帮助掌握考试大纲中概念和公式的运用。

LOS 索引提供了对考试大纲的快速参考，以及其中的关键要点。这部分不应该取代这本书中对材料的深入讨论。然而，这些索引内容确实有助于复习所学的知识，并可以作为一种工具来巩固你所获得的知识。

本节习题和**本章实战练习**按照考试真题的样式给出，通常来说这些问题涉及大量的文字叙述或计算。考生可以试着利用你所学到的知识回答这些问题，并通过在线测试题库查找更多的样题来练习（参见下文）。

本教材也给出了一份**参考文献**，考生如果需要，可以根据这份参考文献更加全面地了解更多 LOS 中的学习要点。我们鼓励考生使用已发表的学术资源。尽管一些信息可以在网上找到，但我们不鼓励考生去使用开源但未经审核的信息，例如维基百科。

教材学习流程建议

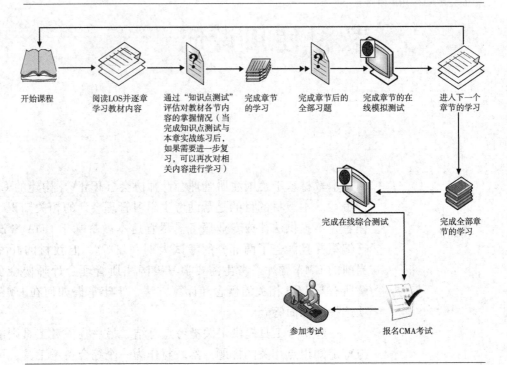

注：本书不提供在线功能。

教材特色标记

本教材使用了很多有特色的标记，以吸引考生注意某些内容：

关键术语用**黑体字**表示，教材中会给出关键术语的定义，以方便考生快速地浏览以及学习这些定义。

 重要公式通过左边图标表示。考生要确保能够完全理解这些公式，并且可以正确应用这些公式。

 本节习题在每一小节的最后，并且都是具有代表性的考试真题，以帮助考生检验对本节内容的理解和掌握程度。

 学习指南图标表示与 CMA 考试相关的学习策略和备考方法。

 本章实战练习在每个章节后面，这些习题可以帮助你巩固所学的章节内容，从而可以在考试中熟练解答类似问题。

 LOS 图标会在章节内容中突出表示，方便考生了解每个章节的学习要求。

在线测试题库[①]

　　在您所购买的教材的第二部分中，包含了一个在线测试题库。这个题库包含**六个章节的测试题**，每章测验的试题是从你选择的这一章节中随机生成。该题库还提供了一套与第二部分 CMA 考试相关的综合模拟题，该套模拟试题各章节内容与实际考试中所占比例大体相同。这是一个有超过 2 000 道习题的在线测试题库，所以每次测试都可以随机挑选到涵盖该章节中各个考点的不同问题。所有的选择题都会根据考生的答案给出反馈。你的分数会被记录下来，这样你就可以跟踪你的学习进度了。

　　建议考生可以将在线测试题库的应用贯穿在整个的学习过程当中。章节测试应该与教材内容的学习同步进行，阅读和学习章节内容然后通过在线测试题库练习该章相关内容，可以帮助考生进一步了解对知识点的掌握情况，还可以帮助考生确认在开始下一章节内容的学习前是否需要对本章内容进行深入的学习。

　　综合的模拟测试帮助考生模拟真实 CMA 考试的环境。当完成了 CMA 第二部分所有内容的学习，你可以尝试去做模拟测试。建议考生在模拟考试环境——没有干扰的情况下进行 4 个小时的测试，中间不要看书，像真正考试一样完成模拟测试。这可以使你更好地准备考试以及对自身的准备情况有所了解。

　　此外，在线测试题库还提供了简答题样题，用于模拟真实的考试环境，而且提供了正确答案，使考生可以对自己的回答进行打分。

　　建议考生充分利用所有的在线练习和复习工具。需要注意的是，这些复习工具通常是需要订购的，并且只能在注册后的一定月份内使用。

CMA 应试技巧

　　CMA 考试时间为 4 个小时，考试采用单项选择题和简答题的形式，来测试考生对教材内容的理解程度。这意味着你必须掌握在考试中完成两种题型的技巧。关于简答题，本书中提供了答题技巧、答题指南以及简答题举例等信息。考生一定要学习书中给出的"简答题应试指南"，并使用在线测试题库中的简答题进行练习，以此来掌握简答题的答题技巧。

---

① 本书不提供在线测试题库，相关叙述之所以保留，只是为了读者能了解英文原版教材的在线功能。

制定学习计划

CMA 认证考试由两部分组成，每一部分均综合采用单项选择题和简答题这两种形式，来测试你对这一门课程的概念、术语和计算方法的掌握情况。制定并严格执行你的计划是考试取得成功的关键。下面的建议和策略将会帮你制定和执行你的学习计划。

学习建议

学习有很多方法，计划的制定将取决于你的生活方式（什么时间学习和怎样安排学习时间）、你的学习方式、对内容的熟悉程度，以及你应试写作的熟练程度。只有当你评估了这些因素以后，才能制定有效的计划。

以下建议是很多考生的经验之谈。

- 合理安排学习时间，不可轻易改变。
- 避免进行突击式学习。可以尝试将学习任务和时间进行分解。举个例子，你可能在没有打扰的情况下专心学习 45 分钟，然后休息 15 分钟，在这段时间里去做一些其他事情。你可以离开房间，和别人聊聊天或做一些运动。
- 留意关键知识点，特别是不熟悉的知识。随后温习，以确保理解。
- 对教材当中的术语和公式要特别注意，确保掌握 CMA 知识体系中常用的缩略词。
- 使用具有个性特点的方式来帮助记忆关键信息。比如，使用"CCIC"去记忆 4 个道德标准：胜任能力（competence）、保密（confidentiality）、正直（integrity）和可信（crediblity）。
- 使用小卡片等手段辅助学习。
- 使用索引卡，把问题写在一面，然后把答案写在另一面。这会帮助你加强学习，因为读和写同步进行。例如：＿＿＿＿是什么？列出＿＿＿＿的 5 个部分。
- 需要注意的是，在阅读过程中，为你不熟悉的知识点和问题、关键术语和公式以及其他要点制作记忆卡。
- 保持随身携带一些卡片的习惯，当你有时间的时候可以查看，比如在电梯里、约会等人时等等。

- 找伙伴帮助你学习，这个人不需要有会计知识。他或她只需要有耐心坐在你身边帮助你读记忆卡上的问题。
- 考试时间临近时，开始忽略一些简单的问题，将注意力关注于有挑战性的知识点和问题。
- 如果某些知识点理解上比较困难，可以使用其他资源（如网络、图书馆、从事会计工作的同事或大学教授等），以帮助你理解复杂的知识点。
- 灵活运用你的学习计划，在你对 CMA 知识内容有了一定的了解以后可以相应调整学习计划。
- 使用书中的本节习题评估你对刚刚学过的内容的掌握情况。
- 完成了单章的学习后，使用与该章节相关的在线测试题库的单项选择题进行测试，评估你对这种题型的解答能力。在完成了 40 道测试题后，使用教材复习你在测试中发现的薄弱之处，然后再接着进行在线测试。
- 需要学会如何去解答单项选择题。本书配有很多关于选择题答题技巧和指南的在线资源。
  - 一定要答完所有的问题。答错了并不会倒扣分。如果你因为不确定而不去试着回答，你也就失去了答对的可能性。
  - 使用第一部分的在线测试，评估在模拟考试中选择题的答题情况。
- 学习写出有效的简答题答案的技巧
  - 使用这本书中给出的"简答题应试指南"。"简答题应试指南"给出了简答题的评分标准，以及好、较好和最佳答案示例，另外还有一些实用的简答题应试技巧。
  - 了解简答题的评分规则，争取获得尽可能多的分数，哪怕你对那个问题不是很有把握。
  - 通过本教材和在线测试题库中的样题，进行简答题应试练习。
- 在考生对内容完全掌握之后，再使用在线测试题库和简答题样题进行练习。

好好休息保持体力，确保你的身体条件能应付得了 CMA 考试，因为每一部分的考试时间长达 4 个小时，中间没有休息时间，也不能吃东西。掌握选择题和简答题的应试技巧，并在心理上和身体上同时做好准备，这样可以显著提高你的成绩。全面学习教材内容，以充满信心、灵活变通的心态去夯实基础，成功地通过 CMA 考试。

前　言

欢迎学习美国注册管理会计师（CMA）认证考试辅导教材的第二部分，即《战略财务管理》。

第二部分由六章构成：

第一章：财务报表分析（20%）着重讲述了评估组织财务健康状况时使用的重要比率和其他分析工具，包括特殊问题的范围，如海外业务的影响，不断变化的价格和通货膨胀，以及盈利质量。

第二章：公司财务（20%）考查企业财务的关键概念，包括风险与收益、营运资金管理、筹集资本、公司重组和国际财务问题。

第三章：决策分析（25%）考查决策制定过程中的基本信息，包括相关成本分析、本量利分析、定价概念和边际分析。

第四章：风险管理（10%）侧重于企业风险管理（ERM）。它解决的是风险识别、评估，以及风险缓解策略。

第五章：投资决策（10%）首先概述了资本预算编制过程，然后回顾了资本投资的分析方法，如净现值法、内含报酬率法、回收期法。

第六章：职业道德（15%）关注管理会计人员、财务会计人员以及组织所面临的职业道德问题，它讨论美国《反海外腐败法》的条款和IMA管理会计公告（SMA）《价值观和道德规范：从确立到实践》。此外，本章还将在个人在组织中所面临的道德要求的范围内，提出《IMA职业道德守则公告》。

第一章

财务报表分析（20%）

财务报表不但总结了公司以往的绩效，也为报表使用者预测该公司未来的绩效提供了有用的信息。股东、债权人和财务分析师需要进行财务报表分析。它还是管理会计人员用来更好地理解公司所处竞争地位的重要工具。

财务报表分析有助于发现关键财务数据的变动趋势，比较不同公司的财务业绩，并通过计算财务比率来评估公司现在的绩效水平和未来的发展前景。而且公司内部的管理会计师也要熟悉外部投资者评估其所在公司时使用的分析技术，这其中就包括财务报表分析。

本章介绍了一些重要的财务比率，同时介绍了用于评价公司财务状况是否健康的其他分析工具。本章还涉及一些特殊的问题，比如汇率波动和盈利质量。

基本财务报表分析

在美国，公司需要按照会计准则汇编（Accounting Standards Codification，简称 ASC）的要求编制通用目的的财务报告。美国证券交易委员会（US Securities and Exchange Commission，简称 SEC）规定，即使是境外公司，如果要在美国发行证券，通常也需要遵循上述财务报告的要求。SEC 还颁布了一些单行规定，对于发行证券的公司来说，这些规定也是会计准则公告必不可少的组成部分。

根据财务会计准则委员会（FASB）颁布的《财务会计概念公告第 8 号——财务报告概念框架》的表述，"通用目的的财务报告的目标是向报表使用者提供关于某一特定报告主体的财务信息，以有助于其做出经济决策。其中，'报表使用者'包括现有或潜在的投资人、借款人或其他债权人；报表使用者的'经济决策'是指给该报告主体提供资源的决策，包括（1）买入、卖出或持有该主体发行的权益及债务工具，及（2）向该主体提供或收回贷款或其他形式的信贷资金。

"许多现有或潜在的投资人、借款人或其他债权人不可能要求报告主体根据其信息需求，直接向其提供量身定制的专门财务信息，他们只能依赖通用目的的财务报告获取其所需要的大部分财务信息。于是，这些人成为了通用目的的财务报告的主要使用者。

"通用目的的财务报告并不直接显示报告主体的价值，但能为价值评估提供有用信息，帮助报表使用者来评估报告主体的价值。"

为了评价企业价值，财务分析师以不同方式考察公司的财务报告。他们可能要把财务报表转化成其他形式（例如结构百分比的形式），并考虑影响公司绩效的其他事项。另外，财务分析师还要在基期财务报表基础上，进行趋势分析，并考察某些重要报表项目的增长率。

根据上述财务会计准则委员会（FASB）颁布的《财务会计概念公告第 8 号》，"现有的和潜在的投资人、借款人或其他债权人需要相关信息，帮助他们评估报告主体未来现金净流入的前景。

"为了评估报告主体未来现金净流入的前景，报表使用者需要的相关信息包括：该报告主体所拥有的或控制的经济资源、其他主体对该报告主体所拥有的索取权，以及该报告主体的董事会和管理层履行受托责任、使用报告主体的经济资源的有效性。"

此外，会计准则公告要求通用目的的财务报告综合使用历史成本、公允价值以及调整后的成本等多种计量属性。这样，财务分析师需要从通用目的的财务报告出发，考虑编制财务报告适用的不同计量属性和会计政策，为特定报表使用者定制其所需的分析结论，帮助他们评估报告主体未来现金净流入的前景及风险。

 请先阅读附录 B 中列举的本节考试大纲（LOS），再来学习本节的概念和计算方法，确保您了解 CMA 考试将要考核的内容。

结构百分比报表

所谓结构百分比报表，是指将财务报表中的所有项目，以其占某一基准项目的百分比的形式重新列示而编制的报表，所选定的基准项目，通常是报表上金额最大或重要性程度最高的项目。结构百分比报表可以用于：

- 比较公司同一年份报表上的不同项目。
- 分析公司历年来报表项目的变动趋势。
- 比较同一行业内不同规模的公司（例如比较沃尔玛和塔吉特两家零售企业）。
- 将公司的财务状况和财务绩效，与行业平均水平进行比较。

结构百分比报表便于在不同规模的公司之间进行比较，因为不同公司的财务报表统一按照所占基准项目百分比的形式重新编制，就可以剔除各个项目绝对金额的影响。但有时分析师要比较的是处在不同行业的两家公司，或者是两个同时经营多个不同性质业务板块的企业集团。例如分析师想要比较摩根大通银行和美孚埃克森石油。无论从哪个指标来看，两个公司都规模庞大。但是，这两家企业在创造收入的方式和持有的资产类型上，都有巨大差异。这就要求分析师真正理解这些差异，根据这些差异对结构百分比报表再作进一步调整。

某一公司的结构百分比报表，可以用于与同行业其他公司的结构百分比报表相比较，或者用于和同样转换成结构百分比形式表达的行业平均数据相比较；此外结构百分比报表能够清楚显示报表项目结构分布上的差异，指引分析师去进一步考察并解释这些差异背后的原因。

垂直式（纵向）结构百分比报表

LOS
§2.A.1.a

编制**垂直式结构百分比报表**（vertical common-size statements），首先需要选取一个基准项目（通常资产负债表上选取的是资产总额，利润表上选取的是销售收入净额）。该基准项目本身的取值为 100%，基准项目之外的其他项目的取值是其占基准项目的百分比。图表 2A – 1 和图表 2A – 2 分别显示了 ABC 公司编制的垂直式结构百分比的资产负债表和利润表。

图表 2A-1　垂直式结构百分比资产负债表（ABC 公司）

资产		
流动资产合计	$ 350 000	70%
固定资产净值	150 000	30%
资产总计	$ 500 000	100%
负债和权益		
负债		
流动负债合计	$ 200 000	40%
长期负债	50 000	10%
负债合计	250 000	50%
股东权益		
普通股，面值	25 000	5%
资本公积	100 000	20%
留存收益	125 000	25%
股东权益合计	250 000	50%
负债和股东权益总计	$ 500 000	100%

注：$ 为美元符号，全书同。——译者

图表 2A-2　垂直式结构百分比利润表（ABC 公司）

销售收入	$ 250	100%
销售成本	120	48%
管理费用	85	34%
其他费用	10	4%
息税前利润	$ 35	14%

正如上述图表 2A-1 和图表 2A-2 所示，资产负债表和利润表都能够转化成结构百分比的形式。对于利润表来说，按销售收入为基准转换为结构百分比报表的理由是，利润表项目一般与销售收入这个核心指标息息相关，大多数成本费用都或多或少受到销量的影响。即使是固定成本也可能随着销量变动而变动，虽然这种变动可能表现为阶梯式变动的形式。例如，如果工厂目前只有一条生产线，则该生产线相关的成本会被视为固定成本，但如果企业预计或要求产销量大幅增长，一旦超过现有生产线的产能，就要添置更多的生产线，这时候生产线相关的成本应当视为阶梯变动成本，而不再是真正的固定成本。但是，请注意 CMA 考试假定在特定业务量（如销量）变动范围内，固定成本视为不随着业务量变动而变动。因此，按照各项成本费用占销售收入比例的形式来列示利润表是有意义的。这样的结构百分比报表可以用于在两个或更多公司之间进行比较。

处于不同行业的公司的结构百分比报表有明显差异。通常，同一行业公司的结构百分比报表呈现出更多的相似性，而不同行业公司的结构百分比报表呈现出更多的差异性，这些差异可能体现在报表格式、分类汇总的层级等多个方面。

图表 2A-3 显示了计算机制造、零售、金融和医药四个不同行业的结构百分比报表。如表所示，以下四个行业的资产构成存在巨大差异。

图表 2A-3　不同行业的结构百分比资产负债表

	计算机制造行业	零售行业	金融行业	医药行业
货币资金	3%	7%	3%	10%
交易性金融资产	0%	0%	9%	0%
应收账款及应收票据	21%	9%	7%	11%
存货	6%	25%	0%	1%
预付账款等	4%	5%	7%	6%
投资	33%	8%	65%	15%
固定资产	12%	26%	1%	26%
商誉和无形资产	12%	11%	1%	25%
其他资产	9%	9%	7%	7%
资产总计	**100%**	**100%**	**100%**	**100%**
负债和所有者权益				
短期应付账款	11%	16%	4%	4%
短期借款	7%	10%	2%	5%
其他流动负债	9%	10%	14%	12%
长期借款	23%	22%	15%	47%
其他负债	13%	10%	19%	15%
负债合计	**63%**	**68%**	**54%**	**83%**
所有者权益合计	**37%**	**32%**	**46%**	**17%**
负债和所有者权益总计	**100%**	**100%**	**100%**	**100%**

资料来源：美国国家税务局 2012 年税收数据年度报告（SOI），仅供参考。

值得注意的是，报表中一些项目明显存在差异。例如：

（1）应收账款。零售企业的应收账款只占到总资产 9%，这是因为沃尔玛或塔吉特这样的零售企业，主要接受现金或信用卡付款。

（2）存货。零售企业的存货占到了总资产的 25%，远高于其他行业中的存货占比，这与我们的预期是一致的。然而，金融企业（如银行或保险公司）基本不持有存货或仅持有极少的存货。

（3）投资。对于金融企业来说，投资是最重要的一个报表项目，金融企业特别是投资银行的商业模式就是通过持有投资来谋求高额收益。因此，投资占到总资产的 65% 也就不足为奇了。对于医药企业和计算机制造业企业来说，行业中的领军企业也会投资于同行业规模较小的企业，只不过投资金额占总资产的比重比金融行业要低一些。

（4）固定资产。有趣的是，零售企业和医药企业，持有相当高比例的固定资产（即不动产、厂房和设备）。这意味着，零售企业通常是使用自有商铺而不是租赁商铺开展经营的。类似的，医药企业也有相当一部分资产被"生产资料"（厂房和设备）所占用。然而，金融企业在固定资产上的投入是微乎其微的，因为这些企业开展业务并不需要生产车间和机器设备，如前所述，它们的资产主要由投资构成。另外需要指出的是，传统的制造业企业通常有相当大比例的资产是固定资产。但在过去的几年里，生产外包的业务模式有大幅的增加，导致了制造业企业固定资产占比有所下降。

（5）负债和权益。通过分析结构百分比资产负债表上的负债和权益，我们可以洞悉企业是如何融资的。计算机制造企业和医药企业债务融资的比例分别占到了 63% 和 83%。零售企业和金融企业也有一半以上的资金来源于债务融资。

对于结构百分比的利润表，我们也可以做类似的分析。不同行业有不同的成本结构和利润空间。通过比较各类成本费用（如销售成本、研发费用、广告费用、管理费用）的比重，能印证不同行业的不同商业模式。例如，相对于销售成本占比较高的零售企业来说，医药企业的产品销售成本占收入的比例非常低，意味着其毛利率很高。医药企业的研发费用占收入的比率很高，而零售企业基本不发生研发费用。

在研究结构百分比报表的时候，这种结合行业特征的分析和推断是至关重要的。单纯机械的把报表转变成结构百分比的形式，没有太大的实际意义；分析师需要根据已有的经验和知识形成预判，然后将这些预判与从报表出发推断出的结论相比照，进而识别出值得关注的问题。利用财务数据和非财务数据做出推断的技巧，对审计工作也很有用。审计工作的关键就在于分析数量关系是否在预期的合理范围内，如果超出了预期的合理范围，通常就需要进一步调查原因。

水平式（横向）结构百分比报表

LOS
§2.A.1.b

LOS
§2.A.1.c

水平式结构百分比报表（horizontal common-size statement）用于比较同一家公司不同年份的财务数据及其相互关系。在本书中，水平式结构百分比报表也笼统地称为**变动分析**（variation analysis）、**趋势分析**（trend analysis）。在水平式结构百分比报表上，某一报表项目基准年份的金额按 100% 列示，该项目后续年份的金额按其占基准年份金额的百分比或较基准值的倍数来列示，以便体现其相对于基准年份的增减变化。这种形式的财务指标也被称为同比财务指标。如图表 2A-4 所示：

图表 2A-4 水平式结构百分比报表（变动分析或趋势分析）

	第 0 年	第 1 年	第 2 年	第 3 年	第 4 年
销售收入	$ 200 000	$ 210 000	$ 250 000	$ 260 000	$ 300 000
基准值的倍数	100%	105%	125%	130%	150%
销售成本	$ 100 000	$ 110 000	$ 130 000	$ 150 000	$ 160 000
基准值的倍数	100%	110%	130%	150%	160%

在图表 2A-4 中，通过计算出销售成本和销售收入各自的增长率并相互比较就能很容易发现，公司的销售成本比销售收入增长速度更快。通过水平或

趋势分析，检验数据之间的关系并发现企业的优势和劣势。在本例中，这意味着管理层需要加强成本控制。水平分析可以揭示变动的方向、速度和幅度。进一步地分析还可以审查收入相关的其他事项的金额变动趋势，例如销售收入在增长，但是应收款项却在以更快的速度增长，两者的增长速度不一致。变动可以分为逐年变动和长期趋势。

审阅水平式结构百分比报表中每一行数据，可以迅速发现某一特定项目金额较上一年度的异常变化。大幅的变化或趋势的逆转（例如在连续多年上升之后忽然转而下降）往往提示需要进一步调查分析其问题。水平分析能够在一开始就快速提供多期财务报表的概览，但是对于全面的财务分析，这才刚刚开始，远未完成。水平分析的目的在于发现问题，引导思路，它能够有效地把分析师的注意力快速引导到需要进一步调查的异常项目上来。

水平式结构百分比报表分析得到的结论必须审慎解读。各年之间的变化其实可以用绝对金额来表示，但在水平式结构百分比报表上，却通常是用百分比来表示的。使用百分比的时候，分析师必须记住作为比较基准的金额有多大。例如，净利润一年增长 400%，这一增长率乍听起来相当可观，但如果作为比较基准的上年净利润其实只有 1 000 美元，那么这个增长率就没什么实际意义。

当基准值是零或者是负数时，或者变动后新的数值是零时，变动百分比也没有实际意义。例如，某公司的净利润在第一年为负，在第二年转为正，这就无法用变动百分比来体现利润增长。这种情况下，只能比较净利润的原始金额。

水平分析还可以用于成本控制。正享受收入增长的公司，可能不屑于或无暇进行成本控制。结果导致成本管理上的松懈，加上阶梯式变动的成本性态，会带来固定成本（包括制造费用和其他间接成本）激增。水平分析能显示固定费用随着销售增长而逐渐增长的趋势。固定费用的增长如果是由于通货膨胀所导致的，或者是由于业务和产能扩张所导致的，则属于正常情况；如果是资源浪费或耗用过度所导致的，就需要进行调查，并采取措施控制这些费用以提高盈利能力。

如果各年之间的变动是以实际货币金额的形式表达，分析师则必须记得与公司发展的起点相比较。例如，同样是销售收入一年内增长了 100 000 美元，这一事实对于一家初创时收入只有 10 000 美元的公司来说，和对于一家一开始收入就有 2 000 000 美元的公司来说，显然有截然不同的意义。

连续数年的数据可以通过移动平均数来考察。也就是说，水平分析可以建立在两到三年的移动平均值的基础上。这样做的目的是，在数据波动较大的情况下，"平滑掉"个别年份里数据异常波动带来的干扰，同时也能将真正对多期平均值和趋势有影响的异常年份识别出来。如果想了解更多这方面的知识，可以搜索查尔斯·房（Charles Fung）写的一篇名为"分析性程序"（Analytical Procedures）的文章，这篇文章简明扼要，通俗易懂，虽然主要针对的是使用国际会计准则（IFRS）的读者，但对其他读者也有裨益。

财务报表基本常识

基本财务报表有四张，四张报表之间存在特定的数据勾稽关系。因此，财务报表通常按照下列顺序编制：

- 利润表。利润表上净利润金额要带入到所有者权益变动表。
- 所有者权益变动表。所有者权益变动表上留存收益的期末余额要带入到资产负债表的所有者权益部分。
- 资产负债表。资产负债表项目期初和期末的变动金额、利润表上的净利润以及所有者权益变动表体现的所有者权益（含留存收益）的其他变动，都是编制现金流量表需要的基础数据。
- 现金流量表。现金流量表最后编制。

由于企业和行业的性质不同，利润表需要列示的报表项目也有所不同。例如，常见的多步式利润表需要列示下列项目：

- 销售收入净额
- 减：产品销售成本
- 等于：毛利润
- 减：营业费用
- 加/减：其他收入/费用
- 等于：持续经营的损益
- 加/减：中止经营的损益
- 等于：税前利润总额
- 减：所得税费用
- 等于：净利润

利润表所列示的产品销售成本通常按照下列方法计算（当然也存在其他计算格式）：

期初存货余额

+ 净采购金额（扣除购货退回、采购折扣、采购折让之后的）

+ 进货运费

= 可供销售的存货金额

– 期末存货余额

= 当期产品销售成本

记住，上式中"可供销售的存货金额"按道理只能分配到两个报表项目，一是资产负债表上的存货项目期末余额，二是利润表上销售成本项目的本期金额。

本节习题：
基本财务报表分析

说明： 在下列空白处作答。参考答案及解析在本节习题后给出。

1. 一家公司的财务报表中的相关余额如下：

收入	$32 000 000
产品销售成本	16 000 000
净利润	4 000 000
资产合计	80 000 000
所有者权益合计	40 000 000

在结构百分比利润表中显示的净利润为：

☐ **a.** 5.0%。

☐ **b.** 10.0%。

☐ **c.** 12.5%。

☐ **d.** 25.0%。

2. 一名财务分析师正在审阅一家公司最近一个会计年度的财务报表。相关数据如下所示：

资产（千美元）		负债与所有者权益（千美元）	
现金	$150	应付账款	$300
应收账款	250	应付票据	200
存货	400	长期借款	500
厂房和设备净值	1 200	普通股东权益	1 000
合计	$2 000	合计	$2 000

这名财务分析师想要利用结构百分比的财务报表来研究该公司与该行业其他公司的关系。则流动资产的比例为：

☐ **a.** 20%。

☐ **b.** 25%。

☐ **c.** 35%。

☐ **d.** 40%。

3. 某公司第 1、2、3 年的资产负债表上期末存货的余额分别为：500 000 美元、600 000 美元和 400 000 美元。在编制以第 1 年为基准年的横向结构百分比报表分析时，第 3 年的变动百分比将为：

☐ **a.** (25%)。

☐ **b.** (20%)。

☐ **c.** 20%。

☐ **d.** 80%。

本节习题参考答案:
基本财务报表分析

1. 一家公司的财务报表中的相关余额如下:

收入	$ 32 000 000
产品销售成本	16 000 000
净利润	4 000 000
资产合计	80 000 000
所有者权益合计	40 000 000

在结构百分比的利润表中显示的净利润为:
- ☐ **a.** 5.0%。
- ☐ **b.** 10.0%。
- ☑ **c.** 12.5%。
- ☐ **d.** 25.0%。

结构百分比的财务报表可以让使用者对比不同时期的财务报表,进而分析发展趋势。使用者应计算报表中每个项目相当于基准项目金额的百分比。在本例中,基准项目是收入;因此,在结构百分比的利润表中列示的净利润的金额为 12.5% (4 000 000 美元 ÷ 32 000 000 美元)。

2. 一名财务分析师正在审阅一家公司最近一个会计年度的财务报表。相关数据如下所示:

资产(千美元)		负债与所有者权益(千美元)	
现金	$ 150	应付账款	$ 300
应收账款	250	应付票据	200
存货	400	长期借款	500
厂房和设备净值	1 200	普通股东权益	1 000
合计	$ 2 000	合计	$ 2 000

这名财务分析师想要利用结构百分比的财务报表来研究该公司与该行业其他公司的关系。则流动资产的恰当的比例为:
- ☐ **a.** 20%。
- ☐ **b.** 25%。
- ☐ **c.** 35%。
- ☑ **d.** 40%。

流动资产的结构百分比是用公司的流动资产总额除以公司总资产计算得到。这家公司拥有 800 000 美元的流动资产,包括 150 000 美元的现金、250 000 美元的应收账款和 400 000 美元的存货。流动资产占总资产的百分比为：40%（800 000 美元÷2 000 000 美元）。

3. 某公司第 1、2、3 年的资产负债表上期末存货的余额分别为：500 000 美元、600 000 美元和 400 000 美元。在编制以第 1 年为基准年的横向结构百分比报表分析时，第 3 年的变动百分比将为：

☐　**a.**（25%）。

☑　**b.**（20%）。

☐　**c.** 20%。

☐　**d.** 80%。

在本题（列示第 3 年的变动百分比）所要求的水平分析中，需要计算每个账户为基期年份账户的变动百分比。基期年为列示出年份中最早的一年。第 1 年到第 3 年存货减少了 100 000 美元，用减少额 100 000 美元除以基期第 1 年的存货金额 500 000 美元。计算得到的结果是从第 1 年到第 3 年存货下降了 20%。

财务比率

财务比率是指财务报表数据之间、财务报表数据与非财务报表数据之间相比较的结果，这种比较可以是各期数据之间的比较，也可以是与基准值的比较。比如，应收账款周转率是财务报表数据之间相比较的结果，它等于赊销净额除以应收账款的平均余额；又比如，每股收益是财务报表数据与非财务报表数据之间相比较的结果，简单地说，它等于净利润除以发行在外的普通股的加权平均数。财务比率提供了一些报表上的金额本身所提供不了的、关于公司财务健康状况的额外信息。财务比率通常用于做出三类推断：关于公司流动性、偿债能力和营运能力的推断，关于公司资本结构的推断，以及关于公司盈利能力的推断。

 请先阅读附录 B 中列举的本节考试大纲（LOS），再来学习本节的概念和计算方法，确保您了解 CMA 考试将要考核的内容。

流动性比率和偿付能力比率

流动性（liquidity）衡量流动资产变现和流动负债到期的相对速度，并体现公司偿还短期债务的能力。既然公司绝大部分债务是要用现金偿还的，那么公司把非现金资产转变为现金以用于偿债的速度，可以用来合理衡量该公司的偿债能力。这里需要说明的是，财务报表上有三项特殊的负债，并不真正需要用现金偿还：

1. 预付费用款，即已经用现金支付且未来无法转换为现金的预付款项，最常见的就是，随着时间的推移，它们在报表中列示为费用进行披露。

2. 预收账款，它代表了已经从客户那里收取的价款，但是赚取该价款的过程尚未完成；

3. 递延所得税负债，它会随着未来应付所得税的增加而逐渐自动转回，并不需要偿付。

由于债务到期偿付的时间期限不同，分析师需要分别考虑短期、中期和长期的流动性。在分析短期流动性的时候，由于偿债时间紧迫，只能考虑少数几类能够迅速变现偿债的资产；而在分析中期或长期流动性的时候，由于偿债期限相对宽松，更多能够出售变现的资产都可以予以考虑。

LOS §2.A2.d

偿债能力（solvency）是指公司在到期时偿还长期债务的能力，或支付长期固定费用并满足长期扩张和增长需要的能力。偿债能力的实质，就是公司的资产能够在多大程度上覆盖公司的负债。偿债能力和流动性容易混淆，二者毕竟并不是一回事。各种账户的组合，主要是一些财务比率，既可以用来衡量流动性，也可以用来衡量偿债能力，其中的几个关键财务比率将贯穿本节始末。

营运资本分析

营运资本（working capital）是衡量公司偿还短期债务能力的指标，其关注的是公司短期内的财务健康状况。营运资本也被称作净营运资本（NWC）。净营运资本的计算公式为：

$$净营运资本 = 流动资产 - 流动负债$$

$$净营运资本比率 = 净营运资本/总资产$$

LOS §2.A2.a

上式中，**流动资产**（current assets）包括现金、存货、应收账款等能够在一年内变现的资产。**流动负债**（current liabilities）包括应付账款、应付票据、应交税费、应付利息等需要在一年内偿还的债务。营运资本为正，说明公司的流动资产足够覆盖流动负债。本期的营运资本可以和其他期间的营运资本相比较，以识别是否有需要关注的变动趋势。

我们来比较以下两家公司的营运资本：

- AEW 公司有流动资产 1 000 000 美元，流动负债 500 000 美元，则 AEW 公司的营运资本 = 1 000 000 美元 – 500 000 美元 = 500 000 美元。
- KF 公司有流动资产 20 000 000 美元，有流动负债 19 500 000 美元。

则 KF 公司的营运资本 = 20 000 000 美元 – 19 500 000 美元 = 500 000 美元。

同样是金额为 500 000 美元的营运资本，对于只有 1 000 000 美元流动资产的 AEW 公司，和对于拥有 20 000 000 美元流动资产的 KF 公司，其意义显然是不同的。为了理解相同的营运资本对不同公司流动性意味着什么，分析师还需要测算流动比率、速动比率、现金比率等财务比率，以检验流动资产和流动负债之间的相对关系。

流动比率

流动比率（current ratio）衡量流动资产覆盖流动负债的程度。流动比率越高，说明公司利用流动资产偿还流动负债的能力越强，其流动性越好。

$$流动比率 = 流动资产/流动负债$$

仍沿用上述案例中的数字：

- AEW 公司的流动比率 = 1 000 000 美元/500 000 美元 = 2。这意味着 AEW 公司的流动资产足以覆盖其实际流动负债的 2 倍。
- KF 公司的流动比率 = 20 000 000 美元/19 500 000 美元 = 1. 026。这意味着 KF 公司的流动资产刚好能够支付其实际流动负债的金额。

AEW 公司和 KF 公司虽然具有相同金额的营运资本，但是显然 AEW 公司财务状况更稳健，流动性更强，即使在短期内不通过出售非流动资产获得额外的资金偿债，其应对不确定性的能力也更强。KF 公司则必须在下一轮债务到期之前设法取得更多的流动资产。看起来 AEW 公司的流动性比 KF 公司更强。

LOS §2.A2.w

使用流动比率来衡量流动性有一定局限性。首先，通常现金才是唯一可以接受的偿债方式，所以分析流动资产的具体构成、判断报表上列示的所谓"流动资产"是否真的能够随时变现用于偿债是至关重要的。

例如，若流动资产中预付账款所占比例很大，那么流动比率会高估公司的流动性，因为预付账款并不直接带来可以偿债的资金。

其次，流动比率无法显示和预测未来现金流的分布，也不能衡量未来的流动性是否充足。例如，若企业大量的应收账款来自同一客户，而这一客户正申请破产，应收账款可能回款缓慢，甚至根本无法收回。账面上的应收账款仅仅在表面上拉高了流动比率，但是事实上一旦这笔大额应收账款无法收回，就会危及公司的偿债能力。

LOS §2.A2.y

最后，流动比率只能反映当前时点上流动资产和流动负债之间的关系。流动性问题可能波及公司财务的其他方面，并最终影响公司偿还长期负债的能力（偿付能力）或公司使用资产的效率（营运能力）。对于传统制造业企业来说，流动比率达到 2.0 或更高，企业才被视为财务状况健康。但是在当前电子商务盛行的经济环境下，流动比率低于这一基准也是可以接受的。

速动比率（酸性测试比率）

速动比率（quick ratio），也叫作**酸性测试比率**（acid-test ratio），在计算时从流动资产中剔除了存货和预付账款，从而能够比流动比率更直接地反映流动性。计算速动比率时之所以剔除预付账款，因为如前所述，预付账款并不直接带来可以偿债的资金。而计算速动比率时之所以剔除存货，是因为存货的周转速度比应收账款和现金慢，存货能否变现取决于公司能否成功销售产品并收回价款。实践中，速动比率有几种不同的计算口径，其差异主要体现在分子的不同调整方式上。CMA 考试所考察的是下列计算公式。

速动比率的分子中包含应收账款。考察速动比率时，需要特别关注分子中所包含的应收账款。应收账款之中，可能存在异常交易条款下形成的大额应收账款，或应收公司股东、管理人员、职工或其他关联方的大额款项。这些非正常应收账款在回款情况及相关风险上，都会与正常应收账款有差别。本节末的练习题中所给出的流动资产，包含了一部分非正常应收账款。这些练习题旨在强化学员在分析速动比率的时候务必考虑非正常应收账款变现能力的意识。

$$速动比率 = \frac{货币资金 + 交易性金融资产 + 应收账款}{流动负债}$$

　　速动比率的分子中还包含现金等价物及交易性金融资产。现金等价物包括库存现金和银行结算账户、储蓄账户和其他账户中的存款。交易性金融资产是指流动性极强的短期投资，通常能够在极短时间甚至几分钟内迅速转换为现金。速动比率达到或超过 1 才是合理的，但是不同行业有不同的标准。和所有财务比率一样，速动比率也需要和公司历史数据比较、和类似公司比较，或者和行业平均值比较，在比较中把握其含义。速动比率是衡量流动性的一个非常有效的指标，但是它并非完美的。现实中，一些定性的信息，比如与供应商和客户的信用条款，都可以用来考察流动性。

　　上文讲述的营运资本、流动比率和速动比率是公认的最常用的流动性指标。但是，其他一些指标能够给分析师提供更多的信息，比如下面要介绍的现金比率和现金流量比率。

现金比率

　　相对于速动比率，**现金比率**（cash ratio）对流动性的考察更为稳健。该比率计算所使用的偿债资产中，剔除了存货和应收账款，只考虑能够立即变现的资产，即货币资金和交易性金融资产，并将其与流动负债相比较。现金比率的计算公式中，分子上的"货币资金"包括现金和现金等价物。

$$现金比率 = \frac{货币资金 + 交易性金融资产}{流动负债}$$

　　下面沿用前述案例中 AEW 公司和 KF 公司的财务信息来计算其各自的现金比率：

　　AEW 公司有流动资产 1 000 000 美元，其中包括金额为 250 000 美元的货币资金和金额为 300 000 美元的交易性金融资产，其他的流动资产均为应收款项和存货。公司的流动负债有 500 000 美元。则 AEW 公司的现金比率计算过程如下：

$$AEW \text{ 公司现金比率} = \frac{250\,000 \text{ 美元} + 300\,000 \text{ 美元}}{500\,000 \text{ 美元}} = \frac{550\,000 \text{ 美元}}{500\,000 \text{ 美元}} = 1.1$$

　　KF 公司的流动资产中，假设现金和现金等价物共计 2 000 000 美元，交易性金融资产共计 9 000 000 美元，其他的流动资产均为应收款项和存货。公司的流动负债有 19 500 000 美元。则 KF 公司的现金比率计算过程如下：

$$KF \text{ 公司现金比率} = \frac{2\,000\,000 \text{ 美元} + 9\,000\,000 \text{ 美元}}{19\,500\,000 \text{ 美元}} = \frac{11\,000\,000 \text{ 美元}}{19\,500\,000 \text{ 美元}} = 0.564$$

　　一个公司持有货币资金和交易性金融资产通常不足以满足偿还流动负债的要求。虽然这一事实限制了现金比率的应用范围，但是现金比率特别适合用于存货周转缓慢或应收账款回款缓慢的公司。现金比率过高，说明公司未能在营业活动中充分有效的利用资源；但是现金比率过低，则说明公司偿还流动负债有问题。有些公司与银行签订了周转信用协议，可以在需要时在授信额度内取得银行贷款；或者与银行签订了透支贷款协议，可以按协议透支款项。银行会针对这些协议项下的贷款或透支金额收取利息。周转信用协议和透支贷款协议本身通常只在报表的附注中披露，只有企业按照这类协议实际借款或透支，从而形成对银行的负债时，才会体现在资产负债表主表中。分析师需要考虑公司通过这类协议进行短期资金融通的能力，如果企业这方面的能力强，则公司持有的货币资金和交易性金融资产即使少一些，也能满足流动性的需求。现金比率的另一项局限体现在，分子中所包含的交易性金融资产必须先要变现才能用来偿债。而交易性金融资产的市场价格每天都在波动中。现金比率通常依据年末一个时点上的市场价格来计算，难以有效衡量企业在一个稍长的时间段里的流动性。

现金流量比率

　　现金流量比率（cash flow ratio）衡量企业日常营业活动所创造的现金流量满足偿债需求的能力。

$$现金流量比率 = \frac{经营活动现金流量}{流动负债}$$

　　上式中，分子上的经营活动现金流量，取自本期的现金流量表。

　　现金流量比率越高，说明企业通过日常营业活动创造的现金流量偿还债务的能力越强。这一比率用于衡量企业通过正常经营活动产生的现金流量，满足短期偿债需求的能力。如果随着时间推移，现金流量比率变得越来越低，则意味着流动性危机很可能接踵而至。如果一家公司的经营活动现金流量净额为负数，则计算现金流量比率将毫无意义。

流动性比率的敏感性分析

　　分析流动性比率，有时需要考察这些比率计算公式中的分子或分母的增减变化，对比率取值的敏感程度。显然，分子越大，一个比率取值就越高，而分母越大，一个比率取值就越低；而从偿债能力的角度看，通常流动性比率的取值越高，说明流动性越好，取值越低，说明流动性越差。

　　结合上述两个结论，比率计算公式中的分子（通常是可偿债的资产或现金流量）增加，将导致比率提高，所反映出的公司流动性改善；而计算公式中的分母（通常是流动负债）增加，将导致比率降低，所反映出的公司流动性变差。

　　下面考虑，如果比率计算公式中的分子和分母同时增加相同的金额，那么比率如何变化呢？这要取决于该比率变化前的取值。如果一个比率取值原本大于 1，那么其分子分母同时增加相同的金额，将会使该比率的取值降低；相反，这种情况下，分子分母同时减少相同的金额，将会使比率的取值提高。

有时候公司会利用这个简单的数学原理来美化流动性比率。比如，公司在资产负债表日之前用现金偿还流动负债，只要公司的流动比率原本是大于1的，这样的举措会让流动比率显得"更好看"；如果公司的速动比率原本也大于1，同样的举措还会让速动比率也显得"更好看"。

例如：Q公司当前的流动资产为1 000 000美元，流动负债为600 000美元，则其流动比率为1.67。

$$流动比率 = 1\ 000\ 000美元 / 600\ 000美元 = 1.67$$

如果公司赶在资产负债表日之前，动用200 000美元的流动资产，偿还了相同金额的流动负债，这导致流动资产下降到了800 000美元，流动负债下降到了400 000美元，再来计算流动比率发现，流动比率提升到2.0。

$$流动比率 = （1\ 000\ 000美元 - 200\ 000美元）/ （600\ 000美元 - 200\ 000美元）$$
$$= 800\ 000美元 / 400\ 000美元 = 2.0$$

特别需要注意的是，如果企业这么做，单纯是出于让财务比率显得"更好看"的目的，则这种行为属于一种报表粉饰行为，也称作"**装点门面**（window dressing）"，这可能有违会计职业道德。外部财务分析师一般没法获取公司内部信息，只能猜测企业是否进行了这类报表粉饰行为。如果仔细审查期后事项时发现，报告期过后不久，短期债务再度增长，则会增加"装点门面"嫌疑，因为企业很可能在通过关联交易，先用现金偿还旧债，过了资产负债表日再举借新债以补足现金。

资本结构分析

除了评估企业短期偿债能力之外，评价企业长期偿债能力也同样重要。而要评估长期偿债能力，就需要比较企业长期债务的金额和在长期内产生现金流量的能力。长期债务相对于所有者权益的规模，对长期偿债能力有重大影响。

资本结构（capital structure）指的就是企业融资过程中所形成的长期负债和所有者权益的搭配比率。其中，长期负债带来还本付息的义务，所有者权益主要体现为普通股和优先股。资本结构影响企业的风险和报酬，并与杠杆效应直接相关。杠杆效应有时候也叫传动效应。

财务杠杆（financial leverage）是指企业举借固定融资成本的债务资金，以提升对股东的投资回报。企业债务规模控制得过低，可能会削弱企业把握发展契机的能力；但债务规模抬升得过高，则可能会削弱企业熬过经济困难时期而照常还本付息的能力。最优的债务规模没有统一的标准，需要根据所处的行业和企业自身情况决定。

公司可以通过负债和权益募集资金。公司的债权投资人包括金融机构和债券持有者；除非个别情况，债权投资人通常都会要求按约定的利率享有投资回报，换言之，公司给予债权投资者以承诺报酬率。发行债务和发行股票一样，也有发行费用。不过相对于权益融资成本，债务融资的资本成本更低一些，但是随着负债相对于权益的比率上升，债务融资成本也会上升。大多数公司会权衡债务和权益的资本成本，并根据自身的风险承受能力，在债务和权益之间维持平衡。

LOS
§2.A2.c

LOS
§2.A2.y

杠杆效应

公司的杠杆效应包括财务杠杆效应和经营杠杆效应两个方面。

财务杠杆效应（financial leverage），来源于企业在权益之外，通过举借固定融资成本的债务筹集资金。债权人享有固定利息，股东则享有扣除固定利息之后的剩余收益。只要公司通过经营活动创造的投资收益率能超过债务融资的利息率，通过债务融资支撑公司发展就有利于提升股东的收益。

经营杠杆效应（operating leverage），来源于企业成本结构中存在的固定经营成本。由于固定经营成本不随销售收入变化而变化，经营杠杆系数越高，销售收入波动对经营利润带来的影响就越大。

本节所关注的主要是财务杠杆。与财务杠杆相关的成本是债务所带来的利息成本，利息成本是一项固定融资成本，并不随销售收入和经营收益的变化而变化。

经营杠杆系数

企业的经营风险可以通过经营杠杆系数（degree of operating leverage，简称 DOL）来衡量。经营杠杆系数是指销售收入的一个单位的变动百分比所引发的经营收益的变动百分比。经营杠杆系数是由企业的成本结构（固定成本和变动成本的比率关系）所决定的。

$$经营杠杆系数（DOL）= \frac{息税前利润（EBIT）变动百分比}{销售收入的变动百分比}，或$$

$$经营杠杆系数（DOL）= \frac{边际贡献（CM）}{息税前利润（EBIT）}$$

其中：

边际贡献（CM）等于销售收入减去变动成本。息税前利润（EBIT）等于边际贡献再减去固定成本。

例如：某公司销售收入为 500 000 美元，变动成本为 250 000 美元，固定成本为 125 000 美元，则该公司经营杠杆系数的计算如下：

DOL = CM/EBIT

= (500 000 美元 – 250 000 美元) / (500 000 美元 – 250 000 美元 – 125 000 美元)

DOL = 250 000 美元/125 000 美元 = 2

经营杠杆系数为2，意味着销售收入每增加1%，将导致息税前利润增加2%（2×1% =2%）；相应的，销售收入每减少1%，也将导致息税前利润减少2%（2×1% =2%）。经营杠杆系数越高，意味着经营风险也越高。例如对于一家存在剩余产能的制造业企业来说，较高的经营杠杆系数意味着只要销售收入有百分之一的增长率，就能带来经营收益更大比率增长；但是这种情况下，如果销售收入一旦下滑，也将带来经营收益更大比率的下滑。可见，经营杠杆系数增加了经营收益的波动性，即增加了经营风险。

财务杠杆系数

财务风险可以通过财务杠杆系数（degree of financial leverage，简称 DFL）来衡量。财务杠杆系数定义为净利润（NI）的变动百分比除以息税前利润的变动百分比。财务杠杆系数也可以用息税前利润除以税前利润总额（EBT）来计算。债务融资成本通常是固定的，也是可以税前抵扣的；权益融资成本则通常是变动的，是不允许税前抵扣的，提高债务融资成本相对于权益融资成本的比率，可以提高财务杠杆系数；而提高财务杠杆系数既会提升净利润，也会增加公司债务违约的风险，即增加财务风险。

财务杠杆系数的计算公式是：

$$财务杠杆系数（DFL）= \frac{净利润（NI）变动百分比}{息税前利润（EBIT）的变动百分比}，或$$

$$财务杠杆系数（DFL）= \frac{息税前利润（EBIT）}{税前利润总额（EBT）}$$

在上述经营杠杆系数例题中的数据基础上，再假设公司利息费用为 25 000 美元，则其财务杠杆系数计算如下：

财务杠杆系数（DFL）= 125 000 美元/（125 000 美元 − 25 000 美元）

财务杠杆系数（DFL）= 125 000 美元/100 000 美元 = 1.25

财务杠杆系数解读如下：

财务杠杆系数为 1.25，意味着息税前利润每增加 1%，将导致净利润增加 1.25%（1.25 × 1% = 1.25%）；相应的，息税前利润每减少 1%，将导致净利润减少 1.25%（1.25 × 1% = 1.25%）。

财务杠杆比率

在 CMA 考试中，**财务杠杆比率**（financial leverage ratio）的计算公式如下：

$$财务杠杆比率 = \frac{资产}{所有者权益}$$

财务杠杆比率较高，说明公司的资产更多地依靠债务融资支撑。财务杠杆比率等于 2，说明负债和权益二者相等；财务杠杆比率大于 2，说明负债高于权益；财务杠杆比率小于 2，则说明权益高于负债。

财务杠杆对正的利润（盈利）和负的利润（亏损）都具有放大作用。当利润为正的时候，收入或息税前利润增长一定百分比，将导致每股收益或权益收益率增长更大比率。

类似的，因为债务利息代表的是一项固定融资成本，财务杠杆对亏损也有放大的作用。假设财务杠杆比率高达 3.0，公司处于亏损中，则一旦收入下滑一定的百分比，则损失的金额将扩大更大比率。因此，增加财务杠杆比率，不仅仅会带来提升收益的机会，也会带来扩大亏损的风险，可能危及公司长期偿债能力。

负债或债务的比率分析

分析师在考察资本结构时，既可以将债务与资产相比较（基于资产的分析），也可以将债务与权益做比较（基于权益的分析）。公司的不同利益相关者对资本结构比率（也统称为杠杆比率）持不同的观点。例如，现有或潜在的债权人认为公司负债率越低越好，然而股东或管理层则寻求最优的负债率，在公司能够有效管理掌控的范围内尽量多的利用负债。不同行业最优的负债率也不同，例如，处于非周期性行业的企业，通常负债率高于处于周期性行业的企业。因此，对负债率做水平比较分析的时候，只能与同行业内的企业进行比较。

衡量杠杆的财务比率主要有三个：1. 负债对权益的比率；2. 负债对总资产比率；3. 利息保障倍数。下面我们来学习这些比率以及其他的比率。

负债对权益比率

负债对权益比率（debt to equity ratio）可以衡量公司偿付长期债务的能力，即长期债权人利益所受保障的程度。这一比率衡量公司在为购置资产而融资时债务和权益的相对比率关系。例如，当前负债对权益比率为 2，说明公司历史上在购置资产时，平均每使用一单位的权益资金，就相应使用两单位的债务资金。该比率越高，公司对负债融资的依赖程度就越高。

$$负债对权益比率 = \frac{债务总额}{权益总额}$$

负债对权益比率可以与本公司往年的记录相比较，也可以与行业平均水平或竞争对手相比较。该比率越高，说明公司使用的财务杠杆程度越高，破产的风险越高。

长期债务对权益比率

长期债务对权益比率（long-term debt to equity ratio），顾名思义，只考察负债中的长期债务与所有者权益的相对关系。

$$长期债务对权益比率 = \frac{债务总额 - 流动负债}{权益总额}$$

该比率越低，说明公司在需要资金的时候再度举借债务资本的能力越强，也说明公司固定融资成本较低，因为所需支付的利息较少。然而，较低的长期债务对权益比率，也意味着公司资本收益率较低，因为公司没有充分发挥举债经营的杠杆作用。另外，利息费用是可以税前抵扣的，而股利分配不允许税前抵扣，至少美国的税法是这样规定的。

LOS
§2.A.2.i

负债对总资产比率

公司可以通过负债或权益筹集资金，这个比率有助于我们了解一家公司是如何为其经营活动筹集资金的，也有助于我们了解该公司的财务实力。**负债对总资产比率**（debt to total assets ratio），衡量公司通过债务融资所购置的资产比率。

$$负债对总资产比率 = \frac{债务总额}{资产总额}$$

LOS
§2.A.2.y

这一比率体现了公司资产中依靠债权人提供资金支持的比率，也能体现公司面临破产清算时，债权人能受到的保障程度。

负债对总资产比率越低，对债权人来说财务状况越好，因为公司有足够的资产保障长期债务的偿还。资产负债率越高，说明债权人得不到很好的保障，这可能会使公司在发行更多的债务性证券时变得更加困难且成本更高，该比率越高，说明公司营运的债务金额就越大。因此，较高的该比率说明公司的财务状况疲软，违约风险加大。

但是该比率异常的低，同样也是有问题的，因为这意味着公司没有充分利用负债这一成本低廉的资金来源来为公司的增长融资。

LOS
§2.A.2.j

固定支出保障倍数

固定支出保障倍数（fixed-charge coverage ratio）衡量公司保障固定融资性支出（如债务的还本付息和租金的支付）的能力。固定支出保障倍数的计算如下：

$$固定支出保障倍数 = \frac{扣除固定支出和税款前的盈利}{固定支出}$$

注释：上式中的"固定支出"包括利息支付、本金偿还、租金支付。"扣除固定支出和税款前的盈利"，等于息税前利润加上利息费用之外影响损益的其他固定支付。

LOS
§2.A.2.j

利息保障倍数

利息保障倍数（times interent earned ratio）衡量企业通过经营活动的收益支付利息费用的能力。

$$利息保障倍数 = \frac{息税前利润}{利息费用}$$

如果企业的利息保障倍数足够高，意味着其有能力偿付利息。利息保障倍数和负债率指标结合在一起，可以清晰展示企业能否"驾驭"债务，即能否保持还本付息的偿债能力。

如果相对于行业平均水平而言，公司负债率偏高，而且利息保障倍数偏低，则其偿债能力堪忧。如果负债率偏高，但利息保障倍数比较高，则对其偿债能力的顾虑就会少一些。

现金流量固定支出保障倍数

现金流量固定支出保障倍数（cash flow to fixed charges ratio）衡量企业通过日常经营活动产生的现金流支付固定融资性支出（如还本付息和租金支付）的能力。现金流量固定支出保障倍数的计算公式如下：

$$现金流量固定支出保障倍数 = \frac{经营活动现金流量净额 + 固定支出 + 税款支付}{固定支出}$$

提示：上述公式中，经营活动现金流量净额是税后现金流，固定支出与此前的讲述一样，包括利息支付、本金偿还、租金支付。

资本结构与风险

从长期偿债能力的角度来看，债务对权益比率越高，说明公司处境越不佳。从债务的角度来看，公司增加债务，会增加其还本付息、承担固定支出的压力，提高债务对权益比率，因而增加偿债风险。从权益的角度来看，股份回购和经营亏损，会导致权益的减少，其他条件不变的情况下，会提高债务对权益比率，增加公司偿还长期债务的风险。而实现盈利，在债务保持不变的情况下，会降低债务对权益比率，增强公司的长期偿债能力。

公司的资本结构与风险密切相关，尤其是破产风险。过度增加负债可能导致资本结构恶化，增加破产的可能性。这是因为更高的债务水平，带来了更高的还本付息的义务，就要求有更多的现金流入来满足这些义务。对于债务水平较高的企业来说，现金流一旦吃紧，就会带来危机，因为要偿还的债务仍然需要偿还，不会因为现金流吃紧就自动减免。

营运能力分析

分析流动性的另一个途径，是关注两项关键流动资产，即存货和应收账款的管理状况。管理层可以通过有效管理存货并及时收回应收账款来改善流动性。营运能力分析覆盖的时间跨度是一个营业周期，即从购进货物开始到销售回款为止的时间间隔。

应收账款周转率

LOS §2.A.2.l

应收账款周转率（A/R turnover ratio）衡量一年里应收账款周转的次数。

$$应收账款周转率 = \frac{赊销金额}{应收账款平均余额}$$

上式中，应当使用扣除坏账准备之前的应收账款原值的平均余额。计算应收账款周转率时，需要使用应收账款平均余额。如果假设销售收入在一年里面平稳发生，年初和年末两个时点上应收账款余额的简单算术平均就能代表全年的应收账款平均水平。但如果销售收入的分布是季节性的，或不平稳的，年初和年末应收账款的平均余额就不能代表全年的平均应收账款。比如，零售行业的销售有明显的季节性，所以多数零售企业的会计年度截止于 1 月 31 日，而不是 12 月 31 日。

LOS §2.A.2.y

应收账款的周转速度，不但可以用周转次数（周转率）衡量，还可以用周转天数衡量。实践中，假设一年的天数为 360 天或 365 天，计算时候只要保持一致并说明所用的假设即可。**注意**：CMA 考试中，所有涉及一年中天数的计算公式，都统一假设一年的天数为 365 天。

LOS §2.A.2.m

应收账款的周转天数（days' sales in receivables）也称为应收账款的平均收现期，可以衡量应收账款的流动性。分析师需要将应收账款的周转天数和公司给予销售客户的信用政策相比较，以判断应收账款的管理效率。如果公司给客户的信用期是 30 天，应收账款的周转天数就不应该大幅超过 30 天。如果信用期和周转天数出现了重大差异，就需要特别关注信用政策和/或收款政策。和很多其他财务比率一样，分析应收账款周转天数时需要关注异常值。例如，如果公司的应收账款周转天数异常低，可能意味着公司制定的信用政策过于严苛，会因此而丧失销售机会。

$$应收账款周转天数 = \frac{应收账款平均余额}{年赊销额/365}，或$$

$$应收账款周转天数 = \frac{365}{应收账款周转率}$$

在 CMA 考试中，计算应收账款周转率时，分子位置上的金额应为"赊销收入"，代表的是赊销收入总额。但是实践中，金额往往使用销售收入净额（扣除销售折扣、销售折让和销售退回之后）。CMA 考试中，题干的表述或题目所给数据往往提示考生解题需要使用销售收入净额还是使用销售收入总额。

财务分析师还需要关注赊销和现销的区别，只有赊销收入才计入应收账款周转率的计算。因此，对于一些以现销为主的行业，如快餐行业来说，应收账款周转率的意义不大。如果现销收入也计入应收账款周转率的计算，将会高估应收账款周转率，从而高估公司的流动性。应收账款周转天数的增加，意味着公司流动性状况的变差。

存货周转率

LOS
§2.A.2.l

存货周转率（inventory turnover ratio）衡量一年里存货周转的次数。存货是评估流动性时所关注的最重要的资产之一，因为存货价值通常占到流动资产金额的半数以上。商业企业的存货是指可供销售的库存商品；制造业企业的存货则包括原材料、在产品和产成品，三类存货中任何一类如果金额重大，都需要在报表附注中单独披露。如果能够单独获取产成品存货金额，那么只有产成品存货才应当计入存货周转率的计算。

和应收账款周转速度一样，存货的周转速度既可以用一年的周转次数来衡量，也可以用周转一次需要的天数来衡量。如前所述，公式中使用的平均存货余额是年初年末存货的简单平均。

$$存货周转率 = \frac{销售成本}{平均存货余额}$$

LOS
§2.A.2.m

$$存货周转天数 = \frac{平均存货余额}{销售成本/365}，或 = \frac{365}{存货周转率}$$

如果销售收入是基本固定的，存货周转次数越高，或存货周转天数越少，说明存货的管理控制效率越高，存货的流动性越强。一般来说，成功的企业可以维持较低的存货余额和较高的存货周转速度，仍然能够及时满足客户的订货需求。存货管理需要使用一些供应链管理的技术，其关键在于通过缩短下单和送货的时间，减少手头持有存货的需求，从而提高存货的周转速度。

LOS
§2.A.2.n

$$营业周期 = 应收账款周转天数 + 存货周转天数$$

营业周期衡量从商业企业购置存货或制造业企业生产存货开始（这取决于业务类型），到销售价款收回的时间间隔。营业周期越短意味着流动性越强。

应付账款周转率

LOS
§2.A.2.l

应付账款周转率（accounts payable turnover ratio）衡量的是公司在一年内支付应付账款的平均次数。它用于计算应付账款付款天数。在假设公司没有拖欠供应商货款的情况下，计算得到的应付账款天数应该等于或小于公司与供应商之间的付款条件。

$$应付账款周转率 = \frac{年赊购金额}{应付账款平均余额}$$

LOS
§2.A.2.m

$$应付账款的付款天数 = \frac{应付账款平均余额}{年赊购金额/365}，或付款天数 = \frac{365}{应付账款周转率}$$

外部分析师可能会发现，他们无法确定赊购金额。一个合理的近似估值就是用采购总价款来代替赊欠采购款。全部采购金额可以在产品销售成本的基础上，根据存货余额的变动（产品销售成本 + 期末存货 − 期初存货）来调整估算得到。较长的应付账款周转天数，则表明该公司要么与供应商保持良好关系，而享受宽松的付款期限，要么就是拖欠了货款而形成违约。对其主要供应商的信用条件进行进一步调查，才能合理判断到底属于哪一种情形。大大超过供应商信用条件的付款天数则表明存在付款逾期的情况。

该公式中还用到了应付账款的平均余额，即本年年末数加上前一年应付账款的期末余额除以 2 计算得到平均余额（这里隐含一个假设，即采购活动在一年中平稳发生）。

$$现金周期 = 营业周期 - 应付账款的付款天数$$

现金周期，有时被称为现金转换周期，衡量的是公司现金在存货和应收账款中持有的天数。

其他周转率指标

应收账款和存货的周转率是最为常见、应用最广的周转率指标。除此之外，特定行业还会用到其他的周转率指标，例如**总资产周转率**（total asset turnover ratio）和**固定资产周转率**（fix asset turnover ratio），二者分别等于销售收入除以总资产平均余额或者销售收入除以固定资产净值平均余额。

$$总资产周转率 = \frac{销售收入}{总资产平均余额}$$

$$固定资产周转率 = \frac{销售收入}{固定资产净值平均余额}$$

总资产周转率和固定资产周转率主要适用于存在大量固定资产投资的资本密集型行业。

市场分析

公司的市场分析是用来确定投资者从投资中可能获得的收益，并预测未来的趋势。

盈余收益率（earnings yield ratio）计算的是公司每投资一元钱在该公司股票上所赚的百分比。换句话说，就是投资的收益率。

$$盈余收益率 = \frac{每股收益}{普通股每股市价}$$

从**每股账面价值**（book value per share）的计算中可以看出，股东权益总额是根据优先股的面值进行调整计算得到的。如果优先股有累计股息，那么累计未付优先股的股息应从股东权益总额中扣除。请记住，库存股的存在会降低股东权益，因此减少了账面价值。这是一种评估公司价值的方法，与净资产类似。通常，会将每股账面价值与市场价值进行比较，如下所示。

$$每股账面价值 = \frac{股东权益总额 - 优先股股票的面值}{在外流通的普通股股数}$$

市净率（market-to-book ratio）计算得到的是每股净资产相对于每股股价的比例。如果市净率大于 1，则认为该股票价值被高估；如果市净率小于 1，则认为该股票价值被低估。

$$市净率 = \frac{每股市价}{每股净资产}$$

市盈率（price to earnings ratio）是投资者为未来投资而使用的一个评价指标，即投资者希望投资能够随着时间的推移而不断增长。它给出了市场对一家公司股票的一个相对看法。较低的市盈率意味着市场对该股的未来不那么乐观。但是，在考察这个指标的时候，应该与同行业的平均水平和/或相同公司进行比较。市盈率是盈余收益率的倒数。

$$市盈率 = \frac{每股市价}{每股收益}$$

每股收益（earnings per share，简称 EPS），是投资者决定是否购买某一证券时所考虑的一个重要因素，也是计算市盈率和盈余收益率的基础。

每股收益体现分摊到每一股上的净利润。注意公式中的净利润是扣减优先股股息之后的净利润，因为优先股股息必须优先支付，而且并不是归属于普通股股东的。

$$普通股每股收益 = \frac{净利润 - 优先股股息}{发行在外普通股的加权平均数}$$

例如：如果 Q 公司当年实现净利润 1 000 000 美元，当年发行在外股份数平均为 1 000 000 股，则当年实现的每股收益为 1 美元。

如果当年公司发行在外的股份数有变化，则需要以股份发行在外的时间作为权重计算加权平均股份数。

例如：我们再来看一个稍微复杂的例子。如果公司当年 1 月到 6 月期间发行在外的股份数为 800 000 股，7 月到 12 月发行在外的股份数为 1 200 000 股，则发行在外的加权平均股份数计算如下：

$$800\ 000 \times \frac{6\ 个月（1\ 月至6\ 月）}{12\ 个月} = 400\ 000（股）$$

$$1\ 200\ 000 \times \frac{6\ 个月（7\ 月至12\ 月）}{12\ 个月} = 600\ 000（股）$$

$$发行在外的加权平均股份数（1\ 月至12\ 月） = 400\ 000 + 600\ 000$$
$$= 1\ 000\ 000（股）$$

稀释后每股收益

如果考虑到可能稀释每股收益的各种因素，比如股票期权、认股权证、可转换债券和优先股等与普通股相关的证券，那么每股收益的计算将变得更加复杂。

例如：假设前述案例中的 Q 公司，以前年度曾发行过可转换债券，当年年初这些可转换债券转股导致公司普通股数量增加 100 000 股。转股之后，公司的普通股数量增长到了 1 100 000 股，公司的盈利没有增长。现在多出来了 10% 的股东，要与原来的股东一起分享公司盈利，每股的盈利被稀释为 0.91 美元（1 000 000 美元/1 100 000），较原来 1.00 美元的每股收益有所降低。

类似的情形可以发生在股票期权或认股权证行权的情况下，但在这种情况下，现有股东一般也会按比率获得优先认购权，以防止其持股比例被稀释。

$$稀释后每股收益 = \frac{净利润 - 优先股股息}{稀释后的发行在外普通股加权平均数}$$

计算稀释后每股收益时，普通股的股份数中需要考虑期权或可转换证券行权可能带来的新增股份，换言之，稀释每股收益是在"假设转股"的前提下模拟计算出来的（实务中也称预期计算，pro forma calculation）的每股收益。

例如：CBA 公司当年净利润 50 000 000 美元，支付优先股股息 5 000 000 美元。当年 1 月 1 日，公司有发行在外的普通股 2 000 000 股，当年 4 月 1 日，公司增发新股 2 000 000 股，8 月 1 日，再次增发新股 1 000 000 股。公司年初就存在发行在外的股票期权，全部行权可以认购 50 000 股普通股。另有会导致股权稀释的可转换债券，面值共计 1 000 000 美元，每张可转换债券面值 1 000 美元，转换比率为每 1 张可转债可以转换为 1 000 股普通股。这些债券在发行时的收益率超过当时 AA 级公司债券平均收益率的 2/3。

公司实际发行在外普通股加权平均数的计算如下：

$$= （2\ 000\ 000 \times 3/12） + （4\ 000\ 000 \times 4/12） + （5\ 000\ 000 \times 5/12）$$
$$= 3\ 916\ 666（股）$$

除上述实际发行在外的普通股之外，公司还存在发行在外的股票期权，对应 50 000 股普通股，存在 1 000 张可转换债券发行在外（根据可转换债券面值总额 1 000 000 美元，每张面值 1 000 美元测算），每张可转债可以转换为 1 000 股普通股。假设这些可转债全部转股，则一方面公司发行在外的普通股数量将增加 1 000 000 股，另一方面公司也可以节省下原本应该向债券持有人支付的税后利息。在计算稀释后每股收益的时候，转股所增加的普通股要调增分母上的股份数，相应的，转股所节省的税后利息要调增分子上的净利润。假设这些债券的票面利率为 5%，从假设转股之日起尚有 1 年到期，所得税税率为 40%，则转股所节省的税后利息金额为 30 000 美元（50 000 美元 – 50 000 美元×40%）。

计算稀释后每股收益时，分母要在实际发行在外普通股加权平均数的基础上，加上假设股票期权行权和假设可转换债券转股将要增加的股份数；分子要在净利润减优先股股息的基础上，加上假设可转换债券转股所节省的税后利息。计算公式如下：

$$稀释后每股收益 = \frac{50\ 000\ 000\ 美元 - 5\ 000\ 000\ 美元 + 30\ 000\ 美元}{3\ 916\ 666 + 50\ 000 + 1\ 000\ 000}$$

$$= 11.08\ 美元/股$$

每股收益是投资领域最常引用的财务指标，它体现了将公司归属于普通股股东的净利润在理论上分摊到每一股上的结果。但有人将每股收益称为"高度浓缩的利润表"，当然这是夸张的说法。如果公司的每股收益高于其他公司，这意味着投资者会获得更为丰厚的回报，最终会体现为股利分配、股价上涨或两者兼有。如果公司的每股收益在连续几个会计年度里持续上涨，意味着债权人和投资者都会看好这家公司，管理层也会确信其所采取的经营方针是有效的。如果公司的每股收益开始下滑，则情况正好相反，往往意味着投资失误和信用危机。

股利支付率

LOS
§2.A2.v

股利支付率（dividend payout ratio）可以视为股东权益百分比的近似补充。它衡量的是公司向股东分配现金股利的盈余百分比。然而，股利支付率考虑的是完全稀释口径的每股收益，比起只考虑现有发行在外普通股的基本每股收益来说，更加谨慎。

$$股利支付率 = \frac{普通股股利}{归属于普通股股东的净利润}$$

股利收益率

LOS
§2.A2.v

股利收益率（dividend yield）衡量股东通过股利分配获取的现金回报，相对于股票当前市价的比率。这一比率对于需要通过证券投资获取现金收入的投资者更有意义。

$$股利收益率 = \frac{每股年股利}{每股市价}$$

有一些公司将大量的收益留存下来支撑公司增长（成长股），然而也有一些公司将大部分收益以股利的形式支付出去（收益股）。普通股的市场交易价格会因为投资市场的各种因素而波动，因此，不能笼统地划定普通股每股股利收益率的合理标准。

股东收益（shareholder return）衡量的是权益投资者一定时期内的回报。它考虑了所有的资本利得和损失，是根据期初与期末股票价格的差额和年度收到的股利计算得到的。

$$股东收益 = \frac{期末股票价格 - 期初股票价格 + 年度每股股利}{期初股票价格}$$

盈利能力分析

计算收益率的公式中，分子位置上使用的是利润的相关计量指标，所选择的利润指标需要与分母位置上的投资基础相匹配。例如，如果分母上使用的是总资产，分子中就应该覆盖所有为公司提供资本的投资人所享有的回报，当然也应当包括债权人所享有的利息收益。也就是说，计算总资产收益率（ROA）的时候，利息费用需要加回到净利润中。由此引入一个常用的盈利指标"**息税折旧摊销前利润**"（earnings before interest, taxes, depreciation and amortization，简称 EBITDA）。

CMA 考试 2015 版财务比率定义表对于复习备考和成功通过考试至关重要，尤其是对于涉及财务比率的问题。但是考生在阅读题干和问题的时候，要想清楚问题是站在哪一类投资者的角度设问的，这类投资的利益体现在哪里。如果要计算的是普通股股东的权益收益率，那么分子上使用的应该是扣除利息费用和优先股股息之后、归属于普通股股东的净利润。不管计算哪一个收益率指标，分子上使用的利润指标必须是扣除所有相关的成本费用之后的，包括扣除所得税费用，计算权益收益率的时候尤其如此。只有当企业一年中创造的经济资源超过其所消耗的经济资源时，才有利润实现。利润是销售带来的收入超出实现销售所需成本费用的金额，利润率是收入超出成本的金额占收入的比率。这里所称的收入和成本，有多种不同的计算口径。

计算利润率通常可以使用下列三种利润指标之一：

1. 毛利（gross profit），等于销售收入净额减去销售成本。注意，这里使用的是"销售收入净额"。销售收入净额等于销售收入扣除销售折扣、销售折让、销货退回、销售退款之后的金额。CMA 考试财务比率定义表中笼统使用"销售额"这个称谓，所以考试时也可以直接使用"销售额"计算。在讲述其他利润率指标的时候，本书也使用销售额或收入。

2. 营业利润（operating income），等于毛利减去各种管理费用等营业费用，但是不应扣除利息费用和所得税费用（因为利息费用和所得税费用不应视为营业费用）。营业利润有时候也称为息税前利润（earnings before interest and taxes，简称 EBIT）。

3. 净利润（net income），从销售收入中扣除销售成本和营业费用之后，再进一步扣除利息费用和所得税费用得到净利润。

上述三个利润指标取自利润表，它们是计算利润率的基础，而不是利润率本身。在后面的讲述中，我们分别将上述三个利润指标与销售收入相比较，计算出不同的利润率。

分析销售成本是分析企业盈利能力的关键。不管是商业企业还是制造业企业，销售成本都是一项金额巨大的成本费用，从占销售收入的比率来看，销售成本往往是最大的一项成本费用。因此，对这些行业的企业来说，销售成本的变化对利润有重大影响。

毛利率是指毛利占销售收入的比率：

$$毛利 = 销售收入 - 销售成本$$

$$毛利率 = \frac{销售收入 - 销售成本}{销售收入} = \frac{毛利}{销售收入}$$

例如：A 公司当年实现销售收入 10 000 000 美元，发生销售成本 4 500 000 美元，赚取毛利 5 500 000 美元，毛利占到销售收入的 55%（5 500 000 美元/ 10 000 000 美元 = 55%），即 A 公司当年的毛利率为 55%。

和其他财务比率分析一样，毛利率分析只有在和公司过去年度的业绩相比较，或者和行业平均水平相比较中才能体现出其意义。分析师往往关注毛利率的变动趋势，即毛利率是在提升、下降还是持平？毛利率提升可能意味着公司的成本管理工作有所改进；相反，毛利率下降可能意味着销售成本的攀升。

分析师还要进一步考虑变动背后的原因。下列是毛利率下降的常见原因：
- 销售价格并没有随着存货成本的上升而同步上升。
- 销售价格由于竞争加剧而下滑。
- 产品线组合中不同毛利率的产品占比发生了变化，低毛利率的产品占比提升。
- 存货被盗，导致销售收入相同的条件下，有更高的销售成本。

营业利润率（operating profit margin）是营业利润占销售收入的比率。

$$营业利润率 = \frac{营业利润}{销售收入}$$

沿用前例的数据，仍假设 A 公司当年实现销售收入 10 000 000 美元，发生销售成本 4 500 000 美元，毛利占销售收入的 55%。再假设 A 公司当年发生营业费用 3 500 000 美元，则 A 公司当年营业利润率为 20%［（10 000 000 美元 - 4 500 000 美元 - 3 500 000 美元）/10 000 000 美元 = 20%］。

投资者和分析师，不但要关注各项营业费用的绝对金额，还要分析营业利润率随着时间推移的变动趋势，以及营业利润率与毛利率之间的关系。如果发现营业利润率相对于毛利率下降了，说明计算时分子中扣减了更多的营业费用，因为销售成本是计算营业利润率和毛利率两个指标时都要扣除的，显然问题不是出在销售成本上，而是出在营业费用上。导致毛利率不变而营业利润率下降的背后原因，可能是为开设新的门店或者举办专项营销活动而发生了一次性的大额费用。只要这些活动未来可以增加销售收入，就没有必要担心；但如果只见营业费用增加，不见销售收入增加，则需要考察导致费用增加的具体事项，判断其是否是因为营业活动效率低下所导致的。

销售净利率（net profit margin）是指净利润占销售收入的比率。计算净利润时，不但要扣除计算毛利和计算营业利润时需扣除的所有成本费用，还要扣除利息费用和所得税费用。这里的利息费用是指利息费用的净额，是利息收入和其他类似投资收益冲减利息支出之后的金额。

$$销售净利率 = \frac{净利润}{销售收入}$$

仍然沿用前例数据，A 公司当年计提所得税费用 500 000 美元，另取得净利息收入 50 000 美元，其净利润应为 1 550 000 美元。A 公司的利润表基本信息如下：

利润表

销售收入	$10 000 000
销售成本	4 500 000
毛利	5 500 000
营业费用	3 500 000
营业利润	2 000 000
净利息收入	50 000
税前利润总额	2 050 000
所得税费用	500 000
净利润	$1 550 000

A 公司的销售净利率为 15.5%（1 550 000 美元/10 000 000 美元 = 15.5%）。正如营业利润率和毛利率的变动趋势会相互背离一样，销售净利率和营业利润率的变动趋势也可能相互背离，两者背离的主要原因是税率上升或利息费用的增加。

费用分析

除去销售成本之外，每一家公司都要发生一些费用，主要的费用项目包括：

- 销售费用：主要包括广告费、市场营销费及销售佣金。
- 管理费用：主要包括人员工资、保险费、通信费、坏账损失，其中人员工资通常是大多数企业最大的一项费用，尤其是服务业企业。
- 折旧费用：建筑物、设备等有形的长期资产要在其预计使用寿命内计提折旧，而不是在购置时一次性将其成本计入当期费用。
- 摊销：无形资产的成本，例如购买计算机软件、专利、商标的成本，要在相关资产的预期使用寿命内计提摊销。

- 维修保养费用：固定资产的维修保养费用，可能体现为固定成本，也可能体现为变动成本。固定资产的维修可以推迟以暂时节省成本，但是必要的维修被一推再推，可能导致资产在使用寿命结束之前就提前毁损报废。
- 财务费用：主要是指债务利息。
- 所得税费用：有效税率与法定税率之间可能有较大的差异。分析师需要分析差异形成的原因。

息税折旧摊销前利润（EBITDA）等于净利润加上利息费用、所得税、折旧和摊销。息税折旧摊销前利润率的计算公式如下：

$$息税折旧摊销前利润率 = EBITDA/销售收入$$

投资资本收益率

LOS
§2.A2.q

计算投资资本要解决的一个重要问题是：公司利用资本的绩效如何？**投资收益率**（return on investment，简称 ROI）和**总资产收益率**（return on assets，简称 ROA）衡量的就是公司利用资产创造利润的效率。分析师测算公司的投资收益率（ROI），可以拿它与投资资本用于其他用途产生的报酬率相比较，或者与其他类似公司的投资收益率相比较。投资的风险和收益之间存在权衡关系。投资于美国国债几乎是没有风险的，但所能赚取的利息收益率也极其微薄，其投资收益率称为无风险报酬率。风险更高的投资（收益率波动更大）要求更高的投资收益率，以补偿投资者所承担的高风险。投资收益率（ROI）将收益（或利润）与创造收益使用的资本（投资额）联系在一起。

投资资本收益率的构成

上一节中我们探讨了资本结构相关的财务比率，即公司为开办和经营一项业务而募集资金时，使用的债务资金和权益资金的相对比率。债权人通过分析公司的流动性和偿付能力来判断公司能否偿还债务。

除了债权人之外，所有者或股东也是公司重要的利益相关者。分析公司满足所有者或股东的利益诉求的程度也同样重要。这样的分析可以借助于多种财务指标完成。一种常见的做法是关注投资资本收益率（return on capital investment，简称 ROCI），以衡量公司使用债务和权益资本的效果。

投资资本收益率计算方法多种多样，表达方式就至少有三种：

1. 投资收益率（ROI）。投资收益率，简而言之，是指利润与企业经营所占用的资本之间的比率关系。

2. 总资产收益率（ROA）。总资产收益率计算的逻辑和投资收益率基本一致，只是在个别要素的处理上有差异。

3. 权益收益率（ROE）。权益收益率是指利润与所有者权益之间的比率关系。所有者权益中不包含负债，所以其金额小于前两个指标计算中使用的投资或总资产的金额。

上述哪一种收益率指标更为合适、更能说明问题，取决于不同投资者所处的位置，即要看考察的是"对谁而言的收益率"。例如，如果考察的是对全体利益相关者而言的收益率，则总资产收益率（ROA）或投资收益率（ROI）更为合适；如果单独考察对企业所有者而言的收益率，则权益收益率（ROE）更为合适。

投资资本的定义

财务分析中如何界定投资资本并不是一个简单的问题，因为不同分析师在构成资产的各个要素应该如何判定上存在着不同的观点。计算总资产收益率（ROA）或投资资本收益率（ROCI）时使用的投资资本，可以界定为全部资产，也可以界定为修正的投资基础，还可以界定为所有者权益。

这里主要讨论"修正的投资基础"。分析师之所以会选择使用修正的投资基础来计算总资产收益率或投资资本收益率，主要是因为他们认为总资产中的某些构成要素会扭曲计算的结果，需要在总资产中剔除；另外，还有一些资产需要考虑是按照账面价值计算还是按照公允价值计算。根据分析师的偏好，下列的报表项目可能被修正或排除在修正的投资基础之外：

- **非生产性资产**（unproductive assets）。非生产性资产通常包括闲置的厂房、过剩的存货以及商誉。有人把商誉之外的无形资产也视为非生产性资产，这种观点并不合理，因为专利、版权、商标和资本化的研发支出，都可以在生产中加以利用，因而是生产性的。
- **应计提折旧的资产**（depreciable assets）。厂房、设备之类的固定资产应当计提折旧，随着折旧的计提，资产的账面价值越来越低，在收益相同的情况下，计算出来的投资收益率也会越来越高。
- **优先股的账面价值**（preferred shareholders' book value）。有的分析师剔除优先股的账面价值，因为在公司清算时，优先股股东只能获得所持股份的账面价值，而不能分享公司整体回报。

资产价值在一年中是可能发生变动的，最适合的计算口径可能是年初余额、年末余额或平均余额，选择的余地很大。然而，如果资产价值的变动幅度，相对于资产价值的绝对金额这一基数而言是微小的，那么，不同的口径计算出来的收益率差别不会太大。大多数分析师倾向于使用期初和期末的平均余额。注意，虽然实践中投资收益率（ROI）、总资产收益率（ROA）和权益收益率（ROE）有不同的计算方法，但是 CMA 考试所考察的是本书下文列示的计算公式。

投资收益率（ROI），也称为会计收益率或权责发生制下的会计收益率，它等于某一业务单位的净利润除以该业务单位为获取上述利润而占用的投资额，用以衡量业务单位的盈利能力。

$$投资收益率（ROI）= \frac{业务单元的利润}{业务单元的资产}$$

需要注意的是，实践中 ROI 的计算公式有多种不同版本，其差别主要体现在分子上的利润指标和分母上的资产指标的不同取值口径。CMA 考试中考察的就是前述公式。

投资收益率是一个百分比，其取值越高，说明每单位投资获得的收益也就越高。投资收益率是一个常用的盈利能力指标，因为这个指标同时覆盖了收入、成本费用和投资金额。

如果把投资收益率的分母替换成总资产，这个比率就变成了总资产收益率（ROA），它衡量公司利用给定规模的资产成功创造了多少的利润。通常，公司的资产使用效率越高，盈利水平就越高。

如果把投资收益率的分母替换成股东权益，这个比率就变成了权益收益率（ROE）。这里的股东权益单指普通股股东的权益，因为优先股股东按优先股股息率享受固定的回报，不参与普通股股东的利润分配。

总资产收益率

总资产收益率，简而言之，等于净利润除以公司所有资产的总价值，如下列公式所示。总资产收益率的计算和投资收益率的计算基本原理是一样的，只是各个要素的搭配组合方式不同而已。

$$总资产收益率（ROA）= \frac{净利润}{总资产平均值}$$

净利润是利润表的最后一行数字，它是销售收入扣减所有成本费用之后的结果，包括销售成本、营业费用，其他费用（抵减其他收入之后的净额）、预提所得税费用和终止经营业务的税后损益。会计政策变更对总资产收益率的影响，一方面体现在其对变更当期净利润的影响上，另一方面体现在其对留存收益的税后累计影响上，这一累计影响的计算，在可行的条件下，要追溯调整到会计政策变更所影响到的最早期间。

上述公式中，总资产的平均数通过总资产的期初余额和期末余额相加再除以 2 计算得到。

总资产收益率可能是除每股收益之外引用最多的财务指标。总资产收益率同权益收益率一样可以用来对同一行业内的公司进行排名。该比率越高，说明公司使用资产创造出来的生产效率越高。在总资产不变的前提下，当期的净利润越高，总资产收益率越高。如果公司增加了资产总额，而利润并没有同比率的增长，则总资产收益率将会下降。

总资产收益率由两个因素决定：销售净利率和总资产周转率。前者是一个盈利能力指标，后者是一个营运能力指标。两者相乘得到总资产收益率。

将总资产收益率分解成上述两个因素的乘积，可以简化对总资产收益率各期变动的分析。当发现总资产收益率下降时，我们需要判断其原因，到底是因为利润空间收窄（体现为销售净利率降低）呢？还是因为使用的资产基础扩张（体现为资产周转率降低）呢？如果公司将已经计提了大量折旧的资产替换为全新的资产，公司的资产规模会因此扩大，但销售收入通常不会有相应增长，从而导致总资产周转率下降，进而导致总资产收益率的下降。但是，替换陈旧的资产是完全正常的商业行为，即使导致了总资产收益率的下降，也不足为虑。这一观点在下文介绍的杜邦模型中详细展开。

杜邦分析模型用于总资产收益率分析

"杜邦分析模型"这个词本身并没有出现在 CMA 考试财务比率定义表中。然而这个模型有助于理解总资产收益率的概念，尤其是理解净利润、总资产和销售收入变动对总资产收益率的影响。这对考试解题很有帮助。**杜邦分析模型**（DuPont model）把总资产收益率的简单计算公式，分解成销售净利率和总资产周转率两项相乘的形式。杜邦分析模型不但可以用于总资产收益率的分析，还可以用于权益收益率的分析。我们首先来讲述杜邦分析模型如何用于总资产收益率的分析，后面再来讲述该模型如何用于权益收益率的分析。

下面来推导杜邦分析如何将总资产收益率的计算公式从净利润除以总资产的简单形式，转换成销售净利率和总资产周转率两项相乘的形式。转换关键在于在公式中插入销售收入这个指标：

$$总资产收益率 = \frac{净利润}{总资产} = \frac{净利润}{销售收入} \times \frac{销售收入}{总资产}$$

从上式中可以看出，总资产收益率取决于销售净利率和总资产周转率。

$$销售净利率 = 净利润/销售收入$$
$$总资产周转率 = 销售收入/总资产$$

于是：

$$总资产收益率 = 销售净利率 \times 总资产周转率$$

例如：假设 A 公司总资产为 1 000 000 美元，净利润为 200 000 美元，很容易计算出，其总资产收益率为 20%（200 000 美元/1 000 000 美元）。再假设 A 公司销售收入为 2 000 000 美元，则根据杜邦分析模型：

$$销售净利率 = 净利润/销售收入$$
$$= 200\ 000\ 美元/2\ 000\ 000\ 美元$$
$$= 10\%$$
$$总资产周转率 = 销售收入/总资产$$
$$= 2\ 000\ 000\ 美元/1\ 000\ 000\ 美元$$
$$= 2\ 倍$$
$$总资产收益率 = 销售净利率 \times 总资产周转率$$
$$= 10\% \times 2\ 倍$$
$$= 20\%$$

按照杜邦分析的思路，分析总资产收益率，可以从销售净利率和总资产周转率两个角度入手。销售净利率衡量公司从销售收入中最终赚到多少利润，主要体现管理层当期控制成本的能力；总资产周转率衡量销售收入对资产规模的倍数，主要体现管理层利用资产的效率。

例如：假设两个公司的销售净利率均为 10%，总资产均为 1 000 000 美元，两者相比，销售收入更高的公司，会有更高的总资产周转率，进而会有更高的总资产收益率，因而更有吸引力。换言之，资产的周转率（资产利用效率）将给定销售净利率放大为总资产收益率，因而是一个至关重要的指标。

有时候高利润率可能会部分掩盖周转率不足的问题。所以管理层需要对利润率和周转率两个指标都给予关注，而不只是简单关注两者混合在一起形成的总资产收益率这一单一指标。

如果总资产收益率指标下滑，管理层需要考虑采取下列措施：

- 削减费用以提高净利润，例如采取自动化装置以提高生产效率，或减少可调整的开支。
- 在保持销售收入的前提下压缩资产规模，例如改进存货控制、加快应收账款的收回。
- 在保持利润率、控制资产规模的基础上增加销售收入。

总资产收益率取决于利润率和资产使用效率。杠杆的作用是把现有资产收益率进一步放大。

总资产收益率较高意味着公司能够更有效地利用资产创造利润。资产收益率相对于以往年份有所提升的原因不外乎是净利润增加，或者是资产规模减少，或者二者兼有。例如，如果净利润与上一年持平，而资产规模较上一年有所降低（即分母有所降低），则本年的资产收益率会有所提升。相反，如果净利润有所下降，或资产规模有所增加，或两者兼有，则会导致本年的资产收益率降低，说明公司使用资产创造利润的效率降低了。

普通股股东的权益收益率

权益收益率衡量的是普通股股东权益投资上取得的收益率，而不是总资产上取得的收益率。

$$权益收益率（ROE）= \frac{净利润}{所有者权益平均值}$$

因为权益收益率关注的是普通股股东的收益率，所以上述公式中分母不再使用平均总资产，而是使用所有者权益。所有者权益中，通常包括发行在外的普通股的面值、资本公积以及留存收益。简化起见，如果未发行优先股，所有者权益就等于资产总额减去负债总额。

上述公式中使用的净利润是扣除支付给债权人的利息和优先股股东的股息之后、归属于普通股股东的净利润。债务利息和优先股股息在支付普通股股利之前优先支付，这是优先股之所以冠以"优先"二字的原因。公司的权益收益率起码要超过权益资本成本，才能称得上成功。此外，权益收益率提供了在不同公司之间比较投资机会优劣的工具。较高的权益收益率通常意味着普通股股东更高的收益。

杜邦分析模型用于权益收益率的分析

杜邦分析模型能帮助分析师更好地理解权益收益率各期变化的原因。根据这一模型，权益收益率是总资产收益率和财务杠杆的函数。

回忆上文给出的权益收益率的定义式：

权益收益率 = 净利润/所有者权益

上式可以转换为：

权益收益率 = （净利润/总资产）×（总资产/所有者权益）

即：

权益收益率 = 总资产收益率 × 财务杠杆

上式当中，总资产/所有者权益称为权益乘数，前文表述中，也将其称作财务杠杆比率。它体现财务杠杆的作用，能够在不增加股东投入的情况下，放大股东的收益。例如在前面的例子中，再假设公司有45%的资产靠权益资金支持，另外55%的资产靠债务资金支持，则该公司的**财务杠杆比率**为：

$$财务杠杆比率 = \frac{资产}{权益}$$

财务杠杆比率 = 1 000 000 美元/450 000 美元 = 2.22

该公司的权益收益率为：

权益收益率 = 总资产收益率 × 财务杠杆比率 = 20% × 2.22 = 44.4%

假如公司100%的资产全都靠普通股权益支持，那么权益乘数为1，总资产收益率和权益收益率二者相等。但是前述案例中的实际情况是，公司只有45%的资产靠股东投入的权益资金支持，而全部的净利润都归属于股东，那么股东的权益收益率（44.4%）就会高于总资产收益率（20%）。在这种情况下，杠杆的使用给公司带来了积极效用。

财务杠杆比率作为权益乘数，体现了从总资产收益率到权益收益率的放大倍数。公司盈利能力若有所改进，体现在总资产收益率上可能只有小幅增长，但经过财务杠杆或权益乘数的放大之后，体现在权益收益率上的则将是大幅的增长。从股东的角度来看，股东权益收益率在债务筹资的情况下，会比发行更多的股票权益筹资增加得更快。当然，这种情况只有在公司净利润大于债务利息成本的情况下才能实现。

换言之，即使总资产收益率没有增加，单纯提升财务杠杆，也能放大权益收益率，增加股东的收益。当然，只有当总资产收益率本身为正数的时候，提高财务杠杆才会给企业带来积极的效用。财务管理者需要确定负债和权益的搭配比率，使公司能够保持市场竞争力，并保持对股东和债权人的吸引力。

财务杠杆效应还有一种更全面的分析方法：首先，列举所有的资本来源，包括各种债务、优先股和普通股，分别计算各项资金来源提供的资金量；然后，分别汇总计算对各类投资者支付的融资成本，例如债务利息、优先股股息等；最后，用每一种资本来源的融资成本，除以这一资本来源所提供的资金量，计算出该资金来源的资本成本（对应此类投资者的收益率）。如果财务杠杆的使用是合理的，普通股股东应该赚取最高的收益率。

这说明管理层有效地为经营活动筹集资金并追求股东利益的最大化。

LOS
§2.A2.w

在分析一家公司的财务状况是否良好时，请务必保持谨慎。只看单一的比率是不够的。我们必须用到各个方面的多重比率来确定一家公司的财务状况是否良好。很多时候，计算得到的结果本身并没有太多的意义。它们必须与行业平均水平以及同行业内另一家公司的业绩进行比较。此外，用于计算比率的数字通常是公司经营的实际结果。因此，这是一些滞后的指标。也就是说，这些结果可以用来预测公司未来的业绩。

LOS
§2.A2.x

在互联网上可以找到大量关于上市公司的信息。你可以从一家公司的网站入手，在那里，你可以找到公司的季度报告和年报。有时，它会链接到证券交易委员会（Securities and Exchange Commission，简称 SEC）的网站（www.sec.gov）以获取这些信息。在 SEC 的网站上，你可以找到该公司被要求提交的所有文件。

你还可以从一些财经新闻网站找到有关一家公司的信息。这些站点还会提供可以用来作为比较基础的行业平均信息。这有助于你评估一家公司的比率分析结果。

本节习题：
财务比率

说明： 在下列空白处作答。参考答案及解析在本节习题后给出。

1. 一家中国的公司在第一季度的资产负债表上报告显示：现金为 100 000 元，应收账款为 200 000 元，流动负债为 90 000 元。财务总监预测第二季度的应收账款不会发生变化，但现金余额会增加 5%，流动负债会减少 10%。根据财务总监的预测，请问第二季度预计速动比率是多少？

   ☐ **a.** 1.30。
   ☐ **b.** 3.39。
   ☐ **c.** 3.70。
   ☐ **d.** 3.77。

2. 一家公司的利润表显示：利息费用为 5 000 000 美元，销售收入为 50 000 000 美元，息税前利润为 220 000 000 美元，净利润为 8 000 000 美元。请问该公司的利息保障倍数为：

   ☐ **a.** 10。
   ☐ **b.** 4。
   ☐ **c.** 1.6。
   ☐ **d.** 0.25。

3. 一家公司的销售净额为 4 000 000 美元，净利润为 800 000 美元。它的营业利润为 12 000 000 美元。总资产的平均余额为 18 000 000 美元，股东权益的平均余额为 10 000 000 美元。则该公司的权益收益率为：

   ☐ **a.** 8%。
   ☐ **b.** 10%。
   ☐ **c.** 12%。
   ☐ **d.** 40%。

本节习题参考答案：
财务比率

1. 一家中国的公司在第一季度的资产负债表上报告显示：现金为 100 000 元，应收账款为 200 000 元，流动负债为 90 000 元。财务总监预测第二季度的应收账款不会发生变化，但现金余额会增加 5%，流动负债会减少 10%。根据财务总监的预测，请问第二季度预计速动比率是多少？
   - ☐ **a.** 1.30。
   - ☐ **b.** 3.39。
   - ☐ **c.** 3.70。
   - ☑ **d.** 3.77。

   速动比率（也叫酸性测试）衡量的是一家公司用其现有的现金和应收账款来满足偿还流动负债的能力。速动比率的计算公式为：（现金 + 应收账款）÷ 流动负债。第二季度预计现金增加到 105 000 元（100 000 元 × 105%），应收账款预计保持不变为 200 000 元，当前流动负债预计减少到 81 000 元（90 000 元 × 90%）。因此，预计的速动比率为 3.77（105 000 元 + 200 000 元）÷ 81 000 元。

2. 一家公司的利润表显示：利息费用为 5 000 000 美元，销售收入为 50 000 000 美元，息税前利润为 220 000 000 美元，净利润为 8 000 000 美元。请问该公司的利息保障倍数为：
   - ☐ **a.** 10。
   - ☑ **b.** 4。
   - ☐ **c.** 1.6。
   - ☐ **d.** 0.25。

   利息保障倍数是用来衡量一个公司通过经营所得支付利息费用的能力。这个指标的计算公式为：息税前利润（earnings before interest and taxes，简称 EBIT）÷ 利息费用。该公司的利息保障倍数等于 4（20 000 000 美元 ÷ 5 000 000 美元）。

3. 一家公司的销售净额为 4 000 000 美元，净利润为 800 000 美元。它的营业利润为 12 000 000 美元。总资产的平均余额为 18 000 000 美元，股东权益的平均余额为 10 000 000 美元。则该公司的权益收益率为：
   - ☑ **a.** 8%。
   - ☐ **b.** 10%。
   - ☐ **c.** 12%。
   - ☐ **d.** 40%。

   股东权益收益率是衡量与股东权益相关的一个盈利程度的指标。该指标的计算公式为：净利润 ÷ 股东权益；因此，该公司的股东权益收益率为 8%（800 000 美元 ÷ 10 000 000 美元）。

盈利能力分析

盈利能力是公司在一定时期内利用给定的资源创造利润的能力。考察盈利能力，需要分析销售收入、销售成本、营业费用和其他费用的具体构成。

投资收益可以体现为多种形式；有时，投资收益体现为股票的市场交易价格变动。虽然公司可以采取措施增加其股票对投资者的吸引力，但是市场交易价格变动所带来的投资收益还取决于投资者买卖时点的选择。分析师仅仅考察公司的财务状况和经营业绩，无法测算出每个投资者的盈亏。但是分析师可以测算公司拿投资者在每股上投入的资金，为投资者创造了多少盈利。这可以通过计算每股收益和股利收益率实现。

请先**阅读**附录 B 中列举的本节考试大纲（LOS），再来学习本节的概念和计算方法，确保您了解 CMA 考试将要考核的内容。

本节是前两节逻辑上的自然延伸。前两节所讲述的是非常具体的分析方法。比如，通过计算存货周转率，你可能会发现某些问题，例如，存货储量远超过了当前销售规模所需要的数量，压占了过多的资金。这要求公司及时采取行动，否则周转缓慢的存货会因陈旧过时或超过保质期而无法正常销售，只能另行处置。

本节的讲述则站在一个较高的层面，从投资收益率（return on investment，ROI）入手，采用自上而下的分析思路。比如，首先，通过分解投资收益率，您可能会发现公司的资产使用效率过低；然后，通过计算前面章节讲述的各种周转率，您可以判定问题到底属于哪个领域，是在存货管理上、应收账款管理上还是在固定资产管理上。

投资收益率

营利机构的主要目的是将资金投资到存货、固定资产等各类经济资源上，为投资者谋求充分的利润，以补偿投资者所承担的风险。下面将要讨论的几个财务指标，统称为投资收益率指标。

回忆上一节财务比率中所学的内容，各种形式的投资收益率指标在计算时，可能需要将特定资产的账面价值调整到相适应的价值（例如市场价值或重置成本）。特别是当使用修正投资基础来计算投资收益率或总资产收益率的时候，分析师认为有些资产项目会扭曲计算结果而将这些项目从总资产中移除，有些资产项目则应当用公允价值（市场价值）或重置成本来代替账面价值进行计量。在 CMA 考试中，题目给出的可能是账面价值也可能是公允价值；如果二者同时给出，优先采用账面价值计算。

$$投资收益率 = \frac{业务单位的利润}{业务单位的资产}$$

下面分别讲述两种投资收益率：一是**总资产收益率**（ROA），二是**权益收益率**（ROE）。

我们通过**杜邦分析模型**（DuPont model 或 DuPont analysis）来研究这些收益率的测量指标。杜邦分析模型是杜邦公司的管理层在一个世纪之前构想出来的，这一模型成了商业领域经久不衰的重要理念。

总资产收益率

总资产收益率（return on asset，简称 ROA）的计算可以简单地表示为净利润除以总资产。

$$总资产收益率（ROA）= \frac{净利润}{总资产}$$

杜邦分析模型的巧妙之处在于，管理层意识到经营一家企业必须既要谋求充足的利润，又要高效地利用资产。换言之，要提升总资产收益率，可以从提升利润率和提升周转率两个方面入手，这取决于公司战略；如果在利润率和周转率两个方面都能做到卓越，公司总资产收益率一定会很高。杜邦分析模型将总资产收益率做了以下分解：

$$总资产收益率 = \frac{净利润}{总资产} = \frac{净利润}{销售收入} \times \frac{销售收入}{总资产}$$

分解出来的第一个分式（净利润/销售收入）称为**销售净利率**（profit margin）。简而言之，销售净利率体现公司每实现一美元的销售收入里面，扣减掉所有成本费用之后，还能剩下多少净利润。

分解出来的第二个分式（销售收入/总资产）称为**总资产周转率**。总资产周转率体现公司在经营活动中每投入一美元的资产，能创造出多少销售收入。本章第 2 节中提到，如果一个财务比率计算既涉及一个时段数，又涉及一个时点数，那么这个时点数应该取期初期末的平均值。对于处于迅速扩张或急剧衰退的企业，这一点尤为重要。CMA 考试要求考生对时点数要取期初和期末的平均值。

　　实务中，有些分析师会对上述公式做一些修正。例如，有人主张剔除未在经营中使用的资产，有人主张固定资产应当使用其账面原值而不是账面净值，还有人主张使用重置成本计量资产价值。

权益收益率和普通股权益收益率

　　权益收益率（return on equity，简称 ROE）衡量股东的投资收益，它定义为：

$$权益收益率 = \frac{净利润}{所有者权益}$$

　　如果公司曾经发行过优先股筹集资本，则情况比较特殊。这时候可以使用的两个收益率指标，各有不同意义。一个是上文中定义的权益收益率，即使存在优先股，这个指标仍然有意义，它体现了包括普通股股东和优先股股东在内的所有股东共同的账面收益率。另一个是普通股权益收益率（return on common equity，简称 ROCE），它仅仅体现普通股股东的账面收益率。普通股权益收益率的计算公式如下：

$$普通股权益收益率 = \frac{净利润 - 优先股股息}{所有者权益 - 优先股权益}$$

　　上述公式中的"优先股权益"是指公司清算的情况下预计需要向优先股股东支付的金额，其中包括发行在外的优先股的票面价值以及清算时需要支付的溢价。"优先股的票面价值"的这一表述意味着，优先股权益中不包含优先股当初发行时收到的、计入资本公积的溢价。

　　普通股权益收益率可以与权益收益率和总资产收益率相比较。其实在资本结构中使用优先股是一种变相加杠杆的做法。如果所加的杠杆（债务杠杆和优先股杠杆）能发挥预期效果，那么普通股权益收益率应当既大于总资产收益率，又大于权益收益率。

　　杜邦分析模型将权益收益率分解为：

$$权益收益率 = \frac{净利润}{平均总资产} \times \frac{平均总资产}{平均所有者权益} = 总资产收益率 \times 财务杠杆比率$$

　　上式中的**财务杠杆比率**（financial leverage ratio，即平均总资产/平均所有者权益）也经常被称为**权益乘数**（equity multiplier）。

$$财务杠杆比率 = \frac{平均总资产}{平均所有者权益}$$

CMA 考试财务比率定义表中，上述公式的分子分母都没有特意要求采用期初期末的"平均值"来计算。我们建议考生根据考试题目所给的信息来判断是否使用期初期末的平均值，如果考题给出的数据中分别给出了期初期末余额，那么应当计算期初期末的平均值。

总资产收益率和权益收益率的杜邦分析（示例）

图 2A-5 中模拟的财务报表和比率就是用来举例说明如何将杜邦分析法作为起点，来分析企业的经营结果和诊断出可能存在的问题。请注意杜邦分析法还可以用于高层级的财务规划。表头中年份的含义将在下文的解读中详细说明。

本案例中，我们分析的基准公司是阿法公司，基准年份是第 1 年。我们假设阿法公司是一家零售企业，毕竟一般读者对零售行业都会比较熟悉。从阿法公司的财务报表可以看出：（1）这家公司在资本结构中使用了杠杆，体现在资产负债表中的应付票据和利润表中的利息费用上；（2）假定阿法公司没有增长，所以其第 0 年和第 1 年的资产负债表是完全相同的；（3）正因为阿法公司没有增长，所以可以将净利润 100% 全部作为股利支付给股东，不需要用于再投资。杜邦分析相关的财务比率显示：（1）阿法公司在基准年份（第 1 年）的销售净利率为 4.5%，资产周转率为 2.0，二者决定了总资产收益率为 9%。这些指标可以拿来和其他公司做比较，判断企业的经营绩效，但是这种比较未必是有意义的。比如，如果比较对象是一家未在资本结构中使用财务杠杆的或者是自身不提供赊销的零售企业，可比性上就会存在缺陷。（2）阿法公司的权益乘数为 1.667，与前述总资产收益率 9% 相结合，带来的权益收益率为 15%。

图表 2A-5　杜邦分析（三家公司的比较）

	阿法公司				贝塔公司		伽玛公司	
	第 0 年	第 1 年	第 2 年 a	第 2 年 b	第 0 年	第 1 年	第 0 年	第 1 年
货币资金	$50.00	$50.00	$50.00	$50.00	$50.00	$50.00	$50.00	$50.00
应收账款	200.00	200.00	200.00	240.00	200.00	200.00	200.00	200.00
存货	150.00	150.00	150.00	150.00	150.00	150.00	150.00	150.00
固定资产（净值）	100.00	100.00	100.00	100.00	100.00	100.00	100.00	100.00
资产总计	$500.00	$500.00	$500.00	$540.00	$500.00	$500.00	$500.00	$500.00
应付账款	$100.00	$100.00	$100.00	$100.00	$100.00	$100.00	$100.00	$100.00
预提租金	–	–	–	–	–	–	100.00	100.00
应付票据	100.00	100.00	100.00	110.00	–	–	75.00	75.00
负债合计	$200.00	$200.00	$200.00	$210.00	$100.00	$100.00	$275.00	$275.00
普通股	$100.00	$100.00	$100.00	$100.00	$200.00	$200.00	$100.00	$100.00
留存收益	200.00	200.00	200.00	230.00	200.00	200.00	125.00	125.00

续表

| | 阿法公司 | | | | 贝塔公司 | | 伽玛公司 | |
	第 0 年	第 1 年	第 2 年 a	第 2 年 b	第 0 年	第 1 年	第 0 年	第 1 年
所有者权益合计	$300.00	$300.00	$300.00	$330.00	$400.00	$400.00	$225.00	$225.00
负债与所有者权益总计	$500.00	$500.00	$500.00	$540.00	$500.00	$500.00	$500.00	$500.00
销售收入		$1 000.00	$1 000.00	$1 000.00		$1 000.00		$1 000.00
销售成本		600.00	600.00	600.00		600.00		600.00
毛利		$400.00	$400.00	$400.00		$400.00		$400.00
销售和管理费用		314.00	319.00	314.00		314.00		314.00
营业利润		$86.00	$81.00	$86.00		$86.00		$86.00
利息费用		11.00	11.00	11.55				8.25
税前利润总额		$75.00	$70.00	$74.45		$86.00		$77.75
所得税费用		30.00	28.00	29.78		34.40		31.10
净利润		$45.00	$42.00	$44.67		$51.60		$46.65
销售净利率		4.50%	4.20%	4.47%		5.16%		4.67%
总资产周转率		2.000	2.000	1.923		2.000		2.000
总资产收益率		9.00%	8.40%	8.59%		10.32%		9.33%
权益乘数		1.667	1.667	1.651		1.250		2.222
权益收益率		15.00%	14.00%	14.18%		12.90%		20.73%

LOS §2.A.3.b

现在我们将第 2 年 a 场景与第 1 年的财务绩效进行比较。第 2 年，假设营业费用的增加是因为增加了现场销售人员的人数。这一点可以直接从利润率由 4.5% 下降到 4.2% 的情况中看出。

接下来，我们可能会再对比毛利百分比，对比之后发现它没有发生变化。这一发现排除了那些因议价能力下降或供应商提高价格且无法转嫁给客户而增加成本的可能性。

LOS §2.A.3.g

销售毛利率衡量毛利（销售收入减销售成本）占销售收入的比率，其计算公式为：

> 毛利 = 销售收入 − 销售成本
>
> 销售毛利率 = 毛利 / 销售收入

能导致销售毛利率变动的原因包括：
- 销售单价因为市场竞争的激烈程度变动而变动；
- 单位销售成本的变动和销售单价的变动不同步；
- 毛利率不同的各种产品在公司产品组合中的占比发生变化；
- 存货实有数量较账面数量有所减少（存货发生毁损灭失）。

在上述案例中，我们发现从第 1 年到第 2 年，阿法公司的销售毛利率并没有发生变化。这就排除了销售市场上议价能力下降的情形，也排除了采购市场上供应商提价而企业无法把增加的采购成本转移给客户的情形。

接下来考察营业利润率。**营业利润率**（operating profit margin）是指营业利润（即息税前利润 EBIT）占销售收入的比率，其计算公式为：

$$营业利润率 = \frac{营业利润}{销售收入}$$

在上述案例中，营业利润率从 8.6% 下滑到了 8.1%。从纵向利润表看出，这一变化是销售管理费用增加所导致的。这与分析师了解到公司销售人员数量增加，人工成本增加的事实相符。营业利润和净利润之间的差异来自利息费用和所得税费用。在上述案例中，销售人员工资占销售收入比率提高直接侵蚀了营业利润率，但是，由于增加的销售人员工资可以税前抵扣，也减少了所得税费用，所以其对税后的销售净利润的冲击幅度稍小。另外，销售人员工资增加了，销售收入却没有相应的提高；这说明，企业通过增加人员给顾客提供更好的购物体验的战略构想尚未实现，还没能带来企业所希望看到的销售增长。同时，权益乘数并没有变化，因此，权益收益率由 15% 下降到 14% 完全是由于销售人员的工资增加使边际利润下降而导致的。

最后来看销售净利率。**销售净利率**是指净利率占销售收入的比率，其计算公式为：

$$销售净利率 = \frac{净利润}{销售收入}$$

接下来，我们再来看一下第 2 年 b 的情况。在这种情况下第二年的利润率几乎保持不变。但是，资产周转率却有所下降。根据销售天数、存货周转率、固定资产周转率等比率，很容易确定问题出现在应收账款上，由于销售收入没有增长的情况下，应收账款年末数却大幅上升。几乎就是因为应收账款的收款问题，导致 ROA 从 9% 下降到 8.6%。同样，由于权益乘数几乎没有发生任何变化。因此，净资产收益率从 15% 下降到 14.2% 也是由于应收账款的收款问题所导致的。

下面，我们再将阿法公司第一年的财务业绩和竞争对手贝塔公司做比较。首先，从销售净利率来看，贝塔公司的财务业绩似乎更胜一筹，毕竟贝塔公司的销售净利率为 5.2%，高于阿法公司的销售净利率 4.5%。但是再来测算销售毛利率和营业利润率会发现，两个公司在经营效率上其实是完全一致的，真正的差异在于两家公司的管理层为公司融资的方式不同：阿法公司使用了财务杠杆，所以利润表上有利息费用，而贝塔公司并没有使用财务杠杆，没有利息费用。正是利息费用的有无导致了两家公司销售净利率上的区别，进而导致了总资产收益率上的差别。从资产周转率来看，两家公司的资产周转率是相同的。但是贝塔公司因为没有负债融资，为了维持业务所需要的资产规模，就需要占用更多的权益资金。然而，当我们再来关注权益收益率的时候情况出现了逆转，贝塔公司没有负债融资，所以权益乘数更低，因而权益收益率仅为

12.9%，低于阿法公司的 15%。

两家公司被设计成规模相同，具有同样的销售收入和资产规模。事实上，就算两家公司的规模不同，两者的财务比率也一样是可比的，因为比率剔除了企业规模对可比性的影响。这样的设计主要是为了便于读者直接发现问题的根源。阿法公司的加权平均资本成本预计低于贝塔公司，这是因为债务利息能够带来税盾效应，在资本结构中谨慎的使用债务，可以降低资本成本。在企业这一端，债务利息费用具有税盾效应，可以视为政府在为企业借债经营提供的贴息；而在投资者的那一端，投资者取得的利息收入要交税。阿法公司的加权平均资本成本更低，说明可能阿法公司在为股东创造价值上更胜一筹。

我们来考察阿法公司的另一个竞争对手伽玛公司。

伽玛公司的销售净利率略强于阿法公司；两家公司的总资产周转率相同，所以伽玛公司的总资产收益率也略强于阿法公司。让两家公司拉开差距的是权益乘数，伽玛公司权益乘数高达 2.222，明显超过阿法公司的 1.667。这一差距进而导致了伽玛公司权益收益率为 20.7%，明显优于阿法公司的权益收益率 15%。导致这种差距的具体事由又是什么呢？可以看出，伽玛公司的资产负债表上存在"预提租金"，而阿法公司的资产负债表上并没有这样一项负债。事实上，伽玛公司以经营租赁的形式，从房主那里租用店铺，双方协商确定，租赁期前期租金比较优惠，后期租金比较高。但是会计准则汇编（ASC）要求把经营租赁项下各期不均匀的租金按照直线法平均分摊到租赁期内，除非有更合适的其他分摊方法。按照直线法分摊的要求，在租赁期前期，伽玛公司要把优惠租金低于整个租赁期平均租金的差额部分预提出来；等租金优惠期结束后，租金就要提高，届时再用多付的租金来冲减已经预提的租金负债，以保证整个租赁期内租金均匀确认。预提的租金负债和应付账款，都是"免费"的无息负债，都有一个同样的效果，那就是都可以减少公司融资时对更加"昂贵"的有息负债和权益资金的需求。

从这一案例可以看出，当阿法公司纵向分析本公司各年度财务绩效的时候，杜邦分析的方法是很有效的。但是当阿法公司与同行业其他公司做横向比较的时候，杜邦分析能揭示的问题就很有限，甚至有一定的误导性。

> **注**：以下内容在 IMA 协会公布的 CMA **考试大纲**和财务比率定义表中，都没有直接涉及；但是我们认为下列的信息对于把握杜邦分析体系及其修订版本有重要的意义。

有没有什么方法来弥补杜邦分析法的这些缺陷呢？有！首先，引入**税后经营净利润**（net operating profit after tax，简称 NOPAT）这个实用的指标。简单地说，税后经营净利润等于经营利润×（1－所得税税率），它体现了不考虑利息费用的税盾作用，即假设公司需要就全部经营利润缴纳所得税的情况下，公司经营活动带来的税后利润有多少。税后经营净利润除以销售收入，可以换算为利润率的形式，即税后经营净利率。在上例中，三家公司（阿法公司、贝塔公司、伽玛公司）在第 1 年的税后经营净利率相同，都是 5.16%。换言之，通过税后经营净利率来衡量经营活动的盈利水平，就不会受到融资结构的干扰。

其次，引入另一个有用的指标**投资资本周转率**（invested capital turnover）。投资资本有两种计算方法，第一，投资资本等于资产减去经营负债（无息负债）；第二，投资资本等于股东权益加有息负债。前一种计算方法从资金的去向来考察，计算资金投放出去所形成的"净经济资源"；后一种计算方法从资金的来源考察，计算企业承担融资成本所取得的所有资金。两种计算方法得到结果是相同的，因为资产负债表上左右两边所代表的资金占用和资金来源必须相等。用销售收入除以投资资本可以得到投资资本周转率。在上例中，阿法公司和贝塔公司有相同的投资资本周转率，均为2.5，伽玛公司的投资资本周转率略高，为3.33，因为伽玛公司的租赁合同中有更为优惠的租金支付条款。

最后，将税后经营净利率和投资资本周转率相乘，得到**投资资本收益率**（return on invested capital，简称ROIC）。投资资本收益率这个指标有一个重要的用途，即可以拿来与加权平均资本成本相比较。如果一家公司的投资资本收益率超过其加权平均资本成本，那么这家公司能为股东创造价值。相反，如果一家公司的投资资本收益率不及其加权平均资本成本，那么这家公司在给股东摧毁价值。可以快速计算出三家公司的投资资本收益率，伽玛公司的投资资本收益率略高于阿法公司和贝塔公司。这一特征使得投资资本收益率成为最重要的一个指标，因为营利机构的首要责任就是为股东创造价值。另外，请注意总资产收益率不能拿来和加权平均资本成本做比较。

可持续增长率

LOS
§2.A.3.j

虽然有些公司因为销售收入不断下降而倒闭，但也有一些公司因为增长过快而倒闭。特别是一些小企业，承接了自身人员、设备、资本和经验均无法保证按期完成的业务合同，而导致公司倒闭。**可持续增长率**（sustainable growth ratio，简称SGR）是指企业在不依赖其他融资手段的情况下所能实现的最大收益的增长。

环境保护领域近年来兴起的可持续增长运动（甚至出现了可持续增长会计准则委员会，其颁布的很多准则已经被美国证券交易委员会SEC的信息披露规则所吸纳）和本节所讨论的可持续增长率是两回事，不要将二者混淆。本节所讨论的可持续增长率与环境保护没有关系。

实现可持续增长的关键在于保留足够的盈余用于满足再投资增长的需求，而不是将过多的利润作为股利进行分配。

权益收益率的重要性体现在，公司所能实现的最大可持续增长率是其权益收益率的函数。计算公式如下所示：

$$可持续增长率 = (1 - 股利支付率) \times 权益收益率$$

例如，一家公司将利润的30%用来支付股利，则公司留存的利润为70%（1－30%＝70%）。留存的利润导致股东权益增加，而增加的这部分权益资本也可以带来投资收益，进而导致利润进一步增长。随着股东权益的增长，公司偿还债务的能力也在增强，这使得负债增加但不会产生因资产负债率或债务与权益比率变化的危险。如果一家公司的增长速度超过了它的可持续增长速度，则它需要筹集额外的债务或股权资本。不幸的是，并非所有公司都能够获得在这种超速增长情况下所需的资金。

为了说明这一原理，我们引入另一个案例。注意，在这个案例中，我们计算相关指标时，为了简化计算需要使用所有者权益的年初余额而不是年初和年末的平均余额。

图表 2A-6　可持续增长率示例

	第 0 年	第 1 年 （10% 增长率）	第 2 年 （13% 增长率）
货币资金	$55.00	$60.50	$68.37
应收账款	220.00	242.00	273.46
存货	165.00	181.50	205.10
固定资产（净值）	110.00	121.00	136.73
资产总计	$550.00	$605.00	$683.65
应付账款	$110.00	$121.00	$136.73
应付票据	110.00	121.00	136.73
负债合计	$220.00	$242.00	$273.46
普通股	100.00	100.00	100.00
留存收益	**230.00**	**263.00**	**300.29**
所有者权益合计	$330.00	$363.00	$400.29
负债和所有者权益总计	$550.00	$605.00	$673.75
资金短缺			**$9.90**
销售收入		$1 100.00	$1 243.00
产品销售成本		660.00	745.80
销售毛利		$440.00	$497.20
销售和管理费用		345.40	390.30
营业利润		$94.60	$106.90
利息费用		12.10	13.67
税前利润总额		$82.50	$93.22
所得税费用		33.00	37.29
净利润		$49.50	$55.93

注：有些数字被四舍五入约掉了。

图 2A-6 中公司的股东权益收益率约为 14%，公司将三分之一的净利润作为股利支付给股东，剩余的三分之二作为留存收益继续留在公司。这意味着公司的股东权益将每年增加 10%。由于公司第 1 年末的债务对权益的比率为 2:3，正如和第 1 年年初（或第 0 年年末）比率一样，公司可以"负担得起"的债务增长率为 10%。这使得公司的所有资产（现金、应收账款、存货

和固定资产）都会增长 10%，并假设作为经营性负债或自发性负债的应付账款（A/P）也会按照 10% 的增长率增长。这一点可以通过编制利润表来计算得到：

期初留存收益	$230.00
加上：净利润	49.50
减去：股利	16.50
期末留存收益	$263.00

现在再来假设销售市场允许公司第 2 年的销售收入按照 13% 的增长率高速增长，并能维持相同的销售利润率。为了支持销售的增长，所有的资产科目都需要增长 13%，应付账款也要增长 13%。另外，假定公司应付票据增长 13%，并假定公司管理层不打算增发新股，因而普通股没有增长。事实上可持续增长的定义中包含着公司不增发新股的假设条件。留存收益的计算如下：

期初留存收益	$263.00
加上：净利润	55.93
减去：股利	18.64
期末留存收益	$300.29

根据以上假设，计算得到的结果表明，第 2 年存在资金缺口为 9.9 美元。这个资金缺口如何来弥补呢？可以考虑下列三种途径：

1. 借入更多的资金。增加借款一方面将会增加负债的本金，即使利率不变，也会导致利息费用增加。另一方面会导致债务对权益的比率提升，可能导致公司承担的利率攀升，以及利息费用的进一步增加；增加的利息费用计入利润表，导致公司净利润下滑；净利润下滑不但股利分配减少，而且用于再投资的留存收益也会同步下滑，原来预计通过借款可以弥补掉的资金缺口再度出现，又需要继续增加借款弥补，这样形成一个循环，引发资产负债表和利润表的再度调整。

2. 增发新的普通股。但是很多公司很不情愿增发新股，原因要么是新股发行上市的费用很高，要么是管理层担心这样做会向资本市场传递负面的信号。

3. 削减股利分配。从可持续增长率的计算公式很容易看出来，降低股利分配率，可以提高可持续增长率。

通过尝试使用其他的增长率进行反复测算，你会发现，权益收益率和利润留存率［即（1－股利支付率）］相乘计算得到的可持续增长率，是下列条件下公司所能实现的最高增长率：

1. 不改变资本结构；

2. 不发行新的普通股股票。

假设：

1. 公司的盈利能力保持不变（即，税后经营净利率不变）。

2. 公司的资产使用效率保持不变（即，投资资本周转率不变）。

由于公司在能给股东创造价值的前提下，总是寻求更快的增长，所以影响公司增长速度的权益收益率是一个至关重要的指标。

收入分析

收入（revenue）衡量一家企业通过经营活动从其客户那里赚取的经济资源。从经济角度来看，企业存在的意义在于为客户提供产品和服务并从客户那里赚取经济资源，且所赚取的经济资源要超过提供产品或服务所消耗的经济资源。股东和债权人愿意向公司提供资本，也是因为他们相信公司的商业模式，认为公司从长期来看能够为客户提供其所需的产品和服务，并能够收取超过提供产品和服务成本的价款。收入是财务报表中最重要的项目之一；在结构百分比式利润表中，各个利润表项目都是按照其占收入的百分比来列示的。因此，会计师必须慎重地确认收入，准确地计量收入金额。

美国会计准则委员会和国际会计准则委员会颁布了新的收入确认准则，自2018年起生效。自2019年1月起，CMA考试将按照新的收入确认准则来命题。

虽然很多业务都是直截了当的在销售时点确认收入，但是新的会计准则对收入确认的时间和金额也有一些额外的要求。这对以合同约定，随着时间的推移而转移对商品或服务的控制权的销售形式尤为重要。这些要求在目前的CMA考试会有体现。

FASB于2014年5月28日发布了《2014-09年度新会计准则更新（ASU）》（606号条款）。该指南的核心原则是，一个经济实体应确认向客户转让承诺的货物或服务的收入，且其金额应反映该实体希望从该货物或服务中获得的对价。为了能够确认收入，该经济实体应采取下列步骤：

1. 与客户签订合同；

2. 明确合同中应履行的义务；

3. 确定交易价格；

4. 按照合同中应履行的义务分摊交易价格；

5. 当经济实体履行相应义务时确认收入。

根据美国证券交易委员会（US SEC）所认可的现行收入确认原则，收入在满足两个条件的情况下确认：已经实现或可以实现且已经赚得。通常在交付货物或销售资产的时点，上述两个条件均得以实现。如果是提供服务或提供资产使用权（如贷款或租赁）的收入，其创造收入的过程需要持续一段时间，通常可以根据事先确定的合同价格来确定一个合理的计量基础，随着时间的推移和赚取收入过程的推进而逐步确认收入。

下表总结归纳了旧的收入确认准则和新的收入确认准则的内容：

旧准则的规定和表述	新准则的规定和表述
有确切证据证明存在协议安排	各方已经签订合同
货物已经交付或服务已经提供	实体能够确定各方与货物或服务相关的权利
卖方应收取的价款是固定的或可确定的	实体能够确定各方与货物或服务相关的付款条款
	合同具有交易实质
价款的收回有合理的保障	根据客户的支付到期金额的能力和意愿实体将能收到款项

　　分析师必须结合商业实质，仔细评估，判断公司收入确认的时点是否恰当。提前确认收入将会导致更高的账面利润，也会让盈利能力指标和流动性指标看上去更好一些。为了判断收入确认政策是否合理，分析师需要结合各个企业的商业模式，判断企业是如何"赚取"收入的，即创造收入的过程是如何实现的。

收入的趋势和稳定性

　　分析师、投资者和债权人需要判断收入的增加，究竟是代表了持续稳定增长的发展态势，还是仅仅是异常的、一次性事件所导致的。分析师可以分析目标公司所经营的不同产品线之间销售收入上的相关性，也可以将目标公司的销售收入与行业整体指标相比较，或者与特定竞争对手的同类产品销售收入相比较。分析销售收入质量和稳定性的时候，需要考虑的重要指标如下：

- 产品的需求弹性（当产品的价格变动时消费者会如何反应）；
- 企业通过新产品或服务应对市场需求变动的能力；
- 市场竞争激烈程度；
- 客户集中度及对单一行业或单一大客户的依赖程度（如对政府采购的依赖）；
- 对少数主要经销商的依赖程度；
- 市场的地域分散程度。

收入、存货和应收账款之间的相互关系

　　尚未收取的销售价款确认为应收账款。这就意味着只有销售收入已经赚取的前提下，才能确认应收账款。提前确认收入，将导致净利润和资产负债表上的流动资产被高估。相反，推迟确认收入，将导致净利润和流动资产被低估。另外，如果只发现应收账款余额有所增加，但是未见销售收入有相应增加，则意味着从客户那里收款出现了问题。

　　商业企业和制造业企业主要通过销售货物来赚取收入，所以收入的增长通常伴随着存货的增加。然而如果只发现存货有所增加，但是未见销售收入有相应增加，则意味着存货管理出现了问题。计算财务比率，如存货周转率可以凸显相应的问题。

盈余计量的分析

　　盈余并不存在一个绝对真实的计量指标。利润表上的各项收入和成本取决于一系列主观判断和会计政策选择。

　　美国会计准则委员会要求企业对所有的外部报表使用者编制一套通用目的的财务报告。这一要求有助于控制编制财务报告的成本，使其基本等于核算报表所含财务信息的成本，不至于额外增加企业负担。另外，会计核算和财务报告需要用到大量的会计估计，而这些估计难免会发生变化。在某项情况下，对于同一类型的交易，公司可以出于正当理由，在准则允许的范围内改变会计政策的选择。而且美国会计准则委员会不定期地颁布新的会计准则和报告要求（例如新的收入确认准则）来补充完善会计准则汇编（ASC），当会计准则变更时，通常的处理方法是追溯调整税后净利润。一套完整的会计报告不但包括四张主表，还包括大量的表外披露的信息，例如对会计政策和复杂交易的说明。综合上述原因，盈余的计量是一个复杂的问题。

　　本章主要介绍盈余的计量需要考虑的下列因素：

1. 会计估计；
2. 会计方法；
3. 信息披露；
4. 报表使用者的不同需求。

1. 会计估计

　　盈余的计量取决于对未来事件及其结果的估计。对于上市公司来说，管理层做出会计估计，审计师验证会计估计的合理性。这些估计和假设对盈余的计量有重大影响。例如，对资产使用寿命的估计，影响折旧费用，进而影响账面利润；有意地将资产使用寿命估计过长，会减少每期分摊的折旧费用，从而增加利润。

2. 会计方法

　　分析师必须理解不同会计方法的选择（例如，直线法计提折旧和加速折旧法），并能够评估其对公司盈利计量和公司之间业绩可比性的影响。会计方法的选择是公司管理层自由裁量的结果，审计师要做的是确保管理层所选的会计方法在会计准则所允许的范围内，并且各年之间保持一致；分析师则需要理解不同会计方法对账面利润和其他财务报表指标的影响，包括对财务报表比率计算的影响。

　　例如，在美国会计准则下，发出存货的计价方法主要有两种，先进先出法（first-in，first-out，简称 FIFO）和后进先出法（last-in，first-out，简称 LIFO）。假设存货的数量和价格逐渐增长，相同的经济业务，使用后进先出法核算得出来的当期利润和存货余额，都要低于使用先进先出法核算得出来的结果，而当期利润和存货余额两者都会影响到总资产收益率的计算。从上例看出，分析师需要考虑会计政策选择对财务比率的影响。CMA 考试也会考察评估会计政策选择并推测其对常见财务比率影响的能力。

3. 信息披露

会计准则汇编（ASC）有明确的信息披露要求；美国证券交易委员会（SEC）经常对公开发行证券的公司追加额外的信息披露要求。实践中，很多公司（包括发行证券的公司）的信息披露流于形式，仅为表面上满足 ASC 的披露要求，也有一些公司披露的信息量过于密集，事无巨细都披露出来，让报表的使用人不知所云，抓不住要点。

不同公司对于经营分部的经营绩效和资产基础等信息披露的详细程度差异很大。全面披露要求对每个重要的经营分部都提供详细的利润表数据，这在实践中很难行得通，一来因为很多成本费用很难在经营分部之间分摊，二来管理层也不愿意泄露过多分部信息，担心影响公司的竞争地位。

公司披露的相关信息越多，公司的财务状况就越容易被市场理解，相应的，公司股票的市场价格越能够正确反映其公允价值。然而，公司披露太多的信息，可能被竞争对手所利用，给公司带来不利影响。所以通常信息披露需要仔细斟酌，有时宁愿股价被低估，也不披露过多的信息。

4. 报表使用者的不同需求

财务报表的不同使用者有不同的需求。例如，公众投资者更关注公司的财务状况和未来的盈利能力。他们会根据公司的历史趋势和当前财务状况，预测其未来的发展前景。债权人通过对公司提供信贷获得有限的收益，对公司的判断更趋于谨慎。债权人担心借出的资金发生损失，所以更关注公司长期和短期的偿债能力。供应商对公司提供商业信用时，必须考虑货款无法收回的风险。例如，假设供应商销售一件产品能赚取 10% 的毛利，那么只要一件产品的货款无法收回，就需要多销售十件产品才能弥补损失。管理层既要从投资者的角度也要从债权人的角度分析数据，既要关注现在财务状况能否偿还债务，也要关注未来的盈利能力。工会代表通过分析财务报表，判断企业给职工增加薪酬福利的能力。政府出于税收和监管目的，分析财务报表以判断企业的财务健康状况。

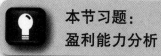

本节习题：
盈利能力分析

说明：在下列空白处作答。参考答案及解析在本节习题后给出。

1. 一家公司的股东权益收益率为 20%，资产收益率为 15%，股利支付率为 30%。则该公司的可持续权益增长率为：
   - ☐ **a.** 50.0%。
   - ☐ **b.** 14.0%。
   - ☐ **c.** 6.0%。
   - ☐ **d.** 4.5%。

2. 一名财务分析师计算了一家公司的毛利率和净利率。经济学家预测公司所得税税率将下调。这将导致：
   - ☐ **a.** 毛利率和净利率同时增加。
   - ☐ **b.** 毛利率降低和净利润率提高。
   - ☐ **c.** 毛利率不变和净利率增加。
   - ☐ **d.** 毛利率增加和净利率不变。

3. 两家公司的资产收益率相同。X 公司在许多年前价格相对较低的时候购买了大部分资产。Y 公司在最近几年价格相对较高的时候购买了大部分资产。两家公司的债务水平相同，并按历史成本核算资产。则资产收益率最有可能是：
   - ☐ **a.** 两家公司都被高估。
   - ☐ **b.** X 公司被高估。
   - ☐ **c.** Y 公司被高估。
   - ☐ **d.** 两家公司都计量准确。

本节习题参考答案：
盈利能力分析

1. 一家公司的股东权益收益率为20%，资产收益率为15%，股利支付率为30%。则该公司的可持续权益增长率为：

　□ **a.** 50.0%。
　☑ **b.** 14.0%。
　□ **c.** 6.0%。
　□ **d.** 4.5%。

　　公司的可持续股权增长率代表了公司利用自身收入所能实现的最高增长率。可持续股权增长率的计算公式为：股东权益收益率×（1－股息支付率）；因此，本题中公司的可持续股权增长率为：14.0%〔20%×（1－30%）〕。

2. 一名财务分析师计算了一家公司的毛利率和净利率。经济学家预测公司所得税税率将下调。这将导致：

　□ **a.** 毛利率和净利率同时增加。
　□ **b.** 毛利率降低和净利润率提高。
　☑ **c.** 毛利率不变和净利率增加。
　□ **d.** 毛利率增加和净利率不变。

　　公司毛利率计算公式为：毛利润÷销售额。公司净利润的计算公式为：净利润÷销售额。企业所得税税率的降低不会影响毛利或销售额，所以企业所得税税率降低不会影响毛利率。但由于所得税费用的减少，公司的净利润会增加；因此，它会导致净利率增加。

3. 两家公司的资产收益率相同。X公司在许多年前价格相对较低的时候购买了大部分资产。Y公司在最近几年价格相对较高的时候购买了大部分资产。两家公司的债务水平相同，并按历史成本核算资产。则资产收益率最有可能是：

　□ **a.** 两家公司都被高估。
　☑ **b.** X公司被高估。
　□ **c.** Y公司被高估。
　□ **d.** 两家公司都计量准确。

　　X公司的资产负债表中的资产的估值可能比Y公司报表中资产的估值低得多。这个估价可能不是很准确，因为这个价格是很久以前的了。由于总资产是ROA计算公式中的分母，所以X公司的资产估值较低意味着其ROA可能被高估了。

第 4 节

特殊问题

本节讨论几个与会计相关的理论上和实践中的特殊问题。从根本上看，会计利润旨在体现企业的经济利润，但是会计利润和经济利润在计量上却有差别，这些差别也导致公司的会计价值和通过股价体现出来的经济价值相背离。因此，管理会计师和财务分析师需要理解会计利润和经济利润之间的区别。另外，现实经济中的一些复杂问题，例如通货膨胀和外币交易，都会影响到财务报告，这些问题在本节中也有所涉及。

请先**阅读**附录 B 中列举的本节考试大纲（LOS），再来学习本节的概念和计算方法，确保您了解 CMA 考试将要考核的内容。

经济利润和会计利润

经济利润和会计利润是衡量公司业绩的两个不同的指标。会计利润是基于权责发生制核算的，且要遵循公认会计原则（GAAP）。

会计利润 = 会计收入 – 会计成本

经济利润的计量不但考虑会计成本（显性成本），还要考虑机会成本（隐性成本）。机会成本可以定义为选择某一方案而放弃其他方案时，所放弃方案的相关收益。

经济利润 = 会计收入 – 会计成本 – 机会成本

经济利润的概念可以用于经济决策。例如，假设你目前是自由职业者，每年可以赚取收入 100 000 美元，发生成本 70 000 美元，则会计利润为 30 000 美元（100 000 美元 – 70 000 美元 = 30 000 美元）。但是，如果你在公司任职，每年的薪酬为 50 000 美元，那么你辞职去作自由职业者的经济利润只有 – 20 000 美元，即亏损 20 000 美元（100 000 美元 – 70 000 美元 – 50 000 美元 = – 20 000 美元)。虽然作为自由职业者的会计利润为 30 000 美元，但是你在公司任职可以多赚 20 000 美元，所以选择作为自由职业者的结果是，你实际上少赚了 20 000 美元（亏损 20 000 美元）。

财务报告概念框架明确指出："通用目的财务报告的目标是向报表使用者提供关于某一特定报告主体的、对经济决策有用的财务信息。报表使用者包括现有或潜在的投资人、借款人或其他债权人；其经济决策是指给该报告主体提供资源的决策，包括：（1）买入、卖出或持有该主体发行的权益及债务工具，（2）提供或收回贷款或其他形式的信贷。"

上一例子中我们看到，即使会计利润为正，经济利润仍有可能为负。经济利润为负，应该选择其他的方案；经济利润为正，说明你已经选择了较优的方案。正的经济利润存在，说明上述讨论的机会成本可以是负值。

会计变更与差错更正

财务报表需要体现下列事项的结果：
- 会计政策变更；
- 会计估计变更；
- 会计主体变更；
- 会计差错更正。

会计政策变更有两种情形，一是新的会计准则颁布并收录于《会计准则汇编》（美国公认会计原则唯一的权威性汇编），二是管理层在现行会计准则提供的可选范围内，从一种会计政策转向另一种会计政策。例如发出存货的计价方法，由加权平均法改为先进先出法，属于会计政策变更，因为两种方法都是准则允许的；但是，会计核算基础，从现金收付制转到权责发生制，不属于会计政策变更，因为现金收付制不是会计准则所认可的，这种转变属于下文要讲的会计差错更正；另外，固定资产折旧方法的改变，例如从直线法到双倍余额递减法，也不属于会计政策的变更，而是属于会计估计的变更。图表 2A-7 总结归纳了会计变更与差错更正的报告。

图表 2A-7 会计变更与差错更正汇总

会计变更类型	举例	应用	需要进行的调整
会计政策	《2014-09 年度新会计准则更新（ASU）：与客户签订销售合同的收入确认》（606 号条款）	追溯调整法	• 追溯调整最早期间留存收益的期初余额，以反映该变动对所有未列示期间的影响 • 视同变更后的会计主体自始存续，调整以前期间的列报金额

续表

会计变更类型	举例	应用	需要进行的调整
会计估计	变更： • 坏账准备的计提比率由预计销售额的2%调整为预计销售额的3% • 资产的预计使用寿命由5年提高到7年	未来适用法	不需要调整
报告主体	• 由个别财务报表到合并财务报表的变更 • 子公司的变更 • 权益法核算范围的变更	追溯调整法	• 追溯调整最早期间留存收益的期初余额，以反映该变动对所有未列示期间的影响 • 视同变更后的会计主体自始存续，调整以前期间的列报金额
差错更正	财务报表中以前期间出现的重大错报	需要对财务报表进行重述，以确保累计留存收益的余额准确。	影响以前期间的利润或损失的错报，需要将其对发生以来各期税后净利润的影响，通过调整期初留存收益来体现出来，进行列报

注：未来适用法是指该变更事项只需在当前期间和未来期间列报。

盈余质量

账面的会计利润并非绝对事实，它只是会计核算的结果，是建立在一系列会计假设和会计政策基础上的；一旦这些会计假设或会计政策变更，会计利润也会大幅改变。因此，投资者需要高度重视盈余质量。

盈余质量（earnings quality）关乎财务报告信息的真实性、有效性。高质量的盈余既能够体现公司当前的业绩，也有助于报表使用者评估公司未来的业绩。分析盈余质量，可以透过财务报表，评判管理层的动机、倾向和态度，并识别管理决策所带来的结果。分析盈余质量需要考虑的基本问题包括：

- 会计政策的选择；
- 表外融资及其财务影响；
- 资产维护费用的计提和未来的盈利能力；
- 宏观经济对盈余的影响。

会计政策的选择

管理层可以在会计准则允许的范围内自由决定选择什么样的会计政策。会计政策的选择可以体现公司是趋于保守还是趋于激进。保守的会计处理通常尽量避免高估利润，导致盈余质量一般比较高。例如，存货的后进先出法（LIFO）被视为保守的会计方法，因为如前所述，在价格上涨的假设下，它导致了利润的低估和资产的低估。但是，过于保守的会计处理会影响报表质量，从长期来看也并非可取。分析师需要考察会计政策的选择以判断他们对公司财务健康状况以及财务报告的影响。

资产维护费用的计提和未来的盈利能力

管理层可以推迟支付一些可支配的费用，例如资产的维修费、保养费，以维持暂时的高收益。但是为了保护短期利润而推迟必要的维修保养，会加速资产的性能衰退，给公司长期利润带来不利影响。

与之类似，广告费用和研究开发费用等可支配的费用，也可能被推迟支付，这在短期内显现不出不利影响，但在长期内会有重大影响。需要注意的是，对于研发费用需要仔细考察，因为研发未必有理想的结果，未必能增加利润。

宏观经济对盈利的影响

经济的周期性波动和其他宏观经济力量，并非管理层决策的结果，但确实会影响到公司盈余。然而，有经验的管理层可以缩小经济周期性波动对公司收入来源和盈余稳定性的影响。

盈利的持续性

盈利的持续性（earnings persistence）衡量当前的利润能够在多大程度上用于预测未来的利润。在这个问题上，利润的变动趋势至关重要。在各经济周期均持续稳定的盈余，要比随着经济周期而起伏波动的盈余更加可取；稳定且持续增长的盈余最有吸引力。

盈利波动的根源不一定出在经营利润上，还可能出在非经常性损益上。这种情况下，财务分析师需要调整并重新编制利润表，以剔除这些异常项目的干扰，揭示可持续性盈余历年的变动趋势。

每股净资产

账面净资产（book value）指假设公司将全部资产按照账面价值出售变现并偿还全部债务之后，留给股东的资金。每股净资产等于资产总额减去负债总额，然后除以公司发行在外的股票（或类似权益工具）的数量。如果当前的每股市价比每股净资产还要低，即俗称的"破净"，则公司的股票价值很可能被市场低估了。如果当前的每股市价显著高于每股净资产，则公司的股票价值可能被市场高估了，股价将来有可能被向下修正。账面净资产主要缺陷在于其对资产计价未必合理。毕竟，账面价值仅仅是会计上的概念，会计准则允许不同的资产使用不同的计量属性；账面价值的概念本身就不追求反映资产的市场价值或公允价值。将资产的账面价值视同于其在市场上出售时能取得的资金是不现实的。

在计算每股净资产时，优先股权益的账面价值（如果优先股是可以赎回的，指优先股的赎回价值）以及累计未付的优先股股息，都应当从所有者权益总额中扣除掉。因为优先股在公司清算时优先受偿，优先股权益的账面价值不属于普通股股东。在计算每股净资产时，除累计优先股外，股东权益总额需要扣除累计未付优先股股息和优先股权益。

$$每股净资产 = \frac{所有者权益总额 - （优先股账面价值 + 累计未付优先股股息）}{发行在外普通股的数量}$$

例如：Q 公司所有者权益总额为 10 000 000 美元，优先股的账面价值为 500 000 美元。Q 公司发行在外的普通股股份数为 9 000 000 股，则每股净资产的计算公式为：

$$每股净资产 = \frac{10\ 000\ 000\ 美元 - 500\ 000\ 美元}{9\ 000\ 000} = \frac{9\ 500\ 000\ 美元}{9\ 000\ 000} = 1.06\ 美元$$

每股净资产这一指标通常和每股市价一并考察，以判断市场基于公司未来的成长潜力而给予公司股票的溢价。

市净率

金融市场不止关注公司的资产负债表和利润表的信息，还考虑财务报表之外的很多信息。所以，市场价值与其账面价值通常是不一致的。**市净率**（market to book value ratio，或称市价对账面价值比率）将普通股当前每股市价和普通股每股净资产相比较：

$$市净率 = 每股市价 / 每股净资产$$

市盈率

市盈率（price/earnings ratio，简称 P/E）将公司普通股当前每股市价和普通股每股收益（EPS）相比较：

$$市盈率 = 每股市价 / 每股收益$$

市盈率就是每股收益的倍数。各行业企业的市盈率往往不同；在高增长的行业中，企业市盈率通常较高。投资者进行投资决策时会考察市盈率；管理层更希望看到高市盈率，因为这意味着市场对企业发展前景有信心。

盈余收益率

盈余收益率（earnings yield）是市盈率的倒数，体现了按当前市价在公司普通股上每投资 1 美元，所能享有的会计盈余。

$$盈余收益率 = 每股收益 / 每股市价$$

财务分析还需要考虑利润留存率（净利润中留在企业支持企业增长部分所占比率）和股利支付率（净利润中作为股利支付给股东部分所占比率）。

物价变动和通货膨胀的影响

财务分析要考虑通货膨胀，即物价的逐渐增长。财务报表一般是基于历史成本编制的，并不根据物价变动进行调整。公司的收入金额较上年有所增长，并不一定意味着公司的业务规模有实际扩张。例如，公司的销售收入从上年的200 000美元增长到本年的210 000美元，既可能是销售数量的增加导致的，也可能是销售价格的上升导致的。如果是后者，假设公司的销售价格提升了5%，而宏观经济中的通货膨胀率为8%，这是一个不好的迹象，这意味着公司的实际销售价格有所下降而销售数量并没有因此增加。

幸运的是，在过去的几年中，美国的通货膨胀率尚在掌控之中；对于美国和大多数西欧国家来说，前述通货膨胀问题并不是财务报表分析中的一个重要问题。但是在拉美一些经历急剧通货膨胀的国家，通货膨胀问题至关重要。在横向分析或趋势分析中，可以通过将财务指标转换成用基期货币价值衡量的金额来剔除通货膨胀的影响。例如，假定通货膨胀率固定为10%，则下一年的销售金额需要除以1.1转换成用基期货币价值衡量的金额，再下一年的销售金额需要除以1.21，依此类推。如下表所示：

	第1年	第2年	第3年
销售额	$300	$320	$350
销售额的增长	n/a	$\frac{(\$320-\$300)}{\$300}=6.67\%$	$\frac{(\$350-\$320)}{\$320}=9.38\%$
按照每年10%的通货膨胀率进行调整		$\frac{\$320}{1.1}=\$290.909$	$\frac{\$350}{1.21}=\$289.256$
分析		这实际上反映了过去两年销售的下降	

公允价值计量准则

美国会计准则汇编（ASC）第820号《公允价值计量及披露》（原美国会计准则第157号《公允价值计量》），提出了公允价值的定义，并设立了一个适用于不同会计科目和不同会计处理方法的统一公允价值计量框架体系。公允价值假定市场参与者在计量日通过有序交易交换资产或负债。如果相关资产负债存在主要市场，主要市场价格视为公允价值；如果相关资产负债不存在主要市场，但存在多个市场，最有利于市场的价格作为确定公允价值的基础。另外，公允价值计量假定市场参与者按照"最大程度以及最佳用途"（highest and best use）使用资产，笼统地说，所谓"最大程度以及最佳用途"是能够让资产价值最大化的使用方式。最佳用途应该从一般市场参加者的角度来确定，可能与资产拟使用的实际方式不一致。例如，一块土地位于主要住宅区，最佳用途为建设住宅；购买土地的人却打算在上面建造工业库房。计算土地公允价值时，仍应当假定该土地是用于建设住宅的。

评估公允价值的方法主要有三种：市场法、收益法、成本法。**市场法**（market approach）利用相同或类似资产的交易价格来推算公允价值；**收益法**（income approach）通过估值技术将未来的收益折算为现值作为公允价值；**成本法**（cost approach）根据资产的重置成本来计算其公允价值。

为了增加公允价值计量的一致性和可比性，会计准则引入了公允价值层级（fair value hierarchy）的这一概念，以明确估值技术选择输入值的优先顺序。最高层级（第一层级）的输入值是指活跃市场上的报价，应当优先使用；中间层级（第二层级）的输入值是指从相关资产的活跃市场报价中可以直接或间接推算出来的输入值；最低层级（第三层级）的输入值是指不可观察输入值。财务报表需要在附注中披露，根据输入值的层级对公允价值计量的资产进行分类的情况。

财务报告中引入公允价值计量，相对于历史成本计量而言，对资产的价值提供了更有时效性的财务信息。

很多金融机构和投资者根据公允价值做出金融资产和金融负债相关的决策。在很多情况下，公允价值体现了这些资产和负债带来的未来现金流的市场预期。公允价值计量使得投资者在做出买入、卖出或持有相关金融工具（包括金融资产和金融负债）的决策时，可以对包含相同经济特征的金融工具进行比较，不管这些金融工具是何时发行或购买的。公允价值计量的不利之处在于，市场行情的变化增加了资产价值的波动性，多种估值方法的灵活选择降低了资产价值的可靠性。

2011年5月，国际会计准则委员会颁布了国际财务会计报告准则第13号《公允价值计量》。第13号准则对公允价值给出了统一定义，替代了此前各项单独准则中公允价值相关的内容。新准则建立了一个统一的公允价值计量的框架体系，并明确了相关披露要求。由于13号准则与原美国会计准则第157号相似，只在极少数例外事项有差异；这使得比较美国准则和国际准则在公允价值计量上的差异更加方便。

外币交易和外币报表折算

目前美国公司每年在海外的采购和销售金额大致为4万亿美元；有些美国公司70%左右的销售收入来自海外，是用外币计价的。外币事项对美国公司的影响迅速扩大。开展境外业务在会计上带来诸多外币相关挑战，主要包括以下的七个问题：

1. 境外进行的、用外币计价的销售活动核算；
2. 境外进行的、用外币计价的采购活动核算；
3. 境外持有的、用外币计价的资产的核算；
4. 境外承担的、用外币计价的负债的核算；

5. 需要纳入美国公司合并报表范围的境外子公司；

6. 美国公司与境外子公司之间的业务往来；

7. 针对汇率变动风险的外币套期保值。

本节只探讨 CMA 考试涉及的上述事项中的前五个事项。

美国公司在境外所购销商品，通常用业务发生地的当地货币计价。例如，麦当劳在纽约市以美元标价，在墨西哥城以比索标价，在伦敦则以英镑标价。这样，同一家公司在一年里面，可能会发生以不同外币计价的多项交易。但是在编制财务报表的时候，所有的外币交易都必须转换为美元计价。

类似的，公司的资产和负债可能以外币计价并最终以外币清偿或结算。但是，在编制财务报表的时候，必须将资产负债的价值转成美元计量的形式。

下面的例子中使用的 FC（foreign currency）泛指外币。**汇率**（exchange rate）指的是购买一单位某种货币需要支付多少单位的另一种货币。汇率有两种表达方式，一种是直接法，表现为兑换一单位外币（FC）需要多少的本国货币（美元）；另一种是间接法，表现为一单位本国货币（美元）能兑换成多少单位的外币（FC）。例如，"每单位外币 1.40 美元"（$ 1.40 = FC1），是一种直接法的汇率表达形式，代表 1.40 美元可以兑换成一单位的外币。相同的汇率水平，用间接法表达则为 $ 1 = FC0.714286，代表 1 美元可以兑换成 0.714286 单位的外币。可见间接法表达的汇率值，其实就是直接法下汇率值的倒数。

汇率可能是被政府锁定的，也可能是随着货币的市场供求关系变化而波动的。汇率的波动通常用走强（strengthening）或走弱（weakening）这样的术语来表达。一种货币贬值，或走弱，意味着需要花费更多的这种货币才能买到一单位另一种货币；一种货币升值，或走强，则意味着花费更少的这种货币就能买到一单位另一种货币。

最常见的外币交易是商品和服务的进出口贸易。一家美国公司向其德国的客户出口货物，如果销售价格是用外币（欧元）计量的，那么这项交易就属于外币交易，从而需要按照特定日期的汇率换算为美元入账。类似的，一家美国公司从加拿大的供应商那里进口货物，如果采购价格是用外币（加拿大元）计量的，那么这项交易同样也属于外币交易。会计准则汇编（ASC）第 830 号《外币事项》，就外币交易提出两点核算要求：

1. 在外币交易发生时，交易产生的每一项资产、负债、收入、费用、损失、利得，应当按照交易发生日的即期汇率换算成功能货币（通常是报表货币）入账。

2. 在每一个资产负债表日，应收应付款项的账面余额需要按照资产负债表日即期汇率进行调整。汇率变动产生的汇兑差额，计入当期的损益。另外，如果从资产负债表日到实际结算日之间发生汇率变动，应收应付款项的账面余额在实际结算日还需要进一步调整。

外币计量的销售业务

例如：假设 12 月 16 日，贸易公司（Trading Company）向一家境外公司按照

20 000 外币的价格销售一批货物，当日的间接法表达的外币即期汇率为 0.660 （FC/＄）。公司资产负债表日为当年 12 月 31 日，当日间接法表达的外币即期汇率为 0.665 （FC/＄）。次年 1 月 31 日，贸易公司收到了货款，当日间接法表达的外币即期汇率为 0.6725 （FC/＄）。上述三个日期贸易公司应做的会计分录分别为：

---

12 月 16 日：

借：应收账款	30 303
贷：营业收入	30 303

计算：应收账款本币金额计算公式为 *FC 20 000/0.660 ＝ $30 303*

提示：间接法表达的汇率可以通过取倒数的方式转换为直接法表达的汇率，对 0.660 取倒数得到直接法下的汇率为 1.515152；用 1.515152 乘以 FC20 000 也能得到等值的美元金额。

12 月 31 日：

借：汇兑损益	228
贷：应收账款	228

计算：汇兑差额计算公式为 *FC20 000 /0.665 － FC20 000 /0.660 ＝ － $228* （这里负数代表汇兑损失）

1 月 31 日：

借：现金	29 740
汇兑损益	335
贷：应收账款	30 075

计算：实际收到的等值美元金额计算公式为 *FC20 000/0.6725 ＝ $29 740*；

　　　汇兑差额计算公式为 *$29 740 － $30 075 ＝ － $335* （这里负数代表汇兑损失）

在公司截至当年 12 月 31 日的财务报表上，上述事项带来的影响有：

销售收入	＄30 303
应收账款	30 075
汇兑损失	（＄228）

外币采购业务

例如，假设一家住所地在美国的公司从境外供应商处按照 10 000 外币的价格购进一批存货，购买日当日的直接法表达的即期汇率为 ＄0.70 ＝ FC1。该美国公司针对该交易的会计分录如下：

借：存货	7 000
贷：应付账款	7 000

计算：本币金额计算公式为 *FC10 000 × 0.70 ＝ $7 000*

如果截至资产负债表日 12 月 31 日，这笔应付账款仍未支付，当日的直接法表达的即期汇率为 ＄0.69 ＝ FC1，则需要做出以下调整分录：

借：应付账款	100
贷：汇兑损益	100
计算：汇兑差额的计算公式为 $FC10\,000 \times 0.69 - FC10\,000 \times 0.70 = -100$（这里负数代表汇兑收益）	

对财务比率的影响

外币计价的销售业务带来了外币计价的应收账款。如果该外币相对于本国货币（美元）走强，则在资产负债表日，应当确认汇兑收益，同时调增应收账款的余额，从而对短期流动性比率带来积极的影响；如果该外币相对于本国货币（美元）走弱，则在资产负债表日，应当确认汇兑损失，同时调减应收账款的余额，从而对短期流动性比率带来不利的影响。

同样的原理，外币计价的采购业务带来了外币计价的应付账款。如果该外币相对于本国货币（美元）走强，则在资产负债表日，应当确认汇兑损失，同时调增应付账款的余额，从而对短期流动性比率带来不利的影响。如果该外币相对于本国货币（美元）走弱，则在资产负债表日，应当确认汇兑收益，同时调减应付账款的余额，从而对短期流动性比率带来有利的影响。

可以看出，在上述两种情况下，汇率的波动会带来盈余的波动。投资者理应关注公司外币业务带来的汇率风险。为了缓解外币价值波动带来的影响，管理层有时会通过购买外汇远期合同或外汇期权进行套期保值，对冲掉外汇风险敞口。在会计上，这类套期保值活动归属于现金流套期保值。

境外子公司财务报表的处理

当境外子公司的记账货币和母公司的记账货币（即报表货币）不一致的时候，子公司的财务报表必须折算成用母公司报表货币计量的口径，才能进行合并报表。

功能货币的概念

境外子公司的外币报表选择什么样的方法折算，取决于子公司的功能货币。会计准则汇编（ASC）第830号《外币事项》（对应美国会计准则委员会原第52号公告）将**功能货币**（functional currency）定义为子公司经营的主要经济环境中使用的货币。如果该子公司的业务相对独立，且限于所在的国家，子公司可以将所在国的当地货币作为功能货币；相反，如果子公司或境外分支机构实际上是母公司业务的延伸，那么子公司的功能货币应该为母公司的记账货币。

确定子公司的功能货币，还要综合考虑下列事项：子公司的销售市场在哪里，子公司的销售定价如何完成，成本费用发生地点在哪里，融资来源是什么，以及子公司和集团内其他公司之间的交易往来多少。业务相对独立的子公司，往往销售、采购和融资活动都是以所在国的当地货币进行的，与集团内部其他公司之间的交易往来较少。相反，业务与集团整体结合紧密的子公司，往往销售、采购和融资活动都是以母公司的记账货币进行的，且与集团内部其他公司之间存在大量的关联交易。

如果子公司在恶性通货膨胀（3 年里的累计通货膨胀达 100% 以上）的环境中经营，通常选择母公司的记账货币作为功能货币。

外币报表折算方法

根据境外子公司的功能货币不同（是子公司所在国的当地货币还是母公司的记账货币），ASC 第 830 章提供两种不同的境外子公司财务报表的折算方法。具体采用哪种方法进行报表折算，取决于境外子公司的功能货币是当地货币，还是美元。

如果子公司使用的货币并非其功能货币，其财务报表应该采用历史汇率法/时态法重述为母公司货币记录的财务报表。当子公司货币就是其功能货币时，报表应使用现行汇率法进行折算。当子公司使用其当地货币且此货币既非其功能货币，也非其母公司报表货币时，其报表应先通过历史汇率法/时态法重述为功能货币，然后再折算为母公司报表货币。

通常，存在境外子公司时，合并报表的步骤有三步：

1. 根据美国公认会计原则的要求调整子公司的财务报表，这可能涉及诸多的调整事项。

2. 如果日常会计账簿不是使用功能货币计价的，则需将试算平衡表重述到以功能货币计量的口径。

3. 将用功能货币计量的报表折算（translate）为以母公司报表货币计量的报表。

上述合并报表的转换过程，可能使用时态法或现行汇率法，也可能先使用时态法，再使用现行汇率法。如上所述，使用哪一种方法并非任意选择的，而是取决于子公司的功能货币。

使用时态法进行重新计量

时态法，也称为历史汇率法。非货币性项目（除现金、各类应收和用现金清偿的债务之外的项目）按照交易发生日的历史汇率来折算，与之相关的成本费用同样按照历史汇率来调整。

非货币性项目包括：

a. 按照成本法核算的有价证券；

b. 按照成本法核算的存货及产品销售成本；

c. 预付账款，如保险费、广告费、租金等；

d. 固定资产及其折旧费用；

e. 固定资产的累计折旧；

f. 专利、商标、配方、特许经营权等无形资产及其摊销费用；

g. 商誉；

h. 其他无形资产；

i. 待摊费用和预收款项（但是人寿保险企业的递延保单获取成本除外）；

j. 递延收入；

k. 普通股；

l. 按发行价计量的优先股；

m. 非货币性项目形成的收入和成本费用。

（引自美国会计准则委员会会计准则汇编 830 – 10 – 45 – 18）

货币性资产和货币性负债（现金、应收款项、应付款项）和其他以现行价值（市场价值或现金流折现值）计量的资产负债按照资产负债表日的现行汇率折算。简便起见，除上述资产负债产生的损益之外的其他利润表项目可以用当期的加权平均汇率折算。在时态法下，汇兑损益计入当期损益。

图表 2A – 8 展示了从外币调整到分支机构的功能货币（即美元）的工作底稿。表中不同项目，分别采用资产负债表日的现行汇率、业务发生日的历史汇率及当年加权平均汇率来换算。"总部投入"科目作为一个权益类科目，不需要做调整，直接沿用美元计价的期初余额。

图表 2A – 8 使用时态法进行重新计量

弹跳体育用品公司

欧洲分部试算平衡表（调整为美元计量）

第 1 年，12 月 31 日

	余额（借正贷负，括号里的数字代表负数）		
	外币余额（FC）	汇率	美元
现金	FC19 950	$0. 24 *	$4 788
应收账款	352 800	0. 24 *	84 672
存货	157 500	0. 21 +	33 075
总部投入	(432 250)		(78 400)
销售收入	(700 000)	0. 225 ‡	(157 500)
产品销售成本	472 500	0. 21 +	99 225
营业费用	129 500	0. 225 ‡	29 138
小计	FC0		$14 998
汇兑损益	0		(14 998)
合计	FC0		$0

* 资产负债表日现行汇率（第 1 年 12 月 31 日）＝0.24。

+ 交易发生日的历史汇率。

‡ 当年的平均汇率。

使用现行汇率法进行报表折算

按照现行汇率法，所有的资产负债项目都应该按照资产负债表日的现行汇率折算；实收资本项目按照历史汇率折算；利润表项目按照当期加权平均汇率折算。在现行汇率法下，外币报表折算差额并不计入当期损益，而是作为其他综合收益核算。

图表 2A–9 显示的是从外币报表到美元报表的折算工作底稿，表中已经标注了使用现行汇率、历史汇率及平均汇率的情形。期末留存收益的余额并非从外币折算过来的，而是在期初留存收益余额（直接取自上年美元报表）的基础上，加上折算后的本期净利润金额，减去本年宣告的股利分配金额所得到的。

图表 2A–9 使用现行汇率法进行报表折算

弹跳国际体育用品德国公司
将公司财务报表折算为美元报表
第 2 年，12 月 31 日

	外币	汇率	美元
利润表			
销售净额	FC206 400	$0.515 *	$106 296
其他收入	51 600	0.515 *	26 574
收入合计	FC 258 000		$132 870
产品销售成本	FC154 800	0.515 *	$79 722
营业费用和所得税	82 560	0.515 *	42 518
成本与费用合计	FC 237 360		$122 240
净利润	FC 20 640		$10 630
资产负债表			
现金	FC8 600	$0.49 †	$4 214
应收账款（净额）	34 400	0.49 †	16 856
存货	154 800	0.49 †	75 852
短期预付账款	3 440	0.49 †	1 686
固定资产（净额）	275 200	0.49 †	134 848
无形资产（净额）	17 200	0.49 †	8 428
资产总额	FC 493 640		$241 884
应付票据	FC17 200	$0.49 †	8 428
应付账款	25 800	0.49 †	12 642
普通股	430 000	0.54 ‡	232 200
留存收益	20 640		11 146
累计汇兑损益	————		(22 532)
负债和股东权益合计	FC 439 640		$241 884

* 截止到第 2 年 12 月 31 日的会计年度的平均汇率。

† 第 2 年 12 月 31 日当日的现行汇率。

‡ 第 1 年 12 月 31 日（对该子公司出资日）的历史汇率。

外币事项的列报与披露

企业需要在利润表主表或附注中列示当期汇兑损益的合计金额；在所有者权益变动表或单独报表中，或在报表附注中列示外币报表折算差额的变动情况。折算差额需要披露的细节包括：期初和期末的累计折算差额、当期折算差额的合计金额、净投资套期、长期的集团内往来交易、折算差额的所得税影响、处置境外经营净投资对外币财务报表折算差额的影响。

在子公司的报表转换为按母公司报表货币（USD）计量之后，母公司还需要进一步编制抵销分录，编制合并工作底稿，完成合并报表工作。

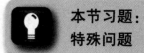

本节习题：
特殊问题

说明： 在下列空白处作答。参考答案及解析在本节习题后给出。

1. 以下哪一项**最符合**"功能性货币"一词的定义？
   - ☐ **a.** 经济主体所处主要经济环境中的货币。
   - ☐ **b.** 经济实体编制财务报表时所使用的货币。
   - ☐ **c.** 政府或机构所大量持有的、作为外汇储备、常用于国际交易事项的货币。
   - ☐ **d.** 用于全球交易并预计为可靠且保值的货币。

2. 一家科技公司的管理层采取的下列行动中，哪一项会对其盈利质量产生负面影响？
   - ☐ **a.** 保守估计设备有效使用年限。
   - ☐ **b.** 软件安装和客户验收之前就确认软件收入。
   - ☐ **c.** 将产品的研究与开发费用直接费用化。
   - ☐ **d.** 低估公司养老金计划中资产的收益率。

3. 一家上市公司在编制年终财务报表时，由于在计算坏账准备时多了一个数字，导致报告数据出现重大的计算错误。这个错误导致报告的净利润金额几乎只有正确数额的一半。根据美国公认会计原则的规定，发现该会计差错更正事项时，应当：
   - ☐ **a.** 在发现错账时调增当年坏账费用。
   - ☐ **b.** 作为发现错账当年利润的组成部分，并在利润表中单独列示。
   - ☐ **c.** 调增应收账款的期初余额。
   - ☐ **d.** 调整上一年度的留存收益的余额。

本节习题参考答案:
特殊问题

1. 以下哪一项**最符合**"功能性货币"一词的定义?
   ☑ **a.** 经济主体所处主要经济环境中的货币。
   ☐ **b.** 经济实体编制财务报表时所使用的货币。
   ☐ **c.** 政府或机构所大量持有的、作为外汇储备、常用于国际交易事项的货币。
   ☐ **d.** 用于全球交易并预计为可靠且保值的货币。
   功能货币是指经济主体所处的主要经济环境中的货币。

2. 一家科技公司的管理层采取的下列行动中,哪一项会对其盈利质量产生负面影响?
   ☐ **a.** 保守估计设备有效使用年限。
   ☑ **b.** 软件安装和客户验收之前就确认软件收入。
   ☐ **c.** 将产品的研究与开发费用直接费用化。
   ☐ **d.** 低估公司养老金计划中资产的收益率。
   投资者非常关心利润的质量,因为仅仅通过改变所采用的假设或会计原则就能够直接影响报告的净利润。在顾客安装和验收软件之前就确认软件的销售收入将对该技术公司的利润质量产生负面影响,因为这一行为并不符合准则中正确的收入确认程序。

3. 一家上市公司在编制年终财务报表时,由于在计算坏账准备时多了一个数字,导致报告数据出现重大的计算错误。这个错误导致报告的净利润金额几乎只有正确数额的一半。根据美国公认会计原则的规定,发现该会计差错更正事项时,应当:
   ☐ **a.** 在发现错账时调增当年坏账费用。
   ☐ **b.** 作为发现错账当年利润的组成部分,并在利润表中单独列示。
   ☐ **c.** 调增应收账款的期初余额。
   ☑ **d.** 调整上一年度的留存收益的余额。
   这个错误属于会计差错。会计差错属于前期调整事项,这意味着需要对坏账准备进行调整,并对期初留存收益余额通过抵消分录进行调整。

说明：下述样题旨在模拟考试真题。认真审题并将答案写在答题纸上。参照书后"每章实战练习参考答案"检查答题结果，并巩固完善。更多实战练习，请访问 www. wileycma. com **在线测试题库**。

样题 2A1 – AT01
考查内容：基本财务报表分析

戈登公司最近四年的财务成果如下表所示：

	第一年	第二年	第三年	第四年
销售收入	$ 1 250 000	$ 1 300 000	$ 1 359 000	$ 1 400 000
销售成本	750 000	785 000	825 000	850 000
销售毛利	$ 500 000	$ 515 000	$ 534 000	$ 550 000
通货膨胀因子	1.00	1.03	1.07	1.10

戈登公司使用纵向结构百分比报表来分析业绩变化趋势。下列表述中，**正确**反映戈登公司财务业绩的是：

- ☐ **a.** 结构百分比报表上，由于销售成本占比逐渐增长，所以销售毛利的占比逐渐下降。
- ☐ **b.** 结构百分比报表上，由于销售收入呈上升趋势，所以销售毛利率也呈上升趋势。
- ☐ **c.** 结构百分比报表上，由于销售成本呈下降趋势，所以销售毛利率呈上升趋势。
- ☐ **d.** 销售收入的增长和销售成本的降低，共同导致了销售毛利率的上升。

样题 2A1 – AT02
考查内容：基本财务报表分析

财务分析师可以使用多种方法来评估企业的财务前景。下列事例中，哪一项用到了纵向结构百分比报表分析？

- ☐ **a.** 评估企业纵向一体化的相对稳定性。
- ☐ **b.** 比较两家或两家以上同行业公司的财务比率。
- ☐ **c.** 测算出广告费占销售收入的 2% 。
- ☐ **d.** 比较两家或两家以上不同行业公司的报表项目金额。

样题 2A1 – AT03
考查内容：基本财务报表分析

编制结构百分比报表时，资产负债表项目按照其占_____的百分比列示，利润表项目按照其占_____的百分比列示。

- ☐ **a.** 总资产；销售收入净额。
- ☐ **b.** 所有者权益总额；净利润。
- ☐ **c.** 总资产；净利润。
- ☐ **d.** 所有者权益总额；销售收入净额。

样题 2A1 – LS01

考查内容：基本财务报表分析

下列关于结构百分比报表的表述**正确**的是？

- ☐ **a.** 结构百分比报表可以在不同规模的公司之间进行比较。
- ☐ **b.** 两家公司的最近两年的结构百分比报表都显示利润增长了 10%，说明两家公司对投资者有相同的吸引力。
- ☐ **c.** 横向结构百分比报表只适用于有 10 年以上经营数据的公司。
- ☐ **d.** 以上全是。

样题 2A1 – LS02

考查内容：基本财务报表分析

结构百分比报表有助于：

- ☐ **a.** 了解资产的配置情况。
- ☐ **b.** 确定公司下一步的投资行动。
- ☐ **c.** 决定是否购买或出售资产。
- ☐ **d.** 在不同规模的公司之间进行比较。

样题 2A2 – CQ01

考查内容：财务比率

布鲁莫尔公司决定在其给股东的年度报告中披露一些财务比率。公司最近一年的相关财务数据如下表所示：

货币资金	$ 10 000
应收账款	20 000
预付账款	8 000
存货	30 000
可供出售金融资产：	
成本	9 000
年末公允价值	12 000
应付账款	15 000
应付票据（90 天内到期）	25 000
应付债券（10 年内到期）	35 000
当年赊销收入净额	220 000
销售成本	140 000

布鲁莫尔的年末营运资本为：

☐ **a.** 40 000 美元。

☐ **b.** 37 000 美元。

☐ **c.** 28 000 美元。

☐ **d.** 10 000 美元。

样题 2A2 – CQ02
考查内容：财务比率

伯奇产品公司流动资产的构成情况如下：

货币资金	$ 250 000
有价证券	100 000
应收账款	800 000
存货	1 450 000
流动资产合计	$ 2 600 000

假设伯奇公司的流动负债为 1 300 000 美元，则该公司：

☐ **a.** 如果公司动用 100 000 美元的现金偿还 100 000 美元的应付账款，则其流动比率将会下降。

☐ **b.** 如果公司动用 100 000 美元的现金偿还 100 000 美元的应付账款，则其流动比率将保持不变。

☐ **c.** 如果公司支付 100 000 美元的现金购买存货，则其速动比率将会下降。

☐ **d.** 如果公司支付 100 000 美元的现金购买存货，则其速动比率将保持不变。

样题 2A2 – CQ08
考查内容：财务比率

洛厄尔公司决定在其给股东的年度报告中披露一些财务比率。公司最近一年的相关财务数据如下表所示：

现金	$ 10 000
应收账款（年末余额）	20 000
应收账款（年初余额）	24 000
存货（年末余额）	30 000
存货（年初余额）	26 000
应付票据（90 天内到期）	25 000
应付债券（10 年内到期）	35 000
当年赊销收入净额	220 000
销售成本	140 000

一年按照 365 天计算，则洛厄尔公司应收账款周转天数为：

☐ **a.** 26.1 天。

☐ **b.** 33.2 天。

☐ **c.** 36.5 天。

☐ **d.** 39.8 天。

样题 2A2 – CQ14
考查内容：财务比率

康沃尔公司当年年初和年末的应收账款净值分别为 68 000 美元和 47 000 美元。康沃尔公司简化的利润表如下所示：

销售收入	$900 000
销售成本	527 000
营业费用	175 000
营业利润	198 000
所得税费用	79 000
净利润	$119 000

一年按 365 天计算，康沃尔公司平均应收账款周转天数为：

☐ **a.** 8 天。

☐ **b.** 13 天。

☐ **c.** 19 天。

☐ **d.** 23 天。

样题 2A2 – CQ21
考查内容：财务比率

马布尔储蓄银行收到三家汽车零部件制造公司的贷款申请，但是由于可用的资金量有限，只能批准其中一家公司的贷款申请。三家公司的贷款申请中列示的财务指标以及所对应的行业平均值如下表所示：

	贝利公司	纽顿公司	新力士公司	行业平均
销售收入总额（单位百万美元）	$4.27	$3.91	$4.86	$4.30
销售净利率	9.55%	9.85%	10.05%	9.65%
流动比率	1.82	2.02	1.96	1.95
总资产收益率	12.0%	12.6%	11.4%	12.4%
负债对权益比率	52.5%	44.6%	49.6%	48.3%
财务杠杆系数	1.30	1.02	1.56	1.33

根据上述信息，对马布尔储蓄银行**最有利**的策略为：

- ☐ **a.** 马布尔储蓄银行不应向三家公司中任何一家放贷，因为都存在相当大的信用风险。
- ☐ **b.** 应该对贝利公司放贷，因为其财务指标更接近行业平均水平。
- ☐ **c.** 应该对纽顿公司放贷，因为其负债对权益比率和财务杠杆系数都低于行业平均水平。
- ☐ **d.** 应该对新力士公司放贷，因为其销售净利率和财务杠杆系数最高。

样题 2A2 – CQ29
考查内容：财务比率

阿尔诺德公司最近两年财务报告中关于公司普通股的信息如下表所示：

	第 2 年	第 1 年
年末每股市价	$60	$50
每股面值	10	10
每股收益	3	3
每股股利	1	1
年末每股净资产	36	34

根据上述股价和每股收益的相关信息，投资者**最有可能**认为阿尔诺德公司的股票：

- ☐ **a.** 在第 2 年末被市场高估。
- ☐ **b.** 公司管理层在第 2 年做出了不明智的投资决策。
- ☐ **c.** 在第 2 年呈现了比上一年所没有的积极增长态势。
- ☐ **d.** 在第 2 年呈现了比上一年更为低迷的增长态势。

样题 2A2 – CQ30
考查内容：财务比率

德夫林公司发行在外的普通股共计 250 000 股，每股面值 10 美元。当年德夫林公司实现每股收益 4.80 美元，支付每股股利 3.50 美元。当年年末每股市价为 34 美元。则德夫林公司的市盈率为：

- ☐ **a.** 2.08。
- ☐ **b.** 2.85。
- ☐ **c.** 7.08。
- ☐ **d.** 9.71。

样题 2A3 – CQ01

考查内容：*盈利能力分析*

比奇伍德公司最近一个会计年度实现营业利润 198 000 美元，实现净利润 96 000 美元，其他的财务信息如下表所示：

	1月1日	12月31日
应付债券（利率7%）	$ 95 000	$ 77 000
普通股股本（每股面值10美元）	300 000	300 000
偿债准备金	12 000	28 000
留存收益	155 000	206 000

假设比奇伍德公司没有发行其他权益证券，则公司的最近一年的权益收益率（ROE）为：

- ☐ **a.** 19.2%。
- ☐ **b.** 19.9%。
- ☐ **c.** 32.0%。
- ☐ **d.** 39.5%。

样题 2A3 – AT01

考查内容：*盈利能力分析*

假设某一公司收入保持不变，负债保持不变，则下列关于公司权益收益率（ROE）的判断正确的是：

- ☐ **a.** 其他条件不变，资产增加导致权益收益率下降。
- ☐ **b.** 其他条件不变，负债率下降导致权益收益率提高。
- ☐ **c.** 其他条件不变，销售成本占销售额的比率下降导致权益收益率下降。
- ☐ **d.** 其他条件不变，权益增加导致权益收益率提高。

样题 2A3 – LS01

考查内容：*盈利能力分析*

BDU 公司当年净利润为 500 000 美元，总资产平均余额为 2 000 000 美元，资产周转率为 1.25 倍，则其销售净利率应为：

- ☐ **a.** 0.25。
- ☐ **b.** 0.31。
- ☐ **c.** 0.36。
- ☐ **d.** 0.20。

样题 2A3 – LS05

考查内容：*盈利能力分析*

在衡量公司的收益时，需要考虑下列哪些事项？

Ⅰ. 对未来事项的估计

Ⅱ. 公司采用的会计方法

Ⅲ. 公司经营绩效信息的披露程度

Ⅳ. 报表使用者的不同需求

☐ **a.** 仅Ⅰ和Ⅱ。

☐ **b.** 仅Ⅱ和Ⅲ。

☐ **c.** Ⅰ、Ⅱ、Ⅲ和Ⅳ。

☐ **d.** 仅Ⅰ、Ⅱ和Ⅳ。

样题 2A3 – LS09

考查内容：盈利能力分析

LMO 公司上一年度的销售收入净额为 7 000 000 美元，销售毛利率为 40%，销售净利率为 10%，则公司的销售成本为：

☐ **a.** 4 200 000 美元。

☐ **b.** 6 300 000 美元。

☐ **c.** 2 800 000 美元。

☐ **d.** 700 000 美元。

样题 2A3 – LS10

考查内容：盈利能力分析

对于一家商品流通企业来说，销售毛利率提升意味着公司：

☐ **a.** 销售收入增加。

☐ **b.** 固定成本减少。

☐ **c.** 成本管理工作有所改进。

☐ **d.** 质量控制工作有所改进，导致返工量减少。

样题 2A4 – LS01

考查内容：特殊问题

下列哪些因素会影响收益质量？

Ⅰ. 管理层在准则允许范围内选择的会计政策

Ⅱ. 管理层薪酬占净利润的比例

Ⅲ. 资产维修保养的状况

Ⅳ. 经济周期或其他经济力量对收益稳定性的影响

☐ **a.** 仅Ⅰ、Ⅲ和Ⅳ。

☐ **b.** 仅Ⅰ和Ⅲ。

☐ **c.** 仅Ⅱ和Ⅳ。

☐ **d.** Ⅰ、Ⅱ、Ⅲ和Ⅳ。

样题 2A4 – LS02

考查内容：特殊问题

下列表述中正确的是？
- ☐ **a.** 经济利润等于会计利润减去显性成本。
- ☐ **b.** 经济利润等于会计利润减去隐性成本。
- ☐ **c.** 会计利润等于经济利润减去隐性成本。
- ☐ **d.** 会计利润等于经济利润减去显性成本。

样题 2A4 – LS03

考查内容：特殊问题

下列表述中正确的是？
- ☐ **a.** 财务报表不需要专门针对通货膨胀进行调整，因为利润本身能体现通货膨胀带来的价格上涨。
- ☐ **b.** 财务报表通常需要针对通货膨胀进行调整，这样各期的利润才能清晰列示。
- ☐ **c.** 财务报表每年都要根据通货膨胀率进行调整，并在年度报告附注中注明通货膨胀率。
- ☐ **d.** 财务报表不需要专门针对通货膨胀进行调整，这样利润可能呈现逐年复合增长的态势。

样题 2A4 – LS04

考查内容：特殊问题

一家欧洲公司在美国以发行美国存托凭证（ADR）的形式实现股票上市，所以需要向美国投资者披露年度报告。公司年报显示净利润为 1 500 000 欧元，欧元和美元之间的汇率为 1.19 欧元/1 美元，下列哪一项表述是正确的？
- ☐ **a.** 向美国投资者披露的年度报告将显示净利润为 1 500 000 欧元。
- ☐ **b.** 向美国投资者披露的年度报告将显示净利润为 1 260 504 美元。
- ☐ **c.** 向美国投资者披露的年度报告将显示净利润为 1 785 000 美元。
- ☐ **d.** 向美国投资者披露的年度报告将显示净利润为 1 500 000 美元。

欲进一步评估对第二部分第一章"财务报表分析"所讲概念与计算内容的掌握程度，请进入本章**在线测试题库**进行练习。

提示： 参照书后"每章实战练习参考答案"。

第二章

公司财务（20%）

公司财务管理对落实公司战略和实现商业目标有着至关重要的作用。无论是营利机构、非营利机构还是公共利益实体，都会有开支，都会发生各种成本费用。公司所有的投资，无论是长期的还是短期的，都要有助于铸造公司的核心竞争力。简而言之，公司财务必须支持公司战略，确保短期的障碍不至于妨碍公司长期战略的实现。

公司在财务管理中，可以选用多种金融工具。管理会计师经常需要评估这些金融工具对本公司是否适用，为此，他们需要了解不同金融工具的一般用途，并需要理解持有或发行这些金融工具在经济上所带来的风险和收益，还需要确保公司能够从投资中获得充分的回报，以覆盖募集资金的成本。

审慎的投资决策能够确保公司财务稳健；而对于上市交易的公众公司来说，只有确保财务稳健并能创造价值，才能吸引投资者购买公司发行的股票、债券或其他证券。

本章探讨公司财务中的核心概念。从最基本的风险和收益的概念，到复杂的国际金融问题，本章均有涉及。本章将探讨下列话题：

- 风险与收益；
- 长期投融资管理；
- 资金筹集；
- 营运资本管理；
- 公司重组；
- 国际金融。

在这些领域，管理会计师都能发挥重要的作用。

风险与收益

　　无论是管理企业财务还是进行投资决策，都需要理解风险与收益的概念及其相互关系。因为风险就是投资收益率的预期波动，所以本节的讲述将从投资收益率的概念入手。

　　本节主要讨论风险和收益的关系、投资组合理论、系统风险和非系统风险以及资本资产定价模型。

　　请先阅读附录 B 中列举的本节考试大纲（LOS），再来学习本节的概念和计算方法，确保您了解 CMA 考试将要考核的内容。

风险

　　在公司财务中，**风险**（risk）是指投资收益率发生波动，偏离其期望值的程度。可以说，风险代表不确定性。风险的度量离不开投资收益率的概念；投资收益率中蕴含的波动性越大，投资的风险就越大。一年期的美国国库券（T-bill）可以"万无一失"地带来固定的投资收益率，因而被视为无风险资产。而股票或其他可变收益的投资工具所带来的投资收益率则是变动的，可能远低于预期水平，甚至可能是负数，这样的投资包含着固有的风险性。

　　风险包括多种类型，例如：

LOS
§2.B.1.c

- 信用风险或违约风险（default risk），是指借款人在债务到期时不履行还本付息义务的风险。
- 汇率风险或外汇风险，是指不同货币之间汇率变动带来的风险。
- 利率风险，是指市场利率的变动影响计息资产价值的风险。
- 市场风险，是指市场风险因素导致投资组合价值变动的风险。所谓"市场风险因素"包括股票价格变动、大宗商品价格变动，也包括上文提及的利率变动和汇率变动。
- 行业风险，是指与某一行业特有风险因素汇总而成的风险因素组合。
- 政治风险，是指政治决策影响公司的经营活动和盈利水平的风险。

计算收益率

要让公司或投资者愿意承担风险，就要让其能享有与其承担的风险相称的投资收益。**投资收益**（return）通常用比率的形式来表达，即在一段时间内持有投资所获得的回报，与初始投资金额之间的比率。当然，不是所有的投资都能带来正的收益，某些金融资产或投资有时会给投资者带来亏损。投资收益可以体现为投资的市场价格变动，也可以体现为从投资中赚取的利息或股利。不管体现为哪一种形式，投资收益通常都通过其与投资资产的初始市场价格的比率来衡量。

简而言之，收益率的计算方法为，用证券市场价格的变动，加上利息或股利形式的现金收益，再除以该证券的初始市场价格。这样算出来的收益率称为**持有期收益率**（holding period return，简称 HPR）。

例如，普通股的收益率，或称持有期收益率可以通过下列公式来计算：

$$R = \frac{(P_t - P_{t-1}) + D_t}{P_{t-1}}$$

其中：

R = 收益率（表现为持有期收益率）；

P_t = 期末股票价格；

t = 持有期；

P_{t-1} = 期初股票价格；

D_t = 本期现金股利（假设期末收到）。

例如：投资者在一年前以 20 美元的价格购入某一普通股，如今该股票的市场价格上涨到了 22 美元。在此期间，公司每股支付了 2 美元的现金股利。问：在这一年期间里，该股票的投资收益率是多少？

- P_t（现在的股票价格）= 22 美元
- P_{t-1}（当初的股票价格）= 20 美元
- D_t（现金股利）= 2 美元

$$R = \frac{(22\ 美元 - 20\ 美元) + 2\ 美元}{20\ 美元} = \frac{4\ 美元}{20\ 美元} = 0.2\ 即\ 20\%$$

持有期 t 可以是任意长度的一个时间段。在上述例子上，t 所代表股票的持有期刚好为 1 年。因此，该股票的投资收益率即为 20%。

风险与收益的关系

　　风险是财务决策必须考虑的重要因素。在理性的市场上，一项投资的风险越高，其期望收益率也应当越高。

　　大量的研究从资产市场的历史数据发现，投资者所获得的收益率通常能体现出其所承担的风险。以下总结了美国市场上常见投资工具的风险与收益。这些结论是根据长达数十年的历史业绩得出的，避免了异常波动和极端值的影响，真正体现了长期平均收益率。

美国国库券的风险与收益

　　美国国库券（U. S. T-bills）是美国政府发行的、一年内到期的证券。美国国库券是非常安全的投资，一来其违约风险几乎可以忽视，二来其到期期限较短，市场价格相对稳定，只是会受到通货膨胀的影响。美国国库券的收益率极低，但最为稳健。

债券的风险与收益

　　美国政府债券和企业债券的到期期限都比国库券的期限要长，这就需要考虑利率风险的问题，即价格随着市场利率变化而变动。历史数据表明，市场利率相对于债券票面利率下滑时，债券价格攀升；市场利率相对走高时，债券价格则下跌。

　　因此，债券的价格和市场利率之间是反向变动的。

　　美国政府债券和美国国库券一样，不存在违约风险；但是企业债券是存在违约风险的。从历史数据看，美国政府债券和企业债券的收益率高于美国国库券的收益率。此外，企业债券的收益率通常略高于美国政府债券的收益率。

股票的风险与收益

　　股票投资是对公司所有权或权益的投资，股权投资者直接分担公司的风险。

　　从平均水平来看，投资股票的收益率远高于投资国库券或债券这些安全资产的收益率。历史数据进一步表明，在美国，小公司股票的收益率高于大公司股票的收益率。此外，普通股的收益率高于优先股的收益率。

对风险与收益的态度

　　实现股东财富最大化，必须理解风险与收益之间的权衡关系。

　　股东财富（shareholder wealth）可以表现为公司普通股的市场价值，即公司的**市值**（market capitalization）。公司的总市值等于公司发行在外的普通股总数量乘以每股市价，即公司普通股在纽约证券交易所等交易市场上的每股交易价格。

　　股东财富最大化（shareholder wealth maximization，简称 SWM）是建立在"每股市价上升，股东财富增加"的假设前提下的。股东财富最大化是财务管理的一项长期目标，它不同于利润最大化。利润最大化仅仅是一个短期目标，只关注当年的盈利状况。片面追求短期利润最大化，可能会导致牺牲公司的未来利润，背离公司的长期目标。

　　确定性等值（certainty equivalent，简称 CE）是指一笔确定的收益，这笔收益能够与某项带有一定风险的不确定收益给投资者带来相同的满意程度。确定性等值可以回答这样一个问题，至少需要给投资者补偿多少金额确定的无风险现金流，才能让投资者同意放弃一笔金额不确定的有风险现金流？ 确定性等值系数（CE factor）是指一笔不确定现金流的确定性等值与这笔现金流的期望值之间的换算比率。图表 2B – 1 总结概括了投资者的确定性等值与预期货币价值之间关系的一般原则。

图表 2B – 1　确定性等值与对待风险的态度

如果确定性等值：		那么投资者对待风险的态度为：
小于期望值	⇒	风险厌恶型（厌恶承担风险）
等于期望值	⇒	风险中立型（理性承担风险）
大于期望值	⇒	风险偏好型（乐意承担风险）

　　风险厌恶（risk aversion）意味着，投资者原本是不喜欢风险的，如果要让其承担更高的投资风险，就必须要给出更高的投资收益作为补偿。因此，在资本市场上，高风险的投资比起低风险投资来说，理应能提供更高的期望收益率。换言之，一项投资的风险越高，要想让投资者愿意购买并持有这项资产，所需要给投资者的收益率就越高，以补偿投资者承担的风险；相反，一项投资的风险越低，投资者所能获得的收益率越低。一般来说，大多数投资者是风险厌恶型的，因而通常投资风险越高，投资收益就越高。

　　请记住，要衡量投资收益中所包含的确定性，并没有一个单一的或者最佳的指标。

概率分布和风险与收益

　　除了无风险的政府债券外，其他投资的收益率通常可视为一个服从特定概率分布的随机变量。**概率分布**（probability distribution）是指一个随机变量（例如投资收益）可能的取值以及每一个取值出现的可能性。

　　概率分布，可以用三个主要的统计特征来描述：期望报酬率、标准差和变异系数。

1. 期望报酬率

期望报酬率（expected return）是以投资报酬率每一种的取值所发生的概率为权重，对所有可能的取值进行加权平均的结果。它衡量的是投资报酬率概率分布的集中趋势。期望报酬率的计算公式为：

$$\bar{R} = \sum_{i=1}^{n} (R_i)(P_i)$$

其中：

$\bar{R}$ = 期望报酬率；

n = 所有可能的情况；

R_i = 第 i 种情况下的报酬率；

P_i = 第 i 种情况发生的概率。

2. 标准差

标准差（standard deviation）衡量一项概率分布中，随机变量的取值围绕其均值（平均数）上下波动的情况。在投资分析中，标准差可以体现投资报酬率偏离期望报酬率的波动程度或离散程度。标准差是方差的平方根。

标准差记做 σ，其计算公式为：

$$\sigma = \sqrt{\sum_{i=1}^{n} (R_i - \bar{R})^2 (P_i)}$$

其中：

σ = 标准差；

n = 所有可能的情况；

R_i = 第 i 种情况下的报酬率；

P_i = 第 i 种情况发生的概率。

上式的计算逻辑是，先计算某一种情况下报酬率的取值偏离其均值的幅度 $(R_i - \bar{R})$，再对其取平方，然后以这种情况发生的概率为权重做加权平均，最后再开平方。通常标准差越大，意味着报酬率的波动性越大，投资者承担的总风险越大。

例如：给定概率分布，期望报酬率和标准差的计算公式如下：

报酬率取值 (R_i)	发生概率 (P_i)	计算期望报酬率 (R_i)(P_i)	计算方差 $(R_i - \bar{R})^2 (P_i)$
−0.02	0.10	−0.002	$(-0.02 - 0.10)^2 (0.10) = 0.00144$
0.05	0.20	0.010	$(0.05 - 0.10)^2 (0.20) = 0.00050$
0.10	0.40	0.040	$(0.10 - 0.10)^2 (0.40) = 0.00000$

续表

报酬率取值 (R_i)	发生概率 (P_i)	计算期望报酬率 (R_i)(P_i)	计算方差 ($R_i - \bar{R}$)^2(P_i)
0.15	0.20	0.030	$(0.15 - 0.10)^2(0.20) = 0.00050$
0.22	0.10	0.022	$(0.22 - 0.10)^2(0.10) = 0.00144$
	$\Sigma = 1.00$	$\Sigma = 0.10 = \bar{R}$	$\Sigma = 0.00388 = \sigma^2$

标准差 $= \sqrt{0.00388} = 0.06229$，即 6.229%

在本例中：

- 方差 $= 0.00388$
- 标准差 $= \sqrt{0.00388} = 0.06229$，即 6.229%

3. 变异系数

当期望报酬率水平不同时，直接用标准差来衡量不同投资的风险水平或不确定性程度，会带来误导性的结论。而计算变异系数，可以剔除期望报酬率差异的影响。

变异系数（coefficient of variation，简称 CV）是一个衡量风险的相对指标。变异系数等于标准差除以期望报酬率。

$$CV = \frac{\sigma}{\bar{R}}$$

例如：投资 A 和投资 B 的报酬率都遵循正态分布，其统计特征如下：

	投资 A	投资 B
期望报酬率 $\bar{R}$	0.06	0.18
标准差 σ	0.04	0.06

直接比较两项投资的标准差会发现，投资 B 的标准差（0.06）更高；从表面上看，似乎投资 B 的风险更高，其实则不然。由于两项投资的期望报酬率水平不同，需要考察二者的变异系数；变异系数通过计算"每单位期望报酬率上的风险"，可以剔除报酬率水平差异的影响。

	投资 A	投资 B
变异系数	0.04/0.06 = 0.67	0.06/0.18 = 0.33

通过计算变异系数，我们发现投资 A 的标准差相对于其期望报酬率更高。变异系数越高，说明相对风险越高。从相对风险的角度，投资 A（变异系数 = 0.67）比投资 B（变异系数 = 0.33）风险更高。

投资组合的风险和报酬

极少有投资者只持有单独一项投资；多数投资者通过持有多项投资，构建一个投资组合。简而言之，**投资组合**（portfolio）就是两项或两项以上资产的组合。投资组合中可能包括现金、债券、股票、基金份额或其他投资资产。之所以持有投资组合而不是持有单独一项投资，目的在于降低风险。

投资组合的风险

此前本节讨论的都是单独一项投资的风险。投资组合的风险与单独一项投资的风险有所不同。单独一项投资的风险用方差或标准差就可以衡量，投资组合风险的衡量则更加复杂。

研究投资组合，通常需要用到协方差和相关系数的概念，两者都是衡量两个随机变量（如投资组合中两项投资的报酬率）共同变动的程度。只要两项投资各自的标准差是给定的，已知协方差或相关系数两者中任意一个，就可以推算出另一个。

1. 协方差

方差只研究一个随机变量自身的变动，**协方差**（covariance）则拓展到两个随机变量，可以体现投资组合中两项资产报酬率的共同变动情况（即两者变动的相互关系），而不是独立考察每一项资产报酬率自身的变动情况。

例如：

- 如果两只股票的预期报酬率趋于反向变动，则其协方差为负。
- 如果两只股票的预期报酬率趋于同向变动，则其协方差为正。
- 如果两只股票预期报酬率的变动互不相干，则其协方差为零。

随着投资者组合中的资产数量逐渐增加，资产两两之间的协方差变得越来越重要。资产收益率两两之间共同变动的程度越低，投资组合的风险越低。

假设 x 和 y 均为随机变量，两者之间的协方差记作：

$$\text{Cov}_{xy} \text{或 } \sigma_{xy}$$

如果已知 x 和 y 之间的相关系数，协方差可以按下列公式简单计算：

$$\sigma_{xy} = x \text{ 和 } y \text{ 的相关系数} \times \sigma_x \times \sigma_y$$

假设投资资产 X 和投资资产 Y 的报酬率标准差分别为 0.04 和 0.06，两者之间的相关系数为 +0.80，则两者之间的协方差为：

$$0.80 \times 0.04 \times 0.06 = +0.00192$$

上例中，协方差为正数，说明 X 和 Y 两项资产的报酬率趋于同向变动。不难发现，投资组合中各项资产两两之间的协方差，既取决于各项资产自身的方差，也取决于资产两两之间的相关系数。

2. 相关系数

相关系数与协方差两个概念密切相关，两者的换算关系如下列公式所示：

$$\mathrm{Corr}_{xy} = \frac{\mathrm{Cov}_{xy}}{\sigma_x \times \sigma_y}; \ \mathrm{Cov}_{xy} = \mathrm{Corr}_{xy} \times \sigma_x \times \sigma_y$$

其中：

σ_x 和 σ_y 分别代表投资组合中 X 和 Y 两项资产报酬率各自的标准差。

理解两个随机变量之间的相关系数，需要把握以下几个关键特征：

- 相关系数衡量两个随机变量之间线性关系的强弱。
- 相关系数取值范围为 -1.0（含）到 $+1.0$（含）之间，即：$-1.0 \leqslant \mathrm{Corr}_{xy} \leqslant +1.0$。
- **正相关**（positive correlation），说明两项资产的报酬率倾向于同向变动。特别的，相关系数为 $+1.0$，记作 $\mathrm{Corr}_{xy} = +1.0$，说明两项资产的报酬率完全正相关，这意味着给定其中一项资产报酬率的变动，可以确知另一项资产一定沿相同的方向变动，而且变动幅度是确定的。
- **负相关**（negative correlation），说明两项资产的报酬率倾向于反向变动。特别的，相关系数为 -1.0，记作 $\mathrm{Corr}_{xy} = -1.0$，说明两项资产的报酬率完全负相关，这意味着给定其中一项资产报酬率的变动，可以确知另一项资产一定沿相反的方向变动，而且变动幅度是确定的。
- **零相关**（zero correlation），即 $\mathrm{Corr}_{xy} = 0$，意味着两个变量之间不存在线性关系，也就是说，给定其中一项资产报酬率的变动，完全无法通过线性的方法测算出另一个资产报酬率的变动。

风险厌恶型的投资者在构建投资组合的时候，倾向于选择报酬率之间并非完全正相关的资产。随着资产报酬率之间的相关系数从 $+1$ 到 0 再到 -1 逐渐降低，投资组合整体的标准差也会逐渐变小。

投资组合的报酬率

投资组合的报酬率等于构成组合的各项资产的投资报酬率的加权平均，权重为各项资产价值占投资组合整体价值的比重，权重的总和为 100%。

投资组合的期望报酬率的一般计算公式为：

$$\overline{R}_p = \sum_{i=1}^{n} W_i \overline{R}_i$$

其中：

$\overline{R}_p$ = 投资组合的期望报酬率；

n = 投资组合中资产的数量；

W_i = 第 i 项资产上的投资资金占全部投资资金的比率，即权重；

$\overline{R}_i$ = 第 i 项资产的期望报酬率。

构建有效组合或最优组合是一种常见的投资策略。所谓有效组合或最优组合，是指可以在控制既定风险水平的前提下，实现收益最大化的投资组合，或可以在保持既定收益水平的前提下，实现风险最小化的投资组合。

例如，假设一个投资组合由 X 和 Y 两项资产组成，投资于资产 X 的资金比重为 40%，资产 X 的期望报酬率为 12%；投资于资产 Y 的资金比重为 60%，资产 Y 的期望报酬率为 18%。则该投资组合整体的期望报酬率为：

$$\overline{R}_p = 0.40\ (12\%)\ +0.60\ (18\%)\ =4.8\%\ +10.8\% =15.6\%$$

投资分散化

投资分散化（diversification）是指构建一个由多种不同资产组成的投资组合。投资分散化的主要目的是降低投资组合的风险，即减少投资组合报酬率上的波动性。

只要组合中各项资产的报酬率不是完全同步同向变动（即不是完全正相关的），投资分散化就起到降低组合风险的作用。假如组合中有十只股票，十只股票全部都集中在同一个行业，则资产之间的报酬率高度相关，因为同一行业公司的股票往往同涨同跌；假如拿出一部分资金投资到不同的行业，资产之间报酬率的相关性就会降低，因为不同行业公司的股票一般不会同涨同跌，组合报酬率的波动性也会因此而下降。

图表 2B–2 展示了投资分散化可以抵消报酬率波动这一概念，该图假设组合中两项资产的比重相同。

图表2B–2 投资分散化和投资组合的风险

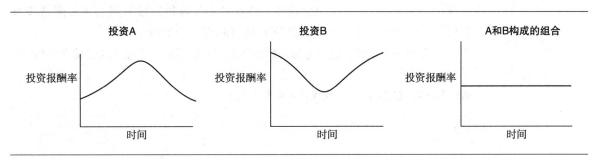

从图表 2B–2 中可以看出，构造一个良好的分散化的投资组合，可以缩小组合报酬率上下波动的幅度，在不同的经济环境中都能实现均衡的投资业绩。

系统风险和非系统风险

研究者一般假定投资者将资金等比率地分散投资到随机选取的多项资产上，并由此出发来考察投资分散化对投资组合风险的影响。当投资组合中包含的资产种类很少时，投资分散化能够迅速明显地降低报酬率的波动；但当投资组合中包含的资产种类逐渐增加到 15~20 种时，投资分散化降低报酬率波动的效应就变得不再明显了。

如前所述，投资组合的总风险可以通过报酬率的标准差来衡量。总风险中其实包含两种不同类型的风险：系统风险和非系统风险。

系统风险

系统风险（systematic risk），也称为市场风险（market risk）、不可分散风险（nondiversifiable risk）或不可避免风险（unavoidable risk），是指与市场整体报酬率变动相关的风险，也是大多数投资资产所共有的风险。一国乃至全球的经济形势变化或其他类似事件，会给市场带来大面积的冲击，不可避免地会波及到大部分乃至全部公司。投资者暴露于系统风险之下，因为整个市场上所有投资资产的价值有可能同时下降。这就是为什么当一国或全球经济出现危机时，所有股票的价格都倾向于一同下跌。

非系统风险

非系统风险（unsystematic risk），也称为特有风险（unique risk）、可分散风险（diversifiable risk）或可避免风险（avoidable risk），是指与经济、政治等因素及市场的整体走势无关，而是由某一个特定公司或特定行业独有的因素所导致的风险。

根据大量估测，个股的总风险（标准差）中，60%～75%是由非系统风险因素导致的。例如，新产品的出现可以导致某一公司现有产品陈旧过时；劳资冲突或罢工事件可以极大的影响某一企业或某一行业。

非系统风险所带来的波动可以通过投资分散化消除掉。因此，非系统风险也称为"可分散风险"。也就是说，持有一个分散化的投资组合可以降低非系统风险，因为市场上的不同板块在不同时间有不同的业绩表现。

图表 2B-3 显示，投资分散化可以降低非系统风险，但是无法降低系统风险。

图表 2B-3　投资组合的系统风险和非系统风险

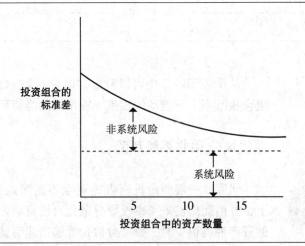

对于一个所包含资产数量很少的投资组合来说，非系统风险更为重要；而对于一个已经合理的、充分分散化的投资组合来说，系统风险则更为重要。这就是为什么市场行情的起伏波动会带动投资组合的报酬率一并起伏波动。

我们通过一个抛掷硬币的游戏来解释投资组合的风险。假设你拿出 1 000 美元投注，参加某一游戏；游戏中将抛掷两枚硬币。每出现一枚**正面**朝上的硬币，你将获得所下投注金额 **15%** 的**收益**；每出现一枚**反面**朝上的硬币，你需承担所下投注金额 **5%** 的**损失**。所有四种可能的结果为：

1. 正面向上 + 正面向上，报酬率为 30%；
2. 正面向上 + 反面向上，报酬率为 10%；
3. 反面向上 + 正面向上，报酬率为 10%；
4. 反面向上 + 反面向上，报酬率为 – 10%。

上述每一种结果出现的概率都是 1/4，即 25%。对每一种结果下的报酬率进行加权平均，得到期望报酬率为：

$$期望报酬率 = （30\% \times 0.25）+ （10\% \times 0.50）+ （– 10\% \times 0.25）$$
$$= + 10\%$$

进一步计算可以得到报酬率的方差为 200%；标准差为 200% 的平方根，约为 14%。即这个游戏的报酬率的预期波动率为 14%。对于报酬率服从正态分布的一项资产来说，标准差和方差是其风险的适当度量标准；可以理解为标准差越高，风险越高。

市场风险和 Beta 系数

既然绝大多数理性的投资者会通过构建投资组合，进行分散化的投资，那么，风险需要从整个投资组合的角度来把握；而组合中某项资产对投资组合整体风险的贡献，取决于这项资产的报酬率如何受到市场整体走势的影响。

Beta 系数（β）指一项资产的报酬率对市场整体走势的敏感系数，可以定量地衡量一项特定资产的报酬率相对于整个市场而言的波动性。

或者说，β 系数体现了某项特定资产的报酬率在多大程度上随市场整体报酬率的变动而变动。

- 美国国库券（T-bills）β 系数为 0，因为其报酬率基本不随市场变化而变化；
- 所有股票的平均 β 系数为 1.0；
- 某一股票的 β 系数若大于 1.0，则其对市场变化的敏感系数高于平均水平，或者说，该股票放大了市场的波动性；
- 某一股票的 β 系数若小于 1.0，则其对市场变化的敏感系数低于平均水平。该股票的报酬率变动与市场报酬率变动的方向通常相同，但是幅度通常更小。

换言之，β 系数大于 1.0，意味着市场给这一股票带来的波动性超过市场本身的平均波动性；β 系数小于 1.0，则低于市场本身的平均波动性。

某一股票的 β 系数若为负数，则其报酬率的变动方向与市场报酬率的变动方向相反。

既然对于一个充分分散化的投资组合来说，系统风险（市场风险）才是组合风险的主要决定因素；而个股的 β 系数反映个股对市场波动的敏感程度，即个股的系统风险。因此，对于一个投资组合来说，组合整体的 β 系数可以衡量组合的系统风险。如果一个投资组合 β 系数为 1.0，另一个投资组合的 β 系数为 2.0，我们可以说前者的系统风险是后者的一半。

资本资产定价模型

资本资产定价模型（capital asset pricing model，简称 CAPM）是一个衡量风险和报酬关系的经济模型，可以用于评估投资组合的价值。CAPM 模型背后的逻辑是，在无风险报酬率（如美国国库券的报酬率）的基础上，投资者每多承担一单位系统风险，就要求多享有一定的报酬率；投资者因为承担系统风险而要求的额外报酬率为风险溢价。换言之，风险溢价就是风险资产的必要报酬率超过无风险报酬率的差额部分。

资本资产定价模型的基本假设是，在竞争激烈的市场中，风险溢价与 β 系数成正比。投资组合中每一项投资的预计风险溢价应与该项资产的 β 系数成比例增加。这意味着一个投资组合中的所有投资可以通过一条倾斜的直线来表示，这条线就被称为证券市场线（security market line，简称 SML）。

证券市场线（SML）是 CAPM 的图形表示。它可以用来衡量投资组合中各项投资相对业绩的基准。SML 是一条从无风险报酬率（如 β 系数为 0 的美国国库券的报酬率）出发，向右上方倾斜的直线。将不同资产的 β 系数代入 CAPM 等式中，得到不同的必要报酬率，反映为证券市场线上不同的点。

CAMP 公式中风险溢价、β 系数和证券市场线的概念体现在图表 2B -4 中。

图表 2B -4　风险溢价、β 系数和证券市场线

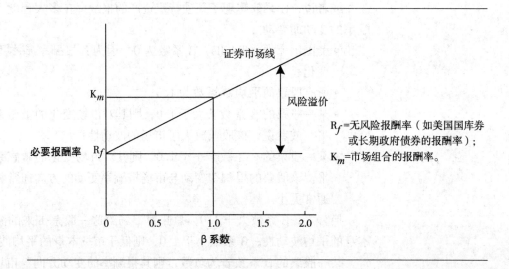

如果要让投资组合的风险尽可能低，组合中应该加入更多低 β 值的资产；相反，如果要让投资组合的收益尽可能高，组合中应该加入更多高 β 值的资产。

已知无风险报酬率、市场组合报酬率以及个股或投资组合的 β 系数，可以根据 CAPM 计算个股或投资组合的必要报酬率。

CAPM 公式如下：

$$K_e = R_f + \beta(K_m - R_f)$$

其中：

K_e = 个股或投资组合的必要报酬率；

R_f = 无风险报酬率（如美国国库券或长期政府债券的报酬率）；

β = 个股或投资组合的 β 系数；

K_m = 市场组合的期望报酬率。

CAPM 公式中的无风险报酬率，是用美国国库券（T-bill）的报酬率还是美国长期政府债券（T-bonds）的报酬率衡量，存在较大的争议。有证据显示，在资本预算的实务中，管理层更倾向于使用美国长期政府债券的报酬率代表无风险报酬率，而不是美国国库券的报酬率。

例如：假设美国长期政府债券的报酬率为 8%，即无风险报酬率 $R_f = 8\%$，市场组合的预期收益率为 $K_m = 12\%$，公司股票的 β 系数为 $\beta = 1.50$，则利用 CAPM 计算股票的必要报酬率如下：

$$K_e = R_f + \beta(K_m - R_f)$$
$$K_e = 8\% + 1.50 \times (12\% - 8\%) = 14.0\%$$

CAPM 被视为一个单因素模型。它以市场作为所有资产共同也是唯一的参照标准，建立起来系统风险（β 系数）和期望报酬率之间的正向关系。尽管这一模型因为过度简化而受到批评，但是它毕竟提供了一个有用的视角，可以测算投资者所承受的风险以及为补偿风险所需要的风险溢价。

本节习题：
风险与收益

说明： 在下列空白处作答。参考答案及解析在本节习题后给出。

1. Z 公司股票的贝塔系数为 2.0，根据资本资产定价模型（CAPM）计算得到 Z 公司的期望报酬率为 16%。已知 X 公司股票的系数是 0.80。市场无风险利率是 4%。根据 CAPM 计算 X 公司股票的期望报酬率为：

   ☐ **a.** 6.4%。

   ☐ **b.** 8.0%。

   ☐ **c.** 8.8%。

   ☐ **d.** 9.6%。

2. 一家公司将 40 000 美元投资于由两只股票构成的投资组合。要使该投资组合的风险为零，则这两只股票必须：

   ☐ **a.** 完全正相关。

   ☐ **b.** 完全负相关。

   ☐ **c.** 权重相等。

   ☐ **d.** 来源于相互独立的行业。

3. 当债券发行者未能按约定支付所需的利息或偿还本金时，这属于以下哪种类型的风险？

   ☐ **a.** 市场。

   ☐ **b.** 信用。

   ☐ **c.** 利率。

   ☐ **d.** 工业。

本节习题参考答案：
风险与收益

1. Z 公司股票的贝塔系数为 2.0，根据资本资产定价模型（CAPM）计算得到 Z 公司的期望报酬率为 16%。已知 X 公司股票的系数是 0.80。市场无风险利率是 4%。根据 CAPM 计算 X 公司股票的期望报酬率为：
   - ☐ **a.** 6.4%。
   - ☐ **b.** 8.0%。
   - ☑ **c.** 8.8%。
   - ☐ **d.** 9.6%。

   资本资产定价模型（CAPM）的计算公式为：$R_f + \beta \times (R_m - R_f)$，其中，$R_f$ 为无风险利率，β 为衡量证券市场变化的敏感性，$(R_m - R_f)$ 为市场风险溢价。要求 X 公司的期望报酬率，必须先用 Z 公司的数据求解出市场风险报酬率 R_m。市场风险报酬求解如下：

   $$16\% = 4\% + 2.0 \ (R_m - 4\%)$$
   $$16\% = 4\% + 2.0 \times R_m - 8\%$$
   $$R_m \times 20\% = 2.0$$
   $$10\% = R_m$$

   R_m 等于 10%，β 为 0.80，R_f 为 4%，则 X 公司的期望报酬率为：8.8% $[4\% + 0.80 \times (10\% - 4\%)]$。

2. 一家公司将 400 000 美元投资于由两只股票构成的投资组合。要使该投资组合的风险为零，则这两只股票必须：
   - ☐ **a.** 完全正相关。
   - ☑ **b.** 完全负相关。
   - ☐ **c.** 权重相等。
   - ☐ **d.** 来源于相互独立的行业。

   相关性的取值在 −1 和 +1 之间。相关性等于 +1 意味着这两个变量朝着相同方向、同数量的变动。另一方面，相关性等于 −1 意味着报酬率在数量上相同，但方向相反地发生变动。为了使得投资组合的风险为零，这些股票必须完全负相关，这样收益率才会在方向上按相同数量相反变动。

3. 当债券发行者未能按约定支付所需的利息或偿还本金时，这属于以下哪种类型的风险？
   - ☐ **a.** 市场
   - ☑ **b.** 信用
   - ☐ **c.** 利率
   - ☐ **d.** 工业

   债券发行者未能支付必要的利息或偿还本金属于信用风险。信用风险是指借款人未能按照所做出的承诺偿还投资者的风险。借款人违约的风险越大，投资者为承担风险而收取的利率就越高。

长期投融资管理

金融工具是双方当事人资金交易的依据。对于一方当事人来说，金融工具代表着一项投资资产，对于另一方当事人来说，金融工具代表着一项负债或权益。

本节将讲述公司投资和融资决策涉及的风险和收益，介绍如股票、债券和衍生工具等各种金融工具以及这些金融工具的估值方法。

此外，本节还将引入资本成本的概念，具体介绍特定资本来源的资本成本、公司整体的加权平均资本成本、边际资本成本以及这些资本成本的计算方法。

请先**阅读**附录 B 中列举的本节考试大纲（LOS），再来学习本节的概念和计算方法，确保您了解 CMA 考试将要考核的内容。

投资和融资决策中的风险和收益

公司和个人需要作出的投资决策，可能是金融资产（如股票和债券）的投资决策，也可能是有形或无形的实物资产（如厂房、设备、专利、版权）的投资决策。公司的投资政策反映了其风险承受能力。本节主要讨论金融资产的投资决策，其他类型的投资决策将在第五章"投资决策"中讲述。

公司投资金融资产，可能出于不同的目的，例如：

- 确保流动性，及时满足日常经营的现金需求。
- 利用暂时闲置的资金创造投资收益（例如利息收入）。

融资决策则是公司为购置资产而寻找资金来源的决策，包括债务融资和权益融资；融资决策使公司能够致力于长期目标的实现。

债务融资（debt financing）意味着公司承担在特定日期向债权人偿还所借入资金本息的法律义务或责任。

权益融资（equity financing）意味着公司发售本公司的所有权份额。

债务融资和权益融资都会涉及到风险和收益的权衡：

- 债务融资的成本体现为利率；债务利息是可以税前抵扣的。
- 权益的价值，可以体现为公司的股价，也可以体现为公司的净资产价值。对股东的利润分配是不允许税前抵扣的。

- 对于公司来说，是通过举借债务（如各种类型的借款合同）融资，还是通过发行权益（优先股或普通股）融资，是一项至关重要的财务决策。

每家公司都有自己的投资和融资策略。图表2B-5总结了投资和融资活动各自需要考虑的问题。

图表2B-5 投资和融资需要考虑的基本问题

投资决策	融资决策
• 公司目标	• 负债融资还是权益融资
• 公司政策和规章制度	• 长期融资还是短期融资
• 投资工具的选择和投资组合的构建	• 固定利率还是浮动利率
• 投资管理中的角色、职责和权限	• 有担保债务还是无担保债务
• 财务控制	• 表内融资还是表外融资
• 业绩计量	• 税收考虑

融资政策形成了公司负债和权益的比率，决定了公司的财务杠杆，并与公司的资本结构密切相关。

在融资决策中，融资方案设计的目标，并不是使公司价值（发行在外的普通股股数乘以公司普通股股价）最大化，而是要使公司的加权平均资本成本最小化。减少风险的一种做法是，尽量使融资购置的资产所带来的现金流入，与提供融资的投资者所要求的现金流出之间实现匹配。

公司可以通过多种方式调整自己的资本成本，如发行更多的债券或股票，以利率更低的新债替代现有旧债，以及回购当前发行在外的债券或股票。

所得税对融资决策的影响

税收因素对融资决策有巨大影响。通常债务融资在税收上对公司来说更有优势，因为债务利息的支付可以抵减公司应税所得额，从而减轻公司税负。而股利支付和股份回购则没有这种节税的作用。增加债务，不但可以带来更多的节税优势，也会带来更高的财务成本；公司需要在权衡这两个方面效应的基础上，适当增加杠杆，充分发挥利息带来的抵税效应。

根据这种权衡理论（trade-off theory），最优的资本结构需要权衡债务融资的利与弊。其中，"利"指的是前面所说的债务利息的节税效应；"弊"指的是债务带来的财务成本和代理成本。**代理成本**（agency cost）是指因为委托人授权他人代其行事而产生的一系列直接或间接的成本。**代理人**（agent）是指经委托人授权为委托人利益而代为履行一定的职责或提供一定的服务的人。公司的管理层可以视为公司股东（即公司所有者）的代理人。**财务困境**（financial distress）是指发行过多债务所带来的公司财务状况恶化。破产就是财务困境的一种极端情况。权衡理论受到了很多经济理论质疑，主要的争议是债务融资所带来的利息抵税的效应是否真的能够增加公司的价值。

估值

估值（valuation）是一个综合考虑风险和收益，评估资产或公司价值的过程。学习估值，需要先理解价值以及各种价值的概念。

对于公司和资产来说，价值（value）这个词有不同的含义。这里的资产通常是指金融资产，如债券、普通股、优先股这样的有价证券资产，其代表的是向证券发行人索取特定金额的权利。

价值类型包括：

- 持续经营价值；
- 清算价值；
- 每股清算价值；
- 账面价值；
- 普通股每股账面价值；
- 市场价值；
- 内在价值。

持续经营价值（going-concern value）是指公司作为一个经营实体而持续存在的价值，它关注的是公司创造未来现金流的能力，而不是资产负债表上的账面资产。持续经营价值也被称为在用价值（value in use）。

清算价值（liquidation value）是公司出售所有资产并清偿所有债务后剩余的净金额。当公司面临破产时，清算价值才是需要考虑的首要问题。

每股清算价值（liquidation value per share）是公司出售所有资产的所得，在清偿所有债务且归还优先股清算金额后，剩余给普通股股东的价值，然后除以普通股的股份数，得到每股清算价值。

账面价值（book value）是资产在资产负债表上显示的价值。它是一个会计价值。例如，对于固定资产来说，账面价值就等于资产原值减去累计折旧；对于应付债券来说，账面价值就是其票面价值加上溢价或减去折价。

对公司来说，账面价值等于公司总资产账面价值和总负债账面价值的差额，如果有优先股，还应该减去优先股的账面价值。也就是说，公司的账面价值是指公司普通股权益的账面价值。

普通股每股账面价值（book value per share of common stock）等于普通股权益的账面价值除以发行在外的普通股股数。普通股每股账面价值和每股的清算价值或每股的市场价值并没有太多实质性的联系。

市场价值（market value）是指投资者在特定时点买卖资产的价格，它取决于供求关系。对于公开发行交易的证券，市场价格就可以视为市场价值。

内在价值（intrinsic value）是资产理论上的价值。虽然内在价值并不代表实际价值，但是可以作为一个基准，将它与公司的市场价值或市场价格相比较，作为指导买入或卖出金融资产的决策。内在价值也被称作**基本价值**（fundamental value）。

一项资产的价值，既取决于该项资产预计能带来的现金流的金额和时间分布，也取决于投资者对这项资产所要求的必要报酬率，而必要报酬率又取决于该项资产预计能带来的现金流上的风险。

证券这类投资资产带来的现金流包括：

- 普通股和优先股投资每年带来的股息或分红；
- 债权投资带来的利息收入；
- 处置投资收到的现金流入。

如果资产带来的现金流金额增加，资产的价值随之增加。如果现金流的不确定性增加，即风险增加，资产的价值随之下降。财务管理要做的是维持或增加现金流，降低风险，只有这样才能有助于实现股东财富最大化的目标。

资产的价值就是未来的现金流按照特定折现率折算成的现值，这一折现率必须是能够适当反映风险的折现率，而风险的估算是有难度的。

本节以下内容将介绍各种债务工具和权益工具的特征及其估值方法。

债券

债券（bond）是期限在一年以上的债务融资工具，代表发行人取得的一项借款。投资者购买债券，实际上就是借出资金以赚取利息。公司发行债券，实际上就是借入资金以扩充资本。

债券包括短期、中期和长期债券；这三类债券的划分标准略有差异，常见的标准如下：

- 短期债券：2 ~ 5 年；
- 中期债券：5 ~ 10 年；
- 长期债券：10 ~ 30 年。

利率与到期时间之间的关系，称为利率的期限结构（term structure），在图像上表现为收益率曲线（yield curve）。投资者期望报酬率随风险上升而上升。通常，到期时间越长，债券市场价值波动带来的风险就越高；而风险越高，投资者期望报酬率越高。因此，正常的收益率曲线是向上倾斜的，也就是说，长期债券的投资报酬率通常高于短期债券的投资报酬率。投资者对经济增长和通货膨胀的预期会影响收益率曲线。

债券的发行人和类型

根据发行人不同，债券可以划分为多种类型。常见的债券类型如图表 2B – 6 所示。

图表 2B-6　常见的债券类型

类型	描述
公司债券 （corporate bond）	由美国公司（大型或小型公司均可）发行，用于为公司的增长、扩张或其他活动融资。
政府债券 （government bond）	由美国政府以其全部资信实力为保障发行，用于支撑政府的运作或支付国家借款的利息。例如，美国政府长期债券（treasury bonds）、国库票据（treasury notes）和储蓄债券（savings bonds）。
市政债券 （municipal bonds）	由州政府或市政府发行，用于为建设项目或其他活动融资。
政府机构债券 （agency bonds）	由联邦、州、地方一级的某些政府机构或拥有政府背景的按揭贷款提供机构，如吉利美（Ginnie Mae）、房利美（Fannie Mae）和房地美（Freddie Mac）等发行，用于支持自身运营或为特定项目融资。
国际债券 （international bond）	在多个国家同步发售的债券；通常由国际性的银行或证券公司设在伦敦的分支机构负责销售。

债券协议

债券发行中各方当事人之间的书面法律协议称为**债券合约**（indenture），也称为信托契约（deed of trust）。债券合约详细约定了债券发行的有关条款，包括：

- 发行的期限和条件；
- 约定的利率（也称为票面利率）；
- 到期时间；
- 保护性条款（对发行人的约束，如要求发行人维持特定的财务比率）；
- 违约责任条款；
- 优先级条款；
- 偿债基金条款（要求发行人需向某一托管账户拨付资金，确保在付息日或在到期日有充足的资金还本付息）；
- 赎回条款；
- 转换条款；
- 抵押条款；
- 指定的托管人及其责任。

保护性条款

保护性条款（protective covenants）为借款期间借款人可以从事的行为划定了界限，是债券合约中的重要条款。

保护性条款通常有两类：消极条款和积极条款。

1. **消极条款**（negative covenants）限制或禁止借款人采取某些行为，例如禁止支付过多股利、向其他债权人提供物权担保、出售主要资产、与其他公司合并、借入更多的长期借款等。

2. **积极条款**（positive covenants 或 affirmative covenants）要求借款人必须按承诺采取某些行为。例如维持特定的财务比率、保持抵押物的价值，以及及时还本付息。不履行积极条款下的义务可能构成违约。

债券的管理

债券通过合格受托管理人管理。受托管理人是债券发行人所选定的某第三方主体，担任债券持有人的正式代表。个人和机构都可以担任受托管理人，实践中一般由银行担任受托管理人。

受托管理人的职责包括：

- 确认债券发行的合法性；
- 确保所有合同义务都如约履行；
- 确保偿债基金的及时拨付和利息的及时支付；
- 在发行人未能履行合同义务时采取必要措施；
- 代表债券持有人参加诉讼程序；
- 管理债券的赎回。

受托管理人的报酬由债券发行人支付，计入债券的发行成本。

债券定义

一般来说，债券代表了按期支付约定利息，并在到期时偿还本金的一项承诺。

债券本金

债券的本金（principal），也称为面值（par）、票面价值（par value）或票面金额（face value），代表了到期时债券持有人收回的本金金额。大多数债券的面值是 1 000 美元的整数倍。

债券利息

债券所约定的利率称为票面利率。债券的**票面利率**（coupon rate）通常参照发行时其他类似债券的利率水平确定。

根据利率的不同形式，债券可以分为以下三种：

1. 固定利率债券：利率保持不变，各期利息金额相等。
2. 浮动利率债券：利率随某一经济变量的变化而变化。
3. 零息债券：债券深度折价发行，存续期内不支付利息，在到期时按面值全额偿还本金，利息实际隐含在了折价当中。

如果债券的票面利率及其偿付金额在发行时就可以确定，那么债券属于固定收益证券。传统的债券大多数都是固定利率的，因而债券的风险要低于股票等收益率高度波动的投资品，这也是债券投资被视为保守型投资的一个主要原因。

债券在发售之后，通过中间商在**二级市场**（secondary market）上买卖，这与股票的交易类似。在二级市场上，债券的价格随着市场利率变动而变动。当市场利率下行的时候，债券价格上升；而当市场利率上行的时候，债券价格下降。

债券的票面利率表现为利息占面值的百分比。在美国，债券通常每半年付息一次，即付息期为 6 个月。例如，一个半年付息的债券票面利率为 7%，票面金额为 1 000 美元，则发行人每六个月向债券持有人支付 35 美元的利息，即半年利率为 3.5%。

零息债券，顾名思义，是指存续期内不支付利息、只在到期日支付票面金额的债券，这属于是一种例外情形。

债券的票面利息，也称为"息票"（coupon）。这个词起源于过去债券持有人能拿到纸质债券凭证的时代。当时，息票以附券的形式连在债券凭证上；到领取利息的时候，需将其撕下并交还公司。如今，绝大多数的债券和股票一样，都是已经是电子形式发行的了，债券利息自动支付到持有人账户。然而，早期发行的带息票的纸质债券凭证依然在使用，因为有些期限很长的债券至今仍然没有到期。

债券的到期时间

债券一般都有明确的到期日。在到期日，债券应当偿还本金，债券上的债权债务关系应该了结。**面值**或**票面金额**（face，或 par value）是债券到期日应该给持有人偿还的本金，也是债券在到期日的价值。

因为无论债券在存续期内怎么样买进卖出，在到期日，债券持有人能够获得的就是债券的票面金额。所以，如果债券的票面金额为 1 000 美元，债券在到期日的价值也应该是 1 000 美元。

债券的赎回条款

债券的赎回也就是债券的回收或偿还。债券赎回有多种方式。最简单的情形是，债券在最终到期日，发行人一次性偿还本金并支付最后一期的利息。有的债券带有**偿债基金条款**（sinking fund provision），要求公司定期向债券的受托管理人拨付资金，确保到期一次性偿还或分期偿还的时候有足够的资金。还有的债券带有**赎回条款**（call provision），发行人可以在到期日之前按照约定的单一价格或在一系列价格中选取适用的一个价格，提前收回债券。

转换条款

有的债券可以按照持有人的要求，转换成特定数量的本公司普通股，称为可转换债券。这类债券不但能给持有人带来利息收益，还授予了持有人**转股期权**（option）。因为这项期权本身也是有价值的，所以即使可转换债券利息收益率低于不带转股期权的一般债券，也照样能发售出去。

债券评级

债券评级让投资者在实际购买债券之前，能够整体了解债券的风险。

每一批发行的债券通常由信用评级机构给出评级，评级的判定要考虑多个因素，包括：

- 发行人当前的财务状况；
- 发行人未来的财务前景；
- 债券抵押（如有）。

穆迪投资者服务（Moody's Investors Service）和标准普尔（Standard & Poor's）是两家最著名的信用评级机构。两者给出的不同评级及其所对应的债券风险特征如图表 2B-7 所示。

图表 2B-7　穆迪和标准普尔债券评级

穆迪评级	标准普尔评级	风险特征
Aaa	AAA	
Aa	AA	一般视为高质量的债券
A	A	
Baa	BBB	
Ba	BB	缺乏高质量债券应有的某些特征，或多或少存在问题
B	B	
Caa	CCC	质量较差，违约风险突出
Ca	CC	垃圾债券，违约风险高于平均水平，购买这类债券有高度投机性
C	C	
—	D	

有关债券评级的几个要点列举如下：

- 这里所说的债券评级，是针对某批次债券的债项评级，而不是针对发行人的主体评级。
- 美国政府债券一般能获得 AAA 评级，因为这些债券是以美国政府的全部资信实力为还款保障的。
- 债券存续期内，其信用评级可能被调高或调低。信用评级被调低（降级）意味着公司未来再发行债券时就要给出更高的利率才能吸引到买家。
- AAA 或 Aaa 级的债券利率最低。
- 因为垃圾债券存在违约风险，所以它们是高收益债券。
- 垃圾债券有更高的违约概率，但在某些条件下，垃圾债券也可能是一些新兴企业发行，能带来更高的投资回报。

债券收益率

债券的票面利率是不变的，但是债券的价值会因为通货膨胀和市场利率变化而发生变化。

债券收益和收益率

当期收益率（current yield）是用每年的利息金额除以债券的当前价格计算出来的一个年化投资收益率。例如，一只 10 年期的债券，票面金额为 1 000 美元，票面利率为 5%。该债券在发行后的十年里，每年支付利息 50 美元，如果债券当前的价格为 1 250 美元，那么债券的当期收益率约为 4%（50 美元/1 250 美元）。

到期收益率（yield to maturity）是债券买入后一直持有至到期的实际收益率。到期收益率的测算需要考虑下列因素：

- 债券存续期内的利息。
- 债券的购买价格及其相对于面值的折价或溢价。

通货膨胀和债券的实际收益

通货膨胀会侵蚀债券的收益。如果债券收益率高于通货膨胀率的时候，债券有正的实际收益；否则，债券的实际收益为负，如下面的例子所示：

- 如果债券的收益率为 6%，通货膨胀率为 4%，则该债券带来的实际收益率为 2%。
- 如果债券的收益率为 6%，通货膨胀率为 8%，则该债券带来的实际收益率为 −2%。

债券的久期

债券投资受到市场利率的影响。如果市场利率下降，债券持有人收到的利息和收回的本金只能以更低的利率进行再投资，因此，当市场利率下降时，投资者需承担再投资风险。

久期（Duration）可以大致衡量债券或债券投资组合的价格对到期收益率的敏感系数；计算久期，通常让收益率变动一个百分点，测算由此带来的债券价格的变动百分比。久期仅仅是债券价格和收益率之间变动关系的一个粗略衡量指标；事实上，两者之间是曲线关系，而不是直线关系。

凸度（Convexity）衡量债券价格变动和利率变动之间曲线关系的曲率。凸度的概念显示，利率上升一定幅度所引发的债券价值的变动百分比，要小于利率下降同样幅度所引发的债券价值的变动百分比。

债券的价格－收益率曲线如图表 2B－8 所示。从图中可以看出，债券价格上升的速度比下降的速度快。

图表 2B-8 债券的价格-收益率曲线

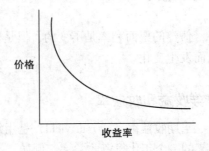

债券的久期等于债券价格变动百分比除以债券收益率的变动幅度。

有效久期

$$= \frac{(\text{收益率下降一定幅度时的债券价格} - \text{收益率上升一定幅度时的债券价格})}{2 \times \text{当前债券价格} \times \text{收益率变动幅度（小数形式）}}$$

上述公式也可以简记作：

$$\text{久期} = \frac{V_- - V_+}{2 V_0 (\Delta y)}$$

其中：

V_- = 收益率下降 Δy 时的债券价值；

V_+ = 收益率上升 Δy 时的债券价值；

V_0 = 当前的债券价格；

Δy = 导致债券价值变动的收益率变动幅度，通常用小数的形式表示。

有效久期显示了收益率增加或减少一个百分点所导致的债券价格的平均变动百分比。

例如：假设一只 10 年期的债券，每半年付息一次，票面利率为 9%。债券当前的价格为 1 067.95 美元，到期收益率为 8%。假如到期收益率下降 50 个基点（提示：100 个基点 = 1 个百分点），下降到 7.5%，债券的价格会上升至 1 104.22 美元；假如到期收益率上升 50 个基点，上升到 8.5%，债券的价格则会下降到 1 033.24 美元。根据上述公式，该债券的有效久期为：

$$\text{有效久期} = \frac{1\ 104.22\ \text{美元} - 1\ 033.24\ \text{美元}}{2\ (1\ 067.95\ \text{美元})\ (0.005)} = \frac{70.98\ \text{美元}}{10.6795} = 6.65$$

有效久期为 6.65，意味着收益率上一个百分点的增减变动，将导致债券价格大致变动 6.65%。

久期有什么实际意义呢？久期可以帮助投资者预判利率变化将带来什么样的债券价值变化，并根据这种预判，做出买入、卖出或持有的债券投资决策。投资者还可以利用久期的概念来比较不同发行时间及到期时间、票面利率或到期收益率的债券。

久期和债券其他要素之间的关系如下所示。假设其他条件不变，则有：
- 债券的票面利率越高，久期越短。反之，债券的票面利率越低，久期越长。
- 债券的到期时间越长，久期越长。反之，债券的到期时间越短，久期越短。
- 市场收益率越高，债券久期越短。反之，市场收益率越低，债券久期越长。

债券担保

债券包括有担保债券（资产支持性债券即为一种有担保债券）和无担保债券。

有担保债券（secured bond）的**担保**，可以是财产（存货、不动产、固定资产）抵押质押的形式，也可以是以某一特定项目的收入做担保的形式。债券担保给投资者提供了在债券违约的情况下，就担保财产变现金额优先受偿的权利。

无担保债券（unsecured bond），也叫**信用债券**（debenture），以发行人的诚信和一般资信实力作为保障，并没有特定的担保物。无担保债券的持有人，只能就发行人的资产享有一般债权。显然，无担保债券的风险比有担保债券的风险更高，所以给出的收益率也会更高。无担保债券又可以分为求偿权排在其他债券之后的劣后级（subordinated）债券和非劣后级债券（unsubordinated）。

受偿顺序和清算

债券按照受偿顺序可以分为优先级、劣后级和中间级，这种分级影响债券在公司清算时候与其他债务相比的受偿顺序。如果公司同时发行有担保债券和无担保债券，公司陷入违约时，则各种债券的清偿顺序为：
- 担保债券持有人，优先获得清偿。
- 无担保的债券持有人，作为一般债权人，在有担保债券持有人之后获得清偿。
- 无担保的债券持有人，在一般债权人之后获得清偿。

债券估值

债券的价值是其带来的未来现金流的折现值。折现率为市场利率，也称为有效利率、收益率或必要报酬率。评估债券价值的步骤为：
- 按照市场利率，计算利息现金流的折现值。
- 按照市场利率，计算本金现金流的折现值。
- 将上述两项折现值加总。

下列公式可以用来评估债券价值：

$$V_b = I\,(PVIFA_{k,n}) + F\,(PVIF_{k,n})$$

其中：

V_b = 债券的价值；

I = 每期利息金额（按照票面利率计算，假设利息按年支付）；

PVIFA = 年金现值系数；

k = 折现率（市场利率）；

n = 到期期数；

F = 本金金额（即债券的面值）；

PVIF = 现值系数。

例如：某公司发行 15 年期、按年付息的债券，截至目前，距离债券到期日还剩 5 年时间。发行时确定的债券票面金额为 1 000 美元，票面利率为 10%。投资者对于类似风险债券所要求的必要报酬率为 8%。则该债券的价值计算如下：

- 计算每期利息 10% × 1 000 美元 = 100 美元。
- 从附表 A 里的年金现值系数表中可以查到，5 年期、8% 折现率对应的年金现值系数为 3.993，使用该年金现值系数对每年 100 美元的利息金额进行折现。
- 从附表 A 里的现值系数表中可以查到，5 年期、8% 折现率对应的现值系数为 0.681，使用该现值系数对 1 000 美元的本金金额进行折现。
- 将上述两个折现值加总在一起。

$$V_b = I\,(PVIFA_{k,\,n}) + F\,(PVIF_{k,\,n})$$
$$= 100\ 美元 \times 3.993 + 1\ 000\ 美元 \times 0.681$$
$$= 1\ 080.30\ 美元$$

由此得出该债券的价值为 1 080.30 美元，这代表了投资者愿意为购买该债券支付的金额。在本例中，债券的价值高于其票面价值，也就是说债券是溢价交易的，其原因是使用的折现率低于债券的票面利率。假如使用的折现率高于票面利率，则债券将要折价交易；假如使用的折现率等于票面利率，则债券将要按面值金额交易，即平价交易。

如果债券不是每年付息一次，而是每半年付息一次，那么上述计算过程也要做相应的修改：

- 每期的利息金额为 50 美元（100 美元/2）。
- 利息金额使用的折现率为 4%（8%/2），折现期数为 10 期，因为在剩余 5 年里面将有 10 笔利息。
- 本金 1 000 美元也应该按照 4% 的折现率、10 期的折现期数进行折现。

债券再融资

债券的票面利率，是参照发行当时的市场行情利率和公司的信用评级来确定的。如果此后市场行情利率下降或者公司信用评级改进，公司就会考虑通过借新还旧的方式进行债券再融资，以减轻利息负担。

股票

股票（stock）是一个权益投资工具，代表了公司的所有权，即股东权益。股东按照持股比例对公司的净资产和利润享有索取权。但股东的索取权劣后于债权人的索取权；普通股股东的索取权又劣后于优先股股东的索取权。普通股和优先股之间的区别，将在本节"普通股"和"优先股"两个知识点中介绍。

所有者权益中包含所有发行在外的股份；所谓"**发行在外**"（outstanding）的股份，是指在股东手里持有的股份。

某一股东的持股比例等于该股东所持的股份数除以公司发行在外的股份总数。例如，某公司发行在外的股份总数为 10 000 股，某一股东持有其中的 200 股，则该股东的持股比例为 2%。

股票的市场价值

股票的**市场价值**（market value），是指发行在外的股票最近报出的交易价格，它决定了公司的**总市值**（market capitalization）。公司的总市值等于当前普通股的每股市价乘以当前发行在外的普通股股数。例如，一个公众公司发行在外的股数为 3 000 万股，每股市价为 30 美元，则该公司的总市值为 9 亿美元。

市值大小是划分股票类型的依据之一。如图表 2B-9 所示，股票按照公司的市值大小可以划分为：大盘股、中盘股、小盘股和微型市值股。

图表 2B-9　股票按公司市值的分类

大盘股（large cap）	市值 150 亿美元以上
中盘股（mid cap）	市值在 20 亿~150 亿美元之间
小盘股（small cap）	市值在 3 亿~20 亿美元之间
微型市值股（micro cap）	市值在 3 亿美元以下

大盘股通常定期分红，公司庞大的规模可以降低经营失败的风险。

中盘股市值介于大盘股和小盘股之间。比起大盘股，中盘股流通市值同样很大，但是公司规模小于大盘股，成熟程度也不如大盘股。这些公司较大盘股公司有更大的增长潜力，但是风险也更大。

小盘股有爆发式增长的潜力，但是股价往往波动性较大，风险较高。

微型市值股一般的风险最大。

不同类型股票的投资收益率往往存在"风格轮换"的现象。

其他的股票分类如下所示：

- 蓝筹股（blue-chip stock）：盈利稳定的大型上市公司发行的股票。
- 成长股（growth stock）：成长潜力巨大的公司发行的股票。公司在销售收入、净利润和市场份额上的增长速度超过整体经济的增长速度。

- 周期股（cyclical stock）：股价和公司盈余随着宏观经济形势的起伏波动而变化。
- 防御股（defensive stocks）：股价相对稳定，业绩趋于保守，极少受宏观经济形势的影响。
- 价值股（value stocks）：股价相对于公司盈余或其他业绩指标来说比较低廉。
- 收入股（income stock）：股价业绩表现稳健，历史记录良好，并能带来稳定丰厚的股利收入。
- 投机股（speculative stock）：公司的真实价值有待证明，其股票投资风险巨大。

另外，股票可以分为普通股和优先股。普通股和优先股有相似之处，也有一些显著区别，两者为投资者和公司带来了不同的风险和收益的搭配。

下面分别介绍普通股和优先股。

普通股

普通股（common stock）代表对公司的所有权，普通股股东对公司的净资产和收益享有索取权。但是如前所述，普通股股东的索取权，劣后于所有债权人的索取权，也劣后于优先股股东的索取权，所以普通股股东的索取权也被称为剩余索取权。然而普通股股东共同拥有这家公司。普通股没有到期日的概念，但是普通股股东可以通过在二级市场上出售其所持的股票而变现退出。

投资于普通股并非只赚不赔。普通股代表是权益性投资，而权益性投资的特点就是既分享收益，也分担亏损。

普通股的**每股市场价值**（market value per share）是指普通股当前的每股交易价格。如果每股市价上升，投资者既可以从股价上升中获得资本利得，也可以期待更多股利收益。股利代表了股东实际分享到的公司收益。

表决权

普通股股东在公司的重要事项上有投票表决权，包括：
- 选举公司董事会成员；
- 制定或修改公司章程和规章制度；
- 批准公司的股票期权计划；
- 批准公司的并购重组；
- 指定公司的审计师。

股东的表决权通常采取一股一票的形式。股东大会投票机制有两种：传统投票制和累积投票制。

传统投票制

传统投票制（traditional voting，也称作多数投票制、多数通过制或法定投票制）是指，在选举公司董事会成员的时候，每一股对于每一个待选举的董事席位分别有一张表决票。这样，每个股东持有的表决票总数等于其持股的数量乘以待选举的董事席位数量，但必须均匀分配到每一个待选席位。例如，公司有五个董事席位待定人选，某一股东持有 500 股，则该股东可以而且最多只能对每一个董事席位的候选人分别投出 500 张表决票，共计可以投出 2 500 张表决票。

传统投票制不利于少数股东让能代表自己利益的董事候选人成功当选。

累积投票制

累积投票制（cumulative voting）在选举公司董事会成员的时候，允许股东对不同的候选人投出不同的票数。仍然沿用前例中的假设，现有 5 个董事席位空缺，某一股东持有 500 股，共计有表决票 2 500 张。在累积投票制下，这 2 500 张表决票既可以均匀地分配到每一个待选席位，也可以集中投给其中几个席位的候选人，也可以全部集中起来投给某一个席位的候选人。

累积投票制使得少数股东更有可能选出代表自己利益的董事，从而增加了少数股东在公司治理中的发言权。

有的公司采取差别化的股东表决权制度，即不同类型的股票有不同的表决权；还有的公司设置了附加表决权，这样少数拥有附加表决权的股东即使持股比例没有超过半数，也能控制公司的发展方向。

股东可以到股东大会现场亲自投票，也可以通过邮寄股东签署的授权委托书（proxy statement）的形式委托他人代为投票，有时还可以进行网络投票或者电话投票。

公司会在股东大会召开之前向全体股东寄送**授权委托书**（proxy statement）。这一法律文件列举了本次股东大会待表决的议题，并包括对公司提案和董事人选的表决票。如果股东提交签署后授权委托书，意味着股东授权出席股东大会的其他人（通常是管理团队）代其投票，只要管理团队收到的授权委托书代表的表决权超过了半数，则管理团队可以自行选聘全部的董事。如果股东既不到现场出席，也不寄回签署后的委托授权书，则其所持表决权不计入参与表决的基数，这种情况下，由于参与表决的股东人数本身很少，赞成票即使数量很少，也往往能过半数。这就意味着，未寄回票事实上等于顺从管理层的意志投了赞成票。

优先购买权

有些普通股包含优先购买权。**优先购买权**（preemptive rights）意味着，现有股东可以优先认购公司新增发的股份，以维持其在公司的持股比例。优先购买权是现有股东的一项权利，而不是一项义务，股东可以根据自己维持持股比例的意愿，自主决定是否优先认购公司的新增股份。

清算价值

在公司违约或清算的情况下，普通股股东对公司资产的求偿权排在最后。具体来说，只有公司的债券持有人和其他债权人以及优先股股东全额受偿之后，普通股股东才得以行使其剩余索取权。但是普通股股东承担有限责任，并不对公司的债务负责，其承担的损失最大不超过所持股票的面值或者股票的设定价值。

普通股的估值

普通股的投资收益率是变动的。如前所述，有些年份，公司可以调整或调减股利，甚至可以完全不发放股利。因此，股利的多少，既取决于公司的盈利状况和资金余额，也取决于公司的股利政策。

普通股的价值主要取决于每年的股利金额、股利增长率和折现率，因此，计算普通股的价值需要详细预测未来的股利金额和增长率。

普通股的估值需要对股利支付做出一定的假设。通常采用下列三种假设场景之一：固定股利（零增长率）、固定股利增长率或变动股利增长率。投资者可以将估值模型得出的结果与市场上的实际股价相比较，以判断股票被市场高估、低估还是正确估值。

股利折现模型的应用

作为一种股票估值的方法，**股利折现模型**（dividend discount model，简称 DDM）通过计算股票带来的未来股利的现值来探究股票的内在价值。

股利折现模型是现金流量折现模型（DCF）的一个典型应用。现金流量折现或股利折现，有不同的模型可以使用。很难说哪一种模型是最优的，选择哪一种类型的模型要综合考虑下列因素确定：

- 现金流的计算口径：是采用股利现金流还是股权自由现金流。
- 股票预计的持有期：预计在有限期内持有股票还是无限期一直持有股票。
- 未来股利的增长模式。是零增长还是有增长；是按固定的速率稳定增长，还是超速增长。

普通股估值最常用的模型包括：

- 股利折现的基本模型；
- 固定股利模型（也称为零股利增长模型）；
- 固定股利增长率模型；
- 变动股利增长率模型。

下面逐一举例说明各个模型。

股利折现的基本模型

股利折现的基本模型体现为下列公式：

$$V_s = \sum_{t=1}^{\infty} \frac{D_t}{(1+k_s)^t}$$

其中：

V_s = 普通股每股的内在价值；

D_t = 第 t 期预计的每股股利；

t = 期数；

k_s = 投资者所要求的普通股必要报酬率（权益资本成本）。

股利折现的基本模型假设投资者买入普通股之后，打算一直持有。因此，这一模型也被称为无限期估值模型。

零股利增长模型

零股利增长模型体现为下列公式：

$$V_0 = \frac{D_1}{(1+k_s)^1} + \frac{D_2}{(1+k_s)^2} + \frac{D_3}{(1+k_s)^3} + \cdots + \frac{D_\infty}{(1+k_s)^\infty}$$

其中：

V_0 = 待估普通股当前的价值；

$D_1 = D_2 = \cdots = D_n = D_\infty$ = 各年固定不变的普通股每股股利（为常数）；

k_s = 投资者所要求的普通股必要报酬率（权益资本成本）。

投资者所要求的必要报酬率取决于普通股投资的风险。当普通股的投资风险高时，投资者要求有更高的收益。换言之，只有给到投资者更高的收益才能吸引他们投资。

上述公式可以简化为：

$$V_0 = \frac{D}{k_s}$$

例如，某公司每年年末均支付股利，每股股利金额固定为 $5，分析师预计未来股利政策没有变化。假设股权投资必要报酬率为 12%，则普通股的价值为：

$$V_0 = \frac{D}{k_s} = \frac{5\ 美元}{0.12} = 41.67\ 美元$$

零股利增长模型是固定股利增长率模型的一种特例。下面我们再来学习固定股利增长率模型。

固定股利增长率模型

固定股利增长率模型，也称为**戈登模型**（Gordon's model），也是一种股利折现模型。它假设每股股利按固定的速度增长，或者说，股利增长率恒定不变。该模型可以视为单一阶段增长模型。在上述基本模型中，将分子中的 D_t

更换为 $D_0 (1+g)^t$ 可以得到下列公式：

$$V_s = \sum_{t=1}^{\infty} \frac{D_0(1+g)^t}{(1+k_s)^t}$$

其中：

D_0 = 本期普通股每股股利；

g = 固定不变的股利年增长率；

k_s = 投资者所要求的普通股必要报酬率（权益资本成本）；

t = 期数。

当 k_s 大于 g 的时候，上述公式可以简化为戈登固定股利增长率模型的公式，如下所示：

$$V_0 = \frac{D_1}{k_s - g}$$

其中：

V_0 = 普通股当前的估计价值；

D_1 = 预计的第 1 年普通股每股股利；

k_s = 投资者所要求的普通股必要报酬率；

g = 固定不变的股利年增长率。

例如，某公司去年刚支付了每股 3 美元的股利，分析师预计股利将按照每年 6% 的固定增长率增长。投资者期望报酬率为 12%，则该股票的内在价值是多少？

本例中：

$D_1 = 3.00$ 美元 $\times (1 + 6\%) = 3.18$ 美元

$k_s = 12\%$

$g = 6\%$

$$V_0 = \frac{D_1}{k_s - g} = \frac{3.18\ \text{美元}}{12\% - 6\%} = 53.00\ \text{美元}$$

在戈登模型中，必要报酬率（k_s）、增长率（g）与股票价值之间的关系要点概括在图表 2B – 10 中。

图表 2B – 10　戈登模型的要点

如果：		那么：
k_s 和 g 之间差异扩大	◇	股票价值下降
k_s 和 g 之间差异缩小	◇	股票价值上升
k_s 和 g 之间差异有小幅变动	◇	股票价值有大幅变动

变动股利增长率模型

该模型假设股利的增长可以划分两个阶段或更多的阶段,每个阶段里股利增长率不同,并在此基础上估算股票的价值。在股利增长率不固定的情况下:

- 未来的股利必须分阶段地进行预测。
- 增长期的股利必须根据现值系数表折算到当前时点。
- 增长期末的股票终值也需要折现到当前时点。
- 将上述两部分的折现值加总在一起。

例如,J 公司去年支付的每股股利为 5 美元,分析师预计,在未来三年中,股利将按 20% 的速度增长;三年之后将以 5% 的速度平稳增长。假设必要报酬率为 12% ,则该股票当前的价值计算过程为:

首先计算增长期末的股票终值:

$$P_3 = \frac{D_3\ (1+g)}{k_s - g}$$

其中 D_3 计算过程为:

$$D_3 = 5\ \text{美元} \times (1 + 20\%)^3 = 8.64\ \text{美元}$$

P_3 计算过程为:

$$P_3 = \frac{8.64\ \text{美元} \times (1 + 5\%)}{12\% - 5\%} = \frac{9.07\ \text{美元}}{7\%} = 129.57\ \text{美元}$$

其中:

D_3 = 第 3 年的股利;

P_3 = 第 3 年末的股价;

k_s = 普通股的必要报酬率;

g = 第 3 年之后固定的年股利增长率。

年度	股利收入		现值系数（12% 折现率）		现值
1	$D_1 = \$5.00 \times (1 + 20\%) = \$6.00$	×	0.893	=	$5.36
2	$D_2 = \$6.00 \times (1 + 20\%) = 7.20$	×	0.797	=	5.74
3	$D_3 = \$7.20 \times (1 + 20\%) = 8.64$	×	0.712	=	6.15
	$P_3 = 129.57$	×	0.712	=	92.25
				现值合计	$109.50

本例中,第 3 年年末的股价为 129.57 美元,其折现值为 92.25 美元;将上述现金流折现值全部加总后,得出普通股当前的价值为 109.50 美元。

相对价值评估模型

相对价值评估模型（relative valuation）,也叫可比价值评估模型,代表了另一种价值评估的思路。这种方法先设定可比性的标准,选择可比公司;然后拿一个统一的标准化价值尺度,用于可比公司之间的比较。企业价值通常体现为收益、账面净资产或销售收入的一定倍数。一项资产，从内在价值来看，可能比较便宜；但从相对价值或市场估值来看，则可能比较昂贵。

相对价值评估模型和现金流折现模型所考虑的要素基本一致，都包括必要报酬率、预计增长率等。两种评估方法之间的主要区别在于，现金流折现模型的假设前提是显性的，都有明确的界定或表述；相对价值评估模型的假设前提是隐性的，都包含在模型当中。

选择可比公司是相对价值评估的关键环节。可比公司在公司特征和行业特征上应该与目标公司相似。

相对价值评估的步骤为：

- 按照一定标准选择可比公司，尽量控制或缩小可比公司与目标公司之间的差异（如规模上的差异）。
- 计算出每一个可比公司的价格乘数，然后计算可比公司平均价格乘数。
- 计算出目标公司价格乘数。
- 将目标公司的价格乘数和可比公司平均价格乘数进行比较。
- 根据每个公司的具体特征，如风险和增长率，分析价格乘数差异形成的原因。

以市盈率（P/E）为例，如果可比公司的平均市盈率为 18 倍，而目标公司的市盈率仅为 10 倍，那么分析师可以基于较低的市盈率认为目标公司的股价便宜或被市场低估。相反，如果目标公司的市盈率显著高于可比公司的平均市盈率，则可以认为目标公司的股价昂贵或被市场高估。

相对价值评估模型主要有三种：市盈率模型（P/E）、市净率模型（P/B）、市销率模型（P/S）。

市盈率模型

市盈率（price/earnings ratio，简称 P/E）是普通股价值评估中最常用的市价比率；计算市盈率所使用的每股收益（EPS）用于衡量每股盈利能力，而每股盈利能力是决定股票投资价值的最主要因素。市盈率有两种计算方法，两者的主要差异在于盈利的计算口径上。

历史市盈率（trailing P/E）使用公司最近 12 个月的历史实际盈利，大众媒体财经报道中通常使用的市盈率通常就是这种历史市盈率。

$$历史市盈率 = \frac{每股市价}{过去 12 个月每股收益}$$

预期市盈率（leading P/E）使用下一年度的预计盈利（可以取下一完整财务年度的预计盈利，也可以取未来四个季度的预计盈利）。

$$预期市盈率 = \frac{每股市价}{未来 12 个月的预期每股收益}$$

例如：某公司上一财务年度的实际盈利为 1 000 万美元，分析师预测未来

12 个月的每股收益为 1.00 美元。该公司发行在外的普通股有 1 500 万股，每股市场价格为 15 美元。根据上述信息，该公司的历史市盈率和预期市盈率的计算如下：

$$上年度每股收益 = \frac{10\ 000\ 000\ 美元}{15\ 000\ 000} = 0.67\ 美元$$

$$历史市盈率 = \frac{15.00\ 美元}{0.67\ 美元} = 22.39$$

$$预期市盈率 = \frac{15.00\ 美元}{1.00\ 美元} = 15.00$$

市盈率模型的**优点**包括：

- 投资界广泛使用市盈率模型。
- 研究发现，市盈率高低与股票的长期业绩表现有显著的相关性。

市盈率模型的**缺点**包括：

- 如果盈利是负数，则计算出来的市盈率没有意义。
- 盈利的波动可能使市盈率的解读变得困难。
- 管理层可以在准则允许的范围内自主选择会计政策，从而扭曲盈利。

市净率

市净率（price-to-book ratio，或 price-to-book value ratio，简称 P/B）体现了市场对公司所有者权益的估价。市净率中的账面价值（book value），特指资产负债表上净资产或所有者权益的账面价值。所有者权益通常是正数，这样即使公司发生亏损，每股收益为负，也能计算出有意义的市净率。市净率的计算公式如下：

$$市净率 = \frac{权益的市场价值}{权益的账面价值} = \frac{每股市价}{每股净资产}$$

其中：

$$权益的账面价值 = 普通股权益 = 总资产 - 总负债 - 优先股价值$$

例如：假设公司未发行优先股，发行在外的股票均为普通股，账面净资产代表的是普通股权益。利用以下表格中所给的信息，公司的市净率计算公式如下：

第 1 年 账面净资产 （百万美元）	第 1 年 销售收入 （百万美元）	第 1 年 发行在外的普通股股数 （百万股）	第 1 年 5 月 15 日 股价 （美元）
$14 015	$9 450	3 400	$9.50

$$每股净资产 = \frac{所有者权益总额 - 优先股权益}{发行在外的普通股股数} = \frac{14\ 015\ 美元}{3\ 400} = 4.12\ 美元$$

$$市净率 = \frac{每股市价}{每股净资产} = \frac{9.50\ 美元}{4.12\ 美元} = 2.31$$

市净率的**优点**在于：

- 即使每股收益为负数，每股净资产通常也为正数。
- 每股收益可能会频繁波动或畸高畸低，而相比之下，每股净资产更加稳定；在每股收益存在异常时，市净率比市盈率更有参考价值。
- 对于持有大量流动资产的企业（如财务公司、投资公司、保险公司和银行等金融企业）来说，账面价值能够很好地体现净资产的价值。
- 市净率指标可以适用于即将停业的公司。
- 研究表明，市净率有助于解释股票的长期平均收益。

市净率模型的**缺点**在于：

- 市净率忽视了非实物资产的价值，如客户口碑和人力资本的价值。
- 当公司资产规模差异很大的时候，单纯比较市净率可能带来误导性的结论。
- 不同的会计处理方法可能掩盖公司能带给股东的真实投资价值。
- 技术变革和通货膨胀可能导致资产账面价值和市场价值之间出现较大的差异。

市销率模型

市销率（price-to-sales ratio，简称 P/S）体现了市场愿意为 1 美元的销售收入支付多少对价。市销率背后的理念是，销售收入是驱动利润的基本因素。

市销率的计算公式如下：

$$市销率 = \frac{权益的市场价值}{销售收入} = \frac{每股市价}{每股销售收入}$$

例如：利用表格中所给的信息，使用公式计算公司的市销率。

第 1 年 账面净资产 （百万美元）	第 1 年 销售收入 （百万美元）	第 1 年 发行在外的普通股股数 （百万股）	第 1 年 5 月 15 日 股价 （美元）
$ 14 015	$ 9 450	3 400	$ 9.50

$$每股销售收入 = \frac{销售收入}{发行在外的普通股股数} = \frac{9\ 450\ 美元}{3\ 400} = 2.78\ 美元$$

$$市销率 = \frac{每股市价}{每股销售收入} = \frac{9.50\ 美元}{2.78\ 美元} = 3.42$$

市销率模型的**优点**在于：

- 市销率指标对于陷入困境的公司也有意义。

- 每股销售收入比每股收益和每股净资产更为可靠，因为它不向后二者那么容易被操纵或扭曲。
- 市销率相对于市盈率来说更加稳定，波动幅度小。
- 市销率模型适用范围广，既可以适用于成熟的企业或周期性的企业，也可以适用于尚未实现盈利的初创公司。
- 研究表明，市销率差异与股票长期平均业绩上的差异存在显著的相关性。

市销率模型的**缺点**有：

- 销售收入高，但营业利润未必高；销售收入高不一定意味着盈利能力强，也不意味着现金流状况好。
- 市销率不能反映不同公司成本结构上的差异。
- 虽然每股销售收入不像每股收益或每股净资产那么容易被扭曲，但是企业的收入确认政策也会影响到销售收入及其预测。

优先股

优先股（preferred stock）与普通股的相似之处在于，都代表了股东对公司的一部分所有权。但是优先股与普通股也有很多差别，从某种程度上说，优先股更像是债券而不是股票。正是因为如此，优先股才被视为兼有债务特征和权益特征的混合金融工具。但是在财务报表上，优先股毋庸置疑地列示在所有者权益当中。

优先股的权益特征

优先股通常支付固定股息，股息金额并不随着公司盈利的波动而波动。优先股的"优先"意味着优先股股东有权在普通股东获取股利之前"优先"收取约定的股息。

固定股息降低了优先股的投资风险，但是也限制了优先股的投资收益。在股市下跌的时候，优先股股价更为容易维持稳定；但是在股市上涨的时候，优先股股东也别指望能有多少升值收益。事实上，优先股股息也不是必须支付的，董事会有权对利润分配事项投票表决，有权决定不支付优先股的固定股息。

优先股的投票权

优先股股东通常没有投票表决权，只有普通股股东才有权投票表决。在某些特殊情况下，优先股股东也享有一定表决权，如在公司无力支付优先股股息或发生债务违约的情况下。

优先股的清算价值

在公司违约或破产清算的情况下，优先股股东对公司资产的索取权也优先于普通股股东。正是由于这种优先性，在公司经营失败时，优先股股东得以收回其投资的概率高于普通股股东。但是如果公司真的走到破产清算这一步，那么只有在公司清偿所有长短期债务之后，才轮到优先股股东获得清偿。

优先股特性

公司所有对股东进行的利润分配，无论是给普通股股东的股利还是给优先股股东的股息，都不能税前抵扣。这是使用优先股融资的主要缺点。

下面介绍优先股的其他一些重要特性。

可累计优先股

公司对于是否支付普通股股利有自由裁量的权利，但是优先股股息则不同。公司发行优先股的时候通常承诺按年支付固定股息，因此只要公司有足够的盈利，就应当支付优先股股息，否则不得对普通股股东进行分红。但是，如果公司没有足够的盈利支付优先股股息的时候，是否支付股息可以由董事会自主裁量。有些情况下，未支付的优先股股息可以累积。

很多优先股带有股息可累积的特点，这意味着往年所有未付的优先股股息可以累积起来，留待以后用公司未来的盈利支付，累计未付优先股股息付清之前，不得支付普通股股利。需要注意的是，如果公司原本就无意支付普通股股利，也就不受事后补付累积未付的优先股股息的义务约束了。

参与分红优先股

参与分红条款是指在普通股股利增长到一定金额的时候，优先股股东有权参与分配公司日益增长的利润。优先股参与分红的金额并不固定，通常根据普通股股利的增长幅度按照事先确定的公式计算出优先股额外获得的利润分配金额。

参与分红优先股使得优先股股东除优先享受固定股息之外，还有机会获得额外的收益。但是对投资者不利的是，参与分红条款并不像股息累积条款那么常见，大多数优先股只提供固定的股息，不带参与分红条款。

可回购优先股

优先股发行时通常约定一个回购或赎回的价格。这一价格在发行时就确定下来，通常高于发行价格，并随着时间推移逐渐下降。

回购条款保证优先股的发行人有权按约定的价格购回全部或部分优先股，而不需要考虑其他成本更高的方式让优先股退市。例如，若没有回购条款，公司可能需要在公开市场上通过现金支付或证券置换的方式回购优先股，而采用这种方法回购，就必须在市价的基础上给出足够高的溢价才行。

可转换优先股

优先股有时候附带有转换条款或者转股条款。可转换优先股可以按照持有人的要求转换成一定数量的普通股。公司会设定一个优先股到普通股的固定转换比率。一旦被转换成普通股，优先股退出市场。

当优先股既有回购条款，又有转换条款的时候，公司可以通过发起回购来强制持有人进行转换。这样做的前提是当前优先股的市场价格显著高于回购价格，而驱动优先股价格涨到回购价格之上的原因就是转换条款。

上文提到，普通股没有到期日；优先股也没有到期日，除非被强制赎回。回购条款和转换条款使公司能够灵活的让优先股退市，即使不进行强制赎回，也不至于让优先股永久在外流通。

LOS
§2.B.2.e

优先股估值

假设公司在每年末支付固定的优先股股息，优先股的价值可以仿照普通股估值的零增长模型来计算。

优先股估值的公式可以简单表述为：

$$V_p = \frac{D}{k}$$

可见，只要知道了股息和折现率，优先股价值的计算简单明了。

例如，某公司发行的优先股，每股面值为 100 美元，每股每年支付现金股息 7 美元，市场上类似优先股适用的折现率为 8%。该公司发行的优先股的价值计算如下：

$$V_p = \frac{D}{k} = \frac{7 \text{ 美元}}{0.08} = 87.50 \text{ 美元}$$

即使每年的股息保持不变，折现率的变动也会导致优先股价格随着时间推移而变化。

- 如果市场上折现率下降，优先股价值上升。
- 如果市场上折现率上升，优先股价值下降。

资本成本

资本成本是指公司资本结构中各项资本来源的综合资本成本。它也代表了公司一项新的投资必须取得的最低收益率，如果达不到这个收益率门槛，这项投资就会损害股东的利益。

LOS
§2.B.2.q

资本成本的定义

公司的管理层不但有责任保证资产的使用效率和盈利能力，还有责任让投资使用的资金成本实现最小化。管理层履行受托责任时做出的各种融资决策，会影响到公司的资本结构。

公司可以从债权人那里募集资本，也可以从股东那里募集资本，这是两种基本资金来源。公司的资本总额是债务资本和权益资本的结合。以下是两种资本来源的基本介绍：

- **债务资本**（debt capital）是总资本中通过发行票据、债券、贷款等计息债务工具而募集的资金。
- **权益资本**（equity capital）是总资本中通过获取股东的永久性投入而取得的资金，包括实收资本、留存收益等。公司可以通过发行普通股或优先股来募集权益资本，也可以通过将利润留存而不是将其作为股利分配来获得权益资本。

公司筹集的任何资金都会有相关的成本，无论是显性成本还是隐性成本。公司整体的**资本成本**（cost of capital），是公司筹集资金使用的各项资本来源的资本成本的加权平均。

资本成本的意义首先体现在，它是资本结构决策中必须考虑的一个因素。其次，资本成本也可以作为投资报酬率的门槛，用于投资决策；另外，资本成本还可以用于营运资本管理，使应收账款、存货等资产的管理更有效率。最后，资本成本在业绩考核和评价中也能发挥重要作用。例如，业绩考核时，可以将公司各项资本或各项净投资的实际或预期的收益率，与其资本成本进行比较。

资本成本的计算

LOS §2.B.2.r

计算公司的资本成本，先要计算出各项资本来源各自的资本成本，然后将其分别乘以各项资本来源在资本结构中所占的比重，最后把乘积加总在一起。公司资本成本计算的一般公式为：

$$k_a = w_1 k_1 + w_2 k_2 + \cdots + w_n k_n$$

其中：

k_a = 公司资本成本（表现为一个百分数）；

w = 某项资本要素在资本结构中的比重；

k = 某项资本要素的资本成本。

1，2，…，n = 不同类型的资金来源（各自有自己的资本成本及其在资本结构中所占比重）。

资本成本示例

某公司使用的各种资金来源及其基本情况如图表 2B–11 所示。

图表 2B–11　资本成本示例

类型（n）	税后资本成本（k）	在资本结构中的比重（w）
债务	4%	30%
优先股	8%	20%
普通股	18%	50%

根据上述信息，可以测算出公司加权平均资本成本为：

$$k_a = w_1 k_1 + w_1 k_1 + \cdots + w_n k_n$$
$$= 0.30 \times 4\% + 0.20 \times 8\% + 0.50 \times 18\%$$
$$= 11.8\%$$

在计算资本成本的时候，使用各项资本来源的现行或未来成本，要比使用其历史成本更合适。因为资本成本主要用于推出新产品或购置新设备、新厂房等新增的长期投资项目的融资决策。因此，决策相关的成本是公司拟筹集的增量资金的边际成本，而不是公司过去已经筹集到的资金的历史成本。

计算资本成本需要考虑的主要因素包括：
- 每项资本来源各自的资本成本（k）。
- 每项资本来源在公司整体资本结构中的权重（w）。

各项资本来源的资本成本

计算各项资本来源的资本成本是计算公司整体资本成本的第一步。公司一般会用到三种主要的资本来源或融资方式：债务融资、优先股融资和普通股融资。

债务资本成本

债务的税前资本成本代表了为公司提供债务资本（如贷款、债券）的债权人要求的必要报酬率。债务的税后债务资本成本的基本计算公式为：

$$税后债务资本成本 = k_d (1 - t)$$

其中：
k_d = 税前债务资本成本；
t = 公司的边际税率。
计算税后债务资本成本需要考虑的主要因素包括：
- 应当使用什么样的利率（k_d）？
- 需要测算哪几种类型的债务？
- 所得税对利率的影响如何？

另外，上述公式并没有考虑发行费用，因为大部分债务是私募发行的。

由于在计算应纳税所得额的时候，债务利息可以税前抵扣，导致债务的税后资本成本要低于其税前资本成本；税率越高，债务的税后资本成本越低。

例如：布兰公司（Blane Company）的债务中，有一项利率为 6% 的计息债券，该债券当前正平价交易。预计所得税税率为 35%。则该项债务的资本成本计算如下：

$$税后债务资本成本 = k_d \ (1-t) = 6\% \ (1-0.35) = 3.9\%$$

上述例子中，债务当前的重置成本（市场价值可直接用于计算资本成本。但当公司存在多种类型的债务时，则应当使用到期收益率的加权平均来计算债务的资本成本）。

图表 2B-12 显示了如何计算加权平均债务成本。在该例子中，预计的所得税税率为 35%。

图表 2B-12 利用到期收益率计算加权平均债务资本成本

①	②	③	④	⑤ = ③ × ④
债务	市场价值（百万美元）	权重	到期收益率*	加权平均资本成本
第一批	$45	10.0%	11.2%	1.12%
第二批	125	27.8	12.4%	3.45
第三批	280	62.2	13.1%	8.15
合计	$450	100.0%		12.72%

* 债券的到期收益率是指使债券利息和本金贴现求现值正好等于债券当前价格的贴现率。

通过加权平均计算出的税前债务资本成本：12.72%，

再乘以（1-0.35）=0.65 之后，

得到加权平均的税后债务资本成本 12.72% × 0.65 = 8.27%。

优先股的资本成本

优先股的资本成本取决于向股东支付的股息以及发行费用。优先股的资本成本需要反映发行费用，因为其金额可能比较大。发行费用包括直接费用（如承销费、申报材料费、律师费以及发行环节涉及的税费）和间接费用（如管理层在本次发行中投入的工作时间）。发行费用应当从优先股的发行成本中扣减掉，以计算发行净收入。

优先股资本成本一般计算公式如下：

$$k_p = \frac{D_p}{P_p - F}$$

其中：

k_p = 优先股资本成本；

D_p = 优先股股息；

P_p = 优先股现行或预计的每股价格；

F = 每股发行费用的金额。

例如：布兰公司（Blane Company）的优先股支付每股 8 美元的股利，销售价格为每股 100 美元。如果公司发行新的优先股，则需要承担每股 2 美元的发行费用（包括承销费及其他费用）。则该公司的优先股资本成本为：

$$k_p = \frac{D_p}{P_p - F} = \frac{8\ 美元}{100\ 美元 - 2\ 美元} = \frac{8\ 美元}{98\ 美元} = 8.16\%$$

在上例中，优先股的资本成本是基于按年支付股息来计算的，如果股息是按季度支付的，也能适用上述公式，但是得到季度股息率必须乘以 4 得到名义年化资本成本。

发行费用有时表现为发行费率，即发行收入的一定百分比。例如在前面例子中，发行费率为 2%。这时计算资本成本的时候，公式中的分母改写为 P_p（1 - F%），其中，F 是一个百分比，而不是一项金额。

因为优先股股息不能税前扣除，它们代表的是一项税后现金流出。一项每股面值为 \$100、股息率为 11% 的优先股意味着公司要在每年税后盈利中支付 \$11。如果公司的税率为 35%，那么公司需要在税前收益中拿出 1.54 美元［1 美元 ÷（1 - 35%）］来覆盖每 1 美元的优先股股息，共计需要拿出 16.92 美元［11 美元 ÷（1 - 35%）］来满足优先股每股股息。

当公司不止发行一批优先股的时候，需要计算所有优先股的加权平均资本成本。

普通股的资本成本

普通股的资本成本（cost of common equity）有时也称为**权益资本成本**（cost of equity），是最难计算的一项资本成本。如前所述，权益资本包括普通股股本（实收资本）、资本公积和留存收益。权益资本成本可能表现为公司普通股上的预期报酬率、必要报酬率或实际报酬率。公司股票的报酬率只有达到了权益资本成本这个门槛，公司的股价才能维持不变。因为普通股没有承诺固定支付，所以其资本成本难以估测。

权益资本成本的测算有多种方法，有的很简单，有的则非常复杂；其中最常用的三种方法是：

1. 历史报酬率法；
2. 股利增长模型；
3. 资本资产定价模型（CAPM）。

每一种方法都有其各自的优点和局限性，选择哪一种方法取决于特定情况下可以获得的信息；公司也可以综合使用多种方法得到一个相对合理的估测。

如前所述，公司主要通过两种途径募集权益资本：

1. 通过留存收益获取权益资本，属于内部权益资本；
2. 通过发行新募集权益资本，属于外部权益资本。

进入成熟期的公司更倾向于通过留存收益取得内部权益资本。因为如果到资本市场上发行新股融资，一来需要承担发行费用，使得融资成本更高，二来如果股票的市场价格低于其内在价值，按低估的市场价格发行股份，使得公司蒙受折价损失。所以，考虑到发行费用和折价损失两个因素，公司优先使用留存收益取得内部权益资本，其次才考虑通过发行新股募集外部权益资本。

使用历史收益率法测算内部权益成本

顾名思义，历史收益率法测算权益资本成本需要计算历史上股东实际赚取的收益率。测算历史收益率时，假定投资者在过去买入股票，一直持有至今，再按照当前市场价值卖出该股票。

例如，假设某公司的普通股在五年前按每股 100 美元的价格发行，如今该股票的市场交易价格为每股 110 美元。公司每年每股支付 8 美元的股利。按照历史收益率法，投资者的平均年化收益率约为 10%（每年股利收益 8 美元 + 每年资本利得 2 美元，再除以每股发行价格 100 美元）。这 10% 的收益率，可以视为当前股票投资收益率的估计值，也可以视为公司的权益资本成本。

历史收益率法潜在的假设条件为：

- 公司的业绩在未来不会发生重大变化；
- 利率不会发生重大变化；
- 投资者的风险偏好不会发生变化。

历史收益率法计算起来相对简便，但是其存在明显的局限性，即未来的投资收益率和历史收益率很少保持一致。

使用股利增长模型测算内部权益成本

股利增长模型代表了一种基于市场价值计算资本成本的思路，其背后的逻辑是：股票的当前市场价格应当等于其预期的未来收益的折现值；这里所谓的未来收益，既包含股利收入，也包含股票售价；能够让上述数量关系成立的折现率就等于权益资本成本。股利增长模型假设，公司的股利将按照固定的速度复合增长。

股利增长模型下，权益资本成本的计算公式如下：

$$k_s = \frac{D_1}{P_0} + g$$

其中：

k_s = 内部权益资本成本（留存收益的资本成本）；

D_1 = 第 1 期的每股股利；

P_0 = 当前（0 时点）的每股市场价格；

g = 预计股利增长率。

例如：布兰公司股票当前的每股市场价格为 50 美元，第一年末的每股股利预计为 3.50 美元，未来股利预计按每年 5% 的固定速度复合增长，则布兰公司的权益资本成本为：

$$k_s = \frac{3.50 \text{ 美元}}{50} + 5\% = 12.00\%$$

和其他方法类似，使用股利增长模型测算资本成本时，也需要做出估计。本例中，需要估计的变量是股利增长率 g。只有当市场预计股利将按照 g 这一固定增长率增长时，股利增长模型才能适用。如果投资者预计每股收益的历史趋势将会延续，那么每股收益的历史增长率可以代表股利增长率 g。

使用资本资产定价模型测算内部权益成本

测算公司的权益资本成本，还可以使用资本资产定价模型（CAPM）。

根据 CAPM 的原理，任何证券的投资报酬率等于无风险报酬率加上风险溢价，其中，无风险报酬率通常根据现在或预期的美国长期国债或美国短期国库券收益率测算，风险溢价要利用证券的 β 系数测算。

利用 CAPM 计算权益资本成本的公式为：

$$k_e = R_f + \beta \ (k_m - R_f)$$

其中：

k_e = 内部权益资本成本；

R_f = 无风险报酬率（如美国长期国债或 30 天的美国国库券的收益率）；

β = 股票的 β 值（可以从券商或投资咨询机构取得，也可以自行计算）；

k_m = 市场整体的期望报酬率。

公式中（$k_m - R_f$）这一项称为市场风险溢价，一般取值在 5% 到 7% 之间，具体取决于分析师测算的日期以及数据来源。公司可以在美国国债收益率的基础上加上 6 个百分点，大致得到市场整体的期望报酬率。

例如：美国国债的利率为 8%，市场整体的期望报酬率为 14%，布兰公司股票的 β 系数为 0.9，则根据 CAPM 测算布兰公司的权益资本成本如下：

$$k_e = 8\% + 0.9 \ (14\% - 8\%)$$
$$= 8\% + 5.40\%$$
$$= 13.40\%$$

使用 CAPM 计算权益资本成本，需要估计公式中的每一个参数。需要解决的难题包括：

- 是使用长期国债还是短期国债的利率代表无风险报酬率 R_f。
- 如何估算投资者期望的未来 β 系数。
- 如何估算市场整体的期望报酬率。

使用股利增长模型测算外部权益成本

如前所述，计算外部权益资本成本，即发行新股的资本成本，需要额外考虑发行费用和折价损失两个因素。为了体现这两个要素，上文介绍的利用股利增长率模型计算内部权益资本成本的公式需要进行调整，调整后的公式为：

$$k_e = \frac{D_1}{P_0 - (F + U)} + g$$

其中：

k_e = 外部权益资本成本（发行新股的资本成本）；

D_1 = 第 1 期的股利金额；

g = 预计股利增长率；

P_0 = 期初每股市价；

U = 每股折价损失；

F = 每股发行费用。

例如：布兰公司股票当前每股市场价格为 50 美元，如果增发新股，每股需要承担发行费用和折价损失共计5美元。第1年末的每股股利预计为3.50美元，未来的股利将按照每年5%的固定速度增长。则发行新股的资本成本为：

$$k_e = \frac{D_1}{P_0 - (F + U)} + g$$

$$= \frac{3.50 \text{ 美元}}{50 \text{ 美元} - 5 \text{ 美元}} + 5\%$$

$$= 12.78\%$$

比较本例题中发行新股的资本成本（12.78%）和上一例题中留存收益的资本成本（12%），可以发现，两者的差异就在于发行费用和折价损失，正是这两个因素导致发行新股的资本成本高于一个百分点。

资本成本的测算，尤其是权益资本成本的测算，并不是精确无误的。模型的不同选择以及模型输入值的不同测算方法，都会导致资本成本的测算结果出现很大的差异。

加权平均资本成本

分别计算出各项资本来源的各自的资本成本之后，下一步需要做的是计算各项资本来源的权重，即其在公司整体资本结构中所占的比重，或者说对公司资本总额的贡献程度，进而计算加权平均资本成本。

加权平均资本成本（weighted average cost of capital，简称 WACC）是公司整体的资本成本，能体现公司典型投资项目的风险，或者说是所有投资项目的平均风险。很多公司使用下列公式计算 WACC：

$$\text{WACC} = \sum_{i=1}^{n} w_i k_i$$

其中：

n = 资本来源的数量；

w_i = 每项资本来源占公司资本结构的比重；

k_i = 每项资本来源的税后资本成本。

因为计算 WACC 需要考虑公司资本结构中的所有长期资本，所以权重（w_i）的加总之和为1。

计算 WACC 时，权重的计算有三种备选方案：

1. 按账面价值计算（book value weights），根据每一类资本来源在资产负债表上的账面价值确定其在资本结构中的比重。

2. 按市场价值计算（market value weights），根据每一类资本来源的市场价值确定其在资本结构中的比重。

3. 按目标价值计算（target value weights），根据企业最优（目标）资本结构来确定各类资本来源的权重。

首先，按账面价值计算的好处是账面价值相对稳定，不随着债务和权益的市场价值变化而变化。然而账面价值代表的是历史成本，可能会严重偏离当前的市场行情，从而扭曲 WACC 的计算。

其次，按市场价值计算被很多人视为计算 WACC 最准确的方法，因为市场价值证券的现行价格，能够体现变化的市场条件。

最后，目标资本结构代表对公司将来如何募集资金的最佳估计，如果公司正在向目标资本结构过渡，按目标资本结构计算更为合理。不过，按目标资本结构加权是否真的比实际市场价值加权更有优势，仍然存在争议。

例如：布兰公司管理层认为当前各项资本来源的搭配就是最优的，并打算在未来筹集资金时一直维持这一目标资本结构。各项资本来源的相关信息如下表所示。那么，公司的 WACC 计算过程如下：

资本来源	权重	税后资本成本	WACC
长期负债	0.40	3.90%	1.560%
优先股	0.10	8.16%	0.816%
普通股（留存收益）	0.50	11.80%	5.900%
	1.00		8.276%

注：表中普通股的资本成本（留存收益的资本成本），是将前文案例中，历史收益率法测算结果（10.0%）、股利增长模型测算结果（12.0%）和 CAPM 测算结果（13.4%）三项取平均得到的 [（10.0% + 12.0% + 13.4%）/3 = 11.8%]。如果管理层认为用某一种方法计算留存收益的资本成本比用其他方法更为合理，那么单独以这种方法的计算结果为准，不用再去取平均数。

根据上表信息，在未进行外部权益融资之前，布兰公司现有的资本成本为 8.276%，其计算过程为：

$$WACC = 0.40 \times 3.9\% + 0.10 \times 8.16\% + 0.50 \times 11.8\%$$
$$= 1.56\% + 0.816\% + 5.9\%$$
$$= 8.276\%$$

边际资本成本

公司并非拥有取之不尽的资金供其投资，不能随心所欲的投资到所有潜在的投资项目。

市场上的投资者也在评估和比较每一家公司在财务上的优劣，确定每一家公司合理的投资上限，投资者不愿意为超出这个上限之外的投资提供资金。如果公司硬要突破市场划定的投资上限，就需要承担更高的资本成本才能募集到资金。

边际资本（marginal capital，简称 MC）是指公司新募集的最后一美元的资本。**边际资本成本**（marginal cost of capital，简称 MCC）是公司新募集的资本超过某一融资限额之后，多增加一美元融资资本所需要承担的资本成本。**边际资本成本表**（MCC schedule）列示出一系列区间，并注明每一区间对应的边际资本成本。当企业融资金额超出某一区级的上限时，查表便可得知，超出部分所要承担的、上一个区间所对应的边际资本成本。

边际资本成本表

编制边际资本成本表涉及下面五个步骤：

1. 确定新增融资总额中各项资本来源所占的权重。
2. 计算每项资本来源下，募集不同数量的资金所承担的不同资本成本。
3. 计算新增融资总额的临界点，从而划分新增融资总额的不同区间。
4. 计算新增融资总额的不同区间所对应的边际资本成本。
5. 将边际资本成本表绘制成图像。

设定临界点

编制边际资本成本表需要设定新增融资总额的**临界点**（Break Point，简称 BP），从而划分出不同区间。当新增融资总额在某一区间内部变动时，各项资金来源的资本成本都保持不变，边际资本成本也保持不变；而当新增融资总额一旦突破临界点进入到上一个区间时，某一项资金来源的资本成本就要增加，导致边际资本成本增加。

边际资本成本的临界点计算公式如下：

$$BP_{RE} = \frac{TF_i}{w_i}$$

其中：

BP_{RE} = 第 i 种资本来源带来的新增融资总额的临界点。

TF_i = 第 i 种资本来源下，可以按某一固定资本成本获取的融资限额。

w_i = 第 i 种资本来源在公司长期资本结构中所占的比重。

这一公式表明，测算一个临界点，可以通过用某一资本来源下按某一固定资本成本获取的融资限额，除以这一资本来源在资本结构中所占的权重。而一个 MCC 表上有可能包含多个临界点。

例如，布兰公司预计来年将实现 5 000 万美元的盈利，既可用于向普通股股东支付现金股利，也可以用于再投资。公司预计股利支付率为 40%，也就是说，公司来年通过留存收益可以获得权益资本的融资限额为 3 000 万美元［5 000 万美元 ×（1 − 40%）］；超过这个融资额度的权益资金需求，则必须通过发行新股来满足。进而假设公司的资本结构中，负债占 40%，优先股占 10%，普通股权益占 50%，并假设负债和优先股的资本成本恒定不变。

则权益融资带来的新增融资总额的临界点计算如下：

$$BP_{RE} = \frac{TF_i}{w_i} = \frac{30\ 000\ 000\ \text{美元}}{0.50} = 60\ 000\ 000\ \text{美元}$$

这意味着，布兰公司可以在不发行新股的前提下，共计募集到 6 000 万美元的新增融资。这 6 000 万美元新增融资中，包括 2 400 万美元的负债融资（6 000 万美元 × 40%），600 万美元的优先股融资（6 000 万美元 × 10%）以及 3 000 万美元的权益融资（6 000 万美元 × 50%），其中，权益融资全部为内部权益资本，即留存收益。如果公司的投资预算超过了 6 000 万美元，就需要以成本更高的方式（即发行新股）获取额外的普通权益资本，进而导致公司的边际资本成本会上升。

计算边际资本成本

接前例，布兰公司需要计算新增融资超过临界点 6 000 万美元之后的边际资本成本。根据之前的计算结果，公司留存收益的资本成本（取三种方法计算结果的平均值）为 11.8%，而发行新股的资本成本约为 12.8%，两者之间 1 个百分点的差异是因为发行费用和折价损失造成的。管理层在内部权益（留存收益）的资本成本基础上加 1 个百分点，得到外部权益（增发新股）的资本成本 12.8%（即 11.8% + 1.0%）。

例如：当布兰公司需要的新增融资超过留存收益融资带来的临界点 6 000 万美元时，其边际资本成本的计算如下：

资本要素	权重	税后成本	加权平均资本成本
长期负债	0.40	3.90%	1.560%
优先股	0.10	8.16%	0.816%
普通股（发行新股）	0.50	12.80%	6.400%
	1.00		8.776%

也就是说，新增融资超过 6 000 万美元之后，边际资本成本上升到 8.776%。布兰公司边际资本成本表可以绘制成图表 2B-13 的形式。

图表 2B-13 布兰公司边际资本成本

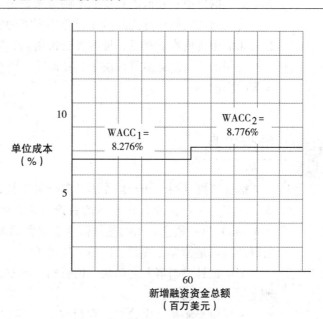

边际资本成本考虑到了投资者对公司融资需求的增长会做出一定反应。市场在每一个边际资本成本水平上设定了融资限额，从而将企业融资金额划分为若干区间。超过融资限额的资金需求，要跃升到上一层级进行融资，承担更高一档的边际资本成本。

所得税对资本结构和资本投资决策的影响

所得税对公司资本结构的影响体现在下列几个方面：

- 当公司有大量应税所得额的时候，更多使用债务融资能带来明显的抵税效应，让股东和债权人合计能享有更多的税后现金流。
- 经营收益波动剧烈的公司面临较高的经营风险，这降低了他们能够在应税所得额较小的年份所获得的债务融资的抵税收益的可能性。因此，这些公司可能不像其他业务风险较低的公司那样愿意去债务融资。

资本成本用于投资决策

公司必须考虑在其风险承受范围内，如何进行投资才能获得尽可能高的收益率。这时，资本成本既可以作为折现率用来计算项目现金流的现值，也可以直接作为项目的取舍率（投资门槛）来评价项目的内含报酬率。

资本成本还可以用于评价公司所发行证券的报酬率相对其风险而言是高是低。这种评价的意义体现在两个方面：

1. 高风险意味着较高的资本成本，低风险意味着较低的资本成本。

2. 在其他条件相同的情况下，较高的资本成本（折现率）意味着公司证券有更低的价值；较低的资本成本则意味着公司证券有更高的价值。

公司通过发行证券为投资项目募集所需的资金，证券发行价格过低，会抬高公司的融资成本。相反，证券发行价格高，则会降低融资成本。

公司的偿付能力最终取决于其总风险。管理层必须考虑不同投资对公司总风险的影响。

衍生工具

衍生工具（derivative）作为一类金融工具，其特征和价值取决于背后的基础金融工具的价值或价格。**标的资产**（underlying asset，亦称为 underlying 或 underlier）这一概念，指的就是衍生工具背后的基础金融工具。衍生工具的标的资产可以是债券、股票、商品、货币等。

衍生工具是当事人之间的一项合约，在双方之间产生潜在的支付义务。这种支付义务可能是：

- 支付金额是事先确定，支付义务由特定事件（例如，当标的资产的价格超过某一标准时）所触发；

● 支付金额是根据特定数量的标的资产价值变动幅度确定。这里的"特定数量"被称为合约的**名义金额**（notional amount 或 face amount）。

衍生工具的会计核算所适用的准则是会计准则汇编（ASC）第 815 号《衍生工具和套期保值》（覆盖了原美国财务会计准则委员会公告第 133 号及其修订的内容）。ASC 第 815 号在定义"衍生工具"时，提出了以下要点：

● 对应一项或多项标的资产。
● 包含一项或多项名义金额或支付条款，或两者兼有。
● 不要求有初始净投资，或者相对于与对市场情况变化有类似反应的其他类型合同相比，只要求很少的初始净投资。
● 衍生工具合同可以通过支付现金的方式进行净额结算，或可以通过交付可以轻易转换为现金或其他衍生工具的资产进行净额结算。

实践中不断有新的衍生工具被创设出来，这是无法回避的事实。因此，美国财务会计准则委员会采用了列举基本特征的方式来界定衍生工具。这种做法，一方面，避免了过于空泛的定义，没有陷入"衍生工具是被视为衍生工具的金融工具"这种无实际意义的循环定义；另一方面，也保证了定义有一定的概括性，使会计准则能够覆盖未来新创设的衍生工具，只要这些新的衍生工具具备第 815 号或其他权威性文件所列举出来的基本特征，就应该适用衍生工具会计准则进行核算。

公司使用衍生工具的目的并不在于募集资金，而是为了免受市场因素发生不利变化的冲击。

理论上，衍生工具只有两种基本类型：**期权**（options）和**远期合约**（forward contracts）。其他的衍生工具，如期货和互换，都是期权和远期的组合或变种。

衍生工具是复杂的金融工具，也包含巨大的风险。本节对衍生工具的表述仅仅为读者提供了一个简要的概述。

本节主要总结了以下参考资料的内容：

● 马克·A. 特朗布利（Mark A. Trombley）著《衍生工具与套期保值会计》（麦格劳 – 希尔高等教育出版社）；
● 美国财务专业人士协会（AFP）培训系统中的"资金管理"部分。

期权

期权（option）是双方当事人之间的一项合约，赋予期权持有人买入或卖出一定数量的标的资产的权利（而不是义务）。

关键特征和术语

期权合约一些重要的特征和术语如下：

● **期权持有人**（holder）是指有权利买入或卖出标的资产的一方当事人，也称为期权的买方（buyer）或所有人（owner）；对方当事人称为期权的卖方（seller）或立权者（writer）。
● **标的资产**（underlying asset）可以是有形的（如股票、商品、外汇），可以是无形的（如指数或利率）。

- **看涨期权**（call option）赋予期权持有人在特定时间期限内从对方当事人手里按固定的价格**买入**标的资产的权利。

- **看跌期权**（put option）赋予期权持有人在特定时间期限内向对方当事人按固定的价格**卖出**标的资产的权利。

- **行权价格**（strike price 或 exercise price），也称为**执行价格**，是指期权合约所设定的买入卖出标的资产的固定价格。

- **行权日**（exercise date），也称为**到期日**（maturity date）或**截止日**（expiration date），是指期权持有人可以行权要求买入或卖出标的资产的最后日期。

- **期权费**（premium）是指期权合约的初始购买价格，通常用每份期权价格的口径来表述。期权合约中的卖方（创设期权者）在合约一开始就向期权的买方一次性收取期权费，作为对价，卖方承担履行期权合约的义务，即在买方选择行权的时候，满足其买入卖出标的资产的要求。

- **欧式期权**（European option）合约只允许期权持有人在到期日当日行权。

- **美式期权**（American option）合约允许期权持有人在可行权期内任意一天行权。

期权的偿付结构

期权的偿付（payoff）和可能出现几种不同的情况：

- 当标的资产的市场价格等于期权的行权价格时，期权处于**平价状态**（at-the-money）；

- 假设期权立即行权，期权持有人能够因行权而收到一笔资金时，期权处于**实值状态**（in-the-money）；

- 当期权持有人没有任何动机立即行权的时候，期权处于**虚值状态**（out-of-money）。

- 对于看涨期权来说，当标的资产的市场价格低于期权行权价格的时候，期权处于**虚值状态**，当标的资产的市场价格高于期权行权价格的时候，期权处于**实值状态**。

- 对于看跌期权来说，当标的资产的市场价格低于期权行权价格的时候，期权处于**实值状态**，当标的资产的市场价格高于期权行权价格的时候，期权处于**虚值状态**。

下面两个简单的例子显示了看涨期权和看跌期权的偿付和净损益情况。

看涨期权示例：某看涨期权的到期期限为 30 天，标的资产为一项商品，行权价格为每单位商品 50 美元，每份期权费为 2 美元。期权到期日有两种可能的情况：

1. 如果到期日标的资产的市场价格低于或等于行权价格 50 美元，期权的持有人不会选择行权，因为他们完全可以按更便宜的价格从市场上买入标的资产。这时，期权持有人白白支付了期权费，即净损失为 2 美元。

2. 如果到期日标的资产的市场价格超过行权价格 50 美元，期权持有人会选择行权；如果到期日标的资产的市场价格超过行权价格和期权费之和（50美元 +2 美元 =52 美元），行权会给期权持有人带来净收益。

看跌期权示例：某看跌期权的到期期限为 60 天，标的资产为一项商品，行权价格为每单位商品 30 美元，每份期权费为 1 美元。期权到期日有两种可能的情况：

1. 如果到期日标的资产的市场价格高于或等于行权价格 30 美元，期权持有人不会选择行权，因为他们完全可以按更高价格在市场上卖出标的资产，从而赚更多钱。这时，期权持有人白白支付了期权费，即净损失为 1 美元。

2. 如果到期日标的资产的市场价格低于行权价格 30 美元，期权持有人会选择行权；如果到期日标的资产的市场价格低于行权价格减期权费（30 美元 −1 美元 =29 美元），行权才会给期权持有人带来净收益。

在期权合约签订时，任何一方当事人都不一定持有标的资产。例如，假设看涨期权的标的资产是股票，期权卖方在卖出期权时，不一定拥有标的股票；他完全可以在并不实际持有该股票的情况下，就卖出该股票上的看涨期权。但是，一旦将来期权持有人要求行权买入股票，而卖方却不持有股票，就要在公开市场上按市场价格买入标的股票，再按行权价格卖给期权持有人。期权持有人要求行权，显然意味着市场价格高于行权价格，两者之间的差价就是期权卖方要承担的损失。

期权的偿付呈现出不对称性的特征。看涨期权的持有人有可能获取无限高的收益，但是只承担有限的损失，因为如果期权持有人决定放弃行权，那么让期权自动过期失效就好了，不需要另外进行交付平仓，这时候期权持有人的损失不过就是期权费，即当初购买期权价格；看涨期权的卖方可能承担无限高的损失，除非期权合约被标的资产实物所"覆盖"（covered），即除非期权的卖方卖出期权时，实际持有标的资产。看跌期权的持有人面临的损失和收益都是有限的。

期权既可以发挥杠杆作用，也可以发挥一定的保护作用。期权的杠杆作用意味着，看涨期权的持有人只需花费很少的期权费买入期权，其所享有收益空间，与花费市场价格实际买入标的资产所享有的收益空间是一样的。期权的保护作用意味着，期权持有人有权在规定时间内按固定价格买入标的资产，这缓冲了在到期日之前标的资产价值波动对期权持有人的影响，也意味着期权持有人面临的最大损失不过就是完全浪费掉期权费。

期权价值

期权的价值一定程度上取决于标的资产未来的预期价值。

理论上，下列因素会影响期权的价值：

- 标的资产的现行价格；
- 期权的到期时间；
- 标的资产价格的波动性；
- 期权的行权价格；
- 与期权到期时间相同的无风险债券（如美国国库券）的利率；
- 标的资产为普通股股票或计息有价证券时，预计股利或利息的现值。

实践中，计算期权的价值需要用到一些数学公式。期权在资产负债表上要作为金融资产或金融负债列示，按照公允价值进行初始计量。所以会计师需要根据具体的合约内容，测算衍生工具的公允价值。

会计准则汇编（ASC）第 820 号《公允价值计量及披露》（原美国会计准则委员会第 157 号公告），规定了金融工具公允价值计算的方法，要求使用符合市场惯例的估值技术（市场法、收益法或成本法），并根据输入值的性质划分公允价值的层级（1～3 级）。这些估值技术和公允价值的层级在 CMA 考试教材的第一部分有详细的介绍。为了满足 ASC 第 820 号的核算要求，实践中使用不同的估值模型来测算期权相关的衍生工具的价格，其中包括：布莱克 – 斯科尔斯模型（Black-Scholes model，以下简称 BS 模型）、二叉树模型（binomial lattice model）和蒙特卡洛模拟（Monte Carlo simulation）。

BS 模型最适合评估普通期权本身的价值；普通期权是指不复杂的、具有标准化的要素（如直接设定好的固定到期日和固定行权价格）的期权。二叉树模型和蒙特卡洛模拟则更适合复杂的期权及与期权相关的衍生工具。

远期合约

远期合约是双方当事人之间达成的定制化合约，预定在未来日期按设定价格买卖特定数量的标的资产。远期与期权有着本质区别，远期的双方当事人均有义务履行合约，也均有权利要求对方履行合约。

关键特征和术语

远期合约一些重要的特征和术语如下：

- 在远期合约中，一方主动提出订立合约，另一方通常被称为其交易对手（counterparty）。
- **多头头寸**（long position），是指承诺在未来日期购买标的资产的一方当事人，也称为做多远期合同。
- **空头头寸**（short position）是指承诺在未来日期**卖**出标的资产的一方当事，也称为做空远期合同。
- **标的资产**（underlying asset）可以是有形的（如股票、商品、货币），也可以是无形的（如指数或利率）。
- **交割价格**（delivery price）是指合约设定的买入卖出标的资产的价格，也称合约价格（contract price）。
- **交割日期**（delivery date）是指合约设定的未来交割的日期，也称到期日期（maturity date）。远期合约在未来合约到期时才交割。
- 远期合约在签订时，就设置了标的资产的数量、价格和交割日期，但是不发生初始支付，即远期合约的初始购买价格为零。

远期合约最常见于外汇市场。远期合约的交易对手通常为银行，或外汇市场上的经纪人或交易商。这些交易对手往往发挥了"做市商"的实际职能，相比双方当事人之间私下匹配成交，与统一的对手交易显然更为便利。

远期合约并不在有组织的交易所交易，而期货在标准化的交易所进行交易，这是二者之间的主要区别。

远期的偿付结构

远期合同没有初始支付，这意味着远期合约对双方当事人而言的初始价值都为零，换言之，在订立时，远期合约没有价值；此后，远期合约的价值取决于标的资产的价格变化。标的资产的价格上升，则多头获利，空头受损；标的资产的价格下降，则空头获利，多头受损。

远期的偿付呈现出对称的特征。随着标的资产的价格变动，一方获利而另一方受损，双方损益对等，损益的金额互为相反数，损益的正负取决于所持的头寸。

例如，下列简单的事例解释了**远期合约的应用**。假设一个美国的进口商需要按照在 60 日内以欧元支付一笔价款，该进口商可以订立 60 天到期的欧元远期合同，成为合约的多头，从而将汇率锁定在约定水平，免受这 60 天内欧元市场汇率波动的影响。

期货合约

期货合约（futures contract），或者直接称为**期货**（futures），是基于远期合约构建的，在原理上与远期合约类似，但是在执行上有区别。两者的主要区别在于：远期合约是与中间商私下协商订立的定制化合约，期货合约则是在有组织的交易场所交易的标准化合约。

在美国，期货的交易场所包括：

- 纽约商品交易所（主要交易金属、石油和纺织纤维期货）；
- 芝加哥期货交易所（主要交易牲畜、木材和肉类期货）；
- 芝加哥交易所的国际货币市场板块（主要交易外汇期货）。

这些交易所设定期货的名义数量和到期日，并要求合约期内按照标的资产的价格变动逐日结算，损益都计入保证金账户。

期货通常在到期日之前就平仓，即使到期结算，也往往是采用现金差额结算的形式，很少进行实物交割。期货的多头和空头的偿付结构与远期的多头和空头的偿付结构完全一致。

互换

互换（swap）是双方当事人（交易对方）之间达成的交换未来现金流的私下协议。与远期相似的是，互换协议通常也通过中间商促成。互换的特点是在约定的未来一系列日期交换多笔现金流，其本质是一系列远期合同的结合体。

最常见的互换是利率互换，即双方当事人针对某一名义本金交换利息支付。在利率互换协议中，本金仅仅是一个名义金额，用作计算利息的基数，从不真正易手（除非涉及不同币种）；实际交换的是计算出来的利息。

"普通利率互换"（plain vanilla interest rate swap）是最简单的利率互换，

指的是固定利率下的利息支付和浮动利率下的利息支付之间进行交换：

- 甲方承诺在未来每一个付息日，向乙方支付按事先确定的*固定利率*和某一名义本金计算出来的一系列未来利息。
- 乙方承诺在未来每一个付息日，向甲方支付按当时的*浮动利率*和同一名义本金计算出来的一系列未来利息。

单一币种下的互换，在初始日，甲乙双方并不交换名义本金。在付息日，一方当事人向对方实际支付的是"净利息"，也就是固定利率下的利息和浮动利率下的利息之间的差额。

进行利率互换的主要动机是减少对利率不利变化的风险敞口。当事人与交易对方进行固定利率和浮动利率之间的互换，其目的是让互换之后自身的资产和负债之间能够在利率固定还是浮动问题上实现匹配。

互换的潜在风险在于违约风险，一方可能未按约定向对方支付利息金额，使得对方仍需要承担互换前应付的原利息金额。这一风险可以通过引入第三方中间商得到缓解。

除了刚刚讲到的普通利率互换之外，还有很多其他类型的利率互换以及利率互换之外的其他互换，比较常见的是汇率互换和商品互换。在汇率互换中，一种货币下的支付义务交换为另一种货币下的支付义务。在商品互换中，商品的浮动价格交换为某一固定价格。

其他长期金融工具

除了本节已经介绍的长期金融工具外，企业还可以使用其他长期金融工具。图表2B-14总结了租赁、可转换证券、认股权证的主要特征。

图表2B-14 其他长期金融工具

金融工具	描述	特征
租赁（lease）	出租人赋予承租人在一定期限内使用租赁资产的权利，以换取约定的租金	• 租赁合同约束承租人承担合同项下的付款义务 • 可能体现为两种形式： 　• 经营租赁，是可撤销的短期租赁；出租人保留租赁物所有权相关的风险 　• 融资租赁，也称为金融租赁，是不可撤销的长期租赁；租赁期内的全部租金覆盖租赁资产的成本（即属于全额补偿租赁）；承租人承担租赁物所有权相关的风险，并承担维修费、保险费、税金等支付义务
可转换证券（convertible security）	含有期权的固定收益债券或优先股，可以转换为特定数量的另一种有价证券	• 转换后的证券一般是发行人特定数量的普通股 • 可转换债券使公司能够以比直接发行普通债券或直接发行普通股更低的成本募集资金。当可转换债券转股之后，其对应的债务可以从资产负债表中移除
认股权证（warrant）	直接从公司手里购买普通股的长期看涨期权	• 认股权证赋予持有权证的债券持有人或优先股股东按固定价格购买普通股的权利 • 认股权证之所以有价值是因为投资者预计公司的股价将上涨并超过行权价格

本节习题：
长期投融资管理

说明：在下列空白处作答。参考答案及解析在本节习题后给出。

1. 如果利率的期限结构呈倒斜率，那么与短期利率相比，长期利率意味着什么？
   - ☐ **a.** 长期利率低于短期利率。
   - ☐ **b.** 长期利率与短期利率相同。
   - ☐ **c.** 中期利率低于短期国债利率。
   - ☐ **d.** 银行借款利率将会上升。

2. 一个实体正计划平价发行总值 500 万英镑、期限为 10 年、利率为 9% 的不可提前赎回的债券。该实体希望将其固定利率的付息方式转换为基于伦敦银行间同业拆借利率的浮动利率来计算利息。则该实体应考虑下列哪一类合约？
   - ☐ **a.** 期权合约。
   - ☐ **b.** 远期合约。
   - ☐ **c.** 期货合约。
   - ☐ **d.** 互换合约。

3. A 股票的当前交易价格为每股 50 美元。一名财务分析师收集了关于该股票的以下历史和当前数据。

年份	当年发放的股利
20 × 1	$ 2. 00
20 × 2	2. 20
20 × 3	2. 42

　　该股票的资本成本为 15%，并计划按照 100% 的股利支付率发放股利，且未来股利趋势保持不变。根据固定增长股利贴现估值模型，该分析师计算得到 20 × 3 年 A 股票的价值为：
   - ☐ **a.** 40. 00 美元。
   - ☐ **b.** 44. 00 美元。
   - ☐ **c.** 48. 40 美元。
   - ☐ **d.** 53. 24 美元。

本节习题参考答案：
长期投融资管理

1. 如果利率的期限结构呈倒斜率，那么与短期利率相比，长期利率意味着什么？
   ☑ **a.** 长期利率低于短期利率。
   ☐ **b.** 长期利率与短期利率相同。
   ☐ **c.** 中期利率低于短期国债利率。
   ☐ **d.** 银行借款利率将会上升。

   到期期限与到期收益率之间的关系通常用收益率曲线来表示。如果收益率曲线呈倒斜率，则短期证券的收益率高于长期证券。反向倾斜并不常见，但它们往往是经济进入衰退的信号。

2. 一个实体正计划平价发行总值 500 万英镑、期限为 10 年、利率为 9% 的不可提前赎回的债券。该实体希望将其固定利率的付息方式转换为基于伦敦银行间同业拆借利率的浮动利率来计算利息。则该实体应考虑下列哪一类合约？
   ☐ **a.** 期权合约。
   ☐ **b.** 远期合约。
   ☐ **c.** 期货合约。
   ☑ **d.** 互换合约。

   在这种情况下，该实体应该考虑互换合约。互换是指签订协议的双方以交换未来与标的资产相关的现金支付。利率互换是一种特殊的互换合约，它可以将现金流从固定利率的支付方式转换为浮动利率的利息支付方式，反之亦然。

3. A 股票的当前交易价格为每股 50 美元。一名财务分析师收集了关于该股票的以下历史和当前数据。

年份	当年发放的股利
20×1	$ 2.00
20×2	2.20
20×3	2.42

   该股票的资本成本为 15%，并计划按照 100% 的股利支付率发放股利，且未来股利趋势保持不变。根据固定增长股利贴现估值模型，该分析师计算得到 20×3 年 A 股票的价值为：
   ☐ **a.** 40.00 美元。
   ☐ **b.** 44.00 美元。
   ☐ **c.** 48.40 美元。

☑ **d.** 53.24 美元。

假定未来股利增长速度不变，可以用固定增长股利模型对股票进行估值。其计算公式如下：

$$P_0 = 第\ t+1\ 年的股利 \div (权益资本成本 - 股利增长率)$$

股利增长率由股利增长率的百分比决定。20×3 年的股利增加了 0.22 美元，是上一年度股利（0.22 美元÷2.20 美元）的 10%。

因此，下一年，即 20×4 年的股利将等于 2.662 美元（20×3 年的 2.42 美元×1.10）。

计算得到 A 股票在 20×3 年的价值为：53.24 美元 = 2.662 美元÷（15% - 10%）。

筹集资金

在本章第 2 节长期财务管理中，我们介绍了能够给公司带来长期资本的各种证券及其估值方法，包括普通股、优先股和不带转股期权的一般债券。本节中，我们讨论公司筹集资金的其他方式，包括一些中期（1 年到 10 年）融资工具和带有转股特征的长期（10 年以上）融资工具。

本节最后一部分讨论公司筹集资金相关的其他事项，包括开展筹资活动的资本市场环境，投资银行、承销商、信用评级机构等金融机构的职能，内幕交易、股利政策和股票回购。

 请先**阅读**附录 B 中列举的本节考试大纲（LOS），再来学习本节的概念和计算方法，确保您了解 CMA 考试将要考核的内容。

中期资金来源

中期资金来源包括：
- 定期贷款；
- 设备融资贷款；
- 经营租赁；
- 融资租赁。

下面分别介绍这些资金来源。

定期贷款

定期贷款（term loan）是 1 年至 10 年期限的贷款。定期贷款的提供者主要包括商业银行、储蓄贷款协会、保险公司、养老基金、美国小企业管理局（SBA）、小企业投资公司（SBIC）、产业发展署（IDA）以及设备供应商。定期贷款通常用来为添置设备厂房进行小额融资。大额的融资还得依靠发行股票、债券或通过留存收益实现。在下列情况下，定期贷款也可以用于为中等规模的资产购置项目进行融资：

- 股票或债券的发行成本奇高。

- 贷款的偿还将依赖企业在中期内实现的盈利。
- 添置的资产仅在中期内使用而不是永久持续使用。

大多数的定期贷款是有担保的。此外，贷款人会在借款合同中设置其他条款，例如商业银行贷款中的补偿性余额条款、保护性条款、担保条款及违约条款。

保护性条款（protective covenants），对于借款人来说就是限制性条款。这些条款可以分为积极条款和消极条款。

担保条款包括下列五种常见的类型：

1. 到期债权质押；

2. 部分存货或应收账款质押；

3. 关键管理人员人寿保险的保单现金价值质押；

4. 存货、应收账款、厂房、机器设备等集合抵押；

5. 有价证券质押。

违约条款约定在特定情形下，贷款人有权要求借款人立即偿还贷款。这些特定情形包括：

- 未能按照贷款协议的约定支付利息和/或偿还本金。
- 贷款人发现借款人提供的财务报告有虚假陈述。
- 借款人未能遵守贷款协议中的任何条款。

由于定期贷款是贷款人和借款人之间私下协商签订的，相对于公开发行股票和债券来说，发行费用较低。定期贷款的利率通常略高于银行优惠贷款利率（prime rate），一般比优惠利率高出 0.25 至 2.5 个百分点。

定期贷款通常要求在贷款期限内分期偿还本金，每期还款金额相等，还款周期可能是一个月、一个季度、半年或一年。

例如：某公司借入 100 000 美元，年利率为 9%，贷款本息分 8 年等额还清，第一笔还款应当在第一年年末支付。令年金现值等于借款本金 100 000 美元，则年金金额（R）就等于每年还款金额，

R = 100 000 美元/5.535 = 18 067 美元。

从附录 A 的年金现值系数表中可以查到，8 年期 9% 折现率的年金现值系数为 5.535。

每年还款金额 18 067 美元中，既包括支付利息的部分，也包括偿还本金的部分，其中，付息部分等于年初剩余未还的本金金额乘以年利率 9%，还本部分等于每年还款金额减去当年付息部分的差额，如图表 2B - 15 所示。以第一年为例，当年还款金额中的付息部分为年初未还的本金 100 000 美元乘以利率 9% 得到 9 000 美元，还本部分为当年还款金额 18 067 美元中减去付息部分 9 000 美元的差额，即 9 067 美元。

图表 2B - 15　摊销表

年末	年金金额	付息部分	还本部分	剩余本金
0	$0	$0	$0	$100 000
1	18 067	9 000	9 067	90 933
2	18 067	8 183	9 884	81 049

续表

年末	年金金额	付息部分	还本部分	剩余本金
3	18 067	7 294	10 773	70 276
4	18 067	6 324	11 743	58 533
5	18 067	5 267	12 800	45 733
6	18 067	4 116	13 951	31 782
7	18 067	2 860	15 207	16 575
8	18 067	1 492	16 575	$0
合计	$ 144 536	$ 44 536	$ 100 000	

设备融资贷款

设备融资贷款（equipment financing loans）是指以所购买的设备为担保物的中期贷款，担保的形式包括所有权保留条款或动产抵押。在附条件销售合同（有时称为购买款抵押）中，卖方持有设备的所有权直至买方完成贷款协议中规定的所有付款。所有权保留条款（purchase money mortgage），有时候也称附条件的销售合同（conditional sales contract），是指卖方按约定保留设备的所有权，直至买方付清合同下的所有价款。这些合同几乎全部由设备销售商使用。

动产抵押（chattel mortgage）是相对于不动产而言的，是在动产上设立的优先受偿权。土地和房屋属于不动产，这里讨论的设备属于动产。动产抵押是商业银行给企业提供直接设备融资贷款时经常采取的担保方式。

从数学计算角度来看，设备融资贷款的处理方法与前面讲的定期贷款是一样的。

租赁

租赁使承租人在一定期限内获得资产的使用权，但是并不拥有资产的所有权。出租人允许承租人在一定期限内使用资产，作为对价，承租人承诺向出租人定期支付租金。租赁可以分为经营租赁、融资租赁及杠杆租赁。租赁的优点、缺点及租赁净收益（NAL）的计算将在下文中介绍。

公认会计原则（US. GAAP）和国际会计准则（IFRS）发生变更的情况下，从变更生效日起一年之后，CMA 考试中才可能会考察新准则的内容。本书所述的知识是针对 2019 年 CMA 考试的。建议读者关注美国公认会计原则和国际会计准则的变更及其生效日期，同时关注 IMA 官方网站公布的 CMA 考试大纲，以便有的放矢的复习备考。

经营租赁

经营租赁（operating lease），有时候也称作服务租赁或维护租赁，授予承租人短期使用租赁资产的权利，到期通常可以续租。经营租赁的租期通常显著短于租赁资产的经济使用寿命。临时租用是一种典型的经营租赁。例如，公司在经营旺季里临时租用一辆卡车，租期仅为 3 个月。严格来讲，经营租赁是一项短期融资安排。

融资租赁

融资租赁（financing lease），也称**资本租赁**（capital lease），本质是一种变相的分期付款购买行为。融资租赁是不可撤销的租赁，并导致租赁资产上所有权相关的权利和义务转移到承租人，但是资产的所有权本身并不转移，仍由出租人享有。

融资租入的资产由承租人按历史成本确认为一项固定资产，并视同为自有的固定资产，正常计提折旧。例如公司对自有资产采用直线法计提折旧，就要将融资租入资产的原值减去残值后，除以预计使用年限得到每年应计提的折旧金额。承租人还应当将租赁期内应付款项的总额确认为一项负债。

从出租人的角度看，融资租赁又可以再分成两种类型：

1. 销售式融资租赁（sales type），出租人先视同出售租赁资产，确认出售环节的收益或损失，然后在租赁期内逐渐确认融资的利息收入。

2. 直接融资租赁（direct financing），出租人只是在租赁期内逐渐确认融资的利息收入。

出租人应当确定向承租人收取的租赁收款额，并按上述标准确认收入。

租赁的优点

租赁在下面五个方面更有优势：

1. 租赁最大的优势是融资上的弹性，租赁合同不会向贷款合同那样设定诸多的限制性条款。

2. 租赁另一个优势是现金流管理。因为税收优势和/或利率优惠，承租人在租赁合同中支付的现金流可能少于定期贷款合同中支付的现金流。

3. 租赁有可能提供 100% 的全额融资，而贷款通常要求由采购方以自有资金支付首付款。

4. 租赁可以规避资产陈旧过时的风险。

5. 租赁可以绕过全部或部分耗时的资本预算决策过程，更为便利。

租赁的缺点

租赁的缺点主要体现在两个方面：

1. 成本劣势。对于资信状况良好的公司来说，贷款购买设备要比租赁设备更节省成本。

2. 灵活性的缺失。出租人可能会禁止承租人对租赁财产进行改造，并对提前解除租约的行为索要赔偿。

租赁净收益

对于承租人来说，租赁决策其实就是比较租赁设备和借款购买设备的两个方案的现值成本孰低，并计算**租赁净收益**（Net Advantage of Leasing，简称 NAL）。租赁净收益是租赁设备和借款购买设备两个方案在成本现值上的差异额。如果租赁设备的成本现值比借款购买设备的成本现值更低，则租赁净收益为正，应该选择租赁资产。

租赁净收益的计算过程如下：

1. 资产购置成本；

2. 减：税后租金的现值（按借款利率折现）；

3. 减：税后的现值（按借款利率折现）；

4. 加：自有资产的税后营运成本的现值（按借款利率折现）；

5. 减：自有资产税后残值的现值（按承租人的目标报酬率折现）；

6. 等于：租赁净收益。

上述模型假定，对于承租人来说，租赁是按照经营租赁进行税务处理的。这一假定至关重要。借款利率和承租人的目标报酬率，都应该取税后口径。

资产购置成本等于购买价款，扣除采购折扣，加上运输费、安装费、调试费等。资产的购置成本是计提折旧的基础。

其他长期资金来源

其他长期资金来源包括可转换债券和可转换优先股，下面分别讨论这两种融资方式。

可转换债券

可转换债券（convertible debt）通常是无担保债券，可以根据债券持有人的选择，转换为发行人自身的普通股。发行可转债本质是一种延期发行权益的行为。发行人原本就预计可转债将要转换为普通股，无需偿还本金。需要注意的是，可转债在转股之前，其价值中的纯债券价值部分要作为负债列示，转股期权价值部分作为权益列示；可转债在转股之后，负债部分终止确认，全部转为按权益列示。

可转债可以按照固定的转换价格转成为普通股。例如，假设 ABC 公司发行的可转债面值 1 000 美元，转换价格为 25 美元，则每张可转债可以转换成 40（1 000 美元/25 美元）份普通股，转换比率为 40。

通常，可转债的转换价格比发行时的普通股市场价格高出 15%～30%。从上例给出的 25 美元的转换价格中，我们可以反推出债券发行时的普通股的市场价格大致处于 19 美元至 22 美元之间。可转债发行之后，当普通股的市场价格涨到转换价格 25 美元以上时，转股对债券持有人来说才是有利可图的。

因为可转债具有负债和权益的双重属性，所以其市场价值由两个因素共同决定，一是转换出来的普通股价值（称为可转债的转换价值），二是不考虑转股期权的纯债券价值（称为可转债的纯债价值）。可转债的购买者需要在支付纯债券的价格之外，为可转债所含的转股期权支付一笔溢价。这笔溢价就是可转债的权益部分的价值，它等于可转债的市场价格减去不考虑转股选择权情况下的纯债券的价值。例如，假设某项可转债的面值为 1 000 美元，市场价格为 1 012 美元，不考虑转股权的纯债券价值为 718 美元。那么，每张可转债中转股期权（即权益部分）价值为 294 美元（1 012 美元 – 718 美元）。

可转换优先股

可转换优先股（convertible preferred stock）的特征与可转换债券类似，但是在实践中比较少见。需要注意的是，在转换之前，可转换优先股要作为优先股列示；在转换时，冲减优先股科目的金额，并增加普通股科目的金额。

筹资中的其他事项

筹资中的其他事项包括：长期金融证券（如债券和股票）交易的**资本市场**（capital markets）环境、金融机构（投资银行、承销商、信用评级机构等）在公司募集资金过程中发挥的职能、内幕交易、股利政策和股票回购。

资本市场

下文对资本市场的介绍，主要着眼于资本市场在公司筹集资金过程中的作用和贡献，特别是在长期债务工具和权益证券发行与交易中的作用。

一级市场和二级市场

当一个未上市的非公众公司需要额外募集大量资金的时候，它往往需要转变成一家公众公司并上市交易。一级市场（primary market）是证券被创设出来并初始发行的市场；二级市场（secondary market）是证券在投资者之间交易流通的市场。首次公开发行（IPO）发生在一级市场上；发行之后的交易要在二级市场上进行。下文还会涉及这两种不同类型的市场。

投资银行和承销商职能

投资银行是帮助公司和政府发行证券的金融机构。投资银行提供的服务包括咨询顾问、证券承销和证券销售。担任承销商的投资银行，承担持有并发售证券的部分或全部风险，目的在于赚取发行溢价收入。

投资银行可以组成承销团（underwriting syndicate），承销团包括主承销商（指与发行人打交道的投资银行）和发行人选择的、参与承销的其他投资银行。主承销商也称为承销团经理或牵头承销商。

投资银行或承销团需要与发行人签订承销协议。承销协议可以采用代销协议的形式，也可以采用包销协议的形式。代销协议也叫"证券尽力推介协议"（best efforts agreement），投资银行或承销团承诺竭尽合理的努力，尽可能多地将证券发售给公众投资者。投资银行或承销团也可能买入本次全部证券或仅根据发行人的要求买入部分证券。

投资银行通常要在财经专业报刊或普通报刊的财经专栏中发布证券发行公告，告知公众将要发行的证券。这种证券发行公告，俗称为"墓碑广告"（tombstone ad），得名于这类公告在报纸上往往放在粗黑框内，且内容如碑文一样平铺直叙。

当公司增长带来的资金需求超过了个人资本、创业投资、私募投资以及商业信用、信贷额度、银行贷款等融资方式的限度时，管理层有动机找投资银行为其在一级市场承销股票。投资者有机会在**一级市场**（primary market）上买到公司新发行的证券。

承销商帮助公司编制招股说明书（prospectus）。招股说明书是向公众销售股份的正式书面要约。招股说明书要在美国证券交易委员会（SEC）备案，并向所有投资者公开。招股说明书需披露本次发行的定价方法、每股价格、发行规模、发行目标等具体内容。

LOS §2.B.3.e

包销协议下，投资银行可以先按照设定的价格全部一次性买入拟公开发售的股票，发行公司直接收到发行收入并用于生产经营。随后，投资银行再向公众投资者出售其购入的股票，并赚取向公众出售价格和从发行人买入价格之间的差价。

LOS §2.B.3.f

公司上市之后，仍然可以再到一级市场上发行新的股票。这时的股票融资就不叫首次公开发行（IPO）了，而称作"再融资"或"后续融资"（seasoned offering 或 subsequent offering）。

股票发行之后，公司股票在**二级市场**（secondary market）交易。在二级市场上，投资者从其他投资者手里买入证券，而不是从发行证券的公司的手里买入证券。二级市场最根本的特征就体现为投资者之间相互买卖已经发行的证券。发行证券的公司一般不参与二级市场的交易，交易也不能给发行人带来任何资金。二级市场的交易价格由投资者的购买意愿所决定。

日常用语中的股票市场往往单指二级市场。股票市场的交易场所包括纽约证券交易所（NYSE）、纳斯达克（NASDAQ）以及世界各地的其他主要交易所。

信用评级机构的职能

LOS §2.B.3.c

标普（Standard & Poor's）、穆迪（Moody's）、惠誉（Fitch）是三家最大的债券信用评级机构。信用评级机构的职能是根据发行债券的公司或政府的资信状况，对每个债券做出信用评级。信用评级对债券投资者所要求的报酬率，即该债券的市场利率有重大的影响。如果债券的票面利率达不到相同信用评级债券的市场利率，该债券只能折价发行；如果票面利率等于这一市场利率，该债券平价发行；如果票面利率超过这一市场利率，该债券可以溢价发行。

市场有效性

美国的证券市场是相对有效的，市场能够对与证券价格相关的信息迅速做出反应。市场有效性的观点在学术上称为有效市场假说（efficient market hypothesis，简称 EMH），或有效市场理论。有效市场假说分为三个层次：

1. **强式有效**（strong form）：强式有效假说认为，所有的信息，不管是公开的还是非公开的，都包含在证券的价格中，因此，即使是内幕信息知情人也无法获得超额收益。

2. **半强式有效**（semistrong form）：半强式有效假说认为，所有公开可得的信息（不包括非公开的信息）都包含在证券的价格中。因此，通过内幕交易可能获得超额收益。

3. **弱式有效**（weak form）：弱式有效假说认为，证券价格只反映市场交易信息，比如最近的股价变动情况。因此，技术分析不可能带来超额收益。

证券注册

美国证券交易委员会（SEC）有权监管跨州的证券交易。1933 年《证券法》为一级市场上的新证券发售、首次发行或首次公开发行（IPO）设立了规则；1934 年《证券交易法》为二级市场上的交易及 SEC 注册公司的财务报告设立了规则。

1933 年《证券法》使投资者能够获得与公开发行的证券相关的重大信息，并禁止证券发行过程中的欺诈行为。为了实现这一立法目的，法律要求那些拟公开发行证券的公司提交申请上市登记表，其中应包含下列事项：

- 对公司财产和业务的描述；
- 对拟发行的证券的描述；
- 公司管理层的相关信息；
- 经独立会计师认证的财务报告。

内幕交易

内幕交易是指公司的董事或高管利用内幕信息买卖本公司证券，以谋求没有内幕信息的一般投资者所无法获得的超额收益。

1984 年的《内幕交易法案》对非法的内幕交易设置了行政处罚，罚款金额最高可至非法交易行为所获利润或所避免损失的三倍。1988 年的《内幕交易和证券欺诈实施法案》规定，经纪人、交易商和投资顾问必须制定并实施有效的防范措施，防止内幕交易，并防止公司、雇员及其关联人士滥用非公开的重大信息。

股利分配政策

对于发行在外的优先股，公司通常是要支付固定金额的每股股息。但是，即使是优先股股息，也不是公司的一项固定支付义务，而是董事会可以自由裁量的。无法支付优先股股息并不意味着公司违约，也不会导致公司破产。

多数优先股带有**股息可累积条款**（cumulative dividend feature），根据这一条款，未支付的股利可以累积到以后年份，直至全部支付。在应付未付的优先股股息全部付清之前，公司不能对普通股股东进行现金分红。

一般来说，股利可以视为让投资者选择持有普通股的激励措施。经常分配股利的公司一般已经渡过了成长期，所获利润即使用于再投资能赚取的收益也不多，倒不如拿利润给股东分红。由此可见，公司所处生命周期会影响其股利政策。

当公司利润下滑时，公司可以选择减少或放弃现金分红，但这会向市场传达公司前景不佳的利空信号，导致股价下跌。

本书将讨论与股利政策相关的以下内容：股利的类型、股票分割的影响、股利政策的类型以及股利分配的过程。

股利类型

普通股投资是一项权益性的投资，无法保证稳赚不赔。投资者既分享公司的收益，也要分担公司的风险。

普通股的**每股市场价格**（market value per share）是股票现行的交易价格。股票升值，意味着股东可以赚取到资本利得，也更有可能获得股利分配。

股利（或派息）代表了股东实际拿到手的公司利润。公司是否分配股利由董事会决定并予以公告。分配股利的金额取决于公司的盈利水平和董事会决定的股利支付率。公司一般按季度分配股利，股利的形式一般为现金股利，但有时也分配实物股利或股票股利。

- **现金股利**（cash dividend），体现为现金，通常采用支票支付，股东一般需要就现金股利交税。

- **实物股利**（dividend in kind），体现为非现金资产，例如箭牌口香糖公司曾经以口香糖支付股利。

- **股票股利**（stock dividends），向股东支付更多的本公司股票替代现金分红。股票股利既能为公司省下现金用来投资，又能给股东带来回报。股东收到股票股利时，并不需要交税。未来卖出所收到的股票时，才需要交税。

- **清算股利**（liquidating dividends），清算股利是指超过公司累积留存收益的股利。清算股利无需缴税。

股票分割

股票分割（stock splits）是指公司根据股东现有的持股比例，向股东无对价的发送更多的股票。例如，一股拆两股的操作，意味着现有股东每持有一股，将再获得公司免费发送的额外一股。这项一股拆两股的操作，使得公司授权股本数量、已发行股本数量、库存股数量和发行在外的股份数量都*翻倍*，而使每股的票面价值或设定价值*减半*。

股票分割的主要目的是降低股价，便利交易，以吸引更多的投资者，其背后的逻辑是，当公司股价过高时，个人投资者可能不愿意购买，要么是因为哪怕只买一手的成本都很高，要么是因为股价过高看起来有"触顶"的感觉。

股票分割可以灵活采取不同的比例，如一拆为二、一拆为三、二拆为三等。在一拆为二的股票分割中，原来持有 100 股的股东将再免费获得 100 股新股。如果分拆前每股交易价格为 100 美元，分拆之后股价理论上应该跌到每股 50 美元。如果分拆后的实际股价的确为每股 50 美元，则该股东持股的总市值保持不变（分拆前市值＝100 股×100 美元/股＝10 000 美元；分拆后市值＝200 股×50 美元/股＝10 000 美元）。但是股东持股总市值不变只是理论推断，如果分拆后的实际股价在 50 美元理论价格基础上有所上升，股东持股总市值会有增加，股东能从中获利。

公司也可以实施股票**反向分割**（reverse split）。股票反向分割导致股票数量减少，股票价格相应上升。例如，在"两股合一股"的股票反向分割操作中，原来 100 股每股 1 美元的股票，合并成 50 股每股 2 美元的股票。股票反向分割的目的可能是让股票能维持交易所要求的最低挂牌交易价格，也可能是增加对投资者的吸引力，毕竟有的投资者对"廉价"股票有抵触心理。在税法上，股票分割和股票反向分割都不会给股东带来应纳税的利得或可抵扣的损失。

股利政策

股利政策的选择，本质上是公司在给予股东现金回报和保持再投资资金之间的权衡。公司股利政策由董事会决定，董事会会议一般每季度召开，审议并公告季度分红方案，或者通过决议不进行分红。公司股利政策需要考虑的因素有：

- 股东偏好：考虑股东在股利分配和公司成长之间的偏好。
- 流动性：考虑公司短期现金头寸。
- 偿债能力：公司在资不抵债的情况下不得分红。
- 借款能力：当借款能力欠缺时，公司应该将利润留存下来用于再投资，而不是作为股利分配出去。
- 盈余稳定性：稳定的盈余往往意味着稳定的、定期发放的股利。
- 成长机会：当公司成长机会很多时，公司更愿意将利润留存下来用于再投资，而不是作为股利分配出去。
- 通货膨胀：通货膨胀率高的时候，公司需要留存更多的资金用于再投资。
- 资本维持原则：法律上要求不得以资本金分红，或者法定要求留存的利润。
- 债务契约限制：定期贷款合同、债券合同及租赁合同中可能设有约束公司分红的限制性条款。
- 税收考虑：对于股东来说，股利收入在收到时就要交税，而股价上涨带来的资本利得在未来变现时（即卖出股票的时候）才需要交税。

股利分配政策主要有四种：

1. 剩余股利政策；
2. 固定股利政策；
3. 固定股利支付率政策；
4. 低正常股利加额外股利政策。

采取**剩余股利**（passive residual）政策的公司，首先考虑收益率超过公司必要报酬率的投资机会，将利润优先作为留存收益用于满足上述投资需求，剩余的利润才作为股利分配给股东。

采取**固定股利**（stable dollar）政策的公司，只要公司情况允许，将定期发放固定金额的股利。有证据表明，公司和股东更偏好可预见性强的固定股利，因为股利的变动会被视为公司盈利能力的变动，进而会导致公司股价的波动。

采取**固定股利支付率**（constant dividend payout ratio）政策的公司，按照每股收益的固定百分比来计算当年的每股股利，导致各年的股利金额并不相等。

历史上，美国公司的股利支付率在 40% 至 60% 之间。然后，由于大多数公司并不愿意削减股利金额，导致股利支付率在公司盈利下滑时偏高，在盈利增长时偏低。

有的公司推出股利再投资方案供投资者选择。按照股利再投资方案，投资者可以选择不收取现金股利，而是直接用股利购买公司新发行的股票，这既能使投资者将分享到的公司盈利立即用于再投资，降低了交易成本，也能使公司保持企业价值，从而推高股价。

很多公司按**季度发放小额的股利，在盈余丰厚的年份，年末另外发放额外股利**（regular small quarterly dividend plus year-end extras）。美国钢铁公司和杜邦公司这样的大公司通常采取这样的股利政策。

股利分配过程

股利分配过程有四个重要的时间节点：

1. 股利宣告日；
2. 除息除权日；
3. 股权登记日；
4. 股利支付日。

公司会在股利宣告中声明，本公司于本日（股利宣告日）宣告分配股利，某日（股权登记日）登记在册的股东有权获取本次股利分配，股利分配的金额将于某日（股利支付日）支付到账。在股利宣告日，公司确认应付股利，并冲减留存收益。

除息除权日通常由股票上市交易的交易所来确定。在美国，除息除权日通常比股权登记日早 4 个工作日，从而给交易所留出登记股权变动的时间。例如，假设股权登记日为 3 月 3 日，除息除权日一般定在 2 月 27 日。在 2 月 27 日之前买入股票的投资者，有权获得本次股利分配，在 2 月 27 日当日及之后买入股票的投资者，无权获得本次股利分配。从 2 月 27 日开盘起，股价要下调，下调幅度理论上应该正好等于每股股利的金额，称之为"除息"。实践中，股价下降的幅度往往略低于每股股利的金额。

股票回购

公司经常回购本公司自己的股票。回购的股票可能被注销，从而腾出授权股本额度；也可能被作为库存股持有。

回购的股份被注销，主要发生在公司决定进行私有化，打算从交易所摘牌退市的情况下。这时公司通常会回购管理层之外的其他股东所持的股份并做注销处理。

回购的股份作为库存股持有，主要留待以后使用，可能的用途包括：

- 员工持股计划（ESOP）；
- 员工退休年金；
- 兼并与收购；
- 股票期权和认股权证的行权。

此外，公司还可能出于调节股价的目的回购自己的股票，尤其当管理层认为股票价值被市场低估的时候。

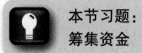

本节习题：
筹集资金

说明：在下列空白处作答。参考答案及解析在本节习题后给出。

1. 在半强势有效的市场中：
   □ **a.** 投资者使用历史价格预测市场表现。
   □ **b.** 证券价格反映了所有的公共信息。
   □ **c.** 证券价格反映内幕信息。
   □ **d.** 支付红利的股票使投资者获利更多。

2. 承销团是下列哪一类机构的组合：
   □ **a.** 信用评级机构。
   □ **b.** 租赁公司。
   □ **c.** 投资银行。
   □ **d.** 保理公司。

3. 一家欧洲公司的财务主管计划筹集 5 亿美元，为其在亚太地区的新业务扩张提供资金。该财务主管正在处理首次公开发行（IPO）事宜。下列各项选择错误的是：
   □ **a.** 在承销方式下，投资银行将能够保证按照给出的发行价格出售该证券。但是，采用这种发行方式，承销商向该公司收取的佣金会高于以代销方式收取的佣金。
   □ **b.** 首次公开发行（IPO）将增加公司股票的流动性并确定公司的市场价值。
   □ **c.** 首次公开发行的优点之一是，股票价格能够准确反映公司上市后的真实净资产的价值。
   □ **d.** 如果公司决定上市发行股票，那么公司必须向美国证券交易委员会（SEC）提交必要的招股说明书等文件。

本节习题参考答案：
筹集资金

1. 在半强势有效的市场中：
   - ☐ **a.** 投资者使用历史价格预测市场表现。
   - ☑ **b.** 证券价格反映了所有的公共信息。
   - ☐ **c.** 证券价格反映内幕信息。
   - ☐ **d.** 支付红利的股票使投资者获利更多。

   在半强势有效的市场中，所有的公共信息都反映在价格中，但并非所有的内幕信息都反映在价格中。

2. 承销团是下列哪一类机构的组合：
   - ☐ **a.** 信用评级机构。
   - ☐ **b.** 租赁公司。
   - ☑ **c.** 投资银行。
   - ☐ **d.** 保理公司。

   承销团是投资银行的组合。承销是指投资银行购买一家公司的证券，然后将其转售给其他投资者的过程。这通常需要通过承销团或投资银行集团来分散风险，即证券可能以低于承销商支付的价格出售。

3. 一家欧洲公司的财务主管计划筹集 5 亿美元，为其在亚太地区的新业务扩张提供资金。该财务主管正在处理首次公开发行（IPO）事宜。下列各项选择错误的是：
   - ☐ **a.** 在承销方式下，投资银行将能够保证按照给出的发行价格出售该证券。但是，采用这种发行方式，承销商向该公司收取的佣金会高于以代销方式收取的佣金。
   - ☐ **b.** 首次公开发行（IPO）将增加公司股票的流动性并确定公司的市场价值。
   - ☑ **c.** 首次公开发行的优点之一是，股票价格能够准确反映公司上市后的真实净资产的价值。
   - ☐ **d.** 如果公司决定上市发行股票，那么公司必须向美国证券交易委员会（SEC）提交必要的招股说明书等文件。

   虽然首次公开发行有助于公司确立其市场价值，但股票价格并不总能准确反映公司的真实价值。投资者可能不完全了解或不了解该公司的所有活动；无论属于哪一种情况下，股价可能无法准确地反映公司的真实价值。

营运资本管理

营运资本主要包括现金、有价证券、应收账款和存货。本节探讨营运资本及其各个组成部分的管理问题。学完本章，读者可以理解营运资本管理的各种方式及其相关的成本和收益。

请先阅读附录 B 中列举的本节考试大纲（LOS），再来学习本节的概念和计算方法，确保您了解 CMA 考试将要考核的内容。

营运资本的相关术语

营运资本（working capital）也称为流动资本，包括毛营运资本和净营运资本两个概念。**毛营运资本**（gross working capital）指的是公司在流动资产上的投资金额；**净营运资本**（net working capital）是指公司流动资产金额和流动负债金额之间的差额。本书所称的营运资本，一般是指净营运资本。净营运资本体现了公司掌握的可以立即变现的流动性来源，可以用来维持和扩大公司的业务。公司的流动负债金额有多有少，导致净营运资本有正有负。

短期财务预测对于筹划公司的营运资本需求至关重要。好的预测，一方面能让公司避免持有过多的现金和存货，另一方面也能让公司提早安排应付账款之外的营运资本的筹资来源。短期财务预测的测算，经常使用**销售百分比法**（percentage of sales method）（参见本丛书第一部分第二章第 6 节：顶层规划与分析），销售百分比法假定大多数的资产负债表和利润表项目随着销售收入的变化而变化，这些项目的预测值为最近一期或预计未来一期销售收入乘以各项目的销售百分比，而各项目的销售百分比是根据历史数据关系推算出来的。销售百分比法特别适合于营运资本的测算，因为影响营运资本的现金、应收账款、存货、应付账款等项目，是所有资产负债表项目中与销售收入关系最密切的项目。

营运资本管理（working capital management）涉及流动资产的投资决策和流动资产的筹资决策。营运资本的管理政策可以分为激进型、保守型和适中型。

管理层从公司的风险承受能力出发，选择适合本公司的营运资本管理政策。图表 2B-16 假定销售收入确定，在此基础上总结了三种政策的差别：

图表2B-16 营运资本管理政策

战略因素:	营运资本管理政策:		
	激进型	保守型	适中型
管理层的风险容忍度	强	弱	居中
流动资产投资数量	少	多	居中
流动性指标	低	高	居中
利息费用	低	高	居中
利润水平	高	低	居中
这些因素导致的结果	由于没有意外事件的应急计划，运营可能中断	保证营业周期内平稳运行	合理保证营业周期内平稳运行

有效的营运资本管理对所有公司都很重要。为了确保营运资本管理的效率，公司需要把握营业活动各个相关环节，包括：

- 现金管理。管理现金的流入和流出。
- 有价证券管理。管理短期投资组合。
- 应收账款管理。管理现金收款。
- 存货管理。维持原材料、在产品、产成品等存货项目数量在合理水平。
- 短期信用管理。使用应付账款及信贷协议等短期信贷工具。

营运资本管理的目标之一是缩短经营周期和现金周期。

经营周期等于存货的持有天数加上应收账款的收款天数。现金周期等于经营周期减去应付账款的付款天数。减少存货的持有天数或应收账款的收款天数、增加应付账款的付款天数，可以缩短经营周期和现金周期，而这些措施都需要管理层慎重使用。下面分别具体探讨营运资本的每一项内容。

现金管理

现金管理（cash management）涵盖了公司管理现金和利用现金进行投资的所有活动。现金管理的目标是在符合公司战略目标和风险管理要求的前提下，尽可能高效地使用现金。

现金管理要求财务部门和资金管理部门通力合作，确保公司能够及时获得必要的资金，维持从采购、付款到销售、收款的整个经营活动的业务链条。

影响现金持有量的因素

流动性要求、盈利水平和风险管理政策是决定现金持有量的主要因素。

流动性要求

流动性（liquidity）是指在尽量不蒙受损失的情况下，将非现金资产快速转换成现金的能力。公司的现金流入和流出很少能做到同时同步，往往现金流量的金额不同，发生的时间也不同。企业需要确保流动性充足，即确保营运资本能够随时覆盖现金流入流出之间可能出现的缺口。有效的现金管理能够改善公司整体的流动性，最终带来更好的盈利水平和更低的破产风险。

盈利水平和风险管理政策

资产的流动性和盈利性存在反向变动的关系。公司需要确定流动资产投资的最优水平，也需要确定支持流动性的资金来源中长期资金和短期资金的最优搭配比率。流动资产投资需要考虑盈利性和风险之间的关系及其权衡。如果给客户更加宽松的信用政策，会导致应收账款增加，这样公司需要出售短期有价证券、减少现金余额和/或增加银行短期借款来满足现金流的需求，从而增加了财务费用。又比如，减少银行账户里闲置存款的金额，可能导致交易成本增加。

负责现金管理和财务预测的人员，未必也同时负责引发现金需求变动的其他业务。这意味着上述人员责任重大，必须能够与公司其他人员进行有效沟通。一个能够兼顾流动性、盈利能力和风险的有效现金管理系统，需要关注现金日常管理中的下列问题：

- **收款**：如何从客户或其他付款人手里收取应收的资金。
- **集中**：如何将资金从为公司办理收款或存款的外地银行或其他银行，集中到一个主要银行存放，以更有效的使用资金。
- **付款**：如何将资金从集中存放的银行划转到付款银行，以便向员工、供应商、投资者和其他人支付款项。
- **银企关系**：如何处理好和银行及其他金融服务商的关系。
- **现金预测**：如何预测未来的现金流及资金的余缺。
- **信息管理**：如何开发并维护收集分析财务数据的信息系统。
- **投资和借款**：如何用剩余的资金进行投资，如何为短缺的资金取得短期借款。
- **职工薪酬**：如何支付职工工资和其他货币性的福利。

上述业务的规模取决于公司的规模和性质。一家大型跨国公司显然会比一家小型的本土企业有更复杂的现金管理系统。

持有现金的动机

为了维持必要的流动性，公司需要持有充足的财务资源，例如银行存款余额和短期有价证券，也需要有备用的信贷额度或其他短期借款安排。公司持有现金的动机，包括交易性动机、预防性动机、投机性动机。

- 持有现金的**交易性动机**（transactions motive），起源于现金流不能同时同步的特征，为此，公司必须持有充足的现金储备或准现金储备，满足日常经营活动的支付需求（例如小额采购、职工工资、税金和分红）。
- 持有现金的**预防性动机**（precautionary motive），起源于为意料之外的现金需求做准备。鉴于现金流入与流出无法完全预测，公司必须在现金或准现金储备上留有余地。

- 持有现金的**投机性动机**（speculative motive），是指利用剩余的流动性储备去把握短期投资机会或其他转瞬即逝的市场机会。例如，如果手头有足够的资金储备，就可以乘原材料的价格短期下跌的机会买入，节省一笔资金。

确保适当流动性水平，需要对营业活动进行持续的计量、监控和预测。流动性过剩和流动性不足都是不可取的：

- 流动性过剩意味着损失了潜在的收益，因为资金没有投放到收益更高的领域。
- 流动性不足会带来一系列不应该发生的损失，如逾期支付产生的违约责任、计划外临时借款的额外利息、出售证券的经纪费和手续费等。在最差的情况下，流动性严重不足可能导致公司资不抵债甚至破产。

现金流量的管理

现金预算发挥了数据预测和财务控制的功能，是现金管理的起点。编制现金预算的具体方法请参见本书第一部分第二章第 5 节：年度利润计划与相关报表。这些预测技巧能够帮助公司根据未来一周、一个月或一个季度的需要，滚动编制并不断更新现金预算。上一年就提前编制出来的下年度整年现金预算无法提供太多有用的信息。有效的现金管理还涉及现金的收款付款和临时投资等日常管理活动。

现金管理涉及的现金流包括：

- **现金流入**（cash inflows）：包括从客户那里收取销售款，从银行等借款人那里获取贷款，从投资者那里获取融资款。
- **资金集中**（concentration flows）：是指公司内部各业务单位或公司自己的各银行账户的资金，通过划转汇聚成公司资金池。
- **现金流出**（cash outflows）：是指现金从公司的资金池汇出，支付给员工、供应商、股东或其他收款人。

现金流发生的时间对于公司维持适当的流动性、优化现金资源和风险管理来说，都是至关重要的。管理现金流发生时间的难点在于，既要及时满足当前和未来的支付义务，又要减少闲置的现金余额，还要能够按合适的利率借入必要资金，控制公司的财务风险。

公司通常可以从缩短收款期间和延长付款期间中获利。加速应收账款的收款能够让公司更早的拿到资金；延缓应付账款的支付能够让公司在更长时间内占用手头的资金。当然，这两方面都需要仔细权衡定夺，避免危害公司和客户及供应商的关系，并避免损害公司在供应商和借款人眼里的信誉度。

公司可以采取多种措施来加速收款，控制付款。

加速现金收款的方法

收款系统（collection system）是用来处理客户付款并汇集现金流入的一整套银企安排和处理流程。

收款系统影响现金流入的时间。公司可以尝试通过减少收款浮游来加速收款。**收款浮游**（collection float）指的是从付款人投寄支票之日起，到资金实际到账可供支用之日为止，中间的时间间隔。

收款浮游包括以下三个组成部分：

1. 邮寄浮游（mail float）：从付款人投寄支票之日起，到收款人本人或其代理收款机构收到支票之日止，两者中间的时间差。

2. 处理浮游（processing float）：从收款人本人或其代理收款机构收到支票之日起，到支票存入金融机构之日止，两者中间的时间差。

3. 取款浮游（availability float）：从支票存入金融机构之日起，到资金划付到公司账户之日止，两者中间的时间差。

图表 2B – 17 是收款浮游的简要示意图。

图表 2B – 17　收款浮游的组成部分

付款人寄出支票	收款人收到支票	支票存入银行	资金到账
邮寄浮游	处理浮游	取款浮游	

要想减少收款浮游，可以考虑下列的措施：优化收款网点的数量和布局、使用锁箱系统或电子收付款系统、加强对资金集中存放的管理。

收款网点

公司的业务性质不同，销售收款方式也不同，可以通过柜台直接收款，也可以通过邮寄收款，或通过电子方式（如家庭银行服务、电信、个人电脑和互联网）收款。柜台收款包括现金、支票、信用卡收款；邮寄收款包括支票和信用卡收款；电子方式收款通常是信用卡收款。一般来说，收款网点设置的越多，网点离顾客越近或离作为支票结算中心的联邦储备银行越近，收款浮游就越短。但是，设置更多的收款网点会增加营运成本。

锁箱系统

锁箱系统（lockbox system）是企业和银行之间的一项收款安排，根据这项安排，企业的进账由银行直接收取并立即划付到企业的账户里。

在锁箱系统安排下，企业给客户留的收款地址是银行的邮箱地址而不是企业的邮箱地址，但是汇款的信封和账单上列示的收款人仍然是企业的名称，不是银行的名称，以免给客户付款带来疑惑或不便。当日进账款项全部收讫之后，银行会向企业寄送入账水单及企业要求的其他资料。企业一般会要求银行复印收到的支票，并将支票复印件和邮寄信封（能体现客户地址变化）及客户寄来的其他资料一并作为附件附在收款通知单上。设置了多个收款网点的公司会使用多个锁箱构成的锁箱网络。

锁箱系统确保了款项在支票收到时就直接存入银行，从而大大减少了处理浮游。锁箱系统也有可能减少邮寄浮游和取款浮游，这取决于锁箱设置的地点。

锁箱系统主要缺点是银行要就额外提供的这些服务加收费用。对于企业来说，锁箱系统成本既有固定成本也有变动成本：

锁箱系统的固定成本包括邮箱租用、进账处理、信息传送、余额对账和其他账户管理活动的费用。这些费用体现为按年或按月支付的经常性费用，通常打包成一项锁箱维护费合并收取。

锁箱系统的变动成本包括每一笔款项进账相关的处理费用，如汇款信息传送费、复印费、缩微拍摄费。

公司需要权衡锁箱系统的成本和加速收款的潜在收益，以决定是否使用锁箱系统。锁箱系统净收益的计算公式如下所示：

LOS §2.B.4.h

$$锁箱系统净收益 = 锁箱节省的浮游机会成本 + 锁箱节省的内部处理成本 - 锁箱系统成本$$

浮游机会成本是下列变量的函数：

- 待收取款项的金额。
- 待收取款项的总计收款时间。
- 公司的投资收益率或借款利率。

如果锁箱系统所带来的额外（边际）收益大于其所带来的额外（边际）成本，使用锁箱系统就是有利可图的。

例如：如图表 2B–18 所示公司正在考虑是否使用锁箱系统。公司每年的销售收入为 9 600 万美元，即每月的销售收入为 800 万美元。每年收到支票 12 000 张，平均每张支票的金额为 8 000 美元。如果不使用锁箱系统，内部处理支票的成本是每张 0.20 美元；如果使用锁箱系统，这项成本将不再发生。公司机会成本率为 8%，也就是说，锁箱系统释放出来的资金可以按照每年 8% 的收益率投资于短期证券，或可以用来偿还年利率 8% 的短期借款。

图表 2B – 18　锁箱决策案例

一、不使用锁箱系统			
批次	每月收款金额	收款浮游（天数）	总金额
1	$1 400 000	×4 =	$5 600 000
2	4 400 000	×2 =	8 800 000
3	2 200 000	×6 =	13 200 000
总计	$8 000 000	全月浮游占用资金（$/天）①	$27 600 000
		日均浮游占用资金 ② = ①/30 天	$920 000
		年浮游机会成本 ③ = ②×8%	$73 600
二、使用锁箱系统			
批次	每月收款金额	收款浮游（天数）	总金额
1	$1 400 000	×3 =	$4 200 000
2	4 400 000	×1 =	4 400 000
3	2 200 000	×4 =	8 800 000
总计收款	$8 000 000	全月浮游占用资金（$/天）①	$17 400 000
		日均浮游占用资金 ② = ①/30 天	$580 000
		年浮游机会成本 ③ = ②×8%	$46 400
三、锁箱净收益			
	年浮游机会成本（不使用锁箱系统）		$73 600
减：	年浮游机会成本（使用锁箱系统）		（$46 400）
等于：	锁箱节约的浮游机会成本		$27 200
加：	锁箱节约的内部处理成本（12 000 × $0.20）		$2 400
减：	固定锁箱成本		（$8 500）
	变动锁箱成本（12 000 × $0.45）		（$5 400）
等于：	**锁箱净收益**		$15 700

　　提供锁箱服务的银行每年收取 8 500 美元，每张支票处理成本为 0.45 美元。

　　在上述成本收益分析中，我们权衡了锁箱自身的成本和使用锁箱所节省的浮游成本，最终计算出使用锁箱每年给公司带来的净经济效益为 15 700 美元。

　　在**电子支付系统**（electronic payment system）下，付款和转账变得极其便利。电子系统不再需要邮寄信件和手工处理，能够确保资金在对方付款当日就能实时到账。在美国，自动清算所系统和美联储清算系统是两种主要的电子支付方式。

　　自动清算所系统（automated clearing house，简称 ACH）以电子形式处理支付信息并进行结算，提供了一个可以替代传统支票的电子支付途径。在美国，ACH 主要由美联储负责运营。比起传统的支票，ACH 的主要优势在于可靠、高效、成本低廉，并能够传送比支票备注栏里更多的信息。

　　美联储清算系统（Fedwire），是美联储的资金划转系统，能够通过金融机构在联储银行开立的账户，实现两个金融机构之间的资金实时划转。这一系统虽然安全可靠，但是使用成本比较高。

　　集中银行制（concentration banking system）将企业外地银行和/或锁箱银行收到的资金，系统分配并支付到公司的付款银行，目的是设立相对集中的资金池，或用于短期借贷或投资业务。

一些银行可能会要求企业在银行账户上保留一定的**补偿余额**（compensating balance）。补偿性余额是指银行可能要求借款人在不产生利息或抵消其他服务费的情况下保留贷款特定比例来作为存款。补偿性余额可以按照借款总额、借款未使用部分或未清偿借款的百分比来确定。

总体来说，集中银行制减少了闲置资金余额，改进了公司对现金流入、流出的控制，也便于更有效地开展投资业务。当然，集中银行制也会带来更多的管理成本。公司需要在集中银行制的成本和收益之间进行权衡。

延缓付款的方法

支付系统（disbursement system）是由一系列银企协议、付款机制和处理流程构成的，用于向员工、卖方、供应商、税务机关以及股东、债券持有人等其他主体进行支付。

支付系统影响企业现金流出的时间及付款浮游。**付款浮游**（disbursement float）是指从付款方寄出支票到资金从付款方的账户划扣之间的时间间隔。

付款浮游同样由三部分组成。前两项分别是邮寄浮游和处理浮游，这两项与收款浮游中的对应概念含义相同。第三项称为**清算浮游**（clearing float），是收款浮游中所没有的概念，它指的是从对方将支票存入银行到资金从付款方的账户划走之间的时间间隔。

图表 2B – 19 简要体现了付款浮游的构成。

图表 2B – 19　付款浮游的构成

寄出支票	收到支票	支票存入银行	支票结算 资金划扣
邮寄浮游	处理浮游	清算浮游	

支付系统的相关成本，包括账户多余资金的时间价值成本、交易成本、信息成本、管理成本以及与收款人关系成本。银行和其他机构给企业提供了一系列服务以控制支付系统的相关成本。特别是零余额账户系统，可以帮助公司改进付款流程的管理。

零余额账户（zero blance accout，简称 ZBA）是一个付款账户，即使账户余额为零，公司也可以从其中开出支票。归属于同一家银行的任何零余额账户的付款金额，将从其主账户资产转款支付。

公司通常在一个用于付款的主账户下设置多个附属的零余额账户，例如可以为支付工资、股利等款项分别设立零余额账户。另外，有些零余额账户不但可以用于付款，还可以用于收款。资金自动划转，每天公布贷方和借方发生额；银行只在主账户和零余额账户之间划转恰好足够的资金，以保持零余额账户的余额为零。

零余额账户系统的好处在于，一方面，能够加强对账户余额的控制，消除附属账户中的闲置资金，并能够更精准利用主账户的资金进行证券投资；另一方面能够在确保公司总部掌控资金的前提下，赋予了各地分支机构开出支票的权利，对于多地经营的企业来说，这便利了付款的分散化。但这种情况下，掌握公司资金的最终决策者，必须准确估算支票兑付的时间，确保主账户有充足的资金储备满足附属零余额账户的付款需要。

虽然支付系统的整体目标是让付款更及时、更精确、成本更低，但是有时候公司会意图延缓支付。集中支付和汇票付款是延期支付的两种方式。

- **集中支付**（centralized payables），意味着公司所有对外支付都要通过总部或集中付款中心控制的单一账户进行。集中付款系统下，公司能够更好地掌握现金余额的信息，并确保资金只能在确实必须支付的情况下才会支付出去，这样公司持有现金的时间更长，因而可以获得更多的现金投资回报。相比而言，分散化的付款系统下，公司账户出现多余资金的可能性更大，转账、对账等管理成本也更高，而这些多余资金原本应该集中起来，用于归还贷款或进行投资。更好地获取现金头寸信息可能会让公司获得更大的投资回报，因为能够更长时间持有资金。然而，集中付款系统下公司需要随时监控资金，确保不发生逾期付款导致公司丧失现金折扣或破坏与收款人的关系。

- **汇票支付**（payable through draft，简称 PTD），汇票是指银行汇票，以付款人/出票人在特定银行开立的某一账户资金作为付款保障，但是由银行签发，银行确保付款账户资金是充裕的。保险公司经常通过汇票支付理赔款。汇票支付的缺点是银行一般收取较高的服务费。

电子商务

从现金管理的角度看，**电子商务**（electronic commerce 或 e‐commerce）是指使用信息和网络技术，便利公司和交易对方之间的商业往来。电子商务的概念涵盖了很多通信协议和数据格式，包括互联网、内联网、网上商务、电子数据交换（electronic data interchange，简称 EDI）。现金管理所涉及的电子转账（electronic funds transfer，EFT）和金融电子数据交换（financial EDI，FEDI）都属于电子数据交换的范畴。

虽然在北美很多公司之间的大量交易仍然依赖纸质凭证进行，但电子商务提供了一种替代解决方案。电子商务的主要优点有：

- 取消人工处理，提高生产效率；
- 缩短营业周期；
- 降低出错率；
- 改善现金流预测；

- 提高沟通能力。

实施电子商务，需要考虑软硬件的配置要求、内部职工和外部商业伙伴的教育培训以及成本、安全等一系列问题。电子商务系统实施和维护得当的话，能够促进企业与供应商、客户之间结成更紧密的商业纽带。

一项现金管理系统，不管简单也好复杂也好，都要实现下列基本功能：

- 加速现金流入；
- 延缓现金流出；
- 减少闲置资金；
- 减少现金管理成本；
- 维持与客户和供应商的良好关系；
- 减少保持后备流动性来源的成本；
- 给管理层提供更有价值的财务信息。

有价证券管理

公司需要现金满足支付义务。持有一定的现金储备固然是审慎之举，但是持有过多现金则会增加很多成本。银行活期账户中存放过多的闲置资金，不但会被银行收取账户管理费，还会丧失潜在的利息收入。这就是为什么公司更愿意用闲置资金购买附息的有价证券，构建短期投资组合。

营运资本管理中所称的**有价证券**（marketable securities），是指一年内或更短时间内到期的投资，即短期投资。会计上将三个月以内到期的证券划分为现金等价物，将一年内到期的证券划分为短期投资。

持有有价证券的目的

公司持有有价证券的具体原因有三个：

1. 保持流动性。有价证券视为"准现金"（near cash）或"即时现金"（instant cash）的来源，可以覆盖因为现金流入不足或未预期的现金流出导致营运资本失衡。

2. 满足可控的现金流出。企业有一些可预测的现金支出，如利息、税金、分红、保险费等，为这些事项预留出的资金可以先投资于有价证券，以赚取利息。

3. 增加现金收入。企业有一些现金结余，暂时没有用途，将其投资于有价证券，可以赚取利息。

选择有价证券应考虑的因素

投资于哪种有价证券需要慎重考虑，全面评估安全性、流通性、收益率、到期期限和税负等因素。

安全性

安全性体现为本金不受损，这是选择有价证券的指导原则，也是最重要的标准。任何投资都存在着固有的风险，公司需要评估某项具体投资的风险，并将其与该项投资的潜在收益（或亏损）相比较。公司要寻找的是安全系数高而且能带来一定收益水平的短期投资。

流通性

证券的流通性是指证券的持有人将证券快速出售变现而无需在出售价格上做出重大让步的能力。流通性的高低取决于是否存在交易量大的活跃二级市场。二级市场交易冷清的证券一般流通性比较差。

收益率

证券的收益率体现为利率和/或价格的涨幅，即使美国国库券也不例外。有的证券提供浮动利息，有的提供固定利息，还有的不付利息，但是折价发行，按票面金额全价偿还，如美国国库券就属于最后一种情况。对于固定利率的债券来说，债券到期期限越长，市场利率波动所带来的潜在债券价格变动就越剧烈。收益率与流动性之间存在着反向变动的关系，也就是说，证券的流动性越强，往往预期收益率越低；收益率与风险之间存在着正向变动的关系，也就是说，证券的风险越高，往往预期收益率越高。所以，低风险的短期证券往往收益率很低。

期限

期限（maturity）代表证券的存续时间，由证券的到期偿还日所决定。不同证券的期限差别很大。公司在进行短期证券投资时，会考虑让证券的到期偿还日尽量与公司预计需要使用现金的日期相匹配。有些证券被指定为准备立即变现的流动性来源，另一些证券则持有期限稍长。

税负

公司需要考虑证券投资的税收影响，结合本公司有效税率，比较免税证券的收益和应税证券的税后收益。在美国，除了市政票据和市政债券之外，其他证券的利息收入都是要交税的。

有价证券的类型

证券（包括债务和权益工具）的交易市场分为两类：资本市场和货币市场，**资本市场**（capital market）上交易的是股票和长期债券，**货币市场**（money market）上交易的是一年内到期的短期债务工具。

资本市场有纽约证券交易所这样具体的集中交易场所，而货币市场是由一系列市场共同构成的。在货币市场上，证券的主要发行人包括美国政府、外国政府证券代理商、商业票据交易商、银行承兑汇票交易商以及其他专注短期金融工具的货币市场主体。图表2B-20概括了货币市场上各种类型的证券。

图表2B-20　货币市场上有价证券的类型

工具	描述
美国国债	美国财政部直接承担债务，以美国政府的全部资信实力为保障 国债利率是其他证券定价的参照物和市场的风向标 通常认为不存在违约风险，安全性极好，在活跃的二级市场上大量交易，流通性极强 美国国债包括下列类型： ●短期国库券（T-bills）：期限在1年以内，不计利息，折价销售并在到期时按面值兑付 ●中期国债（T-notes）：期限在1～10年之间，每半年付息一次 ●长期国债（T-bonds）：期限在10年以上，付息方式等与中期国债类似。除非临近到期日，否则不会用作短期投资对象
联邦机构证券（机构证券）	计息债券，通常按面值平价发行，到期时按面值全额偿还 虽然不是以美国政府的全部资信实力为保障，但是违约风险极低，仍被视为相对安全的投资 发行量比美国国债小，流通性虽不如美国国债，但仍然有较高的流通性 税负较低，大多数免征州或地方所得税，但是要向州政府交纳特许权税
回购协议（repos）	投资者从银行或证券交易商处买入标的证券，卖方承诺在未来约定日期按固定价格购回标的证券 标的证券一般是美国国债；因此，回购协议被视为相对安全的投资 回购利率略低于美国国债利率 回购期限上差别很大，期限最短的回购可以是隔夜回购 标的证券一般交付给第三方持有，确保即使回购方违约，投资人也能出售标的证券收回资金
银行承兑汇票（bankers' acceptances，简称BAs）	属于远期汇票，本身是商业贸易中的支付结算工具，在国际贸易中经常使用 需要银行承兑，经承兑的汇票以银行资信为收款保障，类似于取得了银行开立的信用证 在面值和到期时间上差别很大 交易商之间存在活跃的二级市场，所以有一定的流动性
商业票据（commercial paper，简称CP）	由企业发行的承诺自己到期付款的无担保短期票据，本质是一项短期贷款 可以转让，但是二级市场较冷清，所以一般持有至到期。因为流动性差，所以收益率比其他类似证券高 期限通常在1～270天之间。在美国，商业票据期限如果超过270天，则必须先在美国证券交易委员会（SEC）登记才能发行 可能是计息的，也可能是不计息折价发行的，后一种情况居多 通常由信用评级机构（如穆迪或标普）评级以帮助投资者评估风险
拍卖利率优先股	属于权益性证券，但通常被当做短期债务工具使用 定期重新设定股息率（通常每7周），以控制价格波动 投资者如果不愿意接受重新设定股息率可以卖出证券，除非拍卖失败 根据美国税法，企业所得税纳税人取得的股利所得，可以按扣减70%之后的金额作为计税依据，所以这类优先股对投资者具有吸引力

续表

工具	描述
大额存单 （certificates of deposit，简称 CDs）	银行或储蓄贷款机构发行的附息存单，可以在货币市场上交易，一般按面值发售，每张面值 100 万美元 大多数期限为 1~3 个月，也有的期限长达数年 可以是固定利率的，也可以是浮动利率的 超出 25 万美元的部分不在联邦存款保险（FDIC）的覆盖范围内，所以购买时需要仔细考察发行银行的资信状况 大型知名银行发行的存单流通性很好 常见的类型有： • 欧洲美元存单（Eurodollar CD 或 Euro CD）：由美国银行的境外分支机构或美国境外的银行（主要位于伦敦）发行的，以美元计价的存单 • 扬基存单（Yankee CD）：由外国银行在美国分支机构发行的存单 • 储蓄存单：由储蓄贷款协会、储蓄银行或信用合作社发行的存单
欧洲美元存单 （Eurodollar deposits）	以美元计价的定期存款，一般不可转让，由美国境外银行持有（虽然不一定在欧洲），不受美国银行法规监管 但投资人可以通过大多数美国银行购买 期限从隔夜到数年都有，大多数在 6 个月或 6 个月以内
短期市政公债 （short-term municipals）	由州政府或地方政府发行 两种常见的类型： • 每周重新设定利率的浮动利率商业票据工具 • 1~2 年到期的长期票据 期限短的市政公债价格比较稳定，流通性好

应收账款管理

应收账款（accounts receivable，简称 A/R）是指由于公司赊销商品或服务所形成的客户对公司的欠款。在货物发出、账单开具之后，这笔货款就计入应收账款在资产负债表的流动资产中列示。

持有应收账款的目的

赊销是一种促进销售的工具。在决定是否同意给客户授予商业信用而让应收账款暂时挂账时，公司需要考虑下列因素：

- 宏观经济形势；
- 目标市场（维持现有客户并招揽新的客户所需要的信用条件）；
- 行业惯例（例如竞争对手的信用条件）；
- 因为赊销而丧失的潜在利息收入。

和其他流动资产一样，应收账款的管理也要考虑风险和收益的权衡。授予客户宽松的信用条件，可以刺激销售，增加利润，但是价款不能立即收回，会产生应收账款押占资金的成本，并带来坏账损失的潜在风险。公司需要设立有效的政策和流程来管理应收账款。

应收账款管理的主要环节包括：

- 制定信用政策和销售条款；
- 评估客户资信状况并确定授信额度；
- 及时发送账单，及时收款；
- 准确记录应收账款并随时更新；
- 追查逾期款项并启动必要的催收程序。

公司应收账款和客户授信的管理活动，涉及销售、会计、财务等多个职能部门。是否给客户授信，需要考虑五个因素，合称为客户信用评价的"5C 评估法"。这五个因素按照重要性程度排序如下：

1. **品质**（character）：客户的声誉；
2. **条件**（conditions）：客户的财务状况和宏观经济形势；
3. **现金流**（cash flow）：客户的资金状况；
4. **信用**（credit）：客户的信用评级及信用状况；
5. **担保**（collateral）：客户是否对应收账款提供担保。

信用条件

信用条件（credit terms）规定了接受公司产品或服务的客户，应该在何时以何种方式支付价款，并可能涉及折扣条款。**折扣条款**（discount terms）包括信用期和现金折扣两部分。**信用期**（credit period）是客户无论是否获取折扣都必须付款的最终期限（如 20 日、30 日）；**现金折扣**（cash discount）是客户如果提前付款，能享受到的价款上的优惠。例如，折扣条款记作（5/10，n/30），意味着客户如果在账单开具之日起 10 日内付款，可以享受 5% 的折扣。如果未在 10 日内付款，则最迟应不晚于发票开具之日起 30 日内支付全部价款。

公司给客户的常见信用条件见图表 2B – 21。

图表 2B – 21　信用条件的类型

单纯赊账 （挂往来科目）	卖方所发账单就是双方之间债务关系的正式凭证，在会计上，卖方将销售价款计入应收账款
	卖方就每一笔交易向客户发送账单，并按月发送往来对账单
	实际收款的时间和金额取决于约定的信用和现金折扣（如有）；并可能对逾期付款加收滞纳金
	定期对赊销客户的资信状况进行评估
	最常见的商业信用形式
分期收款信用	要求客户按月等额支付货款本息
	双方可以以书面形式约定信用期限、利率等债务条款
	常用于大件耐用消费品（如汽车）的销售
循环授信	授信额度可以滚动使用，只要账户状态良好，即欠款未超过限额且付款及时，则无须针对每一笔交易另行授信审查
	对于逾期账户，按照当期平均欠缴金额加收逾期利息
信用证 （L/C）	信用证下，银行向卖方（而不是买方）出具承诺，保证支付信用证项下约定的金额
	通常由买方为开立信用证支付开证费
	一般用于进出口贸易

延长信用期

　　延长信用期会影响到应收账款相关的风险和收益。延长信用期主要目的是增加销售收入进而增加利润。

　　例如，一家公司拟将信用期从 30 天延长到 60 天，即从 1 个月延长到 2 个月。更为宽松的信用条件能带来更多的销售收入，但是也会导致客户付款速度更慢，收款时间更长，从而增加应收账款的持有成本。

　　在决定是否延长信用期的时候，公司需要比较增加的销售收入中所含的利润和增加的应收账款带来的机会成本。如果前者超过了后者，延长信用期就是划算的；否则，延长信用期是得不偿失的。

改变折扣政策

　　公司给客户提供现金折扣或提高现有现金折扣政策的优惠幅度，目的在于加速应收账款的收款。

　　例如，公司当前不提供现金折扣，应收账款的平均账期为 60 天。现公司决定给予客户（2/10，n/45）的现金折扣政策。公司希望占公司销售金额大多数的客户能够尽早付款以享受现金折扣，从而缩短平均账期。

　　在决定是否提供现金折扣的时候，公司需要比较加速收款带来的收益（体现为减少的应收账款的机会成本）和提供现金折扣的成本。如果前者超过了后者，提供现金折扣就是划算的；否则，提供现金折扣是得不偿失的。

违约风险

　　应收账款的价值取决于款项收回的可能性。**坏账**（bad debts）这个词指的是收款缓慢甚至有一部分根本无法收回的应收账款。**违约风险**（default risk）是指客户（无论是个人还是企业）未能按照约定履行支付价款义务的风险。

　　为了让违约风险最小化，公司需要设立并及时更新对客户的授信标准，并将其贯彻于信用期限、账单开具、款项催收等方面。对于申请授信的客户，公司可以通过内部渠道或外部渠道了解其资信状况。

　　了解客户资信状况的内部渠道包括：

- 申请人填写的授信申请表；
- 申请人填写的合同；
- 申请人与公司交易的历史记录，尤其是付款记录。

　　了解资信状况的外部渠道包括：

- 财务报表：审查经审计或未经审计的财务报表，将相关财务比率与行业平均水平相比较；
- 业内评价：联系与该申请人存在业务往来的其他公司，了解其实际付款情况；
- 银行或其他贷款人：获取申请人正式的征信报告，了解其财务状况和资

信实力;

- 政府机构:获取全国性或地方性政府机构公布的申请人资信历史记录。

最佳的信用政策和收款政策的影响因素

信用政策和收款政策涉及评估买方资信状况,授予适当的信用期,以及采取必要的催收措施。信用政策和收款政策带来的收益,起码应该覆盖这些政策本身的成本。

信用政策和收款政策不是一成不变的,公司需要根据实际情况调整这些政策,以获得最大收益。最优的解决方案是通过信用标准、信用期限和催收支出综合平衡达成的。现实中通常要考虑下列权衡关系:

- 若没有信用标准,销售收入和边际贡献能实现最大化,但是所带来的利润随后就会被巨大的应收账款持有成本、坏账损失、催收成本所吞噬。
- 信用标准一旦收紧,销售收入和边际贡献会因之下滑,但是账期会缩短,应收账款持有成本、坏账损失等也会减少。
- 最优的信用政策要权衡授予信用的利与弊,在此基础上寻求净收益的最大化。

存货管理

理解存货管理,先要掌握下列存货相关的概念:

- "Stock"就是指"**存货**",即公司存储以供未来使用的所有物资。
- "Inventory"除了指"**存货**"本身,还可以指"**存货清单**",即公司存储的所有存货的清单。
- **存货项目**(item)是指存货中的一类产品,或者体现为存货清单上的一个条目。
- **存货单位**(unit)是指衡量某一类存货项目实物数量的一个标准计量单位,如数量单位、体积单位等。

了解了这些基本概念,接下来分别解释存货控制和存货管理两个概念。

存货控制(inventory control 或 stock control)是指为保证每一个存货项目下的储备数量的准确而采取的一系列活动和流程。存货控制得当的公司应该能够回答下列三个问题:

1. 我们有哪些存货?
2. 我们有多少存货?
3. 存货在哪里?

存货管理(inventory management)是指确定并维持必要的存货数量水平,以确保客户订单能够及时恰当地得到满足。存货管理得当的公司还应该能够回答下列三个问题:

1. 订购或制造什么?
2. 何时订购或制造?

3. 订购或制造多少?

持有存货的目的

存货供给和需求的变动性要求企业持有存货。存货管理要求平衡两项此消彼长的成本,一是维持充足的存货以满足客户需求所导致的持有成本,二是采购这些存货所产生的订货成本。从图形上看,这两项成本相交时的存货数量,即为下文要讲的经济订货量。有了经济订货量,存货管理的很多问题可以迎刃而解,例如持有多少存货、何时订购存货、每次订购多少等。

每一个公司都持有存货,只是数量有多有少。但是持有存货是有成本的,包括存储保管的成本、陈旧过时的风险以及资金押占的成本,其中,资金押占的成本是指,资金被存货押占着,就不能投资到其他收益更高的地方,从而丧失了潜在收益。既然持有存货要承担这些成本和负担,那么企业为什么还要持有存货呢?

简而言之,存货持有量提供了供给和需求之间的缓冲。具体来讲,持有存货的具体原因包括:

- 解决供给和需求不匹配;
- 当客户提出超过预期数量的需求,或者非正常时间提出需求时,更有效地满足其需求;
- 当供应商供货不足或送货延迟时,避免存货断供;
- 大批量采购能带来经济实惠,尤其是在供应商提供"量大优惠"的销售折扣或存货出现暂时性跌价的时候;
- 获取大批量生产带来的经济实惠;
- 维持稳定的作业规模;
- 防备不测之需。

一般来说,只有当增加一单位存货所带来的额外收益超过其所带来的额外成本时,提高存货持有量才是划算的。

经济订货量模型

经济订货量(economic order quantity,简称 EOQ)代表了最优订货数量,即假设企业定期采购某一存货项目,在每次订货时应该订购多少数量,才能够使订货成本和持有成本之和实现最小化。

订货成本

订货成本(ordering costs)是指每一次发出采购订单或下达生产工单带来的边际成本,例如用电脑编制订单的成本、打印订单的耗材成本等。固定的订货成本,如采购人员的工资,与经济订货量无关。

下订单的次数越频繁,订货成本就越高。图表 2B–22 中第一幅图显示了每次订货数量和订货成本之间的基本关系。一次性订购大量存货的主要目的就是为了减少订货成本。

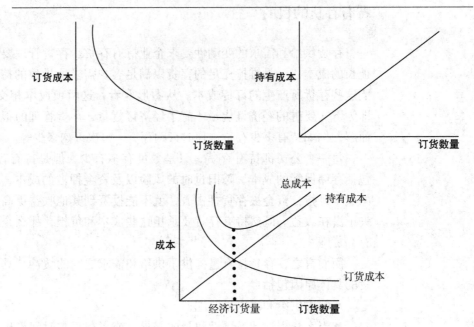

图表 2B−22 订货量与订货成本、持有成本的关系及经济订货量

持有成本

持有成本（carrying costs 或 holding costs），也称作储存成本，包括存货存储保管成本、陈旧过时或毁损变质的成本、保险费、税费以及存货押占资金的资金成本。

每次订货数量越大，持有成本就越高；反之，每次订货数量越小，持有成本就越低。毕竟，存货的持有数量越少，需要的存储空间就越小。图表 2B−22中第二幅图显示了订货数量和持有成本之间的基本关系。

将订货成本、持有成本与存货需求量结合在一起，就可以测算出存货的经济订货量。图表 2B−22 中最后一幅图显示了经济订货量。

图表 2B−22 中的三幅图中，纵坐标代表存货成本的全年总金额。

经济订货量的计算公式为：

$$EOQ = \sqrt{\frac{2DP}{C}}$$

其中：

D = 计划期（如一年）内存货需求量；

P = 每次订货的订货成本（假设为常数）；

C = 每单位存货在计划期内的持有成本（假设为常数）。

从上式中可以推断，如果每单位存货的持有成本上升，则经济订货量下降；如果存货需求量或每次订货的订货成本上升，则经济订货量也随之而上升。

上述经济订货量的计算公式是建立在下列假设下的：

- 交货周期是已知且固定的。
- 存货需求量是已知且稳定、均匀地发生。
- 持有成本和订货成本是已知的。
- 补货是瞬间完成的，不存在断货的情况。
- 所分析存货项目的需求量是独立的。

经济订货量的原理也可以用于自产存货情形下存货生产批量的决策。

例如：假设某金融计算器的生产商需要使用某种元器件，一年的需求量为 10 000 件。每次订货的订货成本为 75 美元，每个元器件全年的存储成本为 1.50 美元，则经济订货量为：

$$EOQ = \sqrt{\frac{2 \times 10\ 000 \times 75\ 美元}{1.50\ 美元}} = \sqrt{1\ 000\ 000} = 1\ 000\ （件）$$

既然公司一年的使用量为 10 000 件，而经济订货量为 1 000 件，说明公司每年需要订货 10 次（10 000/1 000）。

经济订货量模型虽然广泛使用，但是仍存在下列缺点：

- 模型的假设未必准确也未必现实。经济订货模型假设需求量、交货周期和各项成本等相关因素都完全确定且可知，这种理想的情况现实中极少存在。
- 计算是基于估算的成本和预计的需求量。
- 在自制存货的情况下，如果每次生产准备成本很高，计算出来的生产批量极大，将导致产能闲置和存货过剩。
- 产能过剩导致了过多的资金被存货押占。

交货周期和安全库存的影响

实践中，补货往往不是瞬间就能完成的，而一旦发生断货，则会牵扯出很多成本。在销售环节，断货可能直接导致收入和利润的损失，可能还会导致未来销售机会的丧失以及公司商誉和信用的损害。在制造业中，生产中断可能性大且成本高昂，会带来重新排产、解雇员工、加价紧急订购和专门安排配送等一系列的成本。

缩短交货周期或设置一定数量安全库存，可以减少或避免发生上述缺货成本。

交货周期

交货周期（lead time）是指从决定下订单到存货取得并可供使用之间的时间间隔。很多因素都会影响交货周期的长短。有效的存货管理要让交货周期尽可能短，可以从缩短以下几个环节的时间入手：

- 订单准备时间：收集信息和编制订单的时间。
- 订单传递时间：通过电子传输、电信或邮件等方式将订单传送给供应商所需的时间。
- 供应商对订单处理和进行备货的时间。
- 供应商送货的时间。

- 收货处理的时间：如办理入库的时间。

安全库存

安全库存（safety stock），也叫**缓冲存货**（buffer stock），是指企业持续持有一定数量的存货，以防范生产预测失误、待完成订单激增等因素所导致的存货供求的意外波动。

经济订货量模型是建立在确定性假设基础之上的，假设存货的需求量和交货周期都是已知的，而安全库存模型则要考虑概率问题，要解决存货系统中存在的不确定性，尤其是现实世界中存货需求量和交货周期的不确定性。

确定安全库存，需要在两项成本之间进行平衡，一是断货发生的概率和导致的成本，二是为避免断货而设置安全库存所增加的持有成本，具体的计算方法不在本书讲述范围内。决策依据的基本思路为：

- 存货需求的不确定性越大，可预测性越差，公司需要持有的安全储备量就越多。
- 为补足存货缺口而临时增加订货时，交货周期越长，公司需要持有的安全库存量就越多。

安全库存模型下，在最终确定安全库存时，不但需要考虑断货导致的所有成本，还得考虑增加所持存货所导致的额外持有成本，其中包括存货押占资金的资金成本。如果不考虑这些成本，公司理论上可以持有足够多的安全库存以至将断货发生的可能性完全杜绝。

再订货点

何时下订单，取决于这一存货项目的交货周期、消耗率以及安全库存。企业在下订单时，要确保即使不启用安全储备存货，也能满足交货周期内的存货消耗量。

再订货点（reorder point，简称 ROP）设定了一个存货数量水平，当企业的存货数量降到这一水平时，会触发订货行为。再订货点的计算公式为：

$$再订货点 = U \times L + 安全库存$$

其中：

U = 消耗率（单位时间内的存货需求量，等于存货需求量/计划期的时间长度，即 $U = D/t$）

L = 交货周期。

例如：企业对某一项存货的年需求量为 10 000 件，假设一年有 50 周，交货周期为 3 周，企业设置的安全库存为 400 件，则再订货点为：

$$再订货点 = U \times L + 安全库存 = 10\ 000/50 \times 3\ + 400$$
$$= 200 \times 3 + 400 = 600 + 400 = 1\ 000\ （件）。$$

也就是说，当存货储量降到 1 000 件的时候，就要触发企业的订货行为。

JIT 存货管理和看板

LOS §2.B.4.w

LOS §2.B.4.gg

JIT 存货管理和看板的基本原则在本书第一部分中已经介绍过。在讨论存货控制时，有必要重新回顾这些概念。

JIT 存货管理的目标在于用尽量少的材料、设备、工时等资源来完成生产任务，将生产作业中的浪费降到最低限度。而要实现这一目标就要做到，生产流程要求某项作业在什么时点完成，这项作业就应该不早不晚恰好在这一时点完成。看板是一种简单的手工控制方法，可以配合 JIT 存货管理使用，确保所有的原材料在其需要时准时到位。看板管理系统也被称为"拉动系统"（pull system），因为在生产流程中，是下一步骤的需求在"拉动"存货的流转。而传统的存货管理是建立在最终产品的需求预测基础上的，存货的流转是被"推动"而不是被"拉动"的。

经济订货量模型和 JIT/看板管理系统有相似之处。例如，都要求监控存货水平并按固定的数量下订单进行补货。但是，两者之间也存在重大的区别。JIT/看板管理系统旨在把存货的持有量压缩到再订货点的水平上，也就是正好需要进行补货的水平。选择经济订货量模型还是 JIT 管理，要根据企业具体的情况综合考虑一系列的因素。

JIT/看板管理系统看起来简单，其实不然，其有效实施需要仔细评估和计划。但是，JIT 和看板只要设计合理且实施得当，就能改进存货管理，大幅削减原材料和在产品的库存数量，而库存数量的削减又能节省很多成本，例如：

- 压缩车间和仓库的占地面积；
- 降低资产成本和间接费用；
- 减少存货押占的投资资金。

归根到底，JIT/看板管理系统可以改进营运资本的使用效率。

存货管理的计量指标

衡量存货管理效率的指标有两个：存货周转率和存货周转天数。

存货周转率的计算方法如下：

$$存货周转率 = \frac{产品销售成本}{存货平均余额}$$

上式中，存货平均余额等于期初期末的存货余额相加然后除以 2。

存货周转天数的计算公式如下：

$$存货周转天数 = \frac{365}{存货周转率}$$

例如：假设某公司存货科目期初余额为 24 000 美元，期末余额为 36 000 美元，当年产品销售成本为 240 000 美元，则其存货周转率为：

存货周转率 = 240 000 美元/ [（24 000 美元 + 36 000 美元）/2]

　　　　　 = 240 000 美元/（60 000 美元/2）

　　　　　 = 240 000 美元/30 000 美元 = 8（次/年）

其存货周转天数为：

存货周转天数 = 365/8 = 45.6（天）。

如果公司的存货周转天数显著低于行业平均水平，可能意味着公司的存货余额过高，周转过慢。这时提高存货周转率会带来很多收益。随着存货余额的下降，存货的持有成本（如仓储成本、保险费、损耗等）也会降低，这既导致了公司毛利和净利的增加，也会导致公司总资产平均余额的减少，两方面共同作用，会提升公司的盈利能力指标，如总资产收益率 ROA（净利润除以总资产平均余额）。

短期商业信用的类型

公司通常通过下列两种途径之一取得短期借贷资金：

1. 通过外部金融中介（如银行和金融机构）筹集资金。

2. 通过直接发行商业票据（CP）筹集资金。

绝大多数公司通过外部金融中介实现借款融资。

事实上，企业可以考虑的短期信贷安排有很多种，包括：

- 应计费用；
- 商业信用；
- 无担保银行短期借款（授信额度与循环授信）；
- 有担保的短期借款（应收账款质押贷款或存货质押贷款）；
- 商业票据；
- 银行承兑汇票。

下面逐一简要介绍各种短期信贷安排。

应计费用

应计费用（accrued expenses）是指公司已经发生，但尚未到期、暂时不用支付的工资、税金、利息和股利。最常见的应计费用为工资和税金。

应计费用被视为自发性的无息融资。公司可先拿现有的资金去满足更急迫的现金需求，但是必须确保这些费用实际到期应付的时候，公司有足够的资金支付。从这个角度讲，应计费用必须谨慎使用。

商业信用

商业信用（trade credit）也是一种短期资金来源，是指企业在采购活动中获得的供应商所赋予的付款信用期。对于小型企业来说，商业信用是最主要的一项短期信贷来源。

商业信用代表了一种间接的贷款，其形成的过程为：
- 供应商向企业销售货物，并按照事先约定，给予企业付款信用期。
- 商业信用体现在供应商的账簿上为应收账款，而体现在采购方的账簿上为应付账款。
- 商业信用代表了在约定的最终付款日之前，采购方可以暂时占用的资金。

总之，供应商允许采购方在一段期限内为已得到的货物或服务付款，价款计入未结清的往来科目中，这是最常见的商业信用形式。

带有现金折扣的商业信用

商业信用代表了企业在付款期限内（如30天、60天或90天）可以暂时占用的资金。付款期限越长，企业可以占用资金的时间也就越长。

利用免费的商业信用能使企业节省下短期融资的资金成本，节省的资金成本取决于信用期的天数。例如，对于一笔金额为100 000美元的款项，企业享有30天的付款期。有了这项商业信用，企业就不用按照2%的月利率从其他渠道筹集资金付款，这样企业就节省下了利息费用2 000美元（100 000美元×2%）。

供应商提供商业信用的目的是促进销售。供应商往往同时也提供现金折扣，激励采购方尽早付款，降低应收账款的持有成本。而采购方必须在提早付款以获取现金折扣和推迟付款以利用更多的商业信用之间进行权衡，判断现金折扣是否值得去争取。一般来说，提早付款以获取现金折扣比起推迟到信用期最后一天付款更为划算。

下列公式可以用来计算放弃现金折扣的实际年利率，也就是在折扣期限内不付款，推迟到最后期限再去支付全部价款所承担的资金成本。

$$EID = \frac{DR}{1 - DR} \times \frac{365}{N - DP}$$

其中：
EID ＝放弃现金折扣的实际年利率；
DR ＝现金折扣比率；
N ＝最终付款期限；
DP ＝折扣期。

例如：假设现金折扣政策为"2/10，n/30"，那么放弃现金折扣、推迟到最后到期日再去支付全部价款的有效年利率为：

$$EID = \frac{2\%}{1 - 2\%} \times \frac{365}{30 - 10} = 37.24\%$$

如果公司现金不足，但是可以从别处借入资金，且借款利率低于37.24%，它就应该借钱把价款先付上，以享受现金折扣。但是如果无法借到资金，或借款利率超过37.24%，公司应该推迟付款直至最终到期日。

无担保的银行短期借款

无担保的银行短期借款（unsecured short-term bank loan）是没有特定财产

作为担保的银行信贷，银行放贷完全依赖借款人的财务实力和资信状况。

无担保的银行短期借款由银行和企业协商达成借款协议，约定好利率、到期日、还款方式等事项。有时借款人还需签发**本票**（promissory note），代表按约定还款的正式义务。

无担保的银行短期借款一般被视为"自偿性贷款"（self-liquidating），意味着公司使用贷款所购置的资产，自身变现就能产生足以偿还贷款的现金流。例如，这类借款经常用于应对经营旺季应收账款和存货占用资金的增加。

授信额度和循环授信是取得无担保贷款的两种常用渠道，能够为企业在需要时快速便捷地带来短期融资。

授信额度

授信额度（line of credit）是指一项允许企业在约定期限和约定限额之内取得银行借款的协议安排。企业可以在授信额度内取得借款，并且只需就实际取得的借款金额支付利息。授信额度内的借款实际是通过企业签发短期票据实现的。企业可以在一项银行授信额度内签发多个短期票据用来对外支付。这些短期票据期限差别很大，从隔夜到 90 天甚至更长期限都有可能。银行有时就授信额度收取一项承诺费，在下文讨论有效年利率的时候还会涉及到这一问题。

理论上，授信额度有设定的有效期，有效期通常为 1 年。但是在期满时可以再续期，不断滚动存续，很多授信额度实际上可以存续数年。

循环授信

循环授信（revolving credit），也叫循环借款，允许公司在一定限额内借款、还款、再借款。循环授信下的信贷条件与授信额度下的信贷条件相似。虽然循环授信下的每一笔借款通常是短期的，但是协议本身一般可以存续 2 年到 5 年。

有担保的短期借款

有担保的短期借款（secured short-term loan）也叫**资产担保借款**（asset-based borrowing），是以特定资产作为抵押或质押担保的借款。应收账款和存货是短期借款中最常见的担保物。

在**应收账款质押借款**（collateralized accounts receivable）中，出借人既要评估借款人的业务，还要花费时间，综合考虑客户采购量、付款及时性、违约比率和坏账损失，评估应收账款的质量。根据评估结果，出借人会设置一个质押率。质押率是一个百分比，用它乘以应收账款余额，可以计算出最大的贷款额度。在质押贷款期内，借款人的客户一般把货款直接付给借款银行，银行拿收到的资金冲抵贷款余额。

存货抵押借款（collateralized inventory）与应收账款融资类似，贷款的额度限于抵押率与抵押存货的价值。设置抵押率时，需要考虑因为市场条件变化带来的存货价格波动以及存货本身毁损灭失或陈旧过时而无法顺利卖出变现的风险。一般来说，出借人更愿意接受原材料和产成品，不太愿意接受在产品。有的出借人会针对不同类型的存货设置不同的抵押率。一般来说，存货的抵押率比应收账款的质押率要低。

商业票据

商业票据（commercial paper，简称 CP）是企业签发的承诺自己付款的短期无担保票据。商业票据以低于面值的价格折价发行，发行人承诺在到期时按照面值全额偿付。

各大信用评级机构会对特定发行人发行的商业票据进行评级。商业票据的面值一般为 100 000 美元。公开发行的商业票据，到期期限一般在隔夜至 270 天之间。

商业票据的利率差别较大，利率的确定遵循市场定价原则，考虑发行人的信用评级、发行规模和市场上短期利率行情。

大多数商业票据都是通过经纪人来销售的，经纪人通常由投资银行或商业银行担任。也有公司直接将商业票据自行发售给投资人。

一般来说，使用商业票据进行短期融资的目的有：

- 资金来源更为分散，相比其他融资方式，能够以更低的利率借入更多的资金。
- 借款企业避免了在商业银行保留补偿性余额带来的成本。
- 商业票据市场范围广，发行人的名字可以借此传播，从而提高发行人的知名度。

银行承兑汇票

银行承兑汇票（bankers' acceptance，简称 BA），是可转让的短期融资工具，主要用于货物进出口贸易，有时也用于国内贸易，为一些运输和仓储中的容易变现的货物提供融资支持。

银行汇票是由需要融资的企业开具的，在开具时由银行承兑的远期汇票。承兑意味着银行承兑汇票持票人承担保证到期时支付票据金额的义务。

银行承兑汇票很容易转让，通常在货币市场上折价销售。企业实际享受的融资金额，是扣除承兑手续费之后的票面金额，在汇票到期付款之后时，要向承兑银行偿还全部票面金额。

短期信用管理

不同的短期信用工具有不同的融资成本，本节重点考察两种短期信用工具的融资成本：

1. 无担保银行短期借款的有效年利率。
2. 应收账款担保借款的保理费用。

实际年利率

银行提供无担保的借款，除了收取利息之外，往往还要收取承诺费，并要求企业保留补偿性余额。

利率

利率一般是在基准利率的基础上加成得出。基准利率，可能是优惠利率（prime rate）、美国短期国库券利率或伦敦银行同业拆放利率（LIBOR）。在确定利率的时候，银行需要评估客户的还款能力，由此判断贷款风险；利率反映了银行对贷款风险的判断。利率通常是可变的，根据基准利率变化进行调整。在 2007 年的金融危机中，伦敦银行同业拆放利率（LIBOR）的可信性大受质疑。2014 年 2 月 1 日，洲际交易所集团下的基准管理公司（Intercontinental Exchange Benchmark Administration Limited）从英国银行家协会（BBA）手中接管了 LIBOR，所以现在 LIBOR 也被称为 ICE LIBOR（ICE 是洲际交易所集团的简称）。在确定利率时，银行会评估客户偿还贷款的能力。收取的利率反映了银行对贷款风险的评估。利率通常是浮动的，根据基准利率的变化进行调整。

承诺费

除了利息之外，银行还需要就提供的授信额度和循环授信收取承诺费。承诺费一般按照全部授信额度或未使用的授信额度的一定比率收取。

补偿性余额

有些银行可能要求企业维持一定的补偿性余额，补偿性余额是指借款金额的一部分必须存放在银行、企业不能支用、不享有利息，也不能拿来冲抵银行的其他收费。补偿性余额按照基数乘以一定百分比计算，基数可能是全部信贷额度，可能是未使用的信贷额度，或为尚未偿还的借款金额。

承诺费和补偿性余额实际上减少借款人能支用的资金量，进而抬高了借款的实际年利率，换言之，这两种安排下，借款的实际年利率比银行报出的名义利率要高。

假设承诺费和补偿性余额都按照全部授信额度的比率确定，则实际年利率的计算公式为：

$$EI = \frac{PR + CF}{1 - CB} \times \frac{365}{M}$$

其中：

EI = 实际年利率（%）；

PR = 本金利息率（%）；

CF = 承诺费率（%）；

CB = 补偿性余额比率（%）；

M = 借款期限（天）。

例如：公司与银行约定借入一年期金额为 100 万美元的贷款，约定的利率为 12%，银行按照承诺借款金额的 0.25% 收取承诺费，并要求按照承诺借款金额的 10% 保留补偿性余额。则这项借款的实际年利率为：

$$EI = \frac{12\% + 0.25\%}{1 - 10\%} \times \frac{365}{365} = \frac{0.1225}{0.9} = 13.6\%$$

上例中，银行报出的利率为 12%，但是企业实际承担的实际年利率为 13.6%。

实际年利率还可以按照货币金额口径来计算，其一般公式为：

$$EI = \frac{\text{支付的全部利息} + \text{支付的全部费用}}{\text{借款金额} - \text{补偿性余额}} \times \frac{365}{\text{借款期限（天数）}}$$

保理费用

保理（factoring）是指将应收账款销售或转让给第三方（保理商），并以其作为短期借款的还款保障。保理商（factor）是从企业购入应收账款的银行或金融机构。

保理商开展业务，需要和客户签订保理合同。保理商要核查应收账款的信用情况，按应收账款的一定百分比收取佣金，佣金比例取决于应收账款的金额、质量以及客户整体的财务实力。保理商也要收取利息，利率通常是变动的。

在客户无力偿还贷款的时候，保理商有权处置应收账款。为了防范违约风险，保理商通常会在应收账款当前价值的基础上进行估值折扣，俗称**垫头**（haircut）。这意味着能获得的融资金额远低于所转让的应收账款的面值。估值折扣为保理商提供了风险缓冲垫，即使保理商最终只能折价处置应收账款，也可能收回贷款金额。

例如，应收账款的面值为 200 000 美元，估值折扣率为 15%，利息和佣金共计 30 000 美元。则借款企业能够收到的融资金额为 140 000 美元，计算过程如下：

应收账款面值	$ 200 000
乘：（1 - 估值折扣率）	×（1 - 15%）
减：全部融资费用	- $ 30 000
等于获得的融资金额	$ 140 000

在有些情况下，保理融资安排对于付款人是公开的，这时付款人继续对原债权人付款，企业要把收到的款项再背书转让给保理商。在另一种情况下，保理融资安排需要通知应收账款的付款人，付款人应当直接向保理商付款。大多数保理安排是不带追索权的，这意味着即使应收账款无法收回，保理商也无法要求出让方负责。

存货上也可以设置类似保理的融资安排，因为存货是流动性最差的流动资产，所以估值折扣设置的比较高并要求信托收据。**信托收据**（trust receipt）允许借款企业自行对存货进行销售，但是价款应该转交给保理商。

本节习题：
营运资本管理

说明：在下列空白处作答。参考答案及解析在本节习题后给出。

1. XYZ 公司截至 20×3 年 12 月 31 日的资产负债表如下。

资产		负债与所有者权益	
现金	$110	应付账款	$208
应收账款	280	应付票据	150
存货	175	应计费用	50
预付账款	20	递延税款	112
不动产、厂房及设备	700	长期借款	485
无形资产	100	股东权益	380
资产总额	$1 385	负债与股东权益合计	$1 385

截至 20×3 年 12 月 13 日，XYZ 公司的净营运资本是多少？
- ☐ **a.** 32 美元。
- ☐ **b.** 65 美元。
- ☐ **c.** 177 美元。
- ☐ **d.** 227 美元。

2. 巴罗公司的销售额保持不变，但该公司存货周转率在过去三年里都在上升。这一趋势可能表明以下哪一项的增加：
- ☐ **a.** 缺货。
- ☐ **b.** 产品成本。
- ☐ **c.** 资产。
- ☐ **d.** 持有成本。

3. A 公司有两笔未清偿的应付账款，如下所示。

卖方名称	发票金额	付款条件
琼斯公司	$20 000	(1/15，n/45)
贝克股份有限公司	$20 000	(2/10，n/90)

如果不享有现金折扣优惠，那么就实际年利率而言，下列年利率成本正确的是：
- ☐ **a.** 琼斯公司发票的年利率成本低于贝克公司发票。
- ☐ **b.** 贝克公司发票的年利率成本是 2%。
- ☐ **c.** 琼斯公司发票的年利率成本和贝克公司发票的年利率成本一样。
- ☐ **d.** 贝克公司发票的年利率成本为 9.31%。

本节习题参考答案：
营运资本管理

1. XYZ 公司截至 20×3 年 12 月 31 日的资产负债表如下。

资产		负债与所有者权益	
现金	$110	应付账款	$208
应收账款	280	应付票据	150
预付账款	175	应计费用	50
存货	20	递延税款	112
不动产、厂房及设备	700	长期借款	485
无形资产	100	股东权益	380
资产总额	$1 385	负债与股东权益合计	$1 385

　　截至 20×3 年 12 月 13 日，XYZ 公司的净营运资本是多少？
- ☐ **a.** 32 美元。
- ☑ **b.** 65 美元。
- ☐ **c.** 177 美元。
- ☐ **d.** 227 美元。

　　净营运资本是一个组织的流动资产减去流动负债的差额。本例中的流动资产包括现金、应收账款、存货和预付账款；因此，流动资产总额为 585 美元（110＋280＋175＋20）。流动负债包括应付账款、应付票据、应计费用和递延税款；因此，流动负债总额为 520 美元（208＋150＋50＋112）。净营运资本等于 65 美元（585 美元－520 美元）。

2. 巴罗公司的销售额保持不变，但该公司存货周转率在过去三年里都在上升。这一趋势可能表明以下哪一项的增加：
- ☑ **a.** 缺货。
- ☐ **b.** 产品成本。
- ☐ **c.** 资产。
- ☐ **d.** 持有成本。

　　这一趋势可能表明缺货在增加，因为库存周转率已经上升，这意味着巴罗公司存货在库存系统运动得更快。缺货成本是指公司无法及时完成客户订单而丧失的收入。

3. A 公司有两笔未清偿的应付账款，如下所示。

卖方名称	发票金额	付款条件
琼斯公司	$20 000	(1/15，n/45)
贝克股份有限公司	$20 000	(2/10，n/90)

如果不享有现金折扣优惠，那么就实际年利率而言，下列年利率成本正确的是：

☐ **a.** 琼斯公司发票的年利率成本低于贝克公司发票。

☐ **b.** 贝克公司发票的年利率成本是2%。

☐ **c.** 琼斯公司发票的年利率成本和贝克公司发票的年利率成本一样。

☑ **d.** 贝克公司发票的年利率成本为9.31%。

计算不享受现金折扣的成本公式为：［（折扣%）÷（100% −折扣%）×（年天数）］÷（总付款周期 − 折扣周期）。根据该公式，琼斯公司不享受现金折扣的实际年利率成本为12.29%（［（1%）÷（100% −1%）×（365）］÷（45 −15））。贝克公司不享受现金折扣的实际年利率成本为9.31%（［（2%）÷（100% −2%）×（365）］÷（90 −10））。

公司重组

公司重组包括所有权结构、资产结构或/和资本结构的重组。本节探讨公司重组实现的方式（如兼并收购、杠杆收购、投资剥离及发行追踪股），同时本节还将介绍下列内容：反收购策略、重组决策的考虑因素（如并购收益或协同效应）、兼并或收购中标的公司的估值。

 请先**阅读**附录 B 中列举的本节考试大纲（LOS），再来学习本节的概念和计算方法，确保您了解 CMA 考试将要考核的内容。

兼并与收购

LOS
§2.B.5.a

公司可以通过兼并或收购其他公司而实现成长。兼并包括**吸收合并**和**新设合并**两种形式，其中吸收合并较为常见。在**吸收合并**（merger）中，合并方吸收另一家企业，合并之后，被合并方的法律主体资格终止，合并方的法律主体仍将存续。例如，A 公司吸收合并 B 公司，合并之后，B 公司终止存在，A 公司仍将存续，用公式来表示：A + B = A。企业兼并中，对价支付方式可以是交付现金、承担债务、发行股票（权益性证券），也可以是上述方式的混合使用。兼并可能是横向兼并（合并同一行业的企业），可能是纵向兼并（合并上游供应商或下游经销商），也可能是多元化兼并（合并既非同行业也无上下游购销关系的企业）。企业合并需要经过合并方和被合并方各自的股东大会表决通过。

新设合并（consolidation）与吸收合并类似，也是企业合并的一种形式。在新设合并中，原有的合并各方组成一家新设的公司，合并之后，原有的各方都丧失法律主体资格，新设的公司依然存续并继续经营。例如，A 公司和 B 公司合并成一家新设的 C 公司，用公式表示为 A + B = C。

收购（acquisition）包括资产收购和股权收购。资产收购是指，购买另一家企业的全部资产；股权收购是指收购另一家企业的发行在外的有表决权股份（如普通股）以实现对其控股。在资产收购中，标的公司出售其全部资产，必须经过其股东大会的表决通过；在股权收购中，交易不需要经过标的公司股东大会集体投票表决，即使公司管理层和董事会对拟进行的收购持敌对态度，收购也能进行。这种情况下，收购方可以直接向标的公司的股东发出收购要约，收购其所持公司发行在外的普通股以实现控股。**收购要约**（tender offer）是收购方通过公开媒体向持有标的公司股份的投资者发出的公开要约，希望投资者在要约期限内接受要约，将其所持股份按要约价格卖给收购方。

反收购策略

企业收购可能是友好收购，也可能是敌意收购。在敌意收购（hostile takeover）中，标的公司竭力避免被收购，并可能为此采用一系列的反收购策略赶走收购方。这些反收购策略，统称为"驱鲨剂"（shark repellant），其中常见的有：

- **分期分级董事会**（staggering terms for the board of directors），是指董事分期选举，每次选举只替换部分董事，不是所有的董事都同时换届选举。
- **金色降落伞**（golden parachutes），是指约定一旦因为公司并购而辞退现有关键管理人员，需要支付高得离谱的福利和补偿。
- **绝对多数条款**（supermajority rule），是指公司章程规定，并购事项需要经股东大会绝对多数（例如80%以上）表决通过。
- **毒丸计划**（poison pills），是指公司发行一类特殊证券，这类证券只有当敌意收购方控制的公司股份达到一定比例时，才具有价值。带"**毒性卖权**"（poison put）的债券属于一种毒丸计划。毒性卖权一旦被触发，债券持有人有权强行要求标的公司回购其债券，从而增加标的公司的财务负担，减少其对潜在收购方的吸引力。
- **公平价格条款**（fair price provisions），也称为股东权利计划，是指向股东发放认股权证，授权股东公司面临收购时买入标的公司股票，买入价格仅为股票市场价的一部分。
- **白衣骑士**（white knight defense），是指标的公司寻找一个友好的买方，并与之合并。
- **"帕克曼"防御**（Pacman defense），是指标的公司反过来去收购敌意收购方。
- **诉讼**（Litigation），是指标的公司针对收购要约存在的一处或多处问题提起诉讼，以延缓收购进程。
- **绿邮**（greenmail），是指当收购方已经购买了标的公司相当数量的股份之后，标的公司自己提出要约，从收购方手里将其股份再定向回购过来。这时候，潜在的收购者有机会以远高于市场水平的价格将已购得的股票出售给标的公司，从而获利离场，不再继续收购。
- **私有化退市**（delisting the public company stock and going private）或**杠杆收购**（leveraged buyout，简称LBO）。杠杆收购，是指标的公司管理层和/或其他员工通过大量举借债务，收购标的公司，从而阻止收购方取得标的公司的控制权。
- **"龙虾陷阱"**（lobster traps），是指公司章程规定，持有10%以上的可转换证券的投资者不得将证券转换为有表决权的普通股，这样做可以抓住

"大龙虾"，放走"小虾米"。

- **处置皇冠明珠策略**（selling off the crown jewels），是指收购方最看重的标的公司的一部分资产，标的公司自行卖掉或处置掉这些资产，从而降低对收购方的吸引力。
- 其他反收购策略包括：内翻式（flip-in）认购期权（让股东有权低价购入标的公司的股票）、外翻式（flip-over）认购期权（让股东有权低价购入收购方的股票）、员工持股计划（Employee Stock Ownership Plan，ESOP）以及反向要约（reverse tender offer）。

投资剥离

投资剥离（divestitures 或 divestment）是投资的反义词。投资剥离包括出售一个营业分部或削减公司的资产。公司进行投资剥离的目的很多，可能是为了重新聚焦主业，为核心业务筹集资本，也可能是为了应对政府的反垄断诉讼。投资剥离的常见方法包括：分拆、股权切离和公司分立。

分拆

分拆交易（spin-off transaction）中，母公司将现有的某一业务或某一分部分拆出来，单独设立成一家新公司，并将其新公司股份按照其母公司的股权结构分配给母公司现有的股东。分拆交易实际就是通过对现有股东的一种特殊类型的分红实现的。通过分拆，公司可以处理掉生产效率低下或与主业不相关的附属业务，精简并理顺业务流程。例如，公司可能将其增长缓慢的成熟业务分拆出去，聚焦于高速增长的业务。被分拆出去的业务预计作为独立的公司存在要比作为母公司的附属部分存在更有价值。最近发生的分拆案例包括：2011年，亿客行（Expedia，在线旅游公司）分拆出猫途鹰（TripAdvisor，旅游评价网站）；2012 年西尔斯控股（Sears Holding Corporation，连锁百货店）分拆出其加拿大业务（Sears Canada）。1984 年美国电话电报公司（AT&T）的分拆是史上最成功的一次分拆，在这次分拆中，AT&T 分拆为 7 家区域性电话公司，股东所持有的每 10 股原 AT&T 股票，被置换成这 7 家公司的股票，每家公司各 1 股。

股权切离

股权切离（equity carve-out），也被称作分拆上市（split-off IPO）或部分分拆（partial spin-off），是一种典型的公司重组方式。股权切离中，母公司设立新的子公司，随后子公司公开发行股票并上市，但是母公司仍然持有上市后子公司的大部分股份，并保留管理控制权，所以并非完全分拆；只是让出一小部分权益（通常不超过 20%）给外部投资者。股权切离增加了公司对资本市场的接触面，既能使切离的子公司享有一定的自治权，具有自己的董事会，从而把握快速增长的机会，同时也能使子公司能够继续使用母公司的资源。股权切离之后，母公司可能最终出售所持股权，将子公司彻底切离。

公司分立

公司分立（split-up），也就是完全析产分股，是指一家公司分拆为两家或更多独立运营的公司，原公司的股份替换为分立出来的新公司的股份。替换比率由原公司的董事会确定并经过股东大会事先批准。分拆之后，原公司不复存在。

公司分立可能是因为政府反垄断的指令，也可能是出于公司战略的考虑。战略性分拆的逻辑是将原公司分拆成几家独立的公司之后，各家公司合计的股权价值超过原公司的股权价值。

公司重组需考虑的因素

LOS
§2.B.5.d

LOS
§2.B.5.e

公司重组的整体目标是股东财富最大化。并购重组着眼于收购方与被收购方之间的经营或财务上的协同效应，使收购方能够从协同效应中获得自己无法单独获得的收益，这些收益包括：

- 获取其他公司的资产、技术、工艺。
- 实现规模经济。
- 获取资源，如通过整合销售团队、设施和分销渠道获取市场资源。
- 为产品或服务获取分销渠道或全球推广的机会。
- 获取客户。
- 实现比内部增长更快的增长速度。
- 提供多元化的产品和服务。
- 利用标的公司可结转以后年度弥补的经营亏损来抵税。

类似的，公司剥离现有的资产或业务单元，也是出于一系列考虑，其动机包括：

- 剥离非核心业务，聚焦核心业务，以发挥专业优势。
- 获取必要资金。
- 使各家公司分拆后的市值总和超过原来作为一个整体的公司市值。
- 稳定股价，避免一个业务单位的业绩波动造成整个公司的股价波动。
- 剔除业绩不佳或经营失败的业务，以免拖累整个公司盈利状况和/或现金流。
- 迫于监管机构和/或股东的压力。

并购标的的估值

评估并购标的的价值有三种主要方法：
1. 现金流量折现法（简称 DCF）；

2. 账面价值调整法；

3. 可比公司市盈率法（P/E 法）。

　　现金流量折现法（discounted cash flow method）是上述三种方法中理论基础最坚实的方法。这种方法需要将并购能带来的现金收益的现值，与并购成本的现值相比较。计算现值时使用的折现率通常为标的公司的税后资本成本，因为这个折现率最能反映标的公司现金流量上的风险。并购能带来的现金收益是指标的公司预计未来能产生的税后自由现金流量。选择这种方法需要考虑标的公司财务报表上是否包含模型所需的必要信息，如税率、折旧摊销费用等。最基本的计算方法为：

　　净利润

　　加：折旧摊销费用

　　加：利息费用

　　减：营运资本（流动资产减流动负债）较上年的增加值

　　减：固定资产较上年的增加值（即资本支出）

　　减：利息税盾效应

　　等于：税后自由现金流

　　并购成本的现值主要是指收购标的公司的对价。

LOS
§2.B.5.f

　　例如：假设并购预计每年带来税后自由现金流为 2 000 000 美元，预计将持续 15 年。标的公司的必要报酬率为 14%。已知 15 年期、折现率为 14% 的年金现值系数为 6.142。则并购后现金收益的现值为 2 000 000 美元 × 6.142 = 12 284 000 美元。因此，收购方报出的标的公司收购价格不应该超过 12 284 000 美元。

　　账面价值调整法（adjusted book value method）用标的公司所有资产的市场价值减去所有负债的市场价值来计算其企业价值。因为确定标的公司各项资产负债的市场价值难度大、成本高，所以在美国，这种方法很少使用。

　　可比市盈率法（P/E 法）（comparative P/E ratio method）可以在换股收购中确定收购方股份和标的公司股份的兑换比率以实现一个各方都能够接受的收购后的公司市盈率。这种方法假设收购方考虑到协同效应带来的预期收益，愿意在标的公司市场价值的基础上再多支付一部分溢价。协同效益来源于这样一个概念，即两家公司合并后的价值大于单独的两家价值的总和。协同效益（或合并的协同效应）是合并后的两家公司的合并价值与各自独立价值之和之间的差额。

LOS
§2.B.5.g

　　例如，假设 ABC 公司希望通过换股方式收购 XYZ 公司。两家公司的财务数据如图表 2B-23 所示。

图表 2B-23　ABC 公司和 XYZ 公司的财务数据

	ABC	XYZ	合并后
销售收入（百万美元）	$600	$75	$675
净利润（百万美元）	$30	$10	$40
发行在外的普通股股数（百万股）	6	4	?
每股收益（EPS）	$5.00	$2.50	?
普通股每股价格	$50	$20	$50

　　假设不考虑并购后的协同效应，在不稀释公司当前的每股收益（EPS）的前提下，ABC 公司股东能接受的换股比例是多少？不稀释当前的每股收益，要求并购之后的每股收益至少为 5.00 美元，而要维持这一每股收益，并购后的股份数合计最多应为 800 万股（并购合计净利润/并购后最低每股收益＝4 000 万美元/5.00 美元＝800 万股）。这样，ABC 公司最多再发行 200 万股的股份，就可以换取 XYZ 公司 400 万股，意味着换股比率为 1 股（ABC 股票）换 2 股（XYZ 股票）。

　　除了市盈率法之外，其他相对价值评估的方法也会用到价值乘数（或称为市价比率），这些方法包括：

- 市净率法（P/B 法）；
- 市销率法（P/S 法）。

　　这些方法的逻辑是，根据目标公司的财务报表数据计算出其每股价值指标，如每股收益、每股净资产、每股销售收入，再用这些每股价值指标乘以特定倍数得到标的公司的每股价值。例如，收购方用同行业可比公司的市净率乘以标的公司的每股净资产价值，得到标的公司的每股股权价值。相对价值评估法的优点和缺点，请参见本章第 2 节：长期投融资管理。

公司重组的其他形式

　　除了前文介绍的内容外，公司重组还有很多其他形式，能帮助企业实现其设定的主要目标，如实现股东财富最大化、熬过经济困难时期或保证公司的长期生存能力。

　　例如，公司可以选择私有化。这可以通过回购发行在外的普通股并注销来完成。私有化意味着股票退市，不再公开交易。这类交易通过**杠杆收购**（leveraged buyout，简称 LBO）来实现。杠杆收购在前文讲述反收购战略的时候曾有介绍，指的是公司的管理层或其他员工支付价款收购公司，但只出一小部分自有资金，剩余的资金以公司的资产作为担保举借大量的债务筹足。管理层收购能够使公司受益，因为私有化之后，公司不必再发生维持一家公众公司所需要发生的高昂的管理费用。另外，管理层或员工成为企业的所有者之后，工作动力更强，经营决策的自主权更大。

LOS §2.B.5.a.ii

　　作为一种相反的选择，私人公司也可以通过首次公开发行股票（IPO）并上市变成公众公司，这也是一种公司重组的形式。

　　公司可以通过**员工持股计划**（employee stock ownership plan，简称 ESOP），授予员工一定的股份，从而对公司的股权结构进行重组。员工持股计划能够给员工提供激励和回报，此外，还能够给经营成功但未上市的非公众公司提供一个让现有股东能够变现退出的市场，并鼓励公司尽量以借款的方式为购置新设备融资从而享受到抵税收益。员工持股计划在税收上具有优势，例如，公司无论将股份还是将资金投入到员工持股计划，其成本都是可以税前抵扣的。员工持股计划还可以作为一种反收购策略来使用。

　　追踪股（tracking stock），又称为目标股（targeted stock），是另一种公司重组的工具。追踪股通常由多元化经营的企业以母公司的名义发行，但是其投资

LOS §2.B.5.c

收益取决于公司一个特定的业务板块或战略业务单元（SBU）的经营业绩。追踪股所"追踪"的，就是某一战略业务单元的经营业绩。为此，该战略业务单元的所有收入、成本、利润和现金流都要与母公司分开来单独核算，并归集到其对应的追踪股下。追踪股可以用来把一个高速增长的战略业务单元的业绩表现出来和从一个整体陷于亏损的母公司中分离开来。但是母公司及其股东仍然控制着被追踪的业务单元。

公司还可以通过改变资产结构或资本结构进行重组。比如，公司可以通过分散出售资产的方式，对某一业绩欠佳的业务单位进行清算处理。又比如，公司可以通过售后回租进行资产重组。售后回租是指，公司卖出特定的资产，然后从买方手里将该资产再重新租回来使用。这样公司既能保持对资产的占有和使用，又能腾出资产所押占的资金。至于资本结构的重组，公司可以通过与债权人谈判进行债务重组，以免陷入破产。债务重组使公司得以削减无力清偿的债务或重新商定偿还条件，以恢复或改善公司的流动性，维持公司的持续经营。

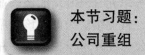

本节习题：
公司重组

说明：在下列空白处作答。参考答案及解析在本节习题后给出。

1. A 公司正在考虑以 2 000 000 美元的价格收购 B 公司。A 公司的价值为 4 000 000 美元，B 公司在合并前的价值为 1 000 000 美元。合并后的公司总价值为 7 000 000 美元。则合并的协同效益如下：
   □ **a.** （＄1 000 000）。
   □ **b.** ＄1 000 000。
   □ **c.** （＄2 000 000）。
   □ **d.** ＄2 000 000。

2. 一家上市公司计划以 1 亿美元的价格剥离其 A 部门。私人投资者已经筹集了 10 000 000 美元的资金，并计划通过将 A 部门的资产抵押进行债务融资筹集剩余的 90 000 000 美元。新的投资者计划向新的管理层提供股票期权，让他们在公司拥有更大的权益。他们还重新设计了绩效考核和激励机制，以使员工的低效和官僚作风最小化。这个情境最符合以下哪种情况：
   □ **a.** 管理资本重组。
   □ **b.** 管理层收购。
   □ **c.** 杠杆资本重组。
   □ **d.** 杠杆收购。

3. 清晰展示公司（Clear Displays Inc.）的主营业务是生产移动设备的显示屏，它目前正通过收购扩大业务。清晰展示公司的加权平均资本成本为 10%。它正在评估收购竞争对手之一明亮屏幕公司（Bright Screens Inc.）的机会。根据预测，在接下来的四年里，明亮屏幕公司的现金流量每年将达到 110 000 美元，净利润每年将达到 90 000 美元。四年后，预计明亮屏幕公司的第 4 年末的价值为 1 250 000 美元。根据现金流量贴现方法，预计明亮屏幕公司的估值为：
   □ **a.** 1 139 050 美元。
   □ **b.** 1 202 450 美元。
   □ **c.** 1 535 300 美元。
   □ **d.** 1 598 700 美元。

本节习题参考答案：
公司重组

1. A 公司正在考虑以 2 000 000 美元的价格收购 B 公司。A 公司的价值为 4 000 000 美元，B 公司在合并前的价值为 1 000 000 美元。合并后的公司总价值为 7 000 000 美元。则合并的协同效益如下：

☐ **a.** （＄1 000 000）。

☐ **b.** ＄1 000 000。

☐ **c.** （＄2 000 000）。

☑ **d.** ＄2 000 000。

由于 A 公司单独的价值为 4 000 000 美元，而 B 公司单独的价值为 1 000 000 美元，因此两家公司单独估值时的价值之和为 5 000 000 美元；然而，合并后公司的总价值将为 7 000 000 美元。合并的协同作用是指合并后公司价值与各公司独立价值之和之间的差额；因此，协同效益为 2 000 000 美元（7 000 000 美元 － 5 000 000 美元）。

2. 一家上市公司计划以 1 亿美元的价格剥离其 A 部门。私人投资者已经筹集了 10 000 000 美元的资金，并计划通过将 A 部门的资产抵押进行债务融资筹集剩余的 90 000 000 美元。新的投资者计划向新的管理层提供股票期权，让他们在公司拥有更大的权益。他们还重新设计了绩效考核和激励机制，以使员工的低效和官僚作风最小化。这个情境最符合以下哪种情况：

☐ **a.** 管理资本重组。

☐ **b.** 管理层收购。

☐ **c.** 杠杆资本重组。

☑ **d.** 杠杆收购。

杠杆收购是一种融资手段，在这种融资方式下，投资者只需要花费很少的权益资本就可以收购一家公司；因此，收购所需的大部分资金都是以债务的形式来筹集的，即将被收购公司的资产作为债务融资的抵押进行融资。杠杆收购后，无论是直接购买股票还是间接通过股票期权的形式取得股票，管理层在公司的持股比例会高于收购前的持股比例。

3. 清晰展示公司（Clear Displays Inc.）的主营业务是生产移动设备的显示屏，它目前正通过收购扩大业务。清晰展示公司的加权平均资本成本为 10%。它正在评估收购竞争对手之一明亮屏幕公司（Bright Screens Inc.）的机会。根据预测，在接下来的四年里，明亮屏幕公司的现金流量每年将达到 110 000 美元，净利润每年将达到 90 000 美元。四年后，预计明亮屏幕公司的第 4 年末的价值为 1 250 000 美元。根据现金流量贴现方法，预计明亮屏幕公司的估值为：

☐ **a.** 1 139 050 美元。

☑ **b.** 1 202 450 美元。

☐ **c.** 1 535 300 美元。

☐ **d.** 1 598 700 美元。

　　明亮屏幕公司的估值就等于预期未来现金流的现值。预期未来现金流量按照加权平均资本成本10%进行折现，这也是公司的必要报酬率。根据年金现值系数表和复利现值系数表，查表可知，利率为10%，期限为4年的年金现值系数为3.170；利率为10%，期限为4年的复利现值系数为0.683。因此，计算得到的预期未来现金流量的现值为（110 000 美元×3.170）＋（1 250 000 美元×0.683）＝1 202 450 美元。

第 6 节

国际金融

国与国之间的贸易需要支付对价。一国进口货物的成本，取决于该国货币相对于出口国货币的价值。

外币不但被作为采购商品和服务的支付工具使用，还被作为对冲的手段进行买卖。例如，如果一个投资者预计美元将对日元贬值，他会卖出美元换取日元，以期从未来的汇率变动中获利。如果他的预判正确，他将能够在未来把升值后的日元卖出，再换回比原来更多的美元。

本节将讨论固定汇率、弹性或浮动汇率、交易风险敞口的管理方法、国际贸易中的融资和支付工具以及资产的国际化分散投资。

请先**阅读**附录 B 中列举的本节考试大纲（LOS），再来学习本节的概念和计算方法，确保您了解 CMA 考试将要考核的内容。

外汇汇率

任何出境旅行的人都知道，货币之间可以相互兑换。美国公民去英国旅行，要将美元（USD）兑换成英镑（GBP）。如果这个旅行者跨过英吉利海峡又到了法国，还要再将美元或英镑兑换成欧元。事实上，这个旅行者在用一种货币购买另一种货币，而购买价格就是汇率。

监控汇率的难处在于，在外汇市场上，很多货币之间的汇率都处在波动之中。换言之，和大宗商品一样，在全球市场上货币也可以升值或贬值。对于房地产、艺术品这类有形资产来说，升值意味着标价更高，贬值则相反；对于股票、债券这类有价证券来说，升值意味着交易价格更高，贬值则相反。对于货币来说，升值或贬值的原理是一样的，但表达形式则稍微复杂一些。

对于一种货币来说，升值意味着相对于另一种货币，其购买力更强，持币者拿同样数量的货币能买到更多的商品，这一货币也就理应能兑换成更多数量的另一种货币；贬值则正好相反。对此，旅行者会有切身体会，当本国货币相对于其出访国的货币升值的时候，他能住更好的宾馆，进更好的饭店，买回来更多的商品。而本国货币贬值的时候，情况则相反，旅行者就要削减开支甚至取消行程。

二战之后不久，美元和英镑之间的汇率为 4 美元兑换 1 英镑。丘吉尔首相访问美国时，可以花 1 英镑"买到" 4 美元，而杜鲁门总统出访伦敦，需要花 4 美元"买到" 1 英镑。随着时间流逝，英镑对美元逐渐贬值（或者说美元对英镑升值），到 20 世纪 90 年代，两种货币几乎等值。再后来，美元又开始对英镑贬值（或者说英镑对美元升值），直到汇率达到 2 美元兑换 1 英镑，这针对于去美国旅行的英国人来说是个利好，而对于去英国旅行的美国人来说则是一个坏消息。

汇率是不断波动的，除非一国采用固定汇率体制。关于固定汇率，本节后面将会介绍。汇率的实时变化可以从 www.xe.com 这类网站查询到。

一个汇率报价，包含本币部分和外币部分。汇率报价的表述方法会有不同，这取决于立足点在哪一个国家，哪个国家的货币定义为"本币"。但不管怎么表述，实际内容是一样的，不影响兑换中两种货币换手的数量关系。

汇率报价通常表述为 1 单位 A 货币兑换多少数量的 B 货币。汇率报价分为直接报价和间接报价。在**直接报价**（direct quote）中，按一单位表述的是外国货币或称为对方货币，按兑换数量表述的是本国货币或称为基准货币。直接报价表达的是买入或卖出一单位外国货币，需要支付或能够收到多少数量的本国货币。图表 2B–24 所表达的货币兑换中，如果将美元定义为本币，则用直接报价表述为，1 英镑兑换 1.4434 美元，或 1.4434 $/£，注意本币美元（$）在前，外币英镑（£）在后。**间接报价**（indirect quote）的表述习惯则正好相反。

例如：假设约翰是一名美国公民，准备去英国旅游。飞抵伦敦希思罗机场后，导游告诉他，他需要兑换 500 英镑支付各种费用。如果用直接报价来表述，导游会说，买 1 英镑需要花多少美元；如果用间接报价来表述，导游告诉他拿 1 美元能够换回多少英镑。这个例子中，无论用哪种方式表述，约翰兑换 500 英镑需要花费 721.70 美元（按直接报价计算：£ 500 × 1.4434 $/£ = $721.70，按间接报价计算：£ 500 ÷ 0.6928£/$ = $721.70）。

图表 2B–24 列示了直接报价和间接报价之间的关系。

图表 2B–24　直接报价和间接报价之间的关系

报价类型	货币关系（美元为本币）	示例
间接报价	外币/本币	1 美元 = 0.6928 英镑
直接报价	本币/外币	1 英镑 = 1.4434 美元

在美籍旅客约翰的兑换货币的案例中，汇率很容易理解。但是汇率变动影响到的远远不止旅行者的境外消费。国际贸易依赖贸易参与国的货币实现。购买墨西哥的橘子需要用墨西哥比索支付，购买美国的商品则需要用美元支付。外国消费者想要购买美国商品，必须要得到美元才能让交易完成。由此产生了外汇市场。

固定汇率、弹性或浮动汇率

全球汇率的管理体制，从 20 世纪上半叶的固定汇率体系，逐渐演变为弹性或浮动汇率体系。

固定汇率体系

在**固定汇率体系**（fixed exchange rate system）下，每一个国家都有义务维持其本国货币相对于外币或相对于黄金等其他价值尺度的币值基本稳定。1944 年联合国货币金融会议召开，这次会议通常被称为布雷顿森林会议（Bretton Woods Conference），旨在调控第二次世界大战之后的国际货币金融形势。这一会议的众多决议中，有一项规定是世界各国的货币与美元挂钩，美元则直接与黄金挂钩，这样，美元被指定为外汇交易的中介。美元兑换黄金的比率固定。布雷顿森林会议所设定的 35 美元兑换一盎司黄金的比例，一直维持到 20 世纪 60 年代。

在固定汇率体系下，政府要采取各种措施，抵消掉货币供求关系变化所带来的汇率波动。一种直截了当的方法是出手干预货币市场，利用国家的外汇储备在市场上买卖美元。一种货币的供给增加，会导致其相对于其他货币的价格下降；供给的减少则带来相反的作用。

例如，假设在过去的固定汇率体系下，瑞士法郎的价值被锁定在 2 法郎兑换 1 美元。如果国际货币市场上对瑞士法郎的需求增加，导致汇率变为 1.90 法郎兑换 1 美元，这意味着，交易商用更少的法郎就能买到更多的美元，瑞士法郎走强或美元走弱。为了维持美元对瑞士法郎的比价，美国财政部会抛售外汇储备中的瑞士法郎，用来在市场上回购美元。这样，减少了美元的供给而增加了法郎的供给，直到汇率恢复到 2 法郎兑换 1 美元。

除了通过买卖货币干预外汇市场外，美国政府还有其他的方法应对美元的贬值。例如，如果美元因为贸易失衡而贬值，政府会实施有助于削减贸易逆差或增加贸易顺差的贸易政策。这样的措施会导致美元回流本国，增加外国因进口美国商品而形成的对美元的需求，从而提升美元相对于其他货币的价值。

国家还可以调整外汇管制政策，使得某一种货币更难或更容易取得，或者调整国内宏观经济，以增加或减少本国货币的市场供给。例如，如果美国国内的通货膨胀导致美元价值的下降，美联储可以提高利率。这一方面抬高了借款的成本，从而减少国内货币的供给，另一方面也抬高了美元债券的利率，让美元在货币市场上更有投资价值。随着美元的供给减少而需求增加，从两个方面提高了美元的价值。

弹性或浮动汇率体系

在**弹性**或**浮动汇率**（flexible/floating exchange rate）体系下，货币之间的汇率类似于股票、债券等金融资产的价格，都是由市场供求关系决定的，货币价值随着市场行情变化而波动。图表 2B－25 分别总结了固定汇率体系和浮动汇率体系各自的特征和优点。

图表 2B－25 固定汇率体系和浮动汇率体系各自的优点

汇率类型	根本特征	宣称的优点
固定	汇率固定不变	**•强化货币纪律**
		固定汇率体系（如前述的金本位）对各国的货币和财政政策加以限制，防止政府任意增加或减少货币的供给
		•防止投机活动
		由于汇率固定，不存在从汇率变动中获利的机会，所以市场参与者不会出于投机目的从事外汇交易
		•减少不确定性
		由于汇率固定，价格更加稳定，更容易预测，消除了出口商出口收汇价值的不确定性
浮动	汇率随供求关系而变化	**•货币政策自主**
		由于汇率可以随供求关系变化而变化，政府的货币政策并不受制于汇率协议，也无须为了维持汇率而买卖货币
		•贸易差额可调
		浮动汇率可以自动调节贸易差额，而固定汇率体系下外汇差额的调节很困难，而且往往调节时为时已晚

在浮动汇率体系下，在短期内，汇率变动取决于国家之间的利率差额；在中期内，汇率变动取决于国家之间的贸易失衡；而在长期内，汇率趋于实现购买力平价。**购买力平价**（purchasing power parity，简称 PPP）是指，考虑到汇率问题后，一篮子标准货物在两个国家之间应该有相同的价格。

在**有管理的浮动汇率体系**（managed floating exchange rate system）下，汇率可以根据市场供求关系而波动，但中央银行也会出手干预以稳定或调节汇率。央行进行货币干预的理由是，经济形势的变化要求汇率变化，以避免国际收支出现持续的赤字或结余。相对于布雷顿森林协议下的固定汇率体系，有管理的浮动汇率体系允许汇率有更大的变动空间。

外汇汇率的变化会扰乱经济的发展，不利于贸易流通，外汇投机者将外汇作为商品进行买卖，则加重了这一问题。于是，在有管理的浮动汇率体系下，中央银行会出手管理或稳定汇率，其操作方法同上文提到的美联储买卖货币控制货币供求的方法类似。

浮动汇率体系有利有弊。历史表明，浮动汇率体系下，贸易增长势头并未减弱。浮动汇率体系的倡导者认为，有管理的浮动汇率能让世界各国免遭严重的经济动荡。浮动汇率体系有利于在国际上对负面或危险的经济发展行为进行纠正，而这些行为假如放到固定汇率体系下，会带来难以承受的压力。

有的浮动汇率体系的反对者认为，浮动汇率导致了汇率的过度波动，即使一国的经济和金融基本状况稳定，汇率也会波动。另一类反对者则认为，有管理的浮动汇率无助于解决国际收支失衡，在这一点上不如浮动汇率。有管理的浮动汇率缺乏能让系统长期有效运行的清晰的规则和行为指南。国家难免对汇率进行不当干预，其动机不仅仅是消除汇率的短期或投机性的波动，有时还为了在货币长期低迷时抬高币值，或为了操纵币值以稳定国内局势。有人担心，未来有管理的浮动汇率下，管理会越来越多，浮动则越来越少。

币值波动

一种货币的币值波动是相对于另一种货币而言的，也就是说，一种货币价值下跌，意味着另一种货币价值相对上升。汇率由两国之间的贸易关系决定。下列六个因素会影响到汇率。它们相互之间并非互斥的，而是相互影响的：

1. 通货膨胀率的差异：通常，持续的低通货膨胀会抬高币值，增加其购买力。

2. 利率的差异：中央银行调节利率，既可以影响通货膨胀率，也可以影响汇率。

3. 经常性账户赤字：是指一国与其交易伙伴之间的贸易逆差。

4. 公共债务水平：较高的公共债务水平会增加通货膨胀。

5. 出口和进口的交换比价：也称为贸易条件，是出口商品的价格占进口商品价格的比率。

6. 政治经济的稳定性：稳定的国家更容易吸引到境外投资者，因为投资者对币值更有信心。

导致汇率变化的因素很多，还包括消费者的口味或收入的变化、相对价格的变化（稍后介绍）、外汇投机活动导致的供求关系变化、利率的变化。如果一国的利率高于另一国利率，境外投资会被吸引到利率高的国家，导致对该国的货币需求增加，币值上升。

一国货币的汇率会影响进口该国商品的成本。如果一国货币相对于进口国货币贬值，则该国货币和产品对于进口国来说都变得更便宜。如果一国货币升值，其情况正好相反。

如果一个公司的交易主要以外币计价，公司就要管理汇率风险。外汇期货、外汇期权和外汇掉期都是管理汇率风险的工具。**外汇期货**（currency futures），也称为汇率期货，指的是在特定日期按特定价格（汇率）交换特定数量货币的可转让的合约，可以用于对冲汇率风险。外汇期货合约也可以在到期前平仓，了结合约下买卖外汇的义务。**外汇期权**（currency options），赋予期权持有人在特定日期按特定价格（汇率）买入或卖出特定数量货币的权利，从而对冲掉不利的汇率变动。外汇期权的优势在于只有在有利的条件下才选择行权。**外汇掉期**（currency swap），也叫外汇互换，是指双方当事人约定交换不同币种的两项贷款下价值相当的利息现金流，有时候也会涉及到借款本金的互换。外汇掉期和利率互换非常相似，两者的区别在于外汇掉期可能涉及到本金的交换。

进口成本上的差异称为**相对价格**（relative price）。例如，假设意大利按 50 欧元的价格向美国出口 A 产品，美国按照 50 美元的价格向意大利出口 B 产品。汇率决定了美国消费者进口意大利货物的相对成本和意大利消费者进口美国货物的相对成本。

如果欧元兑美元的汇率为 1 欧元 = 1.25 美元，则：

- 产品 A 对于美国消费者的相对价格为 50 欧元 × 1.25（$/€）= 62.50 美元。
- 产品 B 对于意大利消费者的相对价格为 50 美元 ÷ 1.25（$/€）= 40 欧元；或 50 美元 × 1/1.25（€/$）= 40 欧元。

如果两个月后，A 产品在意大利的价格仍然为 50 欧元，但是在美国的价格却从 62.50 美元跌落到了 60 美元，我们可以由此推测，美元相对于欧元升值了，也即欧元相对于美元贬值了。B 产品在美国的价格仍然为 50 美元，现在在欧洲需要花 41.67 欧元才能买到。我们可以通过实际价格和相对价格之间的关系推算出汇率：

60 美元/50 欧元 = 1.2（$/€），或

41.67 欧元/50 美元 = 0.8334（€/$）

汇率的变动还可以通过图形体现出来，图表 2B - 26 展示的是欧元相对于美元的升值。

图表 2B - 26 美元和欧元的市场均衡汇率

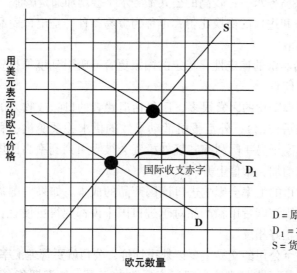

图表 2B - 26 中显示，对欧元的需求曲线从 D 增长到了 D_1，这潜在的原因可能是出口增加带来的国际收支资本账户赤字或欧洲居民收入的提高。假设欧元的供给曲线没有发生变化，则需求的增加导致欧元升值，即购买相同数量的欧元需要花费更多的美元。

汇率风险敞口的类型

汇率变动会给企业带来重大风险。汇率风险包括三种具体类型：折算风险、交易风险、经济风险。

1. 折算风险敞口（translation exposure）：也称为会计风险敞口，发生于公

司存在以外币出具财务报表的境外子公司的情况下。在编制合并报表时，境外子公司的财务报表必须按照现行汇率折算为美元计量的报表，这会导致合并报表上出现汇率变化带来的损失或利得。

2. 交易风险敞口（transactions exposure）：是特定的外汇交易结算时形成的损失或利得，例如购买外国商品或国外销售商品或结算未清偿的往来款。

假设一家美国企业从加拿大的供应商赊购了价值 10 000 加元的存货。当时加元和美元的汇率为 0.70 加元兑换 1 美元。货款应在两个月后支付。当款项结算时，假设汇率变成了 0.69 加币兑换 1 美元。在购买时，应付款项的价值为 10 000 加元/0.70 = 14 285.71 美元；而在结算时，应付款项的价值为 10 000 加元/0.69 = 14 492.75 美元，这导致了汇兑损失 207.40 美元（14 492.75 美元 – 14 285.71 美元）。如果加币贬值到 0.71 加币兑换 1 美元，则会产生汇兑利得。

3. 经济风险敞口（economic exposure），也叫作经营风险敞口，是指未预期的汇率波动带来的公司未来现金流的变化。与此不同的是，上文讲的折算风险和交易风险都是基于*可预期*的汇率波动。这使得经济风险敞口难以通过套期保值进行对冲，最有效的风险管理手段是外汇掉期。

例如，一家美国公司在做经营预测时，假定美元相对于某一个主要的外币逐渐升值，每年升值率为 1%。假如美元价值不升反降，就会带来经济风险。

经济风险敞口对大型跨国公司的影响最大，但是小企业也会受到不同程度的影响。

很多对冲策略（风险管理策略）可以用来管理汇率风险敞口。例如，外汇远期合同、外汇期货、外汇期权和外汇掉期，都可以用于对冲汇率风险。

通过下面一个例子可以看到公司如何利用外汇远期合同来规避汇率风险。假设一家虚拟的美国公司布利韦公司（Blivet Company）向位于瑞士的批发商销售虚拟商品 blivet。销售价格为每船商品 50 000 瑞士法郎，信用期限为 90 天。90天后，美国布利韦公司要将收到的瑞士法郎兑换成美元。当前的即期汇率为 1.71瑞士法郎兑换 1 美元，90 天的远期汇率为 1.70 瑞士法郎兑换 1 美元。美国布利韦公司决定卖出 90 天的瑞士法郎的外汇远期合约，这样无论汇率如何波动，等 90天后收到客户付款金额 50 000 瑞士法郎时，它可以兑换成 29 412 美元（50 000瑞士法郎/ 1.70 = 29 412 美元）；假如布利韦公司销售时就收到 50 000 瑞士法郎，则可以兑换成 29 240 美元（50 000 瑞士法郎/1.71 = 29 240 美元）。

境外投资的风险与收益

持有任何金融资产都可能存在资产价值下降导致投资者蒙受损失的风险。跨越多国进行全球资产配置，可以分散这一风险。

假设 A 国和 B 国都种植咖啡，两国居民相互投资，交叉持股，分别持有对方集体农庄 50% 的股份。如果某年 A 国风调雨顺，而 B 国遭遇了旱灾，则两国投资者的投资组合都取得相同的收益。例如，A 国出产了 75 吨咖啡而 B 国只出产了 25 吨咖啡，则两国投资者都能分配到 50 吨的咖啡。这时，B 国的投资者从多元化投资中受益。假如另一年，B 国出产了 100 吨咖啡，而 A 国只出产了 50

吨咖啡，则两国投资者都能分配到75吨的咖啡，这时从多元化投资中受益的是A国投资者。

类似的投资分散化将投资组合中的资产分散到其他国家，能够帮助投资者规避一国利率不利变化的风险。

在进行国际投资决策时，公司首先想到的是境外投资带来的潜在收益，但是境外投资对公司现有资产组合风险上的影响也不容忽视。

例如，在发展中国家进行投资，往往预期比在本国投资有更好的收益率。但是高收益率是与高风险密切相关，高风险意味着收益率的不确定性高。

例如：假设豪华行李公司（Luxury Luggage）是一家美国公司，其开展境外经营第一年的收益率为45%，而第二年就蒙受了损失，收益率为 -5%，其两年的平均收益率为20%（［45% + （ -5%）］ /2 =40%/2 =20%），如果豪华行李公司对待风险比较谨慎，则公司可能更偏好能带来稳定可预期收益的投资，假如三年的收益率分别为20%、18%、19%，虽然三年的平均收益率只有19%，但是其风险却与公司偏保守的风险偏好相吻合。这样，公司就不至于为收益的急剧下滑而头疼，风险厌恶型的投资者也不至于抛售公司股票，而银行也更愿意为这样收益率稳定的企业提供投资资金，因为对银行来说，收益的波动会危及公司偿还借款的能力。

境外投资是一种多元化的形式。上述案例中的豪华行李公司，想要通过多元化来分散风险，就不能单纯增加投资组合中的投资数量。多元化不仅仅是增加投资的数量，如果新增的投资与原来的投资有相同的风险特征，则增加投资数量是不会改变投资组合的风险特征的。

例如，上例中的豪华行李公司有10处装配厂，在最近3年里，每一处装配厂的收益率都分别为20%、18%、22%，那么，设立10处装配厂和只设1处装配厂的风险—收益组合是一样的，增设装配厂无法降低风险。

如果各个装配厂之间的收益是此消彼长，反向变动的，多元化就能抹平收益上的波动。简而言之，公司评估境外投资时，不但要看该投资收益率的期望值，还要看该投资收益率的波动性（标准差），而且必须要分析该投资与公司现有投资在好年景和差年景里收益率上的相关性。

例如：假设豪华行李公司考虑在两国中选一国投资建厂。其财务部门分析了两国设立装配厂分别带来的风险和潜在收益，如图表2B-27所示。

图表2B-27 A国和B国工厂的风险和收益

国家	收益率均值	收益率标准差
A	18%	8%
B	22%	13%

如果豪华行李公司目前在美国本国经营的投资收益率为16%，标准差为10%。该公司打算将一半业务迁至境外，新的投资收益率就是各处工厂收益率的简单算数平均，很容易算出。如果公司在美国和A国两地经营，平均收益率为（16% +18%）/2 =17%；如果公司在美国和B国两地经营，平均收益率为（16% +22%）/2 =19%。

如果只考虑收益率，那么显然应该在 B 国投资建厂。但是 B 国经营的标准差为 13%，带来了更大的风险。简单的算数平均无法计算公司整体的投资风险，所以豪华行李公司请财务专家分别测算了美国和 A 国、美国和 B 国收益率之间的相关系数，进而测算出美国 + A 国、美国 + B 国联合经营下的收益率的标准差。

虽然单独来看，B 国投资风险更高，但其投资收益率的波动可能与本国的投资收益率的波动刚好互补，两者结合的标准差可能比任何一国单独的标准差都要小。

境外投资还要考虑政治风险。在政治动荡的情况下，境外投资者可能遭受不利的变化，包括资产被征收或被国有化。境外投资面临的政治风险与东道国的金融动荡密切相关，因为金融动荡往往可以追根溯源到政治问题。

境外投资项目还要考虑汇率波动风险和通货膨胀风险等其他风险。

跨国资本预算与融资

比较优势（comparative advantage）意味着公司或个人在某一个特定领域能够以相对更低的机会成本生产某种商品或提供某种服务。国家专注于从事自己有比较优势的行业，能够获得更多的收益。假设资本可以跨境自由流动，跨国公司可以考虑根据能获取的绝对优势来安排对产品或服务的投资，无论其生产在何处进行。

不管境外投资的形式是增设与本国业务相似的新企业（例如，在境外开办新的连锁商店），还是收购境外现存的企业，项目资本预算关注的还是长期现金流的分析，这一点和境内投资项目资本预算是一样的。然而，境外投资除了考虑境内投资决策需要考虑的问题外，还需要额外考虑下面一些问题。

风险和报酬

期望收益率可能需要根据政治、经济风险进行调整。在境外经营承担的风险，可能要比在境内经营的风险更高或者更少，这要看在什么样的国家投资。投资者尽量避免把钱投资到局势不稳定、不可预测的国家，除非有足够高的期望收益率来补偿需承担的风险，毕竟投资的期望收益率越高，对投资者的吸引力越强。

整体现金流与当地现金流

母公司的现金流需要与境外业务的现金流分开来考察。从境外经营的角度来看，现金流要在当地层面进行计算和评估。

例如：如果公司设在越南的分部带来了充足的投资收益，当地的管理团队就感到心满意足。但是美国总部的管理团队，则还要平衡越南分部的现金流和其他国家分部的现金流，如菲律宾分部和多米尼加共和国分部，还要考虑美国本部的现金流。总部关注的是整体现金流的最大化。这样，假如越南分部的现金流是从其他地区的分部抢业务实现的，总部就需要考虑改变其整体战略。

汇率因素

汇率的波动可能导致未来外币计量的投资收益换算成美元之后的价值减少或增加。要分析汇率变动对资本预算的影响，需要对未来的汇率走势设定几种假设场景，并判断每一种假设下汇率变动对投资收益的影响。这种方法被称为敏感性分析，在本丛书第一部分第二章"规划、预算编制与预测"中曾有介绍。汇率风险可以通过多种外汇投资策略进行对冲。

通货膨胀效应

母国和东道国的长期通货膨胀率上的差别，可以从多个方面影响境外资本投资项目。通货膨胀既会影响投资当地市场的采购价格和产品服务销售价格，也会影响产品需求，后者取决于价格弹性。通货膨胀还会影响到汇率。高通货膨胀率往往伴随着本国货币贬值，低通货膨胀率往往伴随着本国货币走强。

最后，判断不同的借款来源孰优孰劣也要考虑通货膨胀。通货膨胀对借款人有利，对出借人不利。通货膨胀导致货币贬值后，当初设定还本付息的固定支付义务对借款人来说负担变轻了。通货膨胀对价格、汇率和融资等多方面的影响必须综合考虑，其中既有对企业有利的影响，也有不利影响。

税收

各国的税率差异很大，投资决策不得不考虑税负的问题。如果一个跨国公司设在各国的分部之间相互有购销往来，那么通过适当的转移定价安排，公司能够从各国的税率差异中受益。从税收筹划的角度看，设在高税负国家的分部应该在内部转移中获取较低的利润，而设在低税负国家的分部应该获取较高的利润。

会计准则差异

母公司所在国和子公司或经营分部所在国的会计准则可能不同，需要在不同的会计体系下分析盈利状况，这增加了成本和复杂性。国际会计准则委员会（IASB）通过颁布国际财务报告准则（IFRS），正在为缩小各国之间会计准则差异而持续努力。

国际贸易中的支付手段和融资工具

国际贸易中的支付手段

如果位于欧洲的 A 公司向位于美国的 B 公司销售货物，价款在什么时间以何种方式进行结算呢？这里有多种可供选用的支付工具。

进出口业务面临跨境支付的风险。出口商和一般的卖方一样，面临无法收款的风险；进口商和一般的买方一样，面临付款之后无法收货的风险或收到的货物有损坏或瑕疵的风险。各种支付工具还可以帮助交易双方处理这些风险。

- **信用证**（letter of credit）是进口商的开户行代表进口商，向出口商开立的证明，声明银行将在单证相符的情况下，承兑信用证下的远期汇票，保证为进口商付款。经过保兑的信用证还可以由出口商所在国的银行提供付款保证。
- **即期汇票**（sight draft 或 demand draft），是见票即付的进口汇票，与货到付款（cash on delivery，简称 COD）的订单类似，进口商在收到货物及相符的单据时立即付款。
- **远期汇票**（time draft）是指在未来特定日期或在出口商满足特定要求的时候才付款的票据。
- **寄售**（consignment）是指出口商将货物交付进口商，委托其代为销售。只有当寄售货物对外销售之后，进口商才向出口商支付款项。
- **记账交易**（open account）是指出口商先向进口商（买方）寄送提货单据，进口商暂不付款的交易方式。这种交易方式下，出口商承担较大的风险，因为买方可能违约。记账交易一般发生在曾经顺利进行过交易的公司之间。
- **预付款交易**（prepay）是指进口商提前为商品和货物支付价款，这意味着进口商在承担最大限度的风险，所以这种交易方式只发生在交易双方有切实理由彼此信任的前提下，如同一家跨国公司的不同业务单位之间。

国际贸易融资方式

进出口贸易可以通过多种方式进行融资。

银行承兑汇票

银行承兑汇票（bankers' acceptances，BAs），是为进出口贸易或国内货物的运输、仓储而开具的远期汇票。银行同意承兑，意味着承担到期付款的义务。银行可能根据出票人的申请承兑，也可能根据持票人的申请承兑。

银行承兑汇票可以在二级市场上以低于面值的价格折价交易。例如，位于 A 国的 A 公司向位于 B 国的 B 公司发货，B 公司与其开户行协商，开户行同意在未来约定日期为这笔货物付款。确认承兑的汇票交付给出口商。汇票到期前，出口商可以在市场上折价销售该汇票获取现金，以支付出口费用；汇票到期时，汇票的持票人再向承兑银行提示付款，获取票面金额。

以外币计价的交易

美国公司开展业务（买入货物或销售商品）可以用本币（美元）结算，也可以用外币结算。如果公司决定使用外币结算或计价，则会承担外币相对于本币币值波动而带来的损益。例如，假设一家美国公司销售一批货物，用欧元计价，价值为 1 000 欧元，给客户的付款期限为 30 日内全额付清。销售时的即期汇率为 1 欧元兑换 1.40 美元，如果收款时，欧元有升值，汇率变为 1 欧元兑换 1.45 美元，则公司收到的 1 000 欧元，其价值将折合为 1 450 美元，而不是销售时的价值 1 400 美元，这意味着公司获得了 50 美元汇兑收益。换一个角度，假设该美国公司是交易中的买方，则其到期需要支付的 1 000 欧元折合为 1 450 美元，承担了 50 美元的汇兑损失。买方可以针对这项交易购买外汇远期合同，锁定即期汇率 1.40 美元，对冲掉汇率变动的风险。也有很多公司通过外汇掉期、外汇期权、外汇期货等金融工具转移风险，另外公司还可以使用对销贸易、福费廷或跨境保理进行贸易融资。

对销贸易

对销贸易（countertrade）泛指用货物或服务，换取其他货物或服务，完全不使用货币或只使用一小部分货币的各种贸易形式。对销贸易涵盖了很多互惠的商业机制。它通过交换货物或服务，避免使用现金的方式，解决贸易融资的问题。以物易物是最古老、最常见的对销贸易形式。随着世界经济更加复杂化，其他的对销贸易形式也逐渐发展起来。各种形式的对销贸易占到了全球贸易总额的 10% 至 15%。

有一些国家对硬通货流出设置障碍，还有一些国家对产品、技术或建设项目的销售方设置了**反向购买**（counterpurchases）或补偿义务。对于这些国家来说，对销贸易创造了一个能够缓解政治和商业风险的投融资的解决方案，促使贸易和投资有可能流入该国。

对销贸易不利的方面体现在，它使贸易参与方承担了若干额外的风险，如定价风险、处理不熟悉货物的风险、收到残次货物的风险等。定价风险来自汇率的波动，在长期对销贸易的合同期限内，一方所收到的货物按世界主要币种计算出的价值会大幅波动。处理不熟悉货物的风险可能是对销贸易中最常见的风险，导致收到货物作为对价的一方承担处理和转销这些货物的费用和负担。收到残次货物的风险对于对销贸易中相互进行采购的双方来说都可能存在。

福费廷

福费廷（forfaiting）是指一种保理的形式。包买商（forfaiter）将销售资本品、大宗商品或承包大型项目而形成的应收账款从出口商手里购买下来，出口商因此而获得现金。福费廷通常是不带追索权的，即使所买来的应收账款未获清偿，包买商也无权要求出口商进行赔偿。

福费廷交易主要针对 180 天以上的信用期的应收账款，最长可达 7 年。应收账款通常体现为一项债权工具的形式，如本票，其收款通常由出口商的银行提供保证，并可以在二级市场上销售。

包买商可以是商业银行，也可以是境外的金融机构。

跨境保理

在跨境保理业务（cross-border factoring）中，作为**保理商**（factor）的金融机构，买入一家公司因为出口货物或服务而形成的短期应收款，并负责收款。

当保理商之间存在跨境的业务网络时，出口商的国内保理商可以联系在其他国家的保理商帮助其收取应收账款，跨境保理业务将大为便利。

无论是福费廷还是跨境保理，包买商或保理商都要收取固定或浮动的费用，出口商只能收到扣除费用之后的金额。

外币借款

公司可通过外币借款为境外的贸易或业务融资。外币借款的办理方式可能是复杂多样的，但有一点尤为重要，即汇率变化会影响借款的成本。

决定外币借款实际成本的是实际利率，而实际利率是名义利率和汇率变动效应综合作用的结果。如果借款期限内，借入的外币贬值，则实际利率将下降，因为贬值导致的需要偿还的外币用本币计量的价值在减少。如果借入的外币升值，则会导致贷款的实际成本更高。

例如，假设一家美国公司在德国开展业务，准备从德国银行借入 1 000 000 欧元，借款期限为 1 年，年利率为 5%。当初欧元和美元平价，即 1 欧元兑换 1 美元，则在借款期限开始日，借入的 1 000 000 欧元的价值相当于 1 000 000 美元。

借款时可以测算出，一年后需要偿还的金额为：

欧元借款利息（单位：欧元）

1 000 000 欧元 ×（0.05）= 50 000 欧元

还本付息合计金额

本金 = 1 000 000 欧元

利息 = 50 000 欧元

本息合计 = 1 050 000 欧元

如果一年后应当还本付息的时候，欧元发生了升值，对美元汇率变成了 1 欧元兑换 1.0526 美元。这时候，购买 1 欧元需要花费更多的美元，则公司偿还贷款本息需要支付的美元金额为：

还本付息合计金额（汇率 = 1.0526 \$/€）

1 050 000 欧元 ×1.0526（\$/€）= 1 105 230 美元

综合考虑利息费用和汇率波动之后，借款的实际利率为：

欧元借款的实际利率

105 230 欧元/1 000 000 欧元 = 10.52%

从会计角度来看，这项借款的汇兑净损失为 55 230 美元（1 105 230 美元 − 1 050 000 美元）

反过来，假如欧元贬值的话，实际利率将会低于名义利率 5%，应偿还的贷款本息金额也会低于 1 050 000 美元。

国际商务中的法律和社会问题

国际商务中有很多棘手的法律问题需要解决，包括国际法与各国国内法的差异、自由贸易和保护主义之间持续的争论（这对发展中国家尤为重要）以及不同国家的风俗习惯。

国际法与各国国内法的差异

各国规范商业行为的法律各不相同。有的企业将本国不允许开展的商业活动转移到国外开展。有的公司完全出于逃避美国税收监管的目的，将业务转移到一些不征税的国家，例如加勒比海的岛国上。

美国反海外腐败法（U. S. Foreign Corrupt Practices Act ，简称 FCPA）禁止在境外开展业务的美国公司向境外政府官员行贿以获取商业机会。这项法案带来道德困境，在一些国家，行贿政府官员已经成为习以为常的商业惯例，这项法案将美国公司置于不利地位。

自由贸易与保护主义

虽然大多数国家的政府一般都相信自由贸易和开放市场是通向全球财富增长的康庄大道，但是自由贸易和保护主义之间的争议在一国之内或国家之间时常爆发。

发达国家有很多人担心，随着本国企业逐渐将生产活动转移到那些工资更低、环境保护和劳工保护法律不完善的国家，本国的就业机会将要流失。发展中国家的人则反对贸易保护主义政策，比如农业补贴。有的发展中国家认为，在欧美发达国家仍然存在关税和补贴的情况下，却要求发展中国家向自由贸易彻底敞开国门，这是不公平的，对这种做法极为反感。

各国首脑和国际组织领导人之间，对于新兴市场国家市场开放和私有化进程的步调快慢也存在分歧。有的政治领导人希望催促发展中国家加快推进私有化进程，用私有产权代替国有产权，并向自由贸易开放市场。然而，也有人认为，过快的推进私有化或开放市场，会打破经济体的稳定性。他们认为发展中国家的企业需要时间来先建立起稳定的业务，然后才能取消关税。

风俗差异

设立境外办公室的企业，需要处理工作场所遇到的世界各地风俗习惯和态度上的巨大差异。这些差异往往体现在休假安排、工作时间安排、职工福利、员工监督和社会地位等领域。

财产被征收的威胁

在境外经营的一项重大风险是财产被政府征收。有的国家可能会征收私有企业的财产，驱逐美国的员工和管理人员。**征收**（expropriation）是在普通法之外对私有财产的强行充公和再分配，例如为公共建设进行的土地征用（eminent domain）。跨国公司在考虑是否进入某国经营的时候，需要考虑财产被征收的潜在风险。

资产的国际化分散投资

投资分散化（diversification）是指通过投资于各种不同的资产来减少风险。在一个分散化的投资组合中，各项资产价值不会完全同涨同跌的。因此，分散化使得投资组合的整体风险，要低于各项资产风险的加权平均。风险规避意识越强的公司，越愿意在更大范围内分散投资，以减少未预期的汇率波动带来的风险。

本节习题：
国际金融

说明：在下列空白处作答。参考答案及解析在本节习题后给出。

1. 一家美国公司三个月后将收到瑞士一家公司的应收账款 100 000 瑞士法郎。合同签订时，美元对法郎的汇率为 1 : 1。这家美国公司希望管理其外汇风险敞口，因此：

   ☐ a. 购买货币互换。

   ☐ b. 购买美元期货。

   ☐ c. 出售美元期货。

   ☐ d. 出售瑞士法郎利率互换。

2. 孟加拉国一家出口批发公司公布了其欧盟业务部门销售产品的欧元价格表。这家出口公司的管理层认为，即使孟加拉国货币塔卡（Taka）和欧元之间的汇率出现波动，每 6 个月就改变产品的价格也是不现实的。对于这家出口公司来说，下面哪一种是管理这种风险最合适的解决方案？

   ☐ a. 通过金融工具对冲风险。

   ☐ b. 多元化产品报价。

   ☐ c. 撤销该业务单位。

   ☐ d. 建立运营销售限制。

3. 思达琳公司从墨西哥的一家制造商那里购买了一些零部件。今天它必须为这批货物支付 1.1 亿墨西哥比索（MP）。今天的汇率是 1 美元兑 10.3540 比索。这个应付账款的美元成本是多少？（把你最后的答案四舍五入到美元）

   ☐ a. 110 000 000 美元。

   ☐ b. 10 623 913 美元。

   ☐ c. 11 110 235 美元。

   ☐ d. 1 138 940 000 美元。

本节习题参考答案：
国际金融

1. 一家美国公司三个月后将收到瑞士一家公司的应收账款 100 000 瑞士法郎。合同签订时，美元对法郎的汇率为 1∶1。这家美国公司希望管理其外汇风险敞口，因此：

   ☐ **a.** 购买货币互换。

   ☑ **b.** 购买美元期货。

   ☐ **c.** 出售美元期货。

   ☐ **d.** 出售瑞士法郎利率互换。

   这家美国公司面临的风险是，如果美元在未来三个月升值，则实际收到的应收账款的金额将会减少。这家美国公司需要运用一种金融工具，在美元升值的情况下这种金融工具也会升值。这样，新金融工具所带来的收益会抵消应收账款的损失。如果美元升值，美元期货就会升值，因为这种金融工具的价值是基于美元的价值计算的。

2. 孟加拉国一家出口批发公司公布了其欧盟业务部门销售产品的欧元价格表。这家出口公司的管理层认为，即使孟加拉国货币塔卡（Taka）和欧元之间的汇率出现波动，每 6 个月就改变产品的价格也是不现实的。对于这家出口公司来说，下面哪一种是管理这种风险最合适的解决方案？

   ☑ **a.** 通过金融工具对冲风险。

   ☐ **b.** 多元化产品报价。

   ☐ **c.** 撤销该业务单位。

   ☐ **d.** 建立运营销售限制。

   对冲是指运用抵消的策略来减少或避免价格波动所带来的影响。它最常用于货币交易、商业交易和证券交易。当欧元相对于塔卡贬值时，这家出口公司可能需要寻求一种金融工具使其增值。这样，该金融工具的价值增加会抵消（全部或部分）以欧元计价的产品销售时塔卡收入的减少。

3. 思达琳公司从墨西哥的一家制造商那里购买了一些零部件。今天它必须为这批货物支付 1.1 亿墨西哥比索（MP）。今天的汇率是 1 美元兑 10.3540 比索。这个应付账款的美元成本是多少？（把你最后的答案四舍五入到美元）

   ☐ **a.** 110 000 000 美元。

   ☑ **b.** 10 623 913 美元。

   ☐ **c.** 11 110 235 美元。

   ☐ **d.** 1 138 940 000 美元。

   要计算支付的美元价格，就必须将商品的成本由墨西哥比索折算成美元，即用比索计价的货物成本除以购买日的汇率。这笔应付款项的美元成本经四舍五入后等于 10 623 913 美元（110 000 000 比索÷10.3540）。

说明：下述样题旨在模拟考试真题。认真审题并将答案写在答题纸上。参照书后"每章实战练习参考答案"检查答题结果，并巩固完善。更多实战练习，请访问 www. wileycma. com 在线测试题库。

样题 2B1 – AT05
考察内容：风险与收益

假设某一股票的 β 系数为 1. 25，市场整体报酬率为 14%，无风险报酬率为 6%，则根据资本资产定价模型（CAPM），该股票的必要报酬率为：

- ☐ **a.** 7. 5%。
- ☐ **b.** 14. 0%。
- ☐ **c.** 16. 0%。
- ☐ **d.** 17. 5%。

样题 2B1 – AT06
考察内容：风险与收益

万豪公司股票的期望报酬率为 20%，标准差为 15%，野马公司股票的期望报酬率为 10%，标准差为 9%。哪一只股票的相对风险更高？

- ☐ **a.** 野马公司，因为其变异系数更高。
- ☐ **b.** 万豪公司，因为其标准差更高。
- ☐ **c.** 万豪公司，因为其变异系数更低。
- ☐ **d.** 野马公司，因为其收益率更低。

样题 2B2 – LS04
考察内容：长期投融资管理

某一投资组合由代表不同行业的有限几只股票构成，下列关于各只股票之间的相关性及投资组合的收益波动性的表述**最**正确的是：

- ☐ **a.** 相关性低，组合的收益波动性低。
- ☐ **b.** 相关性低，组合的收益波动性高。
- ☐ **c.** 相关性高，组合的收益波动性高。
- ☐ **d.** 相关性高，组合的收益波动性低。

样题 2B2 – LS05

考察内容：长期投融资管理

如果公司的目标是减少投资组合的风险，则其构建组合时**最**应选择的投资为：

- ☐ **a.** 低 β 值、彼此高度相关的投资。
- ☐ **b.** 高 β 值、彼此弱相关的投资。
- ☐ **c.** 高 β 值、多元化的投资。
- ☐ **d.** 低 β 值、多元化的投资。

样题 2B2 – CQ06

考察内容：长期投融资管理

科克斯公司发行了 1 000 股优先股，票面金额为 100 美元，股息率为 8%，每股发行价格 92 美元，每股发行费用为 5 美元。公司所得税税率为 40%，则科克斯公司优先股的资本成本为：

- ☐ **a.** 8.00%。
- ☐ **b.** 8.25%。
- ☐ **c.** 8.70%。
- ☐ **d.** 9.20%。

样题 2B2 – CQ07

考察内容：长期投融资管理

牛熊投资银行（Bull & Bear Investment Banking）正在与克拉克公司的管理层讨论该公司首次公开发行股票并上市的事宜。克拉克公司的相关财务数据如下所示：

长期债务（利率 8%）	$ 10 000 000
普通股：	
股本（每股面值 1 美元）	3 000 000
资本公积——股本溢价	24 000 000
留存收益	6 000 000
总资产	55 000 000
净利	3 750 000
每年股利	1 500 000

如果克拉克公司所在行业的上市公司市盈率为 12 倍，则克拉克公司预计的每股价值为：

- ☐ **a.** 9.00 美元。
- ☐ **b.** 12.00 美元。
- ☐ **c.** 15.00 美元。

☐ **d.** 24.00 美元。

样题 2B2 – LS13
考察内容：长期投融资管理

能够直接从公司买入新发行的普通股的长期看涨期权为：

☐ **a.** 远期合同。

☐ **b.** 认股权证。

☐ **c.** 可转换证券。

☐ **d.** 期货合约。

样题 2B2 – LS15
考察内容：长期投融资管理

某一 15 年期的债券，票面利率为 7%，每半年付息一次，不含期权。该债券的必要报酬率原为 7%，现忽然跌至 6.5%，则该债券的价格：

☐ **a.** 将上升。

☐ **b.** 将下降。

☐ **c.** 将保持不变。

☐ **d.** 从已知信息无法判断。

样题 2B2 – LS23
考察内容：长期投融资管理

某计息债券，利率为 6%，预计税率为 38%，则该债券的税后资本成本为：

☐ **a.** 3.80%。

☐ **b.** 3.72%。

☐ **c.** 4.40%。

☐ **d.** 6.00%。

样题 2B2 – CQ09
考察内容：长期投融资管理

哈奇香肠公司估计，在可预见的未来，公司股利的年增长率为 9%，最近一年支付的股利为每股 3.00 美元，新普通股的发行价格为每股 36 美元，按照固定股利增长率模型，公司留存收益的资本成本约为：

☐ **a.** 9.08%。

☐ **b.** 17.33%。

☐ **c.** 18.08%。

☐ **d.** 19.88%。

样题 2B2 – CQ10

考察内容：长期投融资管理

安吉拉公司的资本结构完全由长期债务和普通股构成，各项资本来源的资本成本如下所示：

长期债务	8%（税前）
普通股	15%

安吉拉公司所得税税率为 40%。如果安吉拉公司的加权平均资本成本为 10.41%，则可以推算出其资本结构中长期债务所占的比率为：

- ☐ **a.** 34%。
- ☐ **b.** 45%。
- ☐ **c.** 55%。
- ☐ **d.** 66%。

样题 2B2 – CQ15

考察内容：长期投融资管理

汤姆士公司的资本结构中，长期债务占 30%，优先股占 25%，普通股占 45%。各项资本来源的资本成本分别为：

长期债务	8%（税前）
优先股	11%
普通股	15%

如果汤姆士公司的税率为 40%，则该公司的税后加权平均资本成本为：

- ☐ **a.** 7.14%。
- ☐ **b.** 9.84%。
- ☐ **c.** 10.94%。
- ☐ **d.** 11.90%。

样题 2B3 – AT13

考察内容：筹集资金

阿奇公司（Arch Inc.）发行在外的普通股数量为 200 000 股，最近一年的净利润为 500 000 美元，其股票的市盈率为 8 倍。董事会宣告，公司将进行 2 股拆成 3 股的股票分割。某一投资者在股票分割实施之前，持有阿奇公司股票 100 股，在股票分割刚刚实施之后，该投资者所持阿奇公司股票的价值约为（保留整数）：

- ☐ **a.** 2 000 美元。

☐ **b.** 1 333 美元。

☐ **c.** 3 000 美元。

☐ **d.** 4 000 美元。

样题 2B4 – CQ08

考察内容：营运资本管理

财富公司（Fortune Company）最近一期财务报表上的相关数据如下：

有价证券	$ 10 000
应收账款	60 000
存货	25 000
低值易耗品	5 000
应付账款	40 000
短期借款	10 000
应计费用	5 000

财富公司的净营运资本为：

☐ **a.** 35 000 美元。

☐ **b.** 45 000 美元。

☐ **c.** 50 000 美元。

☐ **d.** 80 000 美元。

样题 2B4 – CQ10

考察内容：营运资本管理

滚石公司是一家娱乐票务服务公司，正在考虑使用下列方法之一来管理公司的现金流：

锁箱系统：每家银行每月收取的锁箱服务费为 25 美元，公司共 170 家合作银行，使用锁箱系统每月能节省利息支出 5 240 美元。

汇票付款：汇票用于支付退票款，公司预计每月退票 4 000 张，每张汇票的手续费成本为 2.00 美元，使用汇票每月能节省利息支出 6 500 美元。

电子转账：单次 25 000 美元以上的转账通过电子转账系统完成，预计每月转账次数为 700 次，每次电子转账的手续费成本为 18 美元。使用电子转账每月将产生的利息收入增加了 14 000 美元。

滚石公司应当采用上述哪几项加速现金的方法？

☐ **a.** 仅锁箱系统和电子转账。

☐ **b.** 仅电子转账。

☐ **c.** 锁箱系统、汇票和电子转账。

☐ **d.** 仅锁箱系统。

样题 2B6 – AT14
考察内容：国际金融

小托特公司是一家总部在美国的婴儿服装公司，有意向从中国进口布料。为了让中国公司同意发货，小托特公司应该提前做好哪项安排？

- ☐ **a.** 提单。
- ☐ **b.** 远期汇票。
- ☐ **c.** 信用证。
- ☐ **d.** 即期汇票。

样题 2B6 – AT18
考察内容：国际金融

美元相对于日元升值将导致的结果有：

- ☐ **a.** 美国商品对日本消费者来说更贵。
- ☐ **b.** 美国公司设在日本的子公司将带来更多的报表折算利得。
- ☐ **c.** 美国公司的采购成本增加。
- ☐ **d.** 美国公民赴日本旅行的成本增加。

样题 2B6 – AT19
考察内容：国际金融

技术专家公司（Technocrat Inc.）位于比利时，鉴于本国生产成本更低，目前在本国工厂进行生产，产品销往美国。公司正考虑在美国设厂。下列因素中哪一项**不会**使在美国直接投资设厂的方案更有吸引力？

- ☐ **a.** 预计美国政府将采取更严厉的贸易限制政策。
- ☐ **b.** 美元相对于比利时货币将要贬值。
- ☐ **c.** 由于汇率波动，该公司对美国出口产品的需求不断变化。
- ☐ **d.** 在本国生产和去美国建厂在生产成本上的差异扩大。

欲进一步评估对第二部分第二章"公司财务"所讲概念与计算内容的掌握程度，请进入本章**在线测试题库**进行练习。

提示： 参照书后"每章实战练习参考答案"。

第三章

决策分析（25%）

决策是每个组织的关键活动。任何企业，每天都要做出大量决策。决策涉及的范围可以从小到大，可以是个人决策，也可以是集体决策。此外，既定决策在实现该决策所调用的资源以及财务影响方面，均会产生短期和/或长期的结果。

管理会计师经常被要求提供决策过程中使用的关键数据。本章主要讲解了管理会计师需要了解的关于决策制定过程的相关信息、相关成本和相关数据的重要性、本量利分析的使用以及边际分析。

管理决策还涉及商品和服务的价格设定。当前竞争激烈的全球化环境要求审慎的设定和管理产品价格。通过提供成本信息，管理会计师可以帮助价格制定者进行短期和长期定价、市场导向定价、成本导向定价、目标定价、目标成本管理及目标收益率定价。管理会计师还可以帮助价格制定者运用供求定律进行定价决策。

风险管理是决策和定价的必要组成部分。风险管理的目标就是将风险降至可接受的水平。管理会计师经常参与风险评估与管理。管理会计师在以下方面贡献突出：帮助识别对组织的威胁及其发生的可能性；对威胁的控制措施及其有效性；以及在威胁发生前未能予以阻止或发现所造成的损失。

本量利分析

本量利（CVP）分析是对成本、业务量、利润之间相互关系进行分析的一种方法。本量利分析考察了下述因素间的相互作用：

- 产品或服务的售价；
- 销售量（业务量）；
- 单位变动成本；
- 固定成本总额；
- 销售产品和服务组合。

管理者可将本量利分析数据应用于诸多决策情形，例如：

- 提高或降低现有产品和服务价格；
- 引入新产品或服务；
- 新产品和服务定价；
- 拓展产品和服务市场；
- 决定是否重置现有设备；
- 决定自制或外购产品或服务。

 请先**阅读**附录 B 中列举的本节考试大纲（LOS），再来学习本节的概念和计算方法，确保您了解 CMA 考试将要考核的内容。

本量利分析术语与假设条件

本量利分析以特定方式使用某些术语：

成本（cost）通常指为实现某一特定目标所耗费的资源。

成本动因（cost driver）是指影响成本的任何因素。成本动因的变动将导致相关成本对象的总成本变动。成本动因的例子包括已制造产品数量或打包装运数量。CVP 分析中，通常将产品生产或销售数量作为成本动因。

成本对象（cost object）是指归集成本数据的对象。例如产品、产品线、客户、工作和组织的业务部门。

LOS
§2.C.1.c

固定成本（fixed cost）是指在相关范围内，无论业务量如何变化，总量保持不变的成本。换言之，固定成本是时间的函数而非作业量的函数。固定成本必须通过管理层决策行为来改变。固定成本可以是约束性、与设施相关的成本，例如源于以前管理层决策的租金、折旧费等；也可以是管理层决定发生的固定成本（被管控或者在预算中），例如年度预算中管理层设定的广告费、间接人工或销售费用以及行政人员薪酬等。

变动成本（variable cost）是指在相关范围内，总量与业务量变化成正比例变动的成本。换言之，变动成本是作业量的函数。变动成本包括：直接材料、直接人工、变动间接费用，例如公用动力和物料等；变动销售成本，例如装运费、销售佣金等；以及变动管理成本，例如专利特许使用费。

相关范围（relevant range）是指变动成本函数和固定成本函数有效的活动范围。

收入（revenues）是指用产品或服务交换而收到的资产流入。收入是每一种产品单价乘以售出单位数量的总和。

收入动因（revenue driver）是指影响收入的因素，例如广告及促销成本、单位售价或销售数量等。

总成本（total costs）（或总费用）由总变动成本和总固定成本构成。总成本表示为：

> 总成本 = 变动成本总额 + 固定成本总额

营业利润（operating income）是指营业总收入减去营业总成本。营业利润不包括利息费用和所得税。营业利润通常表示为：

> 营业利润 = 营业总收入 - 营业总成本

出于分析目的，公司通常从营业利润中剔除融资成本，这是因为该成本与经营无关（即非营业成本）。

净营业利润（net operating income）是指某一期间内的税后营业利润。净营业利润表示为：

> 净营业利润 = 营业利润 - 营业所得税

营业所得税的计算方法为用相应税率乘以营业利润。因此，净营业利润还可表示为：

> 净营业利润 =（1 - 相关税率）× 营业利润

业务量（activity level，也可称为作业水平、产出量或产出）是指在某一期间内生产或销售的单位数量。业务量的命名在不同行业中有所不同。例如，航空公司用旅客里程、医院用病人住院天数或病床占有数、酒店用房间入住数、大专院校用学生学时等作为业务量的命名单位，而非单纯使用单位个数。本量利分析基于四个假设。它们是：

1. 线性。收入和成本函数在相关范围内是线性的。

2. 确定性。参数（价格、单位变动成本和固定成本）已知或可合理估算。

3. 单一产品或给定产品组合。给定产品组合使分析者能够按假定权重研究产品。

4. 产销平衡。这是关键限制性假设。该假设是指产成品库存账户没有变化。使用变动成本法和边际贡献法计算营业利润降低了该假设的必要性。

固定成本性态和变动成本性态

成本性态（cost behavior）通常指成本随业务量变化的方式。当业务量发生变化时，特定成本可能会上升、下降或保持不变。

本量利分析的一个关键假设是：根据业务量（即公司生产的产品或提供的服务数量），可将成本划分为固定成本和变动成本。图表 2C－1 总结了在相关范围内固定成本和变动成本基于总量和每一单位的成本性态。注意：基于总量或每一单位视角看固定成本和变动成本，其成本性态有所不同。

图表 2C－1　相关范围内固定成本和变动成本性态

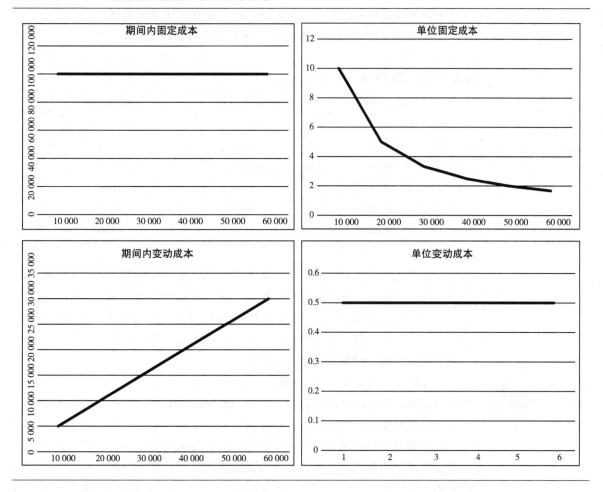

无论发生成本的环境（如制造业、零售业或服务业）如何变化，成本始

终固定不变的例子有：保险费、租金、财产税、工资和广告费等。

对于制造企业来说，变动成本包括直接材料、直接人工、变动制造费用、销售佣金、运输成本和特许使用费等。对于商业企业来说，变动成本包括销售成本、销售佣金和开具账单及收款过程中的成本。对于服务企业来说，例如医院，变动成本包括处方药、医用品和病人餐饭等。

考虑时间因素的固定成本和变动成本划分

固定和变动成本的分类受相关范围、时间范围或其他具体情况的影响。例如，如果一家汽车生产商的产量急剧下降，那么公司必然会裁员。直接人工是一种变动成本，如果我们将时间框架设定为一天，那么由于遣散费和其他因素，直接人工并不会随着产量变化而成比例减少。相反，在短期内，它是一项固定成本。设备折旧在较小的相关范围内是一项固定成本，但如果我们将相关范围扩大到需要购买更多设备的情况下，则这项成本又是一项变动的成本。

通常，下述这些原则用于考虑时间因素的固定成本和变动成本的划分：

- 时间期限越短，总成本中可视为固定成本的比例就越高。
- 时间期限越长，总成本中可视为变动成本的比例就越高。

图表2C – 2的示例进一步说明了固定成本和变动成本性态。

图表2C – 2　固定成本和变动成本性态

	10 000 个对应的总成本	单位成本	25 000 个对应的总成本	单位成本	50 000 个对应的总成本	单位成本
直接材料	$16 000	$1.60	$40 000	$1.60	$80 000	$1.60
直接人工	25 000	2.50	62 500	2.50	125 000	2.50
分销	13 000	1.30	32 500	1.30	65 000	1.30
折旧	50 000	5.00	50 000	2.00	80 000	1.60
租金	25 000	2.50	25 000	1.00	40 000	0.80

在相关范围内，直接材料和直接人工的单位成本是固定不变的。不管公司生产1件产品还是生产25 000件产品，折旧和租金的总成本是固定不变的。但是，当销售增长超出工厂25 000件产能的时候，公司将需要增加生产线。由于需要增加额外的设备和空间，总成本和单位成本都会增加。

下述实例用于说明本节主要知识点。

全麦维公司（Special K Company，简称K公司）销售一种产品，单价200美元。目前，K公司每月销售为75件。成本结构如下：单位变动成本150美元，每月固定成本2 000美元。

这些资料可用利润表来列示。K公司编制贡献式利润表。这种格式从收入中减去全部变动费用，其差值称之为边际贡献。然后所有固定成本，无论是制造费用、销售费用、一般费用，还是行政管理费用，都视为期间成本从边际贡献中扣除，从而计算得到营业利润。参见图表2C – 3。

图表2C-3　K公司贡献式利润表（销售量：75件）

销售收入	$15 000	$200
变动成本	11 250	150
边际贡献	$3 750	$50
固定成本	2 000	
营业利润	$1 750	

本量利关系图（盈亏平衡图）

　　这组数据的另一种表现形式为图表2C-4所示的反映总收入、总成本和产出水平三者关系的本量利关系图。该图更多时候被称为盈亏平衡图。收入作为销售数量的函数在图中标绘出。鉴于前面讨论的线性假设，收入线是一条起于原点的直线。接下来是总成本线，表示变动成本与固定成本之和。最常见的是，固定成本位于象限底部，变动成本在其上累加。如果该图严格按比例绘制的话，一些问题的答案可直接在图中体现出来。收入线与总成本线交点的横坐标值即为盈亏平衡点，这是因为若收入与总成本相等，营业利润肯定等于零。在实现盈亏平衡的销售数量的右侧为利润区域，左侧则为损失区域。

LOS
§2.C.1.e

图表2C-4　总收入、总成本和产出水平的本量利关系

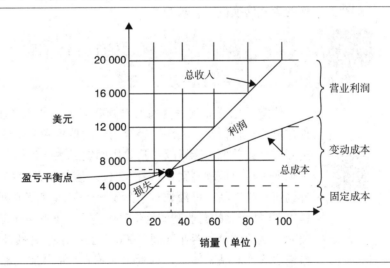

　　从本质上讲，在当前业务量下利润表与本量利关系图给出的信息是相同的。但是，本量利关系图还能给出其他销售数量对应的营业利润。

生产单一产品的公司

接下来用一组符号以方程形式表达这些关系。

两个变量用货币金额表示。它们是：

F = 固定成本；

I = 利润（营业）。

两个变量用单位货币金额表示。它们是：

P = 单价；

V = 单位变动成本。

一个变量用单位数量表示。它是：

Q = 数量。

LOS §2.C.1.b

利润是收入与总成本之间的差额。总成本由变动成本和固定成本构成。因为收入和变动成本均是销售数量的函数，那么一定存在如下关系：

$$I = [(P - V) \times Q] - F$$

在已知其他变量的条件下，该方程有助于预测营业利润。并且这个方程还有助于确定满足设定条件所需的数量、售价、单位变动成本等。接下来会讨论一些有意思的假设型问题。

LOS §2.C.1.f

公司经常想确定需要卖出多少数量的产品才能实现特定的利润目标。将前面的等式转换变形，求 Q：

$$Q = \frac{(I + F)}{(P - V)}$$

LOS §2.C.1.e

假定目标营业利润为每月 2 000 美元。代入数值计算可得每月需销售 80 件才可实现目标营业利润。经常用到的单价和单位变动成本之差称之为每单位边际贡献或单位边际贡献。只要用固定成本与目标营业利润之和除以单位边际贡献即可得出该题答案：每月 80 件。该结果还可换个思路去解读，即：每额外销售一件产品，可额外对边际贡献和营业利润贡献 50 美元。既然已知每月销售 75 件产品的营业利润为 1 750 美元，据此可推断出还需额外营业利润 250 美元才能达到每月营业利润 2 000 美元的水平。额外营业利润 250 美元可通过再销售 5 件产品来实现。因此，现有 75 件再加上额外 5 件共计每月 80 件销售，即可达到目标营业利润。

公司可能还想知道为实现盈亏平衡（亦即保本），须销售多少件产品。当然，保本的意思就是营业利润为 0。为确定答案，将营业利润设定为 0，则方程简化为 $Q_{BE} = F / (P - V)$。在给定相关数据下，计算得到的结果为每月销售 40 件。Q_{BE} 是保本数量或保本点。

几乎没有哪一家企业的管理层仅仅满足于保本。目标是赚取利润，并且通常是在企业产能和产品需求约束下力争利润最大化。因此，一般用来指代数量的 Q，在前述关键公式中更加重要。

另一个有意思的问题是计算能够实现预期结果的价格。将原等式转换变形，求单价 P，得到如下结果：

$$P = V + \frac{F + I}{Q}$$

这个结果非常直观。价格需收回产品的制造和销售相关变动成本，此外还要收回分摊在预计销售数量上的固定成本和目标营业利润。

多个产品及其数量总和没有意义的情况

很多情况下，公司销售不止一种产品。零售商可以拥有成千上万种产品或存货。例如，一家五金店出售的商品，可以小到螺丝钉，也可大到吹雪机。在这种情况下，计算销售产品的总数并没有很大意义，但是盈亏平衡的概念仍然很重要。管理层仍然需要知道实现盈亏平衡或达到目标营业利润所需的销售额水平。要确定这一点，我们需要知道业务的**边际贡献率**（contribution margin ratio）。边际贡献率可用边际贡献额除以销售额确定，也可通过了解和运用企业根据商品成本设定其售价的加成规则来确定。利润表（图表2C-3）中的数据显示边际贡献率为 0.25 或 25%（3 750 美元/15 000 美元）。或者，将采购成本的三分之一（作为加成）加入该产品采购成本中，可计算得到 25% 的边际贡献率。

此外，对前面公式框中给出的收入定义进行少许代数变形，可得出基本公式：

$$R = \frac{(F + I)}{CMR}$$

其中：
R = 每期销售收入；
CMR = 边际贡献率。

且在特殊情况下的结果为：

$$R_{BE} = \frac{F}{CMR}$$

其中：
R_{BE} = 实现盈亏平衡的每期销售收入。

假定某零售店每月固定成本 2 000 美元，边际贡献率 25%。如果目标为每月创造营业利润 2 000 美元，那么每月所要求的销售收入须达到 16 000 美元。每月保本销售收入须达到 8 000 美元。在此注意，计算的任何结果均可放入贡献式利润表进行验算。这给 CMA 考试提供了好的建议，如果时间允许，考生可用此法进行快速复核。

所得税的影响

到目前为止这些例题中，都忽略了现实世界的所得税。如果忽略美国国内税收法规中税收抵免和累积税率等的一些复杂性规定，那么就可很简单地将税收影响纳入到模型中。利润目标则顺理成章地在税后基础上表示。如前所示，净营业利润就是：营业利润×（1−税率）。现将该表达式变形为：

$$营业利润 = \frac{净营业利润}{（1-税率）}$$

所得税的存在不会改变公司的盈亏平衡点。税前营业利润为零等同于税后营业利润为零。解决净营业利润目标不为零问题的最简单方式就是先计算等于零的税前营业利润，然后再确定能够实现目标的销售量。

在最初的例子中，K 公司税率为 40%。税后利润目标为 1 500 美元。使用前一个公式框中所示关系，2 500 美元（1 500 美元/0.60 = 2 500 美元）税前营业利润能够满足目标要求。为实现 2 500 美元营业利润，必须售出的单位数量是 90 件。通过编制边际贡献利润表来验证该结果。边际贡献为 4 500 美元，营业利润为 2 500 美元。现在在利润表中多加两行：第一行是所得税，计算过程为 2 500 美元×0.4 = 1 000 美元；第二行是净营业利润，为 2 500 美元−1 000 美元 = 1 500 美元，就是要实现的目标。

多个产品及其数量总和具有意义的情况

下一个例子涉及多产品公司本量利分析且计算其售出的产品总数是有意义的。我们假设产品组合保持不变以简化分析。回顾图表 2C−3 所示利润表。但是现在假设 K 公司出售两种产品，KA（单位边际贡献 52 美元）和 KB（单位边际贡献 47 美元）。这两种产品的销售组合是 60% 的 KA 和 40% 的 KB。

图表 2C−5　K 公司多产品边际贡献表

	产品 KA			产品 KB			合计		
	件数	每单位	金额	件数	每单位	金额	件数	每单位	金额
销售额	45	$180	$8 100	30	$230	$6 900	75		$15 000
变动成本		128	5 760		183	5 490			11 250
边际贡献		$52	$2 340		$47	$1 410		$50	$3 750

图表 2C−5 显示加权平均单位边际贡献为 50 美元。当然，这可以简单地计算得到：

（0.6×52 美元）＋（0.4×47 美元）= 50 美元

　　每项产品的单位边际贡献乘以各自的销售组合权重，然后将计算结果加总以确定加权平均单位边际贡献。

LOS §2.C.1.h

　　这一计算使确定达到给定目标利润或实现盈亏平衡所需数量成为可能。一旦知道该数量，每种产品的销售量由这个已知数量乘以每种产品的销售组合权重来确定。

多产品和所得税

　　我们现在以一个例子考虑两种概念。K 公司预计销售组合没有变化。它仍然有 40% 的税率，并希望每月能获得 1 800 美元的税后营业利润。公司需要确定产品 KA 和产品 KB 必须销售的数量以及为实现 1 800 美元净营业利润，两种产品必须销售的总量。

　　第一步是确定必须实现的税前营业利润水平。

　　　　　营业利润 = 1 800 美元 /（1 − 0.40）= 3 000 美元

　　下一步就是通过关系式确定为赚取 3 000 美元营业利润所需销售的产品数量。

　　　　Q =（F + I）/ 单位边际贡献

　　　　　 =（2 000 美元 / 月 + 3 000 美元 / 月）/ 单位边际贡献 50 美元

　　　　　 = 100 件 / 月

　　销售产品数量中有 60% 须是产品 KA（即 60 件），40% 须是产品 KB（即 40 件）。CMA 考试中若时间允许的话，考生可以编制利润表来展示该公式实际的计算过程。见图表 2C - 6。

图表 2C - 6　K 公司多产品利润表

	产品 KA		产品 KB		合计	
	件数	金额	件数	金额	件数	金额
销售额	60	$ 10 800	40	$ 9 200	100	$ 20 000
变动成本		7 680		7 320		15 000
边际贡献		$ 3 120		$ 1 880		$ 5 000
固定成本						2 000
营业利润						$ 3 000
所得税						1 200
净营业利润						$ 1 800

安全边际

　　安全边际（margin of safety）定义了公司在当前销售水平上超过其保本点的程度。安全边际可以通过销售量、销售额或百分比形式来计算和表示。根据 K 公司的原始数据，该公司销售量每月 75 件或销售额每月 15 000 美元。以销售量表示的安全边际为每月 35 件（75 − 40）。以销售额表示的安全边际为每月

7 000 美元（15 000 美元 – 8 000 美元）。最后，当前销售的安全边际率为 46.7%。

下面两个关键公式在 CMA 考试中非常重要：

安全边际（销售额）＝计划销售额 – 盈亏平衡点销售额

$$\text{安全边际率（或百分比）} = \frac{\text{安全边际额}}{\text{计划销售额}}$$

敏感性分析和本量利分析

LOS
§2.C.1.j

敏感性分析包括针对价格、数量、单位变动成本和固定成本等关键变量一项或多项值的变化提出"如果……会怎样?"问题以确定对营业利润的影响。通常，敏感性分析包括保持所有其他变量值不变时，改变某个单一变量的值，观察其对营业利润的影响。在对每一个变量都做了前述处理后，分析人员就会知道哪些变量是最重要的变量。这些重要的变量是在优化其未来数值估计时最值得关注的变量。敏感性分析可使资本预算获益匪浅。

LOS
§2.C.1.k

但是，在本量利分析中，可能四个变量都是重要的，都值得管理层尽最大努力估计它们的未来数值：价格、单位变动成本、销售数量和固定成本。

下一节将讲解本量利分析如何能有效地应用于商业领域的常见情况。

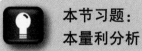

本节习题：
本量利分析

说明：在下列空白处作答。参考答案及解析在本节习题后给出。

1. 一家公司在考察一个新产品的本量利分析时，通常会考虑安全边际。生产的固定成本总额为 200 000 美元。如果单位产品的销售价格为 80 美元，单位产品的变动成本为 60 美元，且预算的销售收入为 1 040 000 美元，则此时的安全边际量是多少？

   ☐ **a.** 13 000 件。
   ☐ **b.** 10 000 件。
   ☐ **c.** 5 500 件。
   ☐ **d.** 3 000 件。

2. A 公司按照以下特征生产的三种产品。

	产品 1	产品 2	产品 3
预算销售量	10 000	7 000	3 000
销售单价	$1 000	$5 000	$8 000
单位变动成本	$400	$3 000	$4 000
产品的固定成本	$5 000 000	$12 000 000	$10 000 000

   假设该公司的销售收入组合保持不变，则该公司盈亏平衡点的销售量是：

   ☐ **a.** 16 875。
   ☐ **b.** 16 833。
   ☐ **c.** 10 830。
   ☐ **d.** 4 091。

3. 一家公司正在评估一个高风险商业机会，需要投入固定成本 1 000 000 美元。单位可变成本为 45 美元，单位售价为 195 美元。公司适用的所得税税率为 20%。预期为实现 1 600 000 美元的税后利润，公司需要销售的产品数量为：

   ☐ **a.** 10 667。
   ☐ **b.** 13 334。
   ☐ **c.** 17 334。
   ☐ **d.** 20 000。

本节习题的参考答案：
本量利分析

1. 一家公司在考察一个新产品的本量利分析时，通常会考虑安全边际。生产的固定成本总额为 200 000 美元。如果单位产品的销售价格为 80 美元，单位产品的变动成本为 60 美元，且预算的销售收入为 1 040 000 美元，则此时的安全边际量是多少？

   ☐ **a.** 13 000 件。
   ☐ **b.** 10 000 件。
   ☐ **c.** 5 500 件。
   ☑ **d.** 3 000 件。

   安全边际衡量的是在营业利润变为负数之前销售量或销售收入能够减少多少。安全边际的计算公式为：本期销售额 – 盈亏平衡的销售额。在本例中，本期销售量等于 13 000（104 000 美元 ÷ 80 美元）件。要计算盈亏平衡点的销售量，令本 – 量 – 利计算公式等于零，即：单价 × 销售量 – 单位变动成本 × 销售量 – 固定成本 = 零。根据该公式，盈亏平衡点的销售量的计算如下：

   80 美元 × 销售量 – 60 美元 × 销售量 – 200 000 美元 = 0 美元

   20 美元 × 销售量 = 200 000 美元，销售量 = 10 000 件

   根据你计算得到的当前销售量和保本销售量，就可以计算出安全边际的销售量。安全边际销售量等于 3 000 件（13 000 – 10 000）。

2. A 公司按照以下特征生产的三种产品。

	产品 1	产品 2	产品 3
预算销售量	10 000	7 000	3 000
销售单价	$ 1 000	$ 5 000	$ 8 000
单位变动成本	$ 400	$ 3 000	$ 4 000
产品的固定成本	$ 5 000 000	$ 12 000 000	$ 10 000 000

   假设该公司的销售收入组合保持不变，则该公司盈亏平衡点的销售量是：

   ☑ **a.** 16 875。
   ☐ **b.** 16 833。
   ☐ **c.** 10 830。
   ☐ **d.** 4 091。

   如果对不止一个产品进行本量利分析，那么这个时候就是销售组合在起作用。在加权平均法下，用每一种产品的个别边际贡献乘以按每一种产品的预算销售量除以所有产品的预算销售总量的百分比进行加权平均。产

品 1 的加权平均贡献为 300 美元（1 000 美元 – 400 美元）×（10 000 件 ÷ 20 000 件）；产品 2 的加权平均边际贡献为 700 美元（5 000 美元 – 3 000 美元）×（7 000 件 ÷ 20 000 件）；而产品 3 的加权平均边际贡献为 600 美元（8 000 美元 – 4 000 美元）×（3 000 件 ÷ 20 000 件）。因此，加权平均单位边际贡献等于 1 600 美元（300 美元 + 700 美元 + 600 美元）。令盈亏平衡点的计算公式：收入 – 变动成本 – 固定成本 = 0。公式化简：边际贡献 – 固定成本 = 0。换句话说，用固定成本 ÷ 单位边际贡献。固定成本总额等于 27 000 000 美元（5 000 000 美元 + 12 000 000 美元 + 10 000 000 美元）。通过求解 P，就可以计算得到盈亏平衡点的销售量为：

1 600 美元 × P – 27 000 000 美元 = 0

1 600P = 27 000 000

P = 16 875 件

3. 一家公司正在评估一个高风险商业机会，需要投入固定成本 1 000 000 美元。单位可变成本为 45 美元，单位售价为 195 美元。公司适用的所得税税率为 20%。预期为实现 1 600 000 美元的税后利润，公司需要销售的产品数量为：

☐ **a.** 10 667。

☐ **b.** 13 334。

☐ **c.** 17 334。

☑ **d.** 20 000。

要计算实现 1 600 000 美元税后利润的产品销售量，这家公司首先需要将税后利润转换为税前利润。将税后利润转换为税前利润的公式为：税后利润 ÷（1 – 税率）= 税前营业利润；因此，该公司税前利润为 2 000 000 美元 [160 万美元 ÷（1 – 20%）]。

计算得到税前目标利润后，现在公司可以使用 CVP 公式来计算实现需要实现 2 000 000 美元税前目标利润的销售量。CVP 的基本公式为：利润 = 收入 – 变动成本 – 固定成本，进一步将公式分解为：利润 =（销售单价 × 销售量）–（单位变动成本 × 销售量）– 固定成本总额。根据分解后的公式，通过求解 Y，就可以计算出公司需要实现的销售量：

2 000 000 美元 =（195 美元 × Y 件）–（45 美元 × Y 件）– 1 000 000 美元

2 000 000 美元 =（150 美元 × Y 件）– 1 000 000 美元

3 000 000 美元 = 150 美元 × Y 件

Y = 20 000 件

边际分析

决策涉及至少两个备选方案之间的抉择。在有些情况下，需要考虑若干备选方案。但其他决策可能要求仅在两个备选方案中进行选择，其中一个方案可能就是维持现状不变。不论选择的数量或类型，在决策过程中都需要评估不同备选方案的成本和收益。

边际分析（marginal analysis）（也被称为增量分析或差量分析）是进行短期决策分析的一种方法。它强调的是与一个或一系列备选方案相关的增量成本的增减而非总的成本和收益。短期在此定义为产能固定不变期间或一年这两者中的较短者。通常在下述这些类型决策中应用边际分析：

- 特殊订单及定价；
- 自制或外购；
- 销售还是深加工；
- 增加或减少分部；
- 限制因素下的单位边际贡献最大化。

LOS
§2.C.2.a

LOS
§2.C.2.b

应用边际分析的关键因素是确定哪些信息与决策相关。相关成本和相关收入在不同选择方案中各不相同，且以未来为导向。已经发生或承诺发生的成本和收入是沉没信息，与决策无关。换言之，不随选择方案变化的任何成本，包括已分摊成本，在边际决策分析中都应忽略。历史成本就是无关成本。

本节深入研究了边际分析在组织决策中的应用。

请先**阅读**附录 B 中列举的本节考试大纲（LOS），再来学习本节的概念和计算方法，确保您了解 CMA 考试将要考核的内容。

特殊订单及定价

LOS
§2.C.2.h

特殊订单定价决策主要涉及公司有一次性和短期机会去接受或拒绝一定数量产品或服务的特殊订单的情形。决定是否接受或拒绝某一特殊订单涉及对盈利性（基于相关收入、成本和机会成本）以及产能利用率的评估。如果相关收入超出相关成本（包括机会成本），则特殊订单是有利可图的。

如果存在剩余产能——完成特殊订单绰绰有余——公司需要确认与该订单

相关的变动成本（单位变动成本乘以单位数量）和接受该订单可能引发的任何额外固定成本（可避免固定成本）。这些成本是相关成本，决定了最低可接受（保本）价格。如果特殊订单提供的单位价格乘以订单的数量大于变动成本加上可避免固定成本之和，则该订单有利可图，应该接受。

但是，非常重要的一点就是要考虑到假如现有客户获悉此特殊订单，公司再以现有价格对其进行销售，是否会受到影响。如果公司会流失一部分当前销售量，或是不得不对现有客户提供价格折让，那么这些因素都要考虑到分析中。如果特殊订单客户是任何现有客户的竞争对手，公司将不希望被视为帮助新客户与现有的忠诚客户开展竞争。在教科书中，很容易框定特殊订单客户所在市场完全与正常订单客户相隔离的情形，但在现实世界中，那些单独的封闭市场很少。

LOS
§2.C.2.l

如果公司以满负荷或接近满负荷进行运营，那么最低可接受价格就是正常售价。当没有剩余生产能力时，只有当特殊订单的价格超过正常售价时，才可以接受该订单。在满负荷的情况下，公司还必须考虑接受特殊订单是否会导致损失其他更为有利可图的销售。应评估边际贡献较高的销售的损失引致的机会成本。

特殊订单成本分析

考虑下述情形：

产品单位售价 4 美元。

每单位平均变动成本 2.75 美元。

每单位平均固定成本 1 美元。

每单位总成本 3.75 美元。

正常产量 500 000 件。

固定成本 500 000 美元。

特殊订单数量 50 000 件，售价每单位 3.50 美元。

当以每单位货币金额来表示固定成本时须小心谨慎。注意到该点的分析人员应立即寻求确定计算每单位固定成本所使用的单位数量，因为必须确定当期的固定成本。在本例中，分析人员无需进一步深究数据。当期固定成本 500 000 美元，用来分摊固定成本的单位数量 500 000 件。这一点非常重要，若没有提出需要增加固定成本的建议，固定成本就应保持在 500 000 美元这一水平。换言之，固定成本应是无关成本，因为其不随业务量变化而变化。

过剩产能

在存在过剩产能的情况下，正确的决策分析方式是将相关成本与特殊订单价格进行比较。相关成本包括生产一件产品的变动成本（2.75 美元）和特殊订单每单位报价（3.50 美元）。无论是否接受特殊订单，总固定成本（500 000 美元）保持不变，固定成本是无关成本。每销售一件产品对利润贡献是 0.75 美元（3.50 美元 - 2.75 美元），或总贡献 37 500 美元（50 000 件 × 0.75 美元）。

LOS
§2.C.2.d

该订单有利可图，应该接受。

评估特殊订单决策时的一个常见错误就是把注意力放在每单位总成本上。若用每单位总成本作为比较数据，该订单可能会被拒绝，这是因为单位总成本（3.75 美元）超出了特殊订单价格（3.50 美元）。

满负荷或接近满负荷

假定公司满负荷或接近满负荷经营，正确决策分析应该考虑由于销售损失而产生的机会成本。例如，若特殊订单会导致其他有较高边际贡献（1 美元）的销售的损失，销售损失的机会成本是 50 000 美元（50 000 美元 × 1 美元）。该订单的贡献净损失是 12 500 美元（50 000 美元 – 37 500 美元）。接受特殊订单将使总利润减少 12 500 美元，所以应拒绝该订单。

在相关成本分析情境中，固定成本是无关的，除非其是可避免的成本。例如，特殊订单可能需要额外的间接人工，例如检查人员或材料处理人员来完成，这将增加制造成本，从而使增加的（可避免的）固定成本与决策相关。

正如术语"特殊订单"所暗示的那样，特殊订单是无法预见和不常见的。它们通常期限较短，且当其能够增加总体贡献时，在那些不常见的情形下予以接受。在定期（长期）基础上接受特殊订单定价会侵蚀利润。

自制或外购

此处的**自制或外购**（make versus buy），指的是短期外购。外购描述的是公司从外部供应商购买产品或服务，而不是内部生产的决策行为。"短期"的定义意味着组织有能力生产前述产品。在决定是否自制还是外购时，涉及将内部自制的相关成本与外购成本进行比较。在某些情况下，还需考虑机会成本和定性因素。

相关成本代表内部自制的短期成本。它们是增量或差异成本，包括制造该产品的变动成本、与之相关的可避免固定成本以及因生产该产品放弃的任何贡献。相关成本是指那些能够通过外购避免或消除的成本。

无关成本是指那些无论公司是否自制还是外购都不会发生变化的不可避免成本。它们是即使企业外购也会继续存在的沉没成本或未来成本。通常，这些都是固定制造费用。

如果相关成本小于外购价格，则应坚持自制。如果外购价格小于这些可避免成本，那么合理的决策就是外购。

自制与外购成本分析

考虑下述情形：双 A 零件公司（AA Part Co.）每年制造 5 000 个零件。在现有产量下，每个零件的制造成本如图表 2C – 7 所示。

图表2C-7　双A零件公司的制造成本

直接材料	$2.50
直接人工	3.50
变动管理费用	1.50
固定管理费用	<u>1.00</u>
单位总成本	$8.50

公司能够从外部供应商以单价7.75美元不限量购进零件。因为自制的相关成本是7.50美元，如果外购的话仅该成本可以避免，故零件不应外购。在5 000个产量水平下，额外产生的1 250美元（5 000单位×0.25美元）支持了继续自制的决策。

应注意到在讨论自制与外购决策时并未涉及收入。同样数量的产品以相同价格卖给相同的客户。因此，收入将不会发生改变，故无关。事实上，当作出变化决策时，公司希望客户不要觉察到公司是从供应商购买的产品或零部件。

可避免固定成本和其他机会成本的考虑

在进行自制或外购决策时应该考虑可避免固定成本和其他机会成本。一项常见的自制或外购机会成本是：能否通过外购避免部分固定间接费用的开支。例如，可能不再需要检查人员。另一项常见的机会成本是：在内部生产过程中使用的部分空间是否可以用于其他用途，例如其他产品的制造或将其出租给其他组织。

如果现在用来进行内部生产所占用的空间没有其他用途，并且将保持闲置，此时机会成本为零。但若该空间能用于其他用途，在评估外购报价时应考虑机会成本因素。

再回到双A零件公司示例，如果公司能够消除50%单位固定成本，且通过将闲置空间租给其他公司使用而每年收回6 000美元，外购带来的经济效益将改变已有决策结果。在这种情况下，6 000美元是可避免固定成本，来自空间出租的单位机会成本是1.20美元（6 000美元/5 000单位）。现在相关成本是9.20美元。计算过程为：原始相关成本7.50美元加上若公司外购能够避免的固定成本0.50美元（即#1机会成本），再加上损失的租金1.20美元（即#2机会成本）。外购相关成本是7.75美元。相比之下，现在外购能够带来每单位1.45美元或整体7 250美元的潜在成本节省，有力地支持了外购决策。

定性因素考虑

自制或外购相关成本的边际分析在外购决策中具有关键作用。但是，成功的外购不仅限于潜在的边际利润。在自制或外购决策中，除了考虑利润因素外，公司还需评估与外部供应商打交道的定性因素。这种定性因素的例子包括需要利用外部供应商独有的知识、熟练技能的劳动力，或获取稀缺材料等。

控制质量的需要一直以来是做出自制而非外购决策的驱动因素。越来越多的买卖双方形成准伙伴关系，以合作提升产品和服务。现在，买方公司经常将自制或外购决策与潜在的互利供应商关系结合起来。如果买方组织确信建立起来的质量和服务水平将与其需求一致，且供应商的业务能力将持续改进，那么就能够带来更低价格。另一方面，给供应商不稳定的订单（闲时自制，忙时外购）可能会适得其反，有可能在销售需求高涨时，原材料和劳动力却出现短缺，从而对保障零件供应带来问题。

例如，如果外购零件的制造需要特殊模具，那么外购时将模具运至供应商，公司恢复自制时再将模具运回，这个过程非常麻烦。

此外，由于外购取得产品的交付期是拉长了吗？如果是，需要增加安全存货。增加的安全存货将被视为外购的额外相关成本。

在做出最终是否外包给外部供应商的决定时还应该考虑：

- 供应商在可靠性和质量方面的声誉。供应商应确保按时交付货物，保证零部件和材料的物流顺畅，以及保持可接受的质量控制。
- 公司的战略。保持对核心竞争力的控制是非常重要的，任何对维持竞争地位至关重要的内部能力的外包都需要慎重考虑。
- 知识产权。有些国家可能不尊重知识产权，因此，公司必须确定它们是否愿意冒知识产权被侵占的风险。

销售还是深加工

销售还是深加工（sell or process further）决策涉及是在中间处理步骤之前销售产品或服务，还是进一步加工以更高价格销售产品或服务。销售还是深加工决策常见的示例包括下述情形：

- 增加产品配置以提升性能。
- 提升服务的灵活性或质量。
- 修复有缺陷产品使其能够以正常方式销售（而不是以缺陷状态折价销售）。

销售还是深加工决策要求分析相关成本。在很多情况下，这种决策还涉及联合产品或服务的考虑。销售还是深加工这类决策的一个关键点就是所有已发生的成本，例如联合成本，都是无关成本。

联产品（或服务）（joint products/joint services）涉及两种及以上产品或服务由单一共同投入进行生产的情况。例如，汽油、柴油和燃料油是从原油制成（提炼）而来的三种联产品。分离点是指在生产过程中，联产品能被确认为单独产品的时点。**联合成本**（joint costs）是指在分离点以前发生的成本。

联合成本是不相关成本的原因在于它们是使产品或服务达到分离点必须发生的共同成本。因为联合成本不能直接归属于任何随后的产品或服务，故其与分离点之后的决策不相关。

对于销售还是深加工决策来说，只要收到的增量收入（可归属于新增加工的收入）超过发生的增量加工成本，则继续加工一项产品或服务就是有利可图的。这个规则也同样适用于在联产品和服务情况下分离点之后的加工。图

表 2C - 8 总结了销售还是深加工决策的主要步骤。

图表2C - 8　销售还是深加工决策步骤

第一步	确定产品（或服务）的售价，或确定联合生产过程中每项产品（或服务）在分离点的售价
第二步	确定深加工产品或服务的售价
第三步	计算深加工的增量收入：从第二步金额减去第一步金额
第四步	计算增量成本
第五步	比较增量收入与增量成本，用增量收入（第三步）减去深加工成本（或分离点后加工每项产品或服务的可分离成本；第四步）。结果为正则支持深加工；结果为负则表明应在深加工前（或在分离点）销售

销售还是深加工成本分析

例题：

考虑下述涉及联产品的情形：

A 公司将原材料 A 加工成联产品 B 和 C。

每 100 件原材料 A 产出 60 件产品 B 和 40 件产品 C。

原材料 A 单位成本是 5 美元。

将 100 件原材料 A 加工成联产品 B 和 C 的成本是 100 美元。

产品 C 可以以单价 5 美元立即销售，或继续深加工，导致 25% 的数量损失，但可以单价 15 美元出售。额外加工成本每件 4 美元。

根据给定信息，深加工产品 C 将获得每件 6 美元的净收益：

深加工的增量收入是 6.25 美元 [15 美元 × （1 - 0.25） - 5 美元]，即：深加工后的产品 C 售价减去在分离点时产品 C 的售价。

深加工的增量成本是 4 美元。

净收益 2.25 美元是增量收入减去增量成本（6.25 美元 -4 美元）的结果。

原材料 A 成本（5 美元）和将原材料 A 加工成产品 B 和 C 的 100 美元是分离点前发生的联合成本，它们都是无关成本。

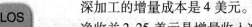

增加、保留或减少分部

保留或淘汰现有产品或服务，抑或是否增加新的产品或服务等的短期决策，在很大程度上取决于相关成本分析以及该决策对净经营利润可能造成的影响。可避免成本和其他机会成本必须予以确定。在决策分析中，只有那些可避免成本才是需要考虑的相关成本。

例如，假定一条产品线由 5 种不同产品组成，仅仅基于某种产品近期净营业损失而将其从产品组合中淘汰的决策可能会是不明智的。相反，应该通过分析区分产品可追溯固定成本和共同固定成本。如果产品被淘汰，可追溯固定成本是潜在的可避免成本。共同固定成本是不可避免成本，无论是淘汰还是保留产品，其都保持不变。共同固定成本是无关成本。

一旦明确了边际贡献和可避免固定成本，就能更加准确地做出增加、减少和保留分部的决策。

如果节省的可避免固定成本少于损失的边际贡献额，则应做出保留分部的决策。

如果节省的可避免固定成本大于损失的边际贡献额，应做出淘汰分部的决策，因为这样会提升整体净营业利润水平。

如果有其他机会成本，例如放弃的备选产品带来的贡献或者将不生产某种产品释放出来的空间出租的能力，在增加、保留或减少分部决策时，需将这些成本加进可避免固定成本。考虑是否淘汰某种产品，重要的是要考虑对相关产品，例如互补品或刺激购买产品的影响。

增加、保留或减少分部的成本分析

例题：

考虑图表 2C－9 列示的 A 产品的报告亏损的利润表。

图表 2C－9　利润表

销售收入		$ 500 000
变动费用		200 000
边际贡献		300 000
固定费用：		
一般工厂制造费用 *	$ 60 000	
产品经理工资	90 000	
设备折旧 +	50 000	
产品广告费	100 000	
厂房租金 ≠	70 000	
一般管理费用 *	30 000	400 000
净利润		$ （100 000）

* 代表如果产品遭淘汰将重新分配给其他产品线的已分配共同成本。

+ 指没有转售价值且未报废设备。

≠ 指厂房为企业所有。

基于图表 2C－10 所示对利润表的评估，公司应保留该产品。

已分配的共同成本（ * ）是不可避免的且仍会发生。

设备折旧（ + ）是不可避免的费用。

厂房租金（ ≠ ）无法消除。

图表 2C – 10　成本分析

损失的边际贡献	（$300 000）
来自可避免的固定成本的节省：	
产品经理的工资	90 000
产品广告费	100 000
放弃该产品线的净亏损	（$110 000）

　　淘汰该产品能够节省的固定成本小于边际贡献，所以短期内保留该产品线对公司更为有利。

　　保留该产品是明智之举，这在图表 2C – 11 列示的利润表中充分体现；裁减分部，公司利润将变为亏损。

图表 2C – 11　利润表

	A 产品	生产 A 产品的公司	不生产 A 产品的公司
销售收入	$500 000	$4 000 000	$3 500 000
变动费用	200 000	2 000 000	1 800 000
边际贡献	300 000	2 000 000	1 700 000
固定费用：			
一般工厂制造费用*	$60 000	$600 000	600 000
产品经理工资	90 000	400 000	310 000
设备折旧＋	50 000	300 000	300 000
产品广告费	100 000	300 000	200 000
厂房租金≠	70 000	200 000	200 000
一般管理费用*	30 000	100 000	100 000
净利润	$（100 000）	$100 000	$（10 000）

* 代表如果产品遭淘汰将重新分配给其他产品线的已分配共同成本。

＋ 指没有转售价值且未报废设备。

≠ 指厂房为企业所有。

　　正如营业数据表所示，公司应该保留 A 产品。保留该产品，整体净利润会更大。终止 A 产品所节省的可避免固定成本小于损失的边际贡献额。

限制因素下的单位边际贡献最大化

　　当公司满足客户需求的能力受到某一能够决定产能的因素限制时，公司的目标就成为最大化单位产能（限制因素）的边际贡献。

　　例如，巴洛公司制造 A、B 和 C 三种产品。每种产品单位售价、变动成本和边际贡献如图表 2C – 12 列示。

图表 2C-12　巴洛公司产品

	产品		
	A	**B**	**C**
售价	$180	$270	$240
减变动费用:			
直接材料	24	72	32
其他变动费用	102	90	148
总变动费用	126	162	180
边际贡献	$54	$108	$60
边际贡献率	30%	40%	25%

　　所有三种产品都使用相同的原材料。巴洛公司手头仅有 5 000 磅原材料,由于供应商工厂罢工,未来几周无法补货。管理层正在决策下周将集中精力处理哪种(些)产品的订单。每磅材料成本 8 美元。接下来的流程用于决定下周公司应该生产哪种(些)产品。

　　首先,公司需要确定每种产品的每磅材料的贡献,然后找出每磅贡献最大的产品,相关内容参见图表 2C-13。

图表 2C-13　巴洛公司各产品每磅材料边际贡献

	A	B	C
(1) 单位边际贡献	$54	$108	$60
(2) 单位直接材料成本	$24	$72	$32
(3) 每磅直接材料成本	$8	$8	$8
(4) 单位产品需要的材料磅数 (2) ÷ (3)	3	9	4
(5) 每磅材料的边际贡献 (1) ÷ (4)	$18	$12	$15

LOS
§2.C.2.g

　　公司应该把可用材料集中用在 A 产品生产上,如图表 2C-14 所示。

图表 2C-14　总边际贡献

	A	B	C
每磅材料的边际贡献 (来自图表 2C-13)	$18	$12	$15
可用材料磅数	×5 000	×5 000	×5 000
总边际贡献	$90 000	$60 000	$75 000

　　虽然 A 产品单位边际贡献最低,边际贡献率第二低,但优先安排在另外两种产品之前生产,这是因为 A 产品的每磅材料边际贡献最大,而材料是该公司的约束性资源。

　　前面的示例说明了在单一约束性资源和多产品的情况下如何进行决策。但在多种约束性资源和多产品的情况下,又如何进行决策呢?

　　线性规划是这个问题的答案。考虑一家炼油厂的情况,管理层不得不应对众多的变量。这家炼油厂能够提炼几种类型的原油。对每种类型原油，可按已知价格购买不同的数量。每种类型的原油预计能生产出不同的（但相对可预测的）提炼产品组合。每项提炼产品在供应链内都有预期售价。每类原油在提炼时的生产率各不相同。炼油厂的管理层有赖于线性规划进行利润最大化决策。

线性规划的一个特例就是两种产品和许多约束性资源。之所以特殊，是因为其可用图形表示出来，具有可视性，故更易于理解。

研究一下圣诞老人的车间，它制售两种圣诞节装饰品：一棵梨树上的鹧鸪和五枚金戒指。两种装饰品都有凹版设计。但是后者还要将五枚戒指嵌入玻璃。产品生产涉及三个环节：制环、模塑和包装。每个环节由一个小精灵来完成。阿德莱德精灵（Elf Adelaide，简称 A 精灵）制作戒环，每天工作 4.5 个小时。碧翠斯精灵（Elf Beatrice，简称 B 精灵）进行模塑，每天工作 11 个小时。康泰莎精灵（Elf Contessa，简称 C 精灵）负责包装，每天工作 5 个小时。每一个精灵都是天才般的匠人，圣诞老人不想失去它们其中的任何一个。一套戒指装饰品的制环过程用时 0.25 小时；戒环模塑用时 0.25 小时；包装用时 0.25 小时。一棵梨树上的鹧鸪装饰品需要 0.5 小时模塑，但 1 小时内可完成 6 个该装饰品的包装。一棵梨树上的鹧鸪装饰品（以下简称鹧鸪）售价 47.50 美元，变动成本 17.50 美元。五枚金戒指装饰品（以下简称戒指）售价 37.50 美元，变动成本 12.50 美元。每个装饰品日产多少才能让圣诞老人利润最大化呢？

圣诞老人对线性规划几乎一无所知。他拿来一张坐标纸，用纵轴表示戒指，最大值为每日 50 枚，用横轴表示鹧鸪，最大值为每日 30 只。接下来在 $y = 18$ 处画了一条横线，因为他知道 A 精灵在 4.5 个小时中制作戒环最大数量为一天 18 套。所有可行的解决方案必须位于这条线上或之下。模塑约束是一个更大的挑战。他清楚，如果不去生产鹧鸪，B 精灵能够一天生产 44 套戒指。所以，他在 $x = 0$，$y = 44$ 画一个点。然后，他算出如果不生产戒指，则能生产出 22 件鹧鸪。所以，他在 $x = 22$，$y = 0$ 画了另一个点，并用直线将这两个点连起来。同样，任何可行的解决方案必须位于这条线上或其左下方。最后，使用相同的思路，分别在 $x = 0$，$y = 20$ 和 $x = 30$，$y = 0$ 画上两个点，然后连接起来，这代表包装约束。然后，他将多边形内的区域用阴影表示。阴影区域内的任何一对数值代表一种可行解决方案。

圣诞老人推断，既然两种产品都有正的边际贡献，那么他希望生产计划应该尽可能靠右靠上。换言之，最佳解决方案一定位于边界上。最后，他判断最佳解决方案一定位于多边形的一个角上。

圣诞老人非常仔细地把图画好。他确定其中一个角的坐标是（$x = 3$，$y = 18$），该点每日边际贡献金额为（3×30 美元）+（18×25 美元）= 540 美元。但他对下一个角的坐标不太有把握。

所以，他列出关于模塑约束和包装约束的方程，然后计算两个方程相交点的坐标值。坐标计算结果为 $x = 18$，$y = 8$。该点每日边际贡献金额为（18×30 美元）+（8×25 美元）= 740 美元。需评估的最后一个角的坐标是 $x = 22$，$y = 0$，每日边际贡献金额为 660 美元。显然，圣诞老人的最佳生产计划是生产 18 件鹧鸪和 8 套戒指。

但是，过了一会儿，他的创造力又活跃起来。他想：

- B 精灵和 C 精灵是瓶颈。有什么可用方法让每个精灵都变得更有效率呢？或许提升自动化程度？
- 考虑到这两个精灵是瓶颈，有什么方法能让每个精灵工作更多小时呢？但是，圣诞老人担心 B 精灵已经每天工作 11 个小时了。
- 还有 A 精灵，她的工作很轻松。考虑到她的边际贡献水平，圣诞老人显然很满意，2 个小时的实际工作支付 4.5 个小时工资。但圣诞老人想知道 A 精灵能学着去做另外两个精灵的工作吗？她能以另外两个精灵同样的高质量水准做好工作吗？B 精灵和 C 精灵将如何看待"他们的"工作由其他人来做？到目前为止，他们作为一个团队运作得很好。而且，在工作之外，他们似乎是最好的朋友。

所得税和边际分析

正如前面章节所述，在一个没有税收抵扣的简化税收世界，当税前营业利润最大化时，税后营业净利润（NOPAT）也将最大化。因此，所得税在边际分析中通常是无关的。

决策过程要求识别各种类型相关成本。相关成本可能是变动的或固定的。通常，大多数变动成本是相关的，因为它们对每种备选方案而言都是不同的，且不是约束成本；大多数固定成本是无关的，因为它们对所有备选方案都相同。唯一的相关固定成本就是那些可避免的成本。

一个错误的假设是将折旧费用归为相关成本。设施或设备折旧是约束成本的一部分。购置成本在资产生命期内分摊。因此，折旧费用是沉没成本，通常在决策分析中是无关的。

边际收入与边际成本的经济学概念与会计学概念对比

成本的经济学概念包括显性成本——例如直接人工、直接材料、制造费用、销售费用、一般及行政管理费用等——以及不包括在会计记录或会计利润确定中的隐性成本。隐性成本包括由公司所有者提供给公司的资本的机会成本。会计成本只包括显性成本，隐性成本排除在外。

管理会计所做的成本分析与经济学家做的分析类似，但可能会有些许不同。例如，边际成本的经济学定义是下一个产出的成本。在进行边际分析时，管理会计师用单位变动成本（UVCs）作为边际成本的替代。同理，边际收入的经济学定义是下一个单位销售产生的收入。管理会计师用单位售价（USP）作为边际收入的替代。

前面提到的总成本（TC），是所有变动成本（VC）加上全部固定成本（FC）计算而得。用"Q"代表产量，平均变动成本则等于变动成本除以产量，或者表示为 AVC = VC/Q，同样，平均固定成本将等于固定成本除以产量，或表示为 AFC = FC/Q。因此，平均总成本通过将平均变动成本与平均固定成本加在一起计算而得，或（ATC）= AVC + AFC。

结论

本节举例说明的全部六种决策类型——特殊订单、自制或外购、销售还是深加工、增加或减少分部以及两类约束性资源问题——它们彼此之间存在诸多共同之处。

- 分析要求对成本性态要有很好的理解。将成本划分为固定成本和变动成本绝对重要。
- 决策基于对营业利润的影响。即使基于税后利润，决策结果也是完全相同的，因此可以有把握地说所得税是无关的。
- 资产或负债没有发生变化。若并非如此，那么净现值法将是合适的决策工具。
- 尽管机会成本不体现在会计记录中，但其与这些决策相关。

本节习题:
边际分析

说明: 在下列空白处作答。参考答案及解析在本节习题后给出。

1. A 公司接到了一份特别订单,即要求以每台 30 美元的价格生产 10 000 件产品。下列是与该产品生产相关的信息。

直接材料	$ 8.00/件
直接人工	$ 3.00/件
变动制造费用	$ 2.00/件
固定制造费用	$ 1.50/件

　　假设工厂存在闲置产能来接受这个特殊订单,并且不会影响现有的销售。那么如果接受这个特殊订单,公司的利润会增加多少?

☐ **a.** 155 000 美元。

☐ **b.** 170 000 美元。

☐ **c.** 190 000 美元。

☐ **d.** 300 000 美元。

2. 今年 4 月,一位新的客户联系了一家产能闲置的公司,并向该公司提供了一个特殊订单的报价,即要求该公司以低于正常售价的 25% 的价格提供 100 000 件产品。如果接受该订单,则要求该公司于 4 月份交货。该订单正好与之前已经接受的 5 月份开始生产的订单所生产的产品相同。下列哪项费用与公司决定是否接受该特别订货相关的成本?

☐ **a.** 生产产品的机器设备的保险费。

☐ **b.** 早前为已取消订单购置的直接材料成本。

☐ **c.** 为生产产品而发生的机器调试成本。

☐ **d.** 4 月份生产产品机器设备所耗用的电力成本。

3. 一家木材公司生产几种产品,这些产品可以在分离点单独销售,也可以进一步加工后再销售。以下是最近一段时期的经营结果信息。

产品	在分离点的销售价格	其他变动成本	进一步加工后的销售价格
原木	$ 159 600	$ 24 000	$ 178 000
粗木料	124 000	28 200	173 600
锯屑	102 000	19 600	130 000

哪些产品应该进一步加工？

☐ **a.** 原木和粗木料。

☐ **b.** 原木和锯屑。

☐ **c.** 粗木料和锯屑。

☐ **d.** 三种产品都要。

本节习题参考答案：
边际分析

1. A 公司接到了一份特别订单，即要求以每台 30 美元的价格生产 10 000 件产品。下列是与该产品生产相关的信息。

直接材料	$8.00/件
直接人工	$3.00/件
变动制造费用	$2.00/件
固定制造费用	$1.50/件

　　假设工厂存在闲置产能来接受这个特殊订单，并且不会影响现有的销售。那么如果接受这个特殊订单，公司的利润会增加多少？

- ☐ **a.** 155 000 美元。
- ☑ **b.** 170 000 美元。
- ☐ **c.** 190 000 美元。
- ☐ **d.** 300 000 美元。

　　接受此特别订单不会对现有的销售产生任何影响；因此，要计算如果接受特殊订单会增加多少利润时，这个特殊订单不需要分摊固定的制造费用。如果公司接受该订单，那么销售收入为 300 000 美元（30 美元 × 10 000）。接受该订单增加的成本等于直接材料、直接人工和变动的制造费用的总和；因此，增加的成本等于 130 000 美元〔（8.00 美元 × 10 000） ＋ （3.00 美元 × 10 000） ＋ （2.00 美元 × 10 000）〕。接受这个订单将会使公司的利润增加 170 000 美元（300 000 美元 – 130 000 美元）。

2. 今年 4 月，一位新的客户联系了一家产能闲置的公司，并向该公司提供了一个特殊订单的报价，即要求该公司以低于正常售价的 25% 的价格提供 100 000 件产品。如果接受该订单，则要求该公司于 4 月份交货。该订单正好与之前已经接受的 5 月份开始生产的订单所生产的产品相同。下列哪项费用与公司决定是否接受该特别订货相关的成本？

- ☐ **a.** 生产产品的机器设备的保险费。
- ☐ **b.** 早前为已取消订单购置的直接材料成本。
- ☐ **c.** 为生产产品而发生的机器调试成本。
- ☑ **d.** 4 月份生产产品机器设备所耗用的电力成本。

　　相关成本是受既定决策影响的成本。变动成本通常是相关成本，因为它们通常会随着公司业务水平的增减变动而变动。固定成本通常是无关成本，因为无论公司决定是否接受该订单，固定成本都会发生。在本题中，4 月份生产设备生产而耗用的电力是与公司的决定相关的成本，因为如果公司不接受该订单，公司就不会产生额外的电力成本。所有其他选项中的费用，对于公司来说，无论是否接受该特殊订单，它们都会发生。

3. 一家木材公司生产几种产品，这些产品可以在分离点单独销售，也可以进一步加工后再销售。以下是最近一段时期的经营结果信息。

产品	在分离点的销售价格	其他变动成本	进一步加工后的销售价格
原木	\$ 159 600	\$ 24 000	\$ 178 000
粗木料	124 000	28 200	173 600
锯屑	102 000	19 600	130 000

哪些产品应该进一步加工？

☐ **a.** 原木和粗木料。

☐ **b.** 原木和锯屑。

☑ **c.** 粗木料和锯屑。

☐ **d.** 三种产品都要。

在决定是按原样销售产品还是进一步加工产品时，公司应该将进一步加工产品所能产生的增量收入与进一步加工所产生的增量加工成本进行对比。如果增量收入大于增量成本，那么公司就应该进一步加工该产品。进一步加工原木，会使公司的收入增加 18 400 美元（178 000 - 159 600），费用增加 24 000 美元；因此，导致该公司利润减少 5 600 美元（18 400 - 24 000）。进一步加工粗木料，会使公司收入增加 49 600 美元（173 600 - 124 000），费用增加 28 200 美元，公司利润增加 21 400 美元（49 600 - 28 200）。进一步加工锯屑，会使公司收入增加 28 000 美元（130 000 - 102 000），相应的费用增加 19 600 美元，公司利润增加 8 400 美元（28 000 - 19 600）。根据以上对产品的分析可知，只需要将粗木料和锯屑进行进一步的加工。

定 价

为在竞争激烈的环境中生存，公司必须认真管理成本和价格。长期的财务成功取决于产品和服务的价格是否超过了成本，并为企业发展以及财务再投资提供足够的储备资金支持和向投资者提供令人满意的回报。管理会计师在收集、分析、计量和报告对成本和定价决策至关重要的信息方面具有关键作用。

 请先**阅读**附录 B 中列举的本节考试大纲（LOS），再来学习本节的概念和计算方法，确保您了解 CMA 考试将要考核的内容。

定价

定价决策（pricing decisions）通常是指公司对其产品和服务收费多少所做出的集体决策。尽管定价决策事关企业成败，但没有放之四海而皆准的定价方法。价格过高往往会抑制销售，而定价过低可能无法收回成本。

相关产品和服务成本是定价决策的重要组成部分。前面章节介绍了成本性态类型、成本可追溯性、成本动因和成本相关性等概念。当代成本系统要素包括：

- 用作业和操作作为中间成本对象，以追溯成本到最终成本对象。
- 基于成本动因将成本分配至最终成本对象。
- 提供多重成本视角（按消耗的资源、消耗的作业、消耗的动因等维度）。
- 通过构建各种管理层可视的因果关系以便于产品或服务的成本管理。

设计良好的成本管理系统增加了正确定价决策的可能性，从而有助于组织实现其战略目标。其他因素，例如产品或服务的供求和时间范围等，也会影响决策。

供求因素考虑

在几乎没有竞争对手且供不应求的情况下，传统定价实践是在产品或服务成本上加成以获得足够的利润。只要需求保持强劲、竞争非常有限，任何的成本增加都可通过涨价来抵销。

这种以供求关系为基础的定价方式的主要缺陷在于对成本管理毫无促进。不同行业的许多公司，通过持续涨价以覆盖成本这种脱离市场的方式来对其产品和服务进行定价。此外，除非有很强的市场进入壁垒（例如技术优势或大规模资本投资需求），否则这种定价为竞争对手进入市场创造了机会。当竞争加剧，供大于求时，这种通过成本加成获得利润的生存能力就变得有问题。

LOS §2.C.3.a

基于需求的定价方法使用客户需求和客户对产品的感知价值作为主要定价基础。基于需求的定价方法包括撇脂定价法、渗透定价法、收益管理法、价格点法、心理定价法、捆绑定价法、基于价值定价法和溢价定价法。

LOS §2.C.3.p

时间范围

定价决策通常可划分为短期决策和长期决策。

短期定价决策意为一年或更短，很多例子都是6个月或更短。短期定价决策适用于一次性和短期的特殊产品采购订单，或应对需即时进行产品线和产量调整的竞争激烈的市场环境。

长期定价决策涵盖长于一年的时间范围。长期决策通常聚焦于主要市场的产品或服务。

时间范围，无论短期还是长期，最终都将决定哪些产品或服务成本与定价相关。一些定价决策可能短期和长期都会涉及。

短期成本核算和定价

考虑下述用来说明一次性特殊订单成本核算和定价的情形。K公司已经决定对某个能快速周转的一次性商机进行投标。公司存在剩余产能，因此订单不会影响现有销售。当前正常产量100 000件的条件下对应的单位变动成本和单位固定成本如图表2C-15所示。

图表2C-15　K公司固定成本和变动成本

	单位变动成本	单位固定成本	单位变动成本及固定成本
生产成本：			
直接材料	$10	–	$10
包装费	5	–	5
直接人工	6	–	6
制造费用	8	$10	18
生产成本总额	29	10	39
广告费和佣金	4	12	16
分销	7	5	12
总成本	$40	$27	$67

变动制造费用（8美元）代表公用事业成本。在正常产量100 000件条件下，固定制造费用总额和单位固定制造费用明细如图表2C-16所示。

图表2C-16 单位固定制造费用

	总固定制造费用	单位固定制造费用
折旧	$300 000	$3
材料采购	100 000	1
工资	200 000	2
工程制造成本	400 000	4
固定制造费用总额	$1 000 000	$10

一次性特殊订单量为10 000件。如果公司决定投标该订单,当前固定制造费用(1 000 000美元)将继续发生。公司要产生的额外支出只有材料采购(10 000美元)和生产准备(25 000美元)。

招标公司表示任何超过每单位35美元的报价都是没有竞争性的。因此,K公司必须为该特殊订单的竞标确定一个短期价格。

为此,必须分析相关成本,在本例中,只有额外的材料采购成本和工程制造成本是相关成本。广告费和分销成本与定价决策无关。现有固定制造费用也是无关成本,因为无论K公司是否接受该特殊订单,固定制造费用都保持不变。相关成本数据汇总在图表2C-17中。

图表2C-17 相关成本数据

直接材料(10 000件×10美元)		$100 000
包装(10 000件×5美元)		50 000
直接人工(10 000件×6美元)		60 000
变动制造费用(10 000件×8美元)		80 000
固定制造费用		
材料采购	$10 000	
生产准备	25 000	
固定制造费用总额		35 000
总相关成本		$325 000

根据相关成本数据,单位相关成本是32.50美元(325 000美元/10 000件)。这低于35美元,被视为具有竞争力。任何高于单位成本(32.50美元)且低于35美元的投标报价都将有助于K公司增加营业利润。例如,若将短期价格设定为34美元,将给公司带来15 000美元的利润[10 000×(34.00美元-32.50美元)]。

正如在第三章第2节"边际分析"讨论特殊订单定价中所指出的那样,根据单位总成本进行定价决策将对公司产生误导,很可能导致公司不去竞标该业务。在本例中,如果用单位总成本作为比较数据,应该拒绝该订单,因为公司的单位总成本(67美元)超出投标报价上限(35美元)。即使只用单位变动成本进行分析,该订单也将被拒绝(40美元与投标价格上限35美元相比)。

长期成本核算和定价

精确的成本信息对公司关于成本或服务要价多少以及如何在市场中最好地展开竞争等决策的制定至关重要。分析方法对成本和价格做出相关假设。在这些约束条件稳定的情况下，分析的准确性更大。

在时间范围较长的条件下，稳定且可预测的成本更适合于定价决策。稳定、长期的成本会带来更大程度的价格一致性，并减少了对供应商价格和其他相关成本数据持续监控的需求。稳定、长期的成本还能改善其他规划决策，并有助于构建更加牢固、长期的买卖双方关系。这使得预测变得更加容易，客户关系更加紧密。

前例中，公司在长期内必须收回所有成本（包括固定间接制造费用）。由于具有剩余产能，当产量增加时不会产生额外的固定间接制造费用。因此，生产的越多，单位成本就越低。

市场导向定价法

公司必须经常在产品和服务没有差异的市场展开竞争。市场导向定价法通常适用于这种产品或服务相同的情况，以同质和可替代产品的市场价格来确定产品价格。

有两种市场导向定价法可用来确定价格：需求导向定价法和竞争导向定价法。在需求导向定价法下，如果产品需求旺盛，可设定高价格。如果需求低迷或存在大量替代品，则价格设定较低。在竞争导向定价法下，销售价格是根据竞争对手提供的相似和/或可替代产品的价格来确定的。

在市场导向定价法下：
- 市场力量对产品或服务的定价有很大影响。
- 客户不愿意支付高于现行市场价的价格。
- 公司通常按现行市场费率收费。
- 公司考虑客户的期望、需求和价值。
- 公司决定了竞争的激烈程度。
- 公司预判客户和竞争对手将如何对其定价做出反应。

由于销售价格不能轻易改变，因此在使用市场导向定价法时，公司应使用市场价格进行成本效益分析。如果生产和销售产品的成本不会产生可接受的利润，那么公司通常会做出退出该产品市场的决策。

在市场导向定价法中，公司会根据预期的客户和竞争对手的反应来决定产品和服务的特点以及定价决策。总体目标是避免设定可能导致代价较大的市场不稳定或竞争性价格战的价格。因此，市场导向定价法是在高度竞争和大宗商品市场（如航空公司、石油、天然气、矿产和许多农产品）的合理定价方法。

成本导向定价法

LOS
§2.C.3.a

　　成本导向定价法（或**成本加成法**，cost-based pricing/cost-plus pricing）基于开发产品或服务的成本，并为收回成本和赚取预期利润设定价格。当产品或服务存在一定程度的差异化，并且在设定价格时公司具有适度的自主权，此时适宜采用成本导向定价法。正如市场导向定价法受到市场条件的严格限制，成本导向定价法将市场反应作为定价决策考虑因素之一。

　　在成本导向定价法下，公司应：

- 确定在一定数量水平下生产和销售某一产品的成本。
- 确认合理的回报（加成）。
- 在成本上加成。
- 必要时调整加成来应对市场。

　　使用成本导向定价法，加成通常表示为成本的百分比。预先确定的加成应用于成本基数以确定目标售价。

LOS
§2.C.3.c

销售价格 = 单位成本 +（单位成本加成百分比 × 单位成本）

　　例如，考虑具有下述变动成本的某产品：

直接材料	$ 50
直接人工	40
变动工厂制造费用	20
总变动成本	$ 110

固定制造费用总额 100 000 美元（1 000 件水平，单位固定成本 100 美元）。销售和管理费用 500 000 美元（1 000 件水平，单位费用 500 美元）。

　　成本导向定价法的挑战性在于确定用什么成本以及最后的加成应该是多少。有三种成本加成方法可用来确定产品的售价：

1. 变动成本法；
2. 产品成本法；
3. 完全成本法。

　　本例中，每单位产品变动成本 110 美元，产品成本 210 美元，总成本 710 美元（110 美元 + 单位销售和管理费用 500 美元 + 单位固定制造费用 100 美元）。

　　这三种方法中的售价公式都要求计算加成并将其加到成本上。三种方法下的加成各不相同。变动成本加成计算如下：

$$加成百分比 = \frac{预期利润 + 固定成本总额 + 费用}{变动成本总额}$$

　　在本例 1 000 件水平下，预期利润 200 000 美元，加成百分比计算过程为：[200 000 美元 + 100 000 美元 + 500 000 美元] / 110 000 美元 = 727%（1 000 件水平）。售价为：

$$售价 = 单位加成 + 单位成本$$

　　所以，本例中，售价 = [（727% × 110 美元）+ 110 美元] = 910 美元。

产品成本加成计算如下：

$$产品成本加成百分比 = \frac{预期利润 + 费用}{产品成本总额}$$

完全成本加成计算如下：

$$完全成本加成百分比 = \frac{预期利润}{总成本}$$

在这三种情况下，售价 910 美元保持不变。

最后，对期望加成进行评估，并根据竞争对手类似产品定价情况及客户对替代价格的预期反应进行相应修正。

目标定价法

到目前为止讨论的传统定价方法都基于如下这个想法：

> 价格 = 单位成本 + 单位利润

这个等式假设一个产品或服务已经开发出来，成本已经或者可以被确定，而且一旦价格确定，该项目就可以上市了。

目标成本法提供了一种从根本上不同的方式来看待价格和成本之间的关系。目标成本法的基本概念是：

> 成本 = 有竞争力的价格 – 单位利润

产品或服务成本的计算以预期售价为起点，并减去预期利润。

要记住单位成本和单位利润都是产量的函数。增加产量会降低单位成本，提高单位利润，而减少产量则会增加单位成本，降低单位利润。

目标成本法实施过程

正如没有一个统一的目标成本法定义一样，也不存在确定的目标成本法实施步骤安排。任何公司实施目标成本法都倾向于在特定业务环境下逐步推进。不过，管理会计公告（SMA）《实施目标成本法》，指出了如图表 2C – 18 所列的大多数目标成本法应用时采用的步骤。

图表 2C – 18　目标成本法实施步骤

在市场需求和竞争环境下确定目标价格

确定目标利润率

确定必须达到的可允许成本

计算当前产品和流程的可能成本

确定目标成本，即必须减少的成本金额

从最初的设计阶段开始，建立跨职能团队参与实施过程

在设计过程中使用并行工程、价值工程和质量功能配置等工具

一旦开始生产，就实施成本缩减（通过生命周期成本法）

目标成本法

有各种不同的目标成本法定义，SMA《实施目标成本法》归纳出这些定义具有的共同特征：

- 竞争市场环境。
- 市场价格驱动成本（和投资）决策。
- 在产品或服务设计和发展早期实施成本计划、成本管理和成本缩减。
- 跨职能团队参与，包括管理会计。

从本质上讲，**目标成本法**（target costing）是一个全面成本管理过程，它决定了产品或服务的目标成本，然后开发出一个产品或服务的原型，该产品或服务可以根据所确定的目标金额获利。它是一种前瞻性方法，在设计和开发过程的早期阶段实施，而不是在产品开发和生产的后期阶段对产品和服务成本进行管理。

目标成本法的基本目标是使企业能够在竞争激烈的市场中管理业务。因此，目标成本法的基础是确定基于市场和价格的成本。研究和设计、工程、生产、营销和会计等的跨职能参与是必要的，以确保计划推出的产品或服务在销售时能够产生预期利润率。换言之，跨职能团队有责任设计和开发产品或服务，确保其能按照目标成本进行生产。

目标成本

SMA《实施目标成本法》在定义**目标成本**（target cost）时指出，该术语对不同的公司有不同的含义。有的将目标成本定义为与可允许成本相同。其他定义则将目标成本描述为可允许成本与当前成本之差，即：为达到可允许成本必须从当前成本中减少的金额。

可允许成本

可允许成本（allowable cost）是目标价格（市场力量决定）与目标利润（管理层设定）二者之差。实际上，考虑到公司为实现其目标利润能够交付的预期产品数量，可允许成本代表的是最大单位成本。需用单位目标营业利润和单位目标成本来计算可允许成本。记住这两个目标都是目标销售量的函数。

- 单位目标营业利润是指在目标销售量的条件下，公司争取在每一单位售出产品或服务上实现的利润。
- 单位目标成本是在目标销售量下估计的长期单位产品或服务成本。

从目标价格中减去每单位目标营业利润以确定单位目标成本。当一件产品以目标成本生产，按目标价格出售，公司就能实现目标营业利润。

考虑以下说明单位目标营业利润和单位目标成本的情形。由于市场竞争加剧，公司需要将单位售价从 100 美元降至 75 美元。在这个较低的价格水平上，公司预计每年销售量将从 10 000 件增加至 12 000 件。管理层打算赚取销售收入 15% 的目标营业利润。在销量 12 000 件情况下，当前单位总成本为 80 美元。图表 2C – 19 列示了目标收入和目标成本。

图表 2C–19　目标收入和目标成本

目标销售收入总额	=	12 000 件 × 75 美元 = 900 000 美元
目标营业利润总额	=	15% × 900 000 美元 = 135 000 美元
单位目标营业利润	=	135 000 美元 / 12 000 = 11.25 美元
单位目标成本	=	单位目标价格 – 单位目标营业利润
	=	75.00 美元 – 11.25 美元 = 63.75 美元

在目标定价法中，产品的市场价格被视为给定的。单位目标成本通常低于单位产品或服务的全部成本。在刚才的例子中就是这样的情况，单位目标成本是 63.75 美元，单位当前（全部）成本是 80 美元。但是为了盈利，公司必须收回所有的成本。这样，全部成本——固定成本和变动成本——在目标成本计算中都是相关的。在这种情况下，企业始终面临目标成本法带来的挑战，在项目整个生命周期中不断改进产品或服务及相关生产流程。

目标价格

在目标成本法中，**目标价格**（target price）表示产品或服务可以收取的最大允许价格。这是潜在客户基于他们的价值感知（他们对产品和服务质量、时效和价格的需求和期望）所愿意支付金额的估计值。目标价格也反映了公司对市场竞争的理解——它的能力和可能反应。最终结果就是，目标价格是客户可接受的价格，而且也是组织能够接受的价格。

在目标成本法下设计新产品或服务

图表 2C–20 总结了公司用来设计新产品或服务并确定其目标价格和目标利润的基本技术（SMA《实施目标成本法》）。

图表 2C–20　目标成本法过程技术

工具	描述
市场评估工具	用来评估市场或客户对于拟推出产品或服务需求的几种方法，包括调查、焦点小组、访谈以及面向现有客户、潜在客户及先前客户的意见收集
逆向工程（拆解分析）	购买和拆解竞争对手的产品，以调查其设计、材料、可能的制造过程、属性、质量和成本
行业与竞争分析	此分析技术用于深入了解竞争对手，以及如何最好的定位公司及其产品和服务以获取竞争优势。这可能包括各种各样的战略（例如迈克尔·E. 波特的战略），用于进行综合性行业及竞争分析
财务规划和分析	详细的财务规划和报表分析，以检验流程、业务量和收入之间的关系。这种方法还分别考虑了总体、特定分部及单个产品（或服务）的成本与投资。该方法帮助将实际结果与计划产品或服务的成本与投资进行比较
内部成本分析	确定当前产品的产品和服务成本及相关投资，以便在现有的产品/服务及流程特征下估计新产品或服务的成本。该项技术通常包括作业管理法（ABM）和作业成本法（ABC），以识别与具体的成本发生作业相关的成本
成本表格	维护和使用基于各种制造变量的详细成本信息数据库。假定使用不同的设计、材料、制造流程和最终用户功能，为新产品或服务提供成本预测。该技术有助于管理者提前确定备选方案的影响

与市场评估和逆向工程数据结合使用的行业和竞争分析有助于设定目标价格。财务规划和分析有助于确定目标利润率。内部成本分析和成本表格有助于可允许成本和当前成本的比较及目标成本的确定。

一旦确定了目标成本，实现目标的挑战就随之而来。对跨职能团队的强调促进了组织中所有职能之间高度的相互依赖。公司将尝试采用不同的方法来实现能够取得目标成本的产品/服务及流程设计。大多数公司使用了并行工程、价值工程、质量功能配置和生命周期成本法中的一些元素。

并行工程

并行工程（concurrent engineering）是组织设计产品或服务的过程，其在流程初期使用，基于所有业务单位和职能的输入与评估，预见问题并平衡各方需求。重点是维护客户需求，并融入上游预防而非下游纠正。

价值工程

价值工程（value engineering）是缩小当前成本和可允许成本之间差距的主要技术。它是根据客户需求对产品或服务的设计、材料、规格和生产过程的系统分析。

应区分增值成本和非增值成本。**增值成本**（value-added costs）是指将资源转化为符合客户要求的产品或服务的成本。它们是客户认为使产品或服务增加价值或效用的成本。相反，非增值成本对客户的偏好并不重要。在制造业中，增值成本的例子可能是与设计、装配、工具和机器相关的成本。非增值成本的例子可能是快递费、返工成本或陈旧存货的成本。

在实践中，增值成本和非增值成本之间的区别可能难以评估。在特定环境下，一些成本可能同时归属于这两类成本。在制造业中，测试成本或订购成本通常很难区分是增值成本还是非增值成本。

价值工程的目标是平衡整体成本和收益，增加产品的最终价值。在设计、开发、生产和成本之间进行权衡时，最好使用跨职能团队来实现这个过程。管理会计师经常被要求评估因消除非增值活动和相关费用所带来的潜在节约。

在大多数情况下，"价值工程"和"价值分析"这两个术语可交换使用。一些公司在设计和开发阶段使用术语"价值分析"，而在开发以后阶段使用术语"价值工程"。

质量功能配置

质量功能配置（quality function deployment，QFD）是一种结构化方法，在开发和生产的每个阶段，将客户对产品或服务的需求转换为适当的技术要求。质量功能配置过程通常被称为"倾听客户的声音"。

产品生命周期成本法和生命周期成本法

目标成本法假定产品或服务的价格是稳定的，或因市场条件（由于价格

LOS
§2.C.3.r

竞争、质量、功能）而随着时间推移下降。公司在产品或服务生命周期内必须应对这些竞争压力。

产品和服务贯穿整个生命周期。产品生命周期概念假定产品：

- 具有有限的生命周期。
- 经历若干阶段，每个阶段的销售面临不同的机遇和威胁。
- 在不同的生命周期阶段要求不同的营销策略。

产品或服务生命周期包括四个阶段：

1. 市场推广阶段。高成本、低销量、竞争压力较小、需要创造需求、利润微薄。

2. 成长阶段。因规模经济效应，成本逐渐下降；销量增加；竞争加剧；获利能力增强，但有时需以降价为代价。

3. 成熟阶段。成本进一步降低；销售达到峰值；竞争激烈；价格开始下降；需要通过差异化来保持市场份额。

4. 饱和与衰退阶段。销量下降、利润下降、售价下降。

目标成本法被设计用来降低产品或服务在其整个生命周期中的总成本。在应用目标成本法原则时，企业必须定期重新设计产品和服务，在降低价格的同时提高价值。

生命周期成本法（life-cycle costing）追踪并归集与产品或服务相关的在整个生命周期中的所有实际成本。收集所有成本为最小化总成本的计划决策提供重要信息。

成本加目标收益率定价法

LOS
§2.C.3.b

LOS
§2.C.3.j

LOS
§2.C.3.l

此前关于成本导向定价法的讨论描述了设定价格的一般公式，即在成本基数上加上一定百分比加成。成本加目标收益率法是根据投资目标收益率确定加成的一种方法。

投资目标收益率（target rate of return on investment）是公司必须赚取的目标营业利润除以其投资资本。公司通常会指定投资目标收益率。

考虑以下情景，以说明成本加目标收益率定价法：

单位产品总成本为 1 000 美元。

预计销售的单位数量 10 000 件。

税前目标收益率为 20%。

投入资本（长期资产或固定资产加流动资产）为 10 000 000 美元。

目标营业利润为 20% × 10 000 000 美元，或 2 000 000 美元。

单位目标营业利润为 2 000 000 美元/10 000 件，或 200 美元。

基于这些信息，期望单位目标营业利润为 200 美元。考虑到单位产品全部成本为 1 000 美元，这转换成加成百分比为：

$$200 \text{ 美元}/1\,000 \text{ 美元} = 20\%$$

20% 加成表示单位营业利润在单位产品总成本中所占的百分比。

峰值负荷定价法考虑因素

到目前为止，讨论的所有定价方法都是以某种方式将成本作为基础的。在一些情况下，设定价格时还必须考虑非成本因素。峰值负荷定价法就是这样一种情况。

峰值负荷定价法（peak load pricing）是指根据需求和物理产能上限对产品或服务价格进行调整的一种做法。在峰值负荷定价法下，即使在支出成本上没有显著差异，细分市场间的价格也存在差异。

峰值负荷定价法的价格可能会上下起伏：

- 当需求逼近产能上限时，价格上涨。
- 当产能闲置或过剩时，价格下降。

峰值负荷定价法广泛应用于航空、酒店、租车、电力和电信等多种行业。

供求定律

定价决策必须考虑供求关系。需求与价格呈负相关，供给与价格呈正相关。当价格上升，其他条件都不变时，需求将减少。当价格下降，其他条件都不变时，需求将增加。当价格上升，其他条件都不变时，供给将增加。当价格下降，其他条件都不变时，供给将减少。

市场不只是预先定好价格的街头小店，它是指买卖双方聚到一起（实际方式或电子方式）交换商品或服务的任何场景。买方创造了对卖方生产和供给的产品或服务的需求。需求是消费者愿意且有能力购买的产品或服务的数量，供给是生产商愿意且能够销售的产品或服务的数量。

我们以大豆市场为背景来研究供求关系。

需求

需求计划表（demand schedule）是一张展示潜在需求量的表格，每个价格与对应需求相匹配。图表 2C - 21 是农场主 J 编制的大豆需求计划表。

图表 2C - 21　大豆需求计划表

每蒲式耳大豆的价格	每周的需求量
$ 6	20
$ 5	30
$ 4	40
$ 3	60

需求计划表要有意义，就必须明确时间范畴。图表 2C - 21 所示为一周大豆需求量。如果农场主 J 的大豆价格是每蒲式耳 6 美元，一周能够卖出 20 蒲

式耳（赚120美元）。如果他的大豆价格是每蒲式耳4美元，他将能够卖出原来数量的两倍，即40蒲式耳（赚160美元）。

农场主J必须决定他要走哪条路线：生产更少的大豆，以更高的价格卖出；或生产更多的大豆，以更低的价格卖出。

图表2C-22的需求曲线对应图表2C-21的需求计划表，用曲线表示每一个给定价格对应的需求数量。需求曲线向下倾斜，表明当价格下降时需求数量增加；当价格上升时需求数量减少。

图表2C-22 大豆的需求曲线

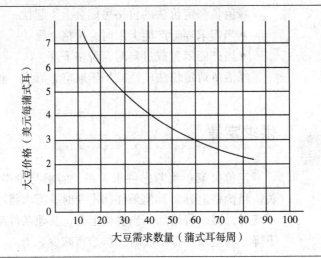

需求数量的变化

需求数量的变化是沿着需求曲线的移动而变化。若大豆价格上升，需求数量就会减少。

引发需求数量变化的若干因素：

- 边际效用递减规律认为：只有当价格下降时，消费者才会购买更多的商品。
- 存在一种**收入效应**（income effect），也就是说，如果价格下降，消费者的收入就相对变高，因此可以购买更多的商品。
- **替代效应**（substitution effect）是消费者在当某产品价格下降时购买更多的趋势，这实际上是用该产品替代先前购买的其他产品（假设消费金额相同）。例如，如果餐馆用餐价格下降，人们可能会更经常地在外面用餐，而在家吃饭的次数会减少。当一件产品的价格下降时，竞争性产品的价格实际上在上升，使消费者不太可能继续购买它们。替代效应普遍适用。例如，当劳动力成本上升时，雇主会倾向于使用更少的劳动力；且若相同工作能够实现自动化，雇主会倾向于用机器处理替代人工操作。

需求变化

需求自身的变化表现为整条需求曲线的移动。例如，如果买家从新闻报道了解到大豆的健康功效，那么大豆的需求可能会增加。

增加的需求如图表 2C-23 和图表 2C-24 所示。

图表 2C-23 增加的大豆需求计划表

每蒲式耳大豆的价格	每周的需求量
$6	30
$5	40
$4	50
$3	80

图表 2C-24 大豆需求曲线的移动

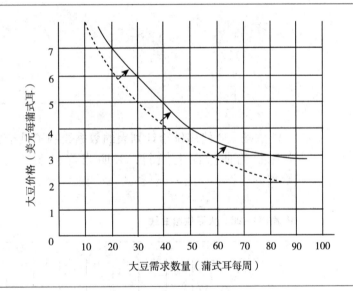

影响需求的若干因素：

- **个人口味**（personal taste）。不同的消费者喜欢不同的商品，这些口味随时间而变化。个人口味对基于市场中消费者数量的需求具有影响。当人口增减或迁移时，买方进入或离开市场，进而增加或减少需求。
- **收入**（income）。随着收入的增加，消费者购买更多种类的商品和服务。这类商品是指正常商品。对劣等商品的需求将随着收入的增加而减少。例如，牛排是正常商品，而汉堡则是劣等商品。正常商品与劣等商品的概念与消费者收入相关，而与质量或消费者对质量的感知无关。
- **相关商品的价格**（price of related goods）。替代品能够影响对某项产品或服务的需求，互补品（所谓互补品即通常要一起购买的商品，例如高尔夫球杆和高尔夫球袋）也是一样。如果某种产品（高尔夫球杆）

价格下降，将增加对互补品（高尔夫球袋）的需求。
- **买方预期**（expectations of buyers）。买方可能预计经济走弱或走强，并因此减少或增加支出；或者他们可能预期价格会上升，从而在实际涨价前购买较多的商品。

供给

现在农场主 J 已经研究了大豆需求，他必须决定在给定价格下愿意供应多少大豆。

在计算了生产成本并考虑其他因素后，农场主 J 制定了他的供给计划表（一张展示潜在供给量及其对应价格的表格），如图表 2C - 25 所示。

图表 2C - 25　大豆供给计划表

每蒲式耳大豆的价格	每周的供给量
$6	100
$5	90
$4	80
$3	65

农场主 J 使用供给计划表的数据绘制了供给曲线，如图表 2C - 26 所示。注意供给曲线向上倾斜，表明当价格上升时供给增加，价格下降时供给减少。

图表 2C - 26　大豆供给曲线

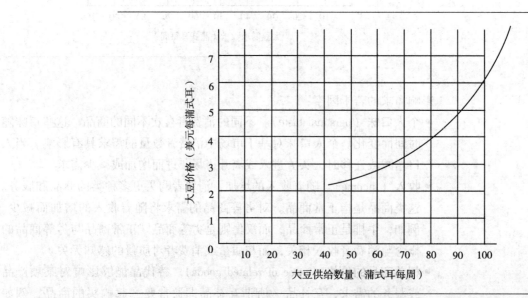

供给曲线上一点到另外一点的移动即为供给数量的变化。如果大豆价格从 4 美元降至 3 美元，农场主 J 仅愿意每周提供 65 蒲式耳大豆，而不是在每蒲式耳 4 美元时提供的 80 蒲式耳。

供给的变化表示为整条供给曲线的移动。如图表 2C - 27 所示的供给变化。

图表 2C - 27　大豆供给曲线的移动

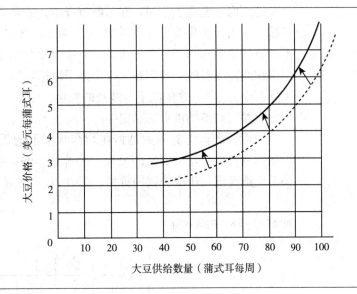

供给变化通常由下述原因引起：

- **资源价格**（resource prices）。资源价格影响生产成本，进而影响企业在给定价格下愿意供给的数量。

- **技术**（technology）。技术进步或提升技术使用占比能够降低生产成本，因此能够增加在给定价格下的供给。

- **税收和补贴**（taxes and subsidies）。税收变化能够影响成本，进而影响生产商在不同价格下愿意供给的数量。政府补贴降低了成本，因此可以增加供给量。

- **相似品价格**（prices of similar goods）。相似品、替代品或互补品的价格能够影响生产商愿意供给的数量。

- **预期**（expectations）。对产品未来的预期会影响行业供给该产品的意愿。例如，"9·11" 事件后美国国旗生产商为满足国旗需求的增长，增加工人以增加产量和供给。

- **卖方数量**（number of sellers）。更多的卖方进入市场时，供给会增加，供给曲线向右移动。当卖方离开市场时，供给会减少，供给曲线向左移动。

正是总供给和总需求的相互作用最终决定了价格。在需求不变时，过度供应（剩余）会降低价格。在需求不变时，供给短缺导致价格上涨。不断增加的有限资源需求导致价格上涨。

市场均衡

所谓**均衡**（equilibrium）是指供给数量等于需求数量的价格。市场均衡受市场竞争水平影响而有所不同。在垄断竞争市场中，产品可能存在差异且并不完全相同，不能相互替代，公司在短期内具有垄断行为特征。短期内定价通常忽略其他公司的影响，从而增加了边际净收入。但是，在长期，垄断竞争公司会变得更像完全竞争公司。在垄断市场中，公司通常以较高的价格出售更少的产品，从而产生更高的边际净收入，除非法律禁止这样做。在寡头垄断情况下，边际净收入高于完全竞争，除非法律着手禁止这种缺乏竞争的市场环境。

在此需注意的是我们在下一个例子讨论均衡时，我们要考虑多个买家和卖家（完全竞争）。这些例子中涉及的数量以千蒲式耳为单位，因为更多的买家和卖家参与到市场供求的确定中。

均衡价格和均衡数量是指在均衡状况下的需求（或供给）价格和数量。市场出清价格是均衡价格的另外一种称谓。均衡往往是价格的配给功能，即：买卖决策实现同步或协调的价格。图表2C-28显示了大豆均衡状态。

图表2C-28 市场均衡

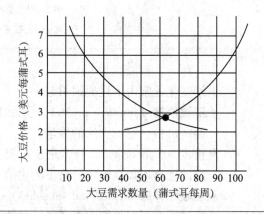

所谓均衡点是指图中供给曲线和需求曲线相交达到市场均衡的点。本例中均衡价格为每蒲式耳大豆2.75美元，均衡数量为每周62 000蒲式耳。

非均衡状态（disequilibrium）是指缺乏均衡——任一价格下的供给数量与需求数量不相等。若价格在均衡价格之上，会导致过度供给；若在均衡价格之下，则会引发供给短缺或过度需求。非均衡状态是暂时的，例如当一个产业处在成长期而另一个产业处在衰退期时出现的不均衡（例如播放器从VHS向DVD的格式转换）。

需求曲线移动与均衡价格及均衡数量的变化之间存在正相关关系。当需求增加时，均衡价格也上升。

供给曲线移动与均衡价格呈反向关系，但与均衡数量成正向关系。当供给增加时，均衡价格会下降。

这些规则的基础是假设所有其他因素如收入和经济形势均保持不变。

图表 2C－29 展示了供给、需求和均衡三者之间的关系。

图表 2C－29　供给和需求变化对均衡状态的影响

		需求	
		增加	下降
供给	增加	对均衡**价格**的影响不能确定	均衡**价格**下降
		均衡**数量**增加	对均衡**数量**的影响不能确定
	下降	均衡**价格**上升	对均衡**价格**的影响不能确定
		对均衡**数量**的影响不能确定	均衡**数量**减少

需求的价格弹性

需求定律指出，消费者通过购买或多或少的产品来应对价格变化。但是，消费者对价格变化的反应随不同产品以及相同产品不同价格范围会有很大区别。

需求价格弹性（price elasticity of demand）是指消费者对价格变化的反应程度。类似于橡皮筋的弹性，供应商需要考虑的问题是：在不扯断的前提下最多可将橡皮筋拉多长？对于具有弹性或相对弹性需求曲线（同一指标的两种程度）的产品，消费者会对价格的变化反应灵敏。例如，当旅行价格上涨时，统计显示旅行数量以更快的速度下降。如果产品缺乏弹性或相对缺乏弹性（也是同一指标两种程度），例如主食，消费者对价格变化反应不敏感。

完全无弹性需求表明价格变化不会引发相应的需求变化。完全弹性需求表明价格小幅下降将引发消费者需求尽可能多的产品，价格小幅上升将导致需求降至零。完全弹性需求仅存在于完全竞争市场。

图表 2C－30 在图上展示了完全无弹性需求曲线和完全弹性需求曲线。

图表 2C－30　完全无弹性需求和完全弹性需求

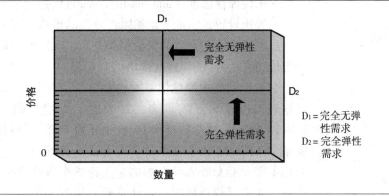

需求价格弹性（取中点均值）计算公式为：

$$需求价格弹性（E_d）= \frac{数量变化/平均数量}{价格变化/平均价格}$$

公式以价格百分比的形式计算需求价格弹性。该点非常重要，这是因为一辆汽车价格变化 1 美元是不同于 1 蒲式耳大豆价格变化 1 美元的。需求弹性通常在一定价格范围内变化。此外，变化百分比是基于初始价格和新价格的均值来计算的。尽管一些经济学家喜欢使用初始值，而非初始值与终值的均值来作为计算的基础，CMA 考试仅考查使用均值计算的方法。该方法被称为"中点公式"法。

以使用中点公式法计算为例，考虑大豆需求曲线上不同价格间需求数量的变化。假设每蒲式耳 5 美元，需求量 30 000 蒲式耳；每蒲式耳 4 美元，需求量增至 40 000 蒲式耳。注意当把数值带入公式中，百分比变化通过使用中点公式来计算——也就是金额变化除以初始值与终值的均值以确定百分比变化 [（30 000 + 40 000）/2 和（5 美元 + 4 美元）/2]。接下来的计算是为了求出大豆的需求弹性：

$$需求数量变化百分比 = \frac{需求数量变化}{平均需求数量} = \frac{10\ 000}{（30\ 000 + 40\ 000）/2} = 0.2857$$

$$价格变化百分比 = \frac{价格变化}{平均价格} = \frac{-1\ 美元}{（5\ 美元 + 4\ 美元）/2} = -0.22$$

$$大豆需求弹性（E_d）= \frac{-某产品需求数量变化}{某产品价格变化} = \frac{-0.2857}{-0.22} = 1.30$$

当使用初始值和终值的均值时，无论数值是否上下变化，结果都不变。例如，（5 美元 + 4 美元）/2 与（4 美元 + 5 美元）/2 结果是相同的。当解释需求价格弹性时，通常将负号忽略。

基于产品的弹性值，关于需求价格弹性可得如下结论：

- 需求价格弹性值大于 1，则产品具有弹性或相对弹性。价格百分比变化导致更大的需求数量变化。
- 需求价格弹性值小于 1，则产品缺乏弹性或相对缺乏弹性。价格百分比变化引起较小的需求数量变化。
- **单位弹性需求**（unit elastic demand）是一个术语，用来描述价格变化百分比导致需求量变化相同百分比的价格范围。

虽然通常称之为"需求价格弹性"，但也可叫作"价格弹性系数"或"价值的价格弹性系数"。这些术语的含义相同。

企业借助需求弹性信息来确定售价可使收入最大化。农场主 J 根据需求计划表编制了大豆需求表，并考虑了大豆价格变化的弹性系数，如图表 2C－31 所示。随着单价从 10 美元开始下降，起初收入增加，额外的需求足够抵消下降的单价。在单价 5 美元或 6 美元时——单位弹性价格——价格上变化 1 美元对总收入没有影响，无论哪个价格都是 150 美元。但是，随着单价降至 4 美元或更低时，弹性系数开始变为负值。即使需求持续增加，但收入实际上一路下滑。

图表 2C - 31 需求价格弹性、弹性系数和总收入

每周需求数量	单位价格（美元）	弹性系数	总收入（美元）（数量×价格）	总收入检验
5	10	6.33	50	有弹性
10	9	3.40	90	有弹性
15	8	2.14	120	有弹性
20	7	1.44	140	有弹性
25	6	1	150	单位弹性
30	5	0.692	150	缺乏弹性
35	4	0.467	140	缺乏弹性
40	3	0.294	120	缺乏弹性
45	2	0.158	90	缺乏弹性
50	1		50	缺乏弹性

图表 2C - 32 展示了产品 X 在需求曲线上的需求弹性。

图表 2C - 32　产品 X 的需求弹性

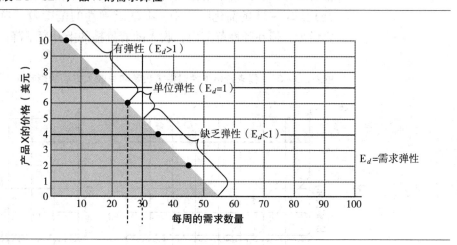

基于图表 2C - 31 数据，图表 2C - 33 用图形展示了需求弹性和总收入。注意在价格 5 美元和 6 美元之间，总收入实现最大化，达到 150 美元。价格在 6 美元以上及 5 美元以下都会使总收入减少。

LOS
§2.C.3.o

图表 2C-33 产品 X 的总收入曲线

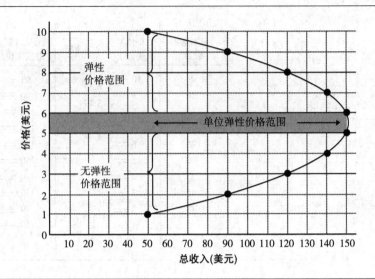

注意，在不同价格范围内需求弹性会有所不同，价格越高且需求越低时价格更具弹性，而价格越低且需求越高时价格弹性越小。图表 2C-34 的右侧图（图表 2C-33 的简化版）中，在缺乏弹性的范围内，当价格上升时，收入随之增加；但在弹性范围内，收入随着价格的上升而下降。

图表 2C-34 需求价格弹性对需求数量和总收入方面的影响

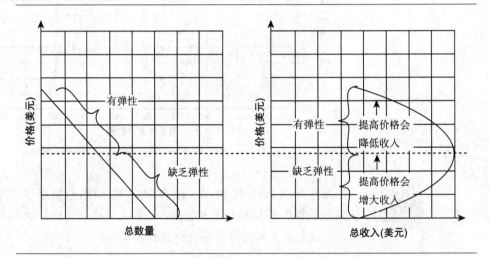

在竞争激烈的市场中，企业应该根据产品的需求弹性定价，以便设定能够带来收入增加的价格。当公司面临弹性需求曲线时，它可以通过降低价格来增加（弹性）需求，从而增加收入。然而，当公司面临缺乏弹性需求曲线时，它可以通过提高价格来增加收入——因为提高价格不会减少（缺乏弹性）需求。

政府对市场运作的干预

到目前为止，对供求关系的讨论一直假设存在一个纯粹市场，一切都是平等的。但是，许多国家政府的重中之重是确保市场和就业稳定，因此政府有时会干预自然市场过程。

政府反复运用供求分析和需求弹性指标来制定经贸政策。对政府来说有很多理由去控制经济。政府对市场运作的干预包括：制定若干政策，试图将价格维持在非均衡状态下，而没有政府介入时，价格不可能处于非均衡状态。此外，政府还可通过立法来有针对性地处理定价问题并保持市场竞争性。

卡特尔对定价的影响

卡特尔是竞争者之间签订的用以操纵价格、营销和/或生产的正式协议。卡特尔通常存在于有少数卖方（寡头垄断）的地方以及具有同质产品的产业。一般来说，卡特尔意在增加利润和减少竞争。卡特尔可划分为秘密的和公开的两类。公开卡特尔涉及政府或政府机构，一般免于受到有关卡特尔活动的法律诉讼。但是秘密卡特尔在大多数国家受反托拉斯法的制约，因其减少竞争及抬高价格，一般被禁止存在。

本节习题：
定价

说明： 在下列空白处作答。参考答案及解析在本节习题后给出。

1. 在以下产品生命周期的哪个阶段，销售会继续增长，但增长速率在下降，同时产品价格下降且产品差异化不再重要？
   □ **a.** 成熟期。
   □ **b.** 推广期。
   □ **c.** 成长期。
   □ **d.** 衰退期。

2. 一个软件开发公司正在为一个新的平面设计应用程序实施目标成本核算。公司高层领导确定了新的平面设计应用程序的市场价格和目标利润。接下来，由财务总监来计算目标成本。如果预期的生产成本大于目标成本，则该软件开发公司下一步最适合采取的措施是什么？
   □ **a.** 应用价值工程。
   □ **b.** 考察竞争对手的数据。
   □ **c.** 使用运营过程中的控制手段。
   □ **d.** 确定客户的需求。

3. 宾果公司（Bingo. com）是一家线上零售商，它直接从生产商那里购进新奇的商品，然后加价50%转售给客户。如果宾果公司采用基于成本的定价方法，针对标准成本为6美元、分销成本为2美元的商品，宾果公司确定的销售价格为多少？
   □ **a.** 8美元。
   □ **b.** 9美元。
   □ **c.** 11美元。
   □ **d.** 12美元。

本节习题参考答案：
定价

1. 在以下产品生命周期的哪个阶段，销售会继续增长，但增长速率在下降，同时产品价格下降且产品差异化不再重要？

   ☑ **a.** 成熟期。

   ☐ **b.** 推广期。

   ☐ **c.** 增长期。

   ☐ **d.** 衰退期。

   成熟期是产品生命周期中的第三个阶段。在此阶段之前，所有的初始投资成本已经收回，因此，这时候降低产品价格、根据变动的生产成本来设定价格是一种安全的做法。

2. 一个软件开发公司正在为一个新的平面设计应用程序实施目标成本核算。公司高层领导确定了新的平面设计应用程序的市场价格和目标利润。接下来，由财务总监来计算目标成本。如果预期的生产成本大于目标成本，则该软件开发公司下一步最适合采取的措施是什么？

   ☑ **a.** 应用价值工程。

   ☐ **b.** 考察竞争对手的数据。

   ☐ **c.** 使用运营过程中的控制手段。

   ☐ **d.** 确定客户的需求。

   对于这家软件开发公司来说，下一步最适合采取的措施是应用价值工程。通过区分增值成本和非增值成本，价值工程可以帮助缩小当前成本和可接受成本之间的差距。这个分析的总体目标是均衡总成本和总收益，并提高产品的整体价值。

3. 宾果公司（Bingo. com）是一家线上零售商，它直接从生产商那里购进新奇的商品，然后加价 50% 转售给客户。如果宾果公司采用基于成本的定价方法，针对标准成本为 6 美元、分销成本为 2 美元的商品，宾果公司确定的销售价格为多少？

   ☐ **a.** 8 美元。

   ☐ **b.** 9 美元。

   ☐ **c.** 11 美元。

   ☑ **d.** 12 美元。

   在基于成本的定价方法下，产品的目标销售价格 = 总成本 ×（1 + 利润加成百分比）。由于宾果公司每件商品的成本为 8 美元（6 美元 + 2 美元），并且以加价 50% 的价格将产品转售给客户，因此宾果公司每件商品销售价格为：12 美元［8 美元 ×（1 + 50%）］。

说明：下述样题旨在模拟考试真题。认真审题并将答案写在答题纸上。参照书后"每章实战练习参考答案"检查答题结果，并巩固完善。更多实战练习，请访问 www. wileycma. com **在线测试题库**。

样题 2C1 – CQ01

考查内容：本量利分析

帕克林公司两个部门的营运结果如下所示：

	部门 A	部门 B	合计
销售	$ 10 000	$ 15 000	$ 25 000
变动产品销售成本	4 000	8 500	12 500
固定产品销售成本	1 500	2 500	4 000
毛利	4 500	4 000	8 500
变动销售和管理费用	2 000	3 000	5 000
固定销售和管理费用	1 500	1 500	3 000
营业利润（亏损）	$ 1 000	$ (500)	$ 500

变动产品销售成本与各个营运部门直接相关。固定产品销售成本根据员工人数分摊至各个部门。固定销售和管理费用在两个部门间均匀分摊。如果取消部门 B，则固定产品销售成本能减少 1 500 美元。假设关闭部门 B，这么做将对营业利润造成怎样的影响？

- ☐ **a.** 营业利润将增加 500 美元。
- ☐ **b.** 营业利润将增加 2 000 美元。
- ☐ **c.** 营业利润将减少 2 000 美元。
- ☐ **d.** 营业利润将减少 2 500 美元。

样题 2C1 – CQ02

考查内容：本量利分析

爱德华兹产品公司刚刚研制出一种新产品，该产品的变动制造成本为每单位 30 美元。市场营销总监为该新产品确立了 3 种营销方案。

方案 X	该产品的售价为 36 美元，公司销售人员销售该产品从中可获取 10% 的佣金，没有广告支出。预计年销量为 10 000 单位。
方案 Y	该产品的售价为 38 美元，公司销售人员销售该产品从中可获取 10% 的佣金，广告支出为 30 000 美元。预计年销量为 12 000 单位。
方案 Z	依靠批发商来处理该产品。爱德华兹公司以每单位 32 美元的价格向批发商销售该产品，这么做不会发生任何销售费用。预计年销量为 14 000 单位。

按照净边际贡献从高到低的顺序给这三种方案排序，则正确的顺序为：

- ☐ **a.** X，Y，Z。
- ☐ **b.** Y，Z，X。
- ☐ **c.** Z，X，Y。
- ☐ **d.** Z，Y，X。

样题 2C1 – CQ04

考查内容：本量利分析

埃尔格公司为管道行业生产阀门。产品的单位售价与变动成本如下所示：

| 售价 | $ 12 |
| 变动成本 | 8 |

埃尔格公司的工厂实际产能为 40 000 件。该公司的总固定成本为 48 000 美元，适用的有效税率为 40%。

则埃尔格公司可以赚得的最大净利润为：

- ☐ **a.** 48 000 美元。
- ☐ **b.** 67 200 美元。
- ☐ **c.** 96 000 美元。
- ☐ **d.** 112 000 美元。

样题 2C1 – CQ09

考查内容：本量利分析

茨尔维耐公司生产的两种类型的发动机可用于多种产品。这两种发动机的营运数据及单位成本信息如下所示：

	产品 A	产品 B
年产能（单位）	10 000	20 000
年需求量（单位）	10 000	20 000
售价	$ 100	$ 80
变动制造成本	53	45
固定制造成本	10	10

	产品 A	产品 B
		续表
变动销售和管理费用	10	11
固定销售和管理费用	5	4
固定其他管理费用	2	0
单位营业利润	$ 20	$ 10
单位机器工时	2. 0	1. 5

茨尔维耐公司可用于生产的机器工时为 40 000 小时。在制定下一年度的产品优先排产决策时，与每种产品每机器工时相关的边际贡献数据应为：

	产品 A	产品 B
a.	$ 17. 00	$ 14. 00
b.	$ 18. 50	$ 16. 00
c.	$ 20. 00	$ 10. 00
d.	$ 37. 00	$ 24. 00

样题 2C1 – CQ10

考查内容：本量利分析

奥尔雷德公司只销售一种产品，单位售价为 30 美元。边际贡献率为 45% ，每月的固定成本为 10 000 美元。该公司的有效所得税税率为 40% 。假设奥尔雷德公司当月销售了 1 000 件产品，则该公司的变动费用将为：

- ☐ **a.** 9 900 美元。
- ☐ **b.** 12 000 美元。
- ☐ **c.** 13 500 美元。
- ☐ **d.** 16 500 美元。

样题 2C1 – CQ11

考查内容：本量利分析

菲利浦斯公司生产教育软件。预计产量为 150 000 单位时，该公司的单位成本结构如下所示：

售价	$ 160
变动成本	60
固定成本	55

市场营销部门预计下一年度的销量为 175 000 单位，该销量在菲利浦斯公

司成本结构的相关范围内。则该公司下一年度的盈亏平衡销量和预计营业利润分别为多少？

- [ ] **a.** 盈亏平衡销量为 82 500 单位，预计营业利润为 7 875 000 美元。
- [ ] **b.** 盈亏平衡销量为 82 500 单位，预计营业利润为 9 250 000 美元。
- [ ] **c.** 盈亏平衡销量为 96 250 单位，预计营业利润为 3 543 750 美元。
- [ ] **d.** 盈亏平衡销量为 96 250 单位，预计营业利润为 7 875 000 美元。

样题 2C1 – CQ15
考查内容：本量利分析

西尔弗斯通公司的上一年度销售收入为 450 000 美元。发生的固定成本为 120 000 美元，变动成本为 270 000 美元。预计本年度的销售收入为 500 000 美元。如果固定成本保持不变，则西尔弗斯通公司本年度的营业利润将为：

- [ ] **a.** 60 000 美元。
- [ ] **b.** 80 000 美元。
- [ ] **c.** 110 000 美元。
- [ ] **d.** 200 000 美元。

样题 2C2 – CQ01
考查内容：边际分析

威廉姆斯作为一名会计职员，其每年的收入为 35 000 美元。威廉姆斯决定辞去现在的工作并参加为期一年的全日制 MBA 项目。假设威廉姆斯在这一年内不会从事任何工作。他全年的学费、书本费、生活费和其他花费共计 25 000 美元。基于以上信息，威廉姆斯一年的 MBA 学习总经济成本为：

- [ ] **a.** 10 000 美元。
- [ ] **b.** 35 000 美元。
- [ ] **c.** 25 000 美元。
- [ ] **d.** 60 000 美元。

样题 2C2 – CQ03
考查内容：边际分析

凯尔索制造公司的日常成本包括固定成本 1 000 美元以及变动成本，该公司的总变动成本数据如下所示：

产出（件）	10	11	12	13	14	15
成本	$ 125	$ 250	$ 400	$ 525	$ 700	$ 825

则产出量为 11 件时，单位平均总成本为：

- [ ] **a.** 113.64 美元。

☐ **b.** 125.00 美元。

☐ **c.** 215.91 美元。

☐ **d.** 250.00 美元。

样题 2C2 – CQ04

考查内容：边际分析

在月度正常产出范围内，哈珀产品公司的成本信息如下所示：

产出（件）	总成本
20 000	$ 3 000 000
22 500	3 325 000
25 000	3 650 000

则哈珀公司的短期边际成本是多少？

☐ **a.** 26 美元。

☐ **b.** 130 美元。

☐ **c.** 146 美元。

☐ **d.** 150 美元。

样题 2C2 – CQ11

考查内容：边际分析

电冰箱公司生产安装在冷冻库中的制冰机。制冰机产量为 20 000 单位时，单位成本数据如下所示：

直接材料	$7
直接人工	12
变动制造费用	5
固定制造费用	<u>10</u>
总成本	<u>$ 34</u>

冷却隔间公司提出以每单位 28 美元的价格向电冰箱公司出售 20 000 件制冰机。如果电冰箱公司接受冷却隔间公司的这项提议，电冰箱公司的工厂将会闲置，其单位固定制造费用可以在原来的基础上下降 6 美元。则与生产制冰机相关的总成本为：

☐ **a.** 480 000 美元。

☐ **b.** 560 000 美元。

☐ **c.** 600 000 美元。

☐ **d.** 680 000 美元。

样题 2C2 – CQ14

考查内容：边际分析

资本公司已决定终止生产某种产品，该产品原本通过 4 年前购置的一台机器进行生产，该机器的购置成本为 70 000 美元。该机器当前的账面价值为 30 000 美元。由于市场上目前可用的机器在技术上已得到改进，因此资本公司现存的这台机器已没有任何残值。该公司正在评估与新产品的生产相关的各项因素。工程人员的建议是将这台机器用于生产新产品。与生产新产品相关的其他成本包括材料成本 20 000 美元以及人工成本 5 000 美元。

忽略所得税，则与是否生产新产品的决策相关的成本为：

☐ **a.** 25 000 美元。

☐ **b.** 30 000 美元。

☐ **c.** 55 000 美元。

☐ **d.** 95 000 美元。

样题 2C2 – CQ15

考查内容：边际分析

惠特曼（Whitman）公司为某大型零售商，其各个业务部门的现行营运数据如下所示：

	商贸	汽车	饭店	合计
销售额	$ 500 000	$ 400 000	$ 100 000	$ 1 000 000
变动成本	300 000	200 000	70 000	570 000
固定成本	100 000	100 000	50 000	250 000
营业利润（亏损）	$ 100 000	$ 100 000	（$ 20 000）	$ 180 000

管理层正在考虑将饭店业务终止，因为饭店部门"正在赔钱"。如果饭店部门被终止，固定成本能够减少 30 000 美元。此外，商贸部门和汽车部门的销售将在当前水平基础上下降 5%。假设终止饭店业务，惠特曼公司的总边际贡献将为多少？

☐ **a.** 160 000 美元。

☐ **b.** 220 000 美元。

☐ **c.** 367 650 美元。

☐ **d.** 380 000 美元。

样题 2C2 – CQ16

考查内容：边际分析

子壳工业公司生产多种产品，该公司目前每月制造 30 000 件 730 号零件生产使用。目前，用于生产 730 号零件的设施每月的固定间接成本为 150 000 美元，这些设施的理论产能是每月生产 60 000 件 730 号零件。如果子壳公司从外部供应商处购买 730 号零件，这些设施将会闲置，但固定成本中的 40% 仍会继续存在。除了用于生产 730 号零件外，这些设施没有其他用途。730 号零件的变动生产成本是每单位 11 美元。固定间接费用根据计划的生产水平进行分摊。

如果子壳工业公司每月需要使用 30 000 件 730 号零件，公司还想通过从外部供应商处采购 730 号零件而获得利润，则供应商的单位价格应低于

- ☐ **a.** 12. 00 美元。
- ☐ **b.** 12. 50 美元。
- ☐ **c.** 13. 00 美元。
- ☐ **d.** 14. 00 美元。

样题 2C3 – CQ01

考查内容：定价

某市场调研分析人员确定的某商品的市场数据如下所示：

价格	供给量	需求量
$ 25	250	750
50	500	500
75	750	250
100	1 000	0

基于以上信息，以下哪项陈述是**正确**的？
- ☐ **a.** 商品价格为 30 美元时，存在过量需求。
- ☐ **b.** 市场出清价格无法确定。
- ☐ **c.** 商品价格为 80 美元时，供给不足。
- ☐ **d.** 50 美元的市场价格不可能存在很长时间。

样题 2C3 – CQ03

考查内容：定价

某经济调查公司对大屏幕电视（large-screen televisions，LST）市场进行了广泛调研，部分调研结果如下所示：

家庭收入	LST 销量（台）
$ 50 000	20 000
60 000	28 000
72 000	39 200

LST 价格	LST 销量（台）
$ 1 000	100 000
900	115 000
810	132 250

则 LST 需求的收入弹性为：
- [ ] **a.** 0.4。
- [ ] **b.** 1.5。
- [ ] **c.** 1.8。
- [ ] **d.** 2.5。

样题 2C3 – CQ04
考查内容：定价

琼斯公司生产三种产品 A、B 和 C。在 5 月份，琼斯公司的产量、成本和销售数据如下所示：

	产品			
	A	**B**	**C**	**合计**
生产数量（件）	30 000	20 000	70 000	120 000
分离点处的联合生产成本				$480 000
进一步加工的成本	$—	$60 000	$140 000	
单位售价				
分离点处	3.75	5.50	10.25	
进一步加工后	—	8.00	12.50	

基于以上信息，以下方案中应向琼斯公司的管理层推荐的是？
- [ ] **a.** 在分离点处出售产品 B 和产品 C。
- [ ] **b.** 进一步加工产品 B，但在分离点处出售产品 C。
- [ ] **c.** 进一步加工产品 C，但在分离点处出售产品 B。
- [ ] **d.** 进一步加工产品 B 和产品 C。

样题 2C3 – CQ05
考查内容：定价

协同公司（Synergy Inc.）生产某种部件，常用在很多制冷系统中。该部件共有 5 种不同的模型，其中 3 种模型的数据如下所示：

	模型		
	A	**B**	**C**
需要的数量（件）	5 000	6 000	3 000
制造成本			
变动直接成本	$10	$24	$20
变动制造费用	5	10	15
固定制造费用	11	20	17

续表

	模型		
	A	**B**	**C**
总制造成本	$ 26	$ 54	$ 52
外购成本	$ 21	$ 42	$ 39

协同公司基于机器工时数分摊变动制造费用，分摊率为每机器工时 2. 50 美元。模型 A 和模型 B 在制冷部门生产，该部门的产能为 28 000 机器工时。则应向协同公司的管理层推荐以下哪种方案？

- ☐ **a.** 3 种产品都应外购，购买数量等于需要的数量。
- ☐ **b.** 3 种产品都应自制，自制数量等于需要的数量。
- ☐ **c.** 制冷部门的生产计划中应包含 5 000 件模型 A 和 4 500 单位模型 B。
- ☐ **d.** 制冷部门的生产计划中应包含 2 000 件模型 A 和 6 000 单位模型 B。

样题 2C3 – CQ06
考查内容：定价

DMA 是领袖工业公司计划引入的一种新产品。该公司预期能销售 10 000 件 DMA。DMA 的单位总成本为 300 美元。DMA 的总投资共计 2 000 万美元。领袖公司的目标投资收益率为 20%。根据营业利润占总产品成本的百分比，DMA 的成本加成百分比应为

- ☐ **a.** 42. 9%。
- ☐ **b.** 57. 1%。
- ☐ **c.** 133. 3%。
- ☐ **d.** 233. 7%。

样题 2C3 – CQ08
考查内容：定价

阿尔梅罗人力公司提供代理记账服务。该公司的年度固定成本为 100 000 美元，变动成本为每小时 6 美元。本年度，该公司预计会提供 50 000 小时的记账服务。阿尔梅罗公司根据总成本给服务定价，并采用成本加成定价法。假设该公司制定的服务价格为每小时 9 美元。则该公司的成本加成水平为

- ☐ **a.** 12. 5%。
- ☐ **b.** 33. 3%。
- ☐ **c.** 50. 0%。
- ☐ **d.** 66. 6%。

样题 2C3 – CQ09
考查内容：定价

茴香产品公司采用成本导向定价法来确定其新产品的售价，定价中所依据的信息如下所示：

年销量	25 000 单位
固定成本	$700 000 每年
变动成本	$200 每单位
工厂投资	$3 000 000
营运资本	$1 000 000
有效税率	40%

茴香产品公司为新产品设定的目标价格应为多少才能实现 15% 的税后投资收益率（ROI）：

- ☐ **a.** 228 美元。
- ☐ **b.** 238 美元。
- ☐ **c.** 258 美元。
- ☐ **d.** 268 美元。

欲进一步评估对第二部分第三章"决策分析"所讲概念与计算内容的掌握程度，请进入本章**在线测试题库**进行练习。

提示：参照书后"每章实战练习参考答案"。

第四章

风险管理（10%）

风险是指未来事件的不确定水平。为实现组织既定总体目标、各具体目标及其愿景，组织管理者需对风险进行识别、评估和应对。必须对风险进行有效管理，使之降至足够保护组织资产和减轻损失的可接受水平。即使风险难以断定与量化，管理层也应尽最大努力对其进行识别、评估与应对。本章主要讲解企业风险管理（ERM）模型。企业风险管理模型为风险识别、评估和应对提供了一种综合性方法。

企业风险

风险是可能阻止目标实现的一种情形。组织需要识别、评估和管理风险，以实现包括保护组织资产、规避非预期损失等在内的相关目标。尽管风险通常难以断定和量化，管理层也应尽最大努力去识别风险及其发生的可能性。

若干组织为企业风险管理方法的有效设计和实施提供了指引性帮助。本节后半部分将着重讲解目前广为认可和使用的企业风险管理框架——《COSO 企业风险管理整合框架》，这是一种评估组织风险的综合性方法。

请先阅读附录 B 中列举的本节考试大纲（LOS），再来学习本节的概念和计算方法，确保您了解 CMA 考试将要考核的内容。

风险和预期损失

在商业环境下，将风险定义为可能遭受损失的程度。例如，若一家公司确信某一特定风险引发的损失最高不超过 5 万美元，则该公司将愿意支出最多 5 万美元来减轻该风险。该公司测算的损失金额代表的是最大可能损失（极端损失或灾难性损失）。这种损失通常被称为风险价值（VaR）。风险价值包括风险现金流、风险收益以及源于现金流或收益风险的损失分布。风险模型处理的通常是可识别的风险，它不能处理全球性的灾难事件，例如核战争。

风险价值

长期的历史业绩提供了对平均收益率及收益上下限的估计。顾名思义，"历史"仅是提供了风险的回溯参考。在研究投资组合时，历史波动性表明该投资组合在过去一段时期内的风险程度。对该组合当前市场风险没有借鉴意义。而风险价值使组织能够在风险损失正常分布的情形下对当前风险进行评估。

风险价值（value at risk，VaR）是指在一定的时间段内，在一定的概率水平（置信水平）下的最大损失。不同于衡量历史波动性的回溯性风险指标，风险价值是前瞻性的。其对当前面临的市场风险进行量化。

有许多可以用来反映风险对组织财务健康的影响的定量分析方法。例如，对于存在风险的现金流量来说，我们可以通过构建最有可能发生的、不同水平的现金流量来对风险建模。我们还可以用特定时期内最大的现金流量损失来表示风险。同样类型的分析方法还可以用来计算风险收益，这就为组织提供了一个观点，即收益是如何根据所承担风险的不同而发生变化的。收益分布和每股收益（EPS）分布是针对财务状况会如何对商业环境的变化作出反应的额外分析内容。使用量化工具有助于公司了解那些看起来很抽象的风险是如何具体地影响公司绩效的。

图表 2D–1 风险价值主要概念综述。

图表 2D–1　风险价值的特征

应用	风险价值可以应用于任何能够定期与市场表现合理挂钩的投资组合。但风险价值不适用于房地产等非流动性资产
时间范围	风险价值评估一个投资组合在特定时间段内的表现，比如一个交易日、一周或一个月
基准货币	风险价值用货币计量风险。任何货币都可使用
VaR 计量	VaR 计量结果将投资组合的市场风险概括为一个简单数字

风险价值可用下述方法中的任何一种进行计算：历史模拟法、方差—协方差法或蒙特卡洛模拟法。

历史模拟法

历史模拟法是基于一定时期内实际历史收益数据，通过将其由低到高进行排序来评估风险的一种方法。历史模拟法假设历史上的风险将会重演。通过直方图将收益频率与损失建立起关联关系。计算结果表明与最差情形下每日损失相关的置信水平（例如：如果投资 1 000 美元，在 95% 的置信水平下，每日最大损失将不超过 40 美元，即：1 000 美元 ×4%）。

方差—协方差法

方差—协方差法假设股票收益服从正态分布。估算期望（或平均）收益和标准差，并画出正态分布曲线。通过观察，能够准确找到曲线上最差情形百分比之所在。

蒙特卡洛模拟法

蒙特卡洛模拟法是指任何随机进行试验的方法。该方法包括针对未来收益建模及通过所建模型进行多重假设试验。该方法能够计算出预期损失及其方差，进而得出与最大损失有关的概率。

CMA 考生要求能够辨识和解释风险价值模型，但无须掌握相关计算。

风险类型

风险可以划分为以下类型：

类型	定义
灾害风险	是指与自然灾害有关的风险，如风暴、洪水等
财务风险	是指无法筹集业务所需资金的风险，包括短期（流动性风险）和长期（偿付能力的风险）。这种风险可能受到诸如战略决策等内部因素的影响，也可能受到诸如全球经济状况变化等外部因素的影响
营运风险	是指与公司成本结构中固定成本和变动成本的组合有关的风险。该风险会随着固定成本的比例增加而增加。营运风险也可能来自内部流程和系统故障、人事、法律合规性问题，以及政治不稳定
战略风险	是指与规划和战略决策相关的风险
资本充足性风险	是指与公司保护储户的能力有关的风险

资本充足性适用于所有商业实体。下述讨论和公式主要与金融机构相关，考试大纲对此不做特别要求。

资本充足性衡量金融机构能在多大程度上保护其储户及全球金融体系。资本充足性的衡量指标称为资本充足率（CAR）：

$$资本充足率 = \frac{一级资本 + 二级资本}{风险加权资产}$$

一级资本是金融机构在无须终止业务的情况下能够用来吸收损失的资本。二级资本是金融机构在业务清算时能够用来吸收损失的资本，因此它对存款人的保护程度低于一级资本。清算是需要业务主体出售全部资产、清偿债权人、向委托人分配剩余资产、然后解散业务主体的过程。计算风险加权资产需要对金融机构每项资产进行风险评估。资本充足率是测定金融机构在偿付能力、流动性、储备和充足资本等方面的风险的重要因素。

风险是波动性（变动性）和时间的函数。波动性的增加，例如预期收益的波动，意味着风险也相应增加。时间越长，不确定性就越高，进而风险就越高。相应地，时间越短，风险越低。

应从实体整体或投资组合角度来考虑风险。投资组合视角有助于在公司各部门间配置资源或改变战略方向。本节接下来将结合企业风险管理（ERM）模型，讲解风险识别、风险评估和风险管理等内容。

风险识别

风险识别（risk identification）试图辨识尽可能多的威胁。风险识别会很自然地将组织内尽可能多的人员，特别是那些了解特定风险领域具体信息的人员纳入其中。例如，战略风险评估会涉及高管层、高级财务管理人员及战略规划领域相关人员。而营运风险评估则会包括来自营运单位的相关人员，这是因为他们对业务流程实际如何运作，特别是何种威胁会妨碍组织营运目标的实现，有着更为深刻的认识。

风险框架有助于风险识别过程。该框架为风险评估参与者提供指导，并帮助他们整理已识别出的威胁。框架能够按类型、结构要素（例如：战略、人员、流程、技术、数据等）或业务流程（例如：收入周期、偿付周期、现金管理与司库、财务报告、营运等）等维度对风险进行梳理。

　　风险框架应考虑内部因素和外部因素。应要求和鼓励风险评估参与者识别源于这两方面因素的威胁。内外部风险因素列示如下。

内部风险因素

- 沟通方式；
- 风险评估活动；
- 内部控制活动的适当性；
- 劳资关系；
- 员工管理的情况；
- 员工监督程度；
- 营运风险；
- 财务风险；
- 战略风险。

外部风险因素

- 法规变化；
- 行业竞争；
- 与关键供应商的关系；
- 与客户的关系；
- 招聘及雇佣行为；
- 国际风险；
- 灾害风险。

可用来支持风险识别的工具、甄别方法及流程包括：

- 检查表；
- 流程图；
- 情景分析；
- 价值链分析；
- 业务流程分析；
- 系统工程；
- 流程图；
- 计算有风险的现金流；
- 预期有风险的收益；
- 预期收益分布；
- 预期每股收益分布。

　　一旦风险被识别出来，可通过风险等级或风险地图对其进行优先排序。风险地图直观地展示了风险影响。

　　定期执行事后评估以发现在之前风险评估中未能识别出的事件，对管理层而言是非常有益的。管理层可借此改进和提升风险评估过程。

风险评估

　　风险评估（risk assessment）是分析已识别风险潜在影响的过程。对风险进行分析，考虑其可能性和影响，以此作为确定如何对其进行管理的基础。

　　1. 影响。如果风险实际发生，将对组织目标的实现产生的影响。例如，若某一特定风险因素发生且未予发现和纠正，将会产生什么损失？

　　2. 可能性。风险将会实际发生的概率或机会。

LOS §2.D.1.m

　　风险评估是组织风险偏好的函数，同时也是对潜在风险的估计。**风险偏好**（risk appetite）是组织在其既有使命和业务模式下愿意接受的风险水平。组织的风险偏好决定了管理层将如何管理风险。例如，一个组织越不愿意冒险，管理层就越愿意在降低风险方面投入更多。

　　概率模型或非概率模型可用来量化风险。当风险不适合量化或没有足够可靠数据，不足以使用定量模型时，管理层通常使用定性技术来评估风险。非概率模型使用主观假设来估计事件影响，而不量化相关可能性。非概率模型的例子包括敏感性分析和压力测试。基于某些假设，概率模型将一系列事件及其结果与它们发生的可能性关联起来。概率模型的例子包括风险价值（VaR）和信贷发展及营运损失分布。情景分析可在非概率或概率基础上进行。如前所述，情景分析包括识别可能的未来结果，产生该结果的概率，并降低超出组织风险偏好的风险。

　　最理想的情况是，风险评估活动由组织内的全体成员持续进行。然而，这个过程必须由组织治理层（董事会和审计委员会）来推动。他们的承诺、参与及对风险的态度必须自上而下传达给整个组织。由此产生的风险评估文化成为本组织控制环境必不可少的组成部分。在大多数情况下，尤其是战略风险，会定期执行风险评估过程，通常一年一次。

LOS §2.D.1.j

　　管理层应该评估一个事件的固有风险和剩余风险。**固有风险**（inherent risk）是指管理层没有采取任何措施来改变风险的可能性或影响的情况下实现整体目标的风险。**剩余风险**（residual risk）是指管理层采取应对措施后仍然存在的实现整体目标的风险。

LOS §2.D.1.f

　　评估风险通常涉及概率的使用。例如，如果一个公司有 40% 的概率遭受 100 万美元的损失，60% 的概率遭受 30 万美元的损失，则预期损失估算为 58 万美元 [（0.4 × 1 000 000 美元）＋（0.6 × 300 000 美元）]。金额估算及其对应概率的确定涉及经验、信息及判断等的应用。

　　风险应对（risk response）是指通过运用下述策略将风险降至可接受水平：

LOS §2.D.1.h

- 风险规避。退出会产生风险的活动。
- 风险降低。采取措施降低风险的可能性或影响，或者同时降低两者。例如，该举措可能包括对风险进行管理或在流程中增加额外控制环节。
- 风险自留。这种反应包括自保任何损失或利用风险获得其他利益。

LOS §2.D.1.i

- 风险转移。通过购买财产和意外保险产品、对冲风险或通过将风险相关活动外包等技术手段转移风险。

　　根据特定风险发生的可能性及其影响，下面图表给出了应对该风险的最恰

LOS
§2.D.1.w

当措施。例如,考察一个与某一特定产品的唯一供应商签订合同的制造商所面临的风险。管理层可能会考虑这样一种情况:供应商的供货可能会被自然灾害中断。我们假设这样一个事件将对业务产生非常大的影响。如果该事件发生的可能性较低,则管理层可以做出决策,即通过购买业务中断险将部分风险转移给第三方。如果该事件发生的可能性很高,则管理层应考虑为所需货物寻找可替代的供货来源。

LOS
§2.D.1.f

	影响较小	影响较大
可能性较小	接受该风险	购买保险将风险转移给其他方
可能性较大	通过内部控制程序等降低风险	通过改变业务经营地点或业务的经营方式来规避风险

LOS
§2.D.1.o

通过将组织成本从固定成本转为变动成本,可减少营运风险。例如,公司可将零部件或活动外包而不是在内部生产或完成。

LOS
§2.D.1.p

通过调整组织的资本结构以使资本成本最小化,可减少财务风险。资本成本是资本结构中债务、优先股、留存收益和普通股组合的函数。适当的组合可将破产风险和代理成本降至可接受水平。

LOS
§2.D.1.x

对所有风险应对措施进行成本效益分析是非常重要的。举例来说,为了降低50 000美元的风险,建立每年花费10 000美元的控制措施,可能并非一个好的商业决策。

LOS
§2.D.1.n

风险管理

考虑到对风险不当管理的潜在后果,公司应实施风险管理流程,使其能够规避风险、降低风险消极影响、准备好承担某些风险,和/或将风险转移给另一方(通常通过购买保险)。例如,组织可购买灾害保险来转移重大灾难造成的损失。虽然不同组织中风险管理过程的形式和细节各不相同,但在图表2D-2中对风险管理过程的基本步骤进行了总结。

LOS
§2.D.1.l

图表2D-2 风险管理流程的基本步骤

步骤一	**确定企业风险承受度**
	本步骤明确组织对待风险的态度。公司愿意承受重大财务风险吗?公司是否仅打算选择性地承担风险敞口?公司必须消除所有风险吗?
步骤二	**评估风险敞口**
	本步骤必须确定风险敞口的具体性质(例如,主要风险因素是什么?)。然后对风险敞口进行量化,以便判断组织是否可接受该风险水平
步骤三	**实施合适的风险管理策略**
	风险管理策略明确了管理风险敞口所必须采取的行动(如有)。有可能采取形式多样的策略
步骤四	**监控风险敞口与风险管理策略**
	定期监控以评估风险敞口现状或任何非预期变化(源于市场波动等原因)。该步骤还要考虑所选风险管理策略是否有效。可能有必要进行战略调整

除了制定与风险管理相关的具体目标和策略之外，组织还要特别明确关键人员的角色和职责，并建立决策层级。同时还要考虑如何考核和报告执行结果。管理会计公告《企业风险管理：框架、要素及整合（2014）》包括"列示5A 持续风险管理过程"。该列示给出了略有不同的方法，有助于 CMA 考生理解下一个知识点——企业风险管理（ERM）的有关内容，即：设定战略/目标、识别风险、评估风险、应对风险、控制风险、沟通与监控。

企业风险管理（ERM）

企业风险管理（enterprise risk management，ERM）是对企业所面临的包括财务风险、营运风险、合规风险等在内的所有风险的综合性分析和管理。各种软件供应商都提供 ERM 软件包，这些软件包带有有效实施 ERM 所需的分析功能。IMA 在其管理会计公告《企业风险管理：框架、要素及整合》中指出：ERM 的目标是"通过管理对组织目标实现可能带来积极或消极影响的不确定性，借此创造、保护和增加股东价值。更强有力的内部控制、更加行之有效的公司治理和 ERM 实施能使组织稳定性和反应速度得以提升、股东价值得到增加。ERM 从整体和全局的视角来看待组织面临的风险，而非桎梏在单个风险之中"。

2017 年，特雷德威（全美反虚假财务报告）委员会的发起组织委员会（The Committee of Sponsoring Organizations of the Treadway Commission，COSO）更新了名为"企业风险管理——战略和绩效整合"（Enterprise Risk Management—Integrating with Strategy and Performance）的企业风险管理（Enterprise Risk Management Framework，ERM）框架。该文件补充了 COSO 1992 年的内部控制整合框架（Internal Control—Integrated Framework）模型，两者并非是相互替代的关系。而且，ERM 框架指出内部控制是 ERM 的组成部分。

企业风险管理是企业用来识别和管理风险，以及应对风险采取恰当措施的过程。这是一个涉及整个组织的持续的、动态的过程。正如 COSO 控制模型旨在成为一个完整的内部控制理论一样，COSO ERM 框架的目的旨在成为一个完整的、全面的风险分析。该框架包括五个相互关联的组成部分：

1. 公司治理和文化。 治理关系到企业风险管理监督权责的建立和执行。在企业风险管理的背景下，文化关系到组织内的价值观、预期行为和对风险的理解。

2. 战略和目标设定。 成功地组织进行未来规划时，必须恰当地结合企业风险管理、总体战略和组织目标。组织必须确定他们的风险偏好（例如，可容忍风险的大小），并且风险偏好必须与组织战略保持一致。目标可以帮助组织实现其战略和管理风险。

3. 绩效。 对可能影响其战略和目标的风险，组织必须识别和规划应对措施。此外，组织必须建立一个流程，向关键利益相关者报告组织风险。

4. 审阅和修订。 企业风险管理是一个迭代过程。不断审阅和修订企业风险管理内容，使组织能够正确管理业务中不断变化的风险环境。

5. 信息、沟通和报告。 风险可以来自许多不同的来源，而且是不断变化的。快速、准确、确定地沟通风险相关信息的能力是企业风险管理的关键。这种沟通必须在组织内外的各方之间进行。

根据更新后的 COSO 模型，ERM 具有以下优点：

- 增加机会的范围：通过考虑所有的可能性——无论是风险的积极还是消极方面的影响——管理层可以识别与当前机会相关的新机会和独特的挑战。

- 在整个实体范围内识别和管理风险：每个实体都面临会影响到组织各方各面的无数风险。有时，风险可能起源于实体的一个部分，但却影响到实体的另一个部分。因此，为保持和改进绩效，管理层应识别并管理这些实体范围内的风险。

- 增加积极结果和优势，同时减少负面意外：企业风险管理使得实体提高识别风险和建立适当反应的能力，减少意外事件和相关成本或损失，同时从有利的发展中获利。

- 降低绩效波动性：对一些企业来说，问题的关键不是企业盈利和亏损，而更多的是绩效波动性。提前或超出预期的表现可能会引起与未达到计划和预期同样多的关注。企业风险管理使得组织能够预测可能影响绩效的风险，并使它们能够采取必要的行动措施使损失最小化和机会最大化。

- 改进资源部署：每一个风险都可以被视为一个资源请求。在有限的资源前提下，获得可靠的风险信息可以让管理层评估企业整体资源需求、确定资源部署的优先级，并优化资源配置。

- 增强企业韧性：一个实体的中、长期生存能力不仅取决于它预测和应对变化的能力，还取决于它发展和繁荣的能力。这在一定程度上得益于有效的企业风险管理。随着变化速度的加快和业务复杂性的增加，它变得越来越重要。

资料来源：《企业风险管理：战略与绩效整合，执行摘要》，COSO 版权所有。

LOS §2.D.1.v

企业风险管理所具备的上述能力，能帮助管理层实现所在主体的业绩目标和盈利目标，防止资源损失。正如 COSO 框架所指出的，企业风险管理有助于确保报告的有效性，以及符合法律和法规要求，同时有助于避免对主体声誉的损害以及由此带来的相关后果。总之，企业风险管理不仅帮助一个主体达成目标，还有助于避开途中的陷阱和意外。与开展任何新项目一样，每个公司都应在实施 ERM 之前对其进行成本效益分析。

ERM 涉及公司治理、风险分析和投资组合管理。组织必须得到恰当的管理与治理；管理层必须评估风险并构建适当的投资组合。投资组合包括流动资产（现金、可交易的有价证券、应收账款、存货和预付款）和非流动资产（不动产、厂房及设备，长期投资，自然资源和无形资产）。管理层试图将多元化的投资组合在一起，以符合组织风险偏好的方式平衡对冲风险。

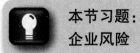

本节习题：
企业风险

说明： 在下列空白处作答。参考答案及解析在本节习题后给出。

1. 一家公司的会计经理估计，公司的系统和程序出现故障而造成重大财务损失的可能性为 5%。会计经理识别的是什么类型的风险？
   □ **a.** 业务风险。
   □ **b.** 营运风险。
   □ **c.** 危害风险。
   □ **d.** 战略风险。

2. 一家公司主营用于心脏手术的医疗器械。所有包装后的产品均送经伽马射线灭菌。在进行企业风险管理评估时，公司的 CFO 认为公司面临着只有一家供应商提供该服务的营运风险。还有人担心，该公司面临伽马射线可能受到不利的监管或消费者的看法转变的风险。为使供应商风险降到最小化，财务总监开始考察另一家有资格提供伽马放射服务的供应商。对其他未包括的风险的最佳表述为：
   □ **a.** 固有风险。
   □ **b.** 剩余风险。
   □ **c.** 开放供应商风险。
   □ **d.** 政治风险。

3. 以下哪一项风险属于政治风险？
   □ **a.** 歧视性的做法，如更高的税收、更高的公共事业收费，或要求支付比当地公司更高的工资。
   □ **b.** 功能货币和母公司报告货币之间差异的风险。
   □ **c.** 在一个高犯罪率国家发生盗窃的风险。
   □ **d.** 全球经济下滑。

本节习题参考答案：
企业风险

1. 一家公司的会计经理估计，公司的系统和程序出现故障而造成重大财务损失的可能性为5%。会计经理识别的是什么类型的风险？
   ☐ a. 业务风险。
   ☑ b. 营运风险。
   ☐ c. 危害风险。
   ☐ d. 战略风险。

   营运风险是由不充分的系统、过程或外部事件的发生而产生损失的风险。由于公司系统和程序的失败而造成重大财务损失的可能性是营运风险的一个主要例子。

2. 一家公司主营用于心脏手术的医疗器械。所有包装后的产品均送往伽马射线灭菌。在进行企业风险管理评估时，公司的 CFO 认为公司面临着只有一家供应商提供该服务的营运风险。还有人担心，该公司面临伽马射线可能受到不利的监管或消费者的看法转变的风险。为使供应商风险降到最小化，财务总监开始考察另一家有资格提供伽马放射服务的供应商。对其他未包括的风险的最佳表述为：
   ☐ a. 固有风险。
   ☑ b. 剩余风险。
   ☐ c. 开放供应商的风险。
   ☐ d. 政治风险。

   其他未包括的风险的最佳表述就是剩余风险。剩余风险是指管理层在采取措施后仍存在的实现目标的风险。

3. 以下哪一项风险属于政治风险？
   ☑ a. 歧视性的做法，如更高的税收、更高的公共事业收费，或要求支付比当地公司更高的工资。
   ☐ b. 功能货币和母公司报告货币之间差异的风险。
   ☐ c. 在一个高犯罪率国家发生盗窃的风险。
   ☐ d. 全球经济下滑。

   政治风险是指政治决策可能影响组织的盈利能力和效率的风险。歧视性做法，如更高的税收、更高的公用事业收费，或要求支付比当地公司更高的工资，正好符合政治风险的表述，因为这些决定是在政治制度下作出的。

本章实战练习：
风险管理

说明： 下述样题旨在模拟考试真题。认真审题并将答案写在答题纸上。参照书后"每章实战练习参考答案"检查答题结果，并巩固完善。更多实战练习，请访问 www. wileycma. com **在线测试题库。**

样题 2D1 – AT16
考查内容：企业风险

以下哪一项**不是**与海外直接投资相关的政治风险的例子？
- ☐ **a.** 失控的通货膨胀。
- ☐ **b.** 工厂国有化。
- ☐ **c.** 政权更迭。
- ☐ **d.** 内战。

样题 2D1 – AT17
考查内容：企业风险

以下哪一项**不能**作为解释美国跨国公司进行国际业务扩张的有效理由？
- ☐ **a.** 确保原材料的新来源。
- ☐ **b.** 寻找产品可成功销售的新市场。
- ☐ **c.** 保护本国市场免遭外国厂商的竞争。
- ☐ **d.** 最小化生产成本。

样题 2D1 – AT18
考查内容：企业风险

风险评估是一个过程：
- ☐ **a.** 用于识别可能会对实体造成影响的潜在事件。
- ☐ **b.** 用于制定政策和程序以实现内部控制目标。
- ☐ **c.** 用于识别风险但不包括管理层风险应对策略。
- ☐ **d.** 用于评估全年的内部控制质量。

样题 2D1 – AT19
考查内容：企业风险

在财务风险管理范畴内，术语"风险价值"（VaR）被定义为：
- ☐ **a.** 公司可能损失的最大价值。
- ☐ **b.** 考虑结果分布情况下的可能最坏结果。

□ **c.** 最可能发生的负面结果。

□ **d.** 在给定置信水平下，在一定期间内的最大损失。

　　欲进一步评估对第二部分第四章"风险管理"所讲概念与计算内容的掌握程度，请进入本章**在线测试题库**进行练习。

　　提示：参照书后"每章实战练习参考答案"。

第五章

投资决策（10%）

资本是指资产和/或用于获取资产的融资——尤指债务和/或权益。即使是最稳定的公司，也只能借到一定金额的债务或发行有限数量的普通股来筹集资本。

组织的资本资源有限，每个公司都必须仔细评估投资项目。在决定投资是否值得进行时，管理会计师往往发挥着关键作用。本章首先概述了资本预算的过程，然后探讨了有助于在两个或更多投资方案之间进行明智抉择的基本原则。

资本预算过程

资本预算是指进行长期投资决策的过程，其使公司能够评估长期项目的可行性以及是否值得投资。

 请先**阅读**附录 B 中列举的本节考试大纲（LOS），再来学习本节的概念和计算方法，确保您了解 CMA 考试将要考核的内容。

资本预算

在财务会计和报告中，我们通常认为投资是长期的。长期投资通常以实物资产形式存在，例如土地、建筑物或设备等；或在某些情况下以可识别的无形资产形式存在，例如专利、版权和其他能够产生收益的权利等。长期投资也可以以股权投资形式存在于其他实体。

本节主要讲解资本预算，即资本支出计划（有时也称为 CAPEX）。

流动投资（current investments）（或**流动支出**，current expenditures）因其投资支出在当年视为成本，故在本质上属于短期投资。工资、薪金、许多行政费用及生产原材料支出都是流动投资的例子。

营业预算（operating budget）（或**流动预算**，current budget）是指与当期活动有关的营业费用和收入的计划。

资本投资（capital investments）（或**资本支出**，capital expenditures）因其当下支出现金，预计未来产生收益，故在本质上属于长期投资。对于纳税申报，根据美国国税局（IRS）的规定，在计算税金时初始现金支出（需用于合格投资）价值在一定期间内可以递减（摊销）。资本投资的例子包括购置新设备或替换设备、建筑物和土地等支出，以及新产品和服务研发方面的投资。尽管从预算角度看研发成本属于长期投资，但根据会计准则公告（ASC），该研发成本也作为当期费用核算。

资本预算（capital budget）是指为获取或建设长期资产而制定的支出计划，包括所需相应的融资方式。

公司的稳定和未来成功往往取决于它的资本投资。因此，公司需要一个健全的资本预算程序来分析和控制长期资本投资。通常，公司难以收回被不良资本投资占用的资金，且该不良投资还会减损企业的价值。

资本预算的应用

资本预算方案源于多种渠道。从决策分析流程看，资本投资通常可分如下几类：

- 扩张性项目。为扩大业务规模而购置的新资产（机器、建筑物等）。
- 重置性项目。更换现有机器设备。
- 强制（合规）性项目。满足生产安全、消费者安全或环保等方面的依法合规要求。
- 其他项目。研发新产品或扩大现有产品规模，以及对建筑物、土地、专利等各种长期投资。

资本投资还有如下不同分类方法，例如：

- 提升营运效率和/或创收能力的项目。
- 提高竞争力的项目。
- 满足监管、安全、健康及环境等相关要求的项目。

无论公司如何分类，组织战略和目标都会对资本投资的评估标准和决策程序产生影响。在评估资本预算项目时，考虑定性因素也很重要，比如对员工士气的影响、对公司使命的支持程度以及公司声誉。

资本预算中的项目和时间维度

项目维度和时间维度是资本预算的两个重要方面。

项目维度

营业预算决策重点在于对当期收入的确定、计划和活动控制，而资本预算决策则着眼于跨越多个会计期间的项目。例如，与新产品开发相关的资本预算项目，从研发设计到实现产品和客户服务可能需要若干年的时间。

须使用生命周期成本法，逐一归集每个项目的资本预算成本和收入，并在项目存续期内确定收益。以前述新产品开发为例，须归集整个项目期内（涵盖若干会计期间）价值链上所有业务职能环节发生的成本。

时间维度

通常，资本预算决策会拉低当期的报告收入，但具有未来产生大量现金流入的潜在可能。因此，不能仅基于当期利润表来做资本预算决策。

当然，收益在任何时候都是重要的。对于上市公司来说，特定期间的报告收益能够影响其股价和管理层奖金。但过度关注短期会计数据，会导致做出忽略长期盈利的投资决策。

货币时间价值的概念是资本预算的基础。货币时间价值是指：

- 今天的 1 美元（或任何其他货币单位）比明天的 1 美元更值钱，这是因为今天的 1 美元能够进行投资赚取回报。

● 明天的 1 美元没有今天的 1 美元值钱，是因为明天的 1 美元没有赚到利息回报。

一项投资金额为 10 000 美元，预计 15% 年收益率，年末价值将为 11 500 美元。从货币时间价值角度来看，若未进行该项投资，机会成本就是没能赚到的 1 500 美元。当然，投资者仍可将 10 000 美元用于其他投资目的，可能比其成本更具价值。

资本预算流程步骤

资本预算项目由一系列具有逻辑递进关系的活动构成。具体包括哪些步骤以及每个步骤的命名每个公司各不相同。一般来说，企业按图表 2E - 1 所示环节或步骤推进资本预算项目。

图表 2E - 1　资本预算流程步骤

阶段 1	**识别**（identification）
	识别出那些必要且与组织目标、目的和战略相一致的资本预算支出类型
阶段 2	**调查**（search）
	全面调查初始资本投资方案，发掘备选投资方案
阶段 3	**评价**（evaluation）
	逐一预测并比较每个备选投资方案在其存续期内的收入、财务与非财务收益、成本及现金流等。管理层必须评估该项目对组织资源造成何种影响以及能否承担这些成本
阶段 4	**筛选**（selection）
	选择将要实施的项目，这通常意味着选择那些预测财务收益超过成本（时间和风险因素调整后）的项目。同时也要考虑那些非财务（定性）结果。例如，一家公司的售后服务对其长期声誉（和盈利能力）至关重要。决定对公司内部客户服务活动进行投资，而不是将其外包，可能会对公司的声誉产生重大影响，即使这两种决策都会产生相应的成本
阶段 5	**融资**（financing）
	通过内部留存收益或外部资本市场债务或权益等方式获得项目融资
阶段 6	**实施和控制**（implementation and control）
	开始实施资本项目，然后启动必要的监控和评估工具以确保项目在资本预算之内得以执行。在项目存续期内，为获得最佳结果可能会进行相关调整。事后审计应该将选择项目决策时使用的预测数据与实际结果进行比较。**事后审计**（post-audits）最为关键的一点就是要将相关结果反馈给有关人员，以助其提升未来决策水平

增量现金流

有能力的管理者和经验丰富的投资者总是特别关注公司的现金状况，即公司营运现金流——这就是所谓的"现金为王"。

估算未来现金流是资本预算中最重要的任务之一。公司必须能够评估接受或拒绝某个投资项目后现金流所发生的变动——项目执行中对现金流产生影响的所有相关成本和收益。

资本投资现金流评估要点：

- 在进行现金流分析时，忽略对现金不会产生影响的利润表项目，例如，折旧费用、摊销费用、利得和亏损等（它们对税收可能产生的影响除外）。此外，对费用和收入进行调整以剔除递延和应计项目，例如预收收入、预付费用、应计收入和应计费用等。
- 无论是收入还是费用，所有影响现金流的项目都须检查。
- 忽略沉没成本，因其是与当前投资决策无关且无法收回的历史成本。
- 机会成本必须包括在内，通常将其等同于项目开始时的现金支出。
- 净营运资本投资在其发生时视为现金流出，在其收回时视为现金流入。
- 相关现金流和必要报酬率必须考虑预期通货膨胀的影响因素。与收入、工资和材料成本相关的现金流都会受通货膨胀影响。为与经通货膨胀调整后的现金流保持一致，必要报酬率也应包含通货膨胀溢价。只有准确地计算了通货膨胀溢价，相应的报酬率才能与其现金流保持一致。
- 在资本预算中，影响公司税负的折旧费用是相关成本。折旧是可为公司免税的非付现费用。

资本投资项目通常以同样的方式开始，即以现金流出作为支付，产生负债或资金承付。但是，在项目期内可能会出现不同的现金流结果。初始现金流出的收益可能会减少现金支出和/或产生额外的现金流入。此外，根据项目监控活动提供的信息，可能会需要追加额外的资本投资。

在资本投资项目期内，根据相关增量现金流产生的时间，可将其划分为项目初始期、项目期间（营运期）和项目终结期（处置期）三个类别。图表2E–2总结了这三个类别现金流的特征。

图表2E–2 资本预算项目期内的各类现金流入与流出

类别	描述	现金流活动
初始期	初始现金投资	为投资提供资金支持及启动项目引发的现金流出
		净营运资本承付（即流动资产减去不计息的流动负债）
		重置资产（如有）时引发的现金流入与流出
营运期	期间增量净现金流	营业支出引发的现金流出
		追加资本投资（如需）引发的现金流出
		追加净营运资本承付（即流动资产减去不计息的流动负债）以支持经营活动
		投资产生的现金流入（如收入、现金节省等）和经营中不再需要的净营运资本释放的现金流
处置期	投资期最后一年的增量现金流	与投资处置相关的现金流入与流出
		投资不再需要的净营运资本（即流动资产减去不计息的流动负债）释放的现金流

现金流入增加了公司可用现金，现金流出或现金承付则减少了公司可用现金。投入营运资本的资金将无法再用于其他用途。净营运资本就是流动资产超出流动负债的部分，被认为是能用来满足经营需要的额外资金。

在对相关现金流逐一深入研究之前，理解好下述概念非常重要。

- **直接效应**（direct effect）是指现金流入、流出或承付对现金流的直接影响。
- **税收效应**（tax effect，或间接效应）是指由应税收入和可抵扣费用所致的公司纳税金额变化。
- **净效应**（net effect，或总效应）是直接效应和间接税收效应之和。

增量现金流例题

该例题涉及制造型企业购置新机器的增量现金流的确定：

- 新机器成本 80 000 美元。
- 机器运输及安装费 20 000 美元。
- 机器 4 年后报废时预计现金处置收入 33 000 美元。
- 无需额外营运资本。
- 安装机器的区域除此之外别无他用，故无机会成本。
- 所得税税率40%。
- 在计算纳税额时税法规定机器使用年限为 3 年。

项目初始期的增量现金流可以概括为图表 2E – 3。

图表 2E – 3　初始期的增量现金流

新资产成本的直接效应	（$ 80 000）
附加资本性支出（运输和安装）	（20 000）
初始期现金流	（$ 100 000）

图表 2E – 4 中列示了项目开始后营业净收入（扣除折旧及税之前）的预测信息。

图表 2E – 4　营业净收入预测

	年末			
	1	2	3	4
净现金流	$ 40 000	$ 42 000	$ 50 000	$ 38 000

图表 2E – 5 中列示了项目营运期和处置期的增量（未来）现金流。

图表 2E-5 营运期和处置期的增量现金流

	年末			
营运期现金流（第 1 年到第 4 年）	1	2	3	4
净营业收入	$40 000	$42 000	$50 000	$38 000
减：税后折旧费 *	(33 330)	(44 450)	(14 810)	(7 410)
税前利润	$6 670	($2 450) **	$35 190	$30 590
减：所得税（税率40%）	(2 668)	980	(14 076)	(12 236)
税后净利润	$4 002	($1 470)	$21 114	$18 354
加：税后折旧费	33 330	44 450	14 810	7 410
第 1 年到第 4 年的增量现金流	$37 332	$42 980	$35 924	$25 764
处置期现金流（第 4 年末）				
出售或处置资产的现金处置收入 †				$33 000
出售或处置资产的净税收效应（应缴税金）				(13 200)
处置现金流				$19 800

* 根据美国修正后加速成本回收制度（MACRS）的折旧查询表，一项被归入三年期、折旧基数为 100 000 美元的资产，其折旧率分别为：第 1 年 =33.33%，第 2 年 =44.45%，第 3 年 =14.81%，第 4 年 =7.41%。

** 假定税收损失可作为公司其他收入的税盾。

† 假定 4 年后出售资产，按普通所得税 40% 的税率纳税。

图表 2E-6 汇总了上述确定的预计增量现金流。在此需注意的是，在资本预算中，将初始现金流出开始时所在年份称为第 0 年。此外，还要注意这里讨论说明的概念与货币时间价值概念很相似。将时间 0 点作为起点。但是，该表中的数据并未进行折现处理。这一概念类似于会计准则中"资产基于未折现现金流进行减值测试，但如果存在减值迹象，则对现金流进行折现，并作为公允价值的替代"的规定。

图表 2E-6 预计增量现金流

	年末				
	0	1	2	3	4
净现金流	($100 000)	$37 332	$42 980	$35 924	$45 564 *

* 第 4 年的经营现金流和处置现金流分别为 25 764 美元和 19 800 美元，合计为 45 564 美元。

增量现金流数据为判断项目的财务可行性提供了必要的相关信息。管理层需评估项目将如何对组织资源产生影响，并与其他互斥项目备选方案（如果有的话）进行比较。

企业还需使用多种方法对资本投资项目的预计现金流入和流出做进一步检查。本章下面两节将对这些方法进行详细讲解：

- 现金流折现分析。
- 回收期法。

现金流折现分析法融入货币时间价值对现金流进行调整。为此，该方法被广泛应用于长期投资决策评估。现金流折现分析中至关重要的一个要素就是确定所用必要报酬率。现金流折现分析衡量货币时间价值。现值和终值之差即为体现在所确定的投资固有风险之中的利息成本。若考虑通货膨胀因素，则在项目评估中单独考虑。

所得税因素

源于资本投资的现金流会产生多种税收影响。在某些情况下，税收可以增加或减少项目的净现金流，并影响对他们的取舍。例如，众所周知，美国国会为某些类型的投资给予了大量的税收抵免或允许累计折旧超出其资产自身成本的折旧政策。

根据 GAAP 编制财务报表所设定的大部分美国税收规则适用于资本投资项目产生的现金流。但也有与资本投资相关的特殊税收规则。特别是与折旧相关的税收规则在以下方面存在不同：

- 可抵税折旧额；
- 折旧期；
- 折旧方式；
- 投资税收抵免。

可折旧资产的税收处理可能会很复杂。只要公司投资于能够产生收益的资产，其就要估计该资产的使用期限。任何资本资产的价值都会随着其使用期限的流逝而递减。出于会计核算目的，资产在其使用期限内进行折旧。

然而，由于任何时候资产都有可能过时乃至淘汰，因此折旧可能并未反映出一项资本资产在其使用期限内的真实价值。例如，当更为高级的机器开发出来时，将会使现有机器过时，即使其还未过使用期限。此外，公司对折旧方法的选择更多考虑的是其对税收的影响，而非是使项目账面价值能反映其真实转售价值。美国修正后加速成本回收制度（MACRS）是法定用于满足税收目的的折旧方法。此处提到的折旧方法选择与用于财务报告的折旧有关。如前所述，折旧是非付现费用；因此，使用 MACRS 计算用于税收目的的折旧以节省所得税，就成为资本折旧的主要目的。

在实践中，多种因素使得折旧计算处理起来十分复杂。因此，建议对当前执行的税收法规进行全面深入研究和/或咨询有关税务专家。

可抵税折旧额

尽管了解如何计算折旧对 CMA 考生来说非常重要，但在实际考试中对此并不进行考查。试卷题目会提供与资本预算决策相关的折旧金额。本节稍后讲到的"折旧类型"这部分内容对几种折旧方法进行了简要介绍，以便考生能够更好地理解不同折旧方法对评估潜在投资项目可能带来的影响。

计算一项资产的可抵税折旧额，需要确定资产的折旧基数。在税务会计中，**折旧基数**（depreciable basis，或完全安装成本）是指在一定年限内为纳税目的可以逐年费用化的总金额。

通常，折旧基数是资产的原始成本。这包括使资产达到可用状态所必需的其他相关资本化支出（例如运输和安装费用）。

在某些情况下，可抵扣金额可能会大于或小于原始投资成本。例如，有时国会为某些资本支出提供税收抵免政策，并允许资产的全部成本予以折旧。还有时国会允许资产折旧额超出其实际成本。例如，税收抵免将可抵扣金额减至原始成本以下，某些税收法规允许公司对特定资产计提超出实际投资的折旧额。

折旧期

有三种主要方法可用来确定资本投资项目的折旧期：

1. 纳税人预计使用期限。

2. 税收当局预计使用期限。

3. 税收法规通过一系列税目表规定了允许抵扣的使用期限，例如，修正后加速成本回收制度（MACRS）（注：在该方法下，出于纳税目的确定资产折旧基数时，无需从资产的原始成本中减去预计残值）。

通常，资产可抵扣使用期限越短，资产计提折旧期间也就越短。较短的抵扣期将给每年带来更高的可折旧额、较多的税费减少，以及在早期即可实现更大的税收节省。当然，在大多数情况下，无论采用何种方法计算折旧，折旧总额都是相同的。

折旧方式

税收当局接受基于会计期的不同折旧方式。可能存在多种折旧方法。下面对一些常用方法进行简要介绍。

直线折旧法

直线折旧法 ［straight-line（SL）depreciation］在资产折旧期内平均分摊折旧费用。每年折旧额相同。

加速折旧法

加速折旧法（accelerated depreciation）是指任何较直线折旧法更快计提折旧的方法。与直线折旧法相比，在投资初期可计提更多折旧额。加速折旧法包括年数总和法和余额递减法。

年数总和法（sum-of-the-years' digits，SYD）是一种在资产使用初期快速计提折旧和减少资本投资账面价值，后期则以较慢的速度计提折旧和减少账面价值的折旧方法。

余额递减法 ［declining-balance（DB）depreciation］每年按固定比例递减资产的账面价值。

修正后加速成本回收制度（MACRS）通过列表将所有企业资产划分为不

同类别（例如，计算机及外部设备、办公机器、办公器具、非住宅房地产等），然后规定每类资产的冲销期限（例如，3 年资产、5 年资产、7 年资产等）。根据资产所在类别，按照其投入使用的不同日期，依照不同惯例来调整第 1 年折旧额。年中折旧惯例也列示在 MACRS 表中。

在此提醒考生：对于在美国本土之外开展经营的公司，很多国家都有其不同于 ASC（美国会计准则汇编）会计和报告的专门用于税收折旧处理的指南。例如，在英国，没有专门用于确定所得税目的的折旧规定。作为折旧的替代，英国通过每年向企业提供资本减免以减少其所得税负担。请咨询当地税务机关以获得适当指导。美国国税局提供专门税收表格以确定每年项目税务基础可以折旧的百分比。资产项目税务基础年度期间不变，仅调整作为乘数的百分比。

对所得税如何具体影响资本投资的现金流入与流出进行充分的讨论，已经超出了本教材内容的范畴，但对盈利公司而言，关于折旧和税收因素应掌握如下基本要点：

- 折旧扣除不是现金支出，它们是能够减少应税所得和税费的非付现成本。
- 折旧费用对公司给定期间必须支付的所得税金额产生影响。
- 因为折旧抵减了应税所得，进而减少了纳税流出，故折旧实际上带来现金流入。
- 因折旧费用引致的纳税义务的减少称为**折旧税盾**（depreciation tax shield）。
- 折旧税盾效应等于折旧金额乘以税率。

对于某些高科技资产，企业可能更倾向于采用加速折旧模式，因为这些资产较其他可折旧资产来说会更快地遭到淘汰。另一个问题是，如果折旧费用不能准确地与资产递减的使用价值相关联，那么公司以后会面临承担减值费用。但与直线折旧法相比，在其他因素都不变的情况下，加速折旧法将导致早期每股收益（EPS）较低，而后期则会更高。

资本投资中的定性考虑因素

有多种定量方法可用来评估资本预算项目。前面讲过的大多数评估技术都有明显的优缺点。因此，管理层应该经常使用多种标准来评估投资项目。总的来说，采用多种方法可降低做出不符合公司或股东最佳利益的错误估计或决策的可能性。

除使用定量方法外，公司还应确认这些能影响投资决策的重要定性因素：

- 管理层可能没有进行资本预算决策所需的必要信息（例如，信息类型或频率）。
- 贷款条款可能限制借款。
- 公司自身可能执行资本配置的限制。
- 决策者的风险偏好。
- 实施项目决策与管理者绩效评估之间可能存在冲突。管理者可能会关注项目将如何影响基于报告年度权责发生制会计数据的奖金计划。

- 公司可能没有足够或合适的人员来成功实施资本投资项目。
- 管理层可能会评估投资是否能维系客户并增强忠诚度。

资本投资通常在本质上具有战略性，在一定程度上基于既要予以重视但又很难估计的定性因素。当公司放弃了直观上看起来的最佳投资，而青睐量化指标较差的投资时，定性因素可能对该决策起到了影响作用。例如，1987 年，澳大利亚大亨、美洲杯冠军艾伦·邦德（Alan Bond）决定，务必收购古·黑尔曼酿酒公司（G. Heileman Brewing）。所有与艾伦·邦德向古·黑尔曼酿酒公司股东所报股价相关的分析数据给出了压倒性证据，即该收购价格将使古·黑尔曼酿酒公司在数年内破产，因为整个敌意收购资金都是由债务融资来支撑的。单利息支出这一项就超出了古·黑尔曼酿酒公司曾有的年度最高利润。无论如何，艾伦·邦德继续进行该敌意收购。果然，古·黑尔曼酿酒公司在 1991 年被强制破产。

资本投资中的风险分析

风险是可能会对实现目标产生不利影响的重要条件、事件、环境、作为或不作为。从 CMA 考试目的来看，风险通常与企业相关，包括其所有者和债权人。在 CMA 考试中职业道德部分，风险也与个人和企业有关。

在讨论风险时，通常也要识别特定类型的风险，这只是为了便于讨论和分析。一旦识别出风险，就应对其进行管理。要恰当地管理风险，就必须意识到风险的存在。如果管理者意识到当前的风险，管理者通常会确定风险将要发生的概率，并为风险赋值。

不确定性是指管理者没有意识到所有可能的风险，或者管理者不能可靠地量化其所意识到的风险。虽然风险和不确定性是分别不同的情况，但二者很少不放在一起考虑。

在第二章"公司财务"的几个地方都讨论到了风险，因为其涉及长期财务管理。在资本预算中，风险有不同的含义。

无风险资本投资并不存在。基于这些原因，该表述正确：

- 资本预算是基于公司内外部的估计、假设和变量。估计会发生变化。估计所赖于的假设和变量会发生变化。未来的现金流入和流出在整个项目期内中可能会发生意外变化。
- 计算中所使用的收益率对项目期来说可能并非准确。
- 项目期内融资成本可能会增加。
- 新的强制性监管因素可能要求在任何特定时间点追加投资。
- 相关产品或服务的生命周期可能比预期的短或长。
- 通货膨胀或衰退的经济状况可能会影响现金流的金额。
- 国内或全球的政治事件可能影响项目现金流或整个项目的可行性。

由于所有这些与资本预算相关的风险，选择资本投资项目总是一个挑战。本节着眼于利用各种技术将不确定性最小化，如敏感性分析、确定性等值、资本资产定价模型、模拟法和专门调整利率等。

敏感性分析

不仅在评估资本投资领域需要实施敏感性分析，在 ASC 和 IFRS 下的公司财务报表的附注也要求进行分析。当然，在应用于资本投资时，敏感性分析的性质将会有所不同。本节我们重点放在对资本投资的影响上。

敏感性分析（sensitivity analysis），因其属于资本投资范畴，是一种"如果……怎样"的假设技术，用以评估在折现率、人工或材料成本、销售或一些其他因素从一种情况变成另外一种情况时，项目的净现值、内含报酬率和其他盈利能力指标如何变化。目的就是评估净现值、内含报酬率或其他特定盈利能力指标对变化的敏感程度。对资本投资风险的评估，是通过改变 NPV、IRR、模拟法、情境分析法和蒙特卡洛分析中使用的某一因素来计算预期结果的变化。下面将讨论所有的这些问题。

敏感性分析可以用来回答诸如此类的问题：

- 若项目每年的现金流增加或减少 10%，那么净现值会发生什么变化？
- 一个三年期的项目，如果第二年没有现金流入，那么整个项目的净现值还会为正吗？
- 如果折现率从 8% 增加至 10% 或从 8% 减少至 7%，那么净现值会发生什么变化？
- 如果为了推出有竞争力的新产品而必须在第三年追加资本投资，以对产品重新进行重大的设计，那么净现值会发生什么变化？
- 如果项目延长三年，而在此期间现金流量减少，维修费用增加，那么对净现值的影响是什么？

为进一步理解敏感性如何用来回答这种"如果……怎样"的问题，考虑接下来的情景：

- A 投资期内每年现金净流入分别为第一年 2 000 美元、第二年 3 000 美元。
- B 投资期内每年现金净流入分别为第一年 3 600 美元、第二年 1 400 美元。
- 每个项目初始投资总额均为 3 200 美元。

考虑该信息，如果折现率从 10% 变化为 12%，对每个项目的影响是什么？参见图表 2E – 7。

如前所述，CMA 手册中"计算器政策"规定："小型电池或太阳能电子计算器限制在最多 6 个功能以内，只有加、减、乘、除、开方及百分比可用。计算器不可具有编程功能，也不可使用任何类型的磁带。考试时考生还可使用德州仪器 BA Ⅱ Plus，惠普 10BII，HP 12c，或 HP 12c Platinum 等型号计算器。考生禁止使用不符合规定的计算器。"

本章很多货币时间价值的计算会用到德州仪器 BA Ⅱ Plus 型计算器。建议将 BA Ⅱ Plus 型计算器设置保留至少 3 位小数，以尽量减少因四舍五入而产生的差异。提供的货币时间价值系数表保留三位小数。

和实际考试一样，此处例题和习题也提供了货币时间价值系数表中的相关系数，便于大家计算使用。

图表 2E – 7 折现率的变化

		项目 A，折现率为 10%		
年数	现金流入	折现率为 10% 时的折现系数		现值
1	$ 2 000.00 ×	0.909	=	$ 1 818.00
2	3 000.00 ×	0.826	=	2 478.00
净现金流的总现值				4 296.00
减去初始投资				(3 200.00)
净现值				$ 1 096.00

BA Ⅱ Plus 型计算器按键操作如下：

在非均匀现金流情况下，使用 [CF] 和 [NPV] 功能

按 [CF]

CF0 输入 –3200，按 [ENTER]，按 [↓]

CO1 输入 +2000，按 [ENTER]，按 [↓]

FO1 输入 1，按 [ENTER]，按 [↓]

CO2 输入 +3000，按 [ENTER]，按 [↓]

FO2 输入 1，按 [ENTER]，按 [↓]

按 [NPV]

输入 10，按 [ENTER]，按 [↓]

按 [CPT]

NPV = 1097. 52

		项目 A，折现率为 12%		
年数	现金流入	折现率为 12% 时的折现系数		现值
1	$ 2 000.00 ×	0.893	=	$ 1 786.00
2	3 000.00 ×	0.797	=	2 391.00
净现金流的总现值				4 177.00
减去初始投资				(3 200.00)
净现值				$ 977.00

BA Ⅱ Plus 型计算器按键操作如下：

在非均匀现金流情况下，使用 [CF] 和 [NPV] 功能

按 [CF]

CF0 输入 –3200，按 [ENTER]，按 [↓]

CO1 输入 +2000，按 [ENTER]，按 [↓]

FO1 输入 1，按 ENTER，按 ↓

CO2 输入 +3000，按 ENTER，按 ↓

FO2 输入 1，按 ENTER，按 ↓

按 NPV

输入 12，按 ENTER，按 ↓

按 CPT

NPV = 977.30

	项目 B，折现率为 10%				
年数	现金流入		折现率为 10% 时的折现系数		现值
1	$ 3 600.00	×	0.909	=	$ 3 272.40
2	1 400.00	×	0.826	=	1 156.40
净现金流的总现值					4 428.80
减去初始投资					(3 200.00)
净现值					$ 1 228.80

BA Ⅱ Plus 型计算器按键操作如下：

在非均匀现金流情况下，使用 CF 和 NPV 功能

按 CF

CF0 输入 –3200，按 ENTER，按 ↓

CO1 输入 +3600，按 ENTER，按 ↓

FO1 输入 1，按 ENTER，按 ↓

CO2 输入 +1400，按 ENTER，按 ↓

FO2 输入 1，按 ENTER，按 ↓

按 NPV

输入 10，按 ENTER，按 ↓

按 CPT

NPV = 1230

	项目 B，折现率为 12%				
年数	现金流入		折现率为 12% 时的折现系数		现值
1	$ 3 600.00	×	0.893	=	$ 3 214.80
2	1 400.00	×	0.797	=	1 115.80
净现金流的总现值					4 330.60
减去初始投资					(3 200.00)
净现值					$ 1 130.60

BA Ⅱ Plus 型计算器按键操作如下：

在非均匀现金流情况下，使用 CF 和 NPV 功能

按 CF

CF0 输入 – 3200，按 ENTER，按 ↓

CO1 输入 + 3600，按 ENTER，按 ↓

FO1 输入 1，按 ENTER，按 ↓

CO2 输入 + 1400，按 ENTER，按 ↓

FO2 输入 1，按 ENTER，按 ↓

按 NPV

输入 12，按 ENTER，按 ↓

按 CPT

NPV = 1130

	比较项目 A 和项目 B			
项目	净现值（10%）	净现值（12%）	金额变化	NPV 变动百分比
A	$ 1 096.00	$ 977.00	（$ 119.00）	– 10.86%
B	$ 1 228.80	$ 1 130.60	（$ 98.20）	– 7.99%

这些金额最好手动计算。

当折现率从 10% 增加至 12% 时，每个项目的净现值都会下降。项目 A 净现值变化百分比是 – 10.86%，项目 B 净现值变化百分比是 – 7.99%。项目 A 对折现率变化较项目 B 更加敏感，因此，当折现率变化时产生更高的风险。其他变化，例如增加现金流入、尽早收到现金流入、减少现金流出以及推迟对外支付现金流出等，将增加项目净现值。相反，减少现金流入，较晚收到现金流入，增加现金流出及较早地对外支付现金等，实际上减少净现值。

敏感性分析的质量成为项目的增值特性。如果公司管理者看到一个项目已被仔细规划，以适应折现率、现金流及类似因素的变化，则会促使管理者支持该项目，因为他们知道该项目已经被设计或调整以适应这些当前及其他潜在的挑战。同样地，投资者对一个具有项目规划和预算能力的公司更有信心。这种信心将使公司的股票维持在一个较高的价格，即使项目面临不可避免的挑战。

另一类敏感性分析是实物期权估值（ROV）。ROV 与现金流折现（DCF）分析（例如 NPV 和 IRR）形成鲜明的对比，尽管计算通常涉及这些技术来提供实物期权估值模型的输入信息。在使用 DCF 分析时，已对最有可能的结果建模，但是忽略了管理层的灵活性，隐含地假设一旦选定了资本项目，管理层只能被动地接受。现金流折现技术的不确定性在于对折现率的调整。相比之下，ROV 假定在项目期内，管理层能主动地修正项目以应对每一种结果（换言之，就是行权），从而减少或消除出现较大负面结果的可能性。这将提高资

LOS
§ 2.E.1.i

本投资的价值。一些可供管理层选择的项目期权包括：

- 扩张或收缩：如果项目带来收益，则选择扩张。如果项目带来损失，或者项目成功的风险（不确定性）增加，则选择收缩。
- 延缓或推迟：当一个项目会产生消极结果时，则选择延缓项目；它也类似于收缩方式，或在推迟时完全取消整个项目。
- 中止或放弃：当我们选择中止或放弃项目时，这个项目所带来的负面结果会减少。

一个项目的 ROV 值可以看作是传统方式计算的项目 NPV 加上可供管理层选择的灵活期权的值。仅当所述及公司能行使实物期权，此时实物期权具有最高价值。该模型本身与金融期权相似，原因在于行权价格、期权（如合约期权、放弃期权和扩张期权）和期权期限等。这些在本教材的第二章进行了详细的讲解。实物期权估值的计算不是 CMA 考试的考查内容。

模拟法

模拟法允许在接受资本投资项目之前对其进行测试。由于投资项目的现金流和折现率的实际未来值无法得知，只能采用假设的现金流和折现率，借助模拟法模型进行研究。

在资本预算中，模拟法能够用来粗略估计：

- 预期净现值和内含报酬率。
- 期望值的离散度。

当试图评估多个风险投资时，每个项目的净现值或内含报酬率可以模拟若干次，计算其平均净现值、内含报酬率和标准差并进行排序。多次重复这个过程，可在频率分布图上将这些取值结果标绘出来，以展示净现值和内含报酬率的分布。分布曲线能够使相关人员对项目的风险水平做出合理的评估。

这种方法有许多模拟软件程序可用。这些程序非常有用，这是因为它们可以比人工操作创建更多的情景。其中一些程序还可将结果绘制成图表。在资本预算方面最著名的计算机模拟模型之一就是蒙特卡洛模拟工具，它使用重复的随机抽样和计算算法来计算该项目最可能的结果范围。

情景分析法

评估风险的情景分析法使用单点估计，其中每一种可能性都被分配到最佳估计值。选择每个输入变量的情景（例如最佳、最坏或最有可能的情况）并报告结果。例如，使用传统的"如果……怎样"情景来对基于电子表格建立的成本构建模型的比较做准备。相比之下，蒙特卡洛分析模拟每个变量的样本概率分布可以产生成百上千的可能结果，并分析结果以得到不同结果发生的概率。

蒙特卡洛分析

蒙特卡洛分析的基础是运用随机抽样的计算算法来计算结果。蒙特卡洛法采用计算机模拟，这是一类依靠重复随机抽样来计算结果的算法。蒙特卡洛法经常用于模拟物理和数学系统。当用确定性算法计算精确的结果不可行时，这种方法最适合用计算机计算，例如，在计算业务风险时当输入信息具有重大不确定性时，用计算机进行建模。

期望值替代确定性等值

预期现金流

用于选择项目的预期现金流法试图将现金流的发生时点与风险分开。在该方法下，未折现现金流独立于与之相关的风险来进行估计。对于同一项目，可能有若干不同的现金流估计。未折现的估计现金流按其发生的概率加权。结果使用无风险利率折现，折现率通常参照美国国债利率。

八个步骤用来确定项目中每一项现金流情况的预期值：

1. 估计项目预计产生的未来现金流或一系列现金流。

2. 预测关于现金流变化的期望值。

3. 将现金流发生的概率系数（0至1）分配给每一个金额。

4. 确定所使用的无风险收益率，通常参照美国国债利率。

5. 调整无风险收益率以反映项目固有不确定性。

6. 应用货币时间价值原则时使用调整后的当前市场无风险利率。

7. 通过从已确定现金流的现值中减去初始投资来确定项目的净现值。

8. 评估项目的净现值，零或正值接受该项目，负值拒绝该项目。

使用期望现值法考虑以下项目的评估情景：

- 在5年投资期内，每年现金净流入分别为10 000美元、8 000美元、7 000美元、6 000美元和5 000美元。实务中，我们会有多种现金流情景。在本例中，我们仅设定一种情景。
- 投资期内发生概率系数分别为0.900、0.850、0.700、0.600和0.450。
- 项目初始投资总额为18 000美元。
- 无风险收益率为3%。出于评估目的，假设除了预期现金流及其发生概率、折现率外，项目不存在固有风险。

根据这些信息并运用期望值法，对项目的评估如图表2E-8所示。

图表 2E－8 项目评估与确定性等值系数

年份	预期现金流入		发生概率系数		确定性现金流
1	$10 000.00	×	0.900	=	$9 000.00
2	8 000.00	×	0.850	=	6 800.00
3	7 000.00	×	0.700	=	4 900.00
4	6 000.00	×	0.600	=	3 600.00
5	5 000.00	×	0.450	=	2 250.00

年份	预计现金流量		调整折现系数 3%		确定性现金流的现值
1	$9 000.00	×	0.971	=	$8 739.00
2	6 800.00	×	0.943	=	6 412.40
3	4 900.00	×	0.915	=	4 483.50
4	3 600.00	×	0.888	=	3 196.80
5	2 250.00	×	0.863	=	1 941.75
净现金流入的总现值					$24 773.45
减去初始投资					(18 000.00)
净现值					$6 773.45

正的净现值表明该项目是可接受的。

资本资产定价模型

资本资产定价模型（CAPM）在第二章"公司财务"已讨论过，它涉及确定股票或投资组合的必要报酬率。CAPM 还可应用于资本预算。资本预算中 CAPM 的公式为：

$$E(R_a) = R_f + \beta [E(R_m) - R_f]$$

其中：

$E(R_a)$ ＝被评估资产（项目）必要报酬率；

R_f ＝无风险利率；

β ＝资产（项目）β 系数；

$E(R_m)$ ＝市场组合收益率。

在资本预算中使用 CAPM 的前提是以对待一只股票的相同方式来对待一个项目。其原理是项目收益与公司总资产收益或行业平均收益相关联，就像股票或投资组合一样。在该假设下，可将公司的 β 值用作项目的 β 值。如果项目不是公司的典型投资，则可用行业平均 β 值来替代。比较类似行业中类似公司的 β 值，被称为单一业务法。

一旦确定了项目的必要报酬率，就可计算净现值。期望现金流用必要报酬率折现，然后从全部现金流净现值中减去项目初始投资总额。零或正的净现值意即可以接受该项目，因其可获得必要报酬率。

从技术上讲，基本的 CAPM 法假设项目完全由股权融资，公司完全由股权融资，所有 β 值信息适合于完全权益融资的情形。但是，如果使用部分债务融资，我们需要确定加权平均收益率。在这种情况下，加权方法与之前 WACC 所用的相同。

使用特别调整的利率

在大多数情况下，高风险资本项目与风险较小投资相比缺乏吸引力。公司通常对风险较高的项目要求更高的收益率，或使用更为保守的现金流估计。

许多公司将其公司资本成本作为标准对所有新投资的现金流进行折现。在新项目的风险高于或低于企业正常风险水平时，使用公司的资本成本作为折现率会产生问题。

当资本项目具有与公司现有业务相同的平均风险时，公司的资本成本才是适当的折现率。然而，在确定什么情况下恰好构成类似风险时须应谨慎判断。

对所有新项目随意使用公司资本成本作为折现率，会导致不顾风险去接受或拒绝一个项目，仅仅因为它提供了高于公司资本成本的收益率。由此产生的问题包括两个方面：

1. 好的低风险项目可能被拒绝。
2. 坏的高风险项目可能被接受。

当有疑问时，分析人员应该在单个基础上评估项目的相对风险，并使用新的针对项目风险特别调整的折现率。通过这样做，每个项目都有自己的机会资本成本。

本节习题：
资本预算过程

说明： 在下列空白处作答。参考答案及解析在本节习题后给出。

1. 一名财务分析师使用以下估计数来确定项目第一年的税后经营现金流量。

销售收入	$ 2 000 000
营业成本	$ 1 000 000
折旧费	$ 200 000
所得税税率	35%

　　该项目第一年税后经营现金流量为：
- ☐ **a.** 520 000 美元。
- ☐ **b.** 650 000 美元。
- ☐ **c.** 720 000 美元。
- ☐ **d.** 850 000 美元。

2. 下列哪一个选项是运用敏感性分析进行估值的**最佳**举例？
- ☐ **a.** 平均年收入除以净初始投资额。
- ☐ **b.** 计算收回初始投资所需要的时间。
- ☐ **c.** 在项目后期使用更高的贴现利率。
- ☐ **d.** 输入不同的金额计算净现值。

3. 在编制资本预算的过程中，例行的事后审计往往会避免下列哪一项的发生？
- ☐ **a.** 项目的实施。
- ☐ **b.** 项目决策期间现金流量的乐观估计。
- ☐ **c.** 做出长期投资决策时的长远眼光。
- ☐ **d.** 不确定性对未来现金流量的影响的思考。

本节习题参考答案：
资本预算过程

1. 一名财务分析师使用以下估计数来确定项目第一年的税后经营现金流量。

销售收入	$ 2 000 000
营业成本	$ 1 000 000
折旧费	$ 200 000
所得税税率	35%

该项目第一年税后经营现金流量为：
- ☐ **a.** 520 000 美元。
- ☐ **b.** 650 000 美元。
- ☑ **c.** 720 000 美元。
- ☐ **d.** 850 000 美元。

在计算经营现金流量时，非常重要的一点就是，要将付现成本与折旧费等非付现成本区分开来。计算经营现金流量有两种不同的方法，即间接法和直接法。我们将进一步解释说明这两种方法是如何计算得到税后经营现金流量的。

在间接法下，基本上所有非付现成本都被加回到税后利润中。间接法的计算公式为：税后利润 + 非付现成本。税后利润为 520 000 美元（［2 000 000 美元 –（1 000 000 美元 +200 000 美元）］×（1 – 35%））。折旧费 200 000 美元是唯一一项非付现成本；因此，该项目第一年税后经营现金流量为 720 000 美元（520 000 美元 +200 000 美元）。

直接方法将来自（1）收入和付现成本的金额与来自（2）税后非付现成本分开。本例中的税后现金为 650 000 美元［（2 000 000 美元 – 1 000 000 美元）×（1 – 35%）］。非付现成本折旧费用的抵税收益为 70 000 美元（200 000 美元 ×35%）。计算得到该项目第一年税后现金流仍为 720 000 美元（650 000 美元 + 70 000 美元）。

2. 下列哪一个选项是运用敏感性分析进行估值的最佳举例？
- ☐ **a.** 平均年收入除以净初始投资额。
- ☐ **b.** 计算收回初始投资所需要的时间。
- ☐ **c.** 在项目后期使用更高的贴现利率。
- ☑ **d.** 输入不同的金额计算净现值。

敏感性分析强调资本预算投入的不确定性。敏感性分析主要关注的是确定哪些输入的估计会导致投资项目不可行。

3. 在编制资本预算的过程中，例行的事后审计往往会避免下列哪一项的发生？
- ☐ **a.** 项目的实施。
- ☑ **b.** 项目决策期间现金流量的乐观估计。

☐　**c.** 做出长期投资决策时的长远眼光。

☐　**d.** 不确定性对未来现金流量的影响的思考。

　　事后审计在资本预算编制过程中的第 6 阶段使用，用以比较所选定的项目的估计数与实际结果之间的差异。事后审计的目标之一就是向关键人员提供相关反馈，以便改进未来的决策。日常经常性地使用事后审计往往会阻碍对项目选择期间现金流量的乐观估计。准确预测现金流量对资本投资分析来说至关重要，在项目选择过程中过于乐观估计项目现金流量将导致无法进行成功的资本投资。

资本投资分析方法

有多种技术可用于评价资本投资项目。本节主要讲解其中一种在技术层面较为完备的方法：**现金流量折现**（discounted cash flow，DCF）分析。现金流量折现分析根据货币时间价值对一段时间内的现金流进行调整。现金流量折现法通过将所有未来净现金流的现值与初始投资进行比较来对资本投资项目进行评价。

本节主要讲解两种常见的现金流量折现法：

LOS
§2.E2.a

1. 净现值法（NPV）使用特定折现率将所有初始投资后的净现金流折算为初始投资时的现值，将其汇总后再减去初始投资的现金流出。净现值法强调的是投资时公司增加价值的绝对金额。净现值法是评价资本预算项目的首选方法。其与股东财富最大化目标相一致。股东财富是公司未来现金流以加权平均资本成本（WACC）折现所得的净现值。

2. 内含报酬率法（IRR）估算在初始投资之后，所有后续净现金流的现值等于投资初始现金支出的折现率。注：内含报酬率也可被视为使资本投资项目净现值为零的折现率。内含报酬率法用估算的折现率作为比较点。内含报酬率法有两点局限性：

 a. 首先，内含报酬率法隐含着一个假设条件，即公司会将资本预算项目中赚取的现金流，以与内含报酬率相同的利率进行再投资，但事实并非总是如此。

 b. 其次，除初始投资外若存在现金流为负的情况，则项目会有多个内含报酬率。

 请先**阅读**附录 B 中列举的本章考试大纲（LOS），再来学习本章的概念和计算方法，确保您了解 CMA 考试将要考核的内容。

必要报酬率

尽管每种现金流折现法的原理不尽相同，但净现值法和内含报酬率法均使用以下内容来评估资本投资：

- 用来投资的全部初始现金流。
- 该投资的预计未来现金流入和流出。

●公司对该投资的必要报酬率。

本章第 1 节讨论的资本预算过程包括初始现金投资和增量现金流。资本预算过程的下一步就是确定预期现金流是否满足公司设定的必要报酬率和加权平均资本成本（WACC）的要求。

必要报酬率（required rate of return）是公司在选择投资时所能接受的最低回报。换言之，它是公司从任何具有类似风险的资本投资项目都能得到的期望收益率。必要报酬率也被称为期望报酬率、**目标报酬率**（hurdle rate）、门槛报酬率或（机会）资本成本。机会成本在上一节已讨论过。

从实操角度看，确定所有潜在投资的必要报酬率不但耗时，而且还极具挑战性。公司倾向采用两种可供选择的折现率以促进该环节尽快完成，即最低报酬率或公司 WACC。WACC 是理论上最佳的折现率。

最低报酬率

公司通常设定一个用来评估投资的最低报酬率。一般基于公司战略目标、行业平均水平、常见投资机会等因素来设定该比率。当公司使用最低报酬率作为投资基准时，资本投资项目必须达到该比率目标要求。

资本成本

加权平均资本成本是公司用于长期融资的各组成部分成本的加权平均。加权平均资本成本通过逐一确定资本构成部分（举例来说，发行优先股或普通股；各种形式举债，例如借款和债券等；或留存收益）的各自成本，并与他们在资本结构中所占比重相乘而得。作为 WACC 的一个例子，葛兰素史克（GlaxoSmithKline）公司报告称，其 2015 年的 WACC 是 7%，但考虑公司在海外特定国家运营或汇率风险等因素，对折现率进行了适当调整。与之相比，矿业巨头力拓公司（Rio Tinto）报告称，2014 年的折现率为 9.2%，但补充说明道："所用折现率基于公司 WACC，并根据相关业务单位的有关风险情况进行了适当调整。"

回顾计算资本成本的基本公式：

$$k_a = w_1 k_1 + w_2 k_2 + \cdots + w_n k_n$$

其中：

k_a = 资本成本（以百分比表示）；

w = 每一组成部分在总资本结构中的权重；

k = 资本结构中每一组成部分的成本；

$1, 2, \cdots, n$ = 不同类型的融资（每类融资均有其各自的成本及在资本结构中的相应比重）。

第二章："公司财务"讲解了在确定公司资本结构中每一组成部分各自成本时使用到的具体公式。同时，第二章也仔细研究了在单个资本组成部分已确定的情况下，如何使用 WACC 来计算公司资本结构中各组成部分相对重要性的有关内容。

回顾加权平均资本成本计算公式：

$$\text{WACC} = w_d k_{dt} + w_e k_e$$

其中：

w_d = 债务占比；

k_{dt} = 税后债务成本；

w_e = 权益占比；

k_e = 权益成本。

公司通常使用加权平均资本成本来评价与公司整体风险状况一致的资本投资（即具有公司平均风险水平的项目）成本。

因此，在进行资本投资决策时，可将资本成本作为折现率来计算项目现金流的现值。其还可作为必要报酬率的确定基础及资本投资项目内含报酬率的取舍决策点。

净现值

净现值（net present value，NPV）等于项目未来现金流的现值减去项目的初始投资。它将所有预期现金流入和流出折现为现值。

为计算净现值，必须首先确定现值。

现值计算

现值（present value，PV）是未来净现金流在今天的等价货币价值。通过对未来现金流应用合适的折现率系数（基于必要报酬率）来计算现值。折现率系数可通过如下两种方式取得：使用代数公式计算或查询相关表格。折现系数表简单地列示出了使用代数公式计算出的折现率。一些 CMA 考生可能更愿意使用财务计算器来解决这些问题。财务计算器根据使用者输入的数据计算折算系数。

CMA 手册第 24 页"计算器政策"规定："小型电池或太阳能电子计算器限制在最多 6 个功能以内，只有加、减、乘、除、开方及百分比可用。计算器不可具有编程功能，也不可使用任何类型的磁带。考试时考生还可使用德州仪器 BA Ⅱ Plus，HP 12c，或 HP 12c Platinum 等型号计算器。惠普 10B Ⅱ 型号的计算器在考试中可以使用，但这种计算器现在市面上已经买不到了。考生禁止使用不符合规定的计算器。"

本章很多货币时间价值的计算会用到德州仪器 BA Ⅱ Plus 型计算器。建议将 BA Ⅱ Plus 型计算器设置保留至少 3 位小数，以尽量减少因四舍五入而产生的差异。提供的货币时间价值系数表保留 3 位小数。

和实际考试一样，此处例题和习题也提供了货币时间价值系数表中的相关系数，便于大家计算使用。

下面分别给出使用代数法或查询折现系数表计算现值所用到的公式。

$$现值 = \frac{现金流金额}{(1+r)^n}$$

其中：

r = 折现率；

n = 期数。

或：

$$现值 = 现金流金额 \times 折现系数$$

一年后收到 20 000 美元，必要报酬率为 10%，使用代数公式计算其现值过程如下：

$$现值 = \frac{现金流金额}{(1+r)^n}$$

$$现值 = \frac{20\ 000\ 美元}{(1+10\%)^1}$$

$$现值 = \frac{20\ 000\ 美元}{1.1}$$

$$现值 = 18\ 182\ 美元$$

一年后收到 20 000 美元，必要报酬率为 10%，还可使用图表 2E - 9 列示的 1 美元现值系数表进行计算。参照该表确定适当的折现系数。

图表 2E - 9　1 美元复利现值系数表（节选）

(n) 期间	10%	11%	12%
1	**0.909**	0.901	0.893
2	0.826	0.812	0.797
3	0.751	0.731	0.712
4	0.683	0.659	0.636
5	0.621	0.593	0.567
6	0.564	0.535	0.507
7	0.513	0.482	0.452
8	0.467	0.434	0.404
9	0.424	0.391	0.361
10	0.386	0.352	0.322

从复利现值系数表选取的 0.909 就是在必要报酬率 10%、期限 1 年时的折现系数。

$$现值 = 现金流金额 \times 折现系数$$
$$现值 = 20\ 000\ 美元 \times 0.909$$
$$现值 = 18\ 180\ 美元$$

注意：此处现值与使用代数公式计算的现值之间存在 2 美元的差异，这是由于复利现值系数表中系数四舍五入造成的。

可通过确定从现在开始为期 1 年的现金投资来验证以上计算：

现在的现金现值	=	$ 18 180
1 年的利息（18 180 美元×10%）	=	1 818
从现在开始 1 年后的总现金	=	$ 19 998

换句话说，18 180 美元是一年后收到的 20 000 美元现金流入的等价现值。

CMA *考试中使用* BA ⅡPlus *型计算器计算* TVM *（货币时间价值）的方法*

BA Ⅱ Plus 型计算器第三行用来解决货币时间价值问题。建议在开始计算之前，按 2nd ［clear TVM］。若需解决年金问题，务必通过［BGN］、［END］设定预付年金或正常年金模式。 2nd ［BGN］ 2nd ［SET］可在预付年金和普通年金之间切换。若计算器设定为预付年金，［BGN］将出现在屏幕右上角。如果屏幕没有出现［BGN］，此时计算器设定为普通年金模式。

确定将要用到的变量。大多数问题涉及四个变量，其中一个未知需要求出。对于包括定期年金支付和终值或现值的问题，将涉及五个变量，其中一个未知需要求出。这五个变量列示如下；除 I 替代 I/Y 外，其余与 BA Ⅱ Plus 型计算器第三行按键布局一致。 I/Y 在 BA Ⅱ Plus 型计算器出厂时设置为 12，代表的是月息。建议将 I/Y 设置调整为 1。调整方法为：按 2nd ［P/Y］。如果题目说的是 1，则无需调整；若说的是 12，则按 1 ENTER ，然后 2nd ［SET］。

N

I

PV

PMT

FV

沿用前例，必要报酬率 10%，据此计算一年后收到的 20 000 美元的现值。涉及四个变量，三个已知，一个待求。

N = 1

I = 10

PV = 在计算器输入已知三个变量后求出

FV = 20 000

需要注意的是，此处没有用到 PMT ，是因为不涉及年金计算。此外，还要注意的是：20 000 是一年后收到的金额。该金额是在 1 年末的现金流入，故作为增加项键入，但加号（＋）通常不必用符号表示出来。然后按 CPT、PV 键。答案显示为 － 18 181.181。负号表示 18 181.181 是现在必须存入的金额，以便按 10% 折现率一年后得到 20 000。小数点保留位数可根据需要通过计算器来设定。

净现值计算

净现值是指一项投资的现金流入按现时的货币价值衡量，其超过成本的部分。

下面列出了确定资本项目净现值的六个步骤：

1. 确定每一年净现金流。

2. 确认必要报酬率。

3. 根据步骤 2 确认的必要报酬率，使用合适的系数表格或德州仪器 BA Ⅱ Plus 型计算器确定每一年的折现系数。

4. 确定净现金流的现值，即将步骤 1 和步骤 3 确定的结果相乘。

5. 将步骤 4 确定的该项投资每一年的净现金流的现值加总。

6. 减去初始投资金额。

净现值法可用来评估具有均匀净现金流和非均匀净现金流这两种情形的投资。下面举例分别详细说明计算步骤。

均匀净现金流示例

均匀现金流（uniform cash flows）也被称为**年金投资**（annuity investment）。年金在特定期间内提供一系列等额现金流，需使用年金现值系数表确定折现系数。折现系数基于期数和必要报酬率而变化。

举例：考虑如下情形：

● 某 3 年期投资项目，必要报酬率 10%。

● 该投资每年净现金流 125 000 美元，均在年末发生，属于普通年金。

参考图表 2E－10 找到合适的折现系数。

图表 2E－10　年金现值系数表（节选）

(n) 期间	10%	11%	12%	13%
1	0.909	0.901	0.893	0.885
2	1.736	1.713	1.690	1.668
3	**2.487**	2.444	2.402	2.361
4	3.170	3.102	3.037	2.974
5	3.791	3.696	3.605	3.517
6	4.355	4.231	4.111	3.998
7	4.868	4.712	4.564	4.423
8	5.335	5.146	4.968	4.799
9	5.759	5.537	5.328	5.132
10	6.145	5.889	5.650	5.426

使用年金现值系数表找到期限 3 年、折现率 10% 对应的折现系数为 2.487。现金净流入的现值计算如下：

现金净流入的现值 = 125 000 美元 × 2.487 = 310 875 美元

还可使用 BA Ⅱ Plus 型计算器解答该题：

使用到的四个变量分别为：

N = 3

I = 10

PV = $\boxed{\text{CPT}}$ = –310857：注意此处四舍五入造成的计算结果差异。如果年金现值系数表的系数保留 4 位小数，则计算结果会是 – 310 857，与 BA Ⅱ Plus 型计算器所得结果相同。

PMT = 125 000

注意：本题不涉及 FV，因此需确认计算器中其值为 0。

如果需要初始现金投资 300 000 美元，那么投资的净现值通过从现金净流入现值中减去初始投资来确定，过程如下：

净现值 = NPV = 310 875 美元 – 300 000 美元 = 10 875 美元

本例净现值计算表明，在给定折现率 10% 条件下，初始投资 300 000 美元会产生价值为 10 875 美元超过成本的收益。

非均匀净现金流示例

对于具有非均匀现金流的项目，首先确定其每一年产生的现金净流入，然后借助现值系数表计算其折现值。该投资每一年的折现系数都不相同。

举例：考虑如下情形：

- 初始投资 90 000 美元。
- 期限 4 年，必要报酬率 10%。
- 项目期内，每年现金净流入分别为 60 000 美元、40 000 美元、30 000 美元和 20 000 美元。

借助附录 A 中的现值系数表，找出对应投资期内每一年的合适折现系数。

如果使用 BA Ⅱ Plus 型计算器计算，对此本节最后将介绍 $\boxed{\text{CF}}$ 和 $\boxed{\text{NPV}}$ 功能操作方法。

图表 2E – 11 展示了如何使用现值系数表（节选）对现金流进行折现，从而确定每年现值。

图表 2E – 11　使用净现值法评估项目

年数	现金流入		折现率为 10% 时的折现系数		现值
1	$ 60 000	×	0.909	=	$ 54 540
2	40 000	×	0.826	=	33 040
3	30 000	×	0.751	=	22 530
4	20 000	×	0.683	=	13 660
现金净流入现值加总					$ 123 770
减去初始投资					(90 000)
净现值					$ 33 770

本例净现值计算表明，初始投资 90 000 美元会产生价值为 33 770 美元的超过成本的收益。

在此注意，图表 2E－11 提供了一个评估各种因素影响的工作表。现金流入减少 10%，或折现率调增至 11%，都将产生不同的现值金额。工作表对比较备选项目间的折现现金流也非常有用。这种类型的分析通常是评估项目时所做风险分析的一部分。

在非均匀现金流情况下，使用 BA Ⅱ Plus 型计算器计算，需用到现金流相关的功能。按 $\boxed{\text{CF}}$ 键。计算器要求输入 CFo。这是指初始投资 － 90000。键入 － 90000 并按 $\boxed{\text{ENTER}}$。按 $\boxed{\downarrow}$。输入第 1 年现金流 C01 60000。按 $\boxed{\text{ENTER}}$。按 $\boxed{\downarrow}$。输入现金流 C01 的频率，就是 1。按 $\boxed{\text{ENTER}}$。按 $\boxed{\downarrow}$，输入第 2 年现金流 40000，按 $\boxed{\text{ENTER}}$，再按 $\boxed{\downarrow}$，输入 F02 频率 1。按 $\boxed{\downarrow}$，输入 30000 按 $\boxed{\text{ENTER}}$，再按 $\boxed{\downarrow}$，输入 1 按 $\boxed{\text{ENTER}}$。按 $\boxed{\downarrow}$，输入 20000 按 $\boxed{\text{ENTER}}$，再按 $\boxed{\downarrow}$，输入 1 按 $\boxed{\text{ENTER}}$。按 $\boxed{\text{NPV}}$。计算器要求输入折现率。输入 10 按 $\boxed{\text{ENTER}}$。按 $\boxed{\downarrow}$。按 $\boxed{\text{CPT}}$。净现值（NPV）= 33803，此处四舍五入造成的差异可通过增加现值系数表的小数保留位数来加以解决。需要注意的是，本题解答不涉及计算器第 3 行相关功能，主要用到 $\boxed{\text{CF}}$ 和 $\boxed{\text{NPV}}$ 这两个功能。

净现值解读

可从以下角度理解净现值：
- 净现值为零，是指投资所获报酬率与必要报酬率相同。
- 净现值为正，是指投资所获报酬率高于必要报酬率；未来现金流现值大于初始投资成本。
- 净现值为负，是指投资所获报酬率低于必要报酬率；未来现金流现值小于初始投资成本。

若没有净现值更高的项目，也可接受净现值为零的项目。这种选择是正确的，因为净现值为零说明项目产生了能够满足必要报酬率要求的净现值。接受净现值为正的项目，因为其增加了公司价值。净现值为负的项目表明其赚取的现值低于要求的水平。净现值为正并不意味着项目就是公司可能的最佳投资选择。正的净现值只是表明投资赚取了高于公司必要报酬率的回报。其他可供选择的投资机会可能会有更好的回报。当对互斥投资机会（即接受一个项目将阻止对其他备选项目的接受）进行选择时，这一事实尤为重要。

内含报酬率

内含报酬率（internal rate of return，IRR）法用来估算使现金净流入现值等于初始投资的折现率。换言之，内含报酬率是使一项投资净现值为零的折现率（如果该折现率作为必要报酬率来计算净现值）。进一步来说，内含报酬率代表的是使未来净现金流现值等于初始投资的折现率。

内含报酬率解读

内含报酬率法通过将预计内含报酬率与预设标准进行比较来评价一项资本投资。这个标准可以是公司打算用来评价投资的任何折现率，例如必要报酬率、另一项可行备选投资的收益率或行业平均收益率。标准折现率作为取舍决策点。低于该点的项目应被拒绝，除非其为强制投资的项目。

内含报酬率计算

如果手动计算内含报酬率，内含报酬率法包括两个主要步骤：
1. 确定使现金净流入现值等于初始投资金额的收益率。
2. 将预计收益率与公司必要报酬率（取舍标准）相比用以评估投资可行性。

如果使用 BA II Plus 型计算器计算内含报酬率，则按每道例题结尾所讲的使用指南进行操作。与净现值法类似，用内含报酬率法评估投资项目，也要区分均匀现金流和非均匀现金流两种情形。两种情形下的计算举例如下：

均匀净现金流示例

确定均匀现金流资本项目内含报酬率的主要步骤如下：
1. 确定项目初始投资总额（初始现金流出和承付金额之和）。
2. 确认已预先设定用于取舍决策的收益率标准（即必要报酬率）。
3. 确定每年现金净流入。
4. 将初始投资（步骤 1）除以每年现金流（步骤 3）得出内含报酬率系数，基本上就是年金现值系数。
5. 参阅附录 A 的年金现值系数表，找出指定年限下与内含报酬率系数相匹配（或与之最接近）的折现率。
6. 将内含报酬率（步骤 5）与选定的用于取舍决策的收益率标准（步骤 2）进行比较。

如果计算的内含报酬率超出取舍决策的收益率标准——最低期望报酬率，则该项目是一个理想的投资。

例如：考虑如下情形：

- 初始投资总额 35 000 美元。
- 预先设定的用于取舍决策的收益率标准 10%。
- 未来 3 年每年现金净流入均为 15 000 美元。

内含报酬率系数计算如下：

$$IRR \text{ 系数} = \frac{35\ 000 \text{ 美元}}{15\ 000 \text{ 美元}} = 2.33$$

参阅附录 A 年金现值系数表找出内含报酬率值。

本例中，内含报酬率等于 13%（使用年金现值系数表，查找 3 年期对应系数并内插至最接近表值 2.361）。

因为取舍决策收益率标准（即必要报酬率）是 10%，而该项目的内含报酬率值非常接近 13%，故该项目为合适的投资。若想得到的收益率是 14%，则应拒绝该项目。

BA Ⅱ Plus 型计算器可用来计算具有均匀和非均匀现金流的内含报酬率。使用 CF 功能输入相关投资变量。按 CF，输入 – 35000，按 ↓，输入 15000 按 ENTER，按 ↓，输入 3 按 ENTER。若计算器中残留有关 CF 问题计算的历史数据，需要将其清除。对任何已删除的 CF，F0 频率应设定为 1。按 IRR。按 CPT。内含报酬率（IRR）大约为 13.7%。

非均匀净现金流示例

对于非均匀现金流项目，内含报酬率（IRR）计算是试错与内插结合使用的过程。现金流须以不同的折现率折现，直至找出使未来现金流的现值等于初始投资的折现率。

在实操中，使用计算机工作表程序和金融计算器可以很容易计算出非均匀现金流的内含报酬率（IRR）。下面的具体数字示例有助于说明计算过程背后的原理。

举例：考虑如下情形：

- 初始投资总额 10 675 美元。
- 取舍决策收益率标准 10%。
- 投资期内每年末预计现金净流入分别 6 000 美元、4 000 美元和 3 000 美元，分别发生在第 1、2 和 3 年末。

参阅图表 2E – 12，分别找出投资期内每一年所对应的合适现值系数。

图表 2E – 12　复利现值系数表（节选）

(n) 期间	10%	11%	12%
1	0.909	0.901	0.893
2	0.826	0.812	0.797
3	0.751	0.731	0.712
4	0.683	0.659	0.636
5	0.621	0.593	0.567
6	0.564	0.535	0.507
7	0.513	0.482	0.452
8	0.467	0.434	0.404
9	0.424	0.391	0.361
10	0.386	0.352	0.322

　　图表 2E - 13 展示了如何使用复利现值系数表对现金流折现以确定每年现值的过程。

图表 2E - 13　现金净流入的现值总额（折现率 10%）

年数	现金流入		对应的折现系数		现值
1	$ 6 000	×	0.909	=	$ 5 454
2	4 000	×	0.826	=	3 304
3	3 000	×	0.751	=	2 253
现金净流入的现值总额					$ 11 011
初始投资总额（现金流出）					(10 675)
净现值					$ 336

　　三年的净现值为 336 美元。净现值为正意味着该项目将产生较取舍决策折现率标准，本例中为 10% 更高的收益率。因此，接下来使用更高的折现率。图表 2E - 14 列示了使用折现率 12% 计算净现值的过程。参阅附录 A 的复利净现值表，在折现率 12% 条件下，分别找出三年投资期内每一年所对应的合适现值系数。

　　这些都是非均匀现金流金额。使用 BA Ⅱ Plus 型计算器 CF 功能，输入相关投资变量。按 CF。输入 - 10675，按 ↓，输入 6000 按 ENTER，按 ↓，输入 1 按 ENTER。输入 4000 按 ENTER，按 ↓，输入 1 按 ENTER。输入 3000 按 ENTER，按 ↓，输入 1 按 ENTER。若计算器中残留有关 CF 问题计算的历史数据，需要将其清除。对任何已删除的 CF，F0 频率应设定为 1。按 IRR。按 CPT。内含报酬率（IRR）大约为 12.04%。

图表 2E - 14　现金净流入的现值总额（折现率 12%）

年数	现金流入		对应的折现系数		现值
1	$ 6 000	×	0.893	=	$ 5 358
2	4 000	×	0.797	=	3 188
3	3 000	×	0.712	=	2 136
现金净流入的现值总额					$ 10 682
初始投资总额（现金流出）					(10 675)
净现值					$ 7

　　折现率为 12% 时，净现值为 7 美元，这意味着该项目的预期收益率将略高于 12%。因为取舍决策折现率标准为 10%，所以可接受该项目。当净现值为负时，收益率低于所计算的折现率。作为示例，图表 2E - 15 以 14% 的折现率计算净现值。因此，该项目的内含报酬率（IRR）介于 12% 与 14% 之间，但更趋近 12%。

图表 2E-15 现金净流入的现值总额（折现率 14%）

年数	现金流入		对应的折现系数		现值
1	$ 6 000	×	0.877	=	$ 5 262
2	4 000	×	0.769	=	3 076
3	3 000	×	0.675	=	2 025
现金净流入的现值总额					$ 10 363
初始投资总额（现金流出）					(10 675)
净现值					$ (312)

完成上述操作后不要清除 BA Ⅱ Plus 型计算器数据。按 CF，原始数据依次为：-10675，+6000，+4000，+3000，频率均为 1。按 ↓ 直至出现最后金额 +3000 和频率 1。按 NPV，输入 12 按 ENTER 作为折现率。按 ↓，按 CPT，净现值约为 6.26。

折现率 12% 时，三年的净现金流现值是 10 682 美元，接近初始投资总额 10 675 美元。因为取舍决策折现率标准是 10%，所以应该接受该项目。

完成上述操作后不要清除 BA Ⅱ Plus 型计算器数据。按 CF。原始数据依次为：-10675，+6000，+4000，+3000，频率均为 1。按 ↓ 直至出现最后金额 +3000 和频率 1。按 NPV，输入 14 按 ENTER 作为折现率。按 ↓，按 CPT，净现值约为 -309，因此是负值。这表明折现率 14% 时，项目未满足最低回报要求，应该拒绝。然而，图表 2E-15 中的计算，只是为了将折现率 14% 与图表 2E-14 折现率 12% 两种情形下的结果进行对比。

净现值法与内含报酬率法比较

LOS
§ 2.E.2.d

净现值法和内含报酬率法基于同样的风险或不确定性的基本假设。这些假设是估计的，其中一些是难以预测的。估计得越精准，净现值法或内含报酬率法也就越精准。现金流折现法的优点在于净现值法和内含报酬率法都考虑了：

- 货币时间价值；
- 初始现金投资；
- 初始投资后的全部现金流。

两种方法的主要区别在于净现值法的结果是货币金额，而内含报酬率法则为百分比。这是因为内含报酬率的百分比无法与不同金额的现金流作适当比较。而净现值可以求和，因为都是货币金额。

净现值法的另一个优点是其可用来评价在投资期内必要报酬率不断变化的项目。可以确定现金流入的现值总额，并与初始投资总额进行比较，借此评估项目的吸引力。但是，使用内含报酬率法，当项目不具吸引力时，就很难做出判断。每年必要报酬率不同，意味着没有单一的收益率或可供参考的内含报酬率。每年必要报酬率不同，会导致资本预算总额受限情况下的项目排序出现不同结果。

当现金流入与现金流出交替出现时，净现值法较内含报酬率法更为可靠，因为其可使股东财富最大化。

两种方法在可靠性方面都有需要注意之处：

- 净现值法的可靠性取决于所选的折现率。不切实际的折现率会导致作出接受或拒绝某个项目的错误决策。如果折现率不切实际，或现金流估算不准确，计算货币时间价值当然也会出现错误。在任何情况下，计算的可靠性取决于输入的变量。

- 不应仅基于较高的内含报酬率价值来接受一项资本投资项目。对较高的内含报酬率须做进一步分析，以评估具有这样高的内含报酬率的现金流投资机会是否契合实际。

- 净现值法和内含报酬率法具有不同的再投资收益率假设。净现值法隐含地假设公司能够以必要报酬率将全部现金流入进行再投资。与之相比，内含报酬率法隐含地假设公司能够以内含报酬率将全部现金流入进行再投资。净现值法下的再投资收益率通常被认为是更为合适、保守的假设。

但是，在各种分析资本投资的方法中，现金流折现法从理论上讲最为可靠。只要在下述方面不存在差异，净现值法和内含报酬率法通常会产生相似的结果：

- 项目规模（初始投资金额）；
- 净现金流类型；
- 项目期限；
- 项目期限内的资本成本。

除最初投资外，如果分析中的现金流出现负值，内含报酬率法可能会产生多种结果，这些结果都正确但又都毫无意义。在这种情况下，只能使用净现值法。

回收期与折现回收期

资本预算中使用的回收期确定了资本预算项目收回初始净投资所需年限。换言之，回收期代表了该项目投资现金流的盈亏平衡点。还可将回收期进行改良，引入折现现金流对项目进行评估。这种方法被称为折现回收期法。

回收期法的应用

与净现值法（NPV）和内含报酬率法（IRR）相似，回收期也不区分现金流入的类型（是否为营运、设备处置、营运资本收回等导致的现金流入）。作为现金流入的简单衡量方法，回收期还可用来评估具有均匀或非均匀净现金流的资本投资项目。

具有均匀净现金流的资本投资项目评价举例

LOS
§ 2.E.2.j

下述公式用来计算具有均匀净现金流（即年金）的资本投资项目的回收期：

$$投资回收期 = \frac{初始投资总额}{预计年净现金流}$$

例如：设定如下情形：

- 初始投资总额为 600 000 美元。
- 预计年净现金流为 175 000 美元。

据此，计算过程为：

$$投资回收期 = \frac{600\ 000\ 美元}{175\ 000\ 美元} = 3.43\ 年$$

具有非均匀净现金流的资本投资项目评价举例

在年现金流入不均匀的情况下，通过累计算法确定回收期。将现金净流入累计计算直至初始投资全部收回。若在年内达到收回金额，则采用直线插值法计算。

此时，计算回收期的公式为：

$$投资回收期 = 初始投资全部收回前的年数 + \frac{最后一年年初未收回成本}{最后一年内现金流}$$

在图表 2E – 16 这种情况下，该公式并不完全有用。图表 2E – 16 列示了如下例子中现金流量的相关信息。该表显示在第 3 年内可达到回收额。因此，没有必要用公式得出该结果。在考试中，通过构建与图表 2E – 16 类似的表格来计算回收期可能是最有效的方法，而不是冒着逻辑错误的风险用公式来计算。

例如：考虑下述情形：

- 初始投资总额为 30 000 美元。
- 投资期 4 年，预计第 1、2、3 和 4 年现金净流入分别为 10 000 美元、12 000 美元、16 000 美元和 14 000 美元。

图表 2E – 16 列出现金流量的计算。

图表 2E－16　回收期与非均匀现金流

年数	净现金流	累计净现金流
0	－ $30 000	－ $30 000
1	10 000	－ 20 000
2	12 000	－ 8 000
3	16 000	8 000
4	14 000	22 000

　　两年后，该项目还需要 8 000 美元才能达到回收额。第 3 年，该项目预计产生 16 000 美元现金净流入。这意味着对该投资而言，将在第 2 年至第 3 年间的某个时点达到回收额。因此，用实现回收的最后一年年初未收回成本除以该年现金流（8 000 美元/16 000 美元）得到 0.5 年，即该项目的回收期为 2.5 年。

$$回收期 = 2 + \frac{8\ 000\ 美元}{16\ 000\ 美元} = 2.5\ 年$$

回收期法解读

　　当使用回收期时，公司通常会为项目选择一个目标回收期（或最大截止期限）。目标回收期代表了公司认为能够接受的项目最长持续时间。接受目标回收期以内的项目，拒绝超出目标回收期的项目。在前述示例中，若公司对投资额 30 000 美元的项目设定的目标回收期为 3 年，因实际回收期是 2.5 年，故应接受该投资。

　　通常，项目风险越高，目标回收期就越短，这是希望更快地收回较高风险投资的缘故。在比较筛选两个或两个以上投资项目时，具有较短回收期的项目应优先考虑。

回收期的优缺点

　　回收期主要优缺点见图表 2E－17 所列。

图表 2E－17　回收期法的优缺点

优点	缺点
计算简单	忽视了货币时间价值；在累加现金流时未考虑时间因素
结果易于理解	没有考虑回收期以后的现金流
可大体衡量流动性和风险	没有衡量盈利性
	若设定较短目标回收期，促使公司接受短期项目（放弃有战略意图的长期项目）

　　在某些情况下，流动性和风险的快速衡量有利于表明在高风险情况下某项资本投资失败的风险。一般来说，回收期越短的项目风险越低。短期项目给企

业提供了较大的灵活性，快速收回的资金可用于别的项目。

由于其自身所具有的根本局限性，回收期法仅能片面衡量某个项目是否值得投资。因此，最好将该法与其他资本预算技术结合使用。

折现回收期法

折现回收期法（discounted payback period）解决了回收期计算上的一个不足，即忽略了货币的时间价值。折现回收期法使用现金净流入的现值——而非未经折现的名义金额，来确定回收期。

与净现值法相似，现金净流入的现值使用公司的期望最低收益率进行估计。现值回收期是指净现金流的累计现值抵偿项目初始投资所需要的时间。

图表 2E-18 给出投资项目相关数据。该项目在第 3 年至第 4 年期间内收回初始投资。为达到现值回收额，第 4 年所需金额为 1 084 美元。据此，折现回收期计算如下：

$$折现回收期 = 3 + \frac{1\,084\ 美元}{4\,098\ 美元} = 3.27\ 年$$

与之相比，简单回收期法（非折现回收期法）计算为：

$$回收期 = \frac{16\,000\ 美元}{6\,000\ 美元} = 2.67\ 年$$

图表 2E-18　折现回收期与均匀净现金流

年数	净现金流入		折现率为 10% 时的折现系数		净现金流现值	累计净现金流现值
0	− $16 000		0		− $16 000	− $16 000
1	6 000	×	0.909	=	5 454	− 10 546
2	6 000	×	0.826	=	4 956	− 5 590
3	6 000	×	0.751	=	4 506	− 1 084
4	6 000	×	0.683	=	4 098	3 014

本节习题：
资本投资分析方法

说明：在下列空白处作答。参考答案及解析在本节习题后给出。

1. 一家公司正在考虑购买一台价值 45 000 美元的新设备。这台设备预计在 3 年的使用寿命中，分别产生 12 000 美元、19 000 美元、16 000 美元的税后现金流量。该公司对资本设备的投资所要求的必要报酬率为 7%。请问公司是否应该购买这台设备？
   - [ ] a. 不购买，内含报酬率小于必要报酬率。
   - [ ] b. 购买，现金净流量总额为正数。
   - [ ] c. 购买，设备的报酬率为正数。
   - [ ] d. 不购买，现金净流量总额为负数。

2. 计算得到项目的简易投资回收期和折现投资回收期后，折现投资回收期为：
   - [ ] a. 会更短，因为货币的时间价值提高现金流量的价值。
   - [ ] b. 会更长，因为货币的时间价值提高现金流量的价值。
   - [ ] c. 会更短，因为货币的时间价值降低现金流量的价值。
   - [ ] d. 会更长，因为货币的时间价值降低现金流量的价值。

3. 一家公司计划购置一台新设备，设备的买价为 450 000 美元，运输和安装费为 50 000 美元。该设备采用直线法计提折旧，设备的可使用年限为 5 年，期末残值为零。这台设备预计将为该公司每年产生 180 000 美元的税后净利润。该公司适用的所得税税率为 20%。则该设备的投资回收期为：
   - [ ] a. 2.22 年。
   - [ ] b. 2.25 年。
   - [ ] c. 2.50 年。
   - [ ] d. 2.78 年。

本节习题参考答案:
资本投资分析方法

1. 一家公司正在考虑购买一台价值 45 000 美元的新设备。这台设备预计在 3 年的使用寿命中，分别产生 12 000 美元、19 000 美元、16 000 美元的税后现金流量。该公司对资本设备的投资所要求的必要报酬率为 7%。请问公司是否应该购买这台设备？

☑ **a.** 不购买，内含报酬率小于必要报酬率。
☐ **b.** 购买，现金净流量总额为正数。
☐ **c.** 购买，设备的报酬率为正数。
☐ **d.** 不购买，现金净流量总额为负数。

内含报酬率（IRR）是使净现值（NPV）等于零的收益率。如果 IRR 大于公司的必要报酬率，则会产生正的 NPV，从而为公司创造价值；但是，如果 IRR 小于必要报酬率，则会产生负的 NPV，则应该拒绝投资该项目。计算 IRR 最简单的方法就是用金融计算器上的 IRR 函数。本例中的 IRR 等于 2.11%。由于 2.11% 的 IRR 低于必要报酬率 7%，因此公司不应该购买该设备。

2. 计算得到项目的简易投资回收期和折现投资回收期后，折现投资回收期为：

☐ **a.** 会更短，因为货币的时间价值提高现金流量的价值。
☐ **b.** 会更长，因为货币的时间价值提高现金流量的价值。
☐ **c.** 会更短，因为货币的时间价值降低现金流量的价值。
☑ **d.** 会更长，因为货币的时间价值降低现金流量的价值。

由于货币具有时间价值，未来的投资现金流不能与初始投资额直接进行比较。为了使价值具有可比性，未来的现金流量需要折现；因此，项目的折现投资回收期会比简易投资回收期更长。

3. 一家公司计划购置一台新设备，设备的买价为 450 000 美元，运输和安装费为 50 000 美元。该设备采用直线法计提折旧，设备的可使用年限为 5 年，期末残值为零。这台设备预计将为该公司每年产生 180 000 美元的税后净利润。该公司适用的所得税税率为 20%。则该设备的投资回收期为：

☐ **a.** 2.22 年。
☐ **b.** 2.25 年。
☐ **c.** 2.50 年。
☑ **d.** 2.78 年。

投资回收期事实上并不是对资本投资的财务业绩的分析；相反，它关注的是资本投资的财务风险。当一家公司预计每年现金流入量相等时，投资回收期的计算公式为：初始投资额÷年现金流量。因此，计算得到这台设备的投资回收期为 2.78 年〔（450 000 美元 + 50 000 美元）÷ 180 000 美元〕。

说明：下述样题旨在模拟考试真题。认真审题并将答案写在答题纸上。参照书后"每章实战练习参考答案"检查答题结果，并巩固完善。更多实战练习，请访问 www. wileycma. com **在线测试题库**。

样题 2E1 – AT06

考查内容：资本预算过程

为提高生产产能，贡宁工业公司正在考虑用一项技术上已得到改进的新机器取代现有的生产机器，新设备于 1 月 1 日生效使用。该公司在考虑中用到了以下信息：

- 新机器的现金购买成本为 160 000 美元，装运、安装和测试还需额外花费 30 000 美元的成本。
- 在售价为每单位 40 美元时，新机器预期能使年销量增加 20 000 单位。增量营运成本包括单位变动成本 30 美元，以及每年的总固定成本 40 000 美元。
- 对新机器的投资要求营运资本立即增加 35 000 美元。
- 贡宁公司的财务报告和税务报告中均采用直线折旧法。新机器的估计使用寿命为 5 年，残值为零。
- 贡宁公司适用的公司所得税税率为 40%。

根据以上信息，贡宁工业公司资本预算决策的初始净现金流出将是：

- ☐ **a.** 160 000 美元。
- ☐ **b.** 190 000 美元。
- ☐ **c.** 225 000 美元。
- ☐ **d.** 195 000 美元。

样题 2E1 – AT07

考查内容：资本预算过程

为提高生产产能，贡宁工业公司正在考虑用一项技术上已得到改进的新机器取代现有的生产机器，新设备于 1 月 1 日生效使用。该公司在考虑中用到了以下信息：

- 新机器的现金购买成本为 160 000 美元，装运、安装和测试还需额外花费 30 000 美元的成本。
- 在售价为每单位 40 美元时，新机器预期能使年销量增加 20 000 单位。增量营运成本包括单位变动成本 30 美元，以及每年的总固定成本 40 000 美元。
- 对新机器的投资要求营运资本立即增加 35 000 美元。
- 贡宁公司的财务报告和税务报告中均采用直线折旧法。新机器的估计使用寿命为 5 年, 残值为零。

- 贡宁公司适用的公司所得税税率为 40% 。

贡宁公司采用净现值法进行投资分析, 公司所采用的折现系数和折现率如下所示:

期间	折现率为 10% 时, 1 美元的现值	折现率为 10% 时, 1 美元普通年金的现值
1	0. 909	0. 909
2	0. 826	1. 736
3	0. 751	2. 487
4	0. 683	3. 170
5	0. 621	3. 791

根据以上信息, 在新机器投入使用的第 1 年, 贡宁工业公司折现后的年折旧税盾效应为:

- ☐ **a.** 13 817 美元。
- ☐ **b.** 15 200 美元。
- ☐ **c.** 20 725 美元。
- ☐ **d.** 22 800 美元。

样题 2E1 – AT08
考查内容: 资本预算过程

以下哪项与制造设备的重置决策**最**相关?
- ☐ **a.** 处置旧设备的利得或损失。
- ☐ **b.** 旧设备的原始成本减折旧。
- ☐ **c.** 因处置旧设备而发生的一次性冲销金额。
- ☐ **d.** 旧设备的处置价格。

样题 2E1 – CQ02
考查内容: 资本预算过程

帕克工业公司正在分析一项金额为 200 000 美元的设备投资, 该设备用于在接下来的 5 年时间内生产一种新产品。该项目的预期年度税后现金流如下所示:

年度税后回溯	发生概率
$ 45 000	0. 10
50 000	0. 20
55 000	0. 30
60 000	0. 20
65 000	0. 10
70 000	0. 10

如果帕克公司的必要报酬率为14%，则求出净现值为正的概率最好是利用：
- □ **a.** 敏感性分析。
- □ **b.** 情境分析。
- □ **c.** 模拟分析。
- □ **d.** 确定性等值。

样题 2E1 – LS03
考查内容：资本预算过程

在使用公司资本成本作为折现率来评估资本项目时，主要应注意什么？
- □ **a.** 评估结果一般会拒绝高风险项目。
- □ **b.** 资本成本可能需要进行风险调整。
- □ **c.** 低风险项目更有利。
- □ **d.** 机会成本会遭到扭曲。

样题 2E1 – LS04
考查内容：资本预算过程

如果竞争者进入市场并获取有利可图的未来现金流的可能性很高，则公司**最**有可能采用哪种实物期权？

在此注意：该讨论涉及竞争者进入、退出或者改变市场。前面关于我们的公司是否拥有行使实物期权的排他权利（包括所有这些四项选择）的讨论，与应对市场中竞争行为的反应不完全相同。
- □ **a.** 适应。
- □ **b.** 放弃。
- □ **c.** 延迟。
- □ **d.** 扩张。

样题 2E2 – CQ01
考查内容：资本投资分析方法

加尔文公司正在考虑购买一台拥有最新技术装备的机器，用以重置现有的依靠手工进行操作的机器。加尔文公司的有效税率为40%，资本成本为12%。与现有机器以及新机器相关的数据如下所示。

	现有机器	新机器
原始成本	$50 000	$90 000
安装成本	0	4 000
运费和保险费	0	6 000
预期的最终残值	0	0
折旧方法	直线折旧法	直线折旧法
预期使用寿命	10 年	5 年

现有机器已使用了 7 年，目前该机器能以 25 000 美元的价格出售。如果购买新机器并投入使用，加尔文公司预期每年能实现的税前人工成本节约为 30 000 美元。

如果购买新机器，第 5 年的增量现金流将为：

☐ **a.** 18 000 美元。

☐ **b.** 24 000 美元。

☐ **c.** 26 000 美元。

☐ **d.** 30 000 美元。

样题 2E2 – CQ11

考查内容：资本投资分析方法

在接下来的 6 年时间内，大西洋汽车公司（Atlantic Motors）预期每年的净利将为 10 000 美元。每年的直线法折旧费为 20 000 美元，税率为 40%，折现率为 10%，现金销售额为 100 000 美元。应折旧资产均在第 1 年的年初购置，在第 6 年年末这些资产的残值均为零。

则总折旧费节约税金的现值为：

☐ **a.** 8 000 美元。

☐ **b.** 27 072 美元。

☐ **c.** 34 840 美元。

☐ **d.** 87 100 美元。

样题 2E2 – CQ14

考查内容：资本投资分析方法

富勒工业公司正在考虑一项价值为 100 万美元的冲压设备投资，以生产一种新产品。该设备的预期使用寿命为 9 年，每年产生的收入为 700 000 美元，每年的相关现金费用为 450 000 美元。在第 9 年年末，该设备的预计残值为 100 000 美元，设备的拆卸成本为 50 000 美元。IRS（美国国税局）认为该设备应按成本加速回收制度修正案（MACRS）进行 5 年期折旧，其折旧率如下所示：

年数	折旧率
1	20. 00%
2	32. 00%
3	19. 20%
4	11. 52%
5	11. 52%
6	5. 76%

富勒公司的有效所得税税率为 40% ，富勒公司预期，公司总体上仍能继

续保持盈利并实现可观的应税所得。如果富勒公司采用净现值法进行投资分析，则在第 2 年，税收对现金流的预期净影响为多少（折现前）？假定正向影响减少所得税税负，而负面影响则增加所得税税负。

- [ ] **a.** 影响为正，金额为 28 000 美元。
- [ ] **b.** 影响为 0 美元。
- [ ] **c.** 影响为负，金额为 100 000 美元。
- [ ] **d.** 影响为负，金额为 128 000 美元。

样题 2E2 – CQ16

考查内容：资本投资分析方法

AGC 公司正在考虑一项设备升级投资。AGC 公司采用现金流量折现（DCF）分析来评估资本投资项目，该公司的有效税率为 40%。AGC 公司在分析中确立的部分数据如下所示：

	现有设备	新设备
原始成本	$ 50 000	$ 95 000
累计折旧	45 000	—
现行市场价值	3 000	95 000
应收账款	6 000	8 000
应付账款	2 100	2 500

根据以上信息，在对该设备升级计划进行的 DCF 分析中，初始投资为多少？

- [ ] **a.** 92 400 美元。
- [ ] **b.** 92 800 美元。
- [ ] **c.** 95 800 美元。
- [ ] **d.** 96 200 美元。

样题 2E2 – CQ17

考查内容：资本投资分析方法

霍巴特公司采用多种绩效指标来评估资本项目：包括最低收益率 16%，回收期为 3 年或 3 年以下。公司管理层正在评审某个项目，该项目的预计数据如下所示：

资本投资	$ 200 000
年现金流（税后）	$ 74 000
直线折旧	5 年
终值（税后）	$ 20 000

预计内含报酬率为 20% 。以下哪项能反映上述评估指标的合适结论？

	内含报酬率	回收期
☐ **a.**	接受	拒绝
☐ **b.**	拒绝	拒绝
☐ **c.**	接受	接受
☐ **d.**	拒绝	接受

样题 2E2 – CQ18
考查内容：资本投资分析方法

昆特公司将回收期法作为其资本投资分析的一个组成部分。该公司的某个项目要求的投资额为 140 000 美元，该项目的预计税前现金流如下所示：

第 1 年	$ 60 000
第 2 年	60 000
第 3 年	60 000
第 4 年	80 000
第 5 年	80 000

昆特公司的有效税率为 40% 。根据以上数据，该项目的税后回收期为：
- ☐ **a.** 1.5 年。
- ☐ **b.** 2.3 年。
- ☐ **c.** 3.4 年。
- ☐ **d.** 3.7 年。

样题 2E2 – CQ19
考查内容：资本投资分析方法

福斯特制造公司正在分析某个资本投资项目，该项目的预测现金流和预测净利如下所示：

年	税后现金流	净利
0	（$ 20 000）	$ 0
1	6 000	2 000
2	6 000	2 000
3	8 000	2 000
4	8 000	2 000

则该项目的回收期将为：
- ☐ **a.** 2.5 年。

□ **b.** 2.6 年。

□ **c.** 3.0 年。

□ **d.** 3.3 年。

样题 2E2 – CQ20
考查内容：资本投资分析方法

隆公司（Long Inc.）正在考虑一笔金额为 100 万美元的新设备投资，投资该设备是为了生产一种新产品，该产品的单位边际贡献为 5 美元。该设备的使用寿命为 5 年，出于税收目的，采用直线折旧法，该设备在期末没有任何价值。对年销售量的研究得出了以下数据：

年销售量（单位）	发生概率
80 000	0.10
85 000	0.20
90 000	0.30
95 000	0.20
100 000	0.10
110 000	0.10

如果隆公司的必要报酬率为 12%，有效所得税税率为 40%，则该项目的预期净现值将为：

□ **a.** 261 750 美元。

□ **b.** 283 380 美元。

□ **c.** 297 800 美元。

□ **d.** 427 580 美元。

样题 2E2 – LS02
考查内容：资本投资分析方法

关于在资本预算编制中采用回收期法，以下哪项陈述**不对**？回收期法：

□ **a.** 大致地量度了项目风险。

□ **b.** 考虑到了货币时间价值。

□ **c.** 未区分现金流入的类型。

□ **d.** 揭示了投资的盈亏平衡点。

欲进一步评估对第二部分第五章"投资决策"所讲概念与计算内容的掌握程度，请进入本章**在线考试题库**进行练习。

提示：参照书后"每章实战练习参考答案"。

第六章

职业道德（15%）

本章讲解了管理会计师和财务经理以及组织的道德问题。管理会计师和财务管理人员面临着他们特殊的组织责任所带来的独特的道德挑战。为了帮助这些角色的会计人员评估他们所处情况的具体道德需求，管理会计师协会在2017年7月更新了《IMA职业道德守则公告》。该公告可从IMA网站"管理会计公告"处获取，在此全文引用作为本章学习的基础。

IMA管理会计公告（SMA）《价值观和道德规范：从确立到实践》指出组织在创建和维护道德文化方面采取积极态度的必要性及有益回报。SMA指出：所有会计专业人士（应该）意识到他们作为所在组织内变革代理人的责任，支持并维持有效的控制，确保他们的组织考虑、采纳并充分实施全公司的道德和合规计划，包括道德标准及保密热线。该管理会计公告在IMA网站公布，是CMA考试对本章考查的基础。

为了有效地维护所期望的道德氛围，管理层需聚焦以下五个主要方面：

1. 定义价值。

2. 以身作则。

3. 道德和内部控制。

4. 实际应用。

5. 衡量和改进道德合规。

此外，没有一家公司在真空中经营。因此，理解法律行为和道德行为之间的区别至关重要。

考生注意：CMA认证考试的"职业道德"部分是从个人行为的角度来表述该主题，特别是个人如何使用《IMA职业道德守则公告》。"职业道德"部分还从组织的角度来表述该主题。考生应意识到并重点聚焦所涵盖的不同视角。考生务必仔细复习考试大纲中与职业道德相关的具体考点。

《IMA 职业道德守则公告》

IMA成员应按道德标准行事。恪守职业道德行为包括表达我们价值观的基本原则和指导我们行为的标准。

原则

IMA 的基本道德原则包括：诚实、公平、客观和责任。成员应按照这些原则行事，并鼓励其组织内的其他人遵守这些原则。

标准

IMA 成员有责任遵守和维护胜任能力、保密、正直和可信的标准。不遵守可能会受到纪律处分。

一、胜任能力

1. 通过提高知识和技能，保持适当的专业领先知识和技能水平。
2. 遵照相关法律、法规和技术标准履行专业职责。
3. 提供准确、清晰、简明、及时的决策支持信息和建议。识别并帮助管理风险。

二、保密

1. 对信息保密除非被授权或法律要求披露。
2. 告知所有相关方要恰当使用保密信息，做好监督确保相关方遵守该原则。
3. 避免使用机密信息谋取不道德或非法的利益。

三、正直

1. 减少实际利益冲突。定期与业务伙伴沟通，避免明显的利益冲突。告知各方任何潜在的利益冲突。
2. 避免从事任何损害道德履行责任的行为。
3. 禁止从事或支持任何有损职业声誉的活动。
4. 为积极的道德文化做出贡献，并将职业操守置于个人利益之上。

四、可信

1. 公平、客观地传达信息。
2. 提供有理由相信会帮助使用者对报告、分析或建议的所有相关信息。
3. 报告信息、时效性、处理或内部控制的一致性在符合组织政策和/或适用法律方面的延迟或缺陷。
4. 沟通可能会阻碍责任判断、行为成功实施的职业局限性或其他约束。

解决道德问题

在应用《IMA 职业道德守则》时，成员可能会遇到不符合职业道德要求的问题或行为。在这种情况下，成员不应对此置之不理，而是应积极寻找解决问题的办法。在决定采取何种步骤时，成员应考虑所有涉及的风险，以及是否存在防止报复的保护措施。

当面临不符合职业道德要求的问题时，成员应遵循他或她所在组织的既定政策，包括使用匿名举报系统（如有）。

如果组织尚未建立相关政策，成员应该考虑如下做法：

- 解决过程可以包括与成员直接主管的讨论。如果主管有可能涉及其中，该问题可提交至更高一级管理层。
- IMA 提供了匿名热线服务电话，成员可打电话问询如何应用《IMA 职业道德守则公告》的关键要素来解决职业道德问题。
- 成员应考虑咨询他或她的律师，了解有关该问题的所有法律义务、权利和风险。

如果解决问题的方案不成功，该成员不妨考虑辞职。

商业道德

无论是否上市、是营利组织还是非营利组织，任何规模大小的企业都需要商业道德。违反某些规则、规章，或道德或行为准则的组织名单不断增加。这将迫使所有的企业领导人、中层管理人员和下属员工去寻找一个新的道德准则，要求他们做出合乎道德和伦理的行为规范。

伦理学的基础起源于古希腊哲学家苏格拉底、柏拉图和亚里士多德，可以追溯到公元前 4 世纪。正如亚里士多德命名的哲学思潮"ethos"，在希腊语中就是道德科学的意思。这成为现在所谓的"道德。"

关于现代商业道德的讨论始于 20 世纪 60 年代。它来自社会和政治活动家对社会品德和政府可信度的质疑。许多人对美国介入越南问题而产生了质疑。其结果导致了民众对大公司的权威、实践和动机的反思。例如，由于发现一些公司向外国政府官员行贿，导致美国于 1977 年通过了《反海外腐败法》（Foreign Corrupt Practices Act）。

请先阅读附录 B 中列举的本节考试大纲（LOS），再来学习本节的概念和计算方法，确保您了解 CMA 考试将要考核的内容。

商业道德

在许多方面，道德和美德是通用的。商业道德已经演变为一种发展商业战略、制定决策的道德框架的应用，以开展经营业务。这意味着商业道德就是道德标准在商业环境中的创造和应用。

要认识到重要的一点就是，正是个人将他们自己的道德框架带到了他们所工作的组织中去。这正是推动企业问题和政策的发展、做出经营决策过程的一个组成内容。另外一个组成内容就是尊重和欣赏他人的观点。当这里的他人特指组织的客户和员工时，这一点尤其如此。

组织需要建立描述可接受和不可接受的行为的政策。它们必须通过适当的培训和意识培养，进而在整个组织中沟通并推动所期望的道德目标。这些可以通过既定的人力资源政策以及本组织的内部控制制度来实现。

然而，需要记住的重要一点是，一个人的价值观就是那些涉及对或错、好或坏的信念。

LOS §2.F.1.b

道德与美德概念在道德行为中起着重要的作用。一个人的**道德**（morals）来自他的信仰体系，是采取良好行为措施时所适用的标准和规则。组织、社会或政府将这些道德标准界定为好或坏、对或错。**美德**（virtue）是符合道德和伦理原则的行为。

LOS §2.F.1.c

个人从他们所受的教育中学习和培养他们的道德和美德。而担任教师这一角色的可以是家庭、宗教或其他来源。培养良好的美德极其重要。美德意味着拥有优秀的品格和良好的行为。无论你认为美德是与生俱来的，还是后天习得的，它们都是有价值的。一个人的道德哲学指导着他们的意图、行动的理由以及行动的结果。一般来说，道德哲学有三个分支。第一个分支是元伦理学，它主要关注"大局"问题，比如"什么是真理？"第二个分支是规范伦理学，它侧重于构建确定对或错的框架。第三个分支是应用伦理学，它关注人们日常生活中可能遇到的具体问题。

LOS §2.F.1.d

现在，我们再来讨论制定商业决策中使用的道德哲学和概念的具体内容。需要理解的一个重要概念就是，这些哲学是从意图和结果的角度来看待决策制定的。意图是如何做出决策的基础，而结果是决策的后果。图表2F-1阐述了具体的道德哲学和概念，以及它们在商业决策中的应用。

图表2F-1　道德哲学和商业决策

哲学	描述	在商业决策中的应用
目的论（Teleology）——一种西方哲学	这个词来自希腊语"telos"或"target"。它是指与目标、使命相关的目的。追求和实现重要价值观赋予了生命重要性的意义	企业根据所设定的目标和对他们使命的界定或对使命的陈述来制定战略计划。公司通过提供产品或服务而变得有价值。价值也可以看作是公司的财务状况；如果是上市公司的话，就表现为公司股票的价值
功利主义（Utilitarianism）——结果主义理论	人们有义务去按照合乎道德的方式行事。其目标是传递快乐、减轻痛苦、获得自由，并为人类生存和繁荣贡献一分力。结果比意图更重要	完全基于预测的结果或后果而做出决策。这意味着如何实现或达到其结果就不那么重要了
道义论（Deontology）——种西方哲学	这个词来自希腊语"Deon"，意为"责任"。道德是建立在责任和义务基础之上的。这就导致了道德上良好和正确的行为。结果与此无关	决策完全基于对和错的规则之上。如何达成结果是最重要的事。人们很少关注结果到底是什么
美德伦理（Virtue Ethics）	道德是建立在个人应用的道德规范的基础之上。这些规则基于指导个人行为的真实、光荣和公正的美德。流行于18世纪。曾有一段时间人们不再推崇这个概念，但在21世纪它又重新流行起来。美德是一种备受推崇的人格特质	决策由个人做出，并以他们自己的一套规则为基础。决定以个人的幸福感以及他人的幸福感为基础
相对主义（Relativism）	这是一个源于道德伦理且因特定文化的价值和需求的不同，道德也会因文化而异为基础的理论。人们不应该对行为做出判断，也没有绝对对和错的划分	商业决策将根据公司所处的文化做出。这就解释了为什么处于一个国家或文化中的公司做出的决定与所处另一个国家或文化中的公司不同，甚至可能相互矛盾

续表

哲学	描述	在商业决策中的应用
正义（Justice）	约翰·罗尔斯（John Rawls，1921～2002）大法官倡导以正义为中心的道德哲学。在某种程度上，他是一位政治学家。社会是由人类发展起来的，它是建立在以正义为中心的道德哲学基础上的社会秩序。他声称，西方文明的法律是建立在一个公认的正义概念基础之上的，包括在不侵犯他人生存权的情况下人人享有自由的理念。罗尔斯还认为合乎道德的重要的一点是，要为弱势群体提供帮助。这里的弱势群体里涵盖种族、贫困、残疾和不平等等方面的内容。政府应该通过干预来确保这一点	商业决策是基于企业经营所处的社会法律基础上做出的。许多人力资源政策得以实施是因政府通过干预为那些处于最不利地位的人提供了条件。这些包括但不限于平等的就业机会、最低工资要求、职业安全和健康

LOS
§2.F.1.e

　　如何做出合乎道德的决策？公平、正直、尽职调查和受托责任的概念影响着道德决策。同样，做出决策的主体是个人；然而，这些决策也可能会成为企业实践。**公平**（fair）的行为应具备平等的特质。决策不存在偏见。此外，决策结果不会给一个群体带来优势，而给另外一个群体带来劣势。这样的行为就是正确或合理的行为。它表明了个人对他人的关心。当做出的决定是公平的，那么这就是一个合乎道德的决策。

　　个人的行为必须诚实、诚信。为了证明这一点，他们需要经常践行诚实，并坚持他们所信仰和采纳的、强有力的道德和伦理原则和价值观。个人做出决策时需要从这些信念出发，采取符合其信念的行动。这种以**正直**（integrity）的态度做出决策被视为合乎道德的决策。

　　接下来就是更具体地结合商业和法律展开讨论。**尽职调查**（due diligence）是指保持必要或合理的谨慎。1933 年的《美国证券法》第 11b3 条提到了一个被称为"合理调查"的程序。在商业和法律术语中，它指的是进行尽职调查的过程。它为决策提供了必要有用的信息。公认会计原则（GAAP）对财务报表的编制方式和附注的编制要求与尽职调查有相似之处。在商业中，它适用于企业并购中为评估并购的目标公司而进行的调查。尽职调查将提高决策者获取信息的数量和质量。

　　另一个商业和法律专业术语就是**受托责任**（fiduciary responsibility）。我们看到这个词常常用来指那些帮别人管理资产的人。这些资产管理公司——基于法律或道德关系——对资产所有者负有受托责任。管理人员代表资产所有者的意愿行事，而不是根据他们自己的意愿行事。这就需要信任。在商业活动中，就意味着上市公司的股东必须信任董事会和他们任命的执行管理团队。管理团队需要做出合乎道德的决策，在业务增长的同时保护公司的资产，这样才能给股东带来回报。

本节习题：
商业道德

说明：在下列空白处作答。参考答案及解析在本节习题后给出。

1. 下列关于道德和美德的表述中，哪一项是正确的？
   - [ ] **a.** 道德是指运用伦理原则决定具体情境中的行为，而美德是指以高道德标准指导行为。
   - [ ] **b.** 道德和美德相同。
   - [ ] **c.** 美德是指运用伦理原则决定具体情境中的行为，而道德是指以高道德标准指导行为。
   - [ ] **d.** 道德描述行为，而美德描述人们如何做出决策。

2. 以下关于道德哲学的所有陈述都是正确的，除了：
   - [ ] **a.** 道德哲学考察的是"大局"问题，但对特定的情况没有帮助。
   - [ ] **b.** 道德哲学考察的是一个人应该如何对待另外一个人问题。
   - [ ] **c.** 道德哲学是哲学的一个分支，探究的是什么是对的、什么是错的问题。
   - [ ] **d.** 道德哲学考察的合乎道德的言论是否是公平的。

3. 什么样的伦理理论范畴决定了行为是否基于激励决策的责任或义务？
   - [ ] **a.** 目的论。
   - [ ] **b.** 道义论。
   - [ ] **c.** 功利主义。
   - [ ] **d.** 道德相对主义。

本节习题参考答案：
商业道德

1. 下列关于道德和美德的表述中，哪一项是正确的？

   ☑ **a.** 道德是指运用伦理原则决定具体情境中的行为，而美德是指以高道德标准指导行为。

   ☐ **b.** 道德和美德是相同的东西。

   ☐ **c.** 美德是指运用伦理原则决定具体情境中的行为，而道德是指以高道德标准指导行为。

   ☐ **d.** 道德描述行为，而美德描述人们如何做出决策。

   道德是指运用应用伦理原则做出决策，而美德描述的是由高道德标准指导行为。

2. 以下关于道德哲学的所有陈述都是正确的，除了：

   ☑ **a.** 道德哲学考察的是"大局"问题，但对特定的情况没有帮助。

   ☐ **b.** 道德哲学考察的是一个人应该如何对待另外一个人问题。

   ☐ **c.** 道德哲学是哲学的一个分支，探究的是什么是对的、什么是错的问题。

   ☐ **d.** 道德哲学考察的合乎道德的言论是否是公平的。

   道德哲学有三个分支。第一个分支是元伦理学，它主要关注"大局"问题，比如"什么是真理？"第二个分支是规范伦理学，它侧重于构建框架来确定什么是对的、什么是错的。第三个分支是应用伦理学，它关注人们日常生活中可能遇到的具体问题。

3. 哪个伦理理论范畴决定了行为是否合乎道德取决于激励决策的责任或义务？

   ☐ **a.** 目的论。

   ☑ **b.** 道义论。

   ☐ **c.** 功利主义。

   ☐ **d.** 道德相对主义。

   道义论关注决策的内在良善。根据道义论的观点：特定责任或义务具有内在价值。结果并不用来决定一个决策是否合乎道德。因此，这就是正确的答案。

管理会计和财务管理的职业道德考虑

职业道德挑战会使管理会计师或财务管理人员的职业生涯脱离原有的轨迹。因此，这些人有义务向公众、他们的职业、他们所服务的组织以及他们自己保持最高的职业道德行为标准。

IMA 已经发布了《IMA 职业道德守则公告》的更新版本，并于 2017 年 7 月 1 日生效。它也作为 IMA 管理会计公告（SMA）的一部分对外发布。这一新的公告继续强调道德价值和原则。然而，它是一份更简洁的文件，以 IMA 的基本职业道德原则：诚实、公平、客观和责任为其核心。

开篇第一句"IMA 成员应按职业道德要求行事"可谓一言以蔽之。总之，我们可以说职业道德就是根植于我们每个人自己的道德信念、原则、标准，以及在可用和适当的情况下，从雇主和专业团体那里得到额外的指导，比如 IMA 给出的《IMA 职业道德守则公告》。

 请先**阅读**附录 B 中列举的本节考试大纲（LOS），再来学习本节的概念和计算方法，确保您了解 CMA 考试将要考核的内容。

介绍

职业道德是一门知识学科，其试图区分人类行为中的对与错。当个人在不同做法间进行权衡时，它也是一种实际的努力，给出了模范行为标准作为比较点。在不完美的世界中应用模范标准绝非容易或简单。

考虑这个选自日常会计工作中的例子。玛丽被安排负责公司的存货工作。存货目前以历史成本核算。玛丽很清楚，存货要按成本或市价两者孰低进行披露。该要求承认，当存货的使用价值下降时（通常是由于物理损坏或技术过时），历史成本原则不再适用。玛丽已经准备好了一份清单，列出了可能需要进行历史成本减值处理的存货项目。减值总额对财务报表具有重要影响。伊丽莎白，玛丽的主管，审阅了玛丽的清单，并告知玛丽减值建议的理由并不充分。伊丽莎白进一步要求玛丽将要进行减值处理的存货项目清单处理掉，然后和她跟进下一个项目。

在这个涉及玛丽和伊丽莎白的情境中，玛丽面临着职业道德的两难境地。

玛丽有义务听从她主管的指示。但听从主管的指示，可能会违反《IMA 职业道德守则公告》。可能违反的一个原则是诚实。至少还可能会违反另一项标准——正直。玛丽不能遵守她的雇佣合同（要求她执行分配给她的工作），同时满足 IMA 的职业道德原则和标准（要求她诚实和正直地履行自己的职责）。因此，道德是指在现实生活中，模棱两可甚至威胁的情况下做出道德方面站得住脚的选择。

在她采取下一步行动之前，玛丽应该问自己两个不太容易回答的问题："我已经收集了所有我需要用来采取负责和客观行动的信息和理由了吗？"在本例中，玛丽对编制需进行减值处理（减值至成本或市价两者孰低）的存货项目清单所使用的假设和计算是理由充分和准确无误的充满信心吗？同时"我，玛丽愿意在伊丽莎白的互联网社交媒体页面看到关于她指示我忽略并销毁存货减值清单所做出的决策吗？"

《IMA 职业道德守则公告》

本章的大部分内容都直接摘自 2017 年 7 月发布的《IMA 职业道德守则公告》。建议学员全面地研读该公告，并将其中的原则、标准以及职业道德冲突的解决方案了然于胸。

管理会计和财务管理从业人员的职业道德行为

管理会计和财务管理从业人员以及 CMA 考生和持证者不得从事违反相关标准的行为，也不得在其组织内纵容他人这样的行为。

《IMA 职业道德守则公告》

IMA 成员应按职业道德要求行事。致力于职业道德的实践包括表达我们价值观的基本原则和指导我们行为的相关标准。

原则

IMA 对道德的基本原则是：诚实、公平、客观和责任。成员应按照这些原则行事，并鼓励其组织内的其他人遵守这些原则。

第四项原则——责任，与遵循四项原则的每一项标准直接关联。例如，第一项标准——胜任能力，列出了成员在胜任能力方面的职责。

IMA 成员有责任：

1. 通过提高知识和技能，保持适当的专业领先和技能水平。

2. 遵照相关法律、法规和技术标准履行专业职责。

3. 提供准确、清晰、简明、及时的决策支持信息和建议。识别并帮助管理风险。

其他三项标准遵循相同模式，明确指出成员对该标准的责任是什么。

诚实

第一个原则——诚实，要求认真地应用于手头的工作及坦诚地进行所有分析和交流。诚实是人们在财会专业人员中寻求的主要特质之一："如果你都不能信任你的会计，你还能信任谁？"诚实的例子包括：向外部审计师披露所有必要和相关的信息；拒绝记录任何不准确的信息；以及向他人提供真实信息，使他们能够做出明智的决定。

公平

公平要求设身处地地考虑在特定情形下他人的需要，对必要的背景信息进行充分披露。组织应对有关背景进行足够和充分的披露，以便在合理的时间范围内采取适当行动。为达到公平，背景应予以充分阐明。公平的例子包括：客观地提供信息和反馈；识别和改正错误；以及没有偏见、成见或偏爱地选择供应商。

客观

客观要求在得出结论之前对相互冲突的观点进行公正和冷静的评价。多年来，组织一直依赖内部和外部财务专业人员的客观性来支持他们做出关键的商业决策。"让我们问问我们的会计师"是当经营者想要决定一个理性的、全面的、冷静的、法律上站得住脚的行动方案时，通常采取的步骤。客观性的例子说明了相关的财务和法律准则、维护了记录信息的标准，并对现有的数据提出了建议、尽管存在支持一种而非另一种行动方案的压力。

责任

在责任这一原则中，IMA 始终在提醒会计和财务专业人员他们的职责到底是什么。下述的四项标准中的每一项标准都以"IMA 成员有如下责任："这一短语开头，然后指出在该标准内成员的责任。责任的例子包括在适当的时间传递信息，确保报告和报表的信息准确，并收集足够的信息做出明智的决定。

标准

2017 年 7 月生效的《IMA 职业道德守则公告》指出 IMA 成员有责任遵守和维护胜任能力、保密、正直和可信的标准。不遵守可能会受到纪律处分。

一、胜任能力

IMA 成员有如下责任：

1. 通过提高知识和技能，保持适当的专业领先和技能水平。

2. 遵照相关法律、法规和技术标准履行专业职责。

3. 提供准确、清晰、简明、及时的决策支持信息和建议。识别并帮助管理风险。

会计准则汇编（ASC）中包括指导财务会计和报告的规则和原则。ASC 的规则和原则多种多样且动态变化。对行业中法规的变化、新法律或标准的实施保持与时俱进至为重要。如果未能做到该点，可能会在不知不觉中导致违反职业道德的行为。

二、保密

IMA 成员有如下责任：

1. 对信息保密除非被授权或法律要求披露。

2. 告知所有相关方要恰当使用保密信息。做好监督确保相关方遵守该原则。

3. 避免使用机密信息谋取不道德或非法的利益。

虽然保密标准相当明确直白，但当今的技术进步实际上可能会阻碍管理会计师们像他们所必需的那样勤勉地执行该标准。不仅纸质和电子文件应得到妥善保护，而且所有的对话，尤其是在移动电话上的对话，都只应在私人设定下进行。技术飞速进步。如今，人们使用移动电话及设备从事相关活动，而就在几年前还需要借助日臻成熟的计算机。移动互联网将财会人员置于风险境地。无意中泄露保密信息的可能性很高。会计和金融专业人士必须设法在不违反保密原则的前提下使用移动设备开展工作。这是极其重要的一件事。

三、正直

IMA 成员有如下责任：

1. 减少实际利益冲突。定期与业务伙伴沟通，避免明显的利益冲突。告知各方任何潜在的利益冲突。

2. 避免从事任何损害道德履行责任的行为。

3. 禁止从事或支持任何有损职业声誉的活动。

4. 为积极的道德文化做出贡献，并将职业操守置于个人利益之上。

正直包括沟通好与坏的信息，无论是新闻、分析、判断还是专业意见。

四、可信

IMA 成员有如下责任：

1. 公平、客观地传达信息。

2. 提供有理由相信会帮助使用者理解报告、分析或建议的所有相关信息。

3. 报告信息、时效性、处理或内部控制的一致性在符合组织政策和/或适用法律方面的延迟或缺陷。

4. 沟通可能会阻碍责任判断或行为成功实施的职业局限性或其他约束。

可信与胜任能力标准密切相关。一个人为了让自己可信，就必须有胜任能力。管理会计师最根本的诚信性就是其职责所在，即预先计划和评估潜在风险，收集足够的信息以充分了解所有相关事实，及时传达新信息，而无论该信息好坏与否。

解决职业道德问题

从玛丽和伊丽莎白的情景中可以看出，解决职业道德冲突可能是一项困难且往往压力很大的任务。不幸的是，没有一个神奇的公式能让你做出正确的决定。每一种情况都是不同的，而且环境往往很复杂。《IMA 职业道德守则公告》建议：

> 在应用《职业道德守则》时，成员可能会遇到不符合职业道德要求的问题或行为。在这种情况下，成员不应对此置之不理，而是应积极寻找解决问题的办法。在决定采取何种步骤时，成员应考虑所有涉及的风险，以及是否存在防止报复的保护措施。

当面临不符合职业道德要求的问题时，考生和持证者应遵循他或她所在组织的既定政策，包括使用匿名举报系统（如有）。

如果组织尚未建立相关政策，成员应该考虑如下做法：

- 解决过程可以包括与成员直接主管的讨论。如果主管有可能涉及其中，该问题可提交至更高一级管理层。
- IMA 提供了匿名热线服务电话，成员可打电话问询如何应用《IMA 职业道德守则公告》的关键要素来解决职业道德问题。
- 成员应考虑咨询他或她的律师，了解有关该问题的所有法律义务、权利和风险。

如果解决问题的方案不成功，该成员不妨考虑辞职。

处理任何职业道德冲突都需要仔细考虑，并在进行之前对所有事实进行审查。这可能需要：

- 检查数据和原始资料；
- 获取更多的信息，以反驳或证实传言；
- 询问更详细的问题；
- 调查他人获取更多信息；
- 保持中立和开放的态度；
- 抛弃成见。

这些步骤中的任何一项都必须按照《职业道德守则》的要求承担保密的职业道德责任。在寻求更可靠的信息时，必须格外小心，不要无意中泄露机密信息。

当面临职业道德冲突时，下一个要考虑的问题就是"可供选择的替代方案是什么？"定义替代方案将提供一个框架，以用于检查每个选项的优缺点。试图清晰地定义这些选择可能会揭示一个新的方向。

现在让我们来考虑一下斯考特·伦敦（Scott London）的情况——可能始于过去某个时候。伦敦和布莱恩·肖恩（Bryan Shaw）是多年的朋友。伦敦是全球四大审计和咨询公司之一的高级审计合伙人。肖恩是一家珠宝店店主和兼职股票交易商。伦敦和肖恩常一起打高尔夫，天气允许的话，大约一周一次。他们在打高尔夫球时无所不谈，例如有什么新闻、家庭怎样、下次度假去哪以及相互认识的人这些天都在做什么，等等。

伦敦的许多客户都是上市企业。四大会计师事务所哪一家为上市公司提供审计服务的信息很容易从客户年报和媒体中获取。草本生活公司（Herbal Life）最近一直是新闻焦点，这自然成为朋友间交谈的话题。因此，对话从一般的闲谈到一些与伦敦客户有关的非常具体的事情，特别是草本生活公司。在这一天高尔夫比赛结束之际，让伦敦感到意外的是，肖恩给了他四张备受期待的 NBA 比赛门票。伦敦最初对肖恩的友好和慷慨的姿态并未多想。

有人会说，在某种情况下，友好的闲聊涉及客户机密信息的情况可能会发生在伦敦身上。一旦伦敦意识到这一点，其中一种选择就是与布莱恩断绝往来。除非斯考特对布莱恩的动机感到担忧，否则结束他们的关系将不是一个有益的选择。对斯考特来说，一个有益的选择就是避免任何涉及他的客户的闲谈。

考虑任何可能适用的规则、法律或法规。规则是怎么说的？它们如何应用于每一个选择？根据情况不同，许多不同的规章制度可能需要审查，包括：

- 公司的行为准则；
- 地方、州和联邦法律；
- 一般公认会计原则和财务会计准则委员会（FASB）；
- 以及《IMA 职业道德守则公告》。

公司的政策提供了一个起点。IMA 道德热线（1 – 800 – 245 – 1383）可以为考生和持证者提供帮助，并提供一个外部视角。可能有必要与公司的法律或合规部门协商；必要时，还需要私人律师来解释法律法规以及管理会计师的法律义务和权利。《IMA 职业道德守则公告》包含了一页纸的指南。在斯考特·伦敦的情景下，可通过参考及参阅其雇主（KPMG's）关于保密的政策（可能较 IMA 公告更加详尽）来获得最佳实践。同时，作为执业的注册会计师，伦敦有责任遵守 AICPA 的《职业行为准则》。AICPA 准则较 IMA 公告更为详尽，这是因为注册会计师对公众利益负有直接责任。

当某人感到压力时，职业道德冲突中的人为因素就会显现作用。在某些情况下，个人可能会因专业义务和价值观产生冲突而感到压力。一个人的道德、背景、经历、社会和经济环境，以及组织的道德文化都可能导致职业道德冲突。与客户期望、投资者目标、部门指标、呈送时间及许多内外部因素相关的专业义务也可能迫使个人在不同选择间进行权衡。个人因素和职业因素各不相同，因此每个人对压力的反应可能也不同。一种策略是尽量找到难以做出决策的原因，并逐一加以考虑。

最后，每一种选择的后果都需要慎重考虑，包括哪些人会受到影响，以及他们将如何受到影响。

舞弊三角模型

舞弊的某些方面通常构成了管理或财务会计专业人员所面临的职业道德情形。简言之，舞弊就是以一种欺骗、欺诈或泄密的行为获取利润或获得一些不公平或不正当的利益。有各种类型的舞弊。针对公司的舞弊或职务舞弊，可由公司内部的员工、管理者、职员、公司的所有者，或由外部的客户、供应商或其他方实施。其他一些规定是针对个人而非组织的舞弊。财会专业人员需要了解舞弊是如何发生的。AU 316 描述了审计人员关于舞弊的责任。虽然 AU 316 并不一定适用于非从事独立审计的财会专业人员，但该标准提供了许多有用的信息。例如，你可以通过与公司的其他成员讨论这个问题来了解潜在的舞弊行为。审计计划的一个正常步骤是审计团队进行头脑风暴，以客观地考虑舞弊将在何处以何种方式实施。当舞弊计划在媒体曝光，研读该计划是如何发生的大有益处。虽然安然和世通已成为舞弊的同义词，但有许多大大小小的例子能够提供有关舞弊计划如何实施的有用信息。过去几年的一些例子包括美国高思公司（Koss Corporation），美国百利金融集团（Peregrine Financial Group），伊利诺伊州迪克森市（City of Dixon Illinois），以及圣地亚哥社区圣经教堂（San Diego Community Bible Church）。这些知识可为管理和财务会计专业人员提供识别潜在舞弊的能力，以采取积极的措施来减少舞弊发生。

一个被广泛认可的用来解释导致某人实施职务舞弊的相关因素的模型是舞弊三角模型。舞弊三角模型由三要素构成：压力、机会和合理化。

LOS
§2.F.2.g

压力（pressure），比如经济需要，可能是实施舞弊的常见动机。导致舞弊的压力例子通常包括：满足盈利预期以维持投资者信心的需要，满足工作中的生产目标的需要，或者仅仅是无力支付账单。**机会**（opportunity），或感知到的机会，定义了实施犯罪的方式。个人舞弊者必须看到他或她可以利用（滥用）自身受信任地位的一些方式，以较低的败露风险来解决财务问题。例如，实施舞弊（偷钱）的某个人看到内部控制存在薄弱环节，且相信没人会注意到资金被拿走，就会从小金额开始实施舞弊行为。如果没有人注意到，通常数额会增加。

AU 316.7 指出，在舞弊发生时，通常具有三个条件。虽然 CMA LOS 没有特别提到第四个条件，但一些作者通过在"机会"上增加"能力"这一条件进行了扩展。增加该条件背后的理由是，如果潜在的舞弊者缺乏执行和掩盖计划的能力，即使存在现成的舞弊机会，舞弊者也不会继续实施该舞弊计划。

例如，在艾奥瓦州谢尔登市的一家银行里，舞弊行为存在了约 20 多年。作案者是柏妮丝·盖格，银行行长的女儿。1961 年 1 月 22 日，一名银行审计人员不期而至来到银行。柏妮丝当时并不在场，但当她来到银行看到审计人员时，立刻承认从银行盗用了 200 多万美元。在当时，这是美国有史以来最大的银行挪用公款案。

最后，**合理化**（rationalization）涉及个人舞弊者以某种方式使舞弊成为可接受或正当的行为，从而为他或她自己的罪行辩护。一个人可能使用的常见合理化的例子包括："我的工资被克扣了；我的雇主欺骗了我"，或"我有权得到这笔钱"，或"我只是借这笔钱用一下"。

为了说明不同形式的合理化，考虑以下两种情景。第一种情景涉及臭名昭著的诈骗犯，教堂牧师巴里·明科，他目前在联邦监狱服刑两项判决。在他目前正在服刑的第一项判决中，明科对针对莱纳尔公司（Lennar Corporation）的证券欺诈指控认罪。当被问及为何会犯下这种证券欺诈罪行时，他解释说，作为一名牧师以及为联邦调查局提供舞弊顾问的工作所得报酬不够。他觉得自己需要赚更多的钱，因此他利用特有的内幕信息先撰写一份虚假的舞弊调查报告，然后再对其正在调查的莱纳尔公司做空仓。要记住的一点是，一旦一个人下定决心进行舞弊，就会产生大胆的结果。

从表面上看，第二种情形远远缺乏戏剧性。一位威斯康星州的银行出纳员盗用了其银行雇主大约 4 万美元。该舞弊计划败露于一次独立审计，银行职员休假。在她休假期间，临时替岗者注意到地板上有 100 多个空的硬币盒。空盒子被装满的盒子包围着。事实证明，出纳员正一直处于个人财务困难中。她开始她的舞弊计划，拿走几卷四分之一元硬币，打算在盗用被发现之前替换回去。但她从未替换回盗用过的硬币，反而偷的越来越多。她的四分之一元硬币盗窃总额超过了 40 000 美元，亦即超过了 160 000 枚硬币。永远不要低估舞弊者的决心。出纳员被判盗用公款罪。

现在我们再回到巴里·明科以及他为何要在联邦监狱连续服刑两个刑期。正如前述，明科是一位教堂牧师。他把一个小教堂变成了一个大教堂。因其先前获罪的关于证券欺诈的 57 项指控，他坚决与教堂财务撇清关系。作为一名牧师，明科下定决心洗心革面。很遗憾，尽管他使自己远离教堂的钱，但有一天他还是决定开始为一家儿童癌症医院进行账外募捐。他建立了一个银行账户，并向他的教区居民募捐。但这笔钱没有捐给儿童医院基金。总的来说，明科从教会成员那里盗取了约 300 万美元。在审判中，他未能成功证明自己对止痛药上瘾，也无法证明药物影响了他的判断力。

投资者、雇员、客户和供应商将会找到方法来报复那些他们认为不道德的行为，而非行业管理团队会选择去定义它。行业领袖们说一项个案活动是可以的，但并不能说明就可以这样，不管有多少公司赞成。

理解舞弊三角模型及其构成要素，并知晓可能会增加潜在舞弊可能性的员工行为问题和变化，对管理或财务会计专业人员来说至关重要。此外，管理或财务会计专业人员需要意识到任何可能会为舞弊创造机会的内部控制弱点。

2008 年 1 月 18～24 日，法国兴业银行董事会正面临着一个令人难以置信的重大问题。在之前两周内进行的一项内部调查揭示，受雇于该银行的衍生品交易员杰罗姆·科维尔，未经授权从事涉及衍生金融工具的交易（有些情况下还涉及舞弊交易），使银行在暴跌的证券市场中总计损失 6 亿～70 亿欧元。在 3 年多的时间里，该银行的内部控制系统未能发现的未经授权或欺诈的交易超过 1 000 笔。

科维尔于 2000 年开始为这家银行工作。他学到了很多关于证券交易管理和控制的知识。其案例证据表明科维尔非常了解交易控制系统的优势和不足。科维尔早年在银行工作的经历为其后来作为交易员并得以长久发展奠定了基础。他对交易控制系统的理解，特别是他对交易主管频繁的轮换所造成的控制弱点的敏锐意识，加上自身能力造就了机会。他的舞弊行为一经败露，就在法国接受了审判。审判花费了相当长的时间试图确定他从事和维持 1 071 笔未被内部控制系统发现的舞弊或未经授权交易的行为动机（我们可以用法律术语的动机来代替"压力"和"合理化")。

在科维尔的审判中,他反复但平静地强调当为银行赚取巨额利润时,他的交易从未被质疑过,且除了报酬外,他实际上也并未从银行和交易中拿走任何金钱。

开展组织舞弊风险评估有助于管理舞弊风险。这种评估包括:

- 识别和评价舞弊风险因素(建立不切实际的收益预期);
- 识别可能存在的舞弊风险、计划和情景(故意夸大销售以满足不切实际的收益预期);
- 对识别的舞弊风险排序并评估其可能性;
- 评估内部控制以减少舞弊行为;
- 记录并持续监控和更新舞弊风险评估。

特雷德威(全美反虚假财务报告)委员会的发起组织委员会(COSO)是由五个私人组织联合倡议成立,旨在通过制定企业风险管理(ERM)、内部控制和舞弊防范的框架和指导来提供思想指引。COSO 的赞助机构为国际内部审计师协会(IIA)、美国会计协会(AAA)、美国注册会计师协会(AICPA)、财务经理人协会(FEI)和管理会计师协会(IMA)。2013 年,COSO 发布了《内部控制——整合框架》。

2015 年 COSO 和国际内部审计师协会(IIA)联合发布了由后者起草的《利用 COSO 跨越三道防线》。

COSO《内部控制——整合框架》(以下简称"框架")概述了组织通过实施内部控制有效地管理其风险所必需的组成部分、原则和要素。《利用 COSO 跨越三道防线》(以下简称"模型")讨论了如何在组织内分配和协调与风险和控制相关的具体职责,而不管其规模或复杂性如何。

职业道德实务案例

下面介绍的道德情境,有助于考生思考,如何应用《IMA 职业道德守则公告》来回答这些问题。此外,它将有助于考生准备 CMA 考试中的写作类型的题目。请至少列出这两道问题的答题要点,然后将你的答案或答题要点与接下来给出的参考答案进行比较。

埃里温公司(Arivan Corporation)的董事会最近了解到,高级管理团队的某些成员绕过公司内部控制以获取个人利益。董事会任命了一个由外部审计员和外部法律顾问组成的特别工作组来调查该情况。

经过广泛的审查,工作组的结论是:多年来,公司首席执行官、总裁和负责公共关系的副总裁的开支被记在一个称为"有限开支账户"(limited expenditure account,LEA)的账户中。该账户设立于 5 年前,并不符合公司正常审批和授权流程。大约有 200 万美元的报销申请按常规流程进行处理并计入 LEA。会计主管告知会计人员根据三名高管的个人批准来处理这类请求,即使这些要求并没有充分的凭证支撑。

负责公共关系的副总裁和他的部门负责政治筹款活动。然而,工作组确认，在前一年筹集的 100 万美元中只有一小部分用于政治目的。此外，部门资源用于这三名已确定高管的个人项目。工作组还发现了额外的 400 万美元支出没有凭证依据，所以甚至连用于正当商业用途的金额也无法确认。

工作组注意到，即使每年都对公司报销进行检查，这些付款操作以及 LEA 却从未在审计报告中披露过。在近年来的工作底稿中仅有两处提及这些操作和 LEA 使用。内审主管向其会计主管报告，建议与会计主管一同审查这些发现，而会计主管反过来建议他向总裁报告这些发现。总裁建议这些发现不要在内审报告中提及。工作组还指出该公司未有正式公布的职业道德政策。

1. 讨论会计主管是否存在不符合职业道德的行为。在答案中应参照相关职业道德实践标准。

2. 如果你是根据指示处理这些交易的会计人员之一，你会采取什么措施来解决道德冲突。

第 1 题答案：

根据《IMA 职业道德守则公告》，会计主管未按职业道德要求行事。即使公司没有职业道德政策，成员也必须按照诚实、公平、客观和负责的原则行事。会计主管也应鼓励本组织的其他成员遵守同样的原则。此外，会计主管还违反了道德行为的具体标准，告知会计人员处理经个人授权的付款，即使该交易没有充分的凭证支撑。同时还建议内审部门的主管不要在审计报告中提及这些不当行为。下面讨论所违反的具体标准。

胜任能力

遵照相关法律、法规和技术标准履行专业职责。

正直

- 减少实际利益冲突。定期与业务伙伴沟通，避免明显的利益冲突。告知各方任何潜在的利益冲突。
- 避免从事任何有损职业道德履行职责的行为。
- 禁止从事或支持任何有损职业声誉的活动。

可信

公平、客观地传达信息。

保密

在该情景下会产生保密问题，因为至少看来存在违反联邦法律的情形。会计师在这种情况下必须寻求外部律师咨询，其可作为正常保密要求的例外处理。

第 2 题答案：

考虑到该公司未有正式的职业道德政策，埃里温公司很可能没有既定政策来解决职业道德冲突。但是，如果有一个政策，管理会计师应遵循公司的程序。如果没有既定的职业道德政策，或若程序无法解决职业道德冲突，管理会计师应考虑如下这些行动：

- 由于会计人员的上级似乎是造成这一职业道德困境的根源，因此会计人员应把问题提交给组织内更高一级的管理层，然后逐级递进（审计委员会、董事会等），直到该事项圆满解决为止。

- 政治筹款受联邦法律及一些州法律管辖。由于这个原因，会计人员可以且也有义务报告政治筹款和为政治目的筹集资金相关的明显违反联邦或州法律的行为。
- 会计师应向具有公正立场的顾问阐明面临的职业道德问题，以便更好地了解可能的行动路线。
- 会计人员应就与该情况相关的个人法律义务与权利向自己的律师咨询。

　　解决职业道德冲突可能是一项具有挑战性且往往压力很大的工作。因为会计师们已经确定，所发现的违规行为涉及若干高层管理人员，所以这种情况变得更加复杂。如果所有更高级别的管理人员都参与了该计划，那么会计人员应向谁报告他们的调查结果呢？这种情况可能迫使会计人员与外部当局协商。

本节习题：
管理会计和财务管理的职业道德考虑

说明：在下列空白处作答。参考答案及解析在本节习题后给出。

1. 查理·本瓦尔所在的团队正在评估一项潜在的收购方案。本瓦尔的雇主和潜在目标都是上市公司。本瓦尔个人的投资组合中的很大一部分是目标公司的股票，本瓦尔没有披露关于这些股票的信息。根据《IMA 职业道德守则公告》，本瓦尔违反了下列哪一项准则？
   □ **a.** 胜任能力。
   □ **b.** 可信。
   □ **c.** 正直。
   □ **d.** 保密。

2. 精英运行有限公司（Elite Running Ltd）最近实施了一项新的绩效评估程序，即根据成本中心的预算成本和实际成本之间的差异来计算奖金。预算数与实际数差额超过 20% 的个人将拿不到奖金。理查德·班斯负责精英公司的一个成本中心，他担心自己的奖金会受到不利影响。他与总会计师有着密切的私交，总会计师负责制定、审查和批准预算。他要求总会计师批准他所提交的、预算费用高于下一会计年度合理预期的预算金额。为了感谢总会计师审批通过了这些虚报的成本，班斯送给了总会计师喜欢的一项运动的赛季门票。根据《IMA 职业道德守则公告》，下列哪一项准则与这则案例相关？
   □ **a.** 如果总会计师与团队内的另一个成员分享班斯所提供的门票，那么他违反了可信准则。
   □ **b.** 如果总会计师接受门票而影响他履行职责的能力存在偏见，那么他违反了正直准则。
   □ **c.** 如果总会计师未能向审计委员会报告这一事件，那么他违反了保密准则。
   □ **d.** 如果总会计师接受了门票，因为没有按照既定法律规定履行职责，那么他违反了胜任能力准则。

3. 一个位于人口稀少的国家的制造型企业，有一项政策，即原材料仓库的大门在正常的工作时间开放，以优化工作流程。该企业的总会计师刚刚发现仓库里的一些原材料不见了。根据舞弊三角模型，总会计师所指定的哪项公司政策最可能通过以下方式增加舞弊风险：
   □ **a.** 鼓励员工实施舞弊。
   □ **b.** 增加易于欺诈活动的合理化。
   □ **c.** 帮助员工感知财务需要。
   □ **d.** 增加实施舞弊的机会。

本节习题参考答案：
管理会计和财务管理的职业道德考虑

1. 查理·本瓦尔所在的团队正在评估一项潜在的收购方案。本瓦尔的雇主和潜在目标都是上市公司。本瓦尔个人的投资组合中的很大一部分是目标公司的股票，本瓦尔没有披露关于这些股票的信息。根据《IMA 职业道德守则公告》，本瓦尔违反了下列哪一项内容？
   □ **a.** 胜任能力。
   □ **b.** 可信。
   ☑ **c.** 正直。
   □ **d.** 保密。

   本瓦尔违反了正直标准。根据规定，为了保证行为上的正直，IMA 会员应缓解实际的利益冲突。由于本瓦尔的个人投资是由目标公司的股票构成的投资组合，因此，本瓦尔存在利益冲突。

2. 精英运行有限公司最近实施了一项新的绩效评估程序，即根据成本中心的预算成本和实际成本之间的差异来计算奖金。预算数与实际数差额超过 20% 的个人将拿不到奖金。理查德·班斯负责精英公司的一个成本中心，他担心自己的奖金会受到不利影响。他与总会计师有着密切的私交，总会计师负责制定、审查和批准预算。他要求总会计师批准他所提交的、预算费用高于下一会计年度合理预期的预算金额。为了感谢总会计师审批通过了这些虚报的成本，班斯送给了总会计师喜欢的一项运动的赛季门票。根据《IMA 职业道德守则公告》，下列哪一项准则与这则案例相关？
   □ **a.** 如果总会计师与团队内的另一个成员分享班斯所提供的门票，那么他违反了可信准则。
   ☑ **b.** 如果总会计师接受门票而影响他履行职责的能力存在偏见，那么他违反了正直准则。
   □ **c.** 如果总会计师未能向审计委员会报告这一事件，那么他违反了保密准则。
   □ **d.** 如果总会计师接受了门票，因为没有按照既定法律规定履行职责，那么他违反了胜任能力准则。

   在这个情境中，相关的准则是正直。《IMA 职业道德守则公告》指出，IMA 会员有义务避免从事任何损害道德履行责任的行为。向总会计师提供赛季门票违反了正直标准。

3. 一个位于人口稀少的国家的制造型企业，有一项政策，即原材料仓库的大门在正常的工作时间开放，以优化工作流程。该企业的总会计师刚刚发现仓库里的一些原材料不见了。根据舞弊三角模型，总会计师所指定的哪项公司政策最可能通过以下方式增加舞弊风险：
   □ **a.** 鼓励员工实施舞弊。
   □ **b.** 增加易于欺诈活动的合理化。

☐ **c.** 帮助员工感知财务需要。

☑ **d.** 增加实施舞弊的机会。

　　舞弊三角模型的三要素是压力、合理化和机会。该生产实体在正常营业时间开放原材料仓库大门的政策，增加了舞弊的机会，因为公司中的任何人都可以进入原材料仓库，而不只是少数指定员工。公司很难知道谁进了仓库，从仓库里拿走了什么。

组织方面的职业道德考虑

根据 IMA 管理会计公告（SMA）题为"价值观和道德规范：从确立到实践"文章给出的定义："所谓职业道德是指用于解决任何问题的决策过程的正直。"

IMA 的原则和标准协同工作，指导个人确定"按职业道德行事"的含义。我们每个人都以自己的道德信念、原则、标准来指导职业道德，并在适当的情况下，以雇主和专业团体（例如《IMA 职业道德守则公告》提及的管理会计师协会）的额外指导作为补充。

在本节中，我们将讨论指导管理会计师和财务管理从业人员职业道德行为的原则和标准的广泛应用。公司应该建立自己的标准，包括比 IMA 公告中更为详细的指导。公司的标准应该是量身定制的。既然每个公司都有自己的道德标准，这些标准和在公司道德行为准则中的例子应该以书面形式撰写出来，这样它们就与公司直接相关，与直接借用他人标准和例子简单地加入公司职业道德行为准则之中的做法形成鲜明对比。

 请先**阅读**附录 B 中列举的本节考试大纲（LOS），再来学习本节的概念和计算方法，确保您了解 CMA 考试将要考核的内容。

LOS
§2.F.3.r

公司职业道德行为责任

在将职业道德关注的焦点转移到组织自身之前，能认识到无论组织表面上看起来有多么纯洁，如果高层存在腐败，就会发生可怕的事情这一点是大有益处的。下面的情景来自 CNBC 记者科恩（Scott Cohn）在 2013 年的一篇新闻报道。根据在与百利金融集团的创始人被判处 50 年监禁同一天发布的一份独立报告，负责监管破产的期货经纪公司百利金融集团（Peregrine Financial Group，PFG）的监管机构早在 1994 年就错过了预警信号。

美国国家期货协会（National Futures Association，NFA），作为行业组织是 PFG 的主要监管机构，在 7 月份该公司倒闭后不久就发布了这份报告。

PFG 创始人兼首席执行官罗素·华盛道夫（Russell Wasendorf）承认，通过伪造公司的银行对账单，以及向 NFA 和商品期货交易委员会（CFTC）撒谎，窃取了约 2.15 亿美元的客户资金。但由伯克利分校研究小组成员、美国证券交易委员会前监察长戴维·科茨（David Kotz）撰写的报告发现，监管机构错失了多次抓住舞弊的机会。

报告指出，"一些 NFA 审计师在评估和评价舞弊风险时并未表现出足够的专业怀疑态度"。当调查集中在 NFA 时，它指出 CFTC 尚未对自身展开调查，也未捕捉到预警信号。

最早的预警信号出现在 1994 年（在 PFG 轰然倒塌之前约 20 年），根据该报告，CFTC 的一名雇员亲自访问了美国银行的一个分支机构——客户资金存放行——要求提供公司账户的签字确认书。该报告称，该银行拒绝提供确认，但 CFTC 没有跟进。

64 岁的华盛道夫承认，多年来，他通过虚增账户余额来伪造银行对账单并将其提交给 NFA。但在 2011 年，舞弊曝光前的一年多，NFA 收到了来自美国银行的真正的银行对账单，显示余额仅为 700 万美元——与华盛道夫报告的余额存在 2.11 亿元美元的差异。NFA 接下来的做法存在争议。根据该报告，NFA 的一名审计人员声称关于存在的差异已经提醒了现场主管人员，但该主管声称其未收到过这样的提醒。

与此同时，根据报告，华盛道夫告诉调查者，"我很震惊——我被抓住了"。但他并不担心，他只是声称这个真正的对账单是错误的，伪造了一个"正确的"对账单，递送给 NFA，从而使舞弊又持续了一年。

"我们未发现 NFA 审计人员质疑这份据称来自银行的新版对账单的证据。"报告称，"相反，尽管这两版对账单的数字存在巨大差异，NFA 的审计人员却接受了新版本且并未拓展其审计程序。"

这份报告包括了近 20 项改革建议，并尖锐地指出 NFA 的错误源于工作人员缺乏经验，极易被华盛道夫和他的合规总监苏姗·奥米拉（Susan O'Meara）所胁迫，而后者至今未被指控有不当行为。

报告说，NFA 的员工没有注意到其他的警告信号，包括位于芝加哥郊区的 PFG 的审计公司仅是一个人在运营的事实。NFA 也没能质疑来自华盛道夫的 6 000 万美元的出资，该报告称这本应是存在潜在缺陷的迹象。报告还称，监管机构没有对行业内其他警告信号给予足够的重视。

当你继续阅读时，提醒自己关于"高层导向"所做的一些假设，以及假定监管机构正在采取的举措以防止那些处于组织顶端的管理者进行不符合职业道德要求或非法的活动。

LOS §2.F.3.c

每家公司都有描述自己公司特点的文化。企业的信念和行为决定了企业管理层和员工之间的互动方式。**企业文化**（corporate culture）受高层领导的态度、公司规模及其提供的产品或服务的强烈影响。它还受到民族文化、经济趋势和国际贸易的影响。重要的因素还包括公司的愿景和实现愿景所需的价值观。

企业文化对决策过程中的道德产生很大的影响。这取决于决策者认为哪些是可接受的行为，哪些是不可接受的行为。例如，安然公司的企业文化是激进、个人主义和高风险的。这导致了安然公司的领导层做出了不道德地从事高风险的活动的决策，最终导致了它的灭亡。

相比之下，当今许多企业的企业文化培养了富于创造性、团队精神和集体解决问题的技巧。这些进取的政策提供了全面的员工福利，他们正在消除封闭的办公室和小隔间的局限。

近年来，被指控未按职业道德行事的高管们表示他们没有任何不当行为。尽管一家公司可能拥有数千名员工，但它仍有责任尽其所能确保所有这些员工的行为符合道德标准。为了实现控制，组织通过识别和记录组织价值观、创建职业道德行为准则以及实施内部控制来定义行为的原则。所有这些文件共同指导日常决策和行为选择。根据 SMA 题为"价值观和道德规范：从确立到实践"的文章，这一指导方针是创建职业道德管理框架的一个关键因素。最终，这些文件创建并维护了一种道德文化，并积极支持组织所希望的行为。

一个公司的职业道德政策的范围和细节将部分取决于组织的规模。一般来说，大公司需要更详细、更全面的职业道德行为陈述，而较小的公司可能通过公司的经营所有者和高级管理人员的个人榜样来实现同样的道德文化。然而，随着规模较小的公司的成长，创始人变得越来越不易接触到，就会存在这种文化被稀释的危险。因此，对于小公司来说，记录员工的价值观和行为期望是很重要的。

幸运的是，做出这样的努力将给组织带来许多好处。那些认真对待企业道德责任的公司会发现员工保留率和忠诚度的提高，因为积极的道德文化可以提高员工士气、提高生产率。更换员工的成本也会降低。此外，流程效率的提高降低了为公司提供产品或服务的成本，并且公司违规风险也会降低。

所有这些方面对公司来说都是积极的影响，通常会提高股票价值和客户忠诚度，以及吸引新客户、新员工和新投资者。一个组织可能需要花费数年时间才能建立起高品质或可靠的声誉。然而，少数甚至一名员工的行为却能够很快毁掉一个组织的声誉。

任何组织中会自然地形成小团体。这对企业来说，可能是积极的，但也可能是消极的。消极的影响就是社会心理学观察的所谓**群体思想**（group think）。群体思想是指团队成员为避免或尽量减少冲突而在没有评估决策的结果或考察备选观点的情况下达成一致决定。而持不同意见的其他观点将会被强烈压制。这导致避免争议和选择，但失去了个性和独立思考。团体内部的一致性会导致非理性或功能失调的决策。

在一家公司里，这种共识决策会对公司的健康状况产生不利影响，进而导致财务损失。

群体思维在企业中可接受的思想多样性方面发挥着重要作用。真正的个人创造性思维将导致更好的决策结果，因为决策之前就考虑了更多的可能性。这会导致做出更合乎道德的决策。因为决策之前，会认可、讨论和评估更多那些牢牢反映公司愿景和价值观的观点。

萨皮恩扎和津加莱斯（Sapienza and Zingales，2013）在他们对与公司业绩相关的企业文化维度及其原因的研究中发现所宣称的价值观显得无关紧要。然而，当员工认为高层管理者是值得信赖和符合职业道德要求的，这家公司的业绩就会更佳。作者还研究了不同的治理结构如何影响将正直作为企业价值观的能力。他们的发现是，公开上市的公司不太能够坚持正直。传统的公司治理措施似乎没有多大影响。

从这项研究中我们可以得出结论，组织的"高层导向"远比组织书面的行为准则更有影响力。提高生产力、改善人际关系、降低舞弊风险等方面的改进，都能提高企业的财务绩效。根据 SMA 题为"价值观和道德规范：从确立到实践"的文章：

　　成功广泛运用职业道德守则的组织，将为加强风险评估、改善公司治理透明度以及增加实际履行承诺的可能性创造基础。因此，首席执行官和首席财务官被要求签署合规承诺，这将在更大程度上确保他们与组织保持言行一致。（该要求是《萨班斯－奥克斯利法案》第302 条的一部分）

此外，SMA《价值观和道德规范：从确立到实践》定义了一个用于创建道德行为系统框架，如图表 2F－2 所示。

图表 2F－2　建立道德行为系统的架构描述

步骤	描述
1	在合乎道德的思维中，我们现在的位置在哪里？
2	这是我们想要的定位吗？
3	价值观、道德行为规范/政策的定义表述
4	制定行为守则/行为规则
5	培养符合道德规范的领导能力
6	道德实践的操作发展
7	道德行为的监控——现实与认知
8	道德实践的反馈和改进
结论	**合乎道德的文化**

因为法律条文并不能保证个人按职业道德要求行事，符合职业道德要求的行为超越了合法的标准。当个人和组织的行为与一组核心价值观一致时，其就会遵循职业道德要求行事。对于大多数组织来说，最大的挑战是每个员工都有自己的一套预定义的价值观。为了向客户、股东、供应商、社区和所有其他利益相关者呈现统一的形象，组织必须定义其核心价值，因为这与它所涉及的业务相关。以这种方式让所有员工都能得到所需的统一指导，以做出符合公司价值观的道德选择。

弗里戈（Frigo）和利特曼（Litman）在芝加哥保罗大学（DePaul University）进行的研究发现了包括符合职业道德商业行为在内的业绩优异公司的战略活动模式［《驱动：商业战略、人力行为和财富创造》(2008)］。他们的研究包括用 30 年的财务数据来筛选超过 1.5 万家上市公司的财务业绩。他们发现大约100 家表现优异企业，它们在坚持符合职业道德的商业行为的同时，通过专注于可持续的投资回报，表现出了对创造长期股东价值的强烈承诺。这些公司包括强生公司，以其将符合职业道德的商业行为作为公司基础的信条而闻名于世。即使有一项研究可将强生公司列为最符合职业道德要求的公司，但随后如果有职业道德失范仍可能玷污公司。

职业道德始于高层

理想情况下，组织中的每个人，从董事会到首席执行官到一线员工，都能以类似的方式回答以下问题：

- 这个组织信奉什么样的价值观？
- 是什么原则推动了这个组织的决策制定？
- 组织的道德文化是什么？
- 管理者和领导者所展示的原则/信念是什么？

这些问题是阐明一个有凝聚力行为准则的基础。一旦公司的价值观被确定下来，他们就会被应用到组织的不同领域，为人们所期望做什么和不做什么提供日常指导。这些原则和标准为职业道德管理和领导提供了一个框架。

因为这些简短陈述写得比较宽泛，所以可能被每个人予以不同解读。因此，对高级管理人员来说下一步要做的就是将每个原则扩展为更加具体的行为概要。扩展后的陈述包括了什么类型的行为符合这一原则以及什么类型的行为与之不符的举例说明。目标是创建一个坚实的基础以用来持续地指导运营决策。

要使这些原则成为组织文化的一部分，它们必须在组织的各个层面沟通。高级管理人员必须充分理解在实施过程中所产生的影响。如果这些原则不能始终如一地执行，或者如果他们无意中创造了一个无法维持的环境，那么最终的结果将陷于混乱与冲突之中。

在没有明确的行为准则或道德规范的情况下，员工要么遵循自己的信念和价值观，要么寻求领导的指导，以确定预期的行动方向。因此，管理人员必须保持自身行为标准高于那些受到监督的人所期望达到的标准。为确保行之有效，管理者将树立好榜样、遵循价值观、遵守所有承诺，营造出有利于帮助他人遵守现有道德标准的氛围。

合乎道德标准要求的领导者在制定政策和做出商业决策时会运用道德框架并尊重他人。他们在公司高层设定了基调。它始于正直和可信。合乎道德标准要求的领导者对自己和他人诚实，有自己的想法的同时，也对他人的观点和专业技能持开放包容态度。这将导致组织内的持续改进。它使得领导者得以培养管理者并制定继任计划。这意味着他们按照群体思维模式行事。

道德领袖"言行一致"是很重要的。这为他人树立了一个好榜样，将激励他们遵守公司的政策和章程。它建立起了对领导者的信任。

合乎道德标准要求的领导者会为他们组织中发生的每件事承担责任。他们会认识到，他们对下属的作为或不作为负有责任。

在企业环境中应用职业道德

虽然职业道德准则很重要，但它终将只是一份文件。赋予准则生命和表达其内在好处的是那些使用准则的人。在创建道德文化时，公司的员工确实是最重要的资产。

如果组织想要营造出一种氛围做正确的事，除了无可指责的高层外，雇用合适的人、为他们提供足够的培训及与价值观言行相一致的实践是非常重要的。

LOS
§2.F.3.k

该过程始于雇佣员工。在面试过程中，潜在候选人应该接受个人价值观和预期职场行为以及技能和资质的筛选。虽然价值观没有一定之规且难以衡量，但可以通过询问个人价值观、使用开放式的面试问题询问他们如何应对特定的情况，或者询问某些行为是否合乎职业道德来推断。因为雇用合适人员的重要性以及雇用和解雇未按职业道德要求工作人员的潜在成本，SMA 指出："管理会计师应该确保分配一部分人力资源预算用以进行彻底的行为分析及对敏感岗位进行强制性深入评估。"

LOS
§2.F.3.m

一旦雇用了合适的员工，培训是下一个重点。入职培训应包含特定于组织的核心价值观和现行的行为准则或道德规范。应定期向所有工作人员提供持续的培训以重申这些信念。培训计划应该是全面的，且与员工面临的现实情况相关，并提供一致的导向。

员工培训是维护组织职业道德文化的重要组成部分。除了让每一位员工阅读和理解职业道德准则外，培训还应该解释准则背后的概念。培训还应将较高层次的公司职业道德陈述转化为针对特定职位的预期行为。这使得职业道德准则更容易理解、更容易记忆，也更容易存在下去。

SMA 特别指出持续培训应包括如下期望：

- 一般员工行为和个人行为；
- 职业道德如何建立在工作管理方法中；
- 道德如何影响具体的工作、过程、活动和关系；
- 组织如何监控准则的遵从性；
- 哪些路径对有合规问题的员工开放；
- 当发现投诉或问题时采取什么行动；
- 一旦违规被证实将要采取的行动及处罚。

自始至终保持一致、以价值观为基础的领导力不仅为员工树立了理想的典范，还将高层次的职业道德陈述转化为可应用于日常的运营实例。例如，"我们相信所有人都有权得到尊严和尊重"是一种原则陈述。为了应用这一原则，管理会计师将与其员工讨论，当他们执行诸如记录文档、催收应收账款和给非财务工作人员讲解有关财务问题等任务时如何应用原则。全面的职业道德培训对于建立整体认知是有价值的，但大多数员工更感兴趣的是学习与他们岗位和责任具体相关的行为问题。

一个组织的文化是由其所有员工一定时期的累积行为动作所构成的。一种符合组织核心价值观和道德准则的文化将趋向于加强和再现所期望的持续行为。博思·艾伦（Booz Allen）在 2005 年调查发现，81% 的受访者认为他们管理层鼓励员工的道德行为；大多数公司认为价值观影响着两个重要的战略领域——关系和声誉——但却未看到与增长的直接联系；而且，就价值回报（ROV）而言，不到一半的人说他们有能力衡量道德行为与收入和收益增长的直接联系。

衡量和提升职业道德合规

正如 SMA 中《价值观和道德规范：从确立到实践》所述："实现职业道德合规最大的一个问题就是任何组织真正意识到日常正在发生的事情以及使职业道德合规成为其主流治理和问责框架核心要素的能力。"

虽然管理层负责建立内部控制和支持业务透明度，但它也必须遵守法律和监管要求，这是对不道德行为的进一步威慑。例如，在《萨班斯－奥克斯利法案》中，首席执行官和首席财务官必须确认作为组织职业道德合规框架一部分的内部控制是充分的。

LOS §2.F.3.b

内部控制为识别和控制组织内存在的风险提供了一个框架。它们还可以用来评估组织的风险暴露程度。内部控制和职业道德文化密切相关。与公司价值观一致的内部控制有助于加强企业文化。与此同时，充满活力的道德文化提供了强有力的基础，促使员工遵循内部控制。因此，有效的内部控制制度成为组织文化的重要组成部分。

可以使用各种工具来衡量和提升对道德价值的遵从，它们包括人力绩效反馈、调查工具和举报。

LOS §2.F.3.n

举报

举报为发现他人职业道德方面存在可疑行为的员工提供了一种保密的方式，他们可以通过该方式寻求建议并举报违反职业道德的行为。

研究表明，员工热线是发现组织内舞弊行为的很有价值的报告机制。如果该热线真正做到匿名，而且员工可以利用它来获取有关职业道德情况的建议，那么员工就可以更自由地提出问题而不必担心遭到报复。

LOS §2.F.3.h

实施举报的另一个好处是收集、分析和总结已有和潜在道德问题的能力。这一信息对于识别改善培训和内部控制的机会至关重要。正如 SMA 中《价值观和道德规范：从确立到实践》所述："管理会计师需要确保这些过程安排就位，在完全保密的基础上运作，并能生成统计或基于事件的报告，从而对职业道德实践能够更加深入地了解洞察。"

组织职业道德的政府和国际影响

正如前面提到的，职业道德行为源于与核心价值观一致的行为。各国政府试图通过创建个人和组织须遵守的法规以使广泛的价值观法制化。虽然法律条文并不能保证个人按职业道德要求行事，但理解和运用适用的法律是组织职业道德的重要组成部分。

美国《反海外腐败法》就是一个很好的例子。1977 年，《反海外腐败法》得以通过，主要是由于在 20 世纪 70 年代中期美国证券交易委员会（SEC）调查显示，数百家公司承认向外国政府官员行贿以获得好处。《反海外腐败法》的规定之一就是：禁止在海外开展业务的美国公司向外国政府行贿以获得合同或为业务提供保障。该法案的其他规定是解决会计核算的透明度问题。

美国的文化价值观推动了《反海外腐败法》的诞生。然而，并非世界上所有国家的政府都同意这些价值观。紧随其后，英国议会通过了一项名为"2010年反贿赂法"的法案。该法案的规定描述如下：

- 当一个人从事提供、给予或承诺向另一个人提供财物或其他利益，以换取其不当履行某项活动或职能的活动时，就构成了一般的行贿犯罪行为。
- 受贿罪是指接受或同意某项利益，以换取某项活动或职能的不当履行。
- 贿赂外国公职人员属于犯罪行为。这包括"通过第三方"行贿。
- 商业组织未能防止贿赂行为也视同行贿犯罪。

本法律适用于所有在英国以及在英国以外开展商业活动的个人和商业组织。根据本法，无论犯罪行为具体在哪发生，它允许对与英国有关的个人或公司提起诉讼。这使得该法案几乎具有普遍管辖权，并使英国的企业明显处于竞争劣势。

LOS
§2.F.3.q

《反海外腐败法》（FCPA）和《2010年反贿赂法》（Bribery Act 2010）都对向外国官员支付特定类型的款项——疏通费的行为作了处理规定。从法律的角度看，它们与贿赂的区别应视具体情况而定。小额的款项有时是出于礼节性惯例，是合法的，这取决于付款国的法律。但从商业道德的角度来看，所有的这些行为都是存在问题的行为。

美国1988年修订的《反海外腐败法》（FCPA）明确了一种被称为好处费的**疏通费**（facilitating payment）行为。如果该付款行为只用于处理文件或签发许可证，那么这样的疏通费是合法的。该法案制定这项规定的理由是：该付款行为只是为了缩短处理时间，而不是为了影响政府行为的结果。英国法律认为疏通费是不合法的。疏通费等同于贿赂。不过，在通常情况下来说，支付小额款项而获得便利的做法不太可能被起诉。

国际业务的其他重要法律和道德问题涉及国际法律和各国法律之间的文化差异与不同。

不同的国家对于如何开展业务可能有不同的法律。有些企业可能会选择在某些国家开展业务，在这些国家他们可以从事某些不允许在本国进行的活动。例如，为了避免美国税收，一些公司已经将他们的业务转移到不征税的加勒比海岛。

SEC承认，职业道德准则需适用于每个公司的具体情况和文化。因此，SEC并未提供任何应包含在职业道德准则中的具体措辞或条款。但是，SEC的确补充指出，职业道德准则还应促进违反职业道德准则情况的及时报告制度以及遵守准则的可靠性。

下一个场景说明了这些概念和原则如何应用于组织的营运之中。

职业道德实务情景

A. 在前任首席执行官退休后，磁铁工业公司（Magneto Industries，MI）最近任命乔治·帕克作为首席执行官。在花了几周时间检查业务和财务结果后，乔治很关心 MI 是如何开展业务的。在过去的几年里，MI 公司公布了创纪录的利润，以每年 15% 的速度增长——在该行业前所未有。

当乔治与首席运营官鲍勃·高德纳面谈时，鲍勃告诉乔治生产中使用的设备状况不佳。尽管设备只使用了 5 年，但由于缺乏预防性维护，它已开始出现多次意外故障。维修主管山姆·唐纳多解释说，在过去的三年里，维修预算每年都缩减 10% ~ 15%。尽管他请求前任首席执行官增加预算，并以备忘录的形式解释了不正确维护生产设备的后果，但他不得不压缩维修活动。此外，他还不得不把一些设备粘在一起以使其能够继续运转。当他的替换件请购要求未被批准退回时，原本应该是临时性修理行为变成了永久性。一天，当乔治从工厂里走过的时候，他惊讶地看到生产主管汤姆·哈斯金斯把口香糖从嘴里拿出来放在机器上。当乔治问他在做什么时，汤姆解释说机器上有一个零部件经常松动。汤姆注意到山姆手下的工作人员因为不得不一而再、再而三地把它粘起来而感到恼火，所以他为了节省时间就开始自己修理。

在工厂里，乔治也和一些生产线上的员工进行交谈。这些人传递的共同信息是，他们一边拿着薪水一边正在找一份更好的工作。众所周知，MI 几乎未采取任何措施维护设备、留住员工。

当审阅当年财务状况时，乔治看到与上年同期相比，收入和产量都大幅下滑，对此其并不感到意外。

1. 该组织信奉何种价值观？如何使用这些价值观解释乔治亲眼看见的事实？

2. 领导层的率先垂范如何影响汤姆·哈斯金斯的态度和行为？

3. 乔治应采取哪些步骤，以在 MI 公司中构建出一种更为符合道德要求和基于价值观的文化氛围？

4. 作出上述转变后，MI 公司可能实现哪些潜在好处？

参考答案：

1. MI 公司将利润增长放在首要位置，而不管需要做什么以完成该任务。这种价值观导致公司利用短期战略实现长期结果。例如，昂贵且极有价值的设备任由其老化；生产领域的员工流失率也非常高。

2. 汤姆·哈斯金斯的态度和行为直接源于其已察觉到该组织更为重视短期增长而非长期增长。他看到维修部门经常黏合设备的零部件，并认为自己对成本削减所能作出的贡献就是以最快捷的方式自行黏合零部件。

3. 作为 CEO，乔治需要设定高层的导向，让所有人都知道过去的做法不再是可接受的。如果它们还尚未制定，乔治则需要确认并以文件的形式记录

MI 公司的价值观和职业道德。

接下来应进行员工培训。员工培训内容不仅应涵盖公司的价值观和行为规范，还应包含具体的行为范例，以说明哪些行为是公司所希望的，哪些行为是不被公司所接受的。行为范例应与接受培训人员的职位具体相关。还应修改公司的年度评估内容，以包含对培训中所涵盖行为进行考核的指标。

组织的所有领导人，如鲍勃·高德纳和山姆·唐纳多，都应以更高的行为标准要求自己，做到以身作则。

此外，预算应足够确保员工能够遵循这些价值观。例如，应仔细审视维修预算，以恰当地确定维修现有设备的所需，并实施预防性维修计划。

在组织层面上，MI 公司应构建举报制度，以便员工能够用来报告不道德行为。此外，还应教育并鼓励员工在面临职业道德挑战时，使用该秘密渠道来寻求建议。

为检验效果，乔治需要进行一项基本的员工调查，以确认整个组织对价值观的遵循情况。稍后一段时间，通过重复该项调查，乔治就能确定已实施的行动是否带来了预期的行为改善。

4. 鉴于既有的高增长率主要是靠不可持续的行为得以维持，短期内，MI 公司极有可能遭遇增长率的下滑。从长期来看，MI 公司将能实现：

- 可持续的增长，源于生产设备得到较好维护，产量得以提高。
- 组织文化得到改善。
- 质量和可靠性声誉得到改善。
- 员工活力得到提升。
- 舞弊风险进一步降低。

B. 泰科国际公司（Tyco International）成立于 1960 年，是一家为美国政府进行实验工作的研究实验室。从 1968 年丹尼斯·科兹洛夫斯基从西顿霍尔大学（Seton Hall University）毕业到 1975 年，他一直从事金融和财会工作，并迅速晋升为审计和分析总监。科兹洛夫斯基于 1975 年加入泰科，1992 年成为首席执行官。

约瑟夫·S. 加奇诺（Joseph S. Gaziano）是雇用科兹洛夫斯基的泰科首席执行官。加奇诺被描述为大块头、世俗的、受过麻省理工教育的工程师。加奇诺有一种奢华的生活品位，其奖金所得包括一架喷气式飞机、一架直升飞机和三套豪华公寓。科兹洛夫斯基被加奇诺光鲜的表面和他的生活方式所吸引。

1982 年加奇诺去世后，约翰·F. 福特成为首席执行官。福特也是麻省理工学院的校友。与加奇诺不同的是，福特对奢侈不感兴趣。他不喜欢奢侈的生活，也不喜欢自己或他的员工享受高级旅行或豪华住宿。他在所有商业决策中主要关心的是公司的盈利增长。引用他的话说，我们被放在地球上的原因是为了增加每股收益。投资者因其发表了这一论断而深爱他。1992 年，福特辞去了首席执行官职务，几个月后担任董事长；但在他和科兹洛夫斯基之间进行的最终后者获胜的商业战略之争后，他同意留在董事会。尽管发生这次争论，科兹洛夫斯基和福特仍然是盟友，直至 2002 年科兹洛夫斯基下台。

科兹洛夫斯基精通财务、会计和审计，加之其对加奇诺（高品位生活和光头）和福特（所有基于 EPS 影响的商业决策）关键特质的接受，似乎为 1995 年到 2002 年间的发展奠定了基础。正是在这段时间里，科兹洛夫斯基和他的公司同事马克·斯沃茨（Mark Swartz），"四大"的校友，结成准伙伴关系，他们通过各种计划（这些计划被贴上非法或不道德的标签或兼而有之，这取决于援引的依据）设法减除泰科至少 1 亿美元支出。这还使科兹洛夫斯基成为该国享有高薪酬和福利收入人员之一。

根据 2002 年纽约州起诉书中所载的信息，1995 年左右科兹洛夫斯基和斯沃茨"已经了解到犯罪企业的存在（下文简称'高管犯罪企业'或 top executive criminal enterprise，TEXCE）及其活动的性质，受雇并与该企业相联系，通过参与犯罪活动的方式，有意地进行并参与了该企业的事务"。一些证据表明，在科兹洛夫斯基被任命为泰科董事会主席和董事会主席之前，TEXCE 就已经存在了。

2002 年之前关于泰科行为准则的信息似乎无法获得。泰科的财务报告反映了科兹洛夫斯基管理时期及其之后的良好盈利能力。目前泰科网站包含下述有关泰科价值观的汇总信息。

每天，公司 57 000 名员工都满怀激情工作以保护最重要的东西。他们为自己在世界上能有所作为而感到自豪：他们的工作有助于保卫和守护人民和财产。

泰科文化建立在四个关键价值观基础之上。这些价值观塑造了我们的员工与每个利益相关者之间如何互动。他们共同推动我们的公司向前发展。

承诺做正确的事。

作为全球行业领导者，泰科致力于在工作场所和所经营的社区中做正确的事情。我们重要的价值观、诚信、责任、团队精神和卓越品质，是我们作为一个有道德和负责任的企业公民的核心。

正直——我们按照个人和企业诚信的最高标准来要求自己和彼此。

责任——我们信守我们所做的承诺，并对所有的行动和结果承担个人责任。

团队合作——我们营造一个鼓励创新和创新的环境，并通过合作来传递成果。

卓越品质——我们不断地互相挑战来改进我们的产品、我们的流程和我们自己。

同样重要的是，我们要营造一个让所有利益相关者都感到舒适的环境，并鼓励他们秘密地说出其感觉"不正确"的行动或情况。*若要提高道德或合规方面的关注，请点击这里。*

以下是根据 2002 年纽约州起诉书所述，科兹洛夫斯基和斯沃茨所从事活动的例子：

科兹洛夫斯基是犯罪企业 TME 的老板，并制定相关政策。他决定发什么奖金、给谁发以及何时发，根本不顾及董事会对高管薪酬的限制。当要求他们对此进行披露时，他与泰科公司的高管和董事私下达成攻守同盟，试图对此保密。他让内部审计人员通过他亲自向董事会报告，确保他们不会对 TME 进行审计。科兹洛夫斯基建立了一个内部控制系统，给予其助理的授权高达数百万美元。

斯沃茨是 TEXCE 的首席运营官，他是被告科兹洛夫斯基的副手。斯沃茨对资金转移、会计分录登记以及泰科人力资源部门薪酬、奖金和借贷这一部分业务进行管控。

斯沃茨建立了系统，由财务部而非泰科法律部门控制泰科提交给美国证券交易委员会文件中的数据，从而导致泰科报送的文件是错误和虚假的。

被告斯沃茨通过错误分摊金额巨大的人力费用来虚增业绩，借此欺骗投资者和董事会。因为他们是泰科两名最高级别的官员，所以作为 TEXCE 成员的被告能够招募他人加入 TEXCE，并且还可使用他人作为犯罪企业不知情的代理人。

考虑以下关于泰科国际公司的问题。

1. 虽然导致科兹洛夫斯基和斯沃茨在 2002 年受到起诉的事件已经过去了 14 年还多一点时间，且考虑泰科在纽约证券交易所交易，但很有可能泰科所述价值观与 1995～2002 年间的表述相比会有很大的不同。

2. 领导是如何以身作则（也被称之为高层导向）的，这通常被认为是公司高管所期望的关键行为，在泰科是否如此？

3. 在本例涉及期间内，作为泰科的会计或财务专业人员，你觉得在工作中发现哪些迹象，从而可以作为高层管理人员可能参与非法或不道德活动的危险信号？

4. 在本例涉及期间内，作为泰科的会计或财务专业人员，如果你发现最高管理层可能参与了非法或不道德活动，你会采取什么行动？具体来说就是你觉得将关注事项提交至谁或哪一层级最为适宜？

5. 当前泰科网站包含了该例中发布的信息。网站声明：如需提出对于职业道德或者合规方面的疑虑，请点击这里。你会用什么词来描述一个人存在的疑虑并点击进入链接呢？

参考答案：

1. 当然，现在有比当时更多的法律，比如 SOX。然而，泰科很有可能在 1995～2002 年期间有类似的价值观。现在很难确定该公司当时是否认真对待这些价值观。

2. 以泰科为例看来，领导似乎与我们希望在一家上市公司中发现的情况完全相反。

3. 这很大程度上取决于你在公司的具体工作。请记住，这是一个大型跨国公司。如果你不是最高管理层的成员，那么你很可能无法获得那些能够反映管理层存在错误行为的证据。

4. 如果你确实获得了高层管理人员从事非法或不道德活动的证据，你需要咨询 IMA 热线。如果你依然对此感到有问题，那么你可以咨询你的个人法律顾问。

5. 这似乎是一个检举机制。许多公司都有这样的机制。然而，如果高层管理人员明显牵扯进非法或不道德活动，那么有人可能会质疑举报机制到底有多可靠。

可持续发展与社会责任

有许多关于可持续性和社会责任的问题适用于企业和经济。**可持续性**（sustainability）是指保持平衡。经济的可持续发展是指产生社会和生态后果的经济活动。会计人员和财务经理负责分析利润的可持续性。

供应链管理的过程就是通过投入获得产品产出。然后将产品交付给最终用户。制造商和销售商需要可持续的投入/产出供应。他们将从环境、社会和财务方面衡量他们的盈利能力。最终用户会处置包装物，然后当不再需要产品时，产品也将被处置掉。

当公司能够通过减少污染来节约自然资源和保护环境时，它就履行了**社会责任**（social responsibility）。对产品的最终处置也能保护环境。设计最终用户可以回收的产品和包装就是一种保护环境的方式。

社会的盈利能力是通过提供有益于整个社会或社会上每个人的产品和服务而实现的。"企业公民"一词表示的是企业对所在社区的社会责任、所提供的产品和服务、对产品和服务的定价，以及对环境的总体影响。

社会责任分为四个层次。它们是：

1. 经济责任：公司必须保证经济和财务健康。它应该雇用好员工、支付公平的工资，这样员工才能保持经济上和财务上的健康。

2. 法律责任：公司应该遵守所处社会的法律法规。这包括按要求缴纳地方、州和联邦的税。

3. 道德责任：公司应该做出合乎道德的决定。遵守法律法规并不总是等同于合乎道德规范。

4. 慈善责任：公司应该回馈其所在的社区或社会。通过帮助那些不能自给自足的公民维持生计来履行这个方面的责任。许多公司和基金会在自然灾害期间提供捐赠。

本节习题：
组织方面的职业道德考虑

说明： 在下列空白处作答。参考答案及解析在本节习题后给出。

1. 下列哪项与道德有关的领导行动，**最能**支持经理及主管有效地实施道德守则？
   - [ ] **a.** 建立行为准则，进行道德培训，监控道德行为。
   - [ ] **b.** 树立榜样，信守承诺，鼓励他人遵守道德标准。
   - [ ] **c.** 招聘有道德的员工，识别合乎道德的行为和实际行为之间的差距，并惩罚不道德的行为。
   - [ ] **d.** 实施内部控制，建立举报机制，开发调查工具。

2. 对一个组织来说，实施道德行为准则的**最不**重要的标准是：
   - [ ] **a.** 建立组织运作的法律边界。
   - [ ] **b.** 提供内部决策指导。
   - [ ] **c.** 建立道德管理的框架。
   - [ ] **d.** 提供外部决策指导。

3. 阿克姆公司是一家在美国证券交易所上市的外国公司。管理层认为，经常性地向公职人员支付款项有助于保障他们获得重要合同。根据美国《反海外腐败法》的反贿赂规定，以下陈述均正确，但**不包括**：
   - [ ] **a.** 尽管它的总部不在美国，但根据美国《反海外腐败法》的规定，阿克姆仍然可能被起诉。
   - [ ] **b.** 阿克姆在美国期间的任何腐败行为付款都可能被视为违反了美国《反海外腐败法》。
   - [ ] **c.** 根据美国《反海外腐败法》的规定，如果这些款项是由管理层批准并在外国支付的，则阿克姆将不会面临起诉。
   - [ ] **d.** 根据美国《反海外腐败法》的规定，如果他们的行为违规的话，阿克姆的管理人员、董事、员工或代理人都有可能面临诉讼。

本节习题参考答案：
组织方面的职业道德考虑

1. 下列哪项与道德有关的领导行动，最能支持经理及主管有效地实施道德守则？
   - ☐ **a.** 建立行为准则，进行道德培训，监控道德行为。
   - ☑ **b.** 树立榜样，信守承诺，鼓励他人遵守道德标准。
   - ☐ **c.** 招聘有道德的员工，识别合乎道德的行为和实际行为之间的差距，并惩罚不道德的行为。
   - ☐ **d.** 实施内部控制，建立举报机制，开发调查工具。

   　　道德规范的有效实施，必须有一个明确的信号，且组织管理团队必须树立道德领导榜样。这就是所谓的高层导向。如果公司有关于道德行为规范的使命宣言，但组织的管理层却做出不合乎道德的行为的话，那么很可能整个组织都存在道德的问题。

2. 对一个组织来说，实施道德行为准则的最不重要的标准是：
   - ☑ **a.** 建立组织运作的法律边界。
   - ☐ **b.** 提供内部决策指导。
   - ☐ **c.** 建立道德管理的框架。
   - ☐ **d.** 提供外部决策指导。

   　　建立组织运作的法律边界是组织实施道德行为准则的最不重要的标准。行为准则为组织的道德管理和领导提供一个架构，可以为内部和外部决策提供某种程度的指导。

3. 阿克姆公司是一家在美国证券交易所上市的外国公司。管理层认为，经常性地向公职人员支付款项有助于保障他们获得重要合同。根据美国《反海外腐败法》的反贿赂规定，以下陈述均正确，但不包括：
   - ☐ **a.** 尽管它的总部不在美国，但根据美国《反海外腐败法》的规定，阿克姆仍然可能被起诉。
   - ☐ **b.** 阿克姆在美国期间的任何腐败行为付款都可能被视为违反了美国《反海外腐败法》。
   - ☑ **c.** 根据美国《反海外腐败法》的规定，如果这些款项是由管理层批准并在外国支付的，则阿克姆将不会面临起诉。
   - ☐ **d.** 根据美国《反海外腐败法》的规定，如果他们的行为违规的话，阿克姆的管理人员、董事、员工或代理人都有可能面临诉讼。

   　　即使这些款项是经管理层批准并在国外支付的，根据美国《反海外腐败法》的规定，阿克姆仍然可能面临诉讼，因为它在美国注册交易其股票。FCPA 是一部反贿赂法，禁止受该法律监管的公司为获得合同或确保业务安全而向外国政府行贿。

说明： 下述样题旨在模拟考试真题。认真审题并将答案写在答题纸上。参照书后"每章实战练习参考答案"检查答题结果，并巩固完善。更多实战练习，请访问 www. wileycma. com **在线测试题库。**

样题 2F1 – AT01
考查内容： *管理会计和财务管理的职业道德考虑*

随着管理会计人员的晋升，他们通常负责监督缺少工作经验的员工的工作。以下哪一项是主管的职业道德职责？

☐ **a.** 雇用能够和现有员工和谐相处的新员工。

☐ **b.** 部门利润最大化或部门成本最小化。

☐ **c.** 确保员工能够合理地处理保密信息。

☐ **d.** 鼓励员工与客户建立良好关系。

样题 2F1 – AT02
考查内容： *管理会计和财务管理的职业道德考虑*

如果山姆·史密斯向特定的供应商购买电算化存货控制系统，那么他将会获得两张职业足球赛的门票。史密斯应该采取下列的哪一项行动？

☐ **a.** 拒绝与该供应商任何的进一步沟通。

☐ **b.** 了解公司章程中关于供应商提供礼物的相关规定。

☐ **c.** 如果门票价格低于 50 美元，与该供应商签订系统购买合同。

☐ **d.** 向审计委员会咨询该问题。

样题 2F1 – AT03
考查内容： *管理会计和财务管理的职业道德考虑*

约翰·摩尔最近受聘为一家制造公司的会计主管助理。公司的会计主管南希·凯预计年收益增长 16%。然而，根据本年度上一季度的数据来看，约翰估计公司的报告收益只能增长 12%。当他向南希报告这一问题时，她告诉他，达到该数字不是问题。她解释说，生产企业在会计年度终了后还有一些工作要做，并且她会在会计系统中调节当年的相关销售收入。

此时，约翰·摩尔应该采取的首要措施是什么？

☐ **a.** 向审计委员会报告这个问题。

☐ **b.** 联系他的律师，确定他的权利。

☐ **c.** 与不认识约翰所在公司任何员工的另外一家公司的首席财务官讨论该问题。

☐ **d.** 遵循他所在组织内已有的关于这种类型冲突的解决政策。

样题 2F2 – AT01
*考查内容：**组织方面的职业道德考虑***

美国《反海外腐败法》禁止美国公司：

☐ **a.** 通过向外国政府官员行贿，以达到获得或维持业务的目的。

☐ **b.** 在海外市场生产产品时不遵循与国内相同的安全和环境规定。

☐ **c.** 向不遵循美国人权规定的国家出口产品。

☐ **d.** 出于贿赂、不道德或非法目的而出售产品。

样题 2F2 – AT02
*考查内容：**组织方面的职业道德考虑***

如果想在伊斯兰教国家获得业务，以下哪种行为最可取？

☐ **a.** 雇用穆斯林为员工。

☐ **b.** 按伊斯兰教的道德观行事。

☐ **c.** 在伊斯兰教国家拥有财产。

☐ **d.** 皈依伊斯兰教信仰。

欲进一步评估对第二部分第六章"职业道德"所讲概念与计算内容的掌握程度，请进入本节**在线测试题库**进行练习。

提示： 参照书后"每章实战练习参考答案"。

简答题应试指南

对于简答题的有效回答是一项特殊的挑战。简答题在测试你对考点内容掌握程度的同时，也测试你的书面沟通能力。此外，简答题还测试你对特定信息之间相关性的了解，以及你面对现实问题时运用知识的能力。以下内容将帮助你进一步学习如何以书面论述的形式回答简答题。

如何准备简答题

CMA 考试的简答题可能会涉及教材第二部分《战略财务管理》考试大纲和知识点的任何内容。这就需要考生理解教材内容，对所提问题进行评估，并且为解决具体情境问题而给出建议。

你的学习计划将有助于你掌握教材内容，学习如何回答选择题和简答题。这是 CMA 考试的一个重要部分。应对这个挑战的方法之一是将挑战分解成更小的挑战：首先学习教材内容，然后练习选择题类型的题目，最后学习如何回答简答题。

如何回答简答题

CMA 考试简答题需要你就一个具体话题的要点进行讨论，而后解释其含义。在你组织答案的时候，你必须用你所思考的证据来支持你的答案，以展示你对这个话题的知识储备和理解，以及通过分析运用知识的能力。

你给出的书面回答应：

- 直接回答所提问题。
- 合乎逻辑。
- 展示对该考点问题的正确理解。

题目内的线索可以帮助你形成和组织答案。诸如"分析""应用""探究""解释""调查"之类的动词能够有助于你理解题目的要求。在回答中使用这些动词将确保你能够直接和完整地就所提问题作答。

考生应具备使用文字处理软件和电子数据表格的能力。考生还需要对基本的财务报表知识、货币的时间价值概念和基础统计学知识有所了解。考试的简答题部分借助于计算机完成。输入答案时使用类似微软记事本软件的文本编辑器。一些问题可能需要使用类似微软 Excel 的电子数据表格软件。

写作技巧

　　CMA 考试的简答题部分用于考查你在商务环境中分析、评价和有效沟通的能力。书面沟通是当今商务环境中一项重要的必备技能。

　　美国注册管理会计师协会（ICMA）在 CMA 考试的简答题部分评估你的写作能力。这种评估基于以下标准：

- 使用标准英语；
- 合理组织语言；
- 清晰作答。

使用标准英语

　　使用标准英语是商务环境中表达观点的一个不可或缺的部分。在考试的简答题部分，能否使用清晰和简洁的术语，将作为评判所用英语语言标准与否的依据。

合理组织语言

　　在回答简答题的时候，以合乎逻辑的方式组织你的答案对展示你良好的商务写作能力至关重要。当你通读题目的时候，按照你的思维过程组织答案。确保你的回答有清晰的开头，概括你的答案要点，并且以 CMA 考试的具体知识点为依据详细作答，最后进行总结。

清晰作答

　　在 CMA 考试中，清晰作答与使用标准英语、合理组织语言同样重要。CMA 考试简答题部分的评分人依据答案是否表达清晰并有 CMA 内容理论来支撑进行评分。回答问题时，通读你的答案确保清晰作答，并且评分人能够理解你是如何试图解答问题的。

在简答题的回答中使用标准英语、合理组织语言并清晰作答

　　在阅读简答题例题时，要像在实际 CMA 考试中答题一样练习题目。在答题过程中，注意题目中的关键词，组织答案并开始回答。答题时，确保你的回答清晰简洁，并使用标准英语。完成题目后，将你的答案与教材中的答案进行比较。注意答案中的语言组织、关键词运用和答题方式。对比教材中的答案，看你是如何回答的。

简答题应试技巧

在实际 4 个小时的 CMA 考试中，当你提前完成选择题部分或者 3 个小时后，可以进入简答题的部分。这意味着你至少有 1 个小时的时间完成两道简答题。

充分利用答题时间完成简答题部分：

- 在参加考试前，使用在线指南熟悉考试界面。在线指南不占用你的考试时间，并且可以重复。但是，总的指导时间不超过 20 分钟。
- 快速浏览两道简答题，了解每道题的答题要求（如描述、分析和计算等要求）。
- 你有 1 个小时的时间来完成全部简答题（如果你使用少于 3 个小时的时间来完成选择题，你将有更多时间）。确定你将在每道简答题上花费的时间。
- 从你最熟悉的题目开始作答。先将用于回答问题的关键词、想法、事实、数据和其他有助于答题的信息写下来。
- 当你回答一道题目的时候，可能会对另一道题目产生灵感。在相关题目旁记录下这些想法。这将有助于你建立信心，并将使你在回答第二道题目的时候知道从哪里着手。

回答每一道题：

- 完整阅读题目，明确其要求。
- 注意暗示你答题方向的动词线索。这将帮助你形成和组织答案。注意，你可能需要回答多个小问题——例如，定义 abc 并且解释其在 xyz 中的适用性。
- 在答题的空白处写下题目中的基本要求，确保一一回答。
- 开始答题时，使用一个或两个句子直接回答问题。如果可以的话，重述问题中的重要术语来直接回答问题。
- 使用要点列举的方式表达主要观点，并用充足的细节支持每个要点，以展示你对与本题相关的所有问题的理解。
- 尽可能使评分人容易阅读并给你分数。评卷的目的是依据答题情况给你分数，因此要清晰有效地展示你的想法。答案不宜过短或过长。
- 结尾处用一个或两个句子总结你的主要观点。
- 检查你的答案，注意逻辑性、严谨性和清晰程度。
- 留意考试时间，不要在一道题目上花费过多时间。
- 如果你时间不够，无法写出完整的论述，可以写出你的主要观点，展示你对相关话题的了解，从而获得部分分数。

简答题答案示例

每一道简答题实际上都是由围绕同一情境的几个相关问题组成的。从整体上来讲，简答题的分数由一组给分点组成，分数由评分人比照评分卡给出，以确保评分的一致性。评分卡列举出回答题目所用的正确术语、话题和观点。以下两道简答题选自之前的考试。第一道简答题后给出了一个最高分——"最佳"答案示例。评分卡中展示了如何获得分数，这里所使用的评分卡与美国注册管理会计师协会（ICMA）使用的评分卡类似。

第二道简答题后面的两个答案得分较少，因为这两个答案没有解决题目中的所有问题。"良好"的答案符合部分标准但是没有完全符合标准。"更好"的答案完成了评分卡中所示更多的题目要求，因此得到更多分数。

如你所见，评分人的目的是向考生给出分数而不是扣分。如果考生获得了超过上限的分数，他们只能获得上限分数。

简答题有两类：一类是要求你进行**文字论述**；另一类是要求你用**计算、表格或图表的方式作答**。

注意：本节示例的题目、答案和评分卡都由美国注册管理会计师协会（ICMA）提供并授权使用。

样题 1：阿穆尔公司

阿穆尔公司生产三种草地养护设备的零部件：燃料系统、变速装置和电气系统。过去五年间，制造费用依据实际产量下标准直接人工工时分摊到产品成本中。标准成本信息如下。

图表 A 给出了标准成本信息。

图表 A　标准成本信息

	燃料系统	变速装置	电气系统
生产和销售的产品数量	10 000	20 000	30 000
标准人工工时	2.0	1.5	1.0
单位产品标准直接材料成本	$ 25.00	$ 36.00	$ 30.00
预算和实际制造费用		$ 3 920 000	

当前直接人工工资率是每小时 10 美元。两年前安装了可将生产流程高度自动化的新机器，极大地减少了生产三种部件的直接人工工时。此外，三种部件每件的销售价格均为制造成本的 125%。

阿穆尔公司所处的草地养护设备行业竞争激烈，公司的利润一直在下降。阿穆尔公司的总会计师埃里克·韦斯特，受公司总裁委派分析制造费用分摊和定价结构。韦斯特认为未来的分摊需要根据机器工时和直接人工工时，而不是当前只以直接人工工时为基础的分摊方法。图表 B 给出了韦斯特所确定的补充产品信息。

图表 B　补充产品信息

	燃料系统	变速装置	电气系统
标准机器工时	2.0	4.0	6.0
制造费用：			
按直接人工工时分摊		$560 000	
按机器工时分摊		$3 360 000	

问题

1. 基于直接人工工时分摊所有预算制造费用，计算阿穆尔公司所生产的三种产品的单位制造成本和单位销售价格。

2. 使用埃里克·韦斯特所确定的适当成本动因分析阿穆尔公司的制造费用。计算三种产品的单位制造成本和单位销售价格。

3. 根据第 1、2 题的计算结果，向阿穆尔公司的总裁提交一份提高获利能力的建议。

阿穆尔商务情境的"最佳"答案样本

问题 1

基于直接人工工时分摊所有预算制造费用，计算阿穆尔公司所生产的三种产品的单位制造成本和单位销售价格，结果如下：

燃料系统

产品数量：10 000

单位产品的标准人工工时：2.0

总标准人工工时：20 000

直接材料：25.00 美元

直接人工（工资率为 10 美元/小时）：20.00 美元

制造费用（分摊率为 49 美元/直接人工工时）[1]：98.00 美元

总成本：143.00 美元

销售价格（成本的 125%）：178.75 美元

变速装置

产品数量：20 000

单位产品的标准人工工时：1.5

总标准人工工时：30 000

单位产品的机器工时：4.0

总机器工时：80 000

直接材料：36.00 美元

直接人工（工资率为 10 美元/小时）：15.00 美元

制造费用（分摊率为 49 美元/直接人工工时）[1]：73.50 美元

总成本：124.50 美元

销售价格（成本的 125%）：155.63 美元

电气系统

产品数量：30 000

单位产品的标准人工工时：1.0

总标准人工工时：30 000

直接材料：30.00 美元

直接人工（工资率为 10 美元/小时）：10.00 美元

制造费用（分摊率为 49 美元/直接人工工时）[1]：49.00 美元

总成本：89.00 美元

销售价格（成本的 125%）：111.25 美元

注：

[1] 3 920 000 美元的总制造费用/总直接人工工时 80 000 = 49.00 美元/直接人工工时。

问题 2

基于埃里克·韦斯特所确定的成本动因分摊制造费用，计算阿穆尔公司所生产的三种产品的单位制造成本和单位销售价格，结果如下：

燃料系统

产品数量：10 000

单位产品的标准人工工时：2.0

总标准人工工时：20 000

单位产品的机器工时：2.0

总机器工时：20 000

直接材料：25.00 美元

直接人工（工资率为 10 美元/小时）：20.00 美元

制造费用（按直接人工工时数分摊，分摊率为 7 美元/小时）[1]：14.00 美元

制造费用（按机器工时数分摊，分摊率为 12 美元/小时）[2]：24.00 美元

总成本：83.00 美元

销售价格（成本的 125%）：103.75 美元

变速装置

产品数量：20 000

单位产品的标准人工工时：1.5

总标准人工工时：30 000

单位产品的机器工时：4.0

总机器工时数：80 000

直接材料：36.00 美元

直接人工（工资率为 10 美元/小时）：15.00 美元

制造费用（按直接人工工时数分摊，分摊率为 7 美元/小时）[1]：10.50 美元

制造费用（按机器工时数分摊，分摊率为 12 美元/小时）[2]：48.00 美元

总成本：109.50 美元

销售价格（成本的 125%）：136.88 美元

电气系统

产品数量：30 000

单位产品的标准人工工时：1.0

总标准人工工时：30 000

单位产品的机器工时：6.0

总机器工时：180 000

直接材料：30.00 美元

直接人工（工资率为 10 美元/小时）：10.00 美元

制造费用（按直接人工工时数分摊，分摊率为 7 美元/小时）[1]：7.00 美元

制造费用（按机器工时数分摊，分摊率为 12 美元/小时）[2]：72.00 美元

总成本：119.00 美元

销售价格（成本的 125%）：148.75 美元

注：

[1] 按直接人工工时分摊的 560 000 美元制造费用/总直接人工工时 80 000 = 7.00 美元/直接人工工时。

[2] 按机器工时分摊的 3 360 000 美元制造费用/总机器工时 280 000 = 12.00 美元/机器工时。

问题 3

假设使用问题 1 中（基于直接人工工时分摊所有制造费用）计算出的销售价格对比问题 2 中（基于成本动因分摊制造费用）计算出的修订成本，阿穆尔公司三种产品的修订毛利率汇总如下：

燃料系统

当前价格：178.75 美元

修订成本：83.00 美元

毛利（亏损）：95.75 美元

毛利率：54%

变速装置

当前价格：155.63 美元

修订成本：109.50 美元

毛利（亏损）：46.13 美元

毛利率：30%

电气系统

当前价格：111.25 美元

修订成本：119.00 美元

毛利（亏损）：(7.75 美元)

毛利率：无

基于以上分析，燃料系统和变速装置的收益比阿穆尔公司之前认为的要高。燃料系统是最为盈利的（毛利率为54%），变速装置次之。但是，电气系统在完全成本模式下产生了损失。

提高获利能力的建议如下所示：

- 重点关注燃料系统，可采用诸如提高营销支出和降低价格的方法来增加销售额。
- 通过改进生产流程降低必要机器工时的方法提高电气系统的获利能力。
- 在可能的情况下，降低电气系统的营销支出，并提高销售价格。

对阿穆尔商务情境的"最佳"答案进行评分

阿穆尔题目的分数由类似以下示例的评分卡来评定。注意：

- 评分卡给出的内容比题目所需回答的问题多。这样做是为了照顾考生之间的差别，并且提供最大的可能使考生获得满分。评分人的目的是给考生分数而不是扣分。如果考生获得了超过评分上限的分数，也只能得到上限分数。
- 有时，答题过程比答案的最终数字更为重要。考生需要写出所有思考或计算过程以获得最多的分数。
- 给出解释将会获得加分。
- 评分不考虑答题格式。你可以使用简单的文本编辑软件，如微软记事本，一旦使用，你可能无法做图表，需使用要点列举的方式答题。

阿穆尔的评分卡

阿穆尔——可允许的最大得分为 17

问题 1：可允许的最大得分 =5

需要解决的问题：

单位生产成本和价格（按直接人工工时分摊制造费用）

总人工工时 = 单位产品的标准人工工时 × 每种产品的数量

所有产品的总人工工时/(80 000)

3 920 000 美元制造费用/80 000 直接人工工时 = 制造费用的分摊率

产品成本中包含单位直接材料成本

直接人工 =10 美元 × 每单位产品的标准直接人工工时

续表

每种产品的单位制造费用 = 制造费用分摊率 × 单位产品的标准直接人工工时

直接材料 + 直接人工 + 制造费用 = 产品成本/（143 美元/89 美元/124.5 美元）

销售价格 = 125% × 产品成本

问题 2：可允许的最大得分 = 5

单位生产成本和价格（按成本动因分摊制造费用）

总机器工时 = 单位产品的标准机器工时 × 每种产品的数量

所有产品总的机器工时数/（280 000）

按机器工时分摊制造费用的分摊率 = 3 360 000 美元/280 000

按直接人工工时分摊制造费用的分摊率 = 560 000 美元/80 000 小时 = 单位直接人工工时 7 美元

每种产品的单位制造费用 = 制造费用分摊率 × 单位产品的标准机器工时

每种产品的单位制造费用 = 制造费用分摊率 × 单位产品的标准直接人工工时

每种产品的成本中包含直接材料和直接人工工时成本

总成本/（83 美元/109.5 美元/119 美元）

销售价格 = 125% × 产品成本

问题 3：可允许的最大得分 = 7

需要解决的问题

提出建议

提高对燃料系统的重视程度

毛利率/利润最高

提高对变速装置的重视程度

毛利率/利润较高

增加营销支出以提高销售额

降低价格以刺激销售额

提高获利能力的其他建议

降低对电气系统的重视程度

毛利率较低/正在亏损

改善生产流程

在市场可以承受的前提下提高价格

关于电气系统的其他建议

样题 2：瑞龙公司

商务情境

杰夫·弗兰基是瑞龙公司的首席财务官，瑞龙公司是一家住宅用电子安全设备的制造商和分销商。弗兰基目前在准备公司第二年的年度预算，并且在实施用于奖励重要员工绩效的激励计划，最终的计划随后将提交董事会审批。

弗兰基意识到，基于已经公布的针对主要客户的价格上涨，公司明年将面临很大困难。瑞龙的总裁为实现当前年度的每股收益，已经向管理层施加了压力。为此，弗兰基考虑引入零基预算，使得成本与收入预期保持一致。

瑞龙公司的生产总监杜克·爱德华兹（Duke Edwards）打算说服弗兰基在经营预算中引入预算松弛。爱德华兹认为，生产效率会被超出寻常数量的产品设计变更和小批量生产订单所带来的过高生产准备时间成本所累。

问题

1. 从瑞龙公司整个管理层的角度说明预算松弛的优点和缺点，每个方面至少三条。

2. 描述零基预算如何为瑞龙公司的整体预算流程带来益处。

瑞龙商务情境的"更好"答案样本

问题1

从瑞龙公司整个管理层的角度，预算松弛至少有如下三个优点和缺点：

优点

1. 预算松弛可以为无法预知的情况提供经营灵活性，例如，当对于通货膨胀的预算假设不正确或出现不利情况时，预算松弛将为可自主支配费用带来额外的调整余地。

2. 额外的预算松弛可能会抵销设计变更和/或小批量生产订单所产生的过高生产准备成本。

3. 实现第 1 年每股收益目标所带来的压力可能会导致费用支出延迟到第 2 年，或者激进地将销售额提前到第 1 年。第 2 年的预算松弛可能会补偿从第 2 年向第 1 年的收益转移。

缺点

1. 预算松弛会降低发现薄弱环节和及时对所出现问题采取改进措施的能力。

2. 预算松弛会降低公司规划的整体有效性。为提高收益，公司可能会采取诸如价格调整或降低促销开支的措施，而消除预算松弛能够在不改变市场的情况下实现同样的目标。

3. 预算松弛制约了使用预算信息对部门经理和下属的绩效进行的客观评估。

问题2

零基预算（zero-based budgeting，ZBB）能够为瑞龙公司整体预算流程带来益处的原因如下：

- 零基预算流程评估所有被提议的经营和管理费用，就像这些费用是首次发生一样。每一项开支都会依据其对于公司整体的重要性，而不仅仅是在一个部门中的作用来被验证合理化、排序和划分优先级。
- 零基预算的重点在于评估所有活动，而不仅仅是相比前一年的增量变化。这样就可以评估正在进行的活动，以确定其在当前环境中是否仍然有用。所有活动的目标、运营和成本都会被评估，并且能够完成目标的备选方案也更加容易被发现。

瑞龙商务情境"更好"答案评分标准

瑞龙问题由类似以下评分卡的评分标准来评定。注意：

- 评分卡给出的答题要点比题目所需回答的问题多。这样做是为了照顾考生之间的差别，并且提供最大的可能使考生获得满分。阅卷人的目的是给考生分数而不是扣分。如果考生获得了超过评分上限的分数，也只能得到上限分数。
- 有时，答题过程比答案的数字更为重要。考生需要写出所有思考或计算过程以获得最多的分数。
- 给出解释将会获得加分。
- 评分不考虑答题格式。你可以使用简单的文本编辑软件，如微软记事本。一旦使用，你可能无法做图表，需使用要点列举的方式答题。

瑞龙的评分卡

瑞龙可允许的最大得分为 12

问题 1：可允许的最大得分 = 6

需要解决的问题

优点

可以提供不确定环境下的灵活性

如果假设错误或出现不利情况，可以提供额外的自主支配费用开支空间

可以抵销预期以外的生产准备成本

    设计变更

    小批量订单

可以对选择时间点的收益进行补偿

    缓解实现每股收益（EPS）的压力

    推迟确认费用或提前确认销售

其他

    解释

缺点

降低了公司发现薄弱环节并采取改进措施的能力

    在预算中高估费用

降低了整体计划流程的有效性

采取如下不必要措施

    价格调整或降低促销开支

    消除预算松弛可以解决问题

限制了对员工的客观评估

根据虚增的预算进行评估
其他
解释

问题2：可允许的最大得分=6

需要解决的问题

优点

对每项费用的合理化进行验证和排序

　对每项费用进行评估，就像这些费用是首次发生一样

消除不必要的活动

　对所有活动进行评估

　必须对现有活动的合理性进行验证

能够减少预算松弛

　必须根据现实的假设对费用进行评估

能够确认备选方案

　促使对流程作出评估

其他

　解释

瑞龙商务情境的"良好"答案样本

　　一份成绩为良好的答案应能够对瑞龙评分卡中所确定的三个问题给出足够的回答，以便获得最高允许分数的70%～80%。以下为瑞龙商务情境中一份成绩为良好的答案。这份答案解答了问题，但是没有超越问题本身给出更多的解释和说明。

问题1

　　从瑞龙公司整个管理层的角度，预算松弛至少有如下三个优点和缺点：

优点

- 预算松弛提供了经营灵活性。
- 额外的预算松弛可能会抵销成本。
- 瑞龙将需要延迟费用开支。

缺点

- 预算松弛会降低发现薄弱环节和及时对所出现问题采取改进措施的能力。
- 预算松弛会降低公司规划的整体有效性。
- 预算松弛制约了对部门经理和下属绩效的客观评价。

问题 2

零基预算（ZBB）能够为瑞龙公司的整体预算流程带来益处的原因如下：
- 零基预算流程评估所有提议的经营和管理费用，就像这些费用是首次发生一样。
- 零基预算的重点在于评估所有活动。

简答题实战练习及参考答案

以下的简答题和答案都节选自美国注册管理会计师协会（ICMA）所提供的《修订版 CMA 考试，题目和答案：第四部分（2005 年与 2008 年）》一书，并且得到使用许可（除非另有说明）。

简答题的重点在于测试考生在商务情境中应用本部分概念知识的能力。

本套教材所提供的答案为按照评分指导可以获得 80% 或以上评分点的答案样本。通常情况下，评分指导所提供的分数要比实际给出的分数多（例如，评分指导中的总分可能为 110 分，但实际给分的总分为 100 分），而获得 80% 以上评分点的不同考生，他们的答案也可能有差异。因此，本套教材中所给出的答案，代表的是可能的答案，并非一个最佳的正确答案。

第二部分第一章题目

样题 2A – ES01

CCB 公司的会计人员已经完成了 20×5 年度的财务报表编制工作。以下为当年的利润表以及 20×5 年和 20×4 年的比较资产负债表。

会计人员在编制财务报表后选择性地计算了一些财务比率。资产负债表账户的平均余额可用于计算涉及利润表账户的比率。资产负债表账户的期末余额可用于计算仅涉及资产负债表科目的比率。20×5 年的比率尚未计算。20×4 年的财务比率计算结果如下：

- 利息保障倍数   5.16 倍
- 总资产收益率   12.5%
- 营运资产收益率   20.2%
- 普通股股东权益收益率 29.1%

CCB 公司的利润表
会计年度结束于 20×5 年 12 月 31 日
（单位：千美元）

销售收入	
销售净额	$800 000
其他	60 000
总收入	$860 000
费用	
产品销售成本	$540 000
研发费用	25 000
销管费用	155 000
利息费用	20 000
总费用	$740 000
税前利润	120 000
所得税（税率为 40%）	48 000
净利润	$72 000

CCB 公司的比较资产负债表
20×5 年 12 月 31 日与 20×4 年 12 月 31 日
（单位：千美元）

	20×5 年	20×4 年
资产		
流动资产		
现金和短期投资	$26 000	$21 000
应收账款，减去坏账准备	48 000	50 000
（20×5 年为 1 100 美元，20×4 年为 1 400 美元）		
存货，以 FIFO 成本和市价中的孰低者计价	65 000	62 000
预付款项目和其他流动资产	5 000	3 000
流动资产合计	$144 000	$136 000
其他资产		
投资，以成本核算	$106 000	$106 000
应收保证金	10 000	8 000
其他资产合计	$116 000	$114 000
不动产、厂房及设备		
土地	$12 000	$12 000
建筑和设备，减去累计折旧	268 000	248 000
（20×5 年为 126 000 美元，20×4 年为 122 000 美元）		
不动产、厂房及设备合计	$280 000	$260 000
资产总计	$540 000	$510 000

续表

负债和股东权益

流动负债

短期借款	$ 22 000	$ 24 000
应付账款	72 000	71 000
薪金、工资及其他	26 000	27 000
流动负债合计	$ 120 000	$ 122 000
长期负债	160 000	171 000
负债合计	$ 280 000	$ 293 000

股东权益

普通股，以面值计算	$ 44 000	$ 42 000
资本公积——股本溢价	64 000	61 000
实收资本合计	$ 108 000	$ 103 000
留存收益	152 000	114 000
股东权益合计	$ 260 000	$ 217 000
负债和股东权益总计	$ 540 000	$ 510 000

问题

A. 解释使用财务比率如何有益于公司管理。

B. 计算 CCB 公司 20×5 年的以下财务比率（答案保留至小数点后三位）：

　　1. 利息保障倍数；

　　2. 总资产收益率；

　　3. 营运资产收益率；

　　4. 普通股股东权益收益率；

　　5. 总负债比率；

　　6. 总负债权益比率；

　　7. 流动比率；

　　8. 速动（酸性测试）比率。

样题 2A – ES02

雷鲍德电脑服务公司（Renbud Computer Services Co.，RCS）专门为广播通信行业提供定制软件开发服务。公司 30 年前由三位创始人创办，主要为用于播放国家选举结果的全国广播网进行软件开发。在经历了数年持续且可控的增长后，公司过去三年迎来了快速发展，规模扩大了一倍。这种增长使得公司未来一年的财务状况面临挑战。

在 30 天内，RCS 公司将需要向圣马科斯第三州立银行申请，为其 300 000 美元的流动负债延期。RCS 的总裁哈维·雷鲍德因公司所持现金较少而为负债延期一事忧心。银行需要 RCS 提供上一年度的利润表、过去两年的比较资产负债表，以及与经营业绩和流动性相关的 6 个财务比率。

RCS 公司财务报表

雷鲍德电脑服务公司 上一年度的利润表	
净收入	**$ 2 500 000**
费用	
产品服务成本	$ 1 500 000
销管费用	300 000
折旧与摊销	200 000
利息费用	60 000
所得税	150 000
费用总额	$ 2 210 000
净利润	$ 290 000

雷鲍德电脑服务公司 过去两年的资产负债表		
	去年年末	**前年年末**
资产		
现金	$ 50 000	$ 50 000
应收账款净值	350 000	250 000
经营用物料及其他	70 000	60 000
设备净值	1 100 000	900 000
家具与固定装置净值	120 000	100 000
其他长期资产	240 000	200 000
资产总计	$ 1 930 000	$ 1 560 000
负债和股东权益		
应付账款	$ 150 000	$ 130 000
应交税费	140 000	120 000
应付票据（第三州立银行）	300 000	200 000
应付债券（3 年后到期）	400 000	400 000
负债合计	990 000	850 000
股本（1 000 股）	100 000	100 000
留存收益	840 000	610 000
股东权益合计	940 000	710 000
负债和股东权益总计	$ 1 930 000	$ 1 560 000

问题

A. 解释圣马科斯第三州立银行为何会关心雷鲍德公司的比较财务报表。

B. 根据计算机服务公司的比较财务报表、比率计算结果和行业比率，计算 RCS 公司以下财务比率：

　　1. 过去两年的流动比率；

　　2. 去年的应收账款周转率；

　　3. 去年的总资产周转率；

　　4. 去年的股东权益收益率；

　　5. 过去两年的负债权益比率；

　　6. 去年的净利润率（即销售收益率）。

C. 简要论述使用比率分析的局限和可能遇到的困难。

样题 2A – ES03

在财务会计概念公告（SFACs）中，财务会计准则委员会（FASB）提出了财务会计和报告准则的基本依据。具体来讲，财务会计准则委员会（FASB）的目的是，这些概念公告可以确立目标和概念，并使之用于制定财务会计和报告准则以及解决新的和正在出现的问题。了解 FASB 所建立的目标和概念，将能够使受财务会计准则影响的人更好地理解财务会计和报告所提供的信息内容及其局限性。**财务会计概念公告第 8 号**第 1 章讨论了报告实体所编制的用于一般目的的财务报告的目标，**第 5 号**推荐了一套完整财务报表的构成。

问题

确认和描述现金流量表的主要构成。

样题 2A – ES04

森泰克科技公司是一家测量工具制造商。该公司正在与代表时薪员工的工会进行谈判。谈判已陷入僵局，罢工一触即发。公司的会计主管让财务主管到他办公室，商讨一旦出现罢工将产生的流动性问题。

会计主管让财务主管推荐在罢工情况下可用于评估流动性的指标。虽然一些非工会员工在罢工中可能会继续工作，但财务主管仍然倾向于保守评估，假设在罢工期间不会发货。因为客户可能会在罢工期间选择从其他渠道获取所需产品，因此客户尚未支付的货款可能无法及时收回。

问题

A. 定义流动性并解释流动性对森泰克公司的重要性。

B. 确认 3 个可以用于评估流动性的指标，并解释如何计算这些指标。

C. 确定以上指标哪个**最能够满足**会计主管的需求，并解释原因。在你的讨论中给出其他指标不适合的原因。

样题 2A – ES05

丘吉尔公司是一家生产烧烤工具的美国公司。公司的多数零部件都从一家墨西哥公司采购，然后运送到美国，并在美国组装、打包以及向经销商发货。财务主管海伦·亚当姆斯正在根据以下预测数据，编制第二季度现金预算修订方案。

销售数据

	3 月	4 月	5 月	6 月	7 月
美国——销售量	70 000	80 000	75 000	65 000	65 000
加拿大——销售量	50 000	50 000	60 000	45 000	35 000

- 销售价格：美国销售单价 = 50 美元（USD）；加拿大销售单价 = 60 加元（CAD）
- 变动费用：美国人工成本 = 单位产品 10 美元
  美国材料成本 = 单位产品 5 美元
  从墨西哥进口的组件单位成本 = 单位产品 350 墨西哥比索（MXN）
- 每月制造费用 = 400 000 美元
- 6 月份需支付一笔 500 000 美元的长期负债利息。
- 6 月份需支付一笔 1 000 000 美元的所得税。
- 假设销售款项都在销售完成的次月收回。
- 产品生产和现金支出都发生在销售的前一月。
- 假设 3 月底的现金余额为 100 万美元。
- 假设远期汇率如下所示：

	4 月	5 月	6 月
加元对美元	1. 20	1. 19	1. 18
比索对美元	11. 3	11. 4	11. 5

问题

A. 以美元为单位，编制 4 月、5 月和 6 月的月度现金预算，列出每月期初现金余额、现金收入、现金支出和期末现金余额。（使用电子数据表格软件作答）

B. 根据问题 A 中的计算结果，确认和讨论汇率浮动对丘吉尔公司的收入和现金支出的潜在影响。

C. 如果在亚当姆斯编制预算修订方案时，即期汇率（每 1 美元）对加拿大元为 1.20，对墨西哥比索为 11.00，确认在第二季度中，美元相对以下货币预期会升值还是贬值：

1. 加拿大元；

2. 墨西哥比索。

D. 确认并讨论两种可行备选方案，以降低丘吉尔公司所面临的外汇汇率风险。

样题 2A – ES06

吉加工业公司是一家大型通信设备制造上市公司。公司编制了未来一年的预测财务报表。

资产负债表（单位：千美元）		
流动资产		$100 000
固定资产	750 000	
累计折旧	200 000	
固定资产净值		550 000
资产总计		$650 000
流动负债		$50 000
长期负债		150 000
股东权益		
优先股		50 000
普通股——每股面值 2 美元		100 000
资本公积——股本溢价		200 000
留存收益		100 000
		450 000
负债和股东权益总计		$650 000

利润表（单位：千美元）	
销售收入	$2 000 000
折旧费用	50 000
其他费用	1 775 000
息税前利润	175 000
利息费用	15 000
所得税费用（适用税率为 40%）	64 000
净利润	96 000
优先股股利	5 000
普通股收益	$91 000

公司的产品研发团队开发了一款最先进的开关设备产品，并且计划为生产和销售新产品的新部门投入 2 亿美元的资本。公司使用预计产品生命周期为 10 年的年度估算数据编制了一份财务分析，并且提交给了董事会，这份分析显示项目将产生净现值（NPV）为 6 000 万美元的正现金流，项目的内含报酬

率（IRR）为25%。一位董事会成员认为该项目看起来前景不错，但同时也表达了对收益所受影响的担忧。假设项目获得批准，公司要求会计主管修订未来一年的预测财务报表。

问题

A. 假设你正准备为会计主管修订预测方案。针对以下每一种假设情况，列出会对公司资产负债表和/或利润表项目产生的影响或可能会导致项目数额的增加或减少。假设所有的融资都没有发行成本。

1. 2亿美元投资的固定资产将于1月1日投入使用，在财务报表和所得税申报中，资产将以10年期直线法为基础计提折旧。

2. 1月1日，公司按面值发行7 500万美元的10年期债券，每年12月31日支付票面利率为10%的利息，本金将在到期时偿还。

3. 1月1日，公司发行2 500万美元的优先股股票，每年12月31日支付年支付率为14%的股利。

4. 1月1日，公司发行400万股的普通股股票，每股售价为25美元。按照最初的预测，每年12月31日支付每股0.5美元的普通股股利。

5. 在第一年运营期间，新产品将带来现金收入6 000万美元，现金费用（不含折旧费用）3 000万美元。

B. 假设预期税率保持在40%，每年12月31日支付税款。计算问题A中各项交易对净利润的影响。

C. 既然财务理论指出，项目决策应该依据净现值（NPV）和内含报酬率（IRR），为什么一家大型上市公司会对第一年收益带来的影响如此担忧？

样题 2A – ES07

以下是福伊尔公司编制的最近三个财务年度的比较利润表。虽然盈利，但是福伊尔公司正在失去市场份额并担心未来的绩效。福伊尔公司的最大竞争对手和所在行业的平均数据也一并给出了。

	第1年	第2年	第3年	竞争对手	行业平均值
销售收入	$20 000	$24 000	$30 000	$45 000	$28 000
产品销售成本	12 000	12 000	18 000	21 600	14 000
毛利	8 000	12 000	12 000	23 400	14 000
销售与推广费用	2 000	2 000	2 000	5 000	3 000
管理费用	1 500	2 000	3 000	3 150	2 500
研发费用	1 500	2 000	1 000	4 000	1 500
营业利润	$3 000	$6 000	$6 000	$11 250	$7 000

问题

1. 根据福伊尔公司三年的财务报表：

　　a. 使用销售收入作为基础指标，编制一份结构百分比式财务报表。

　　b. 使用第一年的数据作为基期数据，编制一份比较结构百分比式利润表。列出你的计算过程。

　　2. 计算福伊尔公司第 2 年和第 3 年的销售收入增长率和营业利润增长率。列出你的计算过程。

　　3. 与最大竞争对手和行业平均数据对比，评估福伊尔公司的经营绩效，确认并讨论三个福伊尔公司应该着手进一步调研和提升经营绩效的领域。使用数据支持你的观点。

样题 2A – ES08

　　以下是零售商伯克曼工业公司过去两年的利润表。

	第 2 年	第 1 年
销售收入	$ 6 400 000	$ 6 000 000
产品销售成本	3 100 000	2 850 000
毛利	3 300 000	3 150 000
销售费用	950 000	880 000
管理费用	1 120 000	1 050 000
罢工损失	20 000	0
利息费用	30 000	30 000
税前利润	1 180 000	1 190 000
所得税费用	472 000	476 000
持续经营的营业利润	708 000	714 000
不可持续经营收益	72 000	0
净利润	$ 780 000	$ 714 000
每股收益	$ 2.50	$ 2.30

问题

　　1. 为伯克曼工业公司编制一份过去两年的垂直式结构百分比式利润表。

　　2. 为伯克曼工业公司的会计主管提交一份备忘录，确认和描述针对以下情形的可能的解释。

　　a. 销售额增长，同时毛利率变化。

　　b. 销售额增长，同时销售费用增加。

　　c. 销售额增长，同时管理费用增加。

　　3. 假设伯克曼工业公司没有流通的优先股股票，并且普通股数量的任何变动都发生在第 2 年年初。如果第 2 年年末的股东权益总额为 7 363 200 美元，计算伯克曼工业公司的每股股票账面价值。

样题 2A – ES09

奈特公司和达伊公司是同一行业领域内的两家大型企业。每家公司拥有 2 亿美元资产，各产生 5 000 万美元息税前利润（EBIT），并且都适用于 40% 的所得税税率。奈特公司使用税前筹资成本为 10% 的负债为其 30% 的资产进行融资。达伊公司使用税前筹资成本为 15% 的负债为其 60% 的资产进行融资。

问题

1. 基于以上信息，分别为两家公司编制简要资产负债表和简要利润表。美元数额保留至百万。

2. 计算每家公司的权益收益率，保留两位小数。

3. 根据给出的信息，确认哪一家公司的风险水平更高。解释说明你的答案。

4. 描述并解释财务困境的四个影响（或成本）。

样题 2A – ES10

麦克马伦工业公司计划在几个主要市场对其设备规模进行扩充。新的固定资产采购额估计为 5 亿美元，麦克马伦公司正在和投资银行商讨融资安排。以下为麦克马伦公司的简要利润表和资产负债表。

麦克马伦工业公司
利润表
（单位：百万美元）

销售收入	$ 5 500
产品销售成本	3 100
毛利	2 400
销售与管理费用	1 600
营业利润	800
利息费用	100
税前利润	700
所得税（税率40%）	280
净利	$ 420
每股收益	$ 7.00

资产负债表	
（单位：百万美元）	
流动资产	$ 100
固定资产净值	3 000
资产总计	3 100
流动负债	50
长期负债	1 000
普通股：	
面值（2 美元/股）	120
资本公积	1 000
留存收益	930
股东权益净额	2 050
负债与权益总计	$ 3 100

其中一个融资选择是发行普通股。投资银行家估算，新股每股发行价为100 美元。麦克马伦公司每年 12 月 31 日支付每股 2 美元的股利。另一个融资选项是发行 5 亿美元 20 年期的债券，年利率为 6%，本金在第 10 年年初开始偿还。每年 12 月 31 日支付利息。

问题

1. 不考虑发行成本，假设融资活动纵贯全年，通过调整利润表和资产负债表，反映采购新设备和以下相关融资活动，编制一份预计利润表（包括每股收益）和预计资产负债表。

　　a. 普通股筹资方案；
　　b. 债券筹资方案。

2. 讨论以下财务指标，并且分别为普通股筹资方案和债券筹资方案计算以下指标：

　　a. 财务杠杆比率；
　　b. 营运资本。

3. 如果麦克马伦公司在之前的一项债务合同中有约定，要求公司必须维持负债权益比率低于 60%，在这种情况下发行债券是否可行？列出计算过程。

4. 确认并简要讨论 5 个能够影响公司资本结构的因素。

第二部分第二章题目

样题 2B – ES01

格尔圣菲尔德基金会（Gershenfeld Foundation）创立于 25 年前，意在鼓励、促进和支持物理科学领域的研究。大量的工业企业捐款支持基金会的研究工作。基金会将所获捐款和投资组合收益作为研究经费发放。

格尔圣菲尔德基金会所获捐款在过去几个月显著增长。基金会最近的资金筹集数额超过了理事会的预期。基金会正在审核和评估新的研究经费，但是最终向哪些项目提供资金和资金数额至少还需要 60 天才能确定。因此，格尔圣菲尔德基金会预期连续两个月持有过量现金。

理事会要求基金会的执行总监在此期间将过量现金进行投资。执行总监需要在维持本金流动性和安全性的情况下，尽可能获得最高收益。对于 350 万美元的过量现金，执行总监所考虑的投资类型包括：（1）大额存单；（2）美国短期国库券；（3）国内公司的优先股股票。

问题

A. 定义以下每种金融工具的特性并解释其对投资收益所产生的影响。

1. 违约风险

2. 市场流动性

3. 期限

B. 评估格尔圣菲尔德基金会执行总监所考虑的每种投资类型的违约风险、市场流动性和期限。

C. 针对格尔圣菲尔德基金会的特殊情形，讨论执行总监所考虑的每种投资类型的适用性。

样题 2B – ES02

阿泰克斯公司是一家由亚当·泰克斯创办的一家多元化的企业，公司最初从纺织厂起家。在 20 世纪 80 ~ 90 年代初公司多元化发展之前，阿泰克斯公司的收益水平为每股 2.25 美元。公司所处行业的增长前景有限，因此用于扩张的资金需求较低。在这一时期，公司内部有大量的现金流，阿泰克斯公司定期地将其 65% 的收益作为现金股利派发给股东。到 90 年代中期，这种高额股利派发已经成为阿泰克斯公司的普通股标志。

公司从 1994 年开始转变为高科技驱动的多元化快速发展企业，致力于降低依靠单一销售额来源所带来的经营风险。泰克斯认为这种多元化发展是维持阿泰克斯公司财务健康的必要措施。在泰克斯看来，多元化项目已经成功推进。阿泰克斯公司不再完全依靠单一的销售额来源。虽然额外发行了普通股，但自 1994 年开始，公司的每股收益仍逐渐升至 2.80 美元。阿泰克斯公司的普通股股价提高，市盈率（P/E）也比 1994 年有所上涨。此外，在公司扩张期间仍然坚持 65% 的现金股利支付率。

起初，多元化项目可以使用公司内部富余的资金来支持。但最终，公司开始意识到需要使用外部资金——长期负债和/或额外发行普通股——来为扩张项目融资。几次普通股发行的结果是稀释了泰克斯对于公司的控制权，他因为个人资金短缺而无法购买所持比例的增发股票。在 1994 年，泰克斯家族持有54% 的公司股票，但是现在他的所有权已经下降到了 35% 左右。然而，泰克斯仍然能够有效地控制公司，因为没有其他股东持股超过 4%。

泰克斯认为持续的扩张对于阿泰克斯公司非常重要。泰克斯反对额外发行普通股，因为他仍然无法获得用于购买增发股票以维持其目前权益地位的个人资金。但是，如果不能够额外发行普通股，公司的进一步扩张将受阻。泰克斯要求他的员工提交备选方案，使得他在公司推进多元化项目的同时，仍能维持对阿泰克斯公司的控制。以下为三份方案的摘要。

方案一

收购计划可以继续推进，并可以通过使用除去股利的剩余收益、发行长期负债和发行优先股的方式融资。目前 65% 的现金股利支付率将得到维持，并且不需要额外发行普通股股票。但是，公司的长期负债和优先股股票将增加。

方案二

收购计划可以继续维持，现金股利将减少。工作人员估计，收购可以通过内部资金和最小额度的长期负债来融资。不需要额外发行普通股股票。阿泰克斯公司可能将收益的 10% ~ 20% 作为股利支付给股东。这一方案将不会显著改变阿泰克斯公司目前的负债权益比率。为了安抚即将面对现金股利减少的股东，公司可以向他们派发股票股利。

方案三

收购计划可以继续维持，如果必要的话，可以将现金股利支付率减至零，并且完全通过内部资金支持收购计划，不需要额外发行长期负债或普通股股票。

问题

A. 亚当·泰克斯对方案一感兴趣，但是想知道这一方案对于公司其他方面和普通股市场价值的影响。假设公司的股价是其当前每股收益和历史市盈率的乘积，说明执行方案一将会给阿泰克斯公司普通股股价带来的影响。

B. 亚当·泰克斯认为方案三是最没有吸引力的，因为现金股利可能会减至零。如果依靠将现金股利支付率减至零来维持收购计划，解释这种方案将可能会给阿泰克斯公司普通股市场价格所带来的短期和长期影响。

C. 亚当·泰克斯认为方案二最有吸引力，因为股利支付将继续维持。

  1. 如果派发股票股利，泰克斯能否继续维持其当前 35% 的权益地位。对你的答案进行解释。

  2. 一旦采取这种方案，解释阿泰克斯公司的普通股市场价格可能会受到的影响。

  3. 就方案对阿泰克斯公司的普通股市场价格可能产生的影响，将方案二与方案三进行比较。

样题 2B – ES03

克拉维尔公司是一家拥有数个工厂的多元化企业。克拉维尔公司的达顿工厂过去 30 年一直为卡车制造商提供零部件。20×4 年 12 月 31 日，达顿工厂所生产的卡车零部件将最后一次发货。克拉维尔公司的管理层目前正在研究与达顿工厂即将闲置的厂房和设备相关的三个备选方案。

方案一

沃森工业公司提出可以在 20×5 年 1 月 1 日以 3 000 000 美元现金购买达顿工厂。

方案二

哈尔公司提出可以自 20×5 年 1 月 1 日开始租赁达顿工厂的设备，租期为 4 年。哈尔公司每年支付 500 000 美元租金，加上在达顿工厂生产产品所带来的销售额的 10%。以下为哈尔公司在达顿工厂获得的销售额概率。

年度总销售收入	估计概率
$ 2 000 000	0.1
4 000 000	0.4
6 000 000	0.3
8 000 000	0.2

方案三

克拉维尔公司正在考虑为即将到来的体育赛事生产相关的纪念品。在 20×5 年、20×6 年和 20×7 年期间，达顿工厂每月可以生产 70 000 件产品，年现金流出量为 2 250 000 美元。主管市场营销的副总裁琳达·耶特建议每件产品的销售价格为 5 美元，并且认为在 20×6 年、20×7 年和 20×8 年期间，产品的销售可以保持一致。

在 20×4 年 12 月 31 日业务关停时，达顿工厂调整后的账面净值基数为 4 200 000 美元。克拉维尔公司对达顿工厂的所有资本性资产采用直线法计提折旧。如果达顿工厂不被出售，接下来的 4 年中每年厂房和设备的直线法折旧费用为 900 000 美元。到 20×8 年 12 月 31 日，厂房和设备的市场价值估计为 600 000 美元。

克拉维尔需要税后收益率为 16% 的资本投资决策，其营业利润的企业所得税税率为 40%，资本利得税税率为 20%。

问题

A. 针对克拉维尔公司有关达顿工厂的三个备选方案，计算每种方案预期税后现金流的现值（20×4 年 12 月 31 日）。假设所有的现金流都发生在年末。

B. 针对达顿工厂闲置厂房和设备的处置或利用问题，从定量和定性两个角度，讨论克拉维尔公司在决策前应该考虑的其他因素。

样题 2B – ES04

兰利工业公司计划在未来一年采购成本为 8 000 万美元的新资产，公司目前正在研究如何为此项采购筹措资金。公司未来一年的商业计划显示，将有 1 500 万美元的留存收益可以用于新的投资。就外部融资而言，经过与投资银行家讨论，兰利公司证券的市场条件如下：

- 可以按照面值出售票面利率为 10% 的债券。
- 可以按照面值发行年股利支付率为 12% 的优先股。
- 兰利公司能够以每股 58 美元的价格发行普通股。

公司目前的资本结构最为优化，详情如下：

长期债务	17 500 万美元
优先股	5 000 万美元
普通股	27 500 万美元

兰利公司所做的财务研究显示，普通股的资本成本为 16%。公司适用 40% 的边际税率。（所有的计算都忽略发行成本）

问题

A. 考虑所有的资金来源，确定兰利公司如何为 8 000 万美元的资本支出项目融资。确认需要发行多少普通股新股。列出计算过程。

B. 计算兰利公司的加权增量资本成本，该成本能够用于评估公司投资选项的可行性。

C. 确认以下事项分别会对兰利公司的资本成本产生的影响（增加、减少、不变）。不需要列出计算过程。

1. 公司税率增加。

2. 银行的贷款利率将提高。

3. 基于投资者的风险认知，兰利公司的 β 值降低。

4. 由于负债是成本最低的资金来源，公司决定显著提高资本结构中的负债比例。

样题 2B – ES05

克伦肖制造公司决定采购新的标准生产设备，目前正在研究如何为此项采购融资。设备有 200 万美元的初始购买和安装成本，设备使用期为 5 年，在第 5 年末的残值预期为 20 万美元。设备的预期经济寿命为 6 年。每年的维修成本预计为 75 000 美元。克伦肖公司的所得税有效税率为 40%。克伦肖公司正在考虑以下两个选项：

1. 采购设备。从财务报表的角度，克伦肖公司将按照 5 年期直线法对资产计提折旧；从联邦所得税的角度，克伦肖公司将按照 3 年期修正后的加速折旧法（MACRS）对资产计提折旧，半年时保留 MACRS 折旧率，因此自第 1 年～第 4 年的税收折旧率分别（约）为 33%、45%、15% 和 7%。除了维修成本，克伦肖公司还需要每年支付保险费 25 000 美元和财产税 50 000 美元。

2. 从第三方租赁商莫顿财务公司租赁该设备。莫顿公司提供的报价方案要求承租方每年年末支付 600 000 美元的租金。莫顿公司将负责保险费和财产税，但是克伦肖公司需要支付维修费用。

克伦肖公司的财务分析部门意识到，金融行业将租赁视为一种债务融资的形式，因此该部门将租赁视为 100% 债务融资与购买进行对比评估。克伦肖公司在当天市场上的债务发行税前成本为 10%。

问题

A. 克伦肖公司应该购买还是租赁新设备？运用能够显示出净财务优势的计算过程来支持你的建议。

B. 如果克伦肖公司决定租赁设备，从财务会计和报告的角度，租赁应该分类为经营性租赁还是融资性租赁？解释说明你的答案。

C. 指出三个一般情况下公司会将租赁作为采购的备选方案的原因。

样题 2B – ES06

亨德森公司需要为研发项目筹集 1 500 万美元的资金。公司的投资银行家建议通过折价发行债券的方式融资。债券流通期为 5 年，半年期票面利率为 6%，到期时每手债券需偿还本金 1 000 美元。考虑到亨德森公司的债券评级，目前市场环境下需要有 8% 的收益率。亨德森公司的所得税边际税率为 40%。忽略债券发行费用，所有最终计算结果保留至美元个位数。假设债券在财务年度的首日发行。

问题

A. 每手债券的发行价是多少？列出你的计算过程。

B. 亨德森需要发行多少手债券？列出你的计算过程。

C. 确定与亨德森公司债券发行日（时间 = 0）相关的每手债券的税后净现金流，以及 5 年债券流通期间的每年每手债券的税后净现金流。列出你的计算过程。

D. 假设第三年末，与亨德森公司评级相同并且同时到期的债券利率为 6%。理性投资者将会愿意为每手亨德森公司的债券支付多少钱？列出你的计算过程。

样题 2B – ES07

韩电子公司（Han Electronics Inc.）是一家电器产品零售商，公司拥有一家经营健身器材零售业务的子公司。韩公司发展成熟，但正在经历销售额下滑，而其子公司保持增长并且盈利。韩电子公司的管理层正在为公司整体发展研究几个战略备选方案。管理层考虑另外购买几家公司以使本企业的产品组合更加多元化，或者将部分或所有子公司拆分成单独的公司，使得每家公司都能够在不同领域发展。归根结底，公司的担忧是韩电子公司正在经历衰退。管理层希望将股东价值最大化，扭转公司的颓势，持续发展下去。

问题

1. a. 定义兼并和收购。

  b. 本题的情境所描述的是兼并还是收购？

  c. 指出三个兼并和收购可能带来的协同效应或好处。

2. a. 确认并描述这两种类型的资产剥离：分拆和股权切离。

  b. 确认题目情境中是否描述了以上两种类型的资产剥离。[①]

样题 2B - ES08

  奥内科公司生产单一产品。每月在满负荷运转的情况下生产和销售 10 000 件产品，每件产品的单位成本如下：

直接材料	$4.00
直接人工	1.30
变动制造费用	2.50
固定制造费用	3.40
销售佣金	0.90
	$12.10

  每件产品在常规渠道中销售时，公司需支付 0.90 美元的销售佣金。市场需求的情况显示，奥内科公司以满负荷运转经营，其所生产的产品都能够以每件 16.50 美元的市场价格出售。

  目前，奥内科公司正在考虑两个独立的方案：

a. 盖茨比公司提出以每件 14.35 美元的价格购买 1 000 件产品。这一特殊订单的销售佣金为每件 0.35 美元。

b. 泽尔达制造公司提出以交货每件 14.50 美元的价格向奥内科公司出售 1 000 件产品。

问题

1. 以下每项决策将分别对奥内科公司的营业利润带来哪些影响？

  a. 接受盖茨比公司的方案，但是拒绝泽尔达公司的方案。

  b. 接受泽尔达公司的方案，但是拒绝盖茨比公司的方案。

  c. 接受这两个方案。

2. 假设盖茨比公司提出第二个方案，以每件 16.50 美元的价格购买 2 000 件产品，但是要求改进产品，改进后将会使每件产品的直接材料成本增加 0.30 美元，同时直接人工费用和变动制造费用将提高 15%。销售佣金为每件 0.35 美元。

  a. 奥内科公司是否应该接受该方案？为你的建议给出解释。

  b. 如果公司有剩余产能，你给出的建议是否会不同？为你的答案给出解释。

3. 确认并描述，除了对利润产生影响，奥内科公司在对备选方案进行决策时还应该考虑哪些因素，至少列出两条。

---

① 此处删除了涉及"破产"的问题，关于破产的内容此版已删除。——译者注

第二部分第三章题目

样题 2C – ES01

微观经济学理论认为，任何商品的需求数量均为相对价格、消费者真实收入和消费者偏好的函数。如果消费者偏好保持不变，其他两个自变量的变化将导致因变量（例如，对一件特定商品的需求数量）变化。衡量需求数量对自变量变化的反应程度的概念被称为"需求弹性"。

问题

A. 定义需求的价格弹性概念。

B. 解释需求的价格弹性对于企业管理的重要性。

样题 2C – ES02

康迪斯公司决定推出一款新产品。新产品的生产可以采用资本密集法或劳动密集法。生产方法不会对产品质量产生影响。以下为每种方法的估算生产成本。

	资本密集法	劳动密集法
原材料	$ 5.00	$ 5.60
直接人工	0.5 直接人工工时 × $ 12 = 6.00	0.8 直接人工工时 × $ 9 = 7.20
变动制造费用	0.5 直接人工工时 × $ 6 = 3.00	0.8 直接人工工时 × $ 6 = 4.80
直接可追溯的增量固定生产成本	$ 2 440 000	$ 1 320 000

康迪斯公司的市场研究部门建议每件商品的推荐销售价格为 30 美元。无论使用哪种生产方法，每年的增量销售费用估计为 500 000 美元，再加上每件已售产品产生的 2 美元变动销售费用。

问题

A. 计算康迪斯公司使用以下生产方法，其新产品的年度盈亏平衡点销售量。

　　1. 资本密集型生产法；

　　2. 劳动力密集型生产法。

B. 确定康迪斯公司使用两种不同生产方法获利相等时的年销售量。

C. 康迪斯公司的管理层必须决定采用哪种生产方法。一个必须要考虑的因素是经营杠杆。

　　1. 解释经营杠杆及其与经营风险之间的关系。

2. 分别解释康迪斯公司必须采用其中一种方法时的环境因素。

D. 确认除了经营杠杆外，康迪斯公司在资本密集型和劳动密集型中做出选择时所必须要考虑的经营因素。

样题 2C – ES03

布莱克斯顿城市公司拥有和运营一家游泳池。游泳池在每年夏季六月、七月和八月开放 90 天。游泳池对客户采取按日收取门票的方式。依据法律规定，10% 的娱乐和体育收入要上缴到州旅游促进基金。公司经理制定了一个目标，游泳池的门票收入，减去所支付的州旅游促进基金费用和变动成本后，必须能够补偿固定成本。假设变动成本为总收入的 15%。3 个月的固定成本合计为 33 000 美元。以下是布莱克斯顿城市公司编制的游泳池当年预算。

成人门票收入：30 张/天 ×90 天 ×5.00 美元	$ 13 500
学生门票收入：120 张/天 ×90 天 ×2.5 美元	27 000
总收入	40 500
州旅游促进基金费用	4 050
净收入	36 450
变动成本	6 075
固定成本	33 000
预计亏损	$(2 625)

公司经理正在试图确定怎样的门票组合可以达到盈亏平衡，以及消除预计亏损需要采取哪些措施。

问题

A. 根据成人门票和学生门票的预期组合，游泳池需要卖出多少张门票才能达到季节性盈亏平衡。

B. 不考虑门票组合情况，为达到季节性盈亏平衡，游泳池最多需要卖出多少张门票？

C. 不考虑门票组合情况，为达到季节性盈亏平衡，游泳池最少需要卖出多少张门票？

样题 2C – ES04

科洛博克公司生产多种口味的优质冰激凌。过去几年来，公司经历快速和持续的增长，并且计划在新的地区组建生产设备扩大生产产能。这些新建计划需要管理层更好地了解潜在市场和相关成本，给管理层带来了压力。科洛博克公司的管理层确认了当前运营中将影响新市场扩张决策的三个方面：（1）竞争较为激烈的冰激凌市场；（2）公司当前的营销战略；（3）公司当前的资本结构。

自 1990 年公司开始运营起，科洛博克公司一直采取成本加成定价法为 6 加仑装的冰激凌定价。产品价格包括材料成本和人工成本、为获取利润和弥补制造费用而产生的加成（标准为 20 美元），以及市场调整。市场调整用于适当定位市场中的不同商品。公司的目的是在竞争者所提供的多种可比较冰激凌中使其产品处于中间价位，同时维持产品的高质量和高度差异化。根据科洛博克公司的成本加成定价策略，2007 年的产品分类销售额如下：

产品	单位材料和人工成本	成本加成	市场调整	单位价格	销售量（盒）	总材料和人工成本	总销售额
香草冰激凌	$29.00	$20.00	$1.00	$50.00	10 200	$295 800	$510 000
巧克力冰激凌	28.00	20.00	7.00	55.00	12 500	350 000	687 500
焦糖冰激凌	26.00	20.00	2.00	48.00	12 900	335 400	619 200
树莓冰激凌	27.00	20.00	2.00	49.00	13 600	367 200	666 400
合计					49 200	$1 348 400	$2 483 100

2007 年，科洛博克公司的税前销售收益率是 7%。公司的制造费用为 500 000 美元；销售费用为 250 000 美元；管理费用为 180 000 美元；利息费用为 30 000 美元。科洛博克公司的边际税率为 30%。

科洛博克公司正在考虑以目标成本法代替成本加成定价法，编制了如下所示的数据表格比较两种方法。科洛博克公司试图吸引前 30% 的零售消费者，包括饭店和咖啡馆。在为产品定位时，科洛博克公司考虑了三个维度：价格、质量和产品差异。相应地，市场上有三个主要竞争对手：

竞争对手 A：低成本、低质量、高度标准化；

竞争对手 B：平均成本、中等质量、平均差异化；

竞争对手 C：高成本、高质量、高度差异化。

产品	竞争对手 A 的定价	竞争对手 B 的定价	竞争对手 C 的定价	科洛博克公司的目标定价
香草冰激凌	$49	$55	$55	$53
巧克力冰激凌	50	53	56	53
焦糖冰激凌			51	50
树莓冰激凌		51	52	50

科洛博克公司也在审核公司的采购、生产和分销流程。假设销售量将不会受到新的目标价格的影响，同时公司认为改进措施将会使人工费用降低 125 000 美元，制造费用降低 25%。

问题

A. 描述目标成本法。

B. 分析并比较两种备选定价法：成本加成定价法和目标成本法。

C. 假设销售量将不会受到基于目标成本法的新产品定价的影响，并且公司会改进流程，计算使用所提议的目标价格后科洛博克公司的税前利润。

D. 推荐未来科洛博克公司应该使用的定价法（成本加成定价法或目标成本法）并解释原因。

样题 2C – ES05

皮尔逊食品公司是早餐谷物食品和果汁市场中的第二大公司。过去 5 年中，皮尔逊食品公司的利润超过了行业平均水平，管理层决定制定一项增长计划。公司正在评估两个前景很好的机会。

1. 进入高能量和低脂肪的谷物食品市场。这个项目需要使用新的设备或扩充设备来带动新产品的研发，公司收益不足，项目需要在两年内使用一系列长期负债来融资。负债方案将使得皮尔逊食品公司两年后的负债权益比率从 22% 升至 30%。

2. 收购萨芬烘焙公司，萨芬公司是一家历史悠久和广为人知的面包烘焙企业。这项收购将在年底完成，项目将使用公司的现金和长期票据提供资金。公司的负债权益比率将在年末升至 40%。萨芬烘焙将并入皮尔逊食品公司食品，但是作为单独的部门独立运营两年。两年后，皮尔逊食品公司将能够整合两家公司的管理、财务和营运功能。

两个项目都能够达到皮尔逊食品公司管理层制定的投资标准，财务人员正在根据融资差异、对获利能力产生的影响以及经营和管理可能遇到的问题等几个方面对两个项目进行评估。

问题

A. 作为风险评估流程的一部分，当皮尔逊食品公司的机会主要是依靠在高能量和低脂肪谷物食品市场中研发新产品来进行内部扩张时，指出这种机会的战略优势和劣势。

B. 作为风险评估流程的一部分，当皮尔逊食品公司的机会主要是依靠收购萨芬烘焙公司来进行外部扩张时，指出这种机会的战略优势和劣势。

样题 2C – ES06

戴维·伯恩斯是麦迪逊公司电气事业部的经理。公司未来一年的预算已经最终确定，以下为预算摘要：

预算项目	金额
销售收入	$ 17 050 000
费用	
直接人工（300 000 小时，标准工时工资 20 美元/小时）	6 000 000

预算项目	续表 金额
员工福利	2 400 000
工具和设备	1 800 000
材料	2 000 000
材料采购和处理	200 000
制造费用	3 100 000
税后利润	1 550 000

预算达到了公司制定的税前利润为成本的10%的总体标准。预算的多项组成内容如下所示：

- 直接人工代表从事具体项目工作的员工（工艺工人、工作现场领导、工程师等）的工资成本，并且直接计入客户项目中。麦迪逊公司将员工在项目上花费的工时乘以每小时平均工资得出的金额，向客户收费。
- 员工的福利包括麦迪逊公司支付的带薪假期成本（节假日工资和病假工资）、养老金、健康和人寿保险，以及个人所得税。这部分成本按照直接人工成本的百分比金额向客户收费。
- 工具和设备包括小型工具成本；大型设备成本，如起重机、挖掘机和发电机等；以及机动车成本，包括维修、燃油、保险等费用。这部分成本按照特定作业的直接人工成本的百分比金额向客户收费。
- 材料包括由麦迪逊公司所采购的用于客户项目的材料，其成本会直接计入到具体的客户订单中。
- 材料的采购和持有是指麦迪逊公司采购、存储和运输材料（参考前述内容）到工作地点的成本。这部分成本按照材料成本的百分比金额向客户收费。
- 制造费用包括不能直接计入项目中的员工（管理人员和高级经理）的工资和福利成本，以及其他公司设备和物料的费用，这些费用多数相对固定。这部分成本按照项目所产生的所有其他成本的百分比金额向客户收费。

问题

A. 戴维·伯恩斯接到科尔比建筑师事务所的电话，要求提供即将完工的办公室建设项目的电力工程的报价单。根据具体的细节要求，伯恩斯估算出项目将需要10 000个直接人工工时，材料成本为200 000美元。基于预算中固有的百分比，伯恩斯决定为其他成本要素进行估算，包括税前利润为成本的10%。确定报价金额。列出你的计算过程。

B. 麦迪逊公司根据经理们达成预算目标的能力，考核包括伯恩斯在内的各位经理的绩效，考核重点在于每个已完成项目的税前利润对收费成本的百分比。针对麦迪逊公司这样将绩效评估和激励补偿计划与企业预算相关联的方式，指出该方式的三个优点和三个缺点。

C. 提交报价两周后，伯恩斯接到科尔比的电话，科尔比建筑师事务所表示如果麦迪逊公司能够接受 695 000 美元最低固定成本的要求，伯恩斯将得到这份合同。确认伯恩斯在决定是否接受 695 000 美元固定价格要求时所应考虑的因素。

D. 如果伯恩斯决定接受固定价格为 695 000 美元的合同，确认两个伯恩斯用于支持该决策的理由。为你的答案给出解释。

样题 2C – ES07

夏琳·罗伯茨是柏高公司的会计主管。公司在一个美国中西部地区的大型城市拥有和运营几个停车场。最近，停车场行业正在快速发展，柏高公司的管理层也正针对在该城市的某区域修建停车场计划的可行性进行调研。几年前，柏高公司以 425 000 美元的成本购得了所需土地，并为拆除土地上的无用建筑支付了 72 000 美元的成本。从那时开始，这块土地就出租给了多家建筑企业，作为这些企业建筑材料的临时仓储地点，直到这些企业在该地区完成了项目。柏高公司在这项资产的使用上，每年的平均收入为 5 000 美元。

罗伯茨目前正在为修建停车场计划收集相关的财务信息。除了已经列出的信息，罗伯茨从公司首席财务官（CFO）约翰·德明那里获得了以下信息：

计划的停车场车位数量	840
月租车位的数量	420
支付日租的平均停车人数 （按照每月 20 个工作日计算）	180
停车场运营的每月固定成本	$ 30 000

罗伯茨估算每月向每位月租客户提供服务的变动成本为 12 美元，车位的月租价格为 75 美元。每位日租客户的估算成本为 2 美元，车位的日租价格预估为 8 美元。停车场每月运营 20 个工作日。

罗伯茨认为，基于柏高公司过去在类似停车场上的经验，预估的月租客户人数和日租客户人数过高。当罗伯茨向德明提出质疑的时候，德明回复说："无论过去的经验如何，这个停车场都将修建。就用我提供的数据估算。"

问题

1. **a.** 定义沉没成本和机会成本。
   b. 在会计核算中，这两种类型的成本如何处理？
   c. 在柏高公司的情境中，是否出现了沉没成本和机会成本？如出现，确认这两种成本及其金额。
2. 使用本题情境中的数据，计算税前营业利润。列出你的计算过程。
3. 罗伯茨对于德明话语中的暗示不满意，于是查阅了《IMA 职业道德守则公告》，根据准则的提示：

    a. 确认能够指导管理会计工作的道德准则。

    b. 确认管理会计的道德标准，并说明这些标准在以上情境中适用或者不适用。

    c. 请明确，要解决这个情境中的问题，罗伯茨应采取的措施。[①]

第二部分第四章题目

样题 2D – ES01

    厄普顿工业公司是一家成功的制造企业。到目前为止，厄普顿公司只在美国境内运营，但是现在厄普顿公司打算将其产品和销售推向国际市场。厄普顿工业公司的执行总裁 CEO 保罗·乔丹，担心扩张可能会带来风险。在为公司是否应该向国际市场扩张做出最终决定的前夕，乔丹向作为公司管理会计的你提出了一些问题。

问题

    A. 讨论厄普顿工业公司如果进军国际市场，可能会面临的财务风险、经营风险和合规风险的类型。

    B. 为了降低这些风险，保罗·乔丹希望采购一套公司风险管理（ERM）套装软件。但是，在采购前，乔丹希望你能向他解释执行 ERM 系统可以为公司带来的好处，以及这些好处的任何局限性。你将如何回答他？

    C. 乔丹希望执行 ERM 系统可以获得成功，但是他也担心这个计划是否与厄普顿工业公司的企业文化相适应。讨论可以增加 ERM 系统成功机会的关键组织特征。

样题 2D – ES02

    EZ 食品公司在城中经营一家午餐车车队，销售的产品主要包括三明治、苏打水、咖啡和零食。到目前为止，EZ 食品公司都严格按照收付实现制来运营，但是现在，公司正在考虑是否向日常客户提供按周支付的赊销服务，允许他们周一至周四签单取餐，周五支付一周的餐费。EZ 食品公司经理编制的风险地图如下所示。A 点代表经理对于一些信用客户拒绝支付的影响和可能性的评估。B 点显示了对于大量客户推迟支付的影响和可能性的评估。C 点给出了对于电脑病毒损毁客户欠款记录的评估。

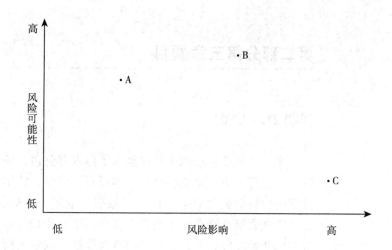

问题

A. 根据这个风险地图，哪一项风险应该是经理最应该优先考虑的。为你的答案给出解释。

B. 假设 EZ 食品公司不打算接受这些风险，讨论公司为避免、降低或者转移每项风险能够采取的策略。

C. EZ 食品公司的经理对于固有风险和剩余风险的差异感到困惑。你将如何向他解释这些差异？

样题 2D – ES03

多买点公司（Buy-More, Inc.）是一家服装零售连锁企业。最近，公司发现了一系列有关其存货内部控制方面的问题。多买点公司估计目前有 5% 的可能性，公司将因为这些问题产生 1 000 000 美元的损失。公司为解决这一问题提出了几种可能的方案。方案 A：新的电子存货标签将花费 25 000 美元，可以将损失的可能性降低到 2%。方案 B：安装成本为 30 000 美元的监控设备，可以将损失的可能性降低到 1%。方案 C：如果电子存货标签和监控设备同时使用，公司预计损失的可能性将只有 0.1%。

问题

A. 你认为方案 A（电子存货标签）和方案 B（监控设备）能够实现防止存货失窃，或发现和阻止存货偷窃的内部控制吗？给出解释。

B. 如果公司不对存货的内部控制问题进行纠正，多买点公司损失的预期值是多少？

C. 分别给出方案 A（电子存货标签）、方案 B（监控设备）和方案 C（同时使用电子存货标签和监控设备）的净收益（损失）？

D. 只考虑预计收益和成本的话，多买点应该执行哪一个方案？给出解释。

E. 还有哪些其他因素可能与这一决策相关？

第二部分第五章题目

样题 2E – ES01

米兰达·威尔士四个月前加入了西卡莫公司，任职财务分析师，协助公司的会计主管杰克·里克特评估资本项目。很快，威尔士将向负责筛选资本项目的管理委员会做她的第一次陈述报告，威尔士为确保她的分析准确而尽职尽责。管理委员会将在本次会议上考察两个互相排斥的方案。两个方案需要相同金额的初始投资，并且有相同的项目周期。威尔士使用多种资本预算方法对每项方案分别进行了评估，数据表格如下所示：

	方案 A	方案 B
会计收益率	34%	26%
内含报酬率	16%	19%
净现值	260 万美元	350 万美元
回收期	4 年	5 年

在完成分析后，威尔士认为方案 B 优于方案 A。她打算向管理委员会推荐方案 B，此举得到了里克特的同意。

问题

A. 针对米兰达·威尔士所使用的用于评估西卡莫公司两种备选方案的四个资本预算方法，解释每一种方法的优点和局限性。

B. 解释为什么威尔士和里克特都认为方案 B 优于方案 A。

C. 指出用于资本预算评估的三个定性考虑因素。

样题 2E – ES02

剑桥汽车产品公司（Cambridge Automotive Products，CAP）是一家跨国企业，公司是全球汽车和轻型卡车多数零部件的主要供应商。CAP 公司正在参与一家韩国车企韩国汽车公司（Korea Auto Corporation，KAC）为其点火系统模块组织的招标活动，该模块将在未来为期四年的生产周期中用于新车产品线。KAC 公司发布的招标方案需求具体为，在合同的第一年中模块需求量为 200 000 单位，在第二年到第四年中模块的需求量为 250 000 单位。CAP 公司的市场营销专家认为，为了使公司的出价有竞争力，每单位产品要价为 100 000 韩元（KRW）较为合适。其他相关数据如下所示。

- 生产专家估算需要对设备（包括安装）进行 1 200 万美元的投资。
- 设备的预期寿命为合同期的四年，四年后处置设备的成本为 140 万美元，设备出售的残值为 900 000 美元。

- 直接人工成本和直接材料费用预计为每单位产品 40 美元。
- 合同相关的间接现金费用的变化预计为每年 300 万美元。
- 新产品从一开始就需要额外的存货投资和应收账款投资，4 年期间合计金额为 120 万美元。这项投资将在 4 年期合同结束时收回。
- CAP 公司适用 40% 的美国所得税有效税率。
- 出于税务目的，假设设备的初始成本为 1 200 万美元，并在 4 年期间平均计提折旧。
- 公司的经济学家预估 4 年期间的平均汇率为 1 美元兑 1 250 韩元。

问题

A. 以美元为单位计算以下各周期的税后增量现金流。

 1. 0 时点的税后增量现金流

 2. 第 1 年的税后增量现金流

 3. 第 4 年的税后增量现金流

 B. 用于编制现金流的假设包含不同程度的估算错误。针对三个不同的现金流变量，分别确认和讨论可能影响 CAP 公司估算结果的潜在风险。

样题 2E – ES03

  格拉布斯塔克矿业有限公司（Grubstake Mining Ltd.，GML）拥有和运营包括达斯蒂煤矿公司（Dust Coal Mine）在内的多家合资企业。达斯蒂煤矿是一家已经运营多年的露天煤矿，预期还将运营 15 年。环境保护法规需要煤矿运营商在煤矿开采结束时，开垦土地并恢复原貌和植被。GML 公司已经通过由一家主要商业银行管理的外部信托基金预留出了这笔款项，目前基金的余额为 300 万美元。假设所得税管理规定目前允许向信托基金存款，并且该基金的收益免税。

  GML 公司想要将土地开垦成本分摊到每吨产品中，在未来与客户的销售合同中统一收取该费用。据估算，土地开垦成本以当日的美元计价估算为 1 400 万美元，该金额预期每年增加 4%。信托基金每年的预期投资收益率为 7%。未来 15 年，煤矿的年销售量预期为 1 350 000 吨。

问题

  A. 为了在信托基金中积累充足资金以支付 15 年后的土地开垦成本，计算 GML 公司应在合同中给每吨煤增加多少成本。

  B. 针对土地开垦，指出并讨论 GML 公司在未来 15 年可能会面对的四个不确定性。描述每一个不确定性将会给每吨产品的开垦成本带来的影响。

  C. 不必进行任何计算，讨论如果税收政策发生以下变化时，会对 GML 公司产生的影响。

   1. 为开垦土地而向客户收取的费用被视作应税收入，即使这些费用存入了外部信托基金。

2. 目前信托基金的收益为应税收益。

样题 2E – ES04

超复合材料公司是一家拥有多家分部的大型信息技术企业。公司的审计委员会已经确定了公司管理层必须对其分部执行更加有效的安全措施。为形成解决方案，公司已经组建了一个安全改进团队。珍妮特·林奇被任命为该团队的财务分析师。她认为六年周期是较为合适的分析比较周期，14% 的资本成本较为适用。该团队调查了三家供应商：

1. 供应商 A 是一家新进入安防行业的企业，正在对其应用新技术开发的安防系统进行推介。系统将需要初始投资 400 万美元，产品使用寿命为六年。该系统每年用于人员工资、运营、维修和所有其他费用的净现金流出为 500 000 美元。

2. 供应商 B 是一家安防行业的老牌企业，其产品已经投入市场多年。该供应商的系统需要初始投资 100 万美元，产品使用寿命为三年。基于当前的技术，三年后超复合材料公司预计花费 1 250 000 美元来更换系统的硬件。该系统每年用于人员工资、运营、维修和所有其他费用的净现金流出为 750 000 美元。

3. 供应商 C 是一家在安防行业获得国家认可的公司，计划为超复合材料公司提供一整套安全解决方案。供应商 C 将可以根据超复合材料公司所有办公地点的具体需求提供所有的硬件和人员来运营和维护安全系统。超复合材料公司需要签订每年成本为 1 400 000 美元的六年期合同。

问题

A. 超复合材料公司使用净现值（NPV）法来对公司的决策进行财务量化分析。分别计算三个备选方案的净现值（NPV）。

B. 出于财务考虑，安全改进团队将会推荐三个备选方案里的哪一个？就其原因给出解释。

C. 定义敏感性分析，讨论超复合材料公司在对三个供应商备选方案进行分析时如何使用这一技术？

D. 指出并简要讨论超复合材料公司安全改进团队在向高级管理层提出建议前应该考虑的三个非财务因素。

样题 2E – ES05

领地工业公司正在评估是否生产和推广一款新型咖啡机以丰富其产品线。一个跨部门团队就新产品的市场和成本结构进行了分析，分析得出了以下数据：

单位售价	$110
单位变动成本	$45
固定成本（不含折旧）	$600 000
资本投资	$3 500 000
营运资本投资	$500 000

该团队认为销售量水平是最难预测的变量，已经实施的市场调研显示，销售量可能性分布估算如下：

每年销量	概率
20 000	15%
22 000	20%
25 000	30%
26 000	20%
28 000	15%

产品预期有 10 年的销售期，营运资本将全部收回，销售期结束后不会产生资本投资的残值。在这项分析中，使用直线法计提折旧，假设所得税有效税率为 30%，领地公司的资本成本为 14%。

问题

A. 这个新产品的投资预期净现值是多少？列出你的计算过程。

B. 这项投资将产生正净现值的概率是多少？列出你的计算过程。

C. 公司的财务经理认为，一般而言，根据不同情况，新的资本投资项目将带来一系列的风险：

　　1. 确定三个可以用来量化和评估风险的技术或方法。

　　2. 对于已确定的技术，分别对技术进行描述，并指出如何应用。

样题 2E – ES06

右转商店公司（Right-Way Stores）是一家拥有 150 个店面的家居装饰连锁企业。右转公司为其新店确定了一处有利地点。公司的财务规划总监吉姆·史密斯需要准备一份分析报告，并且就是否开设筹划中的新店给出建议。

在准备分析报告的过程中，史密斯确定了新店地址的土地成本为 500 000 美元，新店的建设成本为 350 万美元。建筑承包商需要在工程开始时收到全部款项，店铺的建设期为 1 年。右转公司将以 40 年期抵押贷款为土地购买和店面建设融资。抵押贷款需每年年末偿还 118 000 美元。店铺的固定设施成本预计为 100 000 美元，该成本将会费用化。店铺的存货预计为 100 000 美元。考虑到涨价的可能性，公司希望在建设伊始采购固定设施和存货。新店的试营业广告费用为 50 000 美元，在工程开始时支付给广告代理商。新店将在开工后一年开始运营。

右转公司采用 20 年期直线法对建筑计提折旧，右转公司适用于 35% 的税率。右转公司使用 12% 的必要报酬率对项目进行评估。公司预期新店每年可以产生 1 200 000 美元的税后营业利润。

问题

A. 右转公司的初始现金流出总额为多少？列出你的计算过程。

B. 计算筹划中的新店每年的预期现金流。列出你的计算过程。

C. 右转公司的管理层认为运营 5 年后有太多的不确定性，因此，使用 5 年期比较分析对新店进行评估。计算新店前 5 年运营的净现值（NPV）。列出你的计算过程。

D. 根据你在问题 C 中的计算结果，你是否推荐右转公司开设新店？解释说明你的答案。

E. 你将如何使用敏感性分析对你所提建议的可靠性进行测试？不需要列出计算。

样题 2E – ES07

贝尔公司是一家大型多元化制造企业，企业由多个利润中心组成。如果部门利润超过盈利目标，部门的经理每年可以获得一笔奖金。虽然部门经理们一般情况下可以控制部门的运营，但是，超过 500 000 美元的资本支出必须获得总部的批准。最近，鲍勃·查尔森被任命为中心部门的部门经理。

12 个月之前，已被解雇的查尔森的前任经理说服总部为现代化生产设备进行了 700 000 美元的投资，设备预计使用寿命为 5 年。在这 700 000 美元的投资中，有一台成本为 200 000 美元的特殊包装机器。这件包装机器有 5 年的使用寿命，残值为零。查尔森刚刚得知一种新的包装流程设备，将会在包装设备的 5 年使用期中为中心部门节约包装成本 60 000 美元。作为引进新技术的结果，目前的包装机器能够以 75 000 美元的价格出售。采购和安装新包装流程设备的成本为 210 000 美元。中心部门的资本成本为 10%，适用于 40% 的所得税有效税率。新设备的残值为 0，可以使用 5 年期直线法计提折旧。

问题

1. 计算获取新包装流程设备的净现值。列出你的计算过程。

2. 从财务角度看，贝尔公司是否应该投资新包装技术？解释说明你的答案。

3. 指出并解释可以让查尔森改变对于问题 2 中投资决策的三个非财务或行为因素。

4. a. 指出并解释像贝尔公司这样，采用以利润为基础的薪酬体系所存在的一个问题。

　　b. 推荐一种备选的薪酬体系，使得经理们的行为可以更好地与企业的目标保持一致。解释说明你的答案。

样题 2E – ES08

　　富丽工业公司目前正在审核各部门提交的资本预算提案。富丽公司将资本资产定价模型（CAPM）用于各种项目决策，包括确定投资收益的基准。公司总的资本成本为 16%，β 值为 1.2。无风险利率为 4%，预期市场收益率为 14%。来自不同部门的以下计划也在考虑之中，并且没有资本限额问题。

项目	内含报酬率（IRR）	项目的 β 值
A	16%	1.4
B	18%	1.6
C	12%	0.7
D	17%	1.1

问题

1. **a**. 计算四个项目的必要报酬率。列出你的计算过程。
   b. 在公司考察的四个项目之中，哪个将会被富丽公司接受？为你的决策给出依据。
2. 定义资本限额。
3. **a**. 定义并解释 β 值；
   b. 描述 4 个可以影响用来评估项目的 β 值的因素。

样题 2E – ES09

　　俄里翁公司是一家物流和运输企业。公司的财务总监约翰·科查尔正在评估一系列筹划中的资本投资项目。以下是与公司融资相关的信息。

- 几年前，公司发行了 10 000 手债券，每手债券面值为 1 000 美元，每年支付的票面利率为 9.2%。这些债券目前以每手 1 040 美元的价格交易。昨天，公司刚刚支付了票面利息，债券将在明年到期。
- 公司没有其他的负债或者流通中的优先股股票。
- 公司有 2 000 000 股流通在外的普通股股票。股票当前的出售价格为每股 14.80 美元，公司预计将在明年支付每股 1.48 美元的股利。在可以预见的未来，股利预计每年将以 4% 的固定增长率增长。
- 公司的所得税税率为 30%。

　　科查尔正在审核的资本投资项目如下所示。所有的项目都属于俄里翁公司的常规业务，并且每项都需要单独考察。以下所列信息均可用。（注意项目的净现值使用加权平均资本成本估算。）

项目	初始投资	内含报酬率（IRR）	净现值（NPV）
A	$450 000	17.0%	$18 800
B	$128 000	19.5%	$2 300
C	$262 000	16.2%	$9 800
D	$180 000	10.5%	-$7 000
E	$240 000	16.5%	$22 500
F	$160 000	11.1%	-$900

公司同时也正在评估另外一项筹划中的资本投资——项目 X，这个项目是与公司的常规运营完全不同的业务线。项目预计将使用已有的资本结构融资，不涉及任何资本限额的限制。以下为与项目 X 相关的净税后现金流预测。

第 0 年	第 1 年	第 2 年	第 3 年	第 4 年
-$200 000	$60 000	$80 000	$80 000	$80 000

问题

1. 根据以上所提供的信息，计算俄里翁公司的加权平均资本成本。列出你的计算过程。

2. 针对项目 A 到项目 F：

    a. 确认俄里翁公司应该接受哪些项目。为你的建议给出简要的决策标准论述。

    b. 假设公司面临 700 000 美元的资本约束。指出公司应该接受哪个或哪些项目。简要解释说明你的建议。

3. 针对项目 X，指出公司是否应该使用加权平均资本成本来对这个项目进行评估。为你的答案给出解释。

4. 根据一份针对运营情况类似项目 X 的两家公司的分析，科查尔确定项目的 β 值为 1.5。无风险报酬率为 5%，市场风险溢价为 10%。

    a. 计算项目 X 的净现值，为公司是否应该接受该项目提供建议。列出你的计算过程。

    b. 计算项目的获利指数，并且解释说明该指标。列出你的计算过程。

5. 过去，公司通常使用投资回收期法来评估具有风险性的项目，所接受的项目一般投资回收期少于三年。

    a. 计算项目 X 的投资回收期。根据公司的投资回收期标准，对于项目 X，公司应该做出怎样的决策？

    b. 给出一个理由，指出为什么使用投资回收期法将导致公司做出次优决策。

第二部分第六章题目

样题 2F – ES01

北欧化工工业公司有三家运营分部：沙石图书分部、康力斯游戏分部和斯特林萃取服务分部。每个分部都有自己的会计核算系统和收入确认方法。

沙石图书分部

沙石图书分部向区域分销商出售小说，而后分销商将图书出售给所在地区的独立书店和零售连锁店。分销商可以向沙石图书分部退回高达 25% 的采购图书，分销商和书店有着相同的退货折让。过去 5 年中分销商的平均退货率为 20%。在刚刚结束的财务年度，沙石图书分部向分销商出售商品的销售额为 15 000 000 美元。年末，销售额中的 6 800 000 美元在未来 6 个月中仍然有可能退货。图书销售额的余额为 8 200 000 美元，实际退货率为 19%。前一个财务年度有 5 500 000 美元的销售总额将在当前财务年度收回，销售退货率为 21%。即使退货权存在，当公司的运营符合所有收入确认的标准时，沙石图书分部也可确认销售收入。

康力斯游戏分部

康力斯游戏分部提供电子游戏厅使用的新游戏和标准游戏的更新版本等产品。公司依靠多个城市的销售代理网络出售商品。公司会收到来自销售代理的订单和首付款，随后，康力斯游戏分部按照离岸价交货原则直接向客户发货，公司将向客户收取扣除首付款后的货款及实际运费。在刚刚结束的财务年度，康力斯游戏分部从销售代理商处收到 12 000 000 美元的订单和 1 200 000 美元的首付款。客户需支付 150 000 美元的运费和 9 180 000 美元的货款。每个订单发货后，销售代理商将收到产品价格 12% 的佣金。商品的保修期为售后 90天，保修期退货率大约为销售额的 3%。康力斯游戏分部在销售发生时确认收入。

斯特林萃取服务分部

斯特林萃取服务分部的业务主要为贵重金属的提取。在刚刚结束的财务年度，斯特林萃取服务分部签订了一份金额为 36 000 000 美元的合同，已发货的金属价值为 32 400 000 美元。1/4 的待发货产品是从年初持有的金属存货中提取而来的，余下的待发货产品由年内开采的金属加工而成。因为公司的运营符合特定标准（例如，可以合理确定的销售价格、可以转换的产量和金额不大的分销成本），斯特林萃取服务分部使用生产完工法确认收入。

问题

斯特林萃取服务分部的首席执行官（CEO）问会计主管："你怎么知道哪

些订单是由存货完成的？我希望你从另外一个角度来考虑收入的计算方法。从目前的水平看，我们的激励奖金远低于预期，我向董事会保证，今年的收入相比去年至少增长12%，我不喜欢违背自己的承诺。"

会计主管对于CEO陈述中的暗示非常不满意，为寻求帮助，他查阅了《IMA职业道德守则公告》。根据这一准则：

A. 确认能够指导管理会计工作的原则。

B. 如果斯特林萃取服务分部的会计主管操纵收入计算，指出并描述会计主管所违背的职业道德准则。

C. 指出会计主管为解决该问题所应采取的措施。

样题 2F – ES02

亚力克斯·罗曼诺夫是大型矿石矿物加工商卡罗尔采矿与制造公司（Carroll Mining and Manufacturing Company，CMMC）的管理会计。在某个深夜加班完成财务报表附注工作时，罗曼诺夫在其领导的办公室找到了一份文件，他注意到这份报告是关于工厂废弃物处理过程的。根据报告封面的手写注释，CMMC公司向附近小镇的住宅垃圾处理场倾倒有毒的矿物清洗液废弃物已经有相当长的一段时间了。报告指出，急需重新寻找一处废弃物处理地点，因为目前的处理点已接近饱和。

罗曼诺夫意识到，CMMC可能错误地向仅限于居民使用的垃圾处理点排放了有剧毒的废弃液。除了显著危害该地区居民，一旦主管部门发现，可能还会有法律问题。清理所产生的财务后果，以及CMMC在环境保护优良声誉上的损失，对公司来说都将是灾难。

罗曼诺夫向领导询问如何在财务报表的附注中描述此事，并且询问是否要对预期处理成本进行计提。他的领导让他"忘掉这件事"，并且无意在本年度的财务报表中提及废弃物处理的事情。

问题

A. 根据《IMA职业道德守则公告》的内容大纲，确认与亚力克斯·罗曼诺夫所遇到的道德冲突具体相关的标准，并且解释为什么这些标准适用于本题的情境。

B. 根据《IMA职业道德守则公告》，罗曼诺夫应该采取哪些进一步的措施来解决自己的道德困境。

C. 如果罗曼诺夫继续被他的雇主拒绝，他是否应该将情况上报给主管部门？他是否应该向本地报纸匿名提供信息。为你的答案给出解释。

样题 2F – ES03

艾米·金贝尔最近被一家上市的汽车零部件生产企业Hi – 品质产品公司（Hi-Quality Productions Inc.）雇用为会计经理。公司的阿法部门，基于所需资本投资高和技术持续变化的原因，多年来外包了高度自动化流程。两年前，公司决定进行必要的资本投资，并将运营放在公司内部。因为所有的主要资本投资必须经董事会批准，阿法部门的预算委员会将向董事会提交 400 万美元的投资计划，该计划可以极大地节约公司的成本。

在担任会计经理这份新工作中，金贝尔服务于阿法部门的预算委员会。董事会要求预算委员会对实际的成本节约进行事后审计。在审核工作中，金贝尔注意到原计划中的一些预估非常激进，包括异常高的残值和过长的使用寿命。如果计划采用更加现实的预估，金贝尔怀疑董事会可能不会批准该项投资。

当金贝尔在阿法部门预算委员会的下一次会议上表达了这些顾虑后，她被告知，委员会已经一致通过，决定向董事会提交该项投资计划，因为委员会认为该计划符合公司的长远利益。从委员会成员的角度，事后审计报告将不会提及这些问题。委员会成员认为审核中一定的调整是合理的，可以确保阿法部门和公司整体的成功。

问题

A. 根据《IMA 职业道德守则公告》的具体标准，确认与金贝尔所面临的道德冲突相关的具体标准，并解释为什么这些标准适用于本题的情境。

B. 根据《IMA 职业道德守则公告》，金贝尔应该采取哪些具体的措施解决她所面临的道德冲突。

样题 2F – ES04

博克伦公司专注于住宅和商业用地毯和室内装饰品的清洁服务。3 年前，为了保持竞争力和获得新技术优势，公司对设备进行了升级。就在那时，博克伦公司购买了两个车载式蒸汽清洁器，以下为设备详情：

采购日期	20×5 年 3 月 15 日
成本	$200 000
预期寿命	8 年
残值	$20 000

博克伦公司在设备采购年度和处置年度按照半年期计提折旧，并使用直线法计算折旧费用。

根据最近的信息，博克伦公司的会计主管助理约翰·摩根将设备的预计使用寿命调整为 5 年。由于预期以外的陈旧过时，设备的残值减少为 10 000 美元。这些调整自 20×8 年 1 月 1 日起生效。在对当前年度的财务报表进行了折旧金额调整后，公司的会计主管艾琳·莱恩告诉摩根，折旧调整过于显著，导致公司从小额盈利转为亏损。为此，莱恩要求摩根将当前年度的折旧费用总额减少一半。

问题

A. 根据《IMA 职业道德守则公告》的具体标准，确认和讨论莱恩对摩根做出的指示带来的具体道德冲突。

B. 根据《IMA 职业道德守则公告》，指出摩根应该采取哪些措施来解决本题中的情境问题。

样题 2F – ES05

联合森林产品公司（United Forest Products，UFP）是一家价值 10 亿美元的企业，旗下拥有多个大型木材加工厂。公司去中心化，分为多个部门，各部门作为利润中心运营。大多数利润中心使用成本控制以及对预算产出与利润的完成情况进行绩效评估。如果达到目标数额，所有部门的员工均可参与利润分享计划，高级管理人员可能获得丰厚的奖金。

沙琳·怀特是 UFP 公司阿勒格尼部门的会计主管。过去 6 个月，她和阿勒格尼部门总裁威廉·杰弗逊针对部门的绩效进行了多次讨论，显然，除非出现根本变化，部门将不能达到所定目标。阿勒格尼部门实际上是一个成本中心，公司要求该部门使用非市场基础的转移价格，但是公司将该部门作为利润中心来评估其绩效。杰弗逊意识到这一问题，他告诉怀特达到预算目标的唯一方法就是"最大化产出并对我们的成本控制采取重大调整。"几周后，怀特注意到部门的获利能力显著提高。

在分析月度盈利和亏损细节时，怀特注意到产出只有微小增长，而原材料木材的采购成本却显著降低。她知道她的职责是要全面了解这一突发变动是如何发生的，她开始着手调查。在木材卸货和按规格确定价格的贮木场，怀特注意到运输木材的承包商接到规格报告（木材尺寸和质量）时非常恼火。当她向其中一位员工询问是什么激怒了承包商后，该员工回答："你开什么玩笑！你都无法相信过去 3 个月我们把规格测量压低了多少！"怀特经过进一步交谈得知，杰弗逊明确地告诉过工厂的工人，要显著降低卖给工厂的木材的尺寸规格（木材直径英寸）和质量标准。所产生的影响就是，由部门向承销商支付的采购价格显著降低。

怀特怀疑杰弗逊引导员工故意对木材承包商所提供的原材料进行数量和质量上的武断和不准确的评估，这是不道德的商业行为。

问题

A. 指出并讨论夏琳·怀特所面临的道德冲突，确定她是否有义务采取措施。确保引用《IMA 职业道德守则公告》的相关标准支持你的答案。

B. 根据《IMA 职业道德守则公告》，怀特应该采取哪些措施解决她所面临的道德困境。

C. 解释绩效评估系统如何影响阿勒格尼部门的行为，并对该系统提出改进建议。

样题 2F – ES06

GRQ 公司是一家私营企业，公司提炼多种天然原材料，作为钢材行业所用的主要原料。公司过去几年的业绩很好，多数高级管理人员获得了超过他们基本薪资 60% 的奖金。同时，公司的首席财务官和首席执行官获得了超过他们基本薪资 100% 的奖金。GRQ 公司预期成功的收益水平和奖金发放趋势将延续。

全美钢铁公司（All-American Steel Company，AAS）向 GRQ 公司提出了一项价格优厚的收购方案。与此同时，一些拥有超过 40% 股权的 GRQ 公司高管得知，公司的主要原材料供应商将在当前财务年度结束时不再与公司续签合同。在美国境内，GRQ 公司无法从其他供应商处采购所需数量的原材料用来持续维系可盈利运营。

作为尽职调查流程的一部分，AAS 公司的分析师向 GRQ 公司的会计主管约翰·斯宾塞询问，他是否知道任何与材料有关的事项，将会对未来几年公司的盈利产生影响。参与奖励计划的斯宾塞，意识到了 GRQ 公司主要供应商在当前财务年度结束后将不再为公司提供原材料。他与 GRQ 公司首席财务官鲍勃·格林交谈，告诉他如果公司当前年度剩余时间的预估利润与前一年匹配的话，显然明年的预估利润将显著减少。格林告知斯宾塞，执行委员会已开会并决定了只有高管成员才能了解公司主要供应商的情况。相应的，斯宾塞不应该告知 AAS 公司有关供应商的情况。

问题

A. 根据《IMA 职业道德守则公告》的具体标准，指出并讨论斯宾塞的道德义务。

B. 根据《IMA 职业道德守则公告》，斯宾塞应该采取哪些措施解决困境。

样题 2F – ES07

世纪声音公司生产最先进的高端音频系统，该系统通过主要零售商出售。公司任何超量的产品都以世纪声音公司拥有的商标迪南声音 X 名义出售给折扣零售商。折扣零售业务看起来非常盈利，因为基本的运营预算把所有的固定费用都计入了主要零售商的产品中，这一块是唯一可以预测的市场。

几年前，世纪声音公司执行了一项 100% 测试项目。测试发现平均约3% 的产品不合乎标准且不可接受。在这 3% 的产品中，约有 2/3 返工，剩下的 1/3 报废。但是，在最近的一份针对客户投诉的分析中，成本会计乔治·威尔逊和质量控制工程师巴里·罗斯已经确定，常规的返工不能将音频系统改进成合格产品。抽样调查显示，约有 25% 的返工音频系统会在持续使用一年内出现故障。

不幸的是，无法确定哪些返工的音频系统会出现故障，因为测试无法发现这一问题。世纪声音公司的市场分析师指出，这一问题如果不修正，将会对公司的声誉和客户满意度产生巨大影响。因此，公司的董事会认为这一问题对公司的获利能力有严重的负面影响。

威尔逊已经在他为董事会准备的下一个季度会议的书面报告中提到了音频系统故障和返工问题。因为潜在的负面影响，威尔逊已经持续强调了这一信息。

在审核了呈送的报告后，工厂经理非常不安，他告诉会计主管："我们不能用这种材料给董事会添麻烦。告诉威尔逊不要讲太多。客户不会期望他们的音频系统永远能用。"

会计主管让威尔逊到他办公室，告诉威尔逊，"乔治，你需要删掉这个内容。返工可能带来的故障可以简要的口头提一下，但是不能在预先提交给董事会的材料中提及或者强调这件事。"

威尔逊深深觉得，如果他执行会计主管的指示，将会在潜在的收入严重损失问题上误导董事会。威尔逊和质量控制工程师罗斯讨论了这一问题，罗斯简单回应："这是你的问题，乔治。"

问题

A. 指出并讨论乔治·威尔逊在决定如何推进这件事上，应该有的道德考量。引用《IMA 职业道德守则公告》的具体标准来支持你的答案。

B. 根据《IMA 职业道德守则公告》，威尔逊应该采取哪些措施来解决本题中的情境问题。

样题 2F – ES08

安比特公司，一家高价值集成控制设备制造商，通过首次公开发行股票上市不足两年。公司此前私人控股经营超过 15 年，一直保留其高级管理团队。公司的 CEO 向 CFO 推荐，雇用一名助理编制上市所需的额外报表，而不继续依靠自 IPO 起帮助他们编制报表的外部会计师事务所。6 个月前，公司雇用了有着 SEC 文件编制经验的韦恩·格兰特，为公司 CFO 编制报表。7 月 3 日，格兰特使用销售和会计部门提供的信息，编制截至 6 月 30 日的季度报表。安比特公司将销售和管理费用作为期间费用，这些费用平均为销售额的 14%。部分报表如下所示：

截至 6 月 30 日的期间利润表

销售收入	$ 14 321 000
减：销售退回和折让	128 000
销售净额	14 193 000
产品销售成本	9 651 000
毛利	4 542 000
销售与管理费用	2 024 000
营业利润	2 518 000

6 月 30 日部分资产负债表

流动资产	
现金	$ 269 419
应收账款	2 278 444
应收票据	558 000
存货	896 000
短期投资	532 000
预付账款	24 222
物料	58 798
流动资产合计	$ 4 616 883
流动负债	
应付账款	$ 1 639 000
应付票据	580 000
应付工资	421 000
应交税费	187 000
其他负债	66 000
流动负债合计	$ 2 893 000

　　7 月 4 日，格兰特从发货主管那里得知，一件大额控制设备订单计划在 6 月 28 日发货，但是由于生产机械工人未经授权停工，直到 7 月 6 日才能发货。同一天晚些时候，格兰特得知销售部门的经理已经将销售计入 6 月 30 日的报表中，因为停工未经机械工人工会授权，因而超过工会控制范围。本次销售的报告收入为 1 250 000 美元，相关产品销售成本为 715 000 美元。

　　据此信息，格兰特确定他应该调整他所编制的当期报表。他和公司的 CFO 讨论此事。CFO 拒绝考虑调整，解释说稳定的收益增长是股价的主要驱动因素。如果安比特公司的股票市盈率为 22，即便没有真正的生产问题，股价也可能下跌。CFO 认为，虽然产品延期不常见，但是在他为安比特公司工作的经历中偶尔也有过，不是大事。

问题

　　1. 根据《IMA 职业道德守则公告》，韦恩·格兰特应该采取哪些进一步的措施来解决本题中的情境问题。

　　2. 计划在 6 月 28 日发货的大额订单是否应该计入安比特公司 6 月 30 日的利润表？为你的答案给出解释。

　　3. 假设格兰特修订报表，将销售额从当期排除，
　　　a. 计算 6 月 30 日结束的当期修订营业利润。
　　　b. 指出安比特公司 6 月 30 日的资产负债表需要做哪些调整。
　　　c. 解释修订将会对安比特公司现金流量表产生的影响。

　　4. 格兰特的一些同事对他新雇主的前景看好，并且考虑购买大量的公司股票。因为修订报表，格兰特担心公司股价会下跌，他建议同事们在购买股票

前"等一等"。根据《IMA 职业道德守则公告》，讨论格兰特的行为适用于哪些具体相关的标准，解释为什么这些标准适用于本题中的情境。

样题 2F – ES09

全球制造公司是一家加工多种天然资源的加拿大公司。两年前，公司收购了一家美国境内名为泽塔制造公司的原材料加工企业。过去一年里，美国子公司利润下滑。公司让泽塔制造公司的生产会计经理劳拉·哈蒙德确定削弱公司利润的原因。

哈蒙德查阅了公司的月度生产成本报告，发现在过去一年单位产品成本一直在增加。因为子公司采用实际成本系统，哈蒙德说服公司总裁和生产经理，对每件产品的成本进行彻底评估并且执行标准成本系统帮助解决存在的问题。

在 6 个月中，哈蒙德为该部门安装了一整套可操作的标准成本系统。使用新成本系统几个月后，哈蒙德对无法解释的效率和产出差异感到困惑，这种差异导致了每个月月末材料存货的减少。在产品账户核算直接材料和直接人工的实际投入成本加上预设的正常损耗率。月底，在产品账户分解为单位产品标准成本乘以产品数量。这使得账户的余额与在制未完工产品数量一致，但是，当与实际存货相比较时，在产品会有显著地短缺，导致存货的减少。

当哈蒙德向生产经理解释她的问题时，生产经理嘲讽道："就是你愚蠢的标准成本系统搞得一团糟。"生产经理认为哈蒙德的成本系统设计不合理，无法精确地追踪产品成本。哈蒙德确信不是标准成本系统的设计问题。她知道存货的减少不会影响生产经理的薪酬。但是，她听说实际损耗量会对生产经理的奖金产生一定影响。她决定进一步调查正常损耗准备和实际报告损耗。

在接下来的一个月里，哈蒙德监督了夜间离厂的处理损耗的卡车记录。每天夜里只有一辆处理损耗的卡车需要计入标准成本中。记录里平均每天夜里有三辆处理损耗的卡车离厂。这个无法解释的处理损耗的卡车记录引起了哈蒙德对生产经理报告的实际损耗的怀疑。

问题

1. 哈蒙德是否有道德责任来确定如何解释泽塔制造公司的异常存货减少？引用《IMA 职业道德守则公告》的具体标准来支持你的答案。

2. 根据《IMA 职业道德守则公告》，哈蒙德应该采取哪些措施来解决本题中的情境问题。

样题 2F – ES10

一个发展中国家的政府邀请数家企业参与加强该国通信基础设施建设的项目招标。罗伯特·詹姆斯是一家美国大型通信企业南方公司的全球销售副总裁。詹姆斯获得所有项目投标所需的细节信息，并在截止日前提交了投标文件。截止日过后的几周，詹姆斯致电该国的副部长查询项目进度。在对话中，副部长邀请詹姆斯参加一个特别会议，讲解南方公司计划书的细节。在会议中，詹姆斯向副部长和常务副部长讲解了一个多小时南方公司计划书的细节。随后詹姆斯回答了 20 分钟问题。当没有其他问题后，詹姆斯告诉副部长和常务副部长，南方公司有强烈意愿在项目招标中获胜，是否有其他南方公司可以做的工作来说服副部长们，南方公司是该项目最好的选择。

副部长和常务副部长随后使用本国语言做了几分钟交谈。最终，常务副部长告诉詹姆斯，南方公司如果愿意向该国政府支付 100 万美元的佣金，将确保其在投标中胜出。詹姆斯知道这种"佣金"要求就是贿赂，他解释说这种支付违反美国法律和南方公司的政策。常务副部长立刻站起来，与詹姆斯握手告别。

问题

A. 为什么南方公司有反对此类支付的规定？

B. 詹姆斯后来与在一家大型美国跨国企业担任类似职务的瑞塔·兰妮分享这个经历。兰妮说这种要求在全球业务中很常见，如果这种做法在外国是可接受的，她会做。你同意兰妮的观点吗？

样题 2F – ES11

摩根公司生产发动机润滑油。在生产过程中会产生一些没有再销售价值的副产品。这些副产品被认为有害环境，必须要按照有害物质处理规定，以特定的方式处理。摩根公司向外部公司支付费用，外部公司会到场运走有害物质。这个季度，摩根公司的销售额显著低于预期，公司有很大压力，需要降低成本。

约翰·莱克在公司的会计主管办公室工作十年了，对工厂的现场流程非常熟悉。某天当他走进工厂时，发现一位工人正将副产品倒入大垃圾桶而不是放入有害物质容器中。当他询问为何这样做时，工人解释他是按照管理层指令做的，以处理垃圾的方式处理副产品可以为公司节约需要支付给有害物质处理公司的费用。

问题

A. 摩根公司管理层的做法符合道德规范吗？摩根公司为节约成本制定类似决策，将会有哪些潜在的风险？

B. 为了建立更强的道德环境，公司应该做出哪些改变？通过建立更具道德感的企业文化，摩根公司能够获得哪些潜在的好处？

第二部分第一章参考答案

样题 2A – ES01 参考答案

答案 A：

管理会计的职责包括评估经济事件和交易，以及与包括管理层在内的利益相关方沟通与事件和交易有关的信息。沟通过程包括分析、解释和评估财务报表。财务比率只是沟通过程的一部分。财务比率表明多种财务数据元素之间的关系，并用于协助管理层理解和解释财务报表。财务比率是评估企业流动性、负债状况和获利能力的有效工具。财务比率是评估企业历史绩效的重要部分，并且有助于预测企业未来的财务状况。

答案 B：

1. 利息保障倍数 $= \dfrac{税前利润 + 利息费用}{利息费用}$

$$= \dfrac{120\,000 + 20\,000}{20\,000} = 7 \text{ 倍}$$

2. 总资产收益率 $= \dfrac{净利润 + 利息费用 - 节约的税金}{平均总资产}$

$$= \dfrac{72\,000 + 20\,000 - (20\,000 \times 0.4)}{(540\,000 + 510\,000) \div 2}$$

$$= 0.16 = 16\%$$

3. 营运资产收益率

$$= \dfrac{营业利润}{平均营运资产 \times (总资产 - 其他资产)}$$

$$= \dfrac{税前利润 - 其他收入 + 利息费用}{\left[(2005 \text{ 年的总资产} - 其他资产) + (2004 \text{ 年的总资产} - 其他资产) \right] \div 2}$$

$$= \dfrac{120\,000 - 60\,000 + 20\,000}{\left[(540\,000 - 116\,000) + (510\,000 - 114\,000) \right] \div 2}$$

$$= 0.195 = 19.5\%$$

4. 普通股股东权益收益率 $= \dfrac{净利润}{平均普通股股东权益}$

$$= \dfrac{72\,000}{(260\,000 + 217\,000) \div 2}$$

$$= 0.302 = 30.2\%$$

5. 总负债比率（总负债对总资产比率） $= \dfrac{总负债}{总资产}$

$$= \dfrac{280\,000}{540\,000} = 0.519 = 51.9\%$$

6. 总负债权益比率 $= \dfrac{总负债}{总股东权益}$

$$= \dfrac{280\ 000}{260\ 000}$$

$$= 1.077$$

7. 流动比率 $= \dfrac{流动资产}{流动负债}$

$$= \dfrac{144\ 000}{120\ 000}$$

$$= 1.2$$

8. 速动（酸性测试）比率 $= \dfrac{现金和短期投资 + 应收账款净额}{流动负债}$

$$= \dfrac{26\ 000 + 48\ 000}{120\ 000}$$

$$= 0.617$$

样题 2A – ES02 参考答案

答案 A：

第三州立银行之所以对比较财务报表感兴趣，是因为银行可以使用财务数据和经营结果分析趋势。趋势非常重要，因为趋势可以表明业务性质的基本变化。

比率分析可以针对企业的短期偿付能力给出一些信息，帮助第三州立银行评估风险水平。财务比率也有助于分析 RCS 公司与行业平均水平相比表现如何，因此可以作为与其他公司比较的基准。财务比率将绝对美元金额转化为更有意义的数据，使得银行可以将这些比率与前期数据、其他公司和行业水平进行比较。财务比率可以用于展示企业管理水平如何，以及强调需要进一步考察的领域。如果财务比率与公司本身的历史数据和行业内其他公司的数据相比无优势可言，银行可能会考虑调整金额等级和/或票据利率，或者甚至可能不再对票据进行延期。

答案 B：

以下为雷鲍德电脑服务公司所选财务比率的计算过程。

1. 流动比率

流动比率 $= \dfrac{流动资产}{流动负债} = \dfrac{现金 + 应收账款净额 + 经营用物料}{应付账款 + 应付税金 + 应付票据}$

去年（单位：千美元）：$= \dfrac{50 + 350 + 70}{150 + 140 + 300} = \dfrac{470}{590} = 0.797 : 1$

前年（单位：千美元）：$= \dfrac{50 + 250 + 60}{130 + 120 + 200} = \dfrac{360}{450} = 0.8 : 1$

2. 应收账款周转率

$$应收账款周转率（单位：千美元）= \frac{净销售额}{平均应收账款} = \frac{2\,500}{(350+250) \div 2}$$

$$= \frac{2\,500}{300} = 8.333\ 倍$$

3. 总资产周转率

$$总资产周转率（单位：千美元）= \frac{净销售额}{平均总资产} = \frac{2\,500}{(1\,930+1\,560) \div 2}$$

$$= \frac{2\,500}{1\,745} = 1.433\ 倍$$

4. 股东权益收益率

$$股东权益收益率 = \frac{净利润-优先股股利}{平均股东权益} = \frac{290-0}{(940+710) \div 2} = \frac{290}{825}$$

$$= 0.352 = 35.2\%$$

5. 负债权益比率

$$负债权益比率（单位：千美元）= \frac{流动负债与长期负债合计}{总股东权益}$$

$$去年（单位：千美元）：= \frac{990\,000}{710\,000} = 1.394 : 1$$

$$前年（单位：千美元）：= \frac{850\,000}{940\,000} = 0.904 : 1$$

6. 净利润率（即销售收益率）

$$净利润率（单位：千美元）= \frac{净利润}{净销售} = \frac{290}{2\,500} = 0.116 = 11.6\%$$

答案 C：

财务比率分析的难点和局限包括：

1. 虽然财务比率作为财务分析的起点是有帮助的，但是财务比率绝不是财务分析的终点。财务比率可以提示哪些地方需要更多的详细分析。

2. 在与行业平均数据比较过程中，可能会出现以下难点：

- 不同的公司使用不同的会计核算方法（例如，存货估值中的先进先出法对比后进先出法）。
- 即使是同行业中的两家公司，也可能因为专注于业务的不同方面而无法相比较。例如，两家公司同处石油行业，但是一家可能主要为石油经销商，另一家可能为炼油企业。
- 企业也可能为大型联合企业，在多个不同行业参与运营。

3. 财务比率的有效性完全取决于它的数据来源。如果企业会计政策存在问题，财务比率的结果也会存在问题。

样题 2A – ES03 参考答案

现金流量表的主要部分描述了如下几个业务领域的现金流量：

- 经营活动，涉及参与确定净利润的交易的现金影响，如销售产生的现金收入，以及对供应商和员工的现金支付。

- 投资活动，包括发放和收回贷款，以及获取和处理投资和长期资产。
- 筹资活动，包括从债权人处借入和偿还现金（长期负债），以及从所有者处获取资金（投资）并为所有者的投资提供回报（股利）。

样题 2A – ES04 参考答案

答案 A：

流动性是指资产在不需要显著价格下降的情况下转化成现金的能力。流动性对于森泰克公司来说很重要，因为如果发生罢工的话，目前的义务也将持续。在日常现金收入无法到位的情况下，了解企业履行义务的能力，将能够给管理层以提示——公司是否能够承受罢工以及能够承受多久。缺乏流动性会限制企业的财务灵活性，使其无法获得折扣优势和其他盈利机会。流动性问题还会导致财务困境或破产。

答案 B：

流动性指标包括：

- 流动比率：流动资产/流动负债
- 速动比率（或酸性测试比率）：（现金＋有价证券＋应收账款）/流动负债
  - 速动比率的现金来源应扣除存货和预付费用
- 现金比率：（现金＋有价证券）/流动负债
  - 只包括现金和易于转化成现金的证券
- 净营运资本：流动资产－流动负债
- 净营运资本比率：净营运资本/总资产
- 销售额对营运资本比率：销售额/平均净营运资本
- 应收账款周转率：净销售/平均总应收账款
  - 本比率也可以计算应收账款周转天数
- 存货周转率：产品销售成本/平均存货
  - 本比率也可以计算存货周转天数

答案 C：

根据会计主管确定的参数，速动比率或现金比率将是最佳选择。这些财务比率之所以最合适是因为，这些比率关注最具流动性的资产，排除了预付费用和存货。在罢工期间，存货将不能作为现金来源。现金比率还排除了应收账款，因此是最为保守的指标。现金比率可以反映出，在罢工期间应收账款回收将放缓的事实。

样题 2A – ES05 参考答案

答案 A：

销售量	3 月	4 月	5 月	6 月	7 月
美国	70 000	80 000	75 000	65 000	65 000
加拿大	50 000	50 000	60 000	45 000	35 000
销售合计	120 000	130 000	135 000	110 000	100 000

现金收入		4 月	5 月	6 月
美国				
销售量		70 000	80 000	75 000
单价（美元）		50	50	50
销售回款		3 500 000	4 000 000	3 750 000
加拿大				
销售量		50 000	50 000	60 000
单价（加元）		60	60	60
美元/加元		0.833	0.840	0.847
销售回款（美元）		2 500 000	2 521 008	3 050 847
销售回款合计		6 000 000	6 521 008	6 800 847
支出：				
人工，10 美元/件		1 350 000	1 100 000	1 000 000
制造费用		400 000	400 000	400 000
美国材料成本，5 美元/件		675 000	550 000	500 000
墨西哥进口成本，350 比索/件		47 250 000	38 500 000	35 000 000
美元/比索		0.0885	0.0877	0.0870
用美元表示墨西哥进口成本		4 181 416	3 377 193	3 043 478
利息				500 000
所得税				1 000 000
总支出（美元）		6 606 416	5 427 193	6 443 478
期初现金余额		1 000 000	393 584	1 487 399
期末现金余额		393 584	1 487 399	1 844 769

答案 B：

丘吉尔公司在收入和支出两方面都面临汇率波动。约有 41% 的销售量和回款与加拿大客户相关。如果加元对美元汇率比预测高出 10%，季度回款将会减少近 80 万美元。从支出角度看，本季度约有 57% 的支出与从墨西哥进口组件有关。如果比索对美元汇率比预测低 10%，季度支付将增加近 100 万美元。预算汇率带来的 10% 的不利差异将使得季度末现金余额从 180 万美元降至接近零。

答案 C：

1. 如果美元对加元（CAD/USD）的即期汇率目前为 1.20，预期六月底将逐步地降至 1.18，将使得购买 1 美元需要更少的加元。因此，美元相对加元在贬值。

2. 如果美元对比索（MXN/USD）的即期汇率目前为 11.0，预期六月底将逐步地升至 11.5，将使得购买一美元需要更多的比索。因此，美元相对比索在升值。

答案 D：

丘吉尔公司可以买入或者卖出远期货币合约，作为对冲汇率风险的手段。例如，如果亚当姆斯在三月份编制预算时，预测四月、五月和六月所需要支付比索，她可以购买 4 700 万比索 30 天内交割的远期货币合约、3 800 万比索 60 天内交割的远期货币合约和 3 500 万比索 90 天内交割的远期货币合约，以远期汇率作为交割价格，从而锁定汇率并确定支付金额。当然，在此期间，美元对比索可能升值、贬值或者保持稳定。远期市场的对冲成本可以认为是保险费用。另一个可实施的方案是货币期货市场，允许公司在交易机构购买或出售期货合约。同样，购买和出售期货合约的相关成本将增加企业的成本；但是，这些成本可以降低意料之外的剧烈波动的汇率风险。

样题 2A – ES06 参考答案

答案 A：

1. 使用直线法计提折旧，20 000 万美元 10 年期折旧相当于每年 2 000 万美元。折旧费用增加 2 000 万美元。购买行为将减少现金并增加固定资产总额 20 000 万美元。折旧费用将增加累计折旧并减少固定资产净额 2 000 万美元。

2. 长期负债增加 7 500 万美元。现金作为流动资产，也将增加 7 500 万美元。年利息费用是 7 500 万美元 ×10% =750 万美元。

3. 优先股（权益的一部分）增加 2 500 万美元。现金作为流动资产，将增加 2 500 万美元。优先股股利将增加 2 500 万美元 ×14% =350 万美元。

4. 普通股（权益的一部分）将增加面值 2 美元 ×400 万股 =800 万美元。普通股股本溢价（权益的一部分）将增加 23 美元 ×400 万股 =9 200 万美元。现金作为流动资产，将增加 25 美元 ×4 000 万股 =10 000 万美元。

5. 收入增加 6 000 万美元，营业费用增加 3 000 万美元，现金增加 3 000 万美元。

答案 B：

修订后的预测如下所示：

资产负债表（单位：千美元）			
	初始金额	变动金额	修订后的金额
流动资产	100 000	16 000	116 000
固定资产	750 000	200 000	950 000
累计折旧	200 000	20 000	220 000
固定资产净值	550 000	180 000	730 000
资产总计	650 000	196 000	846 000
流动负债	50 000	0	50 000
长期负债	150 000	75 000	225 000
股东权益			
优先股	50 000	25 000	75 000
普通股——面值	100 000	8 000	108 000
资本公积——股本溢价	200 000	92 000	292 000
留存收益	100 000	(4 000)	96 000
	450 000	121 000	571 000
负债和股东权益总计	650 000	196 000	846 000

利润表（单位：千美元）			
	初始金额	变动金额	修订后的金额
销售收入	2 000 000	60 000	2 060 000
折旧费用	50 000	20 000	70 000
其他费用	1 775 000	30 000	1 805 000
息税前利润	175 000	10 000	185 000
利息费用	15 000	7 500	22 500
所得税费用（适用所得税税率为40%）	64 000	1 000	65 000
净利润	96 000	1 500	97 500
优先股股利	5 000	3 500	8 500
普通股收益	91 000	(2 000)	89 000

答案 C：

上市企业关心对利润的影响出于以下原因：

- 分析师和投资者密切关注利润，尤其关心利润下滑或增长不及预期。
- 利润增长是很多估值公式中需要考虑的因素。公司非常关注其普通股的市场价值。
- 公司预计筹措 20 000 万美元对扩张进行融资。预测利润降低会导致更高的债务利率、更高的优先股股利支付率，以及普通股以较低的市场价格发行从而形成债务问题。

- 可以提供对新产品线销售量增长的估算。这种增长对于投资者来说非常重要，可以用于对公司股票进行估值。
- 第一年对利润的影响不反映新产品线的未来前景。
- 在产品生命周期早期阶段，公司面临特定成本（具体的成本类型如推广成本、启动成本等）过高的情况，在随后的年份这种情况会减少。当然，管理层必须相信这种情况。

样题 2A – ES07 参考答案

答案 1：

a.

	第 1 年	第 2 年	第 3 年
销售收入	100%	100%	100%
产品销售成本	60%	50%	60%
毛利	40%	50%	40%
销售与营销费用	10%	8.3%	6.7%
管理费用	7.5%	8.3%	10%
研发费用	7.5%	8.3%	3.3%
营业利润	15%	25%	20%

b.

	第 1 年	第 2 年	第 3 年
销售收入	100%	120%	150%
产品销售成本	100%	100%	150%
毛利	100%	150%	150%
销售与营销费用	100%	100%	100%
管理费用	100%	133%	200%
研发费用	100%	133%	66.7%
营业利润	100%	200%	200%

答案 2：

销售收入

第 2 年：（24 000 美元 – 20 000 美元）/20 000 美元 = 20%

第 3 年：（30 000 美元 – 24 000 美元）/24 000 美元 = 25%

营业利润

第 2 年：（6 000 美元 – 3 000 美元）/3 000 美元 = 100%

第 3 年：（6 000 美元 – 6 000 美元）/6 000 美元 = 0%

答案3：

福伊尔公司第2年的毛利率为50%，与竞争对手的52%和行业平均的50%具有可比性，但是福伊尔公司第3年的毛利率降至40%。福伊尔公司第2年的营业利润率为25%，与竞争对手和行业平均的25%持平，但是福伊尔公司第3年的营业利润率降至20%。

与竞争对手和行业平均水平相比较，福伊尔公司第3年的销售额和营销费用更低（6.7%对比11.1%和10.7%），但是管理费用却更高（10%对比7%和8.9%）。福伊尔公司的研发费用显著低于竞争对手和行业平均水平（3.3%对比8.9%和5.4%）。

样题2A – ES08 参考答案

答案1：

	第2年	第1年
销售收入	100%	100%
产品销售成本	48.4	47.5
毛利	51.6	52.5
销售费用	14.8	14.7
管理费用	17.5	17.5
罢工损失	3	
利息费用	0.5	0.5
税前利润	18.4	19.8
所得税费用	7.4	7.9
持续经营的营业利润	11.1	11.9
不可持续经营收益	1.1	–
净利润	12.2	11.9

答案2：

a. 销售额增加但是毛利率减少。这种情况可能由以下原因引起：

- 产品组合发生变化。
- 销售价格降低，导致销售量更高，但是如果单位产品的成本不变或者增加，毛利率将减少。
- 不能转移给客户的产品成本上升；销售额增加，因为竞争对手调高了产品价格。

b. 销售费用为销售额百分比，保持相对固定。这种情况可能由以下原因引起：

- 几乎所有的销售费用都是变动成本。
- 增加广告成本促进销售额增长。

c. 管理费用相对于销售额的百分比保持不变。因为多数成本为固定成本，当销售额增长时，成本作为销售额的百分比应该下降。固定百分比由以下原因引起：

- 第 1 年的业务活动超出了相关的业务范围，引起阶梯式固定成本增加。
- 预算流程不够严谨或成本控制不力，使得管理费用与销售额成比例变动。

答案 3：

流通在外的股数 = 780 000 美元/2.5 美元 = 312 000 股

账面价值 = 7 363 200 美元/312 000 = 23.60 美元

样题 2A – ES09 参考答案

答案 1：

奈特公司资产负债表简表

资产	200 百万美元	负债	60 百万美元
		股东权益	140 百万美元
		负债和股东权益合计	200 百万美元

达伊公司资产负债表简表

资产	200 百万美元	负债	120 百万美元
		股东权益	80 百万美元
		负债和股东权益合计	200 百万美元

奈特公司利润表简表

息税前利润（EBIT）	50 百万美元
利息 6 000 万美元 × 10%	6 百万美元
税前利润	44 百万美元
所得税（税率为 40%）	17.6 百万美元
净利润	26.4 百万美元

达伊公司利润表简表

息税前利润（EBIT）	50 百万美元
利息 12 000 万美元 × 15%	18 百万美元
税前利润	32 百万美元
所得税（税率为 40%）	12.8 百万美元
净利润	19.2 百万美元

答案 2：

权益收益

	净利润	股东权益	股东权益收益率
奈特公司	26.4 万美元	140 百万美元	18.86%
达伊公司	19.2 万美元	80 百万美元	24.00%

答案 3：

以负债权益比率或资产负债率衡量，达伊公司有更高的风险和更高的固定利息费用。奈特公司更有能力承受行业衰退的风险。

答案 4：

财务困境成本包括更高的利率；很难获得负债或股权融资；可能不得不放弃具有吸引力的项目；股东权益价值下降；破产；债权人的干涉增加；失去客户、供应商和雇员。

样题 2A – ES10 参考答案

答案 1：

预计利润表和资产负债表（单位：百万美元）

利润表	预测数据		
	当前金额	普通股筹资方案[1]	债券筹资方案
销售收入	$ 5 500	$ 5 500	$ 5 500
产品销售成本	3 100	3 100	3 100
毛利润	2 400	2 400	2 400
销售与管理费用	1 600	1 600	1 600
营业利润	800	800	800
利息费用	100	100	130
税前利润	700	700	670
所得税（税率 40%）	280	280	268
净利润	$ 420	$ 420	$ 402
每股收益	$ 7.00	$ 6.46	$ 6.70

[1] $500 \times 6\% = 30$（百万美元）。借款的利息费用为 $100 + 30 = 130$（百万美元）。

普通股股票的每股收益（EPS）：净利润/发行在外的普通股股数 $= 420/65 = 6.46$（美元），其中发行在外的普通股股数为：60（百万股，当前已发行的股数）+ 5（百万股，此次新发行的股数）= 65（百万股）。

资产负债表		预测数据	
	当前金额	普通股筹资方案[1]	债券筹资方案
流动资产	$100	$90	$82
固定资产净值	3 000	3 500	3 500
资产总计	**3 100**	**3 590**	**3 582**
流动负债	50	50	50
长期负债	1 000	1 000	1 500
普通股：			
面值（2 美元/股）	120	130	120
资本公积	1 000	1 490	1 000
留存收益	930	920	912
股东权益净值	2 050	2 540	2 032
负债与权益总计	**$3 100**	**$3 590**	**$3 582**

[1] 为了筹集到 5 亿美元的资金，麦克·马伦公司必须按照每股市价 100 美元发行 5 000 000 股，每股面值 2 美元，计入"面值"账户中，剩余溢价部分 98 美元/股计入"资本公积"账户中。

年末发放现金股利 1 000 万美元（5 000 000 股×2 美元/股），因此，流动资产为 100 – 10 = 90（百万美元），留存收益为 930 – 10 = 920（百万美元）。

债券筹资方案需要支付税后利息 18（百万美元）[500 × 6.00% × （1 – 40%）]，因此，流动资产为 100 – 18 = 82（百万美元），并且留存收益减少 18（百万美元）。

答案 2:

a. 财务杠杆比率衡量资产总额和普通股权益资本之间的关系。资产中普通股权益资本融资比例越高，财务杠杆比率越低。较高财务杠杆比率提高权益收益率。当财务杠杆比率越高的时候，获利能力变化的固有风险就越高。

	预测数据			
	普通股筹资方案		债券筹资方案	
资产总额	3 590	141.34%	3 582	176.28%
普通股权益净额	2 540		2 032	
	股票		**债券**	
方案 1：负债÷	1 050		负债÷	1 550
权益	2 540		权益	2 032
=	41.34%		=	76.28%
方案 2：负债÷	1 050		负债÷	1 550
资产	3 590		资产	3 582
=	29.25%		=	43.27%

b. 营运资本衡量流动性。营运资本是流动资产超过流动负债的部分。营运资本为债权人提供安全垫。营运资本衡量可用于应对或有事项的流动准备金。

	流动资产		流动负债	营运资本
普通股筹资方案	90	减去	50	40
债券筹资方案	82	减去	50	32

答案3：

债务条款测试

长期负债权益比率	49%	39%	74%
总负债权益比率	51%	41%	76%

负债权益比率可以用多种方式定义。无论该比率定义为长期负债权益比率还是总负债（短期和长期）权益比率，其结果都是，如果发行债券，负债权益比率都要高于60%。因此，债券筹资方案不可行。

答案4：

- 有相对稳定销售额的企业可以承受更多的负债，因此，这类企业比高周期性行业中的企业或其他面临较高业务风险的公司，有着更高的固定费用。
- 拥有适合抵押贷款资产（如不动产和设备）的企业在使用债务融资时更有优势。
- 经营风险相对低的企业，其风险可以用经营杠杆系数或其他指标来衡量，在资本结构中使用较高负债比例时更有优势。
- 企业有相对高的预期增长率，承受更多负债的能力越好。
- 企业的有效税率越高，利息支付的税费减免（税盾）程度越高。
- 大量股权由管理层控制的企业不愿意增发股票，因为这样会稀释控制权。如果需要筹措新的资金，企业会选择发行债券。
- 管理层对于风险的态度或是保守程度会对企业需要承担的资本结构风险有影响。
- 信用评级机构对企业的评估会对其财务结构有显著影响。例如，当信用评级机构通知管理层，如果企业发行更多的债券，将对其债券评级降级，随后，企业一旦需要筹措资金更可能选择发行普通股。
- 市场环境的具体时点对是否发行债券或发行股票有影响。有一些情况，比如，是否目前公司的股价低迷，或者利息被认为过高或过低，将对融资的方法产生影响，从而影响资本结构。
- 维持财务灵活性，尤其对一家成长型公司而言，非常重要。这意味着在任何时点，公司负债不应达到最大限额，使其可以在有利情况下选择发行债券。达到债务上限的公司很少具有财务灵活性。

第二部分第二章参考答案

样题 2B – ES01 参考答案

答案 A：

1. 违约风险是证券发行方无法履行合同中规定的利息和本金支付义务的可能性。较高的违约风险会增加收益，原因是投资者因违约风险而获得溢价。

2. 证券的市场流动性是指在二级市场中买入和卖出证券的能力，与所有者将其转换成现金的能力相关。较低的市场流动性会增加收益，原因是投资者因缺乏适销性而获得溢价。

3. 期限是指直到原发行方赎回证券的剩余时间长度。较长的期限意味着投资者将面临更高的风险。这种风险会增加收益。

答案 B：

投资类型	违约风险	市场流动性	期限
大额存单（CD）	发行银行经营失败产生的违约风险，大多情况下可能性很小	供大型货币市场银行发行的可转让大额存单交易的二级市场不发达	原始期限是短期，一般从 30 天到 1 年
美国短期国库券	违约风险可以忽略，因为国库券由美国政府担保	市场交易活跃，在二级市场上销售的交易成本低	每周由美国财政部拍卖期限为 3 个月、6 个月和 1 年的短期国库券
国内公司的优先股	不适用于本案例	上市发行的股票市场流动性很好。但由于优先股价格的波动性，市场流动性的实现价格维度并不好	优先股没有期限

答案 C：

针对格尔圣菲尔德基金会的情况，大额存单（CD）是适合的投资类型。最常见的面额是 100 000 美元，主要吸引类似格尔圣菲尔德基金会这样的大型投资者。大额存单伴有可以接受的违约风险，可以购买预期期限为 2 个月的大额存单。大额存单的收益高于美国短期国库券。

针对格尔圣菲尔德基金会的情况，美国短期国库券也是适合的投资类型。美国短期国库券是被考察的三种投资类型中最为保守的选择，有着最低的违约风险和最高的市场流动性。但是，美国短期国库券的收益低于大额存单。

国内公司的优先股对格尔圣菲尔德基金会而言，不是适合的投资类型。这类股票的购买投资一般认为是长期投资。

样题 2B – ES02 参考答案

答案 A：

长期负债和优先股发行量的增加会提高阿泰克斯公司的财务杠杆系数和负债权益比率。从股东角度来说，这种措施会产生两种主要的影响：

1. 每股收益（EPS）和权益收益率（ROE）的波动性将更大，无论何时，只要公司的收益超过资本成本，每股收益（EPS）和权益收益率（ROE）就会以更快的速度增长，并且达到更高的水平。每股收益的增长将会给阿泰克斯公司的普通股价值带来向上的影响。

2. 每股收益（EPS）和权益收益率（ROE）的波动性增加阿泰克斯公司的财务风险。风险的增加将会给阿泰克斯公司的普通股价值带来向下的影响，也将以更低的市盈率反映出来。

对阿泰克斯公司普通股价格的净影响取决于哪种影响更强。因为阿泰克斯公司出于降低业务风险的原因持续多元化，其股票价格可能上涨。因此，投资者可能接受财务风险的增加，只要股东认为阿泰克斯公司没有过度使用负债和优先股（即，没有超过公司的最优资本结构）。

答案 B：

可能带来的短期影响是阿泰克斯公司普通股市场价格的下跌。阿泰克斯公司的高股利支付率和有限的利润增长意味着阿泰克斯公司可能吸引依靠股利收入的保守投资者。这些投资者可能因为股利政策的调整而出售股票。此外，投资者可能将现金股利的减少理解成公司收益的减少。

可能带来的长期影响是股票市场价格的上涨。从现金股利支付款转移而来的资金将用于资产扩张和多元化项目。这使得未来收益增加，也降低了阿泰克斯公司的业务风险。对资本利得（而不是股利收入）感兴趣的投资者，可能会被阿泰克斯公司吸引，将会给公司股票的市场价格带来积极影响。

答案 C：

1. 是的。因为所有的股东将获得与他们目前持有比例相同的增发股票，如果派发股票股利，泰克斯将能够维持他目前35%的权益地位。

2. 可能带来的短期影响是阿泰克斯公司股票市场价格的下跌，因为股利政策的调整和收益下降的暗示，其结果是当前的投资者将设法出售股票。股票股利不能给期望收到现金股利的股东带来实质性价值。但是，股票价格可能不会像股利支付率一样降至零，因为一些当前的投资者会误解股票股利的性质，或者可能接受短期现金股利的减少而期望长期的潜在资本利得。

可能带来的长期影响是阿泰克斯公司股票市场价格的上涨，因为增长导向型的投资者会被阿泰克斯公司的资本利得潜力所吸引。此外，名义股利支付将作为股票价格向下波动的稳定器。进而，如果阿泰克斯公司的多元化项目成功，业务风险降低和未来收益增长将对公司的股票价格产生积极影响。

3. 由于现金股利更高以及收益减少暗示所带来的消极反应更少，与方案三相比，方案二更可能在短期内产生较小幅度的股票价格下跌。方案二对于股票价格的长期影响也更加不确定。因为所有内部产生的资金可用于再投资，使得未来收益增长，因此，方案三可能会导致股票价格上涨。

样题 2B – ES03 参考答案

答案 A：

方案一：沃森工业公司	
达顿工厂的账面净值调整后基数	$ 4 200 000
减去：将工厂出售给沃森的收入	3 000 000
出售工厂的损失	$ 1 200 000
乘以：适用所得税税率[1]	40%
所得税的减免额	$ 480 000

[1] 当净损失超过净利得时，从所得税角度，将损失作为一般性所得处理，因此，适用40%的税率。

确定税后现金流并使用折现系数。

将工厂出售给沃森的收入	$ 3 000 000
加上：所得税的减免额	480 000
税后现金流	$ 3 480 000
乘以：折现系数	1.00
税后现金流的现值	$ 3 480 000

方案二：哈尔公司		
年度租赁费用的现金流		
年度总销售额	估算概率	预期销售价值
$ 2 000 000	0.1	$ 200 000
4 000 000	0.4	1 600 000
6 000 000	0.3	1 800 000
8 000 000	0.2	1 600 000
预期年度总销售额		$ 5 200 000
乘以：应付给克拉维尔公司的比例		0.10
租赁费用中的变动部分		$ 520 000
加上：租赁费中的固定部分		500 000
租赁的税前现金流		$ 1 020 000
减去：所得税（40%）		408 000
租赁的税后现金流		$ 612 000
乘以：折现系数		2.798

续表

租赁税后现金流的现值	$1 712 376

折旧税盾

年折旧	$900 000
乘以：税率	0.4
折旧的所得税税盾	$360 000
乘以：折现系数	2.798
折旧税盾的现值	$1 007 280

出售达顿工厂（20×8年12月31日）

工厂的估算现金价值（20×8年12月31日）	$600 000
计算出售工厂的利得或损失	
调整后的工厂账面价值基数（20×4年12月31日）	$4 200 000
减去：折旧（900 000×4）	3 600 000
调整后基数（20×8年12月31日）	600 000
减去：出售收入	600 000
利得/损失	–0–
出售工厂的税后现金流	$600 000
乘以：折现系数	0.552
出售达顿工厂的现值	$331 200

税后现金流的现值

租赁税后现金流的现值	$1 712 376
折旧税盾的现值	1 007 280
出售达顿工厂的现值	331 200
税后现金流的总现值	$3 050 856

方案三：纪念品				
	20×5年	20×6年	20×7年	20×8年
收入（70 000×12×$5）	$ –0–	$4 200 000	$4 200 000	$4 200 000
年度现金流出量	2 250 000	2 250 000	2 250 000	–0–
年度现金流	$（2 250 000）	$1 950 000	$1 950 000	$4 200 000
减去：所得税[1]	–0–	780 000	780 000	780 000
税后现金流	$（2 250 000）	$1 170 000	$1 170 000	$3 420 000
折旧税盾[2]	–0–	360 000	360 000	720 000
残值[3]	–	–		600 000
税后净现金流	$（2 250 000）	$1 530 000	$1 530 000	$4 740 000
折现系数	0.862	0.743	0.641	0.552
税后现金流的现值	$（1 939 500）	$1 136 790	$980 730	$2 616 480

[1]所得税应在销售发生年份确认。

税费金额是以销售收入减去折旧以外的成本为基础计算的。折旧税盾单独列示，请参照注[2]。所得税费用为780 000美元〔（4 200 000美元 –2 250 000美元）×0.40〕。

[2]折旧费被包括在销售成本的计算中。因此，从所得税角度确认 20×5 年、20×6 年和 20×7 年的折旧费时，应递延 1 年。20×5 年和 20×6 年的折旧税盾为 360 000 美元（900 000 美元×0.40）。为所得税目的在 20×8 年确认的折旧费为 1 800 000 美元，由包含在 20×8 年销售成本中的 20×7 年的折旧费和当工厂被作为仓库使用时在 20×8 年确认的 20×8 年的折旧费用组成。所以 20×8 年的折旧税盾为 720 000 美元（1 800 000 美元×0.40）。

[3]在出售工厂过程中没有产生利得或损失，因此，现金流等于出售收入（参见方案 2）。

税后现金流的净现值：

20×5 年	− $1 939 500
20×6 年	1 136 790
20×7 年	980 730
20×8 年	2 616 480
总计	$2 794 500

答案 B：

在做出处置或使用达顿工厂闲置厂房和设备的决策前，克拉维尔公司应该考虑的其他因素如下所示。

- 克拉维尔公司应该考虑每个备选方案所面临的风险。方案一是风险最低的，因为其将在 20×5 年 1 月 1 日完成，而方案二和方案三将持续到 20×8 年。
- 克拉维尔公司应该考虑现金流估算和现金流分析中所用折现率的精确性。
- 克拉维尔公司应该考虑每个备选方案的现金流产生时间和公司所需现金时间的匹配性。
- 克拉维尔公司应该考虑在达顿工厂恢复卡车零部件生产的可能性。方案一消除了这种可能性，方案二直到 20×9 年才会有这种可能性。

样题 2B – ES04 参考答案

答案 A：

融资计划（百万美元）：

	目前的资本结构	比例	所需资金	留存收益	外部融资额
债务	$175	35%	$28		$28
优先股	50	10%	8		8
普通股	275	55%	44	$15	29
总计	$500	100%	$80	$15	$65

融资来源如下：

新的债务	2 800 万美元
新的优先股	800 万美元
留存收益	1 500 万美元
新的普通股[1]	2 900 万美元
总计	8 000 万美元

[1] 2 900 万美元 ÷ 58 美元每股 = 500 000 股新增的普通股。

答案 B：

加权增量资本成本

	占资本结构的比例	成本	加权成本
债务	35%	6.00%[1]	2.10%
优先股	10%	12.00%	1.20%
普通股	55%	16.00%	8.80%
资本成本			12.10%

[1] 税前利率 10% × （1 − 税率）= 6.00%。

答案 C：

1. 如果公司税率提高，税后债务成本将降低，因此降低资本成本。换句话说，负债的税盾将对公司更有价值。

2. 银行表明调高利率时，债务市场上其他机构一般也会调高利率。债务成本提高将增加整体的资本成本。

3. 风险的衡量指标。根据资本资产定价模型，权益成本直接与风险相关。随着风险降低，权益成本也降低，相应的，整体的资本成本会降低。

4. 一般而言，资本结构中的债务比例显著增加（尤其是在当前结构被认为最优的情况下），会导致公司面临更大的风险。这也会增加债务成本和权益成本。权益成本的增加最可能抵销债务成本相对低的事实。其结果就是资本成本的增加。

样题 2B − ES05 参考答案

答案 A：

购买方案（单位：千美元）	t = 0	t = 1	t = 2	t = 3	t = 4	t = 5
购买价格（a）	(2 000)					
保险（b）		(25)	(25)	(25)	(25)	(25)
财产税（c）		(50)	(50)	(50)	(50)	(50)
税收折旧（d）		660	900	300	140	

购买方案（单位：千美元）	$t=0$	$t=1$	$t=2$	$t=3$	$t=4$	$t=5$
残值（e）						200
所得税节约（g）：40%×（−b−c+d−e）		294	390	150	86	(50)
净现金流（a+b+c+e+g）	(2 000)	219	315	75	11	75
折现率为6%时的现值系数*	1.000	0.943	0.890	0.840	0.792	0.747
现值	(2 000)	207	280	63	9	56

NPV =（1 385）。

* 所使用的折现率是税后债务成本10%×（1−0.4）。

租赁方案（单位：千美元）	$t=0$	$t=1$	$t=2$	$t=3$	$t=4$	$t=5$
租赁费用		(600)	(600)	(600)	(600)	(600)
税收节约		240	240	240	240	240
净现金流		(360)	(360)	(360)	(360)	(360)
折现率为6%时的现值系数*	1.000	0.943	0.890	0.840	0.792	0.747
现值		(339)	(320)	(302)	(285)	(269)

NPV =（1 516）。

* 所使用的折现率是税后债务成本10%×（1−0.4）。

结论：购买更经济，因为购买的净现值（1 385 000 美元）低于租赁的净现值（1 516 000 美元），以净现值为基础计算，购买的净优势为 131 000 美元。

答案 B：

ASC 第 842 号公告《租赁》给出了有关租赁承租方和出租方的财务会计和报告标准。公告将租赁定义为在约定时间内转移不动产、厂房和设备（土地和/或可折旧资产）使用权的协议。

租赁的分类标准是，在初始阶段，租赁如果符合以下五项条件中一项或几项，则该租赁对承租方而言可分类为融资租赁。除此之外，则分类为经营性租赁。

a. 租期届满时，租赁资产所有权转移给承租人。

b. 租赁期满时，承租人可以以远低于租赁期满时租赁资产的公允价值购买租赁资产。

c. 租赁期占租赁资产剩余经济寿命的主要部分。虽然准则中没有明确说明，但财务会计准则委员会在确定租赁期限是否属于资产寿命的"主要"部分时，给出了租赁期占资产预期使用寿命75%的指南。

d. 最低租赁付款额的现值远大于租赁资产的公允价值。虽然准则中没有明确说明，但财务会计准则委员会在确定最低租赁付款额的现值是否为资产价值的"绝大部分"时，给出了大于资产公允价值的90%的指南。

e. 租赁资产对于承租人来说具有专用性，如果不做重大改造，租赁资产无法转租给其他人。

就克伦肖公司正在评估的租赁合同而言，标准 **a** 和 **b** 都不符合，因为租赁期满时，租赁资产的所有权最终没有转移，承租人也没有廉价购买的选择权。由于租赁期等于租赁设备的使用年限 5 年，因此，满足标准 **c**。支付的租赁付款额 600 000 美元减去保险费和财产税等执行成本后，计算得到的最低租赁付款额为 525 000 美元，按照克伦肖公司 10% 的贷款利率计算，这部分资产的现值为 1 990 000 美元，超过租赁资产公允价值的 90%。满足标准 **d**。最后，由于该租赁资产是标准化的设备，不是专用设备，所以不满足标准 **e**。

由于满足标准 **c** 和 **d**，因此，克伦肖公司必须将该租赁划分为融资租赁。

答案 C：

- 与承租方应税收入不为正的情况相比，出租方可以更好地利用税收益处，如加速折旧。在此情况下，出租方可以将这些益处通过租赁支付款转移给承租方。
- 出租方可能处于更有利的位置来实现设备的高残值。这种情形常见于出租方为设备制造商或设备经销商，而不是金融机构。
- 特定资产，如通用资产（机动车、建筑设备和通用建筑等），适用于租赁，因为这类资产在初始合同期限可以出售或再出租。

虽然多数财务分析师同意，租赁基本上是一种债务融资形式，但是企业可以通过租赁获得比债券融资更高程度的杠杆水平。

样题 2B – ES06 参考答案

答案 A：每手债券的发行价格

到期日价值 1 000.00 美元

将 1 000 美元按照 5 年期 8% 的利率，每半年复利一次计算得到现值
= 1 000 美元 × 0.676 = 676.00 美元

将 5 年中每半年支付 30 美元，每半年复利一次计算得到现值
= 30 美元 × 8.111 = 243.33 美元

债券的发行价格为 919.33 美元

应付债券折价 = 1 000 – 919.33 = 80.67 美元

答案 B：发行多少手债券

资金需求量 15 000 000 美元/每手债券 919.33 美元 = 16 316 手债券

答案 C：每手债券的税后净现金流量

	第 0 年	第 1 年	第 2 年	第 3 年	第 4 年	第 5 年
债券发行价格	$919					
现金利息		($60)	($60)	($60)	($60)	($60)
债券利息		(14)	(15)	(16)	(17)	(19)

	第 0 年	第 1 年	第 2 年	第 3 年	第 4 年	第 5 年
利息总额		(74)	(75)	(76)	(77)	(79)
税收节约		29.6	30	30.40	30.80	31.60
偿还债券						(1 000)
净现金流量	919	(30.40)	(30)	(29.60)	(29.20)	(1 028)
债券数量	16 316	16 316	16 316	16 316	16 316	16 316
现金流量合计	$ 14 999 788	($ 496 006)	($ 489 480)	($ 482 954)	($ 476 427)	($ 16 779 374)

答案 D：理性投资者的计算

	金额	折现系数	净现值
2 年期利率6%的 1 000 美元现值（利率为3%，复利4期）	$ 1 000	0.888	$ 888.00
半年年金 30 美元现值（利率为3%，复利4期）	30	3.717	111.51
债券的市场价值			$ 999.51

注：用面值 1 000 美元乘以折现系数计算得到需要数字。

样题 2B – ES07 参考答案

答案 1：

a. 兼并是两家或两家以上的公司联合，只有其中一家公司作为法律主体。收购是一家公司购买另外一家公司作为整体战略的一部分。

b. 本题的情境描述一项潜在的战略收购，管理层希望产品组合多元化。

c. 商业合并的一些协同效应体现在经济上，就是合并企业的绩效要超过各家企业先前作为单独个体的绩效之和。规模经济和体量的优势，使得单位产品平均成本随着产量增加而降低。收购增加销售额和市场份额，或者帮助企业获得市场领先地位。收购也会带来其他营销和战略益处，或者为产品带来技术进步，或者填补产品线的空缺从而提高整个公司的销售额。合并可能会消除一些重复的设备或部门，如营销、会计、采购和其他可以合并的运营部门。销售人员也可以减少，以避免在特定区域内的重复劳动。企业可以集中活动在特定设备和特定人群上，从而使得资源得到更有效的利用。

答案 2：

a. 分拆是一种资产剥离方式，将子公司或部门转为独立的公司。通常，新公司的股权会以等比例方式分配给母公司的股东。股权分割是子公司股票的公开销售，通常母公司会保留多数控制权。本题的情境中只涉及了分拆。

b. 如果韩电子公司决定将子公司剥离出来成为其所拥有的独立公司，即为分拆。

样题 2B – ES08 参考答案

答案 1:

产品的产量与本题无关,因为奥内科公司可以按照 16.50 美元的市场价格出售所有产品,每单位产品的可变现净值为 15.60 美元 (16.50 美元 – 0.90 美元)。

a. 第一种方案将减少净利润 1 600 美元。销售给盖茨比公司的单位产品可变现净值为 14.00 美元 (14.35 美元 – 0.35 美元)。为了向盖茨比公司提供产品,奥内科公司需要替代在常规市场中 NRV 为 15.60 美元的产品销售。这将导致每单位产品减少净利润 1.60 美元,1 000 单位减少净利润 1 600 美元。

另一种解法:每单位的常规利润为 4.40 美元 (16.50 美元 – 12.10 美元)。销售给盖茨比公司的每单位产品利润为 2.80 美元 (14.35 美元 – 11.55 美元)。盖茨比公司的成本是 11.55 美元 (4.00 美元 + 1.30 美元 + 2.50 美元 + 3.40 美元 + 0.35 美元)。每单位产品 1.60 美元的差额 (4.40 美元 – 2.80 美元),1 000 单位减少净利润 1 600 美元。

b. 第二种方案将增加净利润 1 100 美元。额外的产品在常规市场以 NRV 为 15.60 美元销售。这些产品的成本为 14.50 美元。因此,这批产品的单位利润将会增加 1.10 美元,总计增加 1 100 美元。

另一种解法:销售价格 16.50 美元 – 从泽尔达购买的成本 14.50 美元 – 销售佣金 0.90 美元 = 单位产品利润 1.10 美元。净利润增加 1.10 美元 × 1 000 单位 = 1 100 美元。

c. 第三种方案将减少净利润 500 美元,常规业务不受影响。如前所述,这 1 000 单位产品的单位采购成本为 14.50 美元,而单位产品销售的 NRV 为 14.00 美元。每单位净差额为 0.50 美元。

另一种解法:第一种方案净利润减少 1 600 美元 + 第二种方案净利润增加 1 100 美元 = 净利润净减少 500 美元。

答案 2:

a. 直接材料 4.00 美元 + 0.30 美元 = 4.30 美元。直接人工 1.30 美元 × 1.15 = 1.495 美元。变动制造费用 2.50 美元 × 1.15 = 2.875 美元。总成本 12.42 美元 (4.30 美元 + 1.495 美元 + 2.875 美元 + 3.40 美元 + 0.35 美元)。每单位净利润 4.08 美元 (16.50 美元 – 12.42 美元)。市场利润 4.40 美元 (16.50 美元 – 12.10 美元)。净利润减少 (4.08 美元 – 4.40 美元) × 2 000 = –640 美元。不能接受此方案。

b. 如果有剩余产能,则接受这一方案,收入将会部分覆盖固定成本。

答案 3:

其他应该考虑的因素包括:对市场价格/竞争的影响、对销售人员/佣金的影响、泽尔达公司的产品质量,以及盖茨比公司的后续业务。可能还有其他的考虑。一些其他考虑包括：对员工的影响；客户的反应。

第二部分第三章参考答案

样题 2C – ES01 参考答案

答案 A：

需求的价格弹性是指商品需求量变化的百分比（除以）同一商品价格变化的百分比。

答案 B：重要性有以下两点：

- 如果商品的价格弹性系数大于 1，该商品的需求可分类为有弹性。这说明商品的需求对价格的变化非常敏感。如果商品的价格弹性系数小于 1，该商品的需求可分类为缺乏弹性。这说明商品的需求对价格的变化不敏感。价格弹性系数为 1 的商品可分类为有单位弹性。
- 总收入的变化和需求的价格弹性之间的关系对于企业的管理来说是有用的。如果需求有弹性，价格变化将引起总收入向相反方向变化。如果需求缺乏弹性，价格变化将引起总收入向相同的方向变化。当单位弹性存在的时候，价格提高或降低不会引起总收入的变化。

样题 2C – ES02 参考答案

答案 A：

	1. 资本密集型		2. 劳动密集型	
销售价格		$30.0		$30.0
变动成本：				
原材料	$5.00		$5.60	
直接人工	6.00		7.20	
变动制造费用	3.00		4.80	
变动销售费用	2.00	16.00	2.00	19.60
边际贡献		$14.00		$10.40

资本密集型盈亏平衡销售量：2 940 000 美元 ÷ 14.00 美元 = 210 000 件。其中，2 940 000 美元是根据 2 440 000 美元的固定生产成本加上 500 000 美元的销售费用计算得到。

劳动密集型盈亏平衡销售量：1 820 000 美元 ÷ 10.40 美元 = 175 000 件。其中，1 820 000 美元是根据 1 320 000 美元的固定生产成本加上 500 000 美元的销售费用计算得到。

答案 B：

设销售量为 x，总成本相等，康迪斯公司所使用的两种生产方法没有差异。

$$16 \text{ 美元 } x + 2\,940\,000 \text{ 美元} = 19.6 \text{ 美元 } x + 1\,820\,000 \text{ 美元}$$
$$3.6 \text{ 美元 } x = 1\,120\,000 \text{ 美元}$$
$$x = 311\,111 \text{ 件}$$

答案 C：

1. 经营杠杆是指企业经营使用固定营业费用的程度。用于生产产品的固定费用比例越高，企业的经营杠杆系数越高。因此，康迪斯公司的资本密集型生产方法使用了更高的经营杠杆系数。

经营杠杆系数越高，营业利润（损失）相对销售量小幅波动的变化越大。因此，如果经营杠杆高，营业利润的波动性就高。经营杠杆与其带来的营业利润波动性越高，业务风险程度越高。

2. 如果年销售额预期超过 311 111 件，康迪斯公司使用资本密集型生产方法，如果年销售额预期不超过 311 111 件，则使用劳动力密集型生产方法。

答案 D：

除了经营杠杆，在选择生产方法前，康迪斯公司必须考虑以下业务因素：
- 与需求相关的波动性或者不确定性，包括数量和销售价格。
- 快速生产和营销新产品的能力。
- 终止生产和营销新产品同时遭受最小损失的能力。

样题 2C – ES03 参考答案

答案 A：

边际贡献为 75%[1] 或者每张成人门票 3.75 美元，每张学生门票 1.875 美元。客户组合是 20% 的成人（30/150）和 80% 的学生（120/150）。加权平均边际贡献（WACM）为：

WACM = 0.20（3.75 美元）＋0.80（1.875 美元）＝2.25 美元

盈亏平衡点是固定成本/WACM

33 000 美元÷2.25 美元 = 14 667 人/季

[1]100% –10% 的上交州旅游促进基金费用–15% 的变动成本

答案 B：

假设所有的门票都是学生门票，盈亏平衡点的最高客户人数为：

33 000 美元÷1.875 美元 = 17 600 人/季

答案 C：

假设所有的门票都是成人门票，盈亏平衡点的最低客户人数为：
33 000 美元÷3. 75 美元 = 8 800 人/季

样题 2C – ES04 参考答案

答案 A：

目标成本法着眼于市场定价或企业最直接的竞争对手的价格。确定产品定价的过程包括以下五个步骤：

1. 确定市场价格。
2. 确定预期利润。
3. 以市场价格减去预期利润计算目标成本。
4. 使用价值工程来确定降低产品成本的方法。
5. 采取持续改进和经营控制来进一步降低成本并提高利润。

答案 B：

两种定价方法的主要差别是确定产品价格的起点不同。成本加成定价法以现有成本和预期收益为依据。价格由产品成本加上预期收益来确定。一旦销售是盈利的，这种方法不会为降低成本提供动力。

使用目标成本法，产品价格通过研究竞争性定价，并根据市场战略和定位来确定价格。目标成本法是从已有的市场价格转向管理产品成本的过程，以便获得预期收益。目标成本法推动流程改进。流程意在提高或维持销售额，同时通过消除非增值活动和降低产品成本来提高产品的获利能力。

答案 C：

计算税前利润：

销售收入*	$ 2 528 100	
减去材料和人工	1 223 400	（1 348 400 – 125 000）
减去制造费用	375 000	（500 000×0. 75）
贡献	929 700	
销售费用	250 000	
管理费用	180 000	
利息费用	30 000	
税前利润	$ 469 700	
*香草冰激凌	$ 53×10 200	540 600
巧克力冰激凌	$ 53×12 500	662 500
焦糖冰激凌	$ 50×12 900	645 000
树莓冰激凌	$ 50×13 600	680 000
		$ 2 528 100

答案 D：

科洛博克公司优先采用的定价方法是目标成本法，因为目标成本法计划将销售收益率从 7% 显著提高到 18%（469 700 美元/2 528 100 美元），同时维持目前的销售水平。目标成本法还可以激励管理层改进内部流程降低成本，从而进一步提高获利能力，特别是对计划目标价格低于之前价格的产品而言。这种方法还将促使科洛博克公司持续关注竞争对手的行动和市场趋势，以便在需要的时候进行调整。

样题 2C – ES05 参考答案

答案 A：

当皮尔逊食品公司依靠在高能量和低脂肪食品市场中研发新产品来进行内部扩张时，这种机会的战略优势如下：

- 新产品补充现有的产品线，建立经营效率和品牌忠诚度。
- 与购买其他公司的方案相比，公司会产生更少的负债。
- 公司可以充分利用低脂肪健康饮食的趋势。
- 公司拥有所在行业的管理经验。

当皮尔逊食品公司依靠在高能量和低脂肪食品市场中研发新产品来进行内部扩张时，这种机会的战略劣势如下：

- 新产品开发需要大量的研究、新设备和营销测试等费用开支。
- 新产品开发减少可用现金。
- 负债比率的提高会增加公司的风险，也因此使股票价格面临风险。
- 公司将面临产品失败的风险。
- 公司需要经过很长时间开发新产品和实现盈利。

答案 B：

以下为皮尔逊食品公司通过收购萨芬烘焙公司实现外部扩张的战略优势：

- 收购会产生直接的和可计量的收益与现金流。
- 皮尔逊公司将获得一家完整的具有良好业绩并且拥有稳固市场的公司。
- 萨芬公司已拥有管理经验和技术专长。
- 萨芬公司已建立的分销渠道能够为皮尔逊公司的其他产品提供新的市场。
- 萨芬公司的其他产品将使得皮尔逊公司的产品线更加多元化。
- 收购能够为两家公司创造协同效应，共同完成两家公司无法单独完成的事情。
- 萨芬公司能够为皮尔逊公司的员工创造新的成长机会。

以下为皮尔逊食品公司通过收购萨芬烘焙公司实现外部扩张的战略劣势：

- 为了进行收购，公司将不得不承担大量的负债，这会影响公司的财务灵活性、债务评级和股票价格。
- 皮尔逊食品公司对萨芬公司的产品缺乏了解和经验。

- 萨芬公司将不得不在两年内与皮尔逊公司进行包括计算机系统、会计系统和文化上的整合。
- 独立经营会导致次优决策。

样题 2C – ES06 参考答案

答案 A:

以下是提供给科尔比建筑师事务所基于预算比例的报价单。

收入	预算 $17 050 000	给科尔比建筑师事务所的报价
直接人工		
工时	300 000	10 000
每小时工资率	20	20
合计	**6 000 000**	200 000
员工福利	2 400 000	
直接人工的百分比	40%	40%
合计		80 000
工具和设备	1 800 000	
直接人工的百分比	30%	30%
合计		60 000
材料	2 000 000	200 000
采购和持有	200 000	
材料成本的百分比	10%	10%
合计		20 000
小计	12 400 000	560 000
制造费用	3 100 000	
以上成本的百分比	25%	25%
合计		140 000
总成本	$15 500 000	700 000
税前利润		
总成本的百分比	10%	10%
合计		70 000
给科尔比建筑师事务所的报价		$770 000

答案 B:

麦迪逊公司的绩效评估系统预期可以产生以下好处:

- 绩效评估系统与预算保持一致可以使每个人向共同的目标努力。

- 绩效评估系统关注每笔订单的盈利情况，可以为经理们提供持续节约成本的动力。
- 如果公司盈利，员工将能够分享收益。当公司不盈利时，不会产生奖金费用。

这一系统的缺点包括：

- 如果年内重新修订预算，公司将面临改变绩效评估指标的困境，会打击员工的士气。
- 虽然10%的整体目标是合理的，但像麦迪逊这样的企业不能预期每个项目都能产生10%的盈利。关注年内所有完工的项目可能更加现实。
- 采用公司各种成本元素的平均百分比可能不适用于所有项目。例如，和其他项目相比，一些项目设备的使用量可能非常大（以人工的百分比计算）。对于主要设备更加适当的计费方式可能是以每天的使用率（或者每小时，视情况而定）来计算设备费用，以使用的天数（或小时数）来向客户收费。

答案 C：

戴维·伯恩斯应该考虑的因素包括：

- 公司所有的工作量。如果有更加盈利的项目可以运营，可能这个项目就应该拒绝。如果没有其他备选项目，这个项目就是有利的，即使项目没有展示出10%的利润。
- 伯恩斯应该确定主要需要支付的项目成本（增量或者边际），将这些成本与合同金额比较。如果需要支付的成本超过合同金额，就应该拒绝该项目。如果需要支付的成本低于合同金额，麦迪逊公司将收到补偿固定成本的款项。直接人工（200 000 美元）、福利（80 000 美元）和材料（200 000 美元）为本项目的主要增量成本，金额为 480 000 美元。这样的话，215 000 美元（695 000 美元 – 480 000 美元）可以用来补偿其他成本，其中大多数为固定成本。
- 伯恩斯应该评估与科尔比建筑师事务所关系的重要性。如果科尔比建筑师事务所是一个重要的客户，这将影响决策。同时，如果科尔比建筑师事务所之前不是本公司的客户，那么出于战略理由接受这个项目并建立关系就很重要，即使首个项目不能达到目标利润。
- 当然，伯恩斯会考虑接受利润低于10%的项目对其绩效的影响。但是，在是否接受合同的决策上，他应该将雇主的利益放在自己利益之上。

答案 D：

伯恩斯能够做出接受合同决策的原因包括：

- 科尔比建筑师事务所作为客户的战略价值。
- 没有其他更加具有盈利性的机会。
- 本项目所使用的大量材料成本将计入客户费用中。因此，将成本的25%计入制造费用的方式在本例中不完全适用。

样题2C – ES07 参考答案

答案1：

　　a. 沉没成本是已经产生的成本，因此与眼前的决策无关。机会成本是选择一种行动而非另一种行动时所放弃的利润。

　　b. 沉没成本只在产生的时候核算，因为这些成本来自交易。由于没有需要会计核算的事件发生（机会成本），因此会计核算系统中不记录机会成本。

　　c. 购买和清理土地的成本（425 000美元和72 000美元）应确认为沉没成本，因为这些成本已经产生。建筑公司的年租金（平均5 000美元）应确认为机会成本，因为柏高公司不得不放弃这些收入。

答案2：

　　月租车位数×（月租金 – 月租车位成本）＝月租边际贡献

　　420×（75美元 – 12美元）＝月租边际贡献26 460美元

　　日租天数×停车客户/日×（日租金 – 日租车位成本）＝日租边际贡献

　　20×180×（8美元 – 2美元）＝日租边际贡献21 600美元

　　26 460美元 + 21 600美元＝边际贡献合计48 060美元

　　减去固定成本30 000美元

　　税前营业利润18 060美元

答案3：

　　a. 诚实、公平、客观和责任。

　　b. 胜任能力的标准：在对相关和可靠的信息进行正确的分析后，编制完整和清晰的报告和建议。

　　正直的标准：沟通有利和不利信息，以及职业判断或意见。

　　可信的标准：完整披露所有信息，可以合理预期这些信息会影响目标使用者对于报告、评论和建议的理解。

第二部分第四章参考答案

样题2D – ES01 参考答案

答案A：

　　厄普顿公司的财务风险取决于其为国际扩张所采取的融资方式。使用负债对扩张进行融资将降低公司的偿付能力。债权融资通常比权益融资风险更高，因为负债最终需要偿还。此外，厄普顿公司应该考虑融资选择对公司流动性的影响。如果公司选择债权融资，负债的利息必须按时支付，这会减少每个期间内可用于支付其他负债的现金。降低财务风险的最佳方式是确保公司有充足的资本储备。

厄普顿公司的经营风险来自公司固定成本和变动成本之间的关系。如果厄普顿公司固定成本对变动成本的比率高，公司将面临更高的风险，因为公司需要卖出更多的商品来补偿其较高的固定成本从而实现盈亏平衡。相反，如果固定成本对变动成本的比率低，厄普顿公司将面对更低的经营风险，因为公司不需要出售太多商品就可以补偿相对低的固定成本。

合规风险是指企业没有遵守法律或法规而面临的风险。随着向不同国家扩张，厄普顿公司所面临的这类风险非常高，因为每个国家都有自己一系列的合同、税收、劳动力条件、环境保护等类似的法规。

答案 B：

ERM 的主要目标是通过帮助企业确认风险和选择最适当的风险处理方式，使得公司的风险容忍度与其战略相一致，从而有更好的机会实现目标。这一过程对于面临多种风险和跨企业风险的企业来说尤为重要。通过使用 ERM，公司应该经历更少的经营意外和损失，更好地利用其资本，处于更强的位置以利用具有可行性的机会。但是，公司不应该在 ERM 系统上花费比公司预期收益更多的费用。

答案 C：

高层的态度是：仅仅购买套装软件是不够的。董事会和高层经理们必须给出他们在所有业务领域决策中整合 ERM 战略的承诺。

风险管理哲学和容忍度：风险厌恶型、风险中立型和风险偏好型公司都可以成功执行 ERM 系统。决策制定者的关键是要明确他们所能容忍的风险度，从而可以设计适当的风险管理战略。显然，风险容忍度低的公司在他们 ERM 系统上，应该计划投入更多的精力和资源。

正直和价值：企业道德感强可以降低经理们与其领导之间的代理问题风险，减少经理们试图操纵该系统的机会。

范围和基础设施：随着公司更加复杂和多元化，拥有能够整合公司所有部门、所有业务的 ERM 系统变得越来越重要。

样题 2D – ES02 参考答案

答案 A：

B 点（延迟支付）应该最需要重点关注，因为经理感觉它很可能发生且会对公司产生重大影响。A 点（坏账）也有很高的可能性，但是经理相信对公司的影响较低。C 点（计算机病毒）会对公司产生严重影响，但是经理认为发生的可能性较低。

答案 B：

如果公司选择不提供赊销服务，坏账风险和延迟支付可以避免。这些风险也可以通过对客户进行信用审核来降低，或者至少获得每个赊销客户的工作信息。如果公司改为接受信用卡，可以转移这些风险。

如果公司选择不提供赊销服务，计算机病毒损毁记录的风险也可以避免。公司可以通过保存纸质或电子存储的备份记录来降低这种风险，或者公司可以通过将记录保存功能外包给其他公司来转移这种风险。

答案 C：

固有风险是指在采取任何措施降低风险之前就已经存在的风险，剩余风险是指采取措施之后仍存在的风险。例如，如果 EZ 食品公司向常客提供赊销服务，就会有一定量的固有风险，客户可能不按时付款。公司选择对客户进行信用审核将降低这种风险，但是不能完全消除它。仍存在的风险就是剩余风险。

样题 2D – ES03 参考答案

答案 A：

电子存货标签具有预防性控制作用，因为能见度高可能会阻止小偷。这些标签也有探查性/纠正性控制作用，因为从商店里移走商品时，警报会响。

监控设备用于识别小偷，因此其主要用于探查和纠正偷窃行为。但是，如果安装设备的能见度高，也许就可以用于阻止偷盗行为。

答案 B：

预期损失 = 风险概率 × 风险敞口 = 0.05 × 1 000 000 美元 = <u>50 000 美元</u>

答案 C：

步骤 1：预期损失 = 风险概率 × 风险敞口
步骤 2：损失减少额 = 未实施方案的预期损失 – 实施方案后的预期损失
步骤 3：净收益（成本） = 损失减少额 – 实施预防方案的成本

方案 A（电子存货标签）
预期损失 = 0.02 × 1 000 000 美元 = 20 000 美元
损失减少额 = 50 000 美元 – 20 000 美元 = 30 000 美元
净收益 = 30 000 美元 – 25 000 美元 = <u>5 000 美元（净收益）</u>

方案 B（监控设备）
预期损失 = 0.01 × 1 000 000 美元 = 10 000 美元
损失减少额 = 50 000 美元 – 10 000 美元 = 40 000 美元
净收益 = 40 000 美元 – 30 000 美元 = <u>10 000 美元（净收益）</u>

方案 C（同时使用电子存货标签和监控设备）

预期损失 = 0.001 × 1 000 000 美元 = 1 000 美元

损失减少额 = 50 000 美元 − 1 000 美元 = 49 000 美元

净成本 = 49 000 美元 − （25 000 美元 + 30 000 美元）= −6 000 美元（净成本）

答案 D：

只根据预期收益与成本判断，多买点公司应该选择方案 B，因为该方案的收益大于方案 A 或方案 C。

答案 E：

- 这些估算可靠吗？
- 公司的风险容忍度是多少？
- 1 000 000 美元损失对于多买点公司来说重要吗？如果多买点公司是一家 10 亿美元规模的企业，它可以严格按照估算成本和收益进行决策。但是，如果多买点公司规模较小，1 000 000 美元损失就将威胁到公司完成目标的能力，甚至会使其无法继续经营。
- 如果多买点公司的风险容忍度较低，和/或如果潜在的 1 000 000 美元损失会产生严重威胁，公司可以购买保险来降低风险吗？

第二部分第五章参考答案

样题 2E – ES01 参考答案

答案 A：

会计收益率。会计收益率（ARR）法的优点是使用相对简单，容易理解。该方法考察备选项目的获利能力。ARR 方法的局限性包括忽略现金流和货币的时间价值。

内含报酬率。内含报酬率（IRR）法的优点是考虑到了货币的时间价值，衡量了项目的真实经济收益和项目资本投资的利用效率。IRR 方法的局限性是其结果以百分比体现而不是金额，使其难以理解，并且很难向管理层解释。IRR 方法还不现实地假设现金流会以内含报酬率应用于被评估项目的再投资。

净现值法。净现值（NPV）法的优点是考虑了货币的时间价值和投资规模。NPV 法衡量项目的真实经济收益，资本投资的利用效率和公司股东的财富变化。NPV 方法的局限性是假设所有现金流会使用折现率（最低收益率）再投资，并不计算项目的收益率。

回收期法。回收期法的优点是该方法考虑到了现金流，并且能够衡量流动性和投资风险。回收期法的局限性是忽视了货币的时间价值和项目的获利能力。

答案 B：

米兰达·威尔士和杰克·里克特根据净现值和内含报酬率的结果做出判断。这两个指标都是更好的选择，因为它们将现金流、货币的时间价值和项目的获利能力包括在内。依据这两个指标，方案 B 优于方案 A。

答案 C：

在资本预算评估中通常需要考虑的三个定性因素：

1. 对市场变化的快速反应和产能的灵活性。

2. 战略契合度和项目所带来的长期竞争力改善，或者如果不投资，会对公司竞争力或形象产生的负面影响。

3. 对项目、业务或者国家进行投资的固有风险。

样题 2E – ES02 参考答案

答案 A：

以下为各个期间的税后增量现金流分析：

1. 0 时点：　　　　　　（ $13 200 000）

2. 第 1 年　　　　　　　4 200 000

单位：百万美元

现金流要素	年度				
	0	1	2	3	4
收入		$16.0	$20.0	$20.0	$20.0
设备	（$12.0）				
设备残值					$0.9
设备清理					（$1.4）
直接人工和直接材料		（$8.0）	（$10.0）	（$10.0）	（$10.0）
制造费用		（$3.0）	（$3.0）	（$3.0）	（$3.0）
营运资本净值	（$1.2）				$1.2
税前现金流合计	（$13.2）	$5.0	$7.0	$7.0	$7.7
现金税费		（$0.8）	（$1.6）	（$1.6）	（$1.4）
税后净现金流	（$13.2）	$4.2	$5.4	$5.4	$6.3
附注：现金税费计算					
税前与折旧前应税利润		$5.0	$7.0	$7.0	$6.5
税务折旧		（$3.0）	（$3.0）	（$3.0）	（$3.0）
税前应税利润		$2.0	$4.0	$4.0	$3.5

3. 第 4 年的营运现金流为 5 400 000 美元，计算过程如下。

收入	$ 20 000 000
直接人工与直接材料	（10 000 000）
制造费用	（3 000 000）
税前现金流	7 000 000
税费作用[1]	（1 600 000）
税后现金流	$ 5 400 000

[1]7 000 000 美元 – 3 000 000 美元 = 4 000 000 美元 × 40% = （1 600 000）美元

答案 B：

具有潜在风险并会影响 CAP 公司估算的现金流变量包括：

- 由于多种外部因素会影响未来所能实现的销售量，因此销售量估算通常会有很高的误差。竞争力、客户对于新产品的接受程度和通常的经济环境因素会影响 KAC 公司新车最终需求量，这会影响到 CAP 公司所提供的点火系统模块的需求量。因为有大量的固定成本，包括设备成本和间接成本，销售量的偏差可能会对项目的现金流和财务成果带来非常大的影响。
- 汇率是另一个重要变量。因为 CAP 公司是美国公司，成本结构由美元计价的费用构成，所以汇率风险来自韩元计价的现金收入。以美元计价的项目净现金流将取决于每次收到韩元计价的支付款时的汇率作用。
- 考虑到劳动力的实际生产效率、生产系统的可靠性和单位材料成本可能与 CAP 公司的项目有实质性差异，直接成本是另一种潜在的差异来源。在竞争性投标中，压低投标价能增加成功的机会。如果公司使用在成本结构上已有的最佳情况假设，直接成本假设中不利的差异会降低项目的现金流，使其低于预期。
- 设备清理成本和设备残值的估计值可能会有很大差异，因为这些成本将会在未来几年发生，且很有可能对预期现金流产生负面影响。

样题 2E – ES03 参考答案

答案 A：

每吨产品所需的土地开垦成本计算如下：

15 年后需要的资金

以当天的美元计价的土地开垦成本	$ 14 000 000
终值系数（15 年，4%）	1. 801
15 年后所需资金	$ 25 214 000

当前基金在 15 年后的价值	
当前基金价值	$ 3 000 000
终值系数（15 年，7%）	2.759
15 年后的价值	$ 8 277 000
15 年后额外需要的资金估算额	
15 年后所需资金	$ 25 214 000
当前基金在 15 年后的价值	8 277 000
额外需要的资金	$ 16 937 000
每年需要的资金	
额外需要的资金	$ 16 937 000
年金终值系数（15 年，7%）	÷25.129
每年所需资金	$ 674 002
每吨产品所需的土地开垦成本	
每年所需资金	$ 674 002
年产出（吨）	÷1 350 000
每吨产品所需的土地开垦成本	$ 0.50

答案 B:

主要的不确定性及其对每吨产品所需费用的影响包括：

- 土地开垦的估算成本以当天的美元计价。因为土地开垦将不会在 15 年内进行，应该考虑其不确定性。技术变化，会导致成本增加或减少。法律或者相关的规定也可能会有变化。
- 土地开垦成本的增长率不确定。未来成本增加程度对项目来说难以估算。
- 资金的估算收益水平不确定。15 年时间很长。权益和固定收益市场的投资回报每年间都可能大幅波动。
- 税收规定的变化。税收规定的变化将影响公司每年向基金的存入额，因为利润可能变为应税收入。
- 煤矿产量的变化。与预期相比，总产量可能会不同，和/或年产量也可能不统一。

答案 C:

税收规定的变化会从以下几个方面影响分析：

1. 如果为土地开垦回收和存入外部基金的款项为应税收入。
   - GML 公司将不得不每年向客户收取更高的费用。
   - 用税法调整前的每吨产品所需费用除以（1 - 税率），再减去 15 年后土地开垦开始时享受的税收好处的现值。
2. 如果基金的收益为应税收入。
   - 每吨产品所需费用将不得不增加以抵销税费支出。

- GML 公司可能希望与受托人沟通，认为他应该更加激进的投资（例如，承担更大的风险），从而获得更高的税前回报。
- GML 公司可能希望受托人投资更多免税金融工具。这一决策应该考虑对免税收益和应税金融工具收益进行比较。

样题 2E – ES04 参考答案

答案 A：

以下表格给出每个备选方案的净现值。

	时间	金额	折现率为 14% 时的现值系数	现值
供应商 A				
初始投资	0	$ 4 000 000	1.000	$ 4 000 000
每年现金流出	1 ~ 6	500 000	3.889	1 944 500
净现值				**$ 5 944 500**
供应商 B				
初始投资	0	$ 1 000 000	1.000	$ 1 000 000
硬件更换成本	3	1 250 000	0.675	843 750
每年现金流出	1 ~ 6	750 000	3.889	2 916 750
净现值				**$ 4 760 500**
供应商 C				
每年现金流出	1 ~ 6	$ 1 400 000	3.889	5 444 600
净现值				**$ 5 444 600**

答案 B：

超复合材料公司应该选择供应商 B。从财务角度来说，这是最优选项，因为符合成本最低的要求。由于公司已经确定执行新安全系统，问题就是需要确定哪个系统成本最低，符合要求。

答案 C：

敏感性分析是测试调整投资假设给净现值结果带来的影响的工具。这种分析帮助确定结果对参数变动的"敏感性"。这种分析显示了模型的输出如何依赖于模型的输入。

答案 D：

在做出建议前，超复合材料公司应该考虑的非财务因素包括：

- 供应商 A 的技术长期来看可能更有效，虽然该方案成本最高。但是，事实上仍然存在新技术和有效性尚未验证等风险。

- 供应商 B 的技术公认有效，应该可以满足近期需求。但是，长期来看有不确定性。
- 因为供应商 C 是国家认可的领先品牌，可以更好地管理超复合材料公司的系统安全，特别是在新技术出现时。
- 超复合材料公司应该考察每家供应商的管理能力和财务稳定性。
- 超复合材料公司应该与每家供应商之前的客户取得联系，确定他们对每家供应商产品质量和客户服务的满意程度。

样题 2E – ES05 参考答案

答案 A：

销售量

(a) 销售量	(b) 概率	(c) 加权（a）×（b）
20 000	15%	3 000
22 000	20%	4 400
25 000	30%	7 500
26 000	20%	5 200
28 000	15%	4 200
	期望值	24 300

单位销售价格 = $110

销售收入 = $110 × 24 300 =	$2 673 000
总变动成本 = $45 × 24 300 =	(1 093 500)
固定成本	(600 000)
新设备折旧	(350 000)
税前收益	629 500
税（×30%）	(188 850)
净利润	440 650
加回折旧	350 000
第 1 年到第 9 年，每年的现金流	$790 650
年金现值系数（14%，9 年）	4.946
第 1 年到第 9 年现金流的现值	$3 910 555
第 10 年的现金流（加上营运资本回收）	1 290 650
现值系数（14%，10 年）	0.270
第 10 年现金流的现值	$348 476
初始成本：资本投资	(3 500 000)
营运资本	(500 000)
NPV	$259 031

答案 B：

每种概率下的净现值（单位：千美元）

销售量	20 000	22 000	25 000	26 000	28 000
销售收入（×$110）	$2 200	$2 420	$2 750	$2 860	$3 080
变动成本（×$45）	900	990	1 125	1 170	1 260
固定成本	600	600	600	600	600
税前现金流	$700	$830	$1 025	$1 090	$1 220
乘以（1−0.3）	490	581	717.5	763	854
折旧税盾	105	105	105	105	105
税后现金流	595	686	822.5	868	959
年金现值系数	4.9464	4.9464	4.9464	4.9464	4.9464
1~9年现金流的现值	$2 943	$3 393	$4 068	$4 293	$4 744
第10年的现金流	1 095	1 186	1 322	1 368	1 459
现值系数	0.2697	0.2697	0.2697	0.2697	0.2697
初始成本	4 000	4 000	4 000	4 000	4 000
NPV	（$762）	（$287）	$425	$662	$1 137
结果	负	负	正	正	正
概率	15%	20%	30%	20%	15%

简化方法：

现金流入的现值 = 3 500 000 美元 + 500 000 美元 − 500 000 美元 × 0.270 = 3 865 000 美元（盈亏平衡点）

为实现盈亏平衡，每年的现金流入：4 000 000 美元/5.216 = 740 989 美元

600 000 × 0.7 = 420 000；350 000 × 0.3 = 105 000

740 989 美元 + 420 000 美元 − 105 000 美元 = 1 055 989 美元（总的税后盈亏平衡边际贡献）

65 美元（单位税前边际贡献）× 0.7 = 45.50 美元（单位税后边际贡献）

1 055 989 美元/45.50 美元（单位边际贡献）= 23 209 单位

销量 < 22 000 单位的概率为 35%，销量 > 22 000 单位的概率为 65%。

答案 C：

可以用于资本预算分析中判断风险的技术或方法：

敏感性分析

敏感性分析是一种用于测试净现值（NPV）对一个或多个输入变量变化的敏感性的技术，变量以特定数量或比例变化，计算 NPV 结果得出 NPV 对于变量的敏感程度。这种方法让分析师能够了解项目风险，并指出他们可能希望进一步调查的敏感性变量，使得他们获得更为精确的估算，或在特定情形下对冲风险。

风险调整折现率

这种方法来确定风险与收益存在关系的事实。高于平均风险的项目应该获得高于平均水平的收益以补偿风险。这使得对具有平均风险的项目可以使用公司资本成本进行估算，要求风险明显高的项目获得更高的收益。低于平均风险的项目可以使用低于平均资本成本的折现率（最低报酬率）来评估。因为风险不能精确评估，高于或低于平均资本成本的增量调整很多情况下是主观判断，但是至少试图平衡风险和收益。

确定性等值

确定性等值法也是一种试图反映风险与收益关系的方法。使用这种方法，调整预期现金流以反映其风险水平。在这种方法中，那些风险较高的现金流要素（例如，在高度竞争市场中的销售量水平）调整后反映出其风险水平，风险极小的现金流（例如，建筑的财产税）会有相应的不同调整。因为现金流已经根据风险水平进行了调整，因此使用无风险利率折现得出确定性等值现金流结果。这种方法和其他方法一样，通常依靠主观判断调整现金流。

盈亏平衡分析

盈亏平衡分析是一种试图掌握项目风险的相对简化的方法。使用这种方法，分析师会确定哪个现金流变量（一般为收入）最不稳定，然后对项目的NPV建模，确定当NPV为零时问题变量（例如收入）的值。分析师随后确定达到或超过盈亏平衡收入水平的概率。收入之外的其他变量也可以用这种方法分析。

模拟法

蒙特卡洛模拟源自赌场赌博的数学计算，将敏感性和输入变量的概率分布关联起来。第一步是具体确定每个不确定现金流变量的概率分布。将这些信息输入计算机程序中，根据概率分布，为每一个不确定变量随机取值。每个不确定变量的取值随后会和其他输入假设一起用于确定每年的净现金流和预期NPV。重复这一过程数百次，NPV结果会形成概率分布曲线，呈现可视化概率分布。这一方法的主要优点是展示了结果的取值范围和相应的概率，而不仅仅是NPV估值点。

决策树

决策树是一种用于帮助分析师从多种行动中做出选择的工具。这种方法在有备选方案的复杂资本预算情况中尤其有用。例如，如果一家公司对首次研发的项目进行风险分析，并以研发结果为基础决定是否组建设施生产产品时，决策树将会有帮助。决策树为分析师提供架构，列出选项，调研所选方案可能的结果。这有助于形成决策点及其潜在结果的图景。每个潜在结果会分配到一个概率。从每个决策点出发，树的分枝指向可能的结果。每个可能的结果都有NPV的预期值和概率。加权计算后可以确定项目是否值得投资。这种方法的优点是它迫使决策人确认可能的结果，并确定如果可能的结果出现，他们会怎样应对。

样题 2E – ES06 参考答案

答案 A：

500 000 美元 + 3 500 000 美元 + 100 000 美元 + 100 000 美元 + 50 000 美元 = 4 250 000 美元

答案 B：

本题的情境告诉我们，税后营业利润为 1 200 000 美元。我们用建筑成本除以折旧年限得到折旧费用：每年折旧费用为 3 500 000/20 = 175 000 美元。

假设当我们对现金流进行折现时，不用考虑抵押贷款利息，或者利息已经包括在了（扣除后得到）120 万美元里，并且营运资本不变，我们可以使用三种方法计算现金流：

1. 简单将 1 200 000 美元与 175 000 美元相加得到 1 375 000 美元。

2. 计算净利润总额：税后营业利润 1 200 000 美元/（1 - 0.35）= 应税利润 1 846 154 美元

这些利润的税费为 646 154 美元，从而得到 1 200 000 美元的净利润。将 175 000 美元的折旧费用加回得到 1 375 000 美元。

3. 使用折旧税盾：从 1 846 154 美元应税利润开始，加回 175 000 美元折旧费用，我们得到税前现金流 2 021 154 美元，税费为 707 404 美元，但是折旧税盾为 61 250 美元，得出现金流 1 375 000 美元。

答案 C：

5 年期、利率为 12% 的年金现值系数为 3.605。因此，5 年的现金流现值是 4 956 875 美元。但是要在第 0 期成本支付后一年，商店才开业和产生现金流，所以这一金额需要再多折现一年，得到 4 425 781 美元。

净现值为 4 425 781 美元 - 4 250 000 美元 = 175 000 美元。

答案 D：

是的，右转公司应该开设新店。正的 NPV（甚至忽略过去 5 年的价值）将为公司增值。未来现金流的收益高于开店的成本。

答案 E：

敏感性分析体现了多小的投入量变化会对决策产生影响。尤其是，如果我们有一台计算机，我们可以尝试对新店税后营业利润预测进行其他假设，投入量是最不确定的。建设成本也可能会被低估，甚至税率和必要报酬率也可能在未来五年发生变化。这些值变化多少才能够让成功的正净现值商店变为失败的负净现值商店呢？

样题 2E – ES07 参考答案

答案 1：

以下为净现值计算过程：

新包装流程设备	$210 000 × 1.00	$　（210 000）
出售已有包装设备	$75 000 × 1.00	75 000
出售已有设备的抵税收益	$34 000 × 0.9090	30 906
新设备的折旧税盾	$42 000 × 0.4 × 3.791	63 689
旧设备的每年税盾损失	$40 000 × 0.4 × 3.170	（50 720）
每年税后节约成本，5 年期 10% 利率	$36 000 × 3.791	136 476
净现值		$45 351

旧设备的每年折旧费用为 200 000 美元/5 = 40 000 美元

第一年年末的账面价值为 200 000 美元 – 40 000 美元 = 160 000 美元

出售旧设备的损失：

销售价格	$75 000
账面价值	$160 000
损失	$85 000

抵税收益 = 85 000 美元 × 40% 的税率 = 34 000 美元

新设备每年的折旧费用为 210 000 美元/5 = 42 000 美元

答案 2：

按照 10% 的折现率计算，公司的资本成本净现值为正。正的 NPV 说明项目获利高于公司的资本成本，因此应该接受该项目。

答案 3：

能够使得公司改变仅仅依靠财务指标做出投资决策的非财务因素和行为因素包括：

- 新技术替代包装设备的决策可能会对查尔森的奖金产生负面影响。因为出售会产生短期会计亏损 85 000 美元。这一亏损会使得中心部门无法达到利润目标，并让查尔森失去奖金。
- 新设备将会有哪种类型的保修承诺？因为使用新技术，可能会有不够可靠的风险。
- 新技术会产生学习曲线，从而增加培训成本。

答案 4：

a. 像贝尔公司这样以利润为基础的薪酬体系可能无法获得最优决策，因为这种体系基于会计利润，没必要考虑公司的价值变化。此外，这种体系只关注短期利润。

b. 更好的方案是采用基于市场价值的薪酬体系。这将使得公司股东价值最大化目标与管理者的奖金最大化目标相一致，并且着眼于长期结果。

样题 2E – ES08 参考答案

答案 1：

a. 和 **b.** 在投资分析情境中，资本资产定价模型（CAPM）假设投资回报至少要等于无风险报酬率加上风险溢价。风险溢价是相对整个市场（以 β 值衡量）的投资风险（波动性），乘以市场报酬率与无风险报酬率的差额。模型如下所示：

必要报酬率 $= r_f + (r_m - r_f) \times \beta$

其中：

r_f = 无风险报酬率

r_m = 市场报酬率

β = 投资的 β 值，用于衡量风险

各个项目情况如下：

项目 A： 必要报酬率 $= 4\% + (14\% - 4\%) \times 1.4 = 18\%$

因为内含报酬率（IRR）为 16%，低于必要报酬率 18%，应该**拒绝**该项目。

项目 B： 必要报酬率 $= 4\% + (14\% - 4\%) \times 1.6 = 20\%$

因为内含报酬率（IRR）为 18%，低于必要报酬率 20%，应该**拒绝**该项目。

项目 C： 必要报酬率 $= 4\% + (14\% - 4\%) \times 0.7 = 11\%$

因为内含报酬率（IRR）为 12%，高于必要报酬率 11%，应该**接受**该项目。

项目 D： 必要报酬率 $= 4\% + (14\% - 4\%) \times 1.1 = 15\%$

因为内含报酬率（IRR）为 17%，高于必要报酬率 15%，应该**接受**该项目。

资本资产定价模型使得企业（使用者）可以估算补偿所承担风险的风险溢价大小。这个方法可以估算证券或投资的必要报酬率。一旦必要报酬率确定，使用者就知道投资的预期报酬率是否足以确保接受投资了。

答案 2：

资本限额是指固定金额的有限资金必须在竞争项目之间分配。

答案 3：

a. β 值 = 衡量某个股票相对市场的波动性

市场 β 值：当某个股票波动性高于市场波动性时，股票 β 值大于 1；当低于市场波动性时，股票 β 值小于 1。

高 β 值的股票，风险更高，但是潜在的收益也高，反之亦然。

b. 影响项目 β 值的因素包括：

- 项目部门所属的行业及其风险特性。
- 部门投资类似项目的经验，如果有的话。
- 过去部门实现预期项目回报的能力。
- 部门管理团队的优势。
- 预期竞争程度。
- 项目所处的地理位置。有些国家会有更高的经营风险。
- 项目涉及新技术的程度，以及尚未验证的经营环境。

样题 2E – ES09 参考答案

答案 1：

公司的加权平均资本成本计算如下：

	市场价值	比例	资本成本
债券	$10 400 000[1]	0.26	5%[3]
普通股	$29 600 000[2]	0.74	14%[4]
合计	$40 000 000	1.00	

[1] 10 000 × 1 040.00 美元 = 10 400 000 美元。

[2] 2 000 000 × 14.80 美元 = 29 600 000 美元。

[3] 价格 = 1 040.00 美元 = $\dfrac{92 + 1\,000}{(1 + k_d)}$

因此，$k_d = \dfrac{1\,092}{1\,040} - 1 + 5\%$

[4] $k_e = \dfrac{D_1}{P_0} + g$，其中 $D_1 = 1.48$，$P_0 = 14.80$，$g = 4\%$，得出 $k_e = 14\%$

WACC = 0.26 × 0.05 × (1 - 0.3) + 0.74 × 0.14 = 11.27%

答案 2：

a. 以下为根据净现值从高到低的项目排序：

项目	初始投资	IRR	NPV
E	$240 000	16.50%	$22 500
A	$450 000	17.00%	$18 800
C	$262 000	16.20%	$9 800
B	$128 000	19.50%	$2 300
F	$160 000	11.10%	- $900
D	$180 000	10.50%	- $7 000

因此，公司应该接受项目 E、A、C 和 B。使用 NPV 的理由是这一标准可

以最大化公司的价值，而使用 IRR 可能会产生误导结果。

b. 因为资本有限，项目需要依据获利指数排序，如下所示：

项目	初始投资	IRR	NPV	PI[1]
E	$ 240 000	16.50%	$ 22 500	0.094
A	$ 450 000	17.00%	$ 18 800	0.042
C	$ 262 000	16.20%	$ 9 800	0.037
B	$ 128 000	19.50%	$ 2 300	0.018
F	$ 160 000	11.10%	– $ 900	– 0.006
D	$ 180 000	10.50%	– $ 7 000	– 0.039

[1] 获利指数 = 净现值/初始投资。

公司应该接受项目 E 和 A，项目投资 690 000 美元，提供最高的每单位投资净现值。

答案 3：

加权平均资本成本不能用于评估项目，因为该项目与公司目前的经营业务不同。项目可能会改变公司的经营风险，这种情况下使用加权平均资本成本并不适当。公司应该使用能反映项目系统性风险的必要报酬率来评估。

答案 4：

a. 根据资本资产定价模型，项目的必要报酬率 $=0.05 +0.10 \times 1.5 =20\%$。
项目的净现值为：
NPV $=[$（60 000 美元 $\times 0.833$）+（80 000 美元 $\times 0.694$）+（80 000 美元 $\times 0.579$）+（80 000 美元 $\times 0.482$）$]$ –200 000 美元
$= –9 620.00$ 美元
因为 NPV 是负的，应该拒绝该项目。

b. 获利指数 = 净现值/初始投资 $= –9 620/200 000 = –0.0481$。
获利指数在初始投资的基础上衡量项目的净现值，反映项目每单位投资的估算净现值。在这种情况下，项目每单位投资产生净现值为 –4.81 美分。

答案 5：

a. 项目的回收期 $= 2 +60/80 =2.75$ 年。
根据公司的回收期要求，应该接受该项目，因为公司可以用少于 3 年的时间收回初始投资。

b. 应该拒绝该项目，因为产生了负的 NPV。回收期法会导致次优决策，因为该方法忽略了货币的时间价值。回收期法还忽略了随后年份的现金流，但是本例中，即使按照 4 年期的净现金流计算，项目的 NPV 仍然为负。

第二部分第六章参考答案

样题 2F – ES01 参考答案

答案 A：

《IMA 职业道德守则公告》确定的首要原则是指导管理会计应该诚实、公正、客观和责任。

答案 B：

如果会计主管按照首席执行官的暗示操纵收入，会违反以下标准：

胜任能力

依据相关的法律、法规和技术标准履行职业责任。

正直

- 减少实际的利益冲突，定期与商业伙伴沟通避免明显的利益冲突。告知所有利益相关者存在的潜在冲突。
- 避免参与任何妨碍履行职业道德职责的行为。
- 避免参与或支持任何违背职业道德的活动。

可信

- 公平和客观地沟通信息。
- 披露所有可能会影响目标使用者对报告、分析和建议理解的相关信息。
- 按照组织政策和/或适用法律，披露在信息、及时性、流程或内部控制上的延迟或缺陷。

答案 C：

为解决本题情境，会计主管应该遵循思达琳公司解决道德问题的政策。如果没有政策或政策无法解决情境问题，会计主管需要考虑：

- 与直接领导讨论该问题，除非领导也卷入该问题中，如果这样，需要将问题呈报更高层级的领导。如果首席执行官是会计主管的直接领导，可接受的审查管理部门可以是审计委员会或董事会。除非明显违背法律，否则与外界组织沟通该问题是不恰当的。
- 与美国管理会计师协会（IMA）的职业道德顾问或其他中立的咨询师进行保密讨论，也可以向律师咨询与道德冲突有关的法律义务和权利。

样题 2F – ES02 参考答案

答案 A：

《IMA 职业道德守则公告》中与亚力克斯·罗曼诺夫和卡罗尔采矿与制造公司具体情况相关的标准为：

胜任能力

- 依据相关的法律、法规和技术标准履行职责。CMMC 公司没有按照倾倒有毒物质的相关法律、法规处理废弃物。至少，罗曼诺夫有义务向公司更高层级的管理部门报告这一情形。

保密

- 只有当经过授权或法律要求时才能披露信息，否则需要对信息进行保密。这一标准与 CMMC 公司的情形可能有关也可能无关，取决于 CMMC 公司经营所属地区的环境法规要求，也可能法律要求罗曼诺夫披露信息。

正直

- 避免参与任何妨碍履行职业道德职责的行为。
- 避免参与或支持任何有损职业声誉的活动。
- 如果罗曼诺夫没有向 CMMC 公司管理层报告明显的违法倾倒行为，依据准则，他的行为违背职业道德，他的不作为有损职业声誉。

可信

- 公平和客观地传递信息。
- 披露所有可能会影响目标使用者对报告、分析和建议理解的相关信息。
- 按照组织政策和/或适用法律，披露信息、及时性、流程或内部控制的延迟或缺陷。
- 所有这些标准都可以清楚的说明罗曼诺夫有义务客观地采取行动，向 CMMC 公司管理层报告此事。罗曼诺夫应该在其编制的财务报表中披露违法倾倒的风险。

答案 B：

首先，罗曼诺夫应该遵循 CMMC 公司关于解决道德冲突的政策。如果没有政策或者政策无法解决此问题，他应该考虑《IMA 职业道德守则公告》中推荐的行动。

因为罗曼诺夫的直接领导牵涉到了倾倒事件中，他必须向更高层级领导报告。如果该问题得不到满意的解决，罗曼诺夫应该向更高的管理层（例如，首席财务官、审计委员会、董事会）逐级上报此事。他还可以联系美国管理会计师协会（IMA）的职业道德顾问或者中立的咨询师讨论可以采取的行动。

罗曼诺夫应该向律师咨询在该道德冲突中他的法律义务和权利。

答案 C：

　　除非确定存在明显违法行为，否则罗曼诺夫向主管部门和非 CMMC 公司雇用人员讨论此事是不适当的。在与律师讨论时，罗曼诺夫应该弄清楚自己的法律义务。如果罗曼诺夫在向 CMMC 公司内相应的管理层报告此事后，公司没有采取行动的话，罗曼诺夫有义务向主管机构报告此事。在任何情形下，他都不应该向本地报纸匿名提供信息。

样题 2F – ES03 参考答案

答案 A：

　　《IMA 职业道德守则公告》中与艾米·金贝尔和 Hi – 品质产品公司具体情况相关的标准为：

　　胜任能力

- 提供精确、清晰、简洁和及时的决策支持信息和建议。
- 确认和沟通会对一项活动的合理判断或成功实施造成妨碍的专业局限或者其他限制。
- 艾米·金贝尔面临道德冲突，因为她被告知要对她所发现的初始预算过程中的错误保持沉默。使用错误数据会让决策支持数据不够可靠，以这些数据为基础所做的决策将面临风险。

　　正直

- 避免参与任何妨碍履行职业道德职责的行为。
- 避免参与或支持任何有损职业声誉的活动。
- 艾米·金贝尔面临道德冲突，因为她有义务披露已提交预算中的错误，但是她被告知保持沉默。如果她不能纠正这一问题，她将没有履行道德职责，从而有损其职业声誉。

　　可信

- 公平和客观地传递信息。
- 披露所有可能会影响目标使用者对报告、分析和建议理解的相关信息。
- 很明显预算委员会没有客观地陈述信息，因此会扭曲以此信息为基础做出的决策。金贝尔应该修正这些信息，这样未来预期才会更现实。

答案 B：

　　首先，金贝尔应该遵循 Hi – 品质产品公司有关解决道德冲突的政策。如果没有政策或者政策无法解决问题，她应该考虑《IMA 职业道德守则公告》中推荐的行动。

　　金贝尔应该将她的发现提交给她的直接领导。如果她的直接领导也牵涉到了错误预算问题中，或者领导不采取行动，她可以将问题提交给更高层级的领导。如果问题无法得到满意解决，金贝尔应该向更高的管理层（例如，首席财务官、审计委员会、董事会）逐级报告此事。她还可以联系美国管理会计师协会（IMA）的职业道德顾问或者中立的咨询师讨论可以采取的行动。金贝尔应该向律师咨询在该道德冲突中她的法律义务和权利。

样题 2F – ES04 参考答案

答案 A：

《IMA 职业道德守则公告》中与约翰·摩根和博克伦公司具体情况相关的标准为：

胜任能力

- 依据相关的法律、法规和技术标准履行职业责任。

正直

- 避免参与任何妨碍履行职业道德职责的行为。
- 避免参与或支持任何有损职业声誉的活动。

可信

- 公平和客观地传递信息。
- 披露所有可能会影响目标使用者对报告、分析和建议理解的相关信息。

答案 B：

首先，摩根应该遵循博克伦公司关于处理道德冲突的政策。如果没有政策或者政策无法解决该问题，他应该考虑《IMA 职业道德守则公告》中推荐的行动。

因为摩根的直接领导显然牵涉其中，他应该将问题提交给更高层级的领导。如果问题无法得到满意解决，摩根应该向更高的管理层（例如，首席财务官、审计委员会、董事会）逐级报告此事。他还可以联系美国管理会计师协会（IMA）的职业道德顾问或者中立的咨询师讨论可以采取的行动。摩根应该向律师咨询在该道德冲突中他的法律义务和权利。

样题 2F – ES05 参考答案

答案 A：

管理会计人员不应该容忍组织内其他人的不道德行为。杰弗逊授意的压低质量和尺寸的预测数是不道德的商业行为。因此，夏琳·怀特应该采取行动解决这一问题。与这一问题相关的具体标准包括：

胜任能力

- 依据相关的法律、法规和技术标准履行职业责任。

正直

- 减少实际的利益冲突，定期与商业伙伴沟通避免明显的利益冲突。告知所有利益相关方存在的潜在冲突。

● 避免参与或支持任何有损职业声誉的活动。

可信

● 公平和客观地传递信息。

● 披露所有可能会影响目标使用者对报告、分析和建议理解的相关信息。

答案 B：

首先，怀特应该遵循 UFP 公司关于处理道德冲突的政策。如果没有政策或者政策无法解决该问题，她应该考虑《IMA 职业道德守则公告》中推荐的行动。

因为怀特的直接领导牵涉到了问题中，她应该将问题提交给更高层级的领导。如果问题无法得到满意解决，怀特应该向更高的管理层（例如，首席财务官、审计委员会、董事会）逐级报告此事。她还可以联系美国管理会计师协会（IMA）的职业道德顾问或者公正的咨询师讨论可以采取的行动。怀特应该向律师咨询在该道德冲突中她的法律义务和权利。

答案 C：

绩效评估系统直接影响阿勒格尼部门的绩效水平。员工的奖金根据获利能力发放，但是员工不能控制收入，因为转移定价是另行商定的。该部门应该只作为成本中心评估。评估标准应该包括为杜绝本案例行为而必须达到的质量标准。

样题 2F – ES06 参考答案

答案 A：

根据"胜任能力"标准，斯宾塞有责任"保持适当水平的专业能力。"他必须依据相关的法律、法规和技术标准（例如，FASB 第 5 号准则《或有事项的会计核算》）履行职业责任。

根据"保密"标准，只有当经过授权或法律要求时才能披露信息，否则他需要对信息进行保密，并且告知他的下属一同履行职责。他不得为个人的不道德或非法利益，使用或公开保密信息。

根据"正直"标准，斯宾塞必须"避免实际的或明显的利益冲突，并告知所有利益相关方存在的潜在冲突。"他还必须"避免参与任何妨碍履行职业道德职责的行为。"他也应该"避免参与或支持任何有损职业声誉的活动。"

最后根据"可信"标准，斯宾塞必须"公平和客观地传递信息。"他应该"披露所有预期会影响目标使用者对报告、分析和建议理解的相关信息。"

答案 B：

根据《IMA 职业道德守则公告》，斯宾塞应该遵循他所服务的公司制定的关于解决道德困境的已有政策。如果政策不存在或政策无效，他应该采取"道德冲突解决"中所列出的以下措施。

首先，他应该与直接领导讨论这一问题，除非直接领导也牵涉其中。因为他的领导是首席财务官，领导指示斯宾塞忽略该问题，并且不要考虑不披露该信息的财务后果。因此，斯宾塞应该向更高层级的领导报告此事，即 GRQ 公司的首席执行官。如果这一措施不能成功地解决困境，他可以继续向上层汇报，本案例中即 GRQ 公司的董事会。

但是，他应该注意，除非法律有规定，否则不应该与主管部门和非组织雇用人员沟通这类内部问题。

斯宾塞应该通过与客观的咨询师（例如，美国管理会计师协会的道德顾问）进行保密讨论来厘清相关的道德问题，以便更好地理解可能采取的措施。他应该向律师咨询在该道德冲突中他的法律义务和权利。

依据 2002 年《萨班斯 - 奥克斯利法案》（SOX）条款，员工可按条款提供的方法向组织的高级管理层报告此类事件。必要时，他们可以根据事件的具体情况，向适当的外部关联方（例如，证券交易委员会、司法部、环境保护机构等）报告此类事件。意识到 SOX 条款的考生应该得分。

样题 2F – ES07 参考答案

答案 A：

根据《IMA 职业道德守则公告》，在本题情境中威尔逊有责任表现出：

- 胜任能力：经过对相关和可靠的信息进行适当的分析后，编制完整和清晰的报表并提供建议。
- 保密：除非经过授权或法律要求，否则不得披露在工作中获得的保密信息。
- 正直：传递不利或有利的信息和职业判断或观点，避免参与或支持有损职业声誉的活动。
- 可信：公平和客观地传递信息，并披露所有预期会影响目标使用者对报告、分析和建议理解的相关信息。

答案 B：

首先，威尔逊应该与他的领导，也就是会计主管，讨论此事，除非他的领导也牵涉其中。如果那样的话，他应该将问题提交给上一层级的领导。如果在与领导的沟通中，问题无法得到满意解决，他可以向更高层级的领导报告。除非他的领导牵涉到问题中，威尔逊应该在向更高层级领导报告时通知他的领导。如果他的领导是首席执行官，威尔逊应该向合适的审查管理层报告此事（例如，审计委员会、管理委员会、董事会）。威尔逊可以通过与客观的咨询师（例如，美国管理会计师协会的道德顾问）进行保密讨论，厘清道德问题，确定可能采取的行动。他还可以向律师咨询。如果威尔逊不能解决道德困境，可能需要辞职并向组织内适当的代表提交信息备忘录。

样题 2F – ES08 参考答案

答案 1：

根据《IMA 职业道德守则公告》中"道德冲突的解决"，格兰特先生应该"向更高层级的管理层报告问题"，并通知他的直接领导。

答案 2：

制造企业的收入通常在产品发货时确认。在产品没有发货期间，收入不能在当期确认。发货推迟的理由与收入确认的时间无关。

答案 3：

a. 销售额会计分录减少 1 250 000 美元。销售成本会计分录减少 715 000 美元，导致经营利润的净调整金额为 –535 000 美元。营业利润为 1 982 400 美元。销售和管理费用是期间费用，不受销售时间影响。

b. 基于销售额的减少，应收账款减少到 1 028 444 美元。存货将只增加减少的销售成本 715 000 美元，而不是全部销售额。

c. 资产负债表中存货和应收账款账户的变动伴随着利润表的变动。现金流量表也会随存货和应收账款的改变而改变（如果使用间接法编制报表，净利润也改变）。应付所得税税费分录也会改变。

答案 4：

根据《IMA 职业道德守则公告》，格兰特先生有道德责任对信息进行保密，不得使用信息获取不道德或非法利益。虽然他没有泄露任何保密信息，但是他使用该信息帮他的同事获取不道德和非法利益。如果他符合证券交易委员会对"内幕交易者"的定义，他的行为是不道德的，并且可能违法。

样题 2F – ES09 参考答案

答案 1：

是的，按照"胜任能力"和"客观"标准，哈蒙德必须"维持适当水平的专业能力"来分析技术问题的性质。她还必须为管理层编制"完整和清晰的报表"，并且经过适当的分析，向管理层提交"相关和可靠的信息"，说明她对存货异常减少原因的看法。

职业"胜任能力"标准要求哈蒙德根据可靠信息确定存货减少的原因。还要求相关人员"依据相关的法律、法规和技术标准履行职业责任"，并"经过对相关和可靠的信息进行适当的分析后，编制完整和清晰的报表并提出建议。"

按照"正直"标准，哈蒙德不得主动或被动地破坏组织法律和道德目标的实现。按照"客观"标准，她还有责任公平和客观地传递信息。

答案2：

根据《IMA职业道德守则公告》，哈蒙德应该遵循公司制定的有关解决道德困境的指导。如果没有这类指导，或者这类指导无法解决困境，她应该按照管理层级向直接领导报告，在本例中即部门会计主管。如果仍无法解决，她还需要按照管理层级向上报告直到解决困境。报告对象包括部门首席执行官和加拿大母公司的会计主管。

除非法律规定，她不应该向非公司雇用人员披露此类问题的性质。哈蒙德应该通过与客观的咨询师（例如，美国管理会计师协会的道德咨询服务）进行保密讨论，厘清道德问题，更好地理解可能采取的行动。她应该向律师咨询在该道德冲突中她的法律义务和权利。但是，在本例中，因为不存在财务报表扭曲或类似的情形，这一步骤可能不必要。

最后，如果在经过所有层级的内部审查后道德冲突依然存在，她只能从公司辞职，并且需要向公司适当的代表提交一份信息备忘录。根据道德冲突的整体性质和程度，可能还需要通知相应的利益相关方。（本题情境中不必这么做，因为不存在外部财务报表欺诈行为）

样题2F – ES10 参考答案

答案A：

南方公司可能有针对此类支付的公司政策，因为这类政策与美国《反海外腐败法》（FCPA）的要求一致。FCPA禁止任何美国公司在从事海外业务时为获取合同或业务向外国政府行贿。违反FCPA的企业或其代表将接受民事和刑事处罚。本题情境中提到的"佣金"不是常规意义上的佣金，实属贿赂。因此，除了不道德，本题情境中的贿赂也是违法的。

答案B：

兰妮假设一旦这种方式是常见做法，则可接受。但是，事实并非如此。FCPA禁止美国公司为获取业务而行贿，无论当地法律或习惯如何。

样题2F – ES11 参考答案

答案A：

不符合，摩根公司没有按照道德规范行事。未采取必要的预防措施而故意处理有害物质是不道德和不合法的。如果被公司以外的人发现，对公司声誉和环境的长期影响将远大于公司短期的成本节约。

答案B：

摩根公司应该考虑以下调整：

- 从管理层开始制定更强有力的道德行为规范。来自高级管理层强有力且一致的信息会对企业文化和员工行为产生显著影响。
- 制定道德行为规范条例，并对所有员工进行日常培训，以确保他们都了解公司的道德条例。
- 建立员工报告可能的道德违纪行为流程，如举报体系。这一流程还可以帮助那些希望获得建议的员工，解决他们对可疑问题的困惑。
- 再次检查公司的预算，确保在实现合理和有利的结果时并没有发生不道德行为。

营造更加具有道德感的企业文化可以为摩根公司带来很多益处，其中包括：

- 企业文化更加积极。
- 员工流失率更低。
- 员工生产效率更高。
- 在社区中提高商业声誉。
- 业务和财务业绩得到提升。

附加资料

每章实战练习参考答案

第一章 财务报表分析 参考答案和解释

样题 2A1 – AT01
考查内容：基本财务报表分析

戈登公司最近四年的财务成果如下表所示：

	第一年	第二年	第三年	第四年
销售收入	$ 1 250 000	$ 1 300 000	$ 1 359 000	$ 1 400 000
产品销售成本	750 000	785 000	825 000	850 000
销售毛利	$ 500 000	$ 515 000	$ 534 000	$ 550 000
通货膨胀因子	1.00	1.03	1.07	1.10

戈登公司使用纵向结构百分比报表来分析业绩变化趋势。下列表述中，**正确**反映戈登公司财务业绩的是：

- ☐ **a.** 结构百分比报表上，由于产品销售成本占比逐渐增长，所以销售毛利的占比逐渐下降。
- ☐ **b.** 结构百分比报表上，由于销售收入呈上升趋势，所以销售毛利率也呈上升趋势。
- ☐ **c.** 结构百分比报表上，由于产品销售成本呈下降趋势，所以销售毛利率呈上升趋势。
- ☐ **d.** 销售收入的增长和产品销售成本的降低，共同导致了销售毛利率的上升。

解析： 正确答案是 **a.** 结构百分比报表上，由于产品销售成本占比逐渐增长，所以销售毛利率逐渐下降。

毛利率的计算如下：

毛利率 = 毛利/销售额

第 1 年毛利率 = 500 000 美元/1 250 000 美元 = 40%

第 2 年毛利率 = 515 000 美元/1 300 000 美元 = 39.6%

第 3 年毛利率 = 534 000 美元/1 359 000 美元 = 39.3%

第 4 年毛利率 = 550 000 美元/1 400 000 美元 = 39.3%

增加的产品销售成本（占销售额百分比）将会导致毛利率下降。

样题 2A1 – AT02

考查内容：基本财务报表分析

财务分析师可以使用多种方法来评估企业的财务前景。下列事例中，哪一项用到了纵向结构百分比报表分析？

☐ **a.** 评估企业纵向一体化的相对稳定性。

☐ **b.** 比较两家或两家以上同行业公司的财务比率。

☐ **c.** 测算出广告费占销售收入的 2%。

☐ **d.** 比较两家或两家以上不同行业公司的报表项目金额。

解析： 正确答案是 **c.** 测算出广告费占销售收入的 2%。

纵向分析在利润表中的所有项目（销售调整、费用、利得、损失、其他收入和税收）并通过一列数据描述每个项目占销售额的百分比。不同规模的公司之间可以通过这种方法进行分析，因为这种分析将基于数据的百分比而不是基于绝对金额。

样题 2A1 – AT03

考查内容：基本财务报表分析

编制结构百分比报表时，资产负债表项目按照其占_____的百分比列示，利润表项目按照其占_____的百分比列示。

☐ **a.** 总资产；销售收入净额。

☐ **b.** 所有者权益总额；净利润。

☐ **c.** 总资产；净利润。

☐ **d.** 所有者权益总额；销售收入净额。

解析： 正确答案是 **a.** 总资产；销售收入净额。

结构百分比式资产负债表将所有的资产项目、负债项目，以及所有者权益项目表示为占总资产的百分比的形式；结构百分比式利润表将所有的销售调整项目、费用项目、利得项目、损失项目、其他收入和所得税项目表示为占销售额的百分比形式。

样题 2A1 – LS01

考查内容：基本财务报表分析

下列关于结构百分比报表的表述**正确**的是：

☐ **a.** 结构百分比报表可以在不同规模的公司之间进行比较。

☐ **b.** 两家公司的最近两年的结构百分比报表都显示利润增长了 10%，说明两家公司对投资者有相同的吸引力。

☐ **c.** 横向结构百分比报表只适用于有 10 年以上经营数据的公司。

☐ **d.** 以上全是。

解析： 正确答案是 **a.** 结构百分比报表可以在不同规模的公司之间进行比较。

结构百分比报表可以对两家公司的利润增长率提高 10% 进行揭示，但是仅凭这一数据并不能说明两家公司有相同的吸引投资的能力。其中一家公司可能将利润从 10 美元提升至 11 美元，另外一家公司可能将利润从 1 000 000 美元提升至 1 100 000 美元。横向结构百分比报表并不需要 10 年的数据。

样题 2A1 – LS02
考查内容：基本财务报表分析

结构百分比报表有助于：
☐ **a.** 了解资产的配置情况。
☐ **b.** 确定公司下一步的投资行动。
☐ **c.** 决定是否购买或出售资产。
☐ **d.** 在不同规模的公司之间进行比较。

解析： 正确答案是 **d.** 在不同规模的公司之间进行比较。

某个财务报表中的主要项目在结构百分比报表中被设定为 100%，并将其他项目与该项目进行对比后写成百分比的形式。这种方式可以方便对不同规模的公司进行对比，以及对同一家公司的不同年度的财务数据进行对比。

样题 2A2 – CQ01
考查内容：财务比率

布鲁莫尔公司决定在其给股东的年度报告中披露一些财务比率。公司最近一年的相关财务数据如下表所示：

货币资金	$ 10 000
应收账款	20 000
预付账款	8 000
存货	30 000
可供出售金融资产：	
成本	9 000
年末公允价值	12 000
应付账款	15 000
应付票据（90 天内到期）	25 000
应付债券（10 年内到期）	35 000
当年赊销收入净额	220 000
产品销售成本	140 000

布鲁莫尔的年末营运资本为：

☐ **a.** 40 000 美元。

☐ **b.** 37 000 美元。

☐ **c.** 28 000 美元。

☐ **d.** 10 000 美元。

解析： 正确答案是 **a.** 40 000 美元。

营运资本的计算方法是用流动资产减去流动负债。

营运资本 = 流动资产 – 流动负债

流动资产包括现金、应收账款、预付费用、存货、可供出售金融资产（可供出售金融资产以公允价值计量，不以成本计量）。

流动资产 = 10 000 美元 + 20 000 美元 + 8 000 美元 + 30 000 美元 + 12 000 美元 = 80 000 美元

流动负债包括应付账款与 90 天以内需要支付的应付票据。

流动负债 = 15 000 美元 + 25 000 美元 = 40 000 美元

营运资本 = 80 000 美元 – 40 000 美元 = 40 000 美元

样题 2A2 – CQ02

考查内容：财务比率

伯奇公司流动资产的构成情况如下：

货币资金	$ 250 000
有价证券	100 000
应收账款	800 000
存货	1 450 000
流动资产合计	$ 2 600 000

假设伯奇公司的流动负债为 1 300 000 美元，则该公司：

☐ **a.** 如果公司动用 100 000 美元的现金偿还 100 000 美元的应付账款，则其流动比率将会下降。

☐ **b.** 如果公司动用 100 000 美元的现金偿还 100 000 美元的应付账款，则其流动比率将保持不变。

☐ **c.** 如果公司支付 100 000 美元的现金购买存货，则其速动比率将会下降。

☐ **d.** 如果公司支付 100 000 美元的现金购买存货，则其速动比率将保持不变。

解析： 正确答案是 **c.** 如果公司支付 100 000 美元的现金购买存货，则其速动比率将会下降。

速动比率的计算如下：

速动比率 = （现金 + 有价证券 + 应收账款）/流动负债

流动资产 = （现金 + 有价证券 + 应收账款 + 存货 + 预付账款）

速动比率可以进行扩展，如下所示：

速动比率 = ［（现金 + 有价证券 + 应收账款） − 存货 − 预付账款］/ 流动负债

通过现金购买存货会导致速动比率的分子下降，对分母流动负债不产生影响。这个结果会导致速动比率下降。

样题 2A2 – CQ08
考查内容：财务比率

洛厄尔公司决定在其给股东的年度报告中披露一些财务比率。公司最近一年的相关财务数据如下表所示：

现金	$ 10 000
应收账款（年末余额）	20 000
应收账款（年初余额）	24 000
存货（年末余额）	30 000
存货（年初余额）	26 000
应付票据（90 天内到期）	25 000
应付债券（10 年内到期）	35 000
当年赊销收入净额	220 000
产品销售成本	140 000

一年按照 365 天计算，则洛厄尔公司应收账款周转天数为：

☐ **a.** 26.1 天。

☐ **b.** 33.2 天。

☐ **c.** 36.5 天。

☐ **d.** 39.8 天。

解析： 正确答案是 **c.** 36.5 天。

应收账款周转天数的计算如下：

应收账款周转天数 = 365 天/每年的应收账款周转率

每年的应收账款周转率 = 每年的净赊销额/每年的平均应收账款余额

每年的平均应收账款余额 =（期初余额 + 期末余额）/2

每年的平均应收账款余额 =（20 000 美元 + 24 000 美元）/2

每年的平均应收账款余额 = 44 000 美元/2 = 22 000 美元

每年的应收账款周转率 = 220 000 美元/22 000 美元 = 10 次/年

应收账款周转天数 = 365 天/10 次每年 = 36.5 天

样题 2A2 – CQ14
考查内容：财务比率

康沃尔公司当年年初和年末的应收账款净值分别为 68 000 美元和 47 000 美元。康沃尔公司简化的利润表如下所示：

销售收入	$900 000
产品销售成本	527 000
营业费用	175 000
营业利润	198 000
所得税费用	79 000
净利润	$119 000

一年按 365 天计算，康沃尔公司平均应收账款周转天数为：

☐ **a.** 8 天。

☐ **b.** 13 天。

☐ **c.** 19 天。

☐ **d.** 23 天。

解析： 正确答案是 **d.** 23 天。

应收账款平均周转天数的计算如下：

应收账款平均周转天数 = 每年的天数/每年的应收账款周转率

每年的应收账款周转率 = 每年的净赊销额/每年的平均应收账款余额

每年的平均应收账款余额 =（期初余额 + 期末余额）/2

每年的平均应收账款余额 =（68 000 美元 + 47 000 美元）/2

每年的平均应收账款余额 = 115 000 美元/2 = 57 500 美元

每年的应收账款周转率 = 900 000 美元/57 500 美元 = 15.65 次/年

应收账款平均周转天数 = 365 天/15.65 次 = 23 天

样题 2A2 – CQ21

考查内容：财务比率

马布尔储蓄银行收到三家汽车零部件制造公司的贷款申请，但是由于可用的资金量有限，只能批准其中一家公司的贷款申请。三家公司的贷款申请中列示的财务指标以及所对应的行业平均值如下表所示：

	贝利公司	纽顿公司	新力士公司	行业平均
销售收入总额（百万美元）	$4.27	$3.91	$4.86	$4.30
销售净利率	9.55%	9.85%	10.05%	9.65%
流动比率	1.82	2.02	1.96	1.95
总资产收益率	12.0%	12.6%	11.4%	12.4%
负债对权益比率	52.5%	44.6%	49.6%	48.3%
财务杠杆系数	1.30	1.02	1.56	1.33

根据上述信息，对马布尔储蓄银行**最有利**的策略为：

☐ **a.** 马布尔储蓄银行不应向三家公司中任何一家放贷，因为都存在相当大的信用风险。

☐ **b.** 应该对贝利公司放贷，因为其财务指标更接近行业平均水平。

☐ **c.** 应该对纽顿公司放贷，因为其负债对权益比率和财务杠杆系数都低于行业平均水平。

☐ **d.** 应该对新力士公司放贷，因为其销售净利率和财务杠杆系数最高。

解析： 正确答案是 **c.** 应该对纽顿公司放贷，因为其负债对权益比率和财务杠杆系数都低于行业平均水平。

负债权益比率和财务杠杆系数都可以对组织的风险进行评估。负债权益比率越低，则风险越低。同样的，财务杠杆系数越低，风险越低。在本题中，纽顿公司的负债权益比率和财务杠杆系数均低于同行业平均水平。因此，在这 3 家公司中纽顿公司的风险最小。

样题 2A2 – CQ29

考查内容：财务比率

阿尔诺德公司最近两年财务报告中关于公司普通股的信息如下表所示：

	第 2 年	第 1 年
年末每股市价	$60	$50
每股面值	10	10
每股收益	3	3
每股股利	1	1
年末每股净资产	36	34

根据上述股价和每股收益的相关信息，投资者**最有可能**认为阿尔诺德公司的股票：

☐ **a.** 在第 2 年末被市场高估。

☐ **b.** 公司管理层在第 2 年做出了不明智的投资决策。

☐ **c.** 在第 2 年呈现了上一年所未有的积极增长态势。

☐ **d.** 在第 2 年呈现了上一年更为低迷的增长态势。

解析： 正确答案是 **c.** 在第 2 年呈现了上一年所未有的积极增长态势。

第 2 年公司的市盈率对比第 1 年有所提高。市盈率的计算通过每股市价除以每股收益。

市盈率 = 每股市价/每股收益

第 1 年的市盈率 = 50 美元/3 美元 = 16.67

第 2 年的市盈率 = 60 美元/3 美元 = 20

因为第 2 年的市盈率高于第 1 年，因此，第 2 年的增长机会对比第 1 年呈现上升趋势。

样题 2A2 – CQ30
考查内容：财务比率

德夫林公司发行在外的普通股共计 250 000 股，每股面值 10 美元。当年德夫林公司实现每股收益 4.80 美元，支付每股股利 3.50 美元。当年年末每股市价为 34 美元。则德夫林公司的市盈率为：

- ☐ **a.** 2.08。
- ☐ **b.** 2.85。
- ☐ **c.** 7.08。
- ☐ **d.** 9.71。

解析： 正确答案是 **c.** 7.08。

每股市价除以每股收益可以计算得到市盈率

市盈率 = 每股市价/每股收益

市盈率 = 34 美元/4.80 美元 = 7.08

样题 2A3 – CQ01
考查内容：盈利能力分析

比奇伍德公司最近一个会计年度实现营业利润 198 000 美元，实现净利润 96 000 美元，其他的财务信息如下表所示：

	1 月 1 日	12 月 31 日
应付债券（利率 7%）	$95 000	$77 000
普通股股本（每股面值 10 美元）	300 000	300 000
偿债准备金	12 000	28 000
留存收益	155 000	206 000

假设比奇伍德公司没有发行其他权益证券，则公司的最近一年的权益收益率（ROE）为：

- ☐ **a.** 19.2%。
- ☐ **b.** 19.9%。
- ☐ **c.** 32.0%。
- ☐ **d.** 39.5%。

解析： 正确答案是 **a.** 19.2%。

股东权益收益率的计算如下：

股东权益收益率 = （净利润 – 优先股股利）/平均股东权益

股东权益 = 普通股 + 债券清偿准备金 + 留存收益

平均股东权益 = （期初余额 + 期末余额）/2

平均股东权益 = （300 000 美元 + 12 000 美元 + 155 000 美元 + 300 000 美元 + 28 000 美元 + 206 000 美元）/2

平均股东权益 = （1 001 000 美元）/2 = 500 500 美元

因为没有优先股股息，因此股东权益收益率 = 96 000 美元/500 500 美元 =

0. 192 或 19. 2%。

样题 2A3 – AT01
考查内容：盈利能力分析

假设某一公司收入保持不变，负债保持不变，则下列关于公司权益收益率（ROE）的判断正确的是：

- ☐ **a.** 其他条件不变，资产增加导致权益收益率下降。
- ☐ **b.** 其他条件不变，负债率下降导致权益收益率提高。
- ☐ **c.** 其他条件不变，销售成本占销售额的比率下降导致权益收益率下降。
- ☐ **d.** 其他条件不变，权益增加导致权益收益率提高。

解析：正确答案是 **a.** 其他条件不变，资产增加导致权益收益率下降。

采用投资收益率（ROI）的杜邦模型并且乘以杠杆系数，用来分析权益收益率（ROE）。

投资收益率（ROI）的杜邦模型 = 净利润/销售额 × 销售额/平均资产

杠杆系数 = 资产/权益

权益收益率（ROE）= 投资收益率（ROI）的杜邦模型 × 杠杆系数

权益收益率（ROE）= 净利润/销售额 × 销售额/平均资产 × 资产/权益

在其他变量不变的情况下，权益收益率会随着总资产的增加而下降。

销售成本占销售额的百分比将会下降。利润和 ROE 都会上升。

随着权益的增长，权益收益率将会下降。

样题 2A3 – LS01
考查内容：盈利能力分析

BDU 公司当年净利润为 500 000 美元，总资产平均余额为 2 000 000 美元，资产周转率为 1. 25 倍，则其销售净利率应为：

- ☐ **a.** 0. 25。
- ☐ **b.** 0. 31。
- ☐ **c.** 0. 36。
- ☐ **d.** 0. 2。

解析：正确答案是 **d.** 0. 2。

利润率 = 净利润/销售额

可以根据下列公式对销售额进行计算：

资产周转率 = 销售额/资产

销售额 = 资产周转率 × 资产

销售额 = 1. 25 × 2 000 000 美元 = 2 500 000 美元

利润率 = 500 000 美元/2 500 000 美元 = 0. 2

样题 2A3 - LS05
考查内容：盈利能力分析

在衡量公司的收益时，需要考虑下列哪些事项？

Ⅰ. 对未来事项的估计

Ⅱ. 公司采用的会计方法

Ⅲ. 公司经营绩效信息的披露程度

Ⅳ. 报表使用者的不同需求

☐ **a.** 仅Ⅰ和Ⅱ。

☐ **b.** 仅Ⅱ和Ⅲ。

☐ **c.** Ⅰ、Ⅱ、Ⅲ和Ⅳ。

☐ **d.** 仅Ⅰ、Ⅱ和Ⅳ。

解析： 正确答案是 **c.** Ⅰ、Ⅱ、Ⅲ和Ⅳ。

所有列示的项目在评估利润时都需要被考虑到。

样题 2A3 - LS09
考查内容：盈利能力分析

LMO 公司上一年度的销售收入净额为 7 000 000 美元，销售毛利率为 40%，销售净利率为 10%，则公司的产品销售成本为：

☐ **a.** 4 200 000 美元。

☐ **b.** 6 300 000 美元。

☐ **c.** 2 800 000 美元。

☐ **d.** 700 000 美元。

解析： 正确答案是 **a.** 4 200 000 美元。

使用下列公式计算毛利：

毛利率 = 毛利/净销售额

毛利 = 毛利率 × 净销售额

毛利 = 40% × 7 000 000 美元 = 2 800 000 美元

使用下列公式计算产品销售成本：

毛利 = 销售额 - 产品销售成本

产品销售成本 = 销售额 - 毛利

产品销售成本 = 7 000 000 美元 - 2 800 000 美元 = 4 200 000 美元

样题 2A3 - LS10
考查内容：盈利能力分析

对于一家商品流通企业来说，销售毛利率提升意味着公司：

☐ **a.** 销售收入增加。

☐ **b.** 固定成本减少。

☐ **c.** 成本管理工作有所改进。

☐ **d.** 质量控制工作有所改进，导致返工量减少。

解析：正确答案是 **c.** 成本管理工作有所改进。

上升的毛利率表明公司进行了很好的销售成本管理。

样题 2A4 – LS01

考查内容：*特殊问题*

下列哪些因素会影响收益质量？

Ⅰ. 管理层在准则允许范围内选择的会计政策

Ⅱ. 管理层薪酬占净利润的比例

Ⅲ. 资产维修保养的状况

Ⅳ. 经济周期或其他经济力量对收益稳定性的影响

☐ **a.** 仅Ⅰ、Ⅲ和Ⅳ。

☐ **b.** 仅Ⅰ和Ⅲ。

☐ **c.** 仅Ⅱ和Ⅳ。

☐ **d.** Ⅰ、Ⅱ、Ⅲ和Ⅳ。

解析：正确答案是 **a.** 只有Ⅰ、Ⅲ和Ⅳ。

收益质量的基本因素包括管理层和会计人员对会计原则的自由选择，提供的资产维修情况，以及周期性或其他经济因素对收益稳定的影响。

样题 2A4 – LS02

考查内容：*特殊问题*

下列表述中正确的是？

☐ **a.** 经济利润等于会计利润减去显性成本。

☐ **b.** 经济利润等于会计利润减去隐性成本。

☐ **c.** 会计利润等于经济利润减去隐性成本。

☐ **d.** 会计利润等于经济利润减去显性成本。

解析：正确答案是 **b.** 经济利润等于会计利润减去隐性成本。

当获得的利润超过正常利润，超出的部分为经济利润。经济利润等于会计利润减去隐性成本，隐性成本包括机会成本等。

样题 2A4 – LS03

考查内容：*特殊问题*

下列表述中正确的是？

☐ **a.** 财务报表不需要专门针对通货膨胀进行调整，因为利润本身能体现通货膨胀带来的价格上涨。

☐ **b.** 财务报表通常需要针对通货膨胀进行调整，这样各期的利润才能清晰列示。

☐ **c.** 财务报表每年都要根据通货膨胀率进行调整，并在年度报告附注中注明通货膨胀率。

☐ **d.** 财务报表不需要专门针对通货膨胀进行调整，这样利润可能呈现逐年复合增长的态势。

解析： 正确答案是 **d**. 财务报表不需要专门针对通货膨胀进行调整，这样利润可能呈现逐年复合增长的态势。

样题 2A4 – LS04

考查内容：特殊问题

一家欧洲公司在美国以发行美国存托凭证（ADR）的形式实现股票上市，所以需要向美国投资者披露年度报告。公司年报显示净利润为 1 500 000 欧元，欧元和美元之间的汇率为 1. 19 欧元/1 美元，下列哪一项表述是正确的？

☐ **a.** 向美国投资者披露的年度报告将显示净利润为 1 500 000 欧元。

☐ **b.** 向美国投资者披露的年度报告将显示净利润为 1 260 504 美元。

☐ **c.** 向美国投资者披露的年度报告将显示净利润为 1 785 000 美元。

☐ **d.** 向美国投资者披露的年度报告将显示净利润为 1 500 000 美元。

解析： 正确答案是 **a**. 向美国投资者披露的年度报告将显示净利润为 1 500 000 欧元。

财务报表通常不会根据外币汇率做出调整，因为调整只会显示汇率的波动性，对公司绩效的评估没有帮助。

第二章 公司财务 参考答案

样题 2B1 – AT05

考察内容：风险与收益

假设某一股票的 β 系数为 1. 25，市场整体报酬率为 14%，无风险报酬率为 6%，则根据资本资产定价模型（CAPM），该股票的必要报酬率为：

☐ **a.** 7.5%。

☐ **b.** 14.0%。

☐ **c.** 16.0%。

☐ **d.** 17.5%。

解析： 正确答案是 **c**. 16.0%。

CAPM 的公式为：

$$K_e = R_f + \beta\ (K_m - R_f)$$

其中：

K_e = 必要报酬率

R_f = 无风险利率（比如美国短期或长期的国库券的收益率）

β = 公司的 β 值

K_m = 市场投资组合的收益率

$K_e = 0.06 + 1.25 \times\ (0.14 - 0.06)\ = 0.06 + 1.25 \times 0.08$

$K_e = 0.06 + 0.10 = 0.16$ 或 16%

样题 2B1 – AT06
考察内容：风险与收益

万豪公司股票的期望报酬率为 20%，标准差为 15%，野马公司股票的期望报酬率为 10%，标准差为 9%。哪一只股票的相对风险更高？

☐ **a.** 野马公司，因为其变异系数更高。

☐ **b.** 万豪公司，因为其标准差更高。

☐ **c.** 万豪公司，因为其变异系数更低。

☐ **d.** 野马公司，因为其收益率更低。

解析： 正确答案是 **a.** 野马公司，因为其变异系数更高。

变异系数可以被用来评估相对风险。通过标准差除以期望报酬率可以得出变异系数。

变异系数 $= \sigma / \bar{R}$

其中：

$\sigma =$ 标准差

$\bar{R} =$ 期望报酬率

野马公司的变异系数 $= 0.09/0.1 = 0.9$

万豪公司的变异系数 $= 0.15/0.2 = 0.75$

因此，野马公司的股票风险高于万豪公司的股票风险。因为野马公司的变异系数更高。

样题 2B2 – LS04
考察内容：长期投融资管理

某一投资组合由代表不同行业的有限几只股票构成，下列关于各只股票之间的相关性及投资组合的收益波动性的表述**最**正确的是：

☐ **a.** 相关性低，组合的收益波动性低。

☐ **b.** 相关性低，组合的收益波动性高。

☐ **c.** 相关性高，组合的收益波动性高。

☐ **d.** 相关性高，组合的收益波动性低。

解析： 正确答案是 **a.** 相关性低，组合的收益波动性低。

在风险投资组合中分别对不同的公司持有少量的股票，投资组合就会有较低的相关系数以及风险投资组合收益变动性。不同行业的股票在同一时间或同样的比例进行上涨和下跌的可能性很小。

样题 2B2 – LS05
考察内容：长期投融资管理

如果公司的目标是减少投资组合的风险，则其构建组合时**最**应选择的投资为：

☐ **a.** 低 β 值、彼此高度相关的投资。

☐ **b.** 高 β 值、彼此弱相关的投资。

☐ **c.** 高 β 值、多元化的投资。

☐ **d.** 低 β 值、多元化的投资。

解析：正确答案是 **d.** 低 β 值、多元化的投资。

如果目标是保证低风险投资组合，其中则应该包括低 β 值的多样化投资。如果不同的投资会产生不同方向的结果（即这些投资不是完全正相关）。多样性会降低风险投资组合风险。当 β 值大于 1.0，则投资组合相对市场活动的波动性会随着 β 值的增加而增加。

样题 2B2 – CQ06
考察内容：长期投融资管理

科克斯公司发行了 1 000 股优先股，票面金额为 100 美元，股息率为 8%，每股发行价格 92 美元，每股发行费用为 5 美元。公司所得税税率为 40%，则科克斯公司优先股的资本成本为：

☐ **a.** 8.00%。

☐ **b.** 8.25%。

☐ **c.** 8.70%。

☐ **d.** 9.20%。

解析：正确答案是 **d.** 9.20%。

优先股的资本成本的计算如下：

优先股的资本成本 = 优先股每股股利/优先股股票价格

每股股利的计算如下：

每股股利 = 股利率 × 股票面值

每股股利 = 0.08 × 100 美元 = 8 美元/股

优先股的资本成本 = 8 美元/（92 美元 − 5 美元）= 9.20%

样题 2B2 – CQ07
考察内容：长期投融资管理

牛熊投资银行正在与克拉克公司的管理层讨论该公司首次公开发行股票并上市的事宜。克拉克公司的相关财务数据如下所示：

长期债务（利率8%）	$10 000 000
普通股：	
股本（每股面值1 美元）	3 000 000
资本公积——股本溢价	24 000 000
留存收益	6 000 000
总资产	55 000 000
净利	3 750 000
每年股利	1 500 000

如果克拉克公司所在行业的上市公司市盈率为 12 倍，则克拉克公司预计

的每股价值为：

- ☐ **a.** 9.00 美元。
- ☐ **b.** 12.00 美元。
- ☐ **c.** 15.00 美元。
- ☐ **d.** 24.00 美元。

解析： 正确答案是 **c.** 15.00 美元。

克拉克公司的每股收益（EPS）的计算如下：

每股收益（EPS）＝（净利润－优先股股利）/发行在外的普通股的加权平均数量

公司发行在外的普通股数量为 3 000 000。通过这个数据可以得到普通股权益的面值为 3 000 000 美元再除以每股价值为 1 美元的股票面值。

每股收益（EPS）＝（3 750 000 美元－0 美元）/（3 000 000 股）＝1.25 美元/股

克拉克公司股票每股价值的估计值计算如下：

每股价值估计值＝12×1.25 美元＝15.00 美元/股

样题 2B2 – LS13
考察内容：长期投融资管理

能够直接从公司买入新发行的普通股的长期看涨期权为：

- ☐ **a.** 远期合同。
- ☐ **b.** 认股权证。
- ☐ **c.** 可转换证券。
- ☐ **d.** 期货合约。

解析： 正确答案是 **b.** 认股权证。

根据定义来看，认股权证是指从公司购买普通股的长期看涨期权。这给了认股权证持有人以既定价格购买股票的权利。

样题 2B2 – LS15
考察内容：长期投融资管理

某一 15 年期的债券，票面利率为 7%，每半年付息一次，不含期权。该债券的必要报酬率原为 7%，现忽然跌至 6.5%，则该债券的价格：

- ☐ **a.** 将上升。
- ☐ **b.** 将下降。
- ☐ **c.** 将保持不变。
- ☐ **d.** 从已知信息无法判断。

解析： 正确答案是 **a.** 将上升。

收益率与债券价格之间呈反向关系。当收益率下降，则债券价格将会上升，反之亦然。

样题 2B2 – LS23

考察内容：长期投融资管理

某计息债券，利率为6%，预计税率为38%，则该债券的税后资本成本为：

- ☐ **a.** 3.80%。
- ☐ **b.** 3.72%。
- ☐ **c.** 4.40%。
- ☐ **d.** 6.00%。

解析： 正确答案是 **b.** 3.72%。

税后债务成本的计算公式如下：

税后债务成本 = $K_d \times (1 - t)$

税后债务成本 = $0.06 \times (1 - 0.38) = 0.0372 = 3.72\%$

样题 2B2 – CQ09

考察内容：长期投融资管理

哈奇香肠公司估计，在可预见的未来，公司股利的年增长率为9%，最近一年支付的股利为每股3.00美元，新普通股的发行价格为每股36美元，按照固定股利增长率模型，公司留存收益的资本成本约为：

- ☐ **a.** 9.08%。
- ☐ **b.** 17.33%。
- ☐ **c.** 18.08%。
- ☐ **d.** 19.88%。

解析： 正确答案是 **c.** 18.08%。

使用固定股利增长模型（戈登模型），留存收益的资本成本计算如下：

留存收益的资本成本 =（下一期股利/市场价格）+ 固定的股利增长率

在本题中，目前每股3美元的股利乘以1加上固定的增长率可以得到下一期的股利，计算如下：

下一期股利价值 = 3美元 ×（1 + 0.09）= 3.27美元

因此，留存收益的资本成本的计算为：

留存收益的资本成本 =（3.27美元/36美元）+ 0.09 = 0.0908 + 0.09 = 0.1808 或 18.08%

样题 2B2 – CQ10

考察内容：长期投融资管理

安吉拉公司的资本结构完全由长期债务和普通股构成，各项资本来源的资本成本如下所示：

长期债务	8%（税前）
普通股	15%

安吉拉公司所得税税率为 40%。如果安吉拉公司的加权平均资本成本为 10.41%，则可以推算出其资本结构中长期债务所占的比率为：

☐ **a.** 34%。

☐ **b.** 45%。

☐ **c.** 55%。

☐ **d.** 66%。

解析： 正确答案是 **b.** 45%。

安吉拉公司的加权平均资本成本（WACC）为 10.41%。加权平均资本成本（WACC）的计算公式如下：

WACC =（债务成本权重 w_i）×（税后债务成本）+（1－债务成本权重 w_i）×普通股权益成本

其中：

w_i =公司的债务成本权重或债务的所占比率

税后债务成本的计算如下：

税后债务成本 =（1－税率）×债务成本所占百分比

税后债务成本 =（1－0.4）×0.08 = 0.6×0.08 = 0.048 或 4.8%

在 WACC 的公式中，通过对税后债务成本数据的运用可以计算出债务成本权重 w_i，如下所示：

$10.41\% = 4.8\% \times w_i +（1 - w_i）（15\%）$

$10.41\% = 4.8\% \times w_i + 15\% - 15\% \times w_i$

$-4.59\% = -10.2\% \times w_i$

$w_i = -4.59\% / -10.2\% = 45\%$

样题 2B2 – CQ15

考察内容：长期投融资管理

汤姆士的资本结构中，长期债务占 30%，优先股占 25%，普通股占 45%。各项资本来源的资本成本分别为：

长期债务	8%（税前）
优先股	11%
普通股	15%

如果汤姆士公司的税率为 40%，则该公司的税后加权平均资本成本为：

☐ **a.** 7.14%。

☐ **b.** 9.84%。

☐ **c.** 10.94%。

☐ **d.** 11.90%。

解析： 正确答案是 **c.** 10.94%。

加权平均资本成本（WACC）的计算如下：

WACC = 长期债务权重×税后长期债务成本 + 优先股权重×优先股成本 +

普通股权益权重×普通股权益成本

税后债务成本计算如下：

税后债务成本 =（1 - 税率）×税前债务成本

税后债务成本 =（1 - 0.4）×0.08 = 0.6×0.08 = 0.048 或 4.8%

WACC = 0.3×0.048 + 0.25×0.11 + 0.45×0.15 = 0.0144 + 0.0275 + 0.0675 = 0.1094 或 10.94%

样题 2B3 - AT13

考察内容：筹集资金

阿奇公司发行在外的普通股数量为 200 000 股，最近一年的净利润为 500 000 美元，其股票的市盈率为 8 倍。董事会宣告，公司将进行 2 股拆成 3 股的股票分割。某一投资者在股票分割实施之前，持有阿奇公司股票 100 股，在股票分割刚刚实施之后，该投资者所持阿奇公司股票的价值约为（保留整数）：

☐ **a.** 2 000 美元。

☐ **b.** 1 333 美元。

☐ **c.** 3 000 美元。

☐ **d.** 4 000 美元。

解析： 正确答案是 **a.** 2 000 美元。

股票分割不会改变公司的价值，也不会对投资人持有的股票价值产生影响。

初始股票价格 = 市盈率×每股收益

其中：

EPS = 每股收益

EPS = 净利/发行在外的普通股股数

EPS = 500 000 美元/200 000 = 2.50 美元

初始股票价格 = 8×2.5 美元 = 20 美元

股票分割不会对投资人持有的股票价值产生影响，20 美元×100 股 = 2 000 美元。

股票分割后，投资者持有的股票数量将会增加 1.5 倍。

100 股×1.5 = 150 股

每股价值为：2 000 美元/150 股 = 13.33 美元

样题 2B4 - CQ08

考察内容：营运资本管理

财富公司最近一期财务报表上的相关数据如下：

有价证券	$ 10 000
应收账款	60 000
存货	25 000
低值易耗品	5 000

应付账款	40 000
短期借款	10 000
应计费用	5 000

财富公司的净营运资本为：

☐ **a.** 35 000 美元。

☐ **b.** 45 000 美元。

☐ **c.** 50 000 美元。

☐ **d.** 80 000 美元。

解析：正确答案是 **b.** 45 000 美元。

净营运资本 = 流动资产 − 流动负债

流动资产 = 有价证券 + 应收账款 + 存货 + 低值易耗品

流动资产 = 10 000 美元 + 60 000 美元 + 25 000 美元 + 5 000 美元 = 100 000 美元

流动负债 = 应付账款 + 短期债务 + 应计费用

流动负债 = 40 000 美元 + 10 000 美元 + 5 000 美元 = 55 000 美元

净营运资本 = 100 000 美元 − 55 000 美元 = 45 000 美元

样题 2B4 – CQ10

考察内容：营运资本管理

滚石公司是一家娱乐票务服务公司，正在考虑使用下列方法之一来管理公司的现金流：

锁箱系统：每家银行每月收取的锁箱服务费为 25 美元，公司共 170 家合作银行，使用锁箱系统每月能节省利息支出 5 240 美元。

汇票付款：汇票用于支付退票款，公司预计每月退票 4 000 张，每张汇票的手续费成本为 2.00 美元，使用汇票每月能节省利息支出 6 500 美元。

电子转账：单次 25 000 美元以上的转账通过电子转账系统完成，预计每月转账次数为 700 次，每次电子转账的手续费成本为 18 美元。使用电子转账每月将产生的利息收入增加了 14 000 美元。

滚石公司应当采用上述哪几项加速现金的方法？

☐ **a.** 仅锁箱系统和电子转账。

☐ **b.** 仅电子转账。

☐ **c.** 锁箱系统、汇票和电子转账。

☐ **d.** 仅锁箱系统。

解析：正确答案是 **a.** 仅锁箱系统和电子转账。

滚石公司需要选择一个可以使净收益最大的选项。进而减去使净收益变大过程中的相关成本。

锁箱系统的净收益 = 5 240 美元 − 25 美元 × 170 = 5 240 美元 − 4 250 美元 = 990 美元

汇票的净收益 = 6 500 美元 − 2 美元 × 4 000 = 6 500 美元 − 8 000 美元 = − 1 500

美元仅考虑电子转账系统

电子转账系统净收益 = 14 000 美元 – 18 美元 × 700 = 14 000 美元 – 12 600 美元 = 1 400 美元

考虑不同情况下的净收益：

只用锁箱系统和电子转账系统：990 美元 + 1 400 美元 = 2 390 美元。

只用电子转账系统：1 400 美元。

只用锁箱系统，汇票和电子转账系统：990 美元 – 1 500 美元 + 1 400 美元 = 890 美元。

只用锁箱系统：990 美元。

在这 4 种选项中，只用锁箱系统和电子转账系统提供的净收益最高。

样题 2B6 – AT14
考察内容：国际金融

小托特是一家总部在美国的婴儿服装公司，有意向从中国进口布料。为了让中国公司同意发货，小托特公司应该提前做好哪项安排？

☐ **a.** 提单。

☐ **b.** 远期汇票。

☐ **c.** 信用证。

☐ **d.** 即期汇票。

解析： 正确答案是 **c.** 信用证。

信用证由进口商的银行向出口商出具。当银行收到相应的文件表明双方依据合同进行的贸易活动已经完成以后，银行会对进口商的债务进行担保。

样题 2B6 – AT18
考察内容：国际金融

美元相对于日元升值将导致的结果有：

☐ **a.** 美国商品对日本消费者来说更贵。

☐ **b.** 美国公司设在日本的子公司将带来更多的报表折算利得。

☐ **c.** 美国公司的采购成本增加。

☐ **d.** 美国公民赴日本旅行的成本增加。

解析： 正确答案是 **a.** 美国商品对日本消费者来说更贵。

美元对日元的升值意味着购买同样一件美国产品需要支付更多的日元。因此，日本消费者感觉美国的产品更贵。

样题 2B6 – AT19
考察内容：国际金融

技术专家公司位于比利时，鉴于本国生产成本更低，目前在本国工厂进行生产，产品销往美国。公司正考虑在美国设厂。下列因素中哪一项**不会**使在美国直接投资设厂的方案更有吸引力？

☐ **a.** 预计美国政府将采取更严厉的贸易限制政策。

☐ **b.** 美元相对于比利时货币将要贬值。

☐ **c.** 由于汇率波动，该公司对美国出口产品的需求不断变化。

☐ **d.** 在本国生产和去美国建厂在生产成本上的差异扩大。

解析： 正确答案是 **d.** 在本国生产和去美国建厂在生产成本上的差异扩大。

如果生产成本差异不断增加，则产品会选择在比利时进行生产，因为产品的生产成本更加低廉。

第三章 决策分析 参考答案

样题 2C1 – CQ01
考查内容：本量利分析

帕克林公司两个部门的营运结果如下所示：

	部门 A	部门 B	合计
销售收入	$10 000	$15 000	$25 000
变动产品销售成本	4 000	8 500	12 500
固定产品销售成本	1 500	2 500	4 000
毛利	4 500	4 000	8 500
变动销售和管理费用	2 000	3 000	5 000
固定销售和管理费用	1 500	1 500	3 000
营业利润（亏损）	$1 000	$(500)	$500

变动产品销售成本与各个营运部门直接相关。固定产品销售成本根据员工人数分摊至各个部门。固定销售和管理费用在两个部门间均匀分摊。如果取消部门 B，则固定产品销售成本能减少 1 500 美元。假设部门 B 被取缔，这么做将对营业利润造成怎样的影响？

☐ **a.** 营业利润将增加 500 美元。

☐ **b.** 营业利润将增加 2 000 美元。

☐ **c.** 营业利润将减少 2 000 美元。

☐ **d.** 营业利润将减少 2 500 美元。

解析： 正确答案是 **c.** 营业利润将减少 2 000 美元。

如果关闭部门 B，帕克林公司将可避免成本 13 000 美元，计算如下：

关闭部门 B 的影响 = （部门 B 的固定产品销售成本 1 500 美元） + （部门 B 的变动产品销售成本 8 500 美元） + （部门 B 的变动销售和管理费用 3 000 美元） = 13 000 美元

关闭部门 B 将导致销售额减少 15 000 美元，最终结果是利润减少 15 000 美元 – 13 000 美元 = 2 000 美元。

样题 2C1 – CQ02
考查内容：本量利分析

爱德华兹公司刚刚研制出一种新产品，该产品的变动制造成本为每单位 30 美元。市场营销总监为该新产品确立了 3 种营销方案。

方案 X	该产品的售价为 36 美元，公司销售人员销售该产品从中可获取 10% 的佣金，没有广告支出。预计年销量为 10 000 单位
方案 Y	该产品的售价为 38 美元，公司销售人员销售该产品从中可获取 10% 的佣金，广告支出为 30 000 美元。预计年销量为 12 000 单位
方案 Z	依靠批发商来处理该产品。爱德华兹公司以每单位 32 美元的价格向批发商销售该产品，这么做不会发生任何销售费用。预计年销量为 14 000 单位

按照净边际贡献从高到低的顺序给这三种方案排序，则正确的顺序为：
- ☐ **a**. X，Y，Z。
- ☐ **b**. Y，Z，X。
- ☐ **c**. Z，X，Y。
- ☐ **d**. Z，Y，X。

解析：正确答案是 c. Z，X，Y。

边际贡献 =（销售单价 – 单位变动成本）× 销售量

方案 X 的边际贡献计算如下：

方案 X 的边际贡献 =（36 美元 – 佣金 0.1 × 36 美元 – 30 美元）× 10 000 单位

= 2.40 美元 × 10 000 = 24 000 美元

方案 Y 的边际贡献计算如下：

方案 Y 的边际贡献 =（38 美元 – 佣金 0.1 × 38 美元 – 30 美元）× 12 000 单位 – 广告费 30 000 美元 = 4.20 美元 × 12 000 – 30 000 美元 = 20 400 美元

方案 Z 的边际贡献计算如下：

方案 Z 的边际贡献 =（32 美元 – 30 美元）× 14 000 单位 = 28 000 美元

样题 2C1 – CQ04
考查内容：本量利分析

埃尔格公司为管道行业生产阀门。产品的单位售价与变动成本如下所示：

售价	$12
变动成本	8

埃尔格公司的工厂实际产能为 40 000 件。该公司的总固定成本为 48 000 美元，适用的有效税率为 40%。

则埃尔格公司可以赚得的最大净利润为：

- ☐ **a.** 48 000 美元。
- ☐ **b.** 67 200 美元。
- ☐ **c.** 96 000 美元。
- ☐ **d.** 112 000 美元。

解析： 正确答案是 **b.** 67 200 美元。

埃尔格公司可以获得的最大净利润计算如下：

最大净利润 =（1 - 所得税税率）×（销售额 - 变动成本 - 固定成本）

$$= (1 - 0.4) \times (12 \text{ 美元} \times 40\,000 \text{ 件} - 8 \text{ 美元} \times 40\,000 \text{ 件} - 48\,000 \text{ 美元})$$

$$= 0.6 \times (480\,000 \text{ 美元} - 320\,000 \text{ 美元} - 48\,000 \text{ 美元})$$

$$= 0.6 \times 112\,000 \text{ 美元} = 67\,200 \text{ 美元}$$

样题 2C1 – CQ09

考查内容：本量利分析

茨尔维耐公司生产的两种类型的发动机可用于多种产品。这两种发动机的营运数据及单位成本信息如下所示：

	产品 A	产品 B
年产能（单位）	10 000	20 000
年需求量（单位）	10 000	20 000
售价	$ 100	$ 80
变动制造成本	53	45
固定制造成本	10	10
变动销售和管理费用	10	11
固定销售和管理费用	5	4
固定其他管理费用	2	0
单位营业利润	$ 20	$ 10
单位机器工时	2.0	1.5

茨尔维耐公司可用于生产的机器工时为 40 000 小时。在制定下一年度的产品优先排产决策时，与每种产品每机器工时相关的边际贡献数据应为：

	产品 A	产品 B
☐ **a.**	$ 17.00	$ 14.00
☐ **b.**	$ 18.50	$ 16.00
☐ **c.**	$ 20.00	$ 10.00
☐ **d.**	$ 37.00	$ 24.00

解析： 正确答案是 **b.** 18.50 美元；16.00 美元。

每机器工时的边际贡献计算如下：

每机器工时的边际贡献 = 单位边际贡献/单位产品机器工时

单位边际贡献（CMU）= 单位销售价格 – 单位变动成本

产品 A 的单位变动成本 = 53 美元 + 10 美元 = 63 美元

产品 A 的 CMU = 100 美元 – 63 美元 = 37 美元

产品 A 的每机器工时的边际贡献 = 37 美元/2 小时 = 18.50 美元/小时

产品 B 的单位变动成本 = 45 美元 + 11 美元 = 56 美元

产品 B 的 CMU = 80 美元 – 56 美元 = 24 美元

产品 B 的每机器工时的边际贡献 = 24 美元/1.5 小时 = 16.00 美元/小时

样题 2C1 – CQ10
考查内容：本量利分析

奥尔雷德公司只销售一种产品，单位售价为 30 美元。边际贡献率为 45%，每月的固定成本为 10 000 美元。该公司适用的所得税税率为 40%。假设奥尔雷德公司当月销售了 1 000 件产品，则该公司的变动费用将为：

☐ **a.** 9 900 美元。

☐ **b.** 12 000 美元。

☐ **c.** 13 500 美元。

☐ **d.** 16 500 美元。

解析： 正确答案是 **d.** 16 500 美元。

变动费用计算如下：

变动费用 = （1 – 边际贡献率）×销售额

销售额 = 30 美元 ×1 000 件 = 30 000 美元

变动费用 = （1 – 0.45）×30 000 美元 = 0.55 ×30 000 美元 = 16 500 美元

样题 2C1 – CQ11
考查内容：本量利分析

菲利普斯公司生产教育软件。预计产量为 150 000 件时，该公司的单位成本结构如下所示：

售价	$ 160
变动成本	60
固定成本	55

市场营销部门预计下一年度的销量为 175 000 件，该销量在菲利普斯公司成本结构的相关范围内。则该公司下一年度的盈亏平衡销量和预计营业利润分别为多少？

☐ **a.** 盈亏平衡销量为 82 500 件，预计营业利润为 7 875 000 美元。

☐ **b.** 盈亏平衡销量为 82 500 件，预计营业利润为 9 250 000 美元。

☐ **c.** 盈亏平衡销量为 96 250 件，预计营业利润为 3 543 750 美元。

□　**d.** 盈亏平衡销量为 96 250 件，预计营业利润为 7 875 000 美元。

解析： 正确答案是 **b.** 盈亏平衡销量为 82 500 件，预计营业利润为 9 250 000 美元。

盈亏平衡点销售量计算如下：

盈亏平衡点销售量 = 总固定成本/单位边际贡献

单位边际贡献 = 单位销售价格 – 单位变动成本

　　　　　　 = 160 美元 – 60 美元 = 100 美元

总固定成本 = 单位固定成本 × 产量

　　　　　 = 55 美元 × 150 000 件 = 8 250 000 美元

盈亏平衡点销售量 = 8 250 000 美元/100 美元 = 82 500 件

营业利润 = 单位边际贡献 × 总销售量 – 固定成本

　　　　 = 100 美元 × 175 000 件 – 8 250 000 美元

　　　　 = 17 500 000 美元 – 8 250 000 美元

　　　　 = 9 250 000 美元

样题 2C1 – CQ15
考查内容：本量利分析

西尔弗斯通公司的上一年度销售收入为 450 000 美元。发生的固定成本为 120 000 美元，变动成本为 270 000 美元。预计本年度的销售收入为 500 000 美元。如果固定成本保持不变，则西尔弗斯通公司本年度的营业利润将为：

□　**a.** 60 000 美元。

□　**b.** 80 000 美元。

□　**c.** 110 000 美元。

□　**d.** 200 000 美元。

解析： 正确答案是 **b.** 80 000 美元。

营业利润计算如下：

营业利润 = 边际贡献率 × 总销售额 – 固定成本

本年预算销售额 = 500 000 美元

刚刚结束的年度的边际贡献率 =（销售额 – 变动成本）/销售额

　　　　　　　　　　　　　 =（450 000 美元 – 270 000 美元）/450 000 美元

　　　　　　　　　　　　　 = 0.4

营业利润 = 0.4 × 500 000 美元 – 120 000 美元

　　　　 = 200 000 美元 – 120 000 美元 = 80 000 美元

样题 2C2 – CQ01
考查内容：边际分析

威廉姆斯作为一名会计职员，其每年的收入为 35 000 美元。威廉姆斯决定辞去现在的工作并参加为期一年的全日制 MBA 项目。假设威廉姆斯在这一年内不会从事任何工作。他全年的学费、书本费、生活费和其他花费共计

25 000 美元。基于以上信息，威廉姆斯一年的 MBA 学习总经济成本为：

☐ **a.** 10 000 美元。

☐ **b.** 35 000 美元。

☐ **c.** 25 000 美元。

☐ **d.** 60 000 美元。

解析：正确答案是 **d.** 60 000 美元。

攻读 MBA 全日制课程一年的经济成本等于放弃的工资 35 000 美元加上费用 25 000 美元，总共是 60 000 美元。

样题 2C2 – CQ03

考查内容：边际分析

凯尔索制造公司的日常成本包括固定成本 1 000 美元以及变动成本，该公司的总变动成本数据如下所示：

产出量（件）	10	11	12	13	14	15
成本	$125	$250	$400	$525	$700	$825

则产出量为 11 件时，单位平均总成本为：

☐ **a.** 113.64 美元。

☐ **b.** 125.00 美元。

☐ **c.** 215.91 美元。

☐ **d.** 250.00 美元。

解析：正确答案是 **a.** 113.64 美元。

产量为 11 件时的单位平均成本是由 11 件产品的总成本（固定成本和变动成本）除以 11 得到的。

产量为 11 件时的单位平均成本 =（1 000 美元 + 250 美元）/11

= 1 250 美元/11 = 113.64 美元

样题 2C2 – CQ04

考查内容：边际分析

在月度正常产出范围内，哈珀产品公司的成本信息如下所示：

产出量	总成本
20 000	$ 3 000 000
22 500	3 325 000
25 000	3 650 000

则哈珀公司的短期边际成本是多少？

☐ **a.** 26 美元。
☐ **b.** 130 美元。
☐ **c.** 146 美元。
☐ **d.** 150 美元。

解析： 正确答案是 **b.** 130 美元。

边际成本是生产下一单位产品的成本。边际成本通过成本的变化量除以产量的变化量得到。

哈珀公司的边际成本计算如下：

边际成本 = 成本的变化量/产量的变化量

= （3 325 000 美元 – 3 000 000 美元）/ （22 500 – 20 000）

= 325 000 美元/2 500 = 130 美元

样题 2C2 – CQ11
考查内容：边际分析

电冰箱公司生产安装在冷冻库中的制冰机。制冰机产量为 20 000 台时，单位成本数据如下所示：

直接材料	$7
直接人工	12
变动制造费用	5
固定制造费用	10
总成本	$34

冷却隔间公司提出以每单位 28 美元的价格向电冰箱公司出售 20 000 台制冰机。如果电冰箱公司接受冷却隔间公司的这项提议，电冰箱公司的工厂将会闲置，其单位固定制造费用可以在原来的基础上下降 6 美元。则与生产制冰机相关的总成本为：

☐ **a.** 480 000 美元。
☐ **b.** 560 000 美元。
☐ **c.** 600 000 美元。
☐ **d.** 680 000 美元。

解析： 正确答案是 **c.** 600 000 美元。

生产制冰机的总相关成本计算如下：

总相关成本 = 单位变动生产成本 × 产量 + 任何可避免的固定成本

单位变动生产成本 = 直接材料 + 直接人工 + 变动制造费用

= （7 美元 + 12 美元 + 5 美元）= 24 美元

可避免的固定成本是 6 美元/单位。

因此，生产制冰机的相关成本 = 24 美元 × 20 000 台 + 6 美元 × 20 000 台。

总相关成本 = 480 000 美元 + 120 000 美元 = 600 000 美元

样题 2C2 – CQ14
考查内容：边际分析

资本公司已决定终止生产某种产品，该产品原本通过 4 年前购置的一台机器进行生产，该机器的购置成本为 70 000 美元。该机器当前的账面价值为 30 000 美元。由于市场上目前可用的机器在技术上已得到改进，因此资本公司现存的这台机器已没有任何残值。该公司正在评估与新产品的生产相关的各项因素。工程人员的建议是将这台机器用于生产新产品。与生产新产品相关的其他成本包括材料成本 20 000 美元以及人工成本 5 000 美元。

忽略所得税，则与是否生产新产品的决策相关的成本为：
- ☐ **a.** 25 000 美元。
- ☐ **b.** 30 000 美元。
- ☐ **c.** 55 000 美元。
- ☐ **d.** 95 000 美元。

解析： 正确答案是 **a.** 25 000 美元。

决定生产或不生产新产品的成本总额为 25 000 美元，其中包括材料成本 20 000 美元和人工成本 5 000 美元。与旧机器相关的成本是不相关成本，它们是沉没成本，历史成本。

样题 2C2 – CQ15
考查内容：边际分析

惠特曼公司为某大型零售商，其各个业务部门的现行营运数据如下所示：

	商贸	汽车	饭店	合计
销售收入	$500 000	$400 000	$100 000	$1 000 000
变动成本	300 000	200 000	70 000	570 000
固定成本	100 000	100 000	50 000	250 000
营业利润（亏损）	$100 000	$100 000	$(20 000)	$180 000

管理层正在考虑将饭店业务终止，因为饭店部门"正在赔钱"。如果饭店部门被终止，固定成本能够减少 30 000 美元。此外，商贸部门和汽车部门的销售将在当前水平的基础上下降 5%。假设终止饭店业务，惠特曼公司的总边际贡献将为多少？
- ☐ **a.** 160 000 美元。
- ☐ **b.** 220 000 美元。
- ☐ **c.** 367 650 美元。
- ☐ **d.** 380 000 美元。

解析： 正确答案是 **d.** 380 000 美元。

总边际贡献（美元）计算如下：

总边际贡献 = 销售额 – 变动成本

终止饭店业务后，惠特曼公司的总边际贡献等于商贸部门当前贡献的95%，加上汽车部门当前贡献的95%得到。

终止饭店业务后，惠特曼公司的总边际贡献

= 0.95 × （500 000 美元 – 300 000 美元） + 0.95 × （400 000 美元 – 200 000 美元）

= 190 000 美元 + 190 000 美元 = 380 000 美元

样题 2C2 – CQ16
考查内容：边际分析

子壳工业公司生产多种产品，该公司目前每月制造30 000件730号零件供生产使用。目前，用于生产730号零件的设施每月的固定间接成本为150 000美元，这些设施的理论产能是每月生产60 000件730号零件。如果子壳公司从外部供应商处购买730号零件，这些设施将会闲置，但固定成本中的40%仍会继续存在。除了用于生产730号零件外，这些设施没有其他用途。730号零件的变动生产成本是每单位11美元。固定间接费用根据计划的生产水平进行分摊。

如果子壳工业公司每月需要使用30 000件730号零件，公司还想通过从外部供应商处采购730号零件而获得利润，则供应商的单位价格应低于

☐ **a.** 12.00 美元。
☐ **b.** 12.50 美元。
☐ **c.** 13.00 美元。
☐ **d.** 14.00 美元。

解析： 正确答案是 **d.** 14.00 美元。

当产量为30 000件时，合适的购买价格等于变动制造成本加上可避免固定成本。

P × 产量 = 变动制造成本 + 可避免固定成本

其中，P = 购买价格

产量 = 30 000 件

变动制造成本 = 11 美元 × 30 000 件 = 330 000 美元

可避免固定成本 = 0.6 × 150 000 美元 = 90 000 美元

P × 30 000 件 = 330 000 美元 + 90 000 美元

30 000 × P = 420 000 美元

P = 14.00 美元

样题 2C3 – CQ01
考查内容：定价

某市场调研分析人员确定的某商品的市场数据如下所示：

价格	供给量	需求量
$ 25	250	750
50	500	500
75	750	250
100	1 000	0

基于以上信息，以下哪项陈述是**正确**的？

☐ **a.** 商品价格为 30 美元时，存在过量需求。

☐ **b.** 市场出清价格无法确定。

☐ **c.** 商品价格为 80 美元时，供给不足。

☐ **d.** 50 美元的市场价格不可能存在很长时间。

解析：正确答案是 **a.** 商品价格为 30 美元时，存在过量需求。

当供给等于需求（500 件）时，商品的市场价格为 50 美元。任何低于 50 美元的价格都将产生超额需求。

样题 2C3 – CQ03

考查内容：定价

某经济调查公司对大屏幕电视（LST）市场进行了广泛调研，部分调研结果如下所示：

家庭收入	LST 销量（台）
$ 50 000	20 000
60 000	28 000
72 000	39 200

LST 价格	LST 销量（台）
$ 1 000	100 000
900	115 000
810	132 250

则 LST 需求的收入弹性为：

☐ **a.** 0.4。

☐ **b.** 1.5。

☐ **c.** 1.8。

☐ **d.** 2.5。

解析：正确答案是 **c.** 1.8。

需求的收入弹性定义为在收入变化一定的百分比时需求量（销售量）变化百分比。销售额变化的百分比是由 20 000 台到 28 000 台的销售量变化计算出来的，如下所示：

销售量变化的百分比 =（28 000 - 20 000）/24 000 = 8 000/24 000 = 0.33

在销售量从 20 000 台变为 28 000 台时，收入变化的百分比可计算如下：

收入变化的百分比 =（60 000 美元 - 50 000 美元）/55 000 美元

$$= 10\ 000\ 美元/55\ 000\ 美元 = 0.18$$

则收入弹性可计算如下：

需求的收入弹性 = 需求数量变化的百分比/收入变化的百分比

需求的收入弹性 = 0.33/0.18 = 1.83

注意：以上计算结果与 CMA 考试中采用"中点公式"法计算需求弹性相一致，具体内容参考第三章第 3 节。

样题 2C3 – CQ04
考查内容：定价

琼斯公司生产三种产品 A、B 和 C。在 5 月份，琼斯公司的产量、成本和销售数据如下所示：

	产品			
	A	**B**	**C**	**合计**
生产量（件）	30 000	20 000	70 000	120 000
分离点处的联合生产成本				$480 000
进一步加工的成本	$ —	$60 000	$140 000	
单位售价				
分离点处	3.75	5.50	10.25	
进一步加工后	—	8.00	12.50	

基于以上信息，以下方案中应向琼斯公司的管理层推荐的是？

☐ **a.** 在分离点处出售产品 B 和产品 C。

☐ **b.** 进一步加工产品 B，但在分离点处出售产品 C。

☐ **c.** 进一步加工产品 C，但在分离点处出售产品 B。

☐ **d.** 进一步加工产品 B 和产品 C。

解析：正确答案是 **c.** 进一步加工产品 C，但在分离点处出售产品 B。

如果进一步加工引起产品的市场价格变化量超过了额外加工成本，该产品应进一步加工。

在分离点处销售产品 B 能获得收入：5.50 美元 × 20 000 = 110 000 美元。

进一步加工产品 B 后再销售能获得收入：8.00 美元 × 20 000 = 160 000 美元。

收入增加：160 000 美元 – 110 000 美元 = 50 000 美元。

50 000 美元小于进一步加工的成本 60 000 美元。

因此，应在分离点销售产品 B。

在分离点处销售产品 C 能获得收入：10.25 美元 × 70 000 = 717 500 美元。

进一步加工产品 C 后再销售能获得收入：12.50 美元 × 70 000 = 875 000 美元。

收入增加：875 000 美元 – 717 500 美元 = 157 500 美元。

157 500 美元大于进一步加工的成本 140 000 美元。

基于以上信息，应进一步加工产品 C。

样题 2C3 – CQ05

考查内容：定价

协同公司生产某种部件，常用在很多制冷系统中。该部件共有 5 种不同的模型，其中 3 种模型的数据如下所示：

	模型		
	A	**B**	**C**
需要的数量（件）	5 000	6 000	3 000
制造成本			
变动直接成本	$ 10	$ 24	$ 20
变动制造费用	5	10	15
固定制造费用	11	20	17
总制造成本	$ 26	$ 54	$ 52
外购成本	$ 21	$ 42	$ 39

协同公司基于机器工时数分摊变动制造费用，分摊率为每机器工时 2.50 美元。模型 A 和模型 B 在制冷部门生产，该部门的产能为 28 000 机器工时。则应向协同公司的管理层推荐以下哪种方案？

☐ **a.** 3 种产品都应外购，购买数量等于需要的数量。

☐ **b.** 3 种产品都应自制，自制数量等于需要的数量。

☐ **c.** 制冷部门的生产计划中应包含 5 000 件模型 A 和 4 500 件模型 B。

☐ **d.** 制冷部门的生产计划中应包含 2 000 件模型 A 和 6 000 件模型 B。

解析：正确答案是 **c.** 制冷部门的生产计划中应包含 5 000 件模型 A 和 4 500 件模型 B。

协同公司希望最大化每机器工时的贡献与可用的 28 000 机器工时二者的乘积。

每种产品的每机器工时的贡献计算如下：

每机器工时的贡献 =（外购价格 – 产品的单位变动成本）/ 生产该产品所需的机器工时数

生产任一模型所需的机器工时数 = 该模型的变动制造费用 /（2.50 美元/工时）

生产模型 A 所需的机器工时数 = 5 美元 /（2.50 美元/工时）= 2 工时

生产模型 B 所需的机器工时数 = 10 美元 /（2.50 美元/工时）= 4 工时

生产模型 C 所需的机器工时数 = 15 美元 /（2.50 美元/工时）= 6 工时

模型 A 每机器工时的贡献 =（21 美元 – 变动直接成本 10 美元 – 变动制造费用 5 美元）/ 2 工时 = 6 美元 / 2 工时 = 3.00 美元每机器工时

模型 B 每机器工时的贡献 =（42 美元 – 变动直接成本 24 美元 – 变动制造费用 10 美元）/ 4 工时 = 8 美元 / 4 工时 = 2.00 美元每机器工时

模型 C 每机器工时的贡献 =（39 美元 – 变动直接成本 20 美元 – 变动制造

费用 15 美元）/6 工时 = 4 美元/6 工时 = 0.67 美元每机器工时

基于以上得出的每机器工时的贡献信息，协同公司应该：

首先生产 5 000 件模型 A（模型 A 具有最高的每机器工时边际贡献），使用 5 000 × 2 = 10 000 机器工时。

接着生产 4 500 件模型 B（模型 B 每机器工时的边际贡献仅次于模型 A），使用 4 500 × 4 = 18 000 机器工时。

模型 A 和模型 B 将用完全部产能 28 000 机器工时（10 000 + 18 000），因此，无法再生产其他产品。

样题 2C3 – CQ06
考查内容：定价

DMA 是领袖工业公司计划引入的一种新产品。该公司预期能销售 10 000 件 DMA。DMA 的单位总成本为 300 美元。DMA 的总投资共计 2 000 万美元。领袖公司的目标投资收益率为 20% 。根据营业利润占总产品成本的百分比，DMA 的成本加成百分比应为：

☐ **a.** 42.9% 。

☐ **b.** 57.1% 。

☐ **c.** 133.3% 。

☐ **d.** 233.7% 。

解析：正确答案是 **c.** 133.3% 。

DMA 的价格（P）可使用如下公式进行计算：

（P – 成本）×数量 = 投资收益率×投资额

（P – 300 美元）×10 000 = 0.2 × 20 000 000 美元

（P – 300 美元）= 4 000 000 美元/10 000

（P – 300 美元）= 400 美元

P = 700 美元

单位总成本的加成百分比 =（价格 – 成本）/成本

= （700 美元 – 300 美元）/300 美元

= 400 美元/300 美元 = 1.333 或 133.3%

样题 2C3 – CQ08
考查内容：定价

阿尔梅罗人力公司提供代理记账服务。该公司的年度固定成本为 100 000 美元，变动成本为每小时 6 美元。本年度，该公司预计会提供 50 000 小时的记账服务。阿尔梅罗公司根据总成本给服务定价，并采用成本加成定价法。假设该公司制定的服务价格为每小时 9 美元。则该公司的成本加成水平为：

☐ **a.** 12.5% 。

☐ **b.** 33.3% 。

☐ **c.** 50.0% 。

☐ **d.** 66.6%。

解析： 正确答案是 **a.** 12.5%。

50 000 小时服务的单位成本计算如下：

50 000 小时服务的单位成本 =（固定成本/小时数）+ 单位变动成本

= （100 000 美元/50 000）+ 6 美元

= 2 美元 + 6 美元 = 8 美元/小时

已知价格为 9 美元，则成本加成率 =（价格 – 成本）/（成本）

成本加成率 =（9 美元 – 8 美元）/（8 美元）= 1/8 = 0.125 或 12.5%

样题 2C3 – CQ09
考查内容：定价

茴香产品公司采用成本导向定价法来确定其新产品的售价，定价中所依据的信息如下所示：

年销量	25 000 单位
固定成本	$700 000 每年
变动成本	$200 每单位
工厂投资	$3 000 000
营运资本	$1 000 000
有效税率	40%

茴香公司为新产品设定的目标价格应为多少才能实现 15% 的税后投资收益率（ROI）：

☐ **a.** 228 美元。

☐ **b.** 238 美元。

☐ **c.** 258 美元。

☐ **d.** 268 美元。

解析： 正确答案是 **d.** 268 美元。

目标价格（P）可使用如下公式计算：

（总销售额 – 总变动成本 – 总固定成本）×（1 – 所得税税率）= 目标 ROI × 投资额

总销售额 = 销售量 × 目标价格 = 25 000 × P

总变动成本 = 销售量 × 单位变动成本 = 25 000 × 200 美元 = 5 000 000 美元

总固定成本 = 700 000 美元

投资包括工厂投资和营运资本 = 3 000 000 美元 + 1 000 000 美元 = 4 000 000 美元

（25 000 × P – 5 000 000 美元 – 700 000 美元）×（1 – 0.4）= 0.15 × 4 000 000 美元

（25 000 × P – 5 700 000 美元）× 0.6 = 600 000 美元

15 000 × P – 3 420 000 美元 = 600 000 美元

15 000 × P = 4 020 000 美元

P = 268 美元

第四章 风险管理 参考答案

样题 2D1 – AT16

考查内容：企业风险

以下哪一项**不是**与海外直接投资相关的政治风险的例子？

- ☐ **a.** 失控的通货膨胀。
- ☐ **b.** 工厂国有化。
- ☐ **c.** 政权更迭。
- ☐ **d.** 内战。

解析： 正确答案是 **a.** 失控的通货膨胀。

不受控制的通货膨胀是一种经济风险，而非一种政治风险。

样题 2D1 – AT17

考查内容：企业风险

以下哪一项**不能**作为解释美国跨国公司进行国际业务扩张的有效理由？

- ☐ **a.** 确保原材料的新来源。
- ☐ **b.** 寻找产品可成功销售的新市场。
- ☐ **c.** 保护本国市场免遭外国厂商的竞争。
- ☐ **d.** 最小化生产成本。

解析： 正确答案是 **c.** 保护本国市场免遭外国厂商的竞争。

保护国内市场免受国外竞争并不是海外扩张的有效理由；而选项 c 之外的其他选项都是有效的理由。

样题 2D1 – AT18

考查内容：企业风险

风险评估是一个过程：

- ☐ **a.** 用于识别可能会对实体造成影响的潜在事件。
- ☐ **b.** 用于制定政策和程序以实现内部控制目标。
- ☐ **c.** 用于识别风险但不包括管理层风险应对策略。
- ☐ **d.** 用于评估全年的内部控制质量。

解析： 正确答案是 **a.** 用于识别可能会对实体造成影响的潜在事件。

风险评估涉及识别组织披露的所有风险和缺陷。

样题 2D1 – AT19
考查内容：企业风险

在财务风险管理范畴内，术语"风险价值"（VaR）被定义为：

☐ **a.** 公司可能损失的最大价值。

☐ **b.** 考虑结果分布情况下的可能最坏结果。

☐ **c.** 最可能发生的负面结果。

☐ **d.** 在给定置信水平下，在一定期间内的最大损失。

解析： 正确答案是 **d.** 在给定置信水平下，在一定期间内的最大损失。

风险价值是指在特定时期内，给定的一个概率水平（置信水平）下最大损失值。

第五章 投资决策 参考答案

样题 2E1 – AT06
考查内容：资本预算过程

为提高生产产能，贡宁工业公司正在考虑用一项技术上已得到改进的新机器取代现有的生产机器，新设备 1 月 1 日开始使用。该公司在考虑中用到了以下信息：

● 新机器的现金购买成本为 160 000 美元，装运、安装和测试还需额外花费，30 000 美元的成本。

● 在售价为每单位 40 美元时，新机器预期能使年销量增加 20 000 件。增量营运成本包括单位变动成本 30 美元，以及每年的总固定成本 40 000 美元。

● 对新机器的投资要求营运资本立即增加 35 000 美元。

● 贡宁公司的财务报告和税务报告中均采用直线折旧法。新机器的估计使用寿命为 5 年，残值为零。

● 贡宁公司适用的公司所得税税率为 40%。

根据以上信息，贡宁工业公司资本预算决策的初始净现金流出将是：

☐ **a.** 160 000 美元。

☐ **b.** 190 000 美元。

☐ **c.** 225 000 美元。

☐ **d.** 195 000 美元。

解析： 正确答案是 **c.** 225 000 美元。

贡宁公司在时间为 0 时点的初始现金流出可计算如下：

初始现金流出 = 新机器的初始成本 + 与新机器相关的运输、安装和测试成本 + 需要额外的营运资本

初始现金流出 = 160 000 美元 + 30 000 美元 + 35 000 美元 = 225 000 美元

样题 2E1 – AT07
考查内容：资本预算过程

为提高生产产能，贡宁工业公司正在考虑用一项技术上已得到改进的新机器取代现有的生产机器，新设备 1 月 1 日开始使用。该公司在考虑中用到了以下信息：

- 新机器的现金购买成本为 160 000 美元，装运、安装和测试还需额外花费 30 000 美元的成本。
- 在售价为每单位 40 美元时，新机器预期能使年销量增加 20 000 件。增量营运成本包括单位变动成本 30 美元，以及每年的总固定成本 40 000 美元。
- 对新机器的投资要求营运资本立即增加 35 000 美元。
- 贡宁公司的财务报告和税务报告中均采用直线折旧法。新机器的估计使用寿命为 5 年，残值为零。
- 贡宁公司适用的公司所得税税率为 40%。

贡宁公司采用净现值法进行投资分析，公司所采用的折现系数和折现率如下所示：

期间	折现率为 10% 时，1 美元的现值	折现率为 10% 时，1 美元普通年金的现值
1	0.909	0.909
2	0.826	1.736
3	0.751	2.487
4	0.683	3.170
5	0.621	3.791

根据以上信息，在新机器投入使用的第 1 年，贡宁工业公司折现后的年折旧税盾效应为：

- ☐ **a.** 13 817 美元。
- ☐ **b.** 15 200 美元。
- ☐ **c.** 20 725 美元。
- ☐ **d.** 22 800 美元。

解析：正确答案是 **a.** 13 817 美元。

一段时期的折旧税盾是该期间的折旧乘以相关税率得到的。

使用直线折旧法，年折旧费用计算如下：

直线折旧法下的年折旧费用 = 折旧基数/预计使用寿命

对于贡宁公司来说，折旧基础包括机器初始成本和运输、安装和测试成本。因此，折旧基础计算如下：

折旧基础 = 160 000 美元 + 30 000 美元 = 190 000 美元

直线折旧法下的年折旧费用 =（160 000 美元 + 30 000 美元）/5 年

$$= 190\,000\,美元/5\,年$$

$$= 38\,000\,美元$$

年折旧税盾效应是用年折旧费用乘以税率, 计算如下:

年折旧税盾 = 年折旧费用 × 税率 = 38 000 美元 × 0.40 = 15 200 美元

折现后的年折旧税盾是以 1 美元对应的现值系数对年折旧税盾进行折现后的值, 计算如下:

折现后的年折旧税盾效应 = 年折旧税盾效应 × 1 美元的现值系数

第 1 年年末, 在折现率为 10% 时, 1 美元的现值系数 = 0.909

折现后的年折旧税盾效应 = 15 200 美元 × 0.909 = 13 817 美元

样题 2E1 – AT08
考查内容: 资本预算过程

以下哪项与制造设备的重置决策**最**相关?

- ☐ **a.** 处置旧设备的利得或损失。
- ☐ **b.** 旧设备的原始成本减折旧。
- ☐ **c.** 因处置旧设备而发生的一次性冲销金额。
- ☐ **d.** 旧设备的处置价格。

解析: 正确答案是 **d.** 旧设备的处置价格。

相关成本和收入包括决策造成的现金流。处置旧设备的价格是为了减少重置决策的初始投资要求, 是一项现金流入。

样题 2E1 – CQ02
考查内容: 资本预算过程

帕克工业公司正在分析一项金额为 200 000 美元的设备投资, 该设备用于在接下来的 5 年时间内生产一种新产品。该项目的预期年度税后现金流如下所示:

年度税后回溯	发生概率
$ 45 000	0.10
50 000	0.20
55 000	0.30
60 000	0.20
65 000	0.10
70 000	0.10

如果帕克公司的必要报酬率为 14%, 则求出净现值为正的概率最好是利用:

- ☐ **a.** 敏感性分析。
- ☐ **b.** 情境分析。
- ☐ **c.** 模拟分析。

☐ **d.** 确定性等值。

解析： 正确答案是 **c.** 模拟分析。

多次重复模拟过程将允许值绘制在一个频率分布图，就可以找到并算出一个正的净现值的概率。

样题 2E1 – LS03

考查内容：资本预算过程

在使用公司资本成本作为折现率来评估资本项目时，主要应注意什么？

☐ **a.** 评估结果一般会拒绝高风险项目。

☐ **b.** 资本成本可能需要进行风险调整。

☐ **c.** 低风险项目更有利。

☐ **d.** 机会成本会遭到扭曲。

解析： 正确答案是 **b.** 资本成本可能需要进行风险调整。

许多公司利用公司的资本成本为基准来折现新投资的现金流。但在新的项目风险是高于或者低于公司的正常风险水平的情况下，利用公司的资本成本会导致错误地接受或拒绝一个项目。

样题 2E1 – LS04

考查内容：资本预算过程

如果竞争者进入市场并获取有利可图的未来现金流的可能性很高，则公司**最**有可能采用哪种实物期权？

在此注意：该讨论涉及竞争者进入、退出或者改变市场。前面关于我们的公司是否拥有行使实物期权的排他权利（包括所有这些四项选择）的讨论，与应对市场中竞争行为的反应不完全相同。

☐ **a.** 适应。

☐ **b.** 放弃。

☐ **c.** 延迟。

☐ **d.** 扩张。

解析： 正确答案是 **a.** 适应。

企业根据需求来改变产量或生产方法的能力，这可以让企业在需求变化时进行交换或兑换产出组合。鉴于无序和竞争激烈的市场形势，公司通常会在其制造业务中增加灵活性，以便他们能够对任何变化做出快速响应并生成最有价值的产出。

样题 2E2 – CQ01

考查内容：资本投资分析方法

加尔文公司正在考虑购买一台拥有最新技术装备的机器，用以重置现有的依靠手工进行操作的机器。加尔文公司的有效税率为 40%，资本成本为 12%。与现有机器以及新机器相关的数据如下所示：

	现有机器	新机器
原始成本	$ 50 000	$ 90 000
安装成本	0	4 000
运费和保险费	0	6 000
预期的最终残值	0	0
折旧方法	直线折旧法	直线折旧法
预期使用寿命	10 年	5 年

现有机器已使用了 7 年，目前该机器能以 25 000 美元的价格出售。如果购买新机器并投入使用，加尔文公司预期每年能实现的税前人工成本节约为 30 000 美元。

如果购买新机器，第 5 年的增量现金流将为：

☐ **a.** 18 000 美元。

☐ **b.** 24 000 美元。

☐ **c.** 26 000 美元。

☐ **d.** 30 000 美元。

解析： 正确答案是 **c.** 26 000 美元。

该项目在第 5 年的现金流量的计算如下：

第 5 年的现金流量 = （预计节省额 - 折旧费用）× （1 - 税率）+ 折旧费用

年折旧费用 = （初始成本 + 安装成本 + 运输和保险费）/使用寿命

年折旧费用 = （90 000 美元 + 4 000 美元 + 6 000 美元）/5 年 = 20 000 美元/年

第 5 年的现金流量 = （30 000 美元 - 20 000 美元）× （1 - 0.4）+ 20 000 美元
= 6 000 美元 + 20 000 美元 = 26 000 美元

样题 2E2 – CQ11

考查内容：资本投资分析方法

在接下来的 6 年时间内，大西洋汽车公司预期每年的净利将为 10 000 美元。每年的直线法折旧费为 20 000 美元，税率为 40%，折现率为 10%，现金销售额为 100 000 美元。应折旧资产均在第 1 年的年初购置，在第 6 年年末这些资产的残值均为零。

则总折旧费节约税金的现值为：

☐ **a.** 8 000 美元。

☐ **b.** 27 072 美元。

☐ **c.** 34 840 美元。

☐ **d.** 87 100 美元。

解析： 正确答案是 **c.** 34 840 美元。

折旧税减免（或折旧税盾）是年折旧费用税后的现值。

$$折旧税盾 = 税率 \times 折旧费用 \times 年金现值系数$$
$$= 0.4 \times 20\,000\ 美元 \times (P/A, 10\%, 6)$$
$$= 0.4 \times 20\,000\ 美元 \times 4.355$$
$$= 34\,840\ 美元$$

样题 2E2 – CQ14
考查内容：资本投资分析方法

富勒工业公司正在考虑一项价值为 100 万美元的冲压设备投资，以生产一种新产品。该设备的预期使用寿命为 9 年，每年产生的收入为 700\,000 美元，每年的相关现金费用为 450\,000 美元。在第 9 年年末，该设备的预计残值为 100\,000 美元，设备的拆卸成本为 50\,000 美元。IRS（美国国税局）认为该设备应按成本加速回收制度修正案（MACRS）进行 5 年期折旧，其折旧率如下所示：

年数	折旧率
1	20.00%
2	32.00%
3	19.20%
4	11.52%
5	11.52%
6	5.76%

富勒公司的有效所得税税率为 40%，富勒公司预期，公司总体上仍能继续保持盈利并实现可观的应税所得。如果富勒公司采用净现值法进行投资分析，则在第 2 年，税收对现金流的预期净影响为多少（折现前）？假定正向影响减少所得税税负，而负面影响则增加所得税税负。

- □ **a.** 影响为正，金额为 28\,000 美元。
- □ **b.** 影响为 0 美元。
- □ **c.** 影响为负，金额为 100\,000 美元。
- □ **d.** 影响为负，金额为 128\,000 美元。

解析： 正确答案是 **a.** 影响为正，金额为 28\,000 美元。
第 2 年的净税收影响计算如下：
第 2 年的净税收影响 =（收入 – 现金费用 – 折旧费用）× 税率
第 2 年的折旧费用 = 设备成本 × 第 2 年 MACRS 折旧率
第 2 年的折旧费用 = 1\,000\,000 美元 × 0.32 = 320\,000 美元
第 2 年的净税收影响 =（700\,000 美元 – 450\,000 美元 – 320\,000 美元）
$$\times 0.4$$
$$= -28\,000\ 美元（这是减税）。$$

样题 2E2 – CQ16

考查内容：资本投资分析方法

AGC 公司正在考虑一项设备升级投资。AGC 公司采用现金流量折现（DCF）分析来评估资本投资项目，该公司适用的税率为 40%。AGC 公司在分析中确立的部分数据如下所示：

	现有设备	新设备
原始成本	$ 50 000	$ 95 000
累计折旧	45 000	—
现行市场价值	3 000	95 000
应收账款	6 000	8 000
应付账款	2 100	2 500

根据以上信息，在对该设备升级计划进行的 DCF 分析中，初始投资为多少？

☐ **a.** 92 400 美元。

☐ **b.** 92 800 美元。

☐ **c.** 95 800 美元。

☐ **d.** 96 200 美元。

解析： 正确答案是 **b.** 92 800 美元。

初始投资计算如下：

初始投资 = 设备的原始成本 + 应收账款的增加 – 应付账款的增加 – 销售现有设备所得收益 + 现有设备的税收影响

应收账款的增加 = 8 000 美元 – 6 000 美元 = 2 000 美元

应付账款的增加 = 2 500 美元 – 2 100 美元 = 400 美元

销售现有设备所得收益 = 3 000 美元（已知）

净账面价值 = 原始成本 – 累计折旧

净账面价值 = 50 000 美元 – 45 000 美元 = 5 000 美元

现有设备处置的税务影响 = 税率 ×（销售收入 – 净账面价值）

现有设备处置的税务影响 = 0.4 ×（3 000 美元 – 5 000 美元）= – 800 美元

初始投资 = 95 000 美元 + 2 000 美元 – 400 美元 – 3 000 美元 – 800 美元 = 92 800 美元

样题 2E2 – CQ17

考查内容：资本投资分析方法

霍巴特公司采用多种绩效指标来评估资本项目：包括最低收益率 16%，回收期为 3 年或 3 年以下。公司管理层正在评审某个项目，该项目的预计数据如下所示：

资本投资	$ 200 000
年现金流（税后）	$ 74 000
直线折旧	5 年
终值（税后）	$ 20 000

预计内含报酬率为 20%。以下哪项能反映上述评估指标的合适结论？

	内含报酬率	回收期
☐ **a.**	接受	拒绝
☐ **b.**	拒绝	拒绝
☐ **c.**	接受	接受
☐ **d.**	拒绝	接受

解析：正确答案是 **c.** 接受；接受。

由于该项目的内含报酬率（IRR）为 20%，超过了 16% 的最低收益率，因此，应该在此基础上接受该项目。

该项目的回收期 = 200 000 美元/74 000 美元 = 2.7 年，少于要求的最低回收期 3 年。因此，基于回收期该项目应该被接受。

样题 2E2 – CQ18

考查内容：资本投资分析方法

昆特公司将回收期法作为其资本投资分析的一个组成部分。该公司的某个项目要求的投资额为 140 000 美元，该项目的预计税前现金流如下所示：

第 1 年	$ 60 000
第 2 年	60 000
第 3 年	60 000
第 4 年	80 000
第 5 年	80 000

昆特公司的有效税率为 40%。根据以上数据，该项目的税后回收期为：

☐ **a.** 1.5 年。

☐ **b.** 2.3 年。

☐ **c.** 3.4 年。

☐ **d.** 3.7 年。

解析：正确答案是 **d.** 3.7 年。

回收期是收回初始投资金额所需的时间。

第 1 年的税后现金流量 = 60 000 美元 ×（1−40% 税率）= 60 000 美元 ×0.6

$$=36\ 000\ \text{美元}$$

第 2 年的税后现金流量 $=60\ 000$ 美元 $\times$（$1-40\%$ 税率）$=60\ 000$ 美元 $\times 0.6$

$$=36\ 000\ \text{美元}$$

第 3 年的税后现金流量 $=60\ 000$ 美元 $\times$（$1-40\%$ 税率）$=60\ 000$ 美元 $\times 0.6$

$$=36\ 000\ \text{美元}$$

第 4 年的税后现金流量 $=80\ 000$ 美元 $\times$（$1-40\%$ 税率）$=80\ 000$ 美元 $\times 0.6$

$$=48\ 000\ \text{美元}$$

第 5 年的税后现金流量 $=80\ 000$ 美元 $\times$（$1-40\%$ 税率）$=80\ 000$ 美元 $\times 0.6$

$$=48\ 000\ \text{美元}$$

到第 3 年年末，昆特公司基于初始投资为 140 000 美元的条件，可收回 108 000 美元（36 000 美元 + 36 000 美元 +36 000 美元）。

到第 4 年年末，昆特公司基于初始投资为 140 000 美元的条件，可收回 156 000 美元（36 000 美元 +36 000 美元 +36 000 美元 +48 000 美元）。

因此，回收期发生在第 3 年和第 4 年间的某个时间点。

回收期可以计算如下：

回收期 $=3$ 年 $+$ ［（140 000 美元 $-108\ 000$ 美元）／（156 000 美元 $-108\ 000$ 美元）］

$$=3\ \text{年} +32\ 000/48\ 000$$

$$=3\ \text{年} +0.67\ \text{年} =3.67\ \text{年}，约为\ 3.7\ \text{年}。$$

样题 2E2 – CQ19
考查内容：资本投资分析方法

福斯特制造公司正在分析某个资本投资项目，该项目的预测现金流和预测净利如下所示。

年	税后现金流	净利
0	（$ 20 000）	$ 0
1	6 000	2 000
2	6 000	2 000
3	8 000	2 000
4	8 000	2 000

则该项目的回收期将为：

☐ **a.** 2.5 年。

☐ **b.** 2.6 年。

☐ **c.** 3.0 年。

☐ **d.** 3.3 年。

解析： 正确答案是 **c.** 3 年。

回收期是收回初始投资金额所需的时间。回收期也是为使初始投资等于未来现金流所需的时间。

如下所示，该项目将在 3 年内收回初始投资 20 000 美元。

初始投资 = – 20 000 美元

第 1 年、第 2 年和第 3 年总的现金流 = 6 000 美元 + 6 000 美元 + 8 000 美元

= 20 000 美元

在第 3 年年底，前 3 年总的现金流等于初始投资。

样题 2E2 – CQ20

考查内容：资本投资分析方法

隆公司正在考虑一笔金额为 100 万美元的新设备投资，投资该设备是为了生产一种新产品，该产品的单位边际贡献为 5 美元。该设备的使用寿命为 5 年，出于税收目的，采用直线折旧法，该设备在期末没有任何价值。对年销售量的研究得出了以下数据：

年销售量（单位）	发生概率
80 000	0.10
85 000	0.20
90 000	0.30
95 000	0.20
100 000	0.10
110 000	0.10

如果隆公司的必要报酬率为 12%，有效所得税税率为 40%，则该项目的预期净现值将为：

☐ **a.** 261 750 美元。

☐ **b.** 283 380 美元。

☐ **c.** 297 800 美元。

☐ **d.** 427 580 美元。

解析： 正确答案是 **b.** 283 380 美元。

要计算项目的预计净现值（NPV），第一步计算预期的年销售额，如下所示：

预计年销售额 = 年销售额 × 相关概率

= （80 000 × 0.1） + （85 000 × 0.2） + （90 000 × 0.3） + （95 000 × 0.2） + （100 000 × 0.1） + （110 000 × 0.1）

= 8 000 + 17 000 + 27 000 + 19 000 + 10 000 + 11 000

= 92 000

总边际贡献 = 销售额 × 单位边际贡献

预计每年的边际贡献将按照如下所示计算：

预计年边际贡献 = 92 000 × 5 美元 = 460 000 美元

在项目期为五年，每年的现金流计算如下：

每年的现金流 = （边际贡献 – 折旧费用） × （1 – 税率） + 折旧费用

折旧费用 = 1 000 000 美元/5 年 = 200 000 美元/年

每年的现金流 = （460 000 美元 – 200 000 美元） × （1 – 0.4） + 200 000 美元

每年的现金流 = 260 000 美元 × 0.6 + 200 000 美元 = 156 000 美元 + 200 000 美元 = 356 000 美元

现在就可以计算出项目的预期净现值：

项目的预期净现值 = 初始投资 + 预计年度现金流量 × （P/A，12%，5）

项目的预期净现值 = – 1 000 000 美元 + 356 000 美元 × 3.605 = 283 380 美元

样题 2E2 – LS02

考查内容：资本投资分析方法

关于在资本预算编制中采用回收期法，以下哪项陈述**不对**？回收期法：

☐ **a.** 大致地量度了项目风险。

☐ **b.** 考虑到了货币时间价值。

☐ **c.** 未区分现金流入的类型。

☐ **d.** 揭示了投资的盈亏平衡点。

解析：正确答案是 **b.** 考虑到了货币时间价值。

回收期的缺点是它忽略了货币的时间价值。

第六章 职业道德 参考答案

样题 2F1 – AT01

考查内容：管理会计和财务管理的职业道德考虑

随着管理会计人员的晋升，他们通常负责监督缺少工作经验的员工的工作。以下哪一项是主管的职业道德职责？

☐ **a.** 雇用能够和现有员工和谐相处的新员工。

☐ **b.** 部门利润最大化或部门成本最小化。

☐ **c.** 确保员工能够合理地处理保密信息。

☐ **d.** 鼓励员工与客户建立良好关系。

解析：正确答案是 **c.** 确保员工能够合理地处理保密信息。

根据《IMA 职业道德守则公告》，管理会计师有义务对取得的信息保密，除非被授权披露或按法律要求披露。同时管理会计师有责任告知相关当事人合理使用保密信息。其中包括监督下属工作来确保其执行。

样题 2F1 – AT02

考查内容：管理会计和财务管理的职业道德考虑

如果山姆·史密斯向特定的供应商购买电算化存货控制系统，那么他将会获得两张职业足球赛的门票。史密斯应该采取下列的哪一项行动？

- □ **a.** 拒绝与该供应商任何的进一步沟通。
- □ **b.** 了解公司章程中关于供应商提供礼物的相关规定。
- □ **c.** 如果门票价格低于 50 美元，与该供应商签订系统购买合同。
- □ **d.** 向审计委员会咨询该问题。

解析：正确答案是 **b.** 了解公司章程中关于供应商提供的礼物的相关规定。

根据《IMA 职业道德守则公告》，当面对道德问题时，管理会计师应该遵循所在公司已制定的关于解决此类矛盾的政策。

样题 2F1 – AT03

考查内容：管理会计和财务管理的职业道德考虑

约翰·摩尔最近受聘为一家制造公司的会计主管助理。公司的会计主管南希·凯预计年收益增长 16%。然而，根据本年度上一季度的数据来看，约翰估计公司的报告收益只能增长 12%。当他向南希报告这一问题时，她告诉他，达到该数字不是问题。她解释说，生产企业在会计年度终了后还有一些工作要做，并且她会在会计系统中调节当年的相关销售收入。

此时，约翰·摩尔应该采取的首要措施是什么？

- □ **a.** 向审计委员会报告这个问题。
- □ **b.** 联系他的律师，确定他的权利。
- □ **c.** 与不认识约翰所在公司任何员工的另外一家公司的首席财务官讨论该问题。
- □ **d.** 遵循他所在组织内已有的关于这种类型冲突的解决政策。

解析：正确答案是 **d.** 遵循他所在组织内已有的关于这种类型冲突的解决政策。

采取任何措施之前，约翰·摩尔应该核实组织内是否有已制定的如何解决此类矛盾的政策。如果已存在此类政策，则遵循政策即可。

样题 2F2 – AT01

考查内容：组织方面的职业道德考虑

美国《反海外腐败法》禁止美国公司：

- □ **a.** 通过向外国政府官员行贿，以达到获得或维持业务的目的。
- □ **b.** 在海外市场生产产品时不遵循与国内相同的安全和环境规定。
- □ **c.** 向不遵循美国人权规定的国家出口产品。
- □ **d.** 出于贿赂、不道德或非法目的而出售产品。

解析：正确答案是 **a.** 通过向外国政府官员行贿，以达到获得或维持业务的目的。

1977 年通过的美国《反海外腐败法》是禁止美国公司通过行贿获得合同或业务的法律。

样题 2F2 – AT02
考查内容：组织方面的职业道德考虑

如果想在伊斯兰教国家获得业务，以下哪种行为最可取？
- [ ] **a.** 雇用穆斯林为员工。
- [ ] **b.** 按伊斯兰教的道德观行事。
- [ ] **c.** 在伊斯兰教国家拥有财产。
- [ ] **d.** 皈依伊斯兰教信仰。

解析： 正确答案是 **b.** 按伊斯兰教的道德观行事。

一个公司在外国得以经营成功取决于公司在多大程度上适应所在国的文化。这种成功的适应包括与所在国的道德标准保持一致。

货币时间价值系数表

							复利现值系数表											
N	1%	2%	3%	4%	5%	6%	7%	8%	9%	10%	11%	12%	13%	14%	15%	16%	18%	20%
1	0.990	0.980	0.971	0.962	0.952	0.943	0.935	0.926	0.917	0.909	0.901	0.893	0.885	0.877	0.870	0.862	0.847	0.833
2	0.980	0.961	0.943	0.925	0.907	0.890	0.873	0.857	0.842	0.826	0.812	0.797	0.783	0.769	0.756	0.743	0.718	0.694
3	0.971	0.942	0.915	0.889	0.864	0.840	0.816	0.794	0.772	0.751	0.731	0.712	0.693	0.675	0.658	0.641	0.609	0.579
4	0.961	0.924	0.888	0.855	0.823	0.792	0.763	0.735	0.708	0.683	0.659	0.636	0.613	0.592	0.572	0.552	0.516	0.482
5	0.951	0.906	0.863	0.822	0.784	0.747	0.713	0.681	0.650	0.621	0.593	0.567	0.543	0.519	0.497	0.476	0.437	0.402
6	0.942	0.888	0.837	0.790	0.746	0.705	0.666	0.630	0.596	0.564	0.535	0.507	0.480	0.456	0.432	0.410	0.370	0.335
7	0.933	0.871	0.813	0.760	0.711	0.665	0.623	0.583	0.547	0.513	0.482	0.452	0.425	0.400	0.376	0.354	0.314	0.279
8	0.923	0.853	0.789	0.731	0.677	0.627	0.582	0.540	0.502	0.467	0.434	0.404	0.376	0.351	0.327	0.305	0.266	0.233
9	0.914	0.837	0.766	0.703	0.645	0.592	0.544	0.500	0.460	0.424	0.391	0.361	0.333	0.308	0.284	0.263	0.225	0.194
10	0.905	0.820	0.744	0.676	0.614	0.558	0.508	0.463	0.422	0.386	0.352	0.322	0.295	0.270	0.247	0.227	0.191	0.162
11	0.896	0.804	0.722	0.650	0.585	0.527	0.475	0.429	0.388	0.350	0.317	0.287	0.261	0.237	0.215	0.195	0.162	0.135
12	0.887	0.788	0.701	0.625	0.557	0.497	0.444	0.397	0.356	0.319	0.286	0.257	0.231	0.208	0.187	0.168	0.137	0.112
13	0.879	0.773	0.681	0.601	0.530	0.469	0.415	0.368	0.326	0.290	0.258	0.229	0.204	0.182	0.163	0.145	0.116	0.093
14	0.870	0.758	0.661	0.577	0.505	0.442	0.388	0.340	0.299	0.263	0.232	0.205	0.181	0.160	0.141	0.125	0.099	0.078
15	0.861	0.743	0.642	0.555	0.481	0.417	0.362	0.315	0.275	0.239	0.209	0.183	0.160	0.140	0.123	0.108	0.084	0.065
16	0.853	0.728	0.623	0.534	0.458	0.394	0.339	0.292	0.252	0.218	0.188	0.163	0.141	0.123	0.107	0.093	0.071	0.054
18	0.836	0.700	0.587	0.494	0.416	0.350	0.296	0.250	0.212	0.180	0.153	0.130	0.111	0.095	0.081	0.069	0.051	0.038
20	0.820	0.673	0.554	0.456	0.377	0.312	0.258	0.215	0.178	0.149	0.124	0.104	0.087	0.073	0.061	0.051	0.037	0.026
22	0.803	0.647	0.522	0.422	0.342	0.278	0.226	0.184	0.150	0.123	0.101	0.083	0.070	0.056	0.046	0.038	0.026	0.018
24	0.788	0.622	0.492	0.390	0.310	0.247	0.197	0.158	0.126	0.102	0.082	0.066	0.053	0.043	0.035	0.028	0.019	0.013

									年金现值系数表									
N	1%	2%	3%	4%	5%	6%	7%	8%	9%	10%	11%	12%	13%	14%	15%	16%	18%	20%
1	0.990	0.980	0.971	0.962	0.952	0.943	0.935	0.926	0.917	0.909	0.901	0.893	0.885	0.877	0.870	0.862	0.847	0.833
2	1.970	1.942	1.913	1.886	1.859	1.833	1.808	1.783	1.759	1.736	1.713	1.690	1.668	1.647	1.626	1.605	1.566	1.528
3	2.941	2.884	2.829	2.775	2.723	2.673	2.624	2.577	2.531	2.487	2.444	2.402	2.361	2.322	2.283	2.246	2.174	2.106
4	3.902	3.808	3.717	3.630	3.546	3.465	3.387	3.312	3.240	3.170	3.102	3.037	2.974	2.914	2.855	2.798	2.690	2.589
5	4.853	4.713	4.580	4.452	4.329	4.212	4.100	3.993	3.890	3.791	3.696	3.605	3.517	3.433	3.352	3.274	3.127	2.991
6	5.795	5.601	5.417	5.242	5.076	4.917	4.767	4.623	4.486	4.355	4.231	4.111	3.998	3.889	3.784	3.685	3.498	3.326
7	6.728	6.472	6.230	6.002	5.786	5.582	5.389	5.206	5.033	4.868	4.712	4.564	4.423	4.288	4.160	4.039	3.812	3.605
8	7.652	7.325	7.020	6.733	6.463	6.210	5.971	5.747	5.535	5.335	5.146	4.968	4.799	4.639	4.487	4.344	4.078	3.837
9	8.566	8.162	7.786	7.435	7.108	6.802	6.515	6.247	5.995	5.759	5.537	5.328	5.132	4.946	4.772	4.607	4.303	4.031
10	9.471	8.983	8.530	8.111	7.722	7.360	7.024	6.710	6.418	6.145	5.889	5.650	5.426	5.216	5.019	4.833	4.494	4.192
11	10.37	9.787	9.253	8.760	8.306	7.887	7.499	7.139	6.805	6.495	6.207	5.938	5.687	5.453	5.234	5.029	4.656	4.327
12	11.26	10.58	9.954	9.385	8.863	8.384	7.943	7.536	7.161	6.814	6.492	6.194	5.918	5.660	5.421	5.197	4.793	4.439
13	12.13	11.35	10.63	9.986	9.394	8.853	8.358	7.904	7.487	7.103	6.750	6.424	6.122	5.842	5.583	5.342	4.910	4.533
14	13.00	12.11	11.30	10.56	9.899	9.295	8.745	8.244	7.786	7.367	6.982	6.628	6.302	6.002	5.724	5.468	5.008	4.611
15	13.87	12.85	11.94	11.12	10.38	9.712	9.108	8.559	8.061	7.606	7.191	6.811	6.462	6.142	5.847	5.575	5.092	4.675
16	14.72	13.58	12.56	11.65	10.84	10.11	9.447	8.851	8.313	7.824	7.379	6.974	6.604	6.265	5.954	5.668	5.162	4.730
18	16.398	14.992	13.754	12.659	11.690	10.828	10.059	9.372	8.756	8.201	7.702	7.250	6.840	6.467	6.128	5.818	5.273	4.812
20	18.046	16.351	14.877	13.590	12.462	11.470	10.594	9.818	9.129	8.514	7.963	7.469	7.025	6.623	6.259	5.929	5.353	4.870
22	19.660	17.658	15.937	14.451	13.163	12.042	11.061	10.201	9.442	8.772	8.176	7.645	7.170	6.743	6.359	6.011	5.410	4.909
24	21.243	18.914	16.936	15.247	13.799	12.550	11.469	10.529	9.707	8.985	8.348	7.784	7.283	6.835	6.434	6.073	5.451	4.937
26	22.795	20.121	17.877	15.983	14.375	13.003	11.826	10.810	9.929	9.161	8.488	7.896	7.372	6.906	6.491	6.118	5.480	4.956
28	24.316	21.281	18.764	16.663	14.898	13.406	12.137	11.051	10.116	9.307	8.602	7.984	7.441	6.961	6.534	6.152	5.502	4.970
30	25.808	22.396	19.600	17.292	15.372	13.765	12.409	11.258	10.274	9.427	8.694	8.055	7.496	7.003	6.566	6.177	5.517	4.979
32	27.270	23.468	20.389	17.874	15.803	14.084	12.647	11.435	10.406	9.526	8.769	8.112	7.538	7.035	6.591	6.196	5.528	4.985
34	28.703	24.499	21.132	18.411	16.193	14.368	12.854	11.587	10.518	9.609	8.829	8.157	7.572	7.06	6.609	6.21	5.536	4.99
36	30.108	25.489	21.832	18.908	16.547	14.621	13.035	11.717	10.612	9.677	8.879	8.192	7.598	7.079	6.623	6.22	5.541	4.993
40	32.835	27.355	23.115	19.793	17.159	15.046	13.332	11.925	10.757	9.779	8.951	8.244	7.634	7.105	6.642	6.233	5.548	4.997

美国注册管理会计师考试大纲——第二部分

（内容大纲于 2020 年 1 月生效）

第二部分——战略财务管理

第一章　财务报表分析（20%——A、B、C 级）

第 1 节　基本财务报表分析

考生应该能够：

a. 将资产负债表和利润表转换成结构百分比报表，即计算资产负债表项目占总资产的百分比、利润表项目占收入的百分比，也称为纵向分析。

b. 对资产负债表和利润表进行横向比较分析，即计算各财务报表项目的历年金额相对于基准年份的变动趋势。

c. 计算资产负债表和利润表上各项目的增长率。

第 2 节　财务比率

考生应该能够：

流动性指标

a. 计算并解读流动比率、速动比率（酸性测试比率）、现金比率、现金流量比率和净营运资本比率。

b. 解释流动资产、流动负债、销售量的构成要素中，某一项或多项发生变化将如何影响流动性比率并计算影响的幅度。

c. 理解流动负债流动性的含义。

杠杆指标

d. 定义偿付能力。

e. 定义经营杠杆和财务杠杆。

f. 计算经营杠杆系数和财务杠杆系数。

g. 通过计算杠杆比率，理解负债和权益相对比率变化对公司资本结构和偿付能力的影响。

h. 计算并解读财务杠杆比率，确定资本结构特定变化对该比率的影响。

i. 计算并解读下列财务比率：负债对权益比率、长期负债对权益比率、资产负债率。

j. 定义、计算并解读下列财务比率：固定支出保障倍数（盈余对固定支出比率）、利息保障倍数（已获利息倍数）、现金流量固定支出保障倍数。

k. 讨论资本结构决策如何影响公司风险特征。

营运能力指标

l. 计算并解读应收账款周转率、存货周转率和应付账款周转率。

m. 计算并解读应收账款周转天数、存货周转天数、应付账款周转天数。

n. 定义并计算企业的营业周期和现金周期。

o. 计算并解读总资产周转率和固定资产周转率。

盈利能力指标

p. 计算并解读销售毛利率、营业利润率、销售净利率和息税折旧摊销前利润率（EBITDA）。

q. 计算并解读总资产收益率（ROA）和权益收益率（ROE）。

市价指标

r. 计算并解读市价净资产指标（市净率）、市盈率。

s. 计算并解读每股净资产。

t. 识别并解释每股净资产的局限性。

u. 计算并解读基本每股收益和稀释每股收益。

v. 计算并解读盈余收益率、股利收益率、股利支付率和股东回报。

总体要求

w. 识别财务比率分析的局限性。

x. 熟悉获得上市公司财务信息和行业平均财务比率的渠道。

y. 使用多种财务比率综合评估公司的财务实力和业绩表现。

第 3 节　盈利能力分析

考生应该能够：

a. 理解计算总资产收益率和权益收益率时，"资产""权益""收益"存在的不同取值口径。

b. 计算一项或多项财务报表项目变化对总资产收益率的影响。

c. 识别衡量收益需要考虑的因素，包括会计估计、会计方法、披露动机和报表使用者的不同需求。

d. 解释收入来源、收入的稳定性和变化趋势的重要性。

e. 理解收入和应收账款以及收入和存货之间的关系。

f. 计算并分析收入确认和计量方法变化对收入的影响。

g. 通过计算并解读毛利率，分析产品销售成本的影响。

h. 区分销售毛利率、营业利润率、销售净利率，分析利润表项目变化对上述比率的影响。

i. 定义并学会进行变动分析（随时间推移的变动百分比）。

j. 计算并解读可持续增长率。

第4节　特殊问题

考生应该能够：

a. 理解汇率波动的影响。

  1. 识别并解释境外经营的会计核算（如历史汇率和现行汇率、汇兑损失和利得的处理）。

  2. 定义功能货币。

  3. 计算汇率变化对财务比率的影响。

  4. 讨论报告盈余的波动对管理层和投资者行为的影响。

b. 理解通货膨胀对财务比率及其可靠性的影响。

c. 描述会计变更（会计政策变更、会计估计变更和会计差错更正）带来的报表调整以及其对财务比率的影响。

d. 区分账面价值和市场价值，区别会计利润和经济利润。

e. 识别盈余质量的决定因素和表现特征，并解释其重要性。

第二章　公司财务（20%——A、B、C级）

第1节　风险与收益

考生应该能够：

a. 计算投资收益率。

b. 识别并理解系统风险（市场风险）和非系统风险（公司风险）。

c. 识别并理解信用风险、汇率风险、利率风险、市场风险、行业风险和政治风险。

d. 理解风险和收益之间的关系。

e. 区分单项证券的风险和投资组合整体的风险。

f. 理解并举例说明投资多元化。

g. 定义 β 系数并解释 β 系数的变化如何影响证券价格。

h. 理解资本资产定价模型（CAPM），利用 CAPM 计算包含风险溢价的必要报酬率。

第2节 长期投融资管理

考生应该能够：

a. 描述利率期限结构，并解释其随时间变化的原因。

b. 定义并识别普通股和优先股的特征。

c. 识别并描述债券的基本特征，如到期日、票面金额、票面利率、赎回条款、转换条款、信托契约、限制性条款以及发行人或投资者享有的期权。

d. 识别并评估债务的发行策略及债券再融资策略。

e. 利用现金流折现方法，对债券、普通股和优先股进行估值。

f. 理解久期如何衡量债券价格对利率的敏感性。

g. 解释所得税如何影响融资决策。

h. 定义并举例说明衍生工具及其用途。

i. 识别并表述期货和远期合约的基本特征。

j. 区分空头和多头头寸。

k. 定义期权，区分看涨期权和看跌期权，并能识别其基本特征。

l. 定义行权价格（执行价格）、期权费和内在价值。

m. 理解期权价值与其影响因素之间的相互关系，如行权价格和看涨期权价值之间的关系。

n. 定义利率互换和外汇互换。

o. 定义并识别其他长期资本来源的特征，如租赁、可转换证券、认股权证。

p. 理解通货膨胀率、利率与金融工具价格的关系。

q. 定义资本成本，理解其在资本结构决策中的应用。

r. 描述各个资本来源的资本成本及加权平均资本成本。

s. 计算边际资本成本。

t. 解释使用边际资本成本而不是历史资本成本的重要性。

u. 理解资本成本在资本投资决策中的应用。

v. 理解所得税对资本结构和长期投资决策的影响。

w. 利用固定股利增长率模型为股票进行估值，理解两阶段股利折现模型。

x. 理解相对价值评估（可比价值评估）的方法，如市盈率模型、市净率模型、市销率模型。

第3节 筹集资金

考生应该能够：

a. 识别各种类型的金融市场和交易场所的特征。

b. 理解资本市场有效性的概念，包括强式、半强式、弱式的市场有效性。

c. 描述信用评级机构的职能。

d. 理解投资银行的职能，包括承销、咨询和交易。

e. 定义首次公开发行（IPOs）。

f. 定义股权再融资（后续发行）。

g. 描述租赁的融资功能，解释其优点和缺点，利用现金流折现计算租赁净收益。

h. 定义股利的不同类型，包括现金股利、股票股利，定义股票分割。

i. 识别并表述影响公司股利政策的因素。

j. 理解普通股和优先股的股利分配流程。

k. 定义股份回购，解释公司为什么要回购自身股票。

l. 定义内幕交易并解释其为何违法。

第4节　营运资本管理

考生应该能够：

营运资本

a. 定义营运资本及其组成部分。

b. 计算净营运资本。

c. 解释短期融资预测对营运资本管理的作用。

现金管理

d. 识别并表述影响现金持有量的因素。

e. 识别并解释持有现金的三种动机。

f. 编制未来现金流量预算。

g. 识别加速现金收款的方法。

h. 计算锁箱系统的净收益。

i. 定义资金集中银行制。

j. 理解补偿性余额。

k. 识别延缓付款的方法。

l. 理解付款浮游和透支系统。

有价证券管理

m. 识别并表述持有有价证券的原因。

n. 定义不同类型的有价证券，包括货币市场工具、美国国库券、中期美国国债、长期美国国债、回购协议、联邦机构证券、银行承兑汇票、商业票据、可转让大额存单、欧洲美元存单，以及其他类型的有价证券。

o. 评估有价证券时，对安全性、市场性/流动性、收益率、到期期限和税负等因素进行权衡。

p. 理解风险和收益之间的权衡。

应收账款管理

q. 识别影响应收账款水平的因素。

r. 理解信用期限、收款政策变化的影响，包括对应收账款、营运资本和销售量的影响。

s. 定义违约风险。

t. 识别并解释最优信用政策的影响因素。

存货管理

u. 定义交货周期和安全储备，识别持有存货的原因和影响存货持有量的因素。

v. 识别并计算存货相关的成本，包括持有成本、订货成本和缺货成本。

w. 解释及时存货管理系统（JIT）如何改进存货管理。

x. 识别高存货周转率和高毛利率之间的关系（无须掌握计算）。

y. 理解经济订货量（EOQ），理解相关变量变化对经济订货量的影响（无须掌握计算）。

短期信用安排和营运资本成本管理

z. 理解风险对公司流动资产融资政策（保守、激进等）的影响。

aa. 识别并表述短期信用安排的各种类型，包括商业信用、银行短期借款、商业票据、信贷额度和银行承兑汇票。

bb. 估算放弃现金折扣的年成本和实际年利率。

cc. 计算带有补偿性余额要求和/或收取承诺费的银行贷款的有效年利率。

dd. 理解应收账款保理融资，并计算融资成本。

ee. 解释融资中的期限匹配和对冲策略。

ff. 理解营运资本管理成本需要考虑的因素。

一般要求

gg. 针对特定的目标，推荐适当的营运资本管理策略。

第5节 公司重组

考生应该能够：

a. 理解下列公司重组方式：

　　i. 收购兼并，包括横向收购、纵向收购和混合兼并；

　　ii. 杠杆收购。

b. 识别反收购策略［如金色降落伞、资本结构加杠杆、毒丸计划（股东权利计划）、分期分级董事会、公平价格条款、分级投票权计划、白衣骑士等］。

c. 识别并表述投资剥离的概念，如分拆、股权切离、公司分立和发行追踪股。

d. 评估影响公司财务状况的关键因素，判断重组是否对股东有利。

e. 识别拟进行的并购能否带来协同效应。

f. 利用现金流量折现法评估企业、经营分部和企业联合体。

g. 评估拟进行的企业合并，并基于定量或定性的因素提出建议。

第6节　国际金融

考生应该能够：

a. 理解外汇及其对商品和服务价格的影响。

b. 识别影响汇率的因素。

c. 计算在一定时期内，一种货币相对于另一种货币是升值还是贬值，并评估币值变动的影响。

d. 理解如何使用外汇期货、外汇互换和外汇期权来管理汇率风险。

e. 计算汇率变动带来的跨境交易的净收益/净损失，评估其影响。

f. 推荐管理汇率风险的方法并计算这一方法的净收益/净损失。

g. 识别并解释全球多元化的好处。

h. 识别并解释常见的贸易融资方法，包括跨境保理、信用证、银行承兑汇票、福费廷和对销贸易。

第三章　决策分析（25%——A、B、C级）

第1节　本量利分析

考生应该能够：

a. 理解如何用本量利分析（保本分析）来研究总收入、总成本和营业利润在产量、售价、单位变动成本或固定成本变化时的性态。

b. 计算不同经营规模下的营业利润。

c. 区分不同产出水平下的固定成本与变动成本。

d. 解释固定成本与变动成本分类受所考虑的时间范围影响的原因。

e. 计算单位边际贡献和总边际贡献。

f. 计算实现目标营业收入或目标净利润所需保本量或保本额。

g. 理解多产品情况下，销售组合变化对营业收入的影响。

h. 根据给定的销售份额百分比，计算多产品的盈亏平衡点，并解释在多产品情况下不存在唯一盈亏平衡点的原因。

i. 定义、计算并解释安全边际和安全边际率。

j. 当销售存在不确定性时，解释在本量利分析中如何使用敏感性分析。

k. 利用本量利分析结果进行分析并给出行动建议。

l. 理解所得税对本量利分析的影响。

第2节　边际分析

考生应该能够：

a. 掌握和定义相关成本（增量成本、边际成本或差量成本）、沉没成本、可避免成本、显性和隐性成本、分离点、联合生产成本、可分离处置成本和相关收入。

b. 解释沉没成本与决策过程无关的原因。

c. 理解并计算机会成本。

d. 根据给定情形下的数据信息计算相关成本。

e. 定义和计算边际成本和边际收入。

f. 掌握和计算总成本、平均固定成本、平均变动成本和平均总成本。

g. 在下述决策中能够熟练使用边际分析：（a）引入新产品或改变现有产品产量；（b）接受或拒绝特殊订单；（c）自制或外购产品或服务；（d）直接销售产品或深加工销售更加增值产品；（e）增加或减少分部。

h. 当具有剩余生产能力且订单无长期影响时，计算接受或拒绝该特殊订单对营业收入的影响。

i. 掌握和描述自制或外购决策中应考虑的定性因素，例如产品质量、供应商可靠性等。

j. 计算自制或外购决策对营业利润的影响。

k. 计算销售或提出深加工以及减少或增加分部等决策对营业利润的影响。

l. 识别产能变化对生产决策的影响。

m. 理解所得税对边际分析的影响。

n. 根据边际分析提出行动建议。

第3节　定价

考生应该能够：

a. 掌握包括市场导向定价法、成本导向定价法和价值定价法等在内的不同定价方法理论。

b. 区分成本导向定价法（成本加成定价法、加成定价法）和市场导向定价法。

c. 运用成本导向定价法计算销售价格。

d. 理解除产品或服务所在市场结构因素外，供需关系对其定价的影响。

e. 理解卡特尔对定价的影响。

f. 使用边际收入和边际成本理论，理解在下述情形下的公司短期均衡价格：（1）完全竞争；（2）垄断竞争；（3）寡头垄断；（4）垄断。

g. 掌握基于理解客户价值认知以及竞争对手技术、产品和成本的定价技术。

h. 定义和理解目标定价法与目标成本法，并掌握设定目标价格和目标成本的主要步骤。

    i. 定义价值工程。

    j. 计算单位目标营业利润与单位目标成本。

    k. 定义和区分增值成本和非增值成本。

    l. 定义成本加目标收益率的定价方法。

    m. 使用中点公式计算需求的价格弹性。

    n. 定义和解释弹性需求与无弹性需求。

    o. 根据价格及需求变化估计总收入及价格弹性。

    p. 讨论长期定价决策与短期定价决策的差别。

    q. 定义产品生命周期，识别和解释产品生命周期的四个阶段，并解释产品生命周期内定价决策可能会有所不同的原因。

    r. 在特定市场条件下对定价策略进行评估和建议。

第四章　风险管理（10%——A、B、C 级）

第 1 节　企业风险

考生应该能够：

    a. 识别并解释不同类型的风险，包括企业风险、灾害风险、财务风险、营运风险和战略风险等。

    b. 理解营运风险。

    c. 定义法律风险、合规风险和政治风险。

    d. 理解波动性和时间对风险的影响。

    e. 定义资本充足性的概念（即偿付能力、流动性、准备金、充足的资本等）。

    f. 解释在确定风险暴露时概率的使用和根据给定概率计算预期损失。

    g. 定义非预期损失概念和最大可能损失（极端损失或灾难性损失）的概念。

    h. 掌握风险应对（或处理）策略，包括避免、保留、降低（减轻）、转移（分担）和利用（接受）风险的一系列举措。

    i. 定义风险转移策略（如购买保险、发行债券等）。

    j. 理解剩余风险的概念，区分剩余风险和固有风险。

    k. 掌握并解释风险管理的好处。

    l. 掌握并描述风险管理过程的关键步骤。

    m. 解释风险态度对风险管理的影响。

    n. 大体上理解使用责任/灾害保险来减轻风险（细节知识不作要求）。

    o. 掌握管理营运风险的方法。

    p. 掌握和解释财务风险管理方法。

    q. 掌握并解释包括风险识别、风险排序和风险地图等在内的定性风险评估工具。

    r. 掌握和解释包括风险现金流、风险收益、收益分布、每股收益等在内的定量风险评估工具。

s. 掌握和解释风险价值（无须掌握计算）。

t. 定义企业风险管理并识别和描述企业风险管理项目的目标、组成要素和好处。

u. 掌握事件识别技术，并在企业风险管理方法的背景下给出相关示例。

v. 解释 ERM 实践如何与公司治理、风险分析、投资组合管理、绩效管理和内部控制实践相融合。

w. 评估具体情形并给出风险减轻策略的建议。

x. 实施成本收益分析，并理解其在风险评估和决策中的运用。

y. 理解 COSO 企业风险管理——整合框架（2017）。

第五章 投资决策（10%——A、B、C 级）

第1节 资本预算过程

考生应该能够：

a. 定义资本预算并识别编制和实施项目资本预算的阶段或步骤。

b. 掌握并能基于税前和税后计算资本投资项目的相关现金流。

c. 理解所得税对现金流的影响。

d. 区分现金流和会计利润，讨论增量现金流、沉没成本和机会成本与资本预算的相关性。

e. 解释资本预算中净营运资本变化的重要性。

f. 讨论通货膨胀的影响如何体现在资本预算分析之中。

g. 定义必要报酬率。

h. 掌握资本预算中风险处置的不同方法。

i. 区分敏感性分析法、情景分析法和蒙特卡洛模拟法等风险分析技术。

j. 解释当项目现金流风险水平不同于公司正常风险水平时，要对折现率进行风险调整的原因。

k. 解释若考虑某个资本投资追加、提前、延期或提前终止等可能因素，如何增加资本投资价值。

l. 理解实物期权并识别不同类型实物期权，例如放弃、延迟、扩张和缩减等（无须掌握计算）。

m. 掌握并讨论资本预算决策涉及的定性因素。

n. 描述资本预算过程中事后审计的作用。

第2节 资本投资分析方法

考生应该能够：

a. 理解两种主要现金流折现法：净现值法和内含报酬率法。

b. 计算净现值和内含报酬率。

c. 理解净现值法和内含报酬率法用于确定可接受项目的决策标准。

d. 比较净现值法和内含报酬率法各自的相对优缺点，尤其在独立项目与互斥项目及"多重内含报酬率问题"方面。

e. 解释净现值法和内含报酬率法未能恰当应用时，导致资本项目排序结果冲突的原因。

f. 掌握净现值法和内含报酬率法的假设条件。

g. 基于现金流折现分析对项目投资进行评估和建议。

h. 理解回收期法和折现回收期法。

i. 掌握回收期法和折现回收期法的优缺点。

j. 计算回收期和折现回收期。

第六章　职业道德（15%——A、B、C级）

本章知识点可与其他章节内容结合进行考查。

第1节　商业道德

考生应该能够：

a. 定义商业道德。

b. 分析道德与美德概念。

c. 定义道德哲学。

d. 理解以下商业决策中用到的道德哲学及其概念：目的论、功利主义、道义论、相对主义、美德伦理和正义。

e. 定义公平、正直、尽职调查和受托责任的概念。

第2节　管理会计和财务管理的职业道德考虑

运用《IMA 职业道德守则公告》所述标准，考生应该能够：

a. 掌握和描述四大职业道德原则和四项道德准则。

b. 评估给定商业环境下涉及的职业道德内容。

c. 掌握和描述在给定商业环境下可能会违反的相关职业道德标准，并解释为何适用该道德标准。

d. 向管理会计师在商业环境中面临道德困境时，给出行动建议。

e. 对存在的职业道德问题——例如财务报告舞弊，或不恰当的操纵财务预测、分析、经营结果和预算等进行评估并给出解决建议。

使用舞弊三角模型，考生应该能够：

f. 掌握舞弊三角模型的三要素。

g. 运用模型解释管理会计和财务管理从业人员如何识别和管理舞弊风险。

第3节　组织的职业道德考虑

考生应该能够：

a. 讨论组织在国际范畴运用其价值观和职业道德标准面临的问题。

b. 理解职业道德与内部控制二者之间的关系。

c. 定义企业文化，并理解它在道德决策中发挥的作用。

d. 理解行为准则的重要性及其对组织道德文化的贡献。

e. 理解职业道德价值观利于组织的方式。

f. 分析群体思想对道德行为的影响。

g. 讨论思想的多样性如何导致良好的道德决策。

h. 将 IMA 的管理会计公告中《价值观和道德规范：从确立到实践》的相关规定运用到商业环境之中。

i. 理解"以身作则"或"高层定调"在构建组织职业道德环境中发挥的作用。

j. 定义道德领导、识别并解释道德领导人的特征。

k. 解释人力资源在营造"做正确之事"氛围方面对组织的重要性（即雇用正确的人，给予他们培训、实践与价值观相一致的领导）。

l. 解释组织核心价值观在解释其职业道德行为方面的重要性。

m. 讨论员工培训对保持组织职业道德文化的重要性。

n. 解释举报框架（例如职业道德热线电话）对保持组织职业道德文化的重要性。

o. 理解道德与法律行为之间的差异。

p. 识别反贿赂法的目的，如美国的《反海外腐败法》和英国的《反贿赂法》。

q. 定义疏通费，以及为什么这些支付行为会产生道德和法律问题。

r. 讨论公司对道德行为的责任。

s. 界定并理解可持续发展和社会责任的主要问题。

t. 识别并定义社会责任的四个层面：经济责任、法律责任、道德责任和慈善。

选择题实战练习及参考答案

下列选择题是已淘汰的美国注册管理会计师协会（ICMA）用题，本书已获得使用许可。答案下方的解释说明是最初的答案，ICMA 并没有将其公布，而是作为进一步的解释，以帮助考生增加对问题的理解。

第二部分——第一章 问题

1. 一家公司的财务报表中的相关余额如下：

销售收入	$ 32 000 000
产品销售成本	16 000 000
净利润	4 000 000
资产合计	80 000 000
所有者权益合计	40 000 000

在结构百分比的利润表中显示的净利润的数额为：

☐ **a.** 5.0%。

☐ **b.** 10.0%。

☐ **c.** 12.5%。

☐ **d.** 25.0%。

解释说明：正确答案是 **c.** 12.5%。

结构百分比的财务报表可以让使用者对比不同时期的财务报表，进而分析发展趋势。使用者应计算报表中每个项目相当于基准项目金额的百分比。在本例中，基准项目是收入；因此，在结构百分比的利润表中列示的净利润的金额为 12.5%（4 000 000 美元÷32 000 000 美元）。

2. 一家中国的公司在第一季度的资产负债表上报告显示：现金 100 000 美元，应收账款 200 000 美元，流动负债 90 000 美元。财务总监预测第二季度的应收账款不会发生变化，但现金余额会增加 5%，流动负债会减少 10%。根据财务总监的预测，请问第二季度预计速动比率是多少？

☐ **a.** 1.30。

☐ **b.** 3.39。

☐ **c.** 3.70。

☐ **d.** 3.77。

解释说明：正确答案是 **d.** 3.77。

速动比率（也叫酸性测试）衡量的是一家公司用其现有的现金和应收

账款来满足偿还流动负债的能力。速动比率的计算公式为：（现金＋应收账款）÷流动负债。第二季度预计现金增加到 105 000 美元（100 000 美元 × 105%），应收账款预计保持不变 200 000 美元，当前流动负债预计减少到 81 000 美元（90 000 美元 × 90%）。因此，预计的速动比率为 3.77（105 000 美元 ＋ 200 000 美元）÷ 81 000 美元。

3. 一家公司的股东权益收益率为 20%，资产收益率为 15%，股利支付率为 30%。则该公司的可持续权益增长率为：

☐ **a.** 50.0%。

☐ **b.** 14.0%。

☐ **c.** 6.0%。

☐ **d.** 4.5%。

　　解释说明：正确答案是 **b.** 14.0%。

　　公司的可持续权益增长率代表了公司利用自身收入所能实现的最高增长率。可持续权益增长率的计算公式为：股东权益收益率 ×（1 － 股息支付率）；因此，本题中公司的可持续权益增长率为：14.0%［20% ×（1 － 30%）］。

4. 以下哪一项最符合"功能性货币"一词的定义？

☐ **a.** 经济主体所处的主要经济环境中的货币。

☐ **b.** 经济实体编制财务报表时所使用的货币。

☐ **c.** 政府或机构所大量持有的、作为外汇储备、常用的在国际交易事项的货币。

☐ **d.** 用于全球交易并预计将作为一个可靠和稳定的价值储存手段的货币。

　　解释说明：正确答案是：**a.** 经济主体所处的主要经济环境中的货币。

　　功能货币是指经济主体所处的主要经济环境中的货币。

第二部分——第二章 问题

5. Z 公司股票的贝塔系数为 2.0，根据资本资产定价模型（CAPM）计算得到 Z 公司的期望报酬率为 16%。已知 X 公司股票的系数是 0.80。市场无风险利率是 4%。根据 CAPM 计算 X 公司股票的期望报酬率为：

☐ **a.** 6.4%。

☐ **b.** 8.0%。

☐ **c.** 8.8%。

☐ **d.** 9.6%。

　　解释说明：正确答案是 **c.** 8.8%。

　　资本资产定价模型（CAPM）的计算公式为：$R_f + \beta \times (R_m - R_f)$，其中，$R_f$ 为无风险利率，β 是一个衡量证券的市场变化的敏感性，和（$R_m - R_f$）为市场风险溢价。要计算 X 公司的期望报酬率，必须先用 Z 公司的数据求解出市场风险报酬率 R_m。市场风险报酬率求解如下：

　　　$16\% = 4\% + 2.0 (R_m - 4\%)$

$$16\% = 4\% + 2.0 \times R_m - 8\%$$

$$20\% = 2.0 \times R_m$$

$$10\% = R_m$$

R_m 等于 10%，β 为 0.80，R_f 为 4%，则 X 公司的期望报酬率为：8.8% $[4\% + 0.80 \times (10\% - 4\%)]$。

6. 如果利率的期限结构呈倒斜率，那么与短期利率相比，长期利率意味着什么？

- □ **a.** 长期利率低于短期利率。
- □ **b.** 长期利率与短期利率相同。
- □ **c.** 中期利率低于短期国债利率。
- □ **d.** 银行借款利率将会上升。

解释说明：正确答案是 **a.** 长期利率低于短期利率。

到期期限与到期收益率之间的关系通常用收益率曲线来表示。如果收益率曲线呈倒斜率，则短期证券的收益率高于长期证券。反向倾斜并不常见，但它们往往是经济进入衰退的信号。

7. 在半强势有效的市场中：

- □ **a.** 投资者使用历史价格预测市场表现。
- □ **b.** 证券价格反映了所有的公开信息。
- □ **c.** 证券价格反映内幕信息。
- □ **d.** 投资者赚更多的红利支付的股票。

解释说明：正确答案是 **b.** 证券价格反映了所有的公开信息。

在半强势有效的市场中，所有的公开信息都反映在价格中，但并非所有的内部信息都反映在价格中。

8. XYZ 公司截至 20×3 年 12 月 31 日的资产负债表如下。

资产		负债与所有者权益	
现金	$110	应付账款	$208
应收账款	280	应付票据	150
存货	175	应计费用	50
预付账款	20	递延税款	112
不动产、厂房以及设备	700	长期借款	485
无形资产	100	股东权益	380
资产总额	$1 385	负债与股东权益合计	$1 385

截至 20×3 年 12 月 31 日，XYZ 公司的净营运资本是多少？

- □ **a.** 32 美元。
- □ **b.** 65 美元。
- □ **c.** 177 美元。
- □ **d.** 227 美元。

解释说明：正确答案是 **b.** 65 美元。

净营运资本是一个组织的流动资产减去流动负债的差额。本例中的流动资产包括现金、应收账款、存货和预付账款；因此，流动资产总额为585美元（110美元 +280美元 +175美元 +20美元）。流动负债包括应付账款、应付票据、应计费用和递延税款；因此，流动负债总额为520美元（208美元 +150美元 +50美元 +112美元）。净营运资本等于65美元（585美元 – 520美元）。

9. A公司正在考虑以 2 000 000 美元的价格收购B公司。A公司的价值为 4 000 000 美元，B公司在合并前的价值为 1 000 000 美元。合并后的公司总价值为 7 000 000 美元。则合并的协同效益如下：

☐ **a.** （1 000 000 美元）。

☐ **b.** 1 000 000 美元。

☐ **c.** （2 000 000 美元）。

☐ **d.** 2 000 000 美元。

解释说明：正确答案是 **d.** 2 000 000 美元。

由于A公司单独的价值为4 000 000美元，而B公司单独的价值为1 000 000美元，因此两家公司单独估值时的价值之和为5 000 000美元；然而，合并后公司的总价值将为7 000 000美元。合并的协同作用是指合并后公司价值与各公司独立价值之和之间的差额；因此，协同效益为2 000 000美元（7 000 000美元 – 5 000 000美元）。

第二部分——第三章 问题

10. 一家公司在考察一个新产品的本量利分析时，通常会考虑安全边际。生产的固定成本总额为20万美元。如果单位产品的销售价格为80美元，单位产品的变动成本为60美元，且预算的净利润为 1 040 000 美元，则此时的安全边际量是多少？

☐ **a.** 13 000 件。

☐ **b.** 10 000 件。

☐ **c.** 5 500 件。

☐ **d.** 3 000 件。

解释说明：正确答案是 **d.** 3 000 件。

安全边际衡量的是在营业利润变为负数之前销售量或销售收入能够减少多少。安全边际的计算公式为：本期销售额 – 盈亏平衡的销售额。在本例中，本期销售量等于13 000件（1 040 000÷80）。要计算盈亏平衡点的销售量，令本量利计算公式等于零，即：单价×销售量 – 单位变动成本×销售量 – 固定成本 = 零。根据该公式，盈亏平衡点的销售量计算如下：

80 美元×销售量 – 60 美元×销售量 – 200 000 美元 = 0 美元

20 美元×销售量 = 200 000 美元，销售量 = 10 000 件

根据你计算得到的当前销售量和保本销售量，就可以计算出安全边际

的销售量。安全边际销售量等于 3 000 件（13 000 – 10 000）。

11. A 公司接到了一份特别订单，即要求以每台 30 美元的价格生产 10 000 件产品。下列是与该产品生产相关的信息。

直接材料	8.00 美元/件
直接人工	3.00 美元/件
变动制造费用	2.00 美元/件
固定制造费用	1.50 美元/件

假设存在闲置的工厂产能可以接受这个特殊订单，并且不会影响现有的销售。那么如果接受这个特殊订单，公司的利润会增加多少？

- ☐ **a.** 155 000 美元。
- ☐ **b.** 170 000 美元。
- ☐ **c.** 190 000 美元。
- ☐ **d.** 300 000 美元。

解释说明：正确答案是 **b.** 170 000 美元。

接受此特别订单不会对现有的销售产生任何影响；因此，要计算如果接受特殊订单会增加多少利润时，这个特殊不需要分摊固定制造费用。如果公司接受该订单，那么销售收入为 300 000 美元（30 美元 × 10 000）。接受该订单增加的成本等于直接材料、直接人工和变动制造费用的总和；因此，增加的成本等于 130 000 美元 ［（8.00 美元 × 10 000） + （3.00 美元 × 10 000） + （2.00 美元 × 10 000）］。接受这个订单将会使公司的利润增加 170 000 美元（300 000 美元 – 130 000 美元）。

12. 在以下产品生命周期的哪个阶段，销售会继续增长，但增长速率在下降，同时产品价格下降且产品差异化不再重要？

- ☐ **a.** 成熟期。
- ☐ **b.** 推广期。
- ☐ **c.** 增长期。
- ☐ **d.** 衰退期。

解释说明：正确答案是 **a.** 成熟期。

成熟期是产品生命周期中的第三个阶段。在此阶段之前，所有的初始投资成本已经收回，因此，这时候降低产品价格、根据变动的生产成本来设定价格是一种安全的做法。

第二部分——第四章 问题

13. 一家公司的会计经理估计，公司的系统和程序出现故障而造成重大财务损失的可能性为 5%。会计经理识别的是什么类型的风险？

- ☐ **a.** 业务风险。
- ☐ **b.** 营运风险。
- ☐ **c.** 危害风险。

☐ **d.** 战略风险。

解释说明：正确答案是 **b.** 营运风险。

营运风险是由不充分的系统、过程或外部事件的发生而产生损失的风险。由于公司系统和程序的失败而造成重大财务损失的可能性是营运风险的一个主要例子。

第二部分——第五章 问题

14. 一名财务分析师使用以下估计数来确定项目第一年的税后经营现金流量。

销售收入	$2 000 000
营业成本	$1 000 000
折旧费	$200 000
所得税税率	35%

该项目第一年税后经营现金流量为：

☐ **a.** 520 000 美元。

☐ **b.** 650 000 美元。

☐ **c.** 720 000 美元。

☐ **d.** 850 000 美元。

解释说明：正确答案是 **c.** 720 000 美元。

在计算经营现金流量时，非常重要的一点就是，要将付现成本与折旧费等非付现成本区分开来。计算经营现金流量有两种不同的方法，即间接法和直接法。我们将进一步解释说明这两种方法是如何计算得到税后经营现金流量的。

在间接法下，基本上所有非付现成本都被加回到税后利润中。间接法的计算公式为：税后利润 + 非付现成本。税后利润为 520 000 美元 [（2 000 000 美元 –（1 000 000 美元 + 200 000 美元）） × （1 – 35%）]。折旧费 200 000 美元是唯一一项非付现成本；因此，该项目第一年税后经营现金流量为 720 000 美元（520 000 美元 + 200 000 美元）。

直接方法将来自（1）收入和付现成本的金额与来自（2）税后非付现成本分开。本例中的税后现金为 650 000 美元 [（2 000 000 美元 – 1 000 000 美元） × （1 – 35%）]。非付现成本折旧费用的抵税收益为 70 000 美元（200 000 美元 × 35%）。计算得到该项目第一年税后现金流仍为 720 000 美元（650 000 美元 + 70 000 美元）。

15. 一家公司正在考虑购买一台价值 45 000 美元的新机器。这台设备预计在三年的使用寿命中，分别产生 12 000 美元、19 000 美元、16 000 美元的税后现金流量。该公司对资本设备的投资所要求的报酬率为 7%。请问公司是否应该购买这台设备？

☐ **a.** 不购买，内含报酬率小于必要报酬率。

☐ **b.** 购买，现金净流量总额为正数。

☐ **c.** 购买，设备的报酬率为正数。

　　□ **d**. 不购买，现金净流量总额为负数。

　　　　解释说明：正确答案是 **a**. 不购买，内含报酬率小于必要报酬率。

　　　　内含报酬率（IRR）是使净现值（NPV）等于零的收益率。如果 IRR 大于公司的必要报酬率，则会产生正的 NPV，从而为公司创造价值；但是，如果 IRR 小于必要报酬率，则会产生负的 NPV，则应该拒绝投资该项目。计算 IRR 最简单的方法就是用金融计算器上的 IRR 函数。本例中的 IRR 等于 2.11%。由于 2.11% 的 IRR 低于必要报酬率 7%，因此公司不应该购买该设备。

16. 计算得到项目的简易投资回收期和折现投资的回收期后，折现的投资回收期为：

　　□ **a**. 会更短，因为货币的时间价值提高现金流量的价值。

　　□ **b**. 会更长，因为货币的时间价值提高现金流量的价值。

　　□ **c**. 会更短，因为货币的时间价值降低现金流量的价值。

　　□ **d**. 会更长，因为货币的时间价值降低现金流量的价值。

　　　　解释说明：正确答案是 **d**. 会更长，因为货币的时间价值降低现金流量的价值。

　　　　由于货币具有时间价值，未来的投资现金流不能与初始投资额直接进行比较。为了使价值具有可比性，未来的现金流量需要折现相当于现在的价值；因此，项目的折现投资回收期会比简易的投资回收期更长。

17. 下列哪一个选项是运用敏感性分析进行估值的最佳举例？

　　□ **a**. 平均年收入除以净初始投资额。

　　□ **b**. 计算收回初始投资所需要的时间。

　　□ **c**. 在项目后期使用更高的贴现利率。

　　□ **d**. 输入不同的金额计算净现值。

　　　　解释说明：正确答案是 **d**. 输入不同的金额计算净现值。

　　　　敏感性分析强调资本预算投入的不确定性。敏感性分析的主要关注的是确定最可能使资本投资结果不可接受的投入的估计。

第二部分——第六章 问题

18. 查理·本瓦尔所在的团队正在评估一项潜在的收购方案。本瓦尔的雇主和潜在目标都是上市公司。本瓦尔个人的投资组合中的很大一部分是目标公司的股票，本瓦尔没有披露关于这些股票的信息。根据《IMA 职业道德守则公告》，本瓦尔违反了下列哪一项内容？

　　□ **a**. 胜任能力。

　　□ **b**. 可信。

　　□ **c**. 正直。

　　□ **d**. 保密。

　　　　解释说明：正确答案是 **c**. 正直。

本瓦尔违反了正直标准。根据规定，为了保证行为上的正直，IMA 会员应避免实际的利益冲突。由于本瓦尔的个人投资是由目标公司的股票构成的投资组合，因此，本瓦尔存在利益冲突。

19. 关于《萨班斯－奥克斯利法案》第 406 条的道德准则规定，以下哪个选项是不正确的？
    ☐ **a.** 它要求公司在其网站或年度报告中披露其道德准则。
    ☐ **b.** 它要求公司的道德准则统一适用于管理人员和一般员工。
    ☐ **c.** 它定义了道德准则的内容。
    ☐ **d.** 它要求公司披露其道德准则的变化。

    解释说明：正确答案是 **b.** 它要求公司的道德准则统一适用于管理人员和一般员工。

    《萨班斯－奥克斯利法案》第 406 条要求组织建立道德准则，并仅对高级财务人员进行相关的道德培训；它并不统一适用于管理人员和一般员工。

参考文献

American Institute of Certified Public Accountants, www. aicpa. org.

Anderson, David R. , Dennis J. Sweeney, Thomas A. Williams, Jeff Camm, and R. Kipp Martin. *Quantitative Methods for Business*, 11th ed. Mason, OH: South-Western, 2010.

Arens, Alvin A. , Randal J. Elder, and Mark S. Beasley. *Auditing and Assurance Services: An Integrated Approach*, 13th ed. Upper Saddle River, NJ: Prentice-Hall, 2009.

Bergeron, Pierre G. *Finance: Essentials for the Successful Professional*. Independence, KY: Thomson Learning, 2002.

Bernstein, Leopold A. , and John J. West. *Financial Statement Analysis: Theory, Application and Interpretation*, 6th ed. Homewood, IL: Irwin, 1997.

Blocher, Edward J. , David E. Stout, Paul E. Juras, and Gary Cokins. *Cost Management: A Strategic Emphasis*, 6th ed. New York: McGraw-Hill, 2013.

Boone, Brian. Ethics 101, 1st ed. Avon, MA: Adams Media, 2017.

Bodnar, George H. , and William S. Hopwood. *Accounting Information Systems*, 10th ed. Upper Saddle River, NJ: Prentice-Hall, 2010.

Brealey, Richard A. , Stewart C. Myers, and Franklin Allen. *Principles of Corporate Finance*, 10th ed. New York: McGraw-Hill, 2011.

Brigham, Eugene F. , and Michael C. Ehrhardt. *Financial Management: Theory and Practice*, 14th ed. Mason, OH: Cengage, 2013.

Campanella, Jack (ed.). *Principles of Quality Costs: Principles, Implementation, and Use*, 3rd ed. Milwaukee: ASQ Quality Press, 1999.

Committee of Sponsoring Organizations of the Treadway Commission (COSO), www. coso. org.

Committee of Sponsoring Organizations of the Treadway Commission (COSO). *Enterprise Risk Management-Integrated Framework*, 2004.

COSO. Enterprise Risk Management: Integrating with Strategy and Performance (Executive Summary). COSO 2017.

Daniels, John D. , Lee H. Radebaugh, and Daniel Sullivan. *International Business: Envi-*

ronments and Operations, 14th ed. Upper Saddle River, NJ: Prentice-Hall, 2012.

Evans, Matt H. Course 11: The Balanced Scorecard, www. exinfm. com/training/pd-files/coursellr. pdf.

Flesher, Dale. *Internal Auditing: Standards and Practices*. Altamonte Springs, FL: Institute of Internal Auditors, 1996.

Financial Accounting Standards Board, www. fasb. org.

Financial Accounting Standards Board. *Statements of Financial Accounting Concepts*. Norwalk, CT: Author.

Forex Directory. "U. S. Dollar Charts," www. forexdirectory. net/chartsfx. html

Garrison, Ray H. , Eric W. Noreen, and Peter Brewer. *Managerial Accounting*, 14th ed. Boston: McGraw-Hill/Irwin, 2011.

Gelinas, Ulric J. Jr. , Richard B. Dull, and Patrick Wheeler. *Accounting Information Systems*, 9th ed. Cincinnati, OH: South-Western College Publishing, 2011.

Gibson, Charles H. *Financial Reporting and Analysis*, 13th ed. Mason, OH: South-Western Cengage Learning, 2013.

Goldratt, Elihayu M. , and Jeff Cox. The Goal: *A Process of Ongoing Improvement*, 25th Anni-versary Revised ed. Great Barrington, MA: North River Press, 2011.

Grant Thorton, LLP, www. grantthornton. ca.

Greenstein, Marilyn, and Todd M. Feinman. *Electronic Commerce: Security, Risk Management, and Control*. Boston: McGraw-Hill Higher Education, 2000.

Hartgraves, A. L. , and Wayne J. Morse. *Managerial Accounting*, 6th ed. Lombard, IL: Cambridge Business Publishers, 2012.

Hildebrand, David K. , R. Lyman Ott, and J. Brian Gray. *Basic Statistical Ideas for Managers*, 2nd ed. Belmont, CA: Thomson Learning, 2005.

Hilton, Ronald W. , Michael W. Maher, and Frank H. Selto. *Cost Management: Strategies for Business Decisions*, 4th ed. Boston: McGraw-Hill Irwin, 2007.

Horngren, Charles T. , Srikant M. Datar, and Madhav Rajan. *Cost Accounting: A Managerial Emphasis*, 14th ed. Upper Saddle River, NJ: Prentice-Hall, 2012.

Hoyle, Joe B. , Thomas F. Schaefer, and Timothy S. Doupnik. *Advanced Accounting*, 10thed. Boston: McGraw-Hill Irwin, 2010.

Institute of Internal Auditors. "International Standards for the Professional Practice of Internal Auditing," https://na. theiia. org/standards – guidance/mandatory – guidance/Pages/Standards. aspx.

Institute of Management Accountants, www. imanet. org.

Institute of Management Accountants. *Enterprise Risk Management: Frameworks, Elements, and Integration*. Montvale, NJ: Author, 2006.

Institute of Management Accountants. *Enterprise Risk Management: Tools and Technigues for Effective Implementation*. Montvale, NJ: Author, 2007.

Institute of Management Accountants. IMA Statement of Ethical Professional Practice. Montvale, NJ: Author, 2005.

Institute of Management Accountants. *Managing Quality Improvements*. Montvale, NJ:

Author,1993.

Institute of Management Accountants. *Value and Ethics: From Inception to Practice.* Montvale,NJ: Author,2008.

International Accounting Standards Board,www. ifrs. org.

Investopedia. com,www. investopedia. com.

Kaplan,Robert S. ,and David P. Norton. *The Balanced Scorecard: Translating Strategy into Action.* Boston: Harvard Business School Press,1996.

Kaplan,Robert S. , and David P. Norton. *The Strategy-Focused Organization: How Balanced Scorecard Companies Thrive in the New Business Environment.* Boston: Harvard Business School Press,2001.

Kaplan,Robert S. ,and David P. Norton. "Using the Balanced Scorecard as a Strategic Management System." *Harvard Business Review* (January-February 1996).

Kieso,Donald E. ,Jerry J. Weygandt,and Terry D. Warfield. *Intermediate Accounting,* 14th ed. Hoboken,NJ: John Wiley & Sons,2012.

Larsen, E. John. *Modern Advanced Accounting,* 10th ed. New York: McGraw-Hill,2006.

Laudon,Kenneth C. ,and Jane P. Laudon. *Management Lnformation Systems,* llth ed. Upper Saddle River,NJ: Pearson Prentice Hall,2010.

Mackenzie,Bruce,et al. *Interpretation and Application of International Financial Reporting Standards.* Hoboken,NJ: John Wiley & Sons,2012.

McMillan,Edward J. *Not-for-Profit Budgeting and Financial Management.* Hoboken, NJ:John Wiley & Sons,2010.

Moeller,Robert R. *COSO Enterprise Risk Management,* 2nd ed. Hoboken, NJ: John Wiley & Sons,2011.

Morris,Tom Ph. D. Philosophy For Dummies. New York, NY: John Wiley & Sons Inc. ,1999.

Moyer,R. Charles,James R. McGuigan,and Ramesh P. Rao. *Contemporary Financial Management,* 13th ed. Mason,OH: Cengage,2014.

MSN Money, "Currency Exchange Rates," http://investing. money. msn. com/investments/exchange-rates/.

Nicolai,Loren A. ,John D. Bazley,and Jefferson P. Jones. *Intermediate Accounting,* llth ed. Mason,OH: Cengage,2010.

Olve,Nils – Goran,and Anna Sjostrand. *The Balanced Scorecard,* 2nd ed. Oxford,UK: Capstone,2006.

Rosenberg,Jerry M. *The Essential Dictionary of International Trade.* New York: Barnes & Noble; 2004.

Sarbanes-Oxley, www. sarbanesoxleysimplified. com/sarbox/compact/htmlact/sec406. html.

Sawyer,Lawrence B. , Mortimer A. Dittenhofer, and Anne Graham (eds.). 2003. *Sawyer's Internal Auditing: The Practice of Modern Internal Auditing,* 5th ed. Altamonte Springs,FL: Institute of Internal Auditors,2003.

Securities and Exchange Commission, www. sec. gov/rules/final/33-8177. htm.

Shim, Jae K. , and Joel G. Siegel. *Schaum's Outlines: Managerial Accounting*, 2nd ed. New York: McGraw-Hill, 2011.

Siegel, Joel G. , Jae K. Shim, and Stephen W. Hartman. *Schaum's Quick Guide to Business Formulas: 201 Decision-Making Tools for Business, Finance, and Accounting Students*. New York: McGraw-Hill, 1998.

Simkin, Mark G. , and Carolyn A. Strand Norman. Hoboken, NJ: John Wiley & Sons, 2011.

Simkin, Mark G. , Jacob M. Rose, and Carolyn S. Norman. Core Concepts of Accounting information Systems. 12th ed. Hoboken, NJ: John Wiley & Sons, 2012.

Stiglitz, Joseph E. *Globalization and Its Discontents*. New York: Norton, 2002.

Subramanyam, K. R. , and John L. Wild. *Financial Statement Analysis*, 10th ed. New York: McGraw-Hill, 2009.

U. S. Department of Justice. Foreign Corrupt Practices Act, Antibribery Provisions, www. usdoj. gov/criminal/fraud/fcpa/guide. pdf.

U. S. Securities and Exchange Commission, www. sec. gov.

VanHorne, James C. , and John M. Wachowicz Jr. *Fundamentals of Financial Management*, 13thed. Harlow, UK: Pearson Education.

Warren, Carl S. , James M. Reeve, and Jonathan Duchac. *Financial and Managerial Accounting*, 12th ed. Mason, OH: Cengage, 2013.

Wessels, Walter J. *Economics*, 5th ed. New York: Barron's, 2012.

XE. com, www. xe. com.

考试大纲索引

说明:索引页码为英文原书页码。

LOS2. A. 1. a:

将资产负债表和利润表转换成结构百分比报表,即计算资产负债表项目占总资产的百分比、利润表项目占收入的百分比,也称为纵向分析……6,559

LOS2. A. 1. b:

对资产负债表和利润表进行横向比较分析,即计算各财务报表项目的历年金额相对于基准年份的变动趋势……9,559

LOS2. A. 1. c:

计算资产负债表和利润表上各项目的增长率……9,559

LOS2. A. 2. a:

计算并解读流动比率、速动比率(酸性测试比率)、现金比率、现金流量比率和净营运资本比率……16,559

LOS2. A. 2. b:

解释流动资产、流动负债、销售量的构成要素中,某一项或多项发生变化将如何影响流动性比率并计算影响的幅度……19

LOS2. A. 2. c:

理解流动负债流动性的含义……20,559

LOS2. A. 2. d:

定义偿付能力……16,559

LOS2. A. 2. e:

定义经营杠杆和财务杠杆……21,22,559

LOS2. A. 2. f:

计算经营杠杆系数和财务杠杆系数……21,559

LOS2. A. 2. g:

通过计算杠杆比率,理解负债和权益相对比率变化对公司资本结构和偿付能力的影响……23,559

LOS2. A. 2. h:

计算并解读财务杠杆比率,确定资本结构特定变化对该比率的影响……22,559

LOS2. A. 2. i:

计算并解读下列财务比率:负债对权益比率、长期负债对权益比率、资产负

债率……23,560

LOS2. A. 2. j：

　　定义、计算并解读下列财务比率：固定支出保障倍数（盈余对固定支出比率）、

　　　　利息保障倍数（已获利息倍数）、现金流量固定支出保障倍数……24,25,560

LOS2. A. 2. k：

　　讨论资本结构决策如何影响公司风险特征……23,25,560

LOS2. A. 2. l：

　　计算并解读应收账款周转率、存货周转率和应付账款周转率……26,27,560

LOS2. A. 2. m：

　　计算并解读应收账款周转天数、存货周转天数、应付账款周转天数……26,

　　　　27,560

LOS2. A. 2. n：

　　定义并计算企业的营业周期和现金周期……28,560

LOS2. A. 2. o：

　　计算并解读总资产周转率和固定资产周转率……28,560

LOS2. A. 2. p：

　　计算并解读销售毛利率、营业利润率、销售净利率和息税折旧摊销前利

　　　　润率……21,33,560

LOS2. A. 2. q：

　　计算并解读总资产收益率和权益收益率……35,37,39,560

LOS2. A. 2. r：

　　计算并解读市价净资产指标（市净率）、市盈率……29,560

LOS2. A. 2. s：

　　计算并解读每股净资产……29,560

LOS2. A. 2. t：

　　识别并解释每股净资产的局限性……29,560

LOS2. A. 2. u：

　　计算并解读基本每股收益和稀释每股收益……29,30,560

LOS2. A. 2. v：

　　计算并解读盈余收益率、股利收益率、股利支付率和股东回报……28,29,

　　　　31,560

LOS2. A. 2. w：

　　识别财务比率分析的局限性……17,40,560

LOS2. A. 2. x：

　　熟悉获得上市公司财务信息和行业平均财务比率的渠道……41,560

LOS2. A. 2. y：

　　使用多种财务比率综合评估公司的财务实力和业绩表现……17,18,20,23,

　　　　24,25,26,560

LOS2. A. 3. a：

　　理解计算总资产收益率和权益收益率时，"资产""权益""收益"存在的不同取

　　　　值口径……47,560

LOS2. A. 3. b：

　计算一项或多项财务报表项目变化对总资产收益率的影响……49,560

LOS2. A. 3. c：

　识别衡量收益需要考虑的因素,包括会计估计、会计方法、披露动机和报表使
　用者的不同需求……57,560

LOS2. A. 3. d：

　解释收入来源、收入的稳定性和变化趋势的重要性……55,560

LOS2. A. 3. e：

　理解收入和应收账款以及收入和存货之间的关系……56,560

LOS2. A. 3. f：

　计算并分析收入确认和计量方法变化对收入的影响……56,561

LOS2. A. 3. g：

　通过计算并解读毛利率,分析销售成本的影响……49,561

LOS2. A. 3. h：

　区分销售毛利率、营业利润率、销售净利率,分析利润表项目变化对上述比率
　的影响……50,561

LOS2. A. 3. i：

　定义并学会进行变动分析(随时间推移的变动百分比)……561

LOS2. A. 3. j：

　计算并解读可持续增长率……52,561

LOS2. A. 4. a：

　理解汇率波动的影响……561

LOS2. A. 4. a. 1：

　识别并解释境外经营的会计核算(如,历史汇率和现行汇率、汇兑损失和利得
　的处理)……71,561

LOS2. A. 4. a. 2：

　定义功能货币……68,70,561

LOS2. A. 4. a. 3：

　计算汇率变化对财务比率的影响……70,561

LOS2. A. 4. a. 4：

　讨论报告盈余的波动对管理层和投资者行为的影响……70,561

LOS2. A. 4. b：

　理解通货膨胀对财务比率及其可靠性的影响……66,561

LOS2. A. 4. c：

　描述会计变更(会计政策变更、会计估计变更和会计差错更正)带来的报表调
　整以及其对财务比率的影响……62,561

LOS2. A. 4. d：

　区分账面价值和市场价值,区别会计利润和经济利润……61,64,561

LOS2. A. 4. e：

　识别盈余质量的决定因素和表现特征,并解释其重要性……63,561

LOS2. B. 1. a：

计算投资收益率……88,561

LOS2. B. 1. b：

识别并理解系统风险(市场风险)和非系统风险(公司风险)……95,561

LOS2. B. 1. c：

识别并理解信用风险、汇率风险、利率风险、市场风险、行业风险和政治
风险……87,561

LOS2. B. 1. d：

理解风险和收益之间的关系……89,561

LOS2. B. 1. e：

区分单项证券的风险和投资组合整体的风险……93,561

LOS2. B. 1. f：

理解并举例说明投资多元化……95,561

LOS2. B. 1. g：

定义 β 系数并解释 β 系数的变化如何影响证券价格……97,561

LOS2. B. 1. h：

理解资本资产定价模型(CAPM)，利用 CAPM 计算包含风险溢价的必要报酬
率……98,561

LOS2. B. 2. a：

描述利率期限结构，并解释其随时间变化的原因……106,562

LOS2. B. 2. b：

定义并识别普通股和优先股的特征……115,116,125,562

LOS2. B. 2. c：

识别并描述债券的基本特征，如到期日、票面金额、票面利率、赎回条款、转换
条款、信托契约、限制性条款以及发行人或投资者享有的期权……107,562

LOS2. B. 2. d：

识别并评估债务的发行策略及债券再融资策略……114,562

LOS2. B. 2. e：

利用现金流折现方法，对债券、普通股和优先股进行估值……113,118,119,
127,562

LOS2. B. 2. f：

理解久期如何衡量债券价格对利率的敏感性……111,562

LOS2. B. 2. g：

解释所得税如何影响融资决策……104,562

LOS2. B. 2. h：

定义并举例说明衍生工具及其用途……138,562

LOS2. B. 2. i：

识别并表述期货和远期合约的基本特征……142,143,562

LOS2. B. 2. j：

区分空头和多头头寸……142,562

LOS2. B. 2. k：

定义期权，区分看涨期权和看跌期权，并能识别其基本特征……139,562

LOS2. B. 2. l：

定义行权价格（执行价格），期权费和内在价值……105,140,562

LOS2. B. 2. m：

理解期权价值与其影响因素之间的相互关系,如行权价格和看涨期权价值之
间的关系……141,562

LOS2. B. 2. n：

定义利率互换和外汇互换……143,562

LOS2. B. 2. o：

定义并识别其他长期资本来源的特征,如租赁、可转换证券、认股权证……
144,562

LOS2. B. 2. p：

理解通货膨胀率、利率与金融工具价格的关系……111,562

LOS2. B. 2. q：

定义资本成本,理解其在资本结构决策中的应用……127,562

LOS2. B. 2. r：

描述各个资本来源的资本成本及加权平均资本成本……128,562

LOS2. B. 2. s：

计算边际资本成本……135,562

LOS2. B. 2. t：

解释使用边际资本成本而不是历史资本成本的重要性……129,562

LOS2. B. 2. u：

理解资本成本在资本投资决策中的应用……138,562

LOS2. B. 2. v：

理解所得税对资本结构和长期投资决策的影响……138,562

LOS2. B. 2. w：

利用固定股利增长率模型为股票进行估值,理解两阶段股利折现模型……
119,562

LOS2. B. 2. x：

理解相对价值评估（可比价值评估）的方法,如市盈率、市净率、市销率法……
121,562

LOS2. B. 3. a：

识别各种类型的金融市场和交易场所的特征……154,562

LOS2. B. 3. b：

理解资本市场有效性的概念,包括强式、半强式、弱式的市场有效性……
155,562

LOS2. B. 3. c：

描述信用评级机构的职能……155,562

LOS2. B. 3. d：

理解投资银行的职能,包括承销、咨询和交易……154,562

LOS2. B. 3. e：

定义首次公开发行（IPOs）……155,563

LOS2. B. 3. f：

　定义股权再融资(后续发行)……155,563

LOS2. B. 3. g：

　描述租赁的融资功能,解释其优点和缺点,利用现金流折现计算租赁净

　　收益……151,563

LOS2. B. 3. h：

　定义股利的不同类型,包括现金股利、股票股利,定义股票分割……157,563

LOS2. B. 3. i：

　识别并表述影响公司股利政策的因素……158,563

LOS2. B. 3. j：

　理解普通股和优先股的股利分配流程……156,159,563

LOS2. B. 3. k：

　定义股份回购,解释公司为什么要回购自身股票……159,563

LOS2. B. 3. l：

　定义内幕交易并解释其为何违法……156,563

LOS2. B. 4. a：

　定义营运资本及其组成部分……163,563

LOS2. B. 4. b：

　计算净营运资本……163,563

LOS2. B. 4. c：

　解释短期融资预测对营运资本管理的作用……163,563

LOS2. B. 4. d：

　识别并表述影响现金持有量的因素……164,563

LOS2. B. 4. e：

　识别并解释持有现金的三种动机……165,563

LOS2. B. 4. f：

　编制未来现金流量预算……563

LOS2. B. 4. g：

　识别加速现金收款的方法……167,563

LOS2. B. 4. h：

　计算锁箱系统的净收益……168,563

LOS2. B. 4. i：

　定义资金集中银行制……169,563

LOS2. B. 4. j：

　理解补偿性余额……170,563

LOS2. B. 4. k：

　识别延缓付款的方法……170,563

LOS2. B. 4. l：

　理解付款浮游和透支系统……170,563

LOS2. B. 4. m：

　识别并表述持有有价证券的原因……172,563

LOS2. B. 4. n：

　定义不同类型的有价证券,包括货币市场工具、美国国库券、中期美国国债、长期美国国债、回购协议、联邦机构证券、银行承兑汇票、商业票据、可转让大额存单、欧洲美元存单,以及其他类型的有价证券……173,563

LOS2. B. 4. o：

　评估选择有价证券时,安全性、市场性/流动性、收益率、到期期限和税负等因素之间的权衡……172,563

LOS2. B. 4. p：

　理解风险和收益之间的权衡……173,563

LOS2. B. 4. q：

　识别影响应收账款水平的因素……175,564

LOS2. B. 4. r：

　理解信用期限、收款政策变化的影响,包括对应收账款、营运资本和销售量的影响……177,564

LOS2. B. 4. s：

　定义违约风险……177,564

LOS2. B. 4. t：

　识别并解释最优信用政策的影响因素……178,564

LOS2. B. 4. u：

　定义交货周期和安全储备,识别持有存货的原因和影响存货持有量的因素……181,564

LOS2. B. 4. v：

　识别并计算存货相关的成本,包括持有成本、订货成本和缺货成本……179,564

LOS2. B. 4. w：

　解释及时存货管理系统(JIT)如何改进存货管理……183,564

LOS2. B. 4. x：

　识别高存货周转率和高毛利率之间的关系(无须掌握计算)……184,564

LOS2. B. 4. y：

　理解经济订货量(EOQ),理解相关变量变化对经济订货量的影响(无须掌握计算)……179,564

LOS2. B. 4. z：

　理解风险对公司流动资产融资政策(保守、激进等)的影响……163,564

LOS2. B. 4. aa：

　识别并表述短期信用安排的各种类型,包括商业信用、银行短期借款、商业票据、信贷额度和银行承兑汇票……184,564

LOS2. B. 4. bb：

　估算放弃现金折扣的年成本和实际年利率……185,564

LOS2. B. 4. cc：

　计算带有补偿性余额要求和/或收取承诺费的银行贷款的有效年利率……187,564

LOS2. B. 4. dd:
理解应收账款保理融资,并计算融资成本……189,564

LOS2. B. 4. ee:
解释融资中的期限匹配和对冲策略……163,564

LOS2. B. 4. ff:
理解营运资本管理成本需要考虑的因素……163,564

LOS2. B. 4. gg:
针对特定的目标,推荐适当的营运资本管理策略……183,564

LOS2. B. 5. a:
理解收购兼并,包括横向收购、纵向收购和混合兼并……193,564

LOS2. B. 5. a. i:
理解收购兼并,包括横向收购、纵向收购和混合兼并……564

LOS2. B. 5. a. ii:
杠杆收购……198,564

LOS2. B. 5. b:
识别反收购策略(如金色降落伞、资本结构加杠杆、毒丸计划(股东权利计划)、
分期分级董事会、公平价格条款、分级投票权计划、白衣骑士等)……
194,564

LOS2. B. 5. c:
识别并表述投资剥离的概念,如分拆、股权切离、公司分立和发行追踪股……
195,198,564

LOS2. B. 5. d:
评估影响公司财务状况的关键因素,判断重组是否对股东有利……196,565

LOS2. B. 5. e:
识别拟进行的并购能否带来协同效应……196,565

LOS2. B. 5. f:
利用现金流量折现法评估企业、经营分部和企业联合体……197,565

LOS2. B. 5. g:
评估拟进行的企业合并,并基于定量或定性的因素找出建议……197,565

LOS2. B. 6. a:
理解外汇及其对商品和服务价格的影响……203,565

LOS2. B. 6. b:
识别影响汇率的因素……207,565

LOS2. B. 6. c:
计算在一定时期内,一种货币相对于另一种货币是升值还是贬值,并评估币值
变动的影响……208,565

LOS2. B. 6. d:
理解如何使用外汇期货、外汇互换和外汇期权来管理汇率风险……207,
208,565

LOS2. B. 6. e:
计算汇率变动带来的跨境交易的净收益/净损失,评估其影响……209,

215,565

LOS2. B. 6. f：

推荐管理汇率风险的方法并计算这一方法的净收益/净损失……209,565

LOS2. B. 6. g：

识别并解释全球多元化的好处……209,215,565

LOS2. B. 6. h：

识别并解释常见的贸易融资方法,包括跨境保理、信用证、银行承兑汇票、福费廷和对销贸易……212,565

LOS2. C. 1. a：

理解如何用本量利分析(保本分析)来研究总收入、总成本和营业利润在产量、售价、单位变动成本或固定成本变化时的性态……232,565

LOS2. C. 1. b：

计算不同经营规模下的营业利润……234,565

LOS2. C. 1. c：

区分不同产出水平下的固定成本与变动成本……229,565

LOS2. C. 1. d：

解释固定成本与变动成本分类受所考虑的时间范围影响的原因……232,565

LOS2. C. 1. e：

计算单位边际贡献和总边际贡献……233,234,565

LOS2. C. 1. f：

计算实现目标营业收入或目标净利润所需保本量或保本额……234,565

LOS2. C. 1. g：

理解多产品情况下,销售组合变化对营业收入的影响……236,565

LOS2. C. 1. h：

根据给定的销售份额百分比,计算多产品的盈亏平衡点,并解释在多产品情况下不存在唯一盈亏平衡点的原因……237,565

LOS2. C. 1. i：

定义、计算并解释安全边际和安全边际率……237,565

LOS2. C. 1. j：

当销售存在不确定性时,解释在本量利分析中如何使用敏感性分析……238,565

LOS2. C. 1. k：

利用本量利分析结果进行分析并给出行动建议……238,565

LOS2. C. 1. l：

理解所得税对本量利分析的影响……236,565

LOS2. C. 2. a：

掌握和定义相关成本(增量成本、边际成本或差异成本)、沉没成本、可避免成本、显性和隐性成本、分离点、联合生产成本、可分离处置成本和相关收入……243,253,566

LOS2. C. 2. b：

解释沉没成本与决策过程无关的原因……243,566

LOS2. C. 2. c：

理解并计算机会成本……245,566

LOS2. C. 2. d：

根据给定情形下的数据信息计算相关成本……244,566

LOS2. C. 2. e：

定义和计算边际成本和边际收入……253,566

LOS2. C. 2. f：

掌握和计算总成本、平均固定成本、平均变动成本和平均总成本……253,566

LOS2. C. 2. g：

在下述决策中能够熟练使用边际分析：(a)引入新产品或改变现有产品产量；(b)接受或拒绝特殊订单；(c)自制或外购产品或服务；(d)直接销售产品或深加工销售增加值更大的产品；(e)增加或减少分部……245,246,248,249,251,566

LOS2. C. 2. h：

当具有剩余生产能力且订单无长期影响时,计算接受或拒绝该特殊订单对营业收入的影响……243,566

LOS2. C. 2. i：

掌握和描述自制或外购决策中应考虑的定性因素,例如产品质量、供应商可靠性等……246,566

LOS2. C. 2. j：

计算自制或外购决策对营业利润的影响……245,566

LOS2. C. 2. k：

计算销售或深加工以及减少或增加分部等决策对营业利润的影响……247,566

LOS2. C. 2. l：

识别产能变化对生产决策的影响……244,566

LOS2. C. 2. m：

理解所得税对边际分析的影响……253,566

LOS2. C. 2. n：

根据边际分析给出行动建议……245,566

LOS2. C. 3. a：

掌握包括市场导向定价法、成本导向定价法和价值定价法等在内的不同定价方法理论……260,263,566

LOS2. C. 3. b：

区分成本导向定价法(成本加成定价法、加成定价法)和市场导向定价法……262,268,566

LOS2. C. 3. c：

运用成本导向定价法计算销售价格……263,566

LOS2. C. 3. d：

理解除产品或服务所在市场结构因素外,供需关系对其定价的影响……269,566

LOS2. C. 3. e：

理解卡特尔对定价的影响······279,566

LOS2. C. 3. f：

使用边际收入和边际成本理论,理解在下述情形下的公司短期均衡价格：

（1）完全竞争;（2）垄断竞争;(3)寡头垄断;(4)垄断······274,566

LOS2. C. 3. g：

掌握基于理解客户价值认知以及竞争对手技术、产品和成本的定价技术······

266,566

LOS2. C. 3. h：

定义和理解目标定价法与目标成本法,并掌握设定目标价格和目标成本的主

要步骤······266,567

LOS2. C. 3. i：

定义价值工程······267,567

LOS2. C. 3. j：

计算单位目标营业利润与单位目标成本······264,268,567

LOS2. C. 3. k：

定义和区分增值成本和非增值成本······267,567

LOS2. C. 3. l：

定义成本加目标收益率的定价方法······268,567

LOS2. C. 3. m：

使用中点公式计算需求的价格弹性······276,567

LOS2. C. 3. n：

定义和解释弹性需求与无弹性需求······275,567

LOS2. C. 3. o：

根据价格及需求变化估计总收入及价格弹性······277,567

LOS2. C. 3. p：

讨论长期定价决策与短期定价决策的差别······260,567

LOS2. C. 3. q：

定义产品生命周期,识别和解释产品生命周期的四个阶段,并解释产品生命周

期内定价决策可能会有所不同的原因······267,567

LOS2. C. 3. r：

在特定市场条件下对定价策略进行评估和建议······268,567

LOS2. D. 1. a：

识别并解释不同类型的风险,包括企业风险、灾害风险、财务风险、营运风险和

战略风险等······297,567

LOS2. D. 1. b：

理解营运风险······297,567

LOS2. D. 1. c：

定义法律风险、合规风险和政治风险······297,567

LOS2. D. 1. d：

理解波动性和时间对风险的影响······297,567

LOS2. D. 1. e：
　　定义资本充足性的概念（即偿付能力、流动性、准备金、充足的资本等）……
　　297,567

LOS2. D. 1. f：
　　解释在确定风险暴露时概率的使用和根据给定概率计算预期损失……299,
　　300,567

LOS2. D. 1. g：
　　定义非预期损失概念和最大可能损失（极端损失或灾难性损失）的概念……
　　295,567

LOS2. D. 1. h：
　　掌握风险应对（或处理）策略,包括避免、保留、降低（减轻）、转移（分担）和利
　　用（接受）风险的一系列举措……299,567

LOS2. D. 1. i：
　　定义风险转移策略（如购买保险、发行债券等）……299,567

LOS2. D. 1. j：
　　理解剩余风险的概念,区分剩余风险和固有风险……299,567

LOS2. D. 1. k：
　　掌握并解释风险管理的好处……567

LOS2. D. 1. l：
　　掌握并描述风险管理过程的关键步骤……300,567

LOS2. D. 1. m：
　　解释风险态度对风险管理的影响……299,567

LOS2. D. 1. n：
　　大体上理解使用责任/灾害保险来减轻风险（细节知识不作要求）……300,567

LOS2. D. 1. o：
　　掌握管理营运风险的方法……300,567

LOS2. D. 1. p：
　　掌握和解释财务风险管理方法……300,567

LOS2. D. 1. q：
　　掌握并解释包括风险识别、风险排序和风险地图等在内的定性风险评估
　　工具……298,577

LOS2. D. 1. r：
　　掌握和解释包括风险现金流、风险收益、收益分布、每股收益等在内的定量风
　　险评估工具……296,567

LOS2. D. 1. s：
　　掌握和解释风险价值（无须掌握计算）……295,568

LOS2. D. 1. t：
　　定义企业风险管理并识别和描述企业风险管理项目的目标、组成要素和
　　好处……301,568

LOS2. D. 1. u：
　　掌握事件识别技术,并在企业风险管理方法的背景下给出相关示例……

297,568

LOS2. D. 1. v：

解释企业风险管理实践如何与公司治理、风险分析、组合管理、绩效管理，以及
企业内部控制相融合……302,568

LOS2. D. 1. w：

评估具体情形并给出风险减轻策略的建议……300,568

LOS2. D. 1. x：

实施成本收益分析，并理解其在风险评估和决策中的运用……300,568

LOS2. D. 1. y：

理解 COSO 的企业风险管理——整合框架……301,568

LOS2. E. 1. a：

定义资本预算并识别编制和实施项目资本预算的阶段或步骤……311,568

LOS2. E. 1. b：

掌握并能基于税前和税后计算资本投资项目的相关现金流……313,568

LOS2. E. 1. c：

理解所得税对现金流的影响……315,568

LOS2. E. 1. d：

区分现金流和会计利润，讨论增量现金流、沉没成本和机会成本与资本预算的
相关性……312,568

LOS2. E. 1. e：

解释资本预算中净营运资本变化的重要性……313,568

LOS2. E. 1. f：

讨论通货膨胀的影响如何体现在资本预算分析之中……312,568

LOS2. E. 1. g：

定义必要报酬率……315,322,568

LOS2. E. 1. h：

掌握资本预算中风险处置的不同方法……319,324,568

LOS2. E. 1. i：

区分敏感性分析法、情景分析法和蒙特卡洛模拟法等风险分析技术……319,
323,324,325,568

LOS2. E. 1. j：

解释当项目现金流风险水平不同于公司正常风险水平时，要对折现率进行风
险调整的原因……326,568

LOS2. E. 1. k：

解释若考虑某个资本投资追加、提前、延期或提前终止等可能因素，如何增加
资本投资价值……323,568

LOS2. E. 1. l：

理解实物期权并识别不同类型的实物期权，如放弃、延迟、扩张和缩减等（不做
计算要求）……322,568

LOS2. E. 1. m：

掌握并讨论资本预算决策涉及的定性因素……317,568

LOS2. E. 1. n：

　描述资本预算过程中事后审计的作用……311,568

LOS2. E. 2. a：

　理解两种主要现金流折现法：净现值法和内含报酬率法……331,568

LOS2. E. 2. b：

　计算净现值和内含报酬率……336,339,569

LOS2. E. 2. c：

　理解净现值法和内含报酬率法用于确定可接受项目的决策标准……338,
　339,569

LOS2. E. 2. d：

　比较净现值法和内含报酬率法各自的相对优缺点,尤其在独立项目与互斥项
　目及"多重内含报酬率问题"方面……342,569

LOS2. E. 2. e：

　解释净现值法和内含报酬率法未能恰当应用时,导致资本项目排序结果冲突
　的原因……343,569

LOS2. E. 2. f：

　掌握净现值法和内含报酬率法的假设条件……343,569

LOS2. E. 2. g：

　基于现金流折现分析对项目投资进行评估和建议……569

LOS2. E. 2. h：

　理解回收期法和折现回收期法……343,569

LOS2. E. 2. i：

　掌握回收期法和折现回收期法的优缺点……345,569

LOS2. E. 2. j：

　计算回收期和折现回收期……344,569

LOS2. F. 1. a：

　界定商业道德……361,569

LOS2. F. 1. b：

　分析道德与美德的概念……362,596

LOS2. F. 1. c：

　定义道德哲学……362,569

LOS2. F. 1. d：

　理解以下商业决策中用到的道德哲学及其概念：目的论、功利主义、道义论、相
　对主义、美德伦理和正义……362,569

LOS2. F. 1. e：

　定义公平、正直、尽职调查和受托责任的概念……363,569

LOS2. F. 2. a：

　掌握和描述四大职业道德原则和四项道德准则……368,569

LOS2. F. 2. b：

　评估给定商业环境下涉及的职业道德内容……376,569

LOS2. F. 2. c：

掌握和描述在给定商业环境下可能会违反的相关职业道德标准,并解释为何
　　适用该道德标准……376,569

LOS2. F. 2. d:
　在管理会计师或财务经理在商业环境中面临道德困境时,给出行动建议……
　　371,569

LOS2. F. 2. e:
　对存在的职业道德问题,如财务报告舞弊,或不恰当的操纵财务预测、分析经
　　营结果和预算等进行评估并给出解决建议……376,569

LOS2. F. 2. f:
　掌握舞弊三角模型的三要素……372,569

LOS2. F. 2. g:
　运用模型解释管理会计和财务管理从业人员如何识别和管理舞弊风险……
　　373,569

LOS2. F. 3. a:
　讨论组织在国际范畴运用其价值观和职业道德标准面临的问题……570

LOS2. F. 3. b:
　理解职业道德与内部控制两者之间的关系……387,570

LOS2. F. 3. c:
　定义企业文化,并理解它在道德决策中的作用……382,570

LOS2. F. 3. d:
　理解行为准则的重要性及其对组织道德文化的贡献……383,570

LOS2. F. 3. e:
　理解职业道德价值观利于组织的方式……383,570

LOS2. F. 3. f:
　分析群体思想对道德行为的影响……383,570

LOS2. F. 3. g:
　讨论思想的多样性如何导致良好的道德决策……383,570

LOS2. F. 3. h:
　将 IMA 的管理会计公告中《价值观和道德规范:从确立到实践》的相关规定运
　　用到商业环境之中……387,389,570

LOS2. F. 3. i:
　理解"以身作则"或"高层定调"在构建组织职业道德环境中发挥的作用……
　　384,385,570

LOS2. F. 3. j:
　定义道德领导。识别并理解道德领导人的特征……385,570

LOS2. F. 3. k:
　解释人力资源在营造"做正确之事"氛围方面对组织的重要性(即雇用正确的
　　人,对他们进行培训、实践与价值观相一致的领导)……386,570

LOS2. F. 3. l:
　解释组织核心价值观在解释其职业道德行为方面的重要性……384,570

LOS2. F. 3. m:

讨论员工培训对保持组织职业道德文化的重要性……386,570

LOS2. F. 3. n：

解释举报框架（如职业道德热线）对保持组织职业道德文化的重要性……
387,570

LOS2. F. 3. o：

理解道德行为与法律行为之间的差异……384,570

LOS2. F. 3. p：

识别反贿赂法的目的，如美国的《反海外腐败法》和英国的《反贿赂法》……
387,570

LOS2. F. 3. q：

定义疏通费，以及为什么这些支付行为会产生道德和法律问题……388,570

LOS2. F. 3. r：

讨论公司对道德行为的责任……381,570

LOS2. F. 3. s：

界定并理解可持续发展和社会责任的主要问题……393,570

LOS2. F. 3. t：

识别并定义社会责任的四个层面：经济责任、法律责任、道德责任和慈善……
393,570

索引

说明:索引页码为英文原书页码。

A

Accelerated depreciation, 361 加速折旧,加速折旧法

Accounting changes, 72 会计变更

Accounting methods, in income analysis,65 利润分析中的会计核算方法

Accounts receivable (A/R), 199 应收账款

Accounts receivable turnover ratio,29 应收账款周转率

Accounts payable turnover ration,31 应付账款周转率

Accrued expenses,208 应计费用

ACH (automated clearing house),192 自动清算所(ACH)

Acid-test ratio,19 酸性测试比率,速动比率

Acquisitions,219 收购

Activity level,201 作业水平,业务量

Add or drop a segment,281 增加或减少一个分部

Adjusted book value method,224 账面价值调整法

Agency cost,121 代理成本

Agent,121 代理人

Allowable cost,301 可允许成本

American option,159 美式期权

Annuity investment,383 年金投资

A/R (accounts receivable),199 应收账款

Assets: 资产:

    current,18 流动资产

    depreciable,41 应折旧资产

    international, diversification of,247 国际多元化资产

    unproductive,41 非生产性资产

Asset-based borrowing,211 基于资产的贷款

Asset turn,53 资产周转

At-the-money options,159 平价期权

Automated clearing house（ACH）,192 自动清算所（ACH）

Availability float,190 取款浮游

B

Bad debts,201 坏账

Bankers' acceptance（BA）,211,243 银行承兑汇票

Beta,112 贝塔,β 值

Binomial lattice model,161 二项式模型

Black-Scholes option model,161 布莱克－斯科尔斯期权定价模型

Bond(s),122 债券

    administration of,124 债券管理

    duration,127 债券久期

    interest rate,125 债券利率

    liquidation and rankings of,129 债券清偿顺序与债券清算

    maturity of,125 债券期限

    principal（par value，face value）,125 债券本金

    ratings of,126 债券评级

    redeeming/retiring,126 债券赎回

    refinancing,131 债券再融资

    secured and unsecured,129 担保和未担保债券

    terminology,124 债券术语

    types of,123 债券类型

    valuation of,130 债券估价

    yield of,127 债券收益率

Bond price-yield curve,128 债券价格收益曲线

Book value,121 账面价值

Book value per share,75 每股账面价值

Book value per share of common stock,122 普通股每股账面价值

Book value weights,153 账面价值加权

Break-even graph,263 盈亏平衡图

Break-even point,264 盈亏平衡点

Bribery Act（2010）,443 2010 年反贿赂法

Buffer（safety）stock,205 缓冲存货（安全存货）

Business ethics,411 商业道德

C

Call option,159 买入期权

Call option payoff,159 买入期权偿付(买入期权的偿付)

Call provision: 赎回条款:

bonds, 126 债券赎回条款

preferred stock, 144 优先股赎回条款

Cap（market capitalization）, 104, 131 市值

Capital： 资本：

cost of, 145 资本成本

debt, 146 债务资本

equity, 146 权益资本

Capital Asset Pricing Model（CAPM）, 112, 151, 371 资本资产定价模型

Capital budget, 352 资本预算

Capital budgeting： 资本预算：

applications, 352 资本预算的应用

project and time dimensions in, 352 资本预算的项目维度和时间维度

stages of, 353 资本预算阶段

Capital investments（capital expenditures）, 371 资本投资

Capital leases, 172 融资租赁

Capital markets, 174 资本市场

Capital structure, 23 资本结构

Capital structure ratios, 26 资本结构比率

CAPM（Capital Asset Pricing Model）, 112, 151, 371 资本资产定价模型

Carrying costs, 203 持有成本

Cartels, 317 卡特尔

Cash discount, 200 现金折扣

Cash dividend, 178 现金股利

Cash flows： 现金流量：

incremental, 354 增量现金流量

management of, 189 现金流量管理

uniform, 383 非均匀净现金流

Cash flow ratio, 21 现金流量比率

Cash flow to fixed charges ratio, 28 现金流量固定支出保障倍数

Cash inflows, 189 现金流入

Cash management, 187 现金管理

Cash outflows, 189 现金流出

Cash ratio, 20 现金比率

Centralized payables, 194 集中支付

Certainty equivalent（CE）, 104 确定性等值（CE）

Change in demand, 307 需求变化

Change in quantity demanded, 307 需求数量变化

Change in quantity supplied, 309 供给数量变化

Change in supply, 309 供给变化

Clearing float, 193 清算浮游

Coefficient of variation (CV),106　　　　　　变异系数

COGS (cost of goods sold),37　　　　　　　产品销售成本

Collateralized account receivable,211　　　　质押的应收账款

Collateralized inventory,211　　　　　　　　质押的存货

Collection float,189　　　　　　　　　　　收款浮游

Collection points,190　　　　　　　　　　收款网点

Collection system,189　　　　　　　　　　收款系统

Commercial paper (CP),211　　　　　　　　商业票据

Commitment fee,212　　　　　　　　　　　承诺费

Common-size statements,6　　　　　　　　　结构百分比财务报表

　　horizontal,10　　　　　　　　　　　　水平式(横向)结构百分比财务报表

　　vertical,7　　　　　　　　　　　　　垂直式(纵向)结构百分比财务报表

Common stock,122,133,134　　　　　　　　普通股

Common stock valuation,135　　　　　　　　普通股估值

Comparative advantage, in global trade,240　在全球贸易中的相对优势

Comparative P/E ratio method,224　　　　　相对市盈率法

Compensating balance,193,212　　　　　　补偿性余额

Competence,420　　　　　　　　　　　　胜任能力

Complements,308　　　　　　　　　　　　互补品

Concentration banking system,193　　　　　集中银行制

Concentration flows,189　　　　　　　　　资金集中

Concurrent engineering,303　　　　　　　　并行工程

Confidentiality,421　　　　　　　　　　　保密性

Consignment,242　　　　　　　　　　　　寄售

Consolidation,219　　　　　　　　　　　合并

Constant dividend growth model,136　　　　固定股利增长模型

Constant dividend payout ratio,179　　　　　固定股利支付率

Contribution margin,264　　　　　　　　　边际贡献

Contribution margin per unit,265　　　　　单位边际贡献

Contribution margin ratio,266　　　　　　　边际贡献率

Contribution margin statement,268　　　　　边际贡献表

Conversion provision, bonds,126　　　　　　债券的转换条款

Convertible debt,173　　　　　　　　　　可转换债券

Convertible preferred stock,174　　　　　　可转换优先股

Convexity,128　　　　　　　　　　　　　凸性

Corporate charter rules,220　　　　　　　　公司章程规定

Corporate culture,437　　　　　　　　　　企业文化

Correlation,108　　　　　　　　　　　　相关性

Correlation coefficient,108　　　　　　　　相关系数

Cost,259　　　　　　　　　　　　　　　成本

Cost approach,78 成本法

Cost-based pricing,297 成本导向定价法

Cost behavior,261 成本性态

Cost driver,259 成本动因

Cost object,260 成本对象

Cost of capital, 145,378 资本成本

    calculating,146 计算资本成本

    cost of common equity,149 普通股权益资本成本

    debt,147 债务资本成本

    in investment decisions,157 投资决策的资本成本

    marginal,154 边际资本成本

    preferred stock,148 优先股资本成本

    weighted average,153 加权平均资本成本

Cost of common equity,149 普通股权益资本成本

Cost of equity,149 权益成本

Cost of goods sold（COGS）,39 产品销售成本

Cost of sales analysis,37 销售成本分析

Cost – plus pricing,297 成本加成定价法

Cost/volume/profit（CVP）analysis,259 本量利(CVP)分析

Counterpurchase,244 回购

Countertrade,244 对销贸易

Coupon rate（coupon yield）,125 息票率

Covariance,107 协方差

Covenant,124 保证条款

    negative,124 消极条款

    positive,124 积极条款

CP（commercial paper）,211 商业票据

Credibility,421 可信,诚信

Credit： 信用：

    revolving,210 循环贷款

    trade,209 商业信用

Credit period,199 信用期

Credit terms,199 信用条件

Cross – border factoring,244 跨境保理

Culture,Corporate,437 企业文化

Cumulative dividend feature,177 累积股利的特征

Cumulative voting,133 累积投票

Currency exchange rates,233 汇率

Currency futures,236 货币期货

Currency options,236 货币期权

Currency swap, 236 货币互换

Current assets, 18 流动资产

Current budget (operating budget), 351 流动预算(经营预算)

Current (working) capital, 18, 185 流动(营运)资本

Current investments (current expenditures), 351 流动投资(流动费用)

Current liabilities, 18 流动负债

Current rate method, 84 流动比率法

Current ratio, 19 流动比率

Current yield (bonds), 127 当期收益率

CV (coefficient of variation), 106 变异系数

CVP (cost/volume/profit) analysis, 259 CVP(本量利)分析

CVP (break-even) graph, 263 本量利(盈亏平衡)表

D

Days' sales in receivables, 30 应收账款周转天数

DB (declining-balance) depreciation, 361 余额递减法(DB)

DCF (discounted cash flow), 135, 223, 368, 377 现金流量折现法

DDM (dividend discount model), 155 股利折现模型

Debt(s): 债务：

    bad, 201 坏账

    cost of, 147 债务成本

Debt as leverage, 23 债务杠杆

Debt capital, 146 债务资本

Debt financing, 119 债务融资

Debt to equity ratio, 26 负债权益比率

Debt to total assets ratio, 27 资产负债率

Declining-balance (DB) depreciation, 361 余额递减法(DB)

Default risk, 201 违约风险

Degree of financial leverage (DFL), 24 财务杠杆系数(DFL)

Degree of operating leverage (DOL), 24 经营杠杆系数(DOL)

Demand, 306 需求

    elasticity of, 312 需求弹性

    price elasticity of, 312 需求价格弹性

Demand curve, 306, 307, 311, 312 需求曲线

Demand schedule, 306 需求计划表

Deontology, 413 道义论

Depreciable assets, 41 应折旧资产

Depreciable basis, 359 折旧基数

Depreciation, 359 折旧

Depreciation pattern, 360 折旧模式

Depreciation tax shield,361　折旧税盾效应

Depreciation time period, determining,360　确定折旧期

Derivative,157　衍生金融工具

Derivatives and Hedging（ASC Topic 815）,158　《衍生金融工具和对冲活动》（ASC 第 815 号公告）

DFL（degree of financial leverage）,24　财务杠杆系数（DFL）

Direct effect（cash flows）,356　直接作用（现金流量）

Disbursement float,193　付款浮游

Disbursement system,193　支付系统

Disclosure, in income analysis,65　收益分析中的披露

Discounted cash flow（DCF）,135,223,368,377　现金流量折现（DCF）

Discounted payback method,393　折现投资回收期法

Discount terms,200　折现系数

Disequilibrium,311　非均衡状态

Diversification,109　分散化,多元化

　　of international assets,247　国际资产多元化

　　portfolio risk and,110　投资组合风险分散化

Divestitures,221　资产剥离

Dividend discount model（DDM）,135　股利折现模型

Dividend growth model,150,152　股利增长模型

Dividends in kind,178　实物分红

Dividend payout ratio,36　股利支付率

Dividend yield,36　股利收益率

DOL（degree of operating leverage）,24　经营杠杆系数（DOL）

Due diligence,414　尽职调查

DuPont model,43,45,54　杜邦模型

E

Earnings before interest, taxes, depreciation, and amortization,（EBITDA）,37　息税折旧摊销前利润（EBITDA）

Earnings per share（EPS）,34　每股收益（EPS）

Earnings persistence,74　盈利的持续性

Earnings quality,73　盈余质量

Earnings yield,76　盈余收益

Earnings yield ratio,33　盈余收益率

EBITDA（earnings before interest, taxes, depreciation, and amortization）,37　息税折旧摊销前利润（EBITDA）

e-commerce,195　电子商务

Economic exposure,238　经济风险

Economic order quantity（EOQ）,203　经济订货量（EOQ）

Economic profit,71 经济利益

Effective annual interest rate,212 实际年利率

Elasticity of demand,312 需求弹性

Electronic commerce（e-commerce）,195 电子商务（e-commerce）

Electronic payment system,192 电子支付系统

Employee stock ownership plan（ESOP）,225 员工持股计划（ESOP）

Enterprise risk,331 企业风险

Enterprise risk management（ERM）,340 企业风险管理（ERM）

Enterprise Risk Management – Integrated Framework（ERM Framework；COSO）,333,341 《企业风险管理——整合框架》（ERM 框架；COSO）

Enterprise Risk Management – Integrating with Strategy and Performance,341 《企业风险管理——与战略和绩效相融合》

EOQ（economic order quantity）,203 EOQ（经济订货量）

EPS（earnings per share）,34 EPS（每股收益）

Equilibrium,310 均衡

Equilibrium price,311 均衡价格

Equipment financing loans,171 设备融资贷款

Equity，cost of,149 权益成本

Equity capital,146 权益资本

Equity carve-outs,222 股权切离，分析上市

Equity financing,120 权益融资

ERM（enterprise risk management）,340 ERM（企业风险管理）

ERM Framework（*Enterprise Risk Management – Integrated Framework*；COSO）,333,341 ERM 框架（《企业风险管理——整合框架》；COSO）

Error corrections,72 差错更正

ESOP（employee stock ownership plan）,225 ESOP（员工持股计划）

Estimates，in income analysis,64 估计，收入分析

Ethical issues,435 道德问题

    corporate responsibility for ethics,435 公司的道德义务

    government legislation of,443 道德问题的政府立法

    in international business,264,443 国际贸易中的道德问题

    measuring and improving compliance,442 衡量和提高道德问题的合规性

Ethical leaders,440 道德领导人

Ethical principles,419 道德原则

European option,159 欧式期权

Exchange rate(s),79,233 汇率

Exercise date，option,159 行权日

Exercise price，option,159 期权行使价格

Expected cash flows,369 期望现金流量

Expected return,105 期望报酬率

Expenses, accrued, 208 应计费用

Expense analysis, 39 费用分析

Expiration date, option, 159 期权到期日

Expropriation, 247 征收

F

Face value, bond, 125 债券面值

Facilitating payment, 444 疏通费

Factor, 244 保理商

Factoring, 213 保理

Fairness, 419 公允

Fair price provisions, 220 公允价值条款

Fair Value Measurements and Disclosures (ASC Topic 820), 161 《公允价值的计量与报告》(ASC 第 820 号公告)

Fair value standards, 77 公允价值标准

Federal Reserve Board tools, for controlling money supply, 235 控制货币供给的联邦储备管理工具

Fedwire, 193 美联储清算系统

Fiduciary responsibility, 414 受托责任

Financial distress, 121 财务困境

Financial leverage, 23 财务杠杆

Financial leverage ratio, 25, 54 财务杠杆比率

Financial ratios： 财务比率：

    accounts payable turnover, 31 应付账款周转率

    accounts receivable turnover, 29 应收账款周转率

    acid test, 19 酸性测试比率

    book value per share, 75 每股账面价值

    cash, 20 现金比率

    cash flow, 21 现金流量比率

    cash flow to fixed charges, 28 固定费用的现金流量比率

    days' sales in receivables, 30 应收账款周转天数

    debt, 27 负债比率

    debt to equity, 26 负债权益比率

    earnings yield, 33 盈余收益

    fixed-charge coverage, 27 固定费用保障倍数

    inventory turnover, 30 存货周转率

    long-term debt to equity, 26 长期债务对权益比率

    market to book value, 76 市净率

    price to earnings, 76 市盈率

    times interest earned, 28 利息保障倍数

Financing leases, 172 融资租赁

Fixed asset turnover ratio,32　　　　　　固定资产周转率

Fixed-charge coverage ratio,27　　　　　　固定费用保障倍数

Fixed cost,260　　　　　　固定成本

Fixed exchange rate,233　　　　　　固定汇率

Flexible exchange rate,234　　　　　　弹性汇率

Floating exchange rate,234　　　　　　浮动汇率

Foreign currency, accounting for,78　　　　　　外币折算

Foreign currency exchange,231,233　　　　　　外汇汇率

Foreign currency loans,245　　　　　　外币借款

Foreign exchange futures,236　　　　　　外汇期货

Foreign investment, risk and rate of return,238　　　　　　外国投资的风险和收益率

Foreign subsidiaries, accounting for,82　　　　　　外币报表折算

Forfaiting,244　　　　　　福费廷

Forward contract,161　　　　　　远期合约

Fraud triangle,424　　　　　　舞弊三角模型

Free trade,246　　　　　　自由贸易

Functional currency,82　　　　　　功能货币

Fundamental value,122　　　　　　基本价值

Futures contract,162　　　　　　期货合约

FX futures,236　　　　　　外汇期货

G

Going-concern value,121　　　　　　持续经营价值

Golden parachutes,220　　　　　　黄金降落伞

Gordon constant growth model,137　　　　　　戈登固定股利增长模型

Greenmail,221　　　　　　绿邮

Gross profit,37　　　　　　毛利

Gross profit margin,37　　　　　　毛利率

Gross working capital,185　　　　　　总营运资本

Groupthink,438　　　　　　群体思想

H

Haircut,214　　　　　　垫头

Historical method (VaR),334　　　　　　历史法

Historical rate of return,150　　　　　　历史收益率

Holding cash, motives for,188　　　　　　持有现金的动机

Holding period return (HPR),102　　　　　　持有期收益率(HPR)

Honesty,419　　　　　　诚实

Horizontal common-size statements,10　　　　　　水平式(横向)百分比财务报表

HPR (Holding period return),102　　　　　　持有期收益率(HPR)

Hurdle rate,378 　　　　　　　　　　　　　　必要报酬率

I

"Implementing Target Costing" (SMA),300 　　《实施目标成本法》(管理会计公告)

Income, demand and,308 　　　　　　　　　收入,需求

Income approach,78 　　　　　　　　　　　收入法

Income effect,307 　　　　　　　　　　　　收入效应

Income measurement analysis,63 　　　　　盈余计量的分析

Income taxes,157 　　　　　　　　　　　　所得税:

　　　and CVP analysis,267 　　　　　　　　　和本量利分析

　　　depreciation,359 　　　　　　　　　　　折旧

　　　and marginal analysis,286 　　　　　　　和边际分析

Incremental cash flows,354 　　　　　　　增量现金流量

Indenture (deed of trust),123 　　　　　　契约(或信托契据)

Inherent risk,338 　　　　　　　　　　　固有风险

Initial public offering (IPO),175,225 　　首次公开发行(IPO)

Insider trading,177 　　　　　　　　　　内幕交易

Integrity,414,421 　　　　　　　　　　　正直

Interest rate, effective annual,212 　　　实际年利率

Internal rate of return (IRR),385 　　　内含报酬率(IRR)

　　　calculating the,386 　　　　　　　　　内含报酬率的计算

　　　NPV and,389 　　　　　　　　　　　　净现值和内含报酬率

International trade, financing of,242 　　国际贸易的筹资

In-the-money options,159 　　　　　　　价内期权

Intrinsic value,122 　　　　　　　　　　内在价值

Inventory,202 　　　　　　　　　　　　存货

Inventory control,202 　　　　　　　　　存货控制

Inventory management,202 　　　　　　　存货管理

Inventory turnover ratio,30 　　　　　　存货周转率

Invested capital, definitions of,41 　　　投资资本的定义

IPO (initial public offering),175,225 　　首次公开发行(IPO)

IRR,*see* Internal rate of return 　　　　内含报酬率(IRR)

Item,202 　　　　　　　　　　　　　　存货项目

J

JIT (just-in-time) system,207 　　　　　及时生产制

Joint costs,280 　　　　　　　　　　　联合成本

Joint products,280 　　　　　　　　　　联产品

Joint services,280 　　　　　　　　　　联合服务

Justice,413 　　　　　　　　　　　　　正义

Just-in-time (JIT) system,207 　　　　　及时生产制

K

Kanban,207 看板

L

LBO (leveraged buyout),221,225 杠杆收购(LBO)

Leading P/E ratio,139 预期市盈率

Lead time,205 交货周期

Leases,171 租赁

    capital,172 融资租赁

    financing,172 融资租赁

    operating,172 经营性租赁

Legal issues, in global business,246 国际商务中的法律问题

Letter of credit,242 信用证

Letter stocks,225 追踪股

Leveraged buyout (LBO),221,225 杠杆收购(LBO)

Leverage ratios,25,54 杠杆比率

Liabilities, current,19 流动负债

Life-cycle costing,304 生命周期成本法

Linear programming,285 线性规划

Line of credit,210 授信额度

Liquidating dividends,178 清算性股利

Liquidation (liquidating value),134,143 清算(清算价值)

Liquidation value,121 清算价值

Liquidation value per share,121 每股清算价值

Liquidity,17,187 流动性

Litigation defense,220 诉讼辩护

"Lobster traps,"221 "龙虾陷阱"

Lockbox system,190 锁箱系统

Long position,161 多头

Long-term debt to equity ratio,26 长期债务对权益比率

M

MACRS table,361 MACRS 图表

Mail float,190 邮寄浮游

Majority – rule voting,133 多数决定原则投票

Majority voting,133 多数决定投票

Make versus buy,277 自制或外购

Managed floating exchange rate system,235 有管理的浮动汇率制

Marginal analysis,275 　　　　　　　　边际分析

Marginal cost of capital (MCC),154 　　　边际资本成本(MCC)

Margin of safety (MOS),269 　　　　　安全边际(MOS)

Marketable securities,195,197 　　　　有价证券

Market analysis,33 　　　　　　　　市场分析

Market approach,78 　　　　　　　　市场法

Market-based pricing,297 　　　　　　市场导向定价法

Market capitalization (cap),104,131 　　市值

Market clearing price (equilibrium price),311 　市场出清价格(均衡价格)

Market efficiency,176 　　　　　　　市场效率

Market equilibrium,310 　　　　　　市场均衡

Market-to-book ratio,33 　　　　　　市净率

Market to book value ratio,76 　　　　市净率

Market value,122 　　　　　　　　　市值

　　per share,133,178 　　　　　　　　每股市价

　　stock,131 　　　　　　　　　　股票市价

Market value weights,153 　　　　　　市场价值加权

Maturity date, option,159 　　　　　期权到期日

MCC (marginal cost of capital),154 　　边际资本成本(MCC)

Mergers,219 　　　　　　　　　　兼并

Minimum rate of return,378 　　　　　最低收益率

Monte Carlo analysis,369 　　　　　　蒙特卡洛分析

Monte Carlo simulation,161,335 　　　蒙特卡洛模拟

Morals,412 　　　　　　　　　　道德

MOS (margin of safety),209 　　　　安全边际(MOS)

N

Negative covenant,124 　　　　　　消极条款

Net advantage of leasing (NAL),173 　　NAL(租赁净收益)

Net effect (cash flows),356 　　　　现金净流量

Net income,37 　　　　　　　　　净利润

Net operating income,261 　　　　　营业净利润

Net present value (NPV),364,379 　　净现值(NPV)

Net profit margin,39 　　　　　　　边际净利

Net working capital,185 　　　　　　净营运资本

Notional amount,157 　　　　　　　名义金额

O

Objectivity,419 　　　　　　　　客观

Open account,243 　　　　　　　　信用贸易

Operating activity analysis,29　　　　　经营活动分析

Operating budget（current budget）,351　　经营预算（流动预算）

Operating cycle,29　　　　　　　　　　营业周期

Operating income,37,260　　　　　　　　营业利润

Operating leases,172　　　　　　　　　　经营性租赁

Operating leverage,23　　　　　　　　　经营杠杆

Operating profit margin,38,56　　　　　　边际营业利润

Opportunity，in fraud triangle,425　　　　舞弊三角的机会

Option（s）,126,159　　　　　　　　　　期权

Ordering costs,203　　　　　　　　　　　订货成本

Out-of-the-money options,159　　　　　　价外期权

Outstanding share,131　　　　　　　　　发行在外的股份，流通股份

P

"Pacman" defense,220　　　　　　　　　"帕克曼"防御

Par value，bond,125　　　　　　　　　　债券面值

Passive residual dividend policy,179　　　剩余股利政策

Payable through draft（PTD）,194　　　　汇票支付（PTD）

Payback method:　　　　　　　　　　　回收期法:

　　advantages and disadvantages of the,393　　回收期法的优点和缺点

　　defined,391　　　　　　　　　　　　回收期法的定义

　　interpreting the,392　　　　　　　　　回收期法的理解

Payback period（PP）,391　　　　　　　回收期（PP）

P/B（price-to-book）ratio,140　　　　　市净率

Peak load pricing,305　　　　　　　　　峰值负荷定价法

P/E（price/earnings）ratio,70,139　　　市盈率

Percentage of sales method,185　　　　　销售百分比法

Perfectly elastic demand,312　　　　　　完全弹性需求

Perfectly inelastic demand,312　　　　　完全无弹性需求

Poison pills,220　　　　　　　　　　　毒丸计划

Poison put,220　　　　　　　　　　　　毒性卖权

Portfolio,107　　　　　　　　　　　　投资组合

Portfolio rate of return,109　　　　　　投资组合收益率

Portfolio risk,107　　　　　　　　　　投资组合的风险

　　systematic,110　　　　　　　　　　　系统性投资组合风险

　　unsystematic,111　　　　　　　　　　非系统性投资组合风险

Positive covenant,124　　　　　　　　　积极条款

PP（payback period）,391　　　　　　　回收期（PP）

PPP（Purchasing power parity）,235　　　购买力平价

Precautionary motive,188　　　　　　　预防性动机

Preemptive rights，common stock，134　　　普通股的优先购股权

Preferred shareholders' book value，41　　　优先股股东的账面价值

Preferred stock，142，148，174　　　优先股

Premium，option，159　　　期权费

Prepayment，243　　　预付款

Present value（PV），380　　　现值

Pressure，in fraud triangle，425　　　舞弊三角的压力

Price decreases，312　　　价格下降

Price/earnings（P/E）ratio，76，139　　　市盈率

Price elasticity of demand，312　　　需求的价格弹性

Price increases，308，310　　　价格上升

Price/sales（P/S）ratio，141　　　市销率

Price-to-book（P/B）ratio，140　　　市净率

Pricing，293　　　定价法

　　cost-based，297　　　　成本导向定价法

　　cost-plus，297　　　　成本加成定价法

　　market-based，297　　　　市场导向定价法

　　peak load，305　　　　峰值负荷定价法

　　supply and demand based，294　　　　供需基础定价法

Pricing decision，293　　　定价决策

Primary market，175　　　一级市场

Probability distribution，105　　　概率分布

Processing float，190　　　处理浮游

Product life-cycle costing，304　　　产品生命周期成本法

Profit margin，53　　　边际利润

Promissory note，210　　　本票

Protectionism，free trade and，246　　　自由贸易与贸易保护主义

Proxy statement，134　　　股东签署的委托书

P/S（price/sales）ratio，141　　　市销率

PTD（payable through draft），194　　　汇票支付（PTD）

Purchases，in foreign currency，81　　　外币采购

Purchasing power parity（PPP），235　　　购买力平价

Put option，159　　　看跌期权，卖出期权

Put option payoff，160　　　卖出期权偿付，看跌期权偿付

PV（present value），380　　　现值（PV）

Q

Quality function deployment（QFD），304　　　质量功能配置（QFD）

Quantity demanded，change in，307　　　需求数量变化

Quantity supplied，change in，309　　　供给数量变化

Quick ratio, 19   速动比率

R

Rate of return, 102   收益率, 报酬率

Ratios, 17   比率

    current, 19   流动比率

    financial. *see* Financial ratios   财务比率

    financial leverage, 25, 54   财务杠杆比率

Rationalization, in fraud triangle, 425   舞弊三角合理化

RCOE (Return on Common Equity), 53   RCOE(股本收益率)

Real options valuation (ROV), 368   实物期权估价

Receivables, 29   应收账款

Refinancing, bonds, 131   债券再融资

Relative price, 236   相对价格

Relative valuation, 138   相对估值

Relativism, 413   相对主义

Relevant range, 260   相关范围

Remeasurement, of currency, 83   货币的重新计量

Reorder point (ROP), 206   再订货点(ROP)

Required rate of return (RRR), 378   必要报酬率(RRR)

Residual risk, 338   剩余风险

Resolving Ethical Issues, 422   解决道德问题

Resource prices, and supply, 310   资源价格和供应

Responsibility, 414, 420, 450   职责

Return (rate of return), 102   收益(收益率, 报酬率)

Return, expected, 105   期望报酬

Return on assets (ROA), 40, 42, 52   资产收益率(ROA), 资产报酬率

Return on capital investment (ROCI), 40   投资资本收益率(ROCI)

Return on Common Equity (RCOE), 53   普通股股东的权益收益率(RCOE)

Return on equity (ROE), 40, 42, 45, 53   权益收益率(ROE), 净资产收益率

Return on investment (ROI), 40, 41, 52   投资收益率(ROI)

Revenues, 62, 260   收入

Revenue driver, 260   收入动因

Reverse split, 178   反向分割

Revolving credit, 210   循环授信

Risk, 101   风险

    default, 201   违约风险

    return and, 103   风险与收益

Risk appetite, 337   风险偏好

Risk assessment, 337   风险评估

Risk aversion, 104　　　　　　　　　　　　　　风险厌恶

Risk identification, 336　　　　　　　　　　　风险识别

Risk management, 339　　　　　　　　　　　　风险管理

Risk response, 338　　　　　　　　　　　　　风险应对

Risk, 363　　　　　　　　　　　　　　　　　风险

ROA (return on assets), 40, 42, 52　　　　　总资产收益率(ROA)

ROCI (return on capital investment), 40　　　投资资本收益率(ROCI)

ROE (return on equity), 40, 42, 45, 53　　　权益收益率(ROE)

ROI (return on investment), 40, 41, 52　　　投资收益率(ROI)

ROP (reorder point), 206　　　　　　　　　　再订货点(ROP)

ROV (real options valuation), 368　　　　　实物期权估价

RRR (required rate of return), 378　　　　　必要报酬率(RRR)

S

Safety (buffer) stock, 205　　　　　　　　　安全库存(缓冲存货)

Sales, in foreign currency, 80　　　　　　　外币计量的销售

Sale-leaseback transactions, 225　　　　　　销售回购

SEC (Securities and Exchange Commission), 175　证券交易委员会(SEC)

Secondary market, 125, 176　　　　　　　　二级市场

Secured bond, 129　　　　　　　　　　　　担保债券

Secured short-term loan, 211　　　　　　　获得短期贷款

Securities, marketable, 195　　　　　　　　有价证券

Securities and Exchange Commission (SEC), 175　证券交易委员会(SEC)

Security market line (SML), 113　　　　　　证券市场线(SML)

Securities registration, 176　　　　　　　　证券登记

Selling off the crown jewels, 221　　　　　处置皇冠明珠策略

Sell or process further, 280　　　　　　　　销售或进一步加工决策

Sensitivity analysis, 269, 364　　　　　　　敏感性分析

SGR (sustainable growth ratio), 59　　　　可持续增长率

Shareholder wealth, 104　　　　　　　　　　股东财富

Shareholder wealth maximization (SWM), 104　股东财富最大化(SWM)

Short position, 161　　　　　　　　　　　　空头

Short-term credit, types of, 208　　　　　　短期信用的类型

Short-term credit management, 212　　　　　短期信贷管理

Short-term loan:　　　　　　　　　　　　　短期贷款:

　　secured, 211　　　　　　　　　　　　　　有担保的短期贷款

　　unsecured, 210　　　　　　　　　　　　　无担保的短期贷款

Sight draft, 242　　　　　　　　　　　　　　即期汇票

Simulations, 368　　　　　　　　　　　　　模拟

Sinking fund provision, bonds, 126　　　　　债券的偿债基金条款

SL (straight-line) depreciation,360   直线折旧法

SML (security market line),113   证券市场线(SML)

Social responsibility,450   社会责任

Solvency,18   偿付

Special order pricing,276   特殊订单定价

Speculative motive,188   投机动机

Spin-offs,221   分拆

Split-ups,222   公司分立

Stable dollar,179   币值稳定

Standards,421   准则

Standard deviation,105   标准差

Statement of Ethical Professional Practice(IMA),407,417   《IMA 职业道德守则公告》

Statutory voting,133   传统投票制

Stock,131   股票

 common,122,133,135   普通股

 inventory and,202   库存股

 preferred,142,148,174   优先股

Stock control,202   库存管理

Stock dividend,178   股利

Stock repurchases,180   股票回购

Stock splits,178   股票分割

Straight-line (SL) depreciation,360   直线折旧法

Strike price, option,159   行权价格

Substitution effect,307   替代效应

Sum-of-the-years' digits (SYD),361   年数总和法(SYD)

Supply, change in,309   供给变化

Supply and demand,306   供给和需求

Supply and demand based pricing,294   供需基础定价法

Supply curve,309,311   供给曲线

Supply schedule,309   供给表

Sustainability,449   可持续性

Sustainable growth rate,59   可持续增长率

Sustainable growth ratio (SGR),59   可持续增长率

Swap,163   互换

SWM (shareholder wealth maximization),104   股东财富最大化(SWM)

SYD (sum-of-the-years' digits),361   年数总和法(SYD)

T

Target costing,299,300   目标成本法

Targeted stocks,225   标的股票

Target price,301　　　　　　　　　　　　　目标价格

Target rate of return on investment,305　　　目标投资收益率

Target value weights,153　　　　　　　　　目标价值加权

Taxes，supply and,310　　　　　　　　　　供应和税收

Tax effect（cash flows）,356　　　　　　　所得税影响（现金流量）

Technology，supply and,310　　　　　　　　供应和技术

Technology,412　　　　　　　　　　　　　目的论

Temporal method,83　　　　　　　　　　　时态法

Tender offer,220　　　　　　　　　　　　收购要约

Term loans,169　　　　　　　　　　　　　定期贷款

Time draft,242　　　　　　　　　　　　定期汇票,远期汇票

Times interest earned ratio,28　　　　　　利息保障倍数

Total asset turnover,53　　　　　　　　　总资产周转率

Total asset turnover ratio,32　　　　　　　总资产周转率

Total cost,260　　　　　　　　　　　　成本总额

Tracking stocks,225　　　　　　　　　　追踪股

Trade credit,209　　　　　　　　　　　商业信用

Traditional voting,133　　　　　　　　　传统投票制

Trailing P/E ratio,139　　　　　　　　　历史市盈率

Transactions exposure,238　　　　　　　交易风险

Transaction motive,188　　　　　　　　交易动机

Translation exposure,237　　　　　　　转换风险

Trend analysis,10　　　　　　　　　　趋势分析

Trust receipt,214　　　　　　　　　　信托收据

U

Underlying（underlier）,157　　　　　　底层

Uniform cash flow,383　　　　　　　　均匀现金流

Unit,202　　　　　　　　　　　　　　单位

Unit contribution margin,265　　　　　　单位边际贡献

Unit elastic demand,314　　　　　　　　单位弹性需求

Unproductive assets,41　　　　　　　　非生产性资产

Unsecured bond（debenture）,129　　　　无担保债券（信用债券）

Unsecured short－term loan,210　　　　　无担保的短期贷款

Utilitarianism,412　　　　　　　　　　功利主义

V

Valuation,121　　　　　　　　　　　　估价

Value：　　　　　　　　　　　　　　价值：

　book,121　　　　　　　　　　　　　账面价值

fundamental,122 　　　　　　　　　　　基本价值

going – concern,121 　　　　　　　　　　持续经营价值

intrinsic,122 　　　　　　　　　　　　　内在价值

liquidation,121 　　　　　　　　　　　　清算价值

market,122 　　　　　　　　　　　　　　市场价值

Value-added costs,303 　　　　　　　　　增值成本

Value at risk（VaR）,381 　　　　　　　　风险价值（VaR）

Value engineering,303 　　　　　　　　　价值工程

"Values and Ethics：From Inception to Practice" 　《价值观和道德规范:从确立到实践》
（SMA）,435 　　　　　　　　　　　　　（SMA）

Variable cost,260 　　　　　　　　　　　变动成本

Variable dividend growth model,137 　　　变动股利增长模型

Variance-covariance method（VaR）,334 　方差 – 协方差法

Variation analysis,10 　　　　　　　　　差异分析

Vertical common-size statements,7 　　　　垂直式（纵向）百分比财务报表

Virtue,412 　　　　　　　　　　　　　　美德

Virtue ethics,413 　　　　　　　　　　　美德伦理

Voting rights： 　　　　　　　　　　　　投票权:

common stock,133 　　　　　　　　　　普通股投票权

preferred stock,143 　　　　　　　　　优先股投票权

W

Weighted average cost of capital（WACC）,153 　加权平均资本成本（WACC）

weighted marginal cost of capital（WMCC）,154 　加权边际资本成本（WMCC）

Whistleblower framework,442 　　　　　　举报框架

White knight defense,220 　　　　　　　白衣骑士反收购策略

Window dressing,22 　　　　　　　　　粉饰

Working（current）capital,18,185 　　　营运资本（或流动资本）

Working capital management,186 　　　　营运资本管理

Z

Zero balance account（ZBA）,194 　　　　零余额账户（ZBA）

Zero dividend growth model,136 　　　　零股利增长模式